教育部高校示范马克思主义学院和优秀教学科研团队建设重点项目资助

"体育类学生思想政治理论课有效性提升机制研究"（18JDSZK002）研究成果

北京市委教育工作委员会"思政课教学改革创新重大项目"资助

"新时代体育院校特色思政课教学体系创新研究"（JGWXJCJG201702）研究成果

高校红色教育实践课程开发与实践

——北体马院"革命传统教育"实践活动成果集

（上）

李红霞　刘　玲　吴国斌 ◎主编

九 州 出 版 社
JIUZHOUPRESS

图书在版编目（CIP）数据

高校红色教育实践课程开发与实践：北体马院"革命传统教育"实践活动成果集／李红霞，刘玲，吴国斌主编. -- 北京：九州出版社，2022.12

ISBN 978 - 7 - 5225 - 1625 - 7

Ⅰ. ①高… Ⅱ. ①李… ②刘… ③吴… Ⅲ. ①高等学校-革命传统教育-教学研究-成果汇编-中国 Ⅳ. ①G641.2

中国国家版本馆 CIP 数据核字（2023）第 003319 号

高校红色教育实践课程开发与实践：北体马院"革命传统教育"实践活动成果集

作　　者　李红霞　刘　玲　吴国斌　主编
责任编辑　沧　桑
出版发行　九州出版社
地　　址　北京市西城区阜外大街甲 35 号（100037）
发行电话　（010）68992190/3/5/6
网　　址　www.jiuzhoupress.com
印　　刷　唐山才智印刷有限公司
开　　本　710 毫米×1000 毫米　16 开
印　　张　36.25
字　　数　607 千字
版　　次　2023 年 6 月第 1 版
印　　次　2023 年 6 月第 1 次印刷
书　　号　ISBN 978 - 7 - 5225 - 1625 - 7
定　　价　185.00 元（全二册）

马克思主义理论学科与思想政治理论课建设文库·
大思政课红色实践育人

编委会

序

传承红色基因，牢记初心使命

2016 年底，中共中央印发了第 31 号文件《关于加强新形势下高校思想政治工作的意见》，强调加强马克思主义学院建设，支持有条件的高校设置马克思主义理论本科专业。2017 年是高校思想政治理论课质量年，教育主管部门做出了思路攻坚、师资攻坚、教材攻坚、教法攻坚、机制攻坚的总体部署。2019 年 3月 18 日，习近平总书记在全国学校思想政治理论课教师座谈会上发表了重要讲话，强调思想政治理论课要坚持理论性与实践性统一的原则。2019 年 7 月 17日，中共北京体育大学党委印发了《关于加强思想政治理论课建设的实施意见》，2019 年 8 月 4 日，马克思主义学院领导班子向校常委全体领导汇报了马克思主义学院落实上述意见的"十大工程"建设工作的进展情况。2019 年 8 月 14日，中央办公厅、国务院办公厅下发了《关于深化新时代学校思想政治理论课改革创新的若干意见》，再次强调要大力推进思想政治理论课教学方法改革。2019 年 9 月 3 日，教育部党组下发了《"新时代高校思想政治理论课创优行动"工作方案》，鼓励开展教法创优活动。

理论与实践相结合是任何课程学习应坚持的基本原则，这是基于马克思主义认识论关于认识活动本质和人类认识辩证过程揭示出来的规律得出的科学原则。然而高校思想政治理论课的实践教学（指课外）特别是红色教育实践活动的组织一直是个老大难，由于学生人数太多，存在车辆安排、时间安排等组织方面的困难，也存在经费保障和安全隐患的问题，再加上学校并没有十分硬性的要求，大部分老师本着"多一事不如少一事"的心态，缺乏开展红色教育实践活动的动力和压力。很多思想政治理论课的实践教学局限在课堂上，让学生走上讲台参与教学，或者组织校内范围的问卷调查。

近几年来，各高校思想政治理论课教师在贯彻"理论性与实践性相统一"的原则方面进行了多种形式的探索，取得了可喜的进展。很多高校充分利用当地丰富的红色教育资源开展实践教学。例如 2018 年中国地质大学（武汉）建立了红安档案馆实践教学基地、英山乌云山村实践教学基地和农村问题讲习所；浙江大学建立了青海原子城爱国主义教育基地、马兰工作室等思政教育平台，组织学生到嘉兴南湖等地开展现场教学；西藏民族大学在延安、西安八路军办事处等建立了一批教学实践基地，开展爱国主义和革命传统文化教育；湘潭大学充分利用红色教育资源打造"沿着伟人的足迹——行走的课堂"品牌，把红色文化融入思政课教学体系，每年组织青年学生走访老党员老红军和抗战老兵、走进韶山毛主席故居、刘少奇故居花明楼、彭德怀故居乌石等进行现场教学。电子科技大学把思政课堂"搬到"广袤大地上，组织大学生头戴缀着五星的八角帽，身穿灰色的红军服，在阿坝藏族羌族自治州红原县重走长征路，在日干乔大沼泽里体验过草地、入深泽，在梦笔山体验爬雪山，在马尔康市长征干部学院开展以"雪山草地苦乐同心"为主题的激情教学。天津市启动了"高校实践育人共同体"项目，建设了一批高校新时代思政课实践育人示范基地；江西师范大学每学期从全校自愿报名的2000多名学生中，选拔50人左右组建"大学生红色文化宣讲团"，先后开展了红色宣讲"井冈行""延安行""苏区行""八一行"和"西柏坡之旅""重走长征路"等实践体验，寻访红军足迹，瞻仰革命旧址，收集整理革命故事，感悟红色革命精神。宣讲团成员在接受红色文化实践教育后，返回思政课堂宣讲红色文化，实现了红色文化传承的全覆盖，创造了"点面结合"的红色基因传承新模式。上述高校对红色实践教学模式的探索，有效地增强了思想政治理论课的教学实效性。

我校党委曹卫东书记十分重视思想政治理论课建设，在兼任马克思主义学院院长期间，亲自担任马克思主义学院建设领导小组组长，狠抓落实中央31号文件《关于加强新形势下高校思想政治工作的意见》精神，2017年秋季从各院系三年级学生中选拔30名学生组建了"马克思主义理论专业实验班"，启动了"马克思主义理论"本科专业教育试验，2018年向教育部申请新增本科专业"马克思主义理论"成功获批，我校成为全国首批八所拥有"马克思主义理论"本科专业的院校之一。迄今为止已招收四届马克思主义理论专业本科生。2019年学院招收了体育学下自主设置的马克思主义体育理论二级学科专业博士生，初步形成了较为完整的本硕博三级马克思主义理论专业人才培养体系。学院结合马克思主义理论专业建设和思想政治理论课建设，积极探索"世界冠军开讲思政课""每日打卡读经典""红色教育基地实践教学"等体育院校特色思政课教学新模式。2018年，本人主持的"新时代体育院校特色思政课教学体系创新研究"获批北京市高校思想政治理论课改革创新重大项目（JGWXJCJG201702），同时主持的"体育类学生思想政治理论课有效性提升机制研究"获得了教育部示范马院和优秀教学团队建设重点项目支持（18JDSZK002）。

在制定 2018 版马克思主义理论专业本科生培养方案、修订硕士研究生培养方案时，学院把井冈山、遵义、延安、西柏坡的实践活动，接受党的革命精神教育纳入了培养方案，作为必修的社会实践环节。同时决定在全校每个思想政治理论课教学班级中选拔出至少 1 名优秀学生，与马克思主义学院的专业学生同参与实践，作为北体特色思政课实践教学改革的一项工程加以培育。开展大学生、研究生红色教育实践活动，旨在引导大学生传承红色基因，继承井冈山精神、遵义会议精神、长征精神、延安精神等党的系列革命精神，牢记共产党人为民族谋复兴、为人民谋幸福的初心和使命，成长为中国特色社会主义合格建设者和接班人。

2017 年秋季学期至今，学院已开辟了五大红色教育实践基地，先后与井冈山大学继续教育培训学院、延安大学泽东干部学院、遵义师范学院继续教育培训学院、河北师范大学签署了红色教育实践基地建设合作协议，并成功挂牌，共开展了六次大规模的红色教育实践活动，涉及三百多人次。该实践教学改革项目的顺利实施离不开校党委的重视、教务处和财务处等相关部门的鼎力支持和协同配合，六次红色实践教育活动产生的费用共一百多万元。

校领导非常重视红色教育实践基地的建设，主管思想政治理论课和马克思主义学院建设工作的党委副书记邢尚杰同志亲自赴遵义师范学院，与洪涛书记签署了基地建设协议。每次红色教育实践活动都有三名教师带队，分工负责完成各种琐碎细致的准备工作。譬如写活动策划书，报请学校各部门批示，与基地合作方商定教学计划，做好安全预案，知会家长并签署安全承诺书，设计社会实践报告选题范围，督促学生事先选好实践研究的主题，在行前动员会上召集全体学生明确基本要求，强调组织纪律和安全问题，将学员分成几个小组，选出组长，清楚每个人的往返路线，等等。学生们带着问题去，带着答案回，每人提交一篇社会实践论文和参加实践活动的收获与体会。

该实践教学改革取得了很好的效果。三年的实践证明，学生们每学期末完成紧张的考试后来革命根据地参加实践教学，这种理论与实践紧密结合的学习方式不仅有助于巩固学习效果，还收获了课堂上得不到的思想政治教育效果。例如在 2018 年 1 月份的井冈山社会实践过程中，马克思主义理论实验班的学生有的对党史产生了兴趣，决定报考党史研究生，有的决定"这辈子准备跟党走"，还有的学生经过几天的学习后，开始反思自己最初的入党动机，为找一个好工作申请入党而感到自惭形秽。初次实践让我们充满信心：认真组织安排的实践教学定能收获实效性。从这项实践教学改革中得到的最值得借鉴的经验是，在党的具有历史转折意义的五大革命根据地开展红色教育实践是马克思主义理论专业人才培养方案中必不可少的、最基本的内容，因为设置这一专业的初衷是解决长期以来马克思主义理论专业人才极其短缺的问题，培养具有坚定的马克思主义信仰、扎实的马克思主义理论功底，深厚的科学人文素养的专业人才，是最基本的专业培养目标。这一专业人才的信仰倾向是有特别严格的要求的，就是要在马信马，如果我们培养出来的马克思主义理论专业学生学马不信马、研马不信马，那我们办的这个专业就失败了。青少年时期是世界观、人生观、价值观形成的时期，正处在习近平总书记所说的"拔节孕穗期"，是选择信仰、确立信仰的关键时期，也是对马克思主义理论专业人才进行马克思主义信仰教育的最佳时期。对于非马克思主义专业中思想政治素质较高，积极要求思想进步的思政课优秀学生代表，组织红色教育实践活动同样具有重要意义，有助于提高大学生入党积极分子和大学生党员的质量。马克思主义理论专业人才培养的质量关乎党的事业后继有人，关乎中华民族伟大复兴中国梦的实现，因此可以说，思想政治理论课建设、马克思主义理论专业建设是党建和意识形态安全工作的标志性工程，这一深刻的认识是从新时代中国应对百年未有之大变局对人才的需要得来的，是党治国理政、巩固社会主义制度、全面深化改革、实现现代化强国对人才的要求得来的，是从苏共衰亡的惨痛教训中得来的。

我曾三次以带队教师的身份率学生赴井冈山、遵义、西柏坡参加红色教育实践教学，再加上以思想政治理论课教师和中层领导干部的身份接受的培训，次数可谓不少。但我丝毫没有产生一丁点厌烦的情绪，而是沉浸在每次信仰之旅给我带来的精神满足，我和学生们一样，一次次地接受精神上的洗礼，净化自己的内心世界，思想上不断得到升华，去的次数多了，忽然有一天在梦里梦见了井冈山革命根据地，看到了牺牲了一百多个伤病员的小井红军烈士墓碑，还有旁边小山包上曾志的墓碑，感到这些革命圣地渐渐成了心中向往的地方。的确，每隔半年就想着要带学生们去接受一下精神的洗礼了，我想这便是信仰的力量和召唤吧。

习近平总书记执政伊始，便在"复兴之路"展览馆道出了中华民族近百年来几代人为之奋斗的国家富强、民族复兴、人民幸福的伟大梦想，接着在湖南嘉兴"红船"上，指出了中国共产党"为民族谋复兴、为人民谋幸福"的初心，在多次重要场合强调共产党员要坚定马克思主义信仰，补足精神之"钙"，预防精神上的软骨病，党的十九大召开后，在思想上从严治党的同时，转向了政治建设，启动了"不忘初心、牢记使命"主题教育活动，我想，我们在三年前探索的红色教育实践育人模式无论从上述哪一方面看，都是十分切合中央精神的，都可以说是贯彻落实总书记关于大学生思想政治教育重要讲话精神的成功案例。

红色教育实践育人已成为我校继"世界冠军开讲思政课"之后又一个特色思政课的亮点，也取得了丰硕的实践研究成果。2020 年，基于红色教育实践育人成果申报的"革命传统教育"课程入选国家级社会实践类专业金课，同时被评为北京体育大学教学成果奖一等奖。几年来，学生共提交红色教育实践论文240 余篇。我们从中挑选出优秀实践论文，汇成文集，一是作为思政课教学改革的突出成果存档资料，二是希望能够对其他院校提供经验借鉴。该成果集力图真实地反映学院开展红色教育实践教学从活动策划到教学计划安排和实施的工作原貌。该成果集具有以下几个特色：首先是图文并茂，每次活动有分工负责摄影的同学详细地记录了同学们参观学习的精彩瞬间；其次附上了即时的跟踪报道，每天都有分工负责撰稿的同学完成当天活动的报道，通过学院微信公众号推送出去。此外是从 250 多篇社会实践论文中筛选的优秀论文，最后向读者分享优秀学员的实践体会。其可贵之处不仅在于它真实地记录了北体学生在红色教育实践活动中思想成长的历程，还能为其他院校的马克思主义理论专业人才、思想政治理论课优秀学生的红色实践育人，乃至党员师生的"不忘初心、牢记使命"主题教育都能提供启发和借鉴。

2020 年突如其来的新冠肺炎疫情，给红色教育实践基地开展实践教学带来了很大冲击。一方面，我们作出了信息化应对策略，采用 VR 技术体验红色历史时空穿越。为了确保马克思主义理论人才的培养质量，为了向社会输送更多具有马克思主义理论素养的体育院校大学生，我们将一如既往地把红色教育实践育人特色保持下去，将之打造成体育院校特色的实践育人品牌。

李红霞

2021 年 8 月

目 录
CONTENTS

上篇
教学改革成果概览

▼

▼

一、教学改革成果简介

"革命传统教育"是按照马克思主义理论本科专业培养方案专门设置的一门独立社会实践课。2017年，马克思主义学院开办了首批2+2马克思主义理论实验班，2018年开始正式招收马克思主义理论专业本科生，成为全国首批八所开办马克思主义理论本科专业的院校之一。

2017年秋，为深入贯彻落实习近平新时代中国特色社会主义思想和党的十九大精神，马克思主义学院将"革命传统教育"作为马克思主义理论专业本科生的一门独立社会实践类课程纳入培养方案。课程总学时为172，其中理论学时52，实践学时120，要求本科生至少完成4次实践，获得8个社会实践学分方可毕业，硕士生至少完成2次，方可获得1个社会实践学分，博士生须协助教师组织红色教育实践活动至少2次，方可获得1个社会实践学分。从2018年1月开始，学院先后与井冈山大学继续教育培训学院、延安大学泽东干部学院、遵义师范学院等签署了红色教育实践基地建设协议，逐步构建了井冈山、遵义、延安、西柏坡四大红色教育实践基地，同时将香山列为第五个红色教育实践基地。

该课程利用每学期考试周结束后的社会实践周组织学生去井冈山、遵义、延安、西柏坡、香山等革命圣地开展情境体验式现场教学，引导学生识读中国共产党革命文化的优秀成果——党的丰富多彩的革命精神谱系，感悟真理的魅力和信仰的力量，学习革命先辈和英雄们的初心意识和使命担当意识。课程内容分为五大模块：井冈山革命精神教育、遵义革命精神教育、延安革命精神教育、西柏坡革命精神教育、香山革命传统教育。

迄今为止，红色教育实践课程完成了五大基地的开展工作，并进行了六次社会实践活动，参与人数达300多人次。作为学院为贯彻习近平总书记在全国思政课教师座谈会上讲话和学校思政课建设实施意见启动的思政课"十大工程建设"之首，取得了最明显的成效。该课程在课程育人的基础上充分发挥了革命文化育人和红色实践育人的作用，取得了良好的教学效果，被评为首批国家级社会实践类金课，为丰富三全育人十大体系提供了启发和经验。

二、主要解决的教学问题和解决办法

（一）主要解决的教学问题

首先，在知识与技能层面，解决了学生知识结构中存在的革命历史知识不足或不牢的问题。在聆听专家学术报告的基础上，利用井冈山、遵义、延安、西柏坡、香山等革命圣地的红色教育资源开展情境体验式现场教学，带领学生重温党的光辉革命历史。

其次，在过程与方法层面，解决了学生思维习惯中存在的理论脱离实际的问题。通过体验式、研究式、访谈式、仪式化、激情教学等多种教学方法，培养学生理论联系实际的能力，引导学生运用马克思主义的立场、观点和方法观察当代社会、分析解决中国当前面临的现实问题。

再次，在情感、态度与价值观层面，解决了学生价值观中存在的马克思主义理论的信与行的问题。通过红色教育实践基地的沉浸式体验教学，引导学生在坚定理论自信的基础上坚定道路自信、制度自信和文化自信，从而培养具有扎实的马克思主义理论功底、坚定的马克思主义信仰的马克思主义理论专业人才。

（二）解决教学问题的方法

一是突出红色主题，传承红色基因。"革命传统教育"课程主题始终围绕"重温革命历史，牢记初心使命，发扬革命精神，传承红色基因"，通过再现中国共产党丰富多彩的革命精神谱系，包括井冈山革命精神、遵义革命精神、延安革命精神、西柏坡革命、香山革命传统等，辅以成人礼等传统文化底蕴的涵养，帮助学生掌握党的革命文化精髓，在革命精神的洗礼中培养学生在马信马的专业品质和在马爱马的专业态度，树立中国特色社会主义的道路自信、理论自信、制度自信和文化自信。

二是整合全国资源，完善基地布局。课程先后建立了井冈山、遵义、延安、西柏坡四大红色教育实践基地，并将香山列为第五个红色教育实践基地。五大基地覆盖了中国革命历史进程中的重要转折点，将中国共产党 1927－1949 年间的革命历史完整串联起来。通过构建完整的基地布局，使学生接受系统的革命历史教育。

三是创新教学思路，拓展五度空间。与传统的社会实践活动不同，"革命传统教育"课程在教学思路上采用"五度空间拓展法"，即拉伸课程的高度、深度、厚度，保持课程的难度与热度。具体而言，通过开展专题式教学、案例式教学、访谈式教学等，拉伸课程的理论高度、学术深度和思想厚度；通过研究式、体验式、仪式化、激情教学等，保持课程的学习难度与兴趣热度。"五度空间拓展法"的实施，有效激发了学生的情感和意志，强化了学生对马克思主义理论的认知度、认同度，实现了积极正向的价值引领。

　　四是规范教学实施，加强过程管理。课程在教学实施上坚持"四化"，即合作化、基地化、规范化、制度化。与四大高校合作，把红色教育实践基地建在井冈山大学、遵义师范学院、延安大学、河北师范大学，实现教学"合作化"；在红色教育实践基地开展现场教学，把课堂搬到革命圣地，搬到洒满革命英雄热血的红色土地上，实现教学"基地化"；由基地共建双方相互商议、共同制定培训计划、签署培训合同，实现教学"规范化"；将课程纳入马克思主义理论专业培养方案，要求学生获得 8 个学分方可毕业，实现教学管理"制度化"。

三、教学改革成果的创新点

　　一是课程建设的创新。"革命传统教育"课程与井冈山、遵义、延安、西柏坡、香山五大红色教育实践基地协同授课，开展跨省市联合培训。在组建本校教师团队的同时，充分利用当地富有经验的培训师资力量，打造优秀的"双师团队"——北体马院指导教师团队和五大红色教育实践基地讲师团队，确保了教学质量。两支团队通力合作，采用多种多样的教学形式开发学生的学习兴趣和思考能力，实现教学效果的最大化。

　　二是教学空间的创新。与传统的课堂讲授不同，"革命传统教育"课程将课堂搬到了红色革命圣地，搬到革命英雄牺牲的土地上，让学生近距离感受英雄的脉搏，回忆革命先烈的英雄事迹。通过重走朱毛挑粮小道、团队精神拓展训练、娄山关下唱毛主席诗词、向英雄敬献花篮等在五大红色教育实践基地的沉浸式体验，学生更能真切体会到新中国的来之不易，从而更加坚定实现中华民族伟大复兴的信心。

　　三是教学方法的创新。除了传统的专题讲座，"革命传统教育"课程还采用了体验式教学、激情教学、访谈式教学、仪式化教学（敬献花篮、重温入党誓词）、研究式教学等多种教学方法，使课程兼顾思想性、政治性、理论性和实践性。体验式教学挑战和激发了学生意志；激情教学激发了学生的爱国主义和革命英雄主义情感，使学生们保持对课程主题的热度；访谈式教学增强了学生对马克思主义中国化理论成果的深度认同；仪式化教学引导学生积极践行社会主义核心价值观，实现知、信、行的统一；研究式教学提高了学生的研究能力和学术写作能力。四是实践教学与理论研究相结合。课程秉承"理论与实际相结合"的理念，把实践活动安排在期末考试结束后，学生们在教师的指导下事先选好研究选题，带着问题去，带着答案回，每人提交一份社会实践报告。回到学校后，教师再对学生提交的实践论文进行批改，将优秀论文结集出版。通过这种严格的成绩评定，巩固学生的学习效果，厚植学生的研究兴趣。

四、教学改革成果的推广应用效果

首先，学生培养质量稳步提升，各方面能力显著提高。通过课程学习，学生的理论分析能力和理论联系实际的能力都有了显著提高，不仅加深了对共产党执政规律、社会主义建设规律、人类社会发展规律的认识，还锻炼了学术研究能力和论文写作能力，为未来就业和进一步求学打下了坚实的基础。首批社会实践成果集已纳入马克思主义理论学科和思政课建设文库，拟于2021年出版。

其次，学生受到革命精神的洗礼，马克思主义信仰更加坚定。通过课程学习，学生的马克思主义信仰也更加坚定，启发马克思主义理论学科的学生坚持在马研马，在马爱马，在马信马。有学生说这辈子决定跟党走，有的党员学生想到之前入党只是为了找工作感到很惭愧；指导教师反馈部分学生对党史产生了浓厚兴趣，想要报考党史专业研究生；部分学生家长也反馈孩子寒假回家变得更懂事了。

再次，成果得到人民网等媒体的报道，起到了示范和辐射作用。人民网（2019年10月28日）将北体马院的红色教育人才培养模式总结为：通过与实践相结合的教学方法，让学生"都爱听""真相信""产共鸣""有收获"，做到学而信、学而用、学而行。《新体育》（2019年10月28日）称：如果有一个词可以概括出北体马院思政课教学改革的最大亮点，那就是"红色"，即将红色基因深深根植于思政课堂，让师生感受到红色文化的全方位熏陶。

最后，课程建设获得教育部肯定，获批首批国家"金课"。2020年10月30日，在教育部公示的首批国家级一流本科课程（国家"金课"）名单中，"革命传统教育"课程入选为国家级社会实践类专业金课。同年，课程获得北京体育大学教学成果奖一等奖。

五、代表性教学法教案示例

（一）专题报告《井冈山斗争和井冈山精神》教案

"革命传统教育"（井冈山基地）社会实践课教案

专题式教学法　授课人：基地讲师团教师

课程名称	革命传统教育	课程类别	社会实践课	总学时数	40	课次	1
授课对象	2018级马克思主义理论专业本科生、公共思政课代表	授课人数	50人	授课日期	2019.1.13	授课地点	井冈山大学学术交流中心
本课题目	井冈山斗争与井冈山精神			使用教材	《中国共产党的九十年》（2016年版）		
教学目标	通过本节课的内容讲解，使马克思主义理论专业本科生、思政课代表在认知上能够了解井冈山的地理位置，党和红军在井冈山时期开展革命斗争的历史条件、主要举措和历史经验，深刻把握井冈山道路、井冈山精神的主要内容，认清井冈山道路、井冈山精神的历史意义和当代价值。						
教学内容	导入新课（10分钟） 第一部分 井冈山斗争（80分钟） 第二部分 井冈山精神（80分钟） 课程小结10分钟						
教学重点与难点	教学重点：1. 井冈山斗争的历史背景 　　　　　2. 井冈山斗争的主要举措和历史经验 教学难点：1. 井冈山道路、井冈山精神的主要内容 　　　　　2. 井冈山精神的历史意义和当代价值						
教学方法与手段	1. 采用教师讲授、启发式提问、讨论、演唱江西民歌，以及其他互动式教学方法。 2. 运用PPT使用图片、动画、视频案例、截图等多媒体教学形式。 3. 利用板书进行教学内容结构及重要知识点的文字提示，直观解析其与讲解过程之间的关系。						

教学步骤	教学内容	教学方式	时间
导入	井冈山为什么被称为"天下第一山"？ 1962年3月5日，朱德同志重上井冈山的第二天在井冈山革命博物馆为井冈山挥笔写下"天下第一山"五个大字。井冈山既不是最高也不是最大但朱德同志为何给井冈山如此高的赞誉？这得了解井冈山斗争的历史。1927年，毛泽东同志带领队伍上达井冈山后，面对艰苦的生存条件，面对敌人的疯狂进攻，面对党内的"左倾"和右倾错误，毛泽东始终受委屈而不抱怨，遇挫折而不气馁，克服重重困难，不忘初心、坚定执着追理想，领导根据地军民进行了艰苦卓绝的井冈山斗争，开辟了井冈山革命根据地。井冈山因在中国革命中的特殊地位，而被称为"天下第一山"。	讲授、启发式提问	10分钟
基本部分	第一部分　井冈山斗争 一、革命进入低潮和共产党人的武装反抗 　　1927年大革命失败后，蒋介石在南京建立政权，经过一系列新军阀混战，建立起在全国范围内的统治。这个政权对外实行反苏、亲帝的政策，对内竭力维护官僚买办资产阶级和封建地主阶级的利益，限制和压制民族资本主义的发展，残酷地镇压、屠杀共产党人和革命群众。因此，同北洋军阀一样，它仍然是一个代表大地主大资产阶级利益的独裁专制政权。 　　据不完全统计，从1927年3月到1928年上半年，被杀害的共产党员和革命群众达31万多人。在极其险恶的局势下，党内思想异常混乱，一些不坚定分子离开党的队伍，党员数量急剧减少。与此同时，工农运动走向低沉，相当多的中间人士同共产党拉开了距离。事实表明：中国革命已进入低潮。在革命的危急关头，1927年7月中旬中央临时政治局决定了三件大事： 　　1、将党所掌握和影响的部队向南昌集中，准备起义； 　　2、在秋收季节举行暴动； 　　3、召集中央会议，讨论和决定新时期的方针和政策。 　　为了纠正党在大革命后期的严重错误，制定新的路线和政策，中共中央于8月7日在汉口秘密召开紧急会议，即著名的八七会议。会议在批评大革命后期陈独秀右倾错误、总结大革命失败教训的基础上，确定了土地革命和武装起义的方针，并选出以瞿秋白为首的中央临时政治局。这次会议给正处在思想混乱和组织涣散中的党指明出路，为挽救党和革命作出了巨大贡献。这是由大革命失败到土地革命战争兴起的一个历史转折点。	讲授、启发式提问	80分钟

教学 步骤	教学内容	教学 方式	时间
	毛泽东在会上着重阐述了党必须依靠农民和掌握枪杆子的思想，强调党"以后要非常注意军事，须知政权是由枪杆子中取得的"。会议还提出了"整顿改编自己的队伍，纠正过去严重的错误，而找着新的道路"的任务。八七会议使中国共产党在政治上大大前进了一步，开始了从大革命失败到土地革命战争兴起的转折。 　　从 1927 年大革命失败到 1928 年初，除南昌起义、秋收起义、广州起义外，中国共产党还先后在海陆丰、琼崖、鄂豫边、赣西南、赣东北、湘南、湘鄂西、闽西、陕西等地区领导了近百次武装起义。这些起义，有一部分很快地失败了。它们的失败告诉我们：在中国的现实国情下，企图通过城市武装暴动或攻占大城市来夺取革命胜利，是行不通的。 　　二、"左"倾盲动错误的出现及纠正 　　1927 年 11 月召开了中央临时政治局扩大会议，确定了以城市为中心的全国武装暴动计划，使"左"倾盲动主义在全党取得支配地位。1928 年 4 月，中央临时政治局发出通告，承认党内存在着"左"倾盲动主义错误，"左"倾错误在全国范围的实际工作中基本停止。革命处在低潮而党内却出现"左"倾盲动主义错误的原因有： 　　1、中共中央和许多共产党人对中国政局的复杂性和中国革命的长期性缺乏认识； 　　2、对国民党屠杀政策的愤懑，使党内普遍存在着一种急躁拼命情绪，同时害怕重犯右倾错误，认为"左"比右好，也为"左"倾错误的发展提供了温床； 　　3、共产国际代表罗米那兹对这次错误的出现负有重要责任，他是政治上的盲动主义、组织上的惩办主义以及其他"左"倾政策的主要提出者和推行者。 　　三、井冈山革命根据地的开辟 　　在各地武装起义蜂起的时候，中共中央仍然留在上海，党的工作重心依旧放在城市。实际上，从外国搬来的"城市中心论"是脱离中国实际情况的。毛泽东、朱德领导的井冈山根据地的斗争，在如何认识中国革命发展的客观规律，走出一条符合国情的革命道路方面，作出了突出贡献。 　　根据地的武装斗争同土地革命是分不开的。在井冈山根据地建立的初始阶段，主要任务是发动农民打倒土豪劣绅，分田工作只在地区试行。随着根据地的逐步稳定，1928 年 5 月至 7 月，在边界各县掀起全面分田的高潮，年底颁布了井冈山《土地法》。		

教学步骤	教学内容	教学方式	时间
基本部分	对于"红旗到底能打多久"的疑问，毛泽东作出了回答：中国是帝国主义能间接统治的经济落后的半殖民地国家，地方性的农业经济（不是统一的资本主义经济）和帝国主义划分势力范围的分裂剥削政策，造成了各派新旧军阀之间的矛盾以至连续不断的战争。红色政权可以利用这种条件坚持下来并得到发展。只要有继续向前发展的革命形势，有很好的党并制定正确的政策，有很好的群众，有相当力量的红军，有便利于作战的地势相提供足够给养的经济力，红色政权就能够存在和发展。 　　四、农村革命根据地的发展和中国革命道路的探索 　　党的六大以后，各地党组织抓住国民党新军阀混战的有利时机，发动农民开展游击战争，实行土地革命，建立革命政权，红军和根据地不断巩固和扩大。这个时期，重要的根据地有赣南闽西、湘鄂西、鄂豫皖、闽浙赣、湘鄂赣、湘赣、广西的左右江、广东的东江和琼崖等。各根据地的党组织抓住军阀混战的时机，发动农民实行土地革命，建立革命政权，开展游击战争，使红军和根据地不断巩固和扩大。其中影响最大的，是毛泽东、朱德会领导开辟的赣南闽西根据地。 　　赣南、闽西根据地的成功经验，对各地红军、根据地的发展和建设，起了鼓舞和示范作用。经过艰苦的斗争，到1930年夏，全国已有十几块农村根据地，红军发展到约7万人，连同地方武装共约10万人。经过艰苦的探索，中国共产党人开始懂得，农村根据地已成为积蓄和锻炼人民革命力量的主要战略基地。 　　古田会议决议是党和红军建设的纲领性文献。它解决了在农村环境中，在农民为主要成分的情况下，如何从加强思想建设着手，保持党的无产阶级先锋队性质和建设无产阶级领导的新型人民军队的问题。会议选出红四军新的前敌委员会，毛泽东当选为书记。		
	第二部分　井冈山精神 　　一、井冈山精神在实现中华民族伟大复兴进程中形成 　　井冈山精神是我们党肩负起实现中华民族伟大复兴的使命之后，在井冈山革命实践中凝练出来的，具有深厚的历史底蕴和现实价值。艰辛、曲折的"寻梦"旅程是井冈山精神产生的社会历史基础。	讲授、启发式提问、多媒体教学	80分钟

教学 步骤	教学内容	教学 方式	时间
	近代以来，面对"数千年未有之强敌"和"数千年未有之变局"，中国人民和无数仁人志士进行了千辛万苦的探索和不屈不挠的斗争，但终未能改变中国半殖民地半封建社会的悲惨命运。中国共产党自成立之日起就毅然决然地举起历史的"接力棒"，紧紧依靠广大工农大众，领导人民开展反帝反封建的新民主主义革命。从此，中华民族逐步摆脱了近百年的沉沦与屈辱，在血与火的革命实践中向民族复兴迈进。 　　井冈山根据地是中国革命的摇篮，是党领导工农群众建立的具有重大影响的农村革命根据地。井冈山斗争时期的革命实践，是中国共产党"追梦"和"圆梦"进程中具有标志意义的伟大事件，在全国政治上有重大的意义。当年，在白色恐怖的形势下，在井冈山斗争的峥嵘岁月里，党领导人民建立工农政权、开展分田斗争、加强革命军队建设、克服各种错误思潮的影响，战胜了难以想象的种种困难，培育形成了以"坚定执着追理想、实事求是闯新路、艰苦奋斗攻难关、依靠群众求胜利"为内涵的井冈山精神。 　　二、井冈山精神是增强道路自信、走好中国道路的精神之源 　　习近平总书记指出："井冈山道路是马克思主义中国化的经典之作，从这里革命才走向成功。"敢闯新路，是井冈山精神的核心内涵，也是根本上改变中国人民和中华民族前途命运的关键所在。毛泽东等正是坚持了实事求是的思想路线，深入调查研究，科学分析近代中国国情，把马克思主义普遍原理同中国实际相结合，开辟了一条以武装斗争为主要形式，以土地革命为中心内容，以农村根据地为根本依托，开展"工农武装割据"的农村包围城市、武装夺取政权的革命新道路，建立了新型革命政权——工农兵政府，并提出了治党治军的一系列重要主张。 　　三、井冈山精神是培育精神家园、弘扬中国精神的宝贵财富 　　艰苦奋斗是中华民族生生不息的优良传统，是中国共产党及其领导的人民军队的政治本色，也是井冈山精神的重要内容。当年的井冈山，"人口不满两千，产谷不满万担"，山上没有像样的路，没有学校，更没有工业，红军没有可以补给的物资，特别是国民党军队对井冈山革命根据地不仅进行军事上的"进剿"和"会剿"，还实行严密的经济封锁，斗争环境之艰苦难以想象。如何在这样极度困难的条件下坚持斗争、求生存求发展？没有坚强的意志和艰苦奋斗的精神显然是不行的。根据地的军民以惊人的革命毅力和顽强的斗争精神勇克难关：吃的是"红米饭、南瓜汤，野菜野果当干粮"；盖的是"金丝被"（干稻草）；住则"天当房，地作床"。		

续表

教学步骤	教学内容	教学方式	时间
	四、井冈山精神是坚持群众路线、凝聚中国力量的重要法宝 　　一切为了群众，一切依靠群众，坚持群众路线，这是井冈山精神的又一重要内涵，也是中国共产党人最大的政治优势。与人民群众血肉相连，"有盐同咸，无盐同淡"，我们党以此赢得了民心，赢得了人民的拥护和支持。		
教学小结	井冈山精神是党的革命精神谱系中具有开创意义的一道光谱，奠定了中国革命胜利的基础，是我们宝贵的精神财富，传承，继承和发扬精神是确保伟大事业胜利的法宝。	讲授	10分钟

（二）访谈式教学《与红军后人面对面　把革命精神代代传》教案

"革命传统教育"（井冈山基地）社会实践课教案

访谈式教学专题式教学主持人：基地讲师团教师

课程名称	革命传统教育	课程类别	社会实践课	总学时数	40	课次	12
授课对象	2018级马克思主义理论专业本科生、公共思政课代表	授课人数	50人	授课日期	2019.1.16	授课地点	井冈山大学学术交流中心
本课题目	访谈教学 红色基因代代传，坚定执着追理想—访谈井冈山时期老红军后代		访谈对象			王佐的重孙王华文 曾志的孙子石草龙	
教学目标	通过本次访谈教学，使马克思主义理论专业本科生、思政课代表能够认清井冈山道路、井冈山精神的历史意义和当代价值，通过聆听先辈革命历史，传承井冈山精神。						

续表

教学内容	第一部分 曾志的红色家风故事（45分钟） 邀请曾志的孙子石草龙讲述奶奶为革命牺牲个人家庭和坚持党性原则的故事。 第二部分 革命烈士王佐后人王华文访谈实录（45分钟） 邀请王佐的曾孙王华文讲述祖父当年被错杀的历史真相，分享自己对党的形象、党的历史的正确认识。
教学重点与难点	教学重点：学习曾志身上可贵的艰苦奋斗、无私奉献的井冈山革命精神。 教学难点：井冈山精神的时代价值，袁文才、王佐被错杀的真相和启示。
教学方法与手段	1. 采用访谈教学、教师启发式提问、学生讨论等互动式教学方法。 2. 运用PPT使用图片、动画、视频案例、截图等多媒体教学形式直观感受历史。

教学步骤	教学内容	教学方式	时间
导入	来到井冈山，走进历史深处，这里的每一个故事都浸染着烈士的鲜血，每一份坚持都印证着信念的坚强，每一个情节都饱含心灵的震荡，每一个形象都记录着信仰的坚定。本期访谈，让我们与两位烈士后人面对面，聆听他们传承不朽的井冈山精神，为我们带来永放时代光芒的"红色故事"。	讲授、启发式提问	5分钟
基本部分	访谈一 曾志的红色家风故事 主持人：烈士墓旁的山坡上，一棵碗口大的松树下，一块小小的方碑上刻着简单的几个字——"红军战士曾志"。树下没有墓，松柏间却隐隐回响着这位红军老战士生前掷地有声的誓言："我对我选择的信仰至死不渝，我对我走过的路无怨无悔。"曾志同志是杰出的无产阶级革命家，中国共产党组织战线接触的领导者，一位伟大的共产党员。石草龙先生，曾志同志是您的奶奶，据说与您的父亲分离二十余年才团聚，您可以和我们分享一下曾志同志的家庭故事吗？ 请曾志的孙子石草龙回忆奶奶投身革命的经过、扔下孩子撤离井冈山的经过、新中国成立后与孩子见面的经过；奶奶重访井冈山的经过；父亲请求奶奶帮助自己农转非，解决工作被奶奶回绝的经过；以及奶奶去世后魂归井冈的经过。	提问、嘉宾访谈	40分钟

教学步骤	教学内容	教学方式	时间
基本部分	主持人：面对国事与家事的考量，一位"为了革命，随时准备献出一切"的老红军战士如此坚持原则，让人敬佩，更让人感慨。石草龙先生，那您理解您奶奶曾志同志的做法吗？ 石草龙回忆曾志奶奶在自己心中的形象，对奶奶服从革命事业需要和人民利益，遵守党的纪律和国家政策原则的革命精神的理解。 主持人：曾志同志的一生十分坎坷，她曾对毛主席说：为了革命，我随时准备献出自己的一切。她想的是国家，忘的是自己，与小井烈士墓相邻，和巍巍青山做伴，这才是真正的巾帼英杰！谢谢石先生为我们讲述曾志同志可敬可叹的故事！		
基本部分	访谈二　革命烈士王佐后人王华文访谈实录 主持人：王佐同志是井冈山早期领导人，协助毛泽东领导建立了井冈山革命根据地的后方机关和五大哨口，1930年被错杀。今天我们邀请到王佐的后代重孙王华文，让他带我们走进那段唏嘘的历史，追忆这位英年早逝的革命烈士。 请王佐的重孙王华文回忆祖父短暂而辉煌的一生。讲述祖父被错杀的历史背景和真实经过，直到解放全国后被平反。 主持人：王佐同志被错杀，是井冈山革命根据地的一大损失，也是中国共产党和工农红军的一大损失，令人悲痛又惋惜。您是如何看待两位前辈被错杀的这段历史，又是如何看待党呢？ 请王华文谈谈自己对那段错杀历史的看法，从一个普通党员的视角谈谈对党的形象的认识。 主持人：王佐同志的一生尽管短暂，但却光辉灿烂，他身上所展现出的革命精神也将一直激励鼓舞后人不断砥砺前行。那您对当下社会上大力宣传革命英雄事迹是否满意呢？ 请王华文谈谈关于革命英雄事迹宣传工作的看法，以及党和政府对红军后代的关怀和帮助，以及怎样用自己行动加强对自己子女的教育。 主持人：感谢两位先烈后人的访谈，我们由衷地感受到先辈们为理想抛头颅洒热血的精神，这将时刻提醒我们不忘历史，砥砺前行！	启发式提问、讨论、多媒体教学	40分钟

教学步骤	教学内容	教学方式	时间
教学小结	主持人： 　　这次访谈使我们被老一辈无产阶级革命家"胸怀理想、坚定信念，实事求是、勇闯新路，艰苦奋斗、敢于胜利，依靠群众、无私奉献"的井冈山精神深深感动。曾志同志的故事让我看到了一个追求崇高，但又不甘平凡，公私分明、党性极强的老红军战士形象。鼓舞我们不忘初心、牢记使命，努力继承和弘扬井冈山革命精神，为中国梦的实现贡献自己的力量。 　　请同学们谈一谈自己的感受。	讲授	5分钟

（三）激情教学《唱井冈红歌》教案

"革命传统教育"（井冈山基地）社会实践课教案

激情教学法　授课人：基地讲师团教师

课程名称	革命传统教育	课程类别	社会实践课	总学时数	40	课次	13
授课对象	2018级马克思主义理论专业本科生、研究生、公共思政课代表	授课人数	50人	授课日期	2019.1.16	授课地点	井冈山大学学术交流中心
本课题目	激情教学：唱井冈红歌		使用教材	《中国共产党的九十年》（2016年版）			
教学目标	通过学唱映山红等井冈红歌，了解井冈山时期革命文化的特点，领略红军与当地百姓之间的深厚感情，认知井冈山时期中国共产党扎实的群众基础。						

续表

教学内容	一、讲解、学唱《毛委员和我们在一起》（10分钟） 二、讲解、学唱《映山红》（20分钟） 三、讲解、学唱《十送红军》（15分钟） 四、讲解、学唱《三大纪律 八项注意》（15分钟）
教学重点与难点	教学重点：电影《闪闪红星》插曲《映山红》的革命背景及深刻意义。 教学难点：《三大纪律 八项注意》出台的历史背景。
教学方法与手段	通过学唱红歌这种体验式、激情教学法领会井冈山时期的革命精神。 参与互动式教学法，学习党的严明的纪律意识，体会党和群众的深厚感情。

教学步骤	教学内容	教学方式	时间
基本部分	一、讲解、学唱《毛委员和我们在一起》 　　苏区著名红色歌谣，曲调欢快、幽默、风趣，贴近生活，朗朗上口。 　　据词作者唐山樵回忆：20世纪60年代，唐老在井冈山报社工作。1965年，唐老接到上级交派的任务，要创作一台大型歌舞《井冈山颂》，因创作《井冈山颂》，唐老上井冈山收集素材。在一次野菜"忆苦餐"会上，老暴动队长邹文楷等人讲了一个毛委员带头吃野菜的故事。当年，有一次早饭吃野菜汤。有战士说：今天的野菜太苦。毛委员便舀了半勺野菜汤一口气喝完，还说："味道不错嘛！再给我盛一碗。"红军战士说："这野菜汤毛委员能喝，我们也能喝。"听了这个故事，一个鲜明的主题从唐老脑海里涌现，并很快把歌词写好。第一段写"吃"："红米饭，南瓜汤，挖野菜，也当粮，毛委员和我们在一起，餐餐味道香。"第二段写"住"："干稻草，软又黄，金丝被，盖身上，毛委员和我们在一起，浑身暖洋洋。"第三段着重写"武装斗争"的内容："穿草鞋，背土枪，反围剿，斗志旺，毛委员和我们在一起，天天打胜仗。"1972年，《毛委员和我们在一起》定稿后，很快就唱遍了华夏大地。 　　可组织男女生轮唱、男女生对唱等互动形式，体验红军革命斗争中的乐观主义精神。	激情教学、体验式、参与式、互动式教学	10分钟

教学步骤	教学内容	教学方式	时间
基本部分	二、讲解、学唱《映山红》（20分钟） 　　江西民歌风格。影片《闪闪的红星》的插曲，旋律优美的，词语深情。 　　1974年10月29日到11月14日，傅庚辰在短短半个月的时间里为《闪闪红星》写完了剧本中所有的歌曲，配上了合唱，增写了《红星照我去战斗》，并完成了全部乐队伴奏总谱。这些歌曲经摄制组全体讨论获得通过，回到北京后准备开始录制。就在这时，傅庚辰却在音乐组一次开会的办公室里发现了《闪闪的红星》文学剧本的第三稿。其中有一首歌词写道："夜半三更盼天明，寒冬腊月盼春风，若要盼得亲人回，岭上开遍映山红。"怦然心动，音乐组的其他同志也认为这首歌词好，鼓励他换歌。但前几首已经摄制组讨论通过，总谱也已完成，花费了很多心血，马上就要开始录音，从头新写能否超过从前？思想斗争很激烈。但是经过深入分析，他认识到：冬子妈唱歌的时候，她还不是共产党员，红军到了什么地方，何时回来，她也不知道。她是凭着信念和向往相信革命一定会胜利，红军一定会回来的。所以，在白色恐怖气氛下，在夜半三更，在山中一个茅屋里，当她的儿子问她爸爸和红军什么时候回来时，她从心里发出了向往的歌声"夜半三更盼天明……"是合乎此情此景下人物的思想感情分寸的。想到这里，傅庚辰下决心舍掉《手捧红星盼红军》（一）、（二）和《热血迎来红旗飘》，改写《映山红》（一）、（二），并把歌词中的"若要盼得亲人回"改成"若要盼得红军来"。 　　歌曲通过轮唱、领唱、合唱等形式体验歌表达人民群众对红军的热爱，对英雄的崇敬，对革命坚定的信仰。	讲授、激情教学、体验式教学	20分钟
	三、讲解、学唱《十送红军》 　　第二次国内革命战争时期，井冈山革命根据地战斗频繁。每当红军上前线，各个村子的百姓经常到村头、河边、大道旁送别红军，有时一边送一边唱。其中一首送别红军歌，曲调非常口语化，歌词中夹杂着不少俚语、方言，唱半句，停半句，旋律婉转优美。泣如诉的《十送红军》，与苏区人民的泪水流在了一起；再现革命的历史画面。	讲授、激情教学、体验式教学	15分钟

教学步骤	教学内容	教学方式	时间
基本部分	四、讲解、学唱《三大纪律 八项注意》 　　中国人民解放军自建军之日起，就非常重视加强革命纪律，并严格执行统一的纪律，这是红军军队区别于一切旧式军队的显著标志。前身为三大纪律六项注意。1928年4月初，毛主席在桂东沙田，将过去陆续制定的纪律和注意事项综合在一起，并做了简单修改补充，正式定为三条纪律六项注意予以颁布。三条纪律为：一、不拿工人、农民、小商人一点东西；二、打土豪要归公；三、一切行动听指挥。六项注意为：一、上门板；二、捆禾草；三、讲话和气；四、买卖公平；五、借东西要还；六、损坏东西要赔。三条纪律六项注意鲜明地体现了人民军队的本质特征。 　　1929年以后根据形势发展和部队的实践经验，将"行动听指挥"改为"一切行动听指挥"，"不拿工人农民一点东西"改为"不拿群众一针一线"，"打土豪要归公"改为"筹款要归公"，后又改为"一切缴获要归公"，六项注意也逐步修改补充成为八项注意：说话和气，买卖公平，借东西要还，损坏东西要赔，不打人骂人，不损坏庄稼，不调戏妇女，不虐待俘虏。 　　1931年后，中共中央代表欧阳钦在向党中央报告中央苏区情况时，具体地报告了红一方面军的三大纪律八项注意。此后，三大纪律八项注意的条文措辞略有改动，并成为全军和地方武装的纪律。 　　三大纪律八项注意言简意赅，包含了丰富而深刻的思想内容。不拿群众一针一线的严格纪律，以及说话和气、买卖公平、借东西要还等具体要求，体现了中国人民解放军的性质、全心全意为人民服务的宗旨和军民一致的原则，表明中国人民解放军是一支无产阶级的新型人民军队。一切行动听指挥体现了党对军队绝对领导的原则和人民军队内部下级服从上级的指挥关系，是达到全军高度集中统一，保证军队执行中国共产党的路线，胜利完成各项任务最基本的纪律要求。一切缴获要归公，体现了人民军队的共产主义思想道德和在革命战争中必须充分利用缴获敌人的物资发展壮大自己的原则。不虐待俘虏的规定，体现了无产阶级解放全人类的政治胸怀、革命人道主义精神和瓦解敌军的原则。三大纪律八项注意是贯彻党的路线、方针、政策和完成各项任务的重要保证，是军队战斗力的重要因素。它对于加强军队建设，密切军民关系，增强官兵团结，夺取革命战争的胜利，起了重大的作用。人民解放军官兵来自人民，具有高度的革命事业心，自觉地把三大纪律八项注意作为行为规范严格遵照执行，从而获得了全国人民的真诚拥护和欢迎。"三大纪律八项注意"是人民解放军的优良传统和行动准则，体现了人民军队的本质和宗旨。它的重行颁布，对统一全军纪律，加强部队的思想和作风建设，具有重大的意义。	激情教学、体验式教学	15分钟

教学步骤	教学内容	教学方式	时间
课后作业	练习时强调声部配合，结业式上汇报演出《映山红》。		

（四）情境体验式教学《将红旗插上山顶》教案

"革命传统教育"（井冈山基地）社会实践课教案

情景体验式教学法　授课人：基地讲师团教师

课程名称	革命传统教育	课程类别	社会实践课	总学时数	40	课次	7
授课对象	2018级马克思主义理论专业本科生、公共思政课代表	授课人数	50人	授课日期	2019.1.15	授课地点	荆竹山
本课题目	情境体验式教学 将红旗插上山顶——艰苦奋斗攻难关，依靠群众求胜利			指导教师	高飞、范朝民两位教官		
教学目标	知识层面：使学生了解井冈山红军的基本建制、军规军纪、作战任务等，体会当年红军的艰苦生活条件，进而加深对共产党执政规律、社会主义建设规律的认识； 　　技能层面：通过今昔对比，培养学生历史联系实际的思维和能力，锻炼自理能力； 　　情感、态度、价值观层面：通过体验红军艰苦的行军生活，了解幸福生活的来之不易，认识到艰苦奋斗的井冈山精神是党的宝贵的精神财富，是克服困难夺取胜利的精神法宝。						
教学内容	（一）组建军队（120分钟） 　　（二）三大纪律六项注意（120分钟） 　　（三）自己动手丰衣足食（120分钟） 　　（四）胜利会师（120）						

教学 重点与 难点	教学重点：培养步调一致、团结协作的团队精神。 教学难点：野营午餐，考验学生自己动手丰衣足食的能力。
教学 方法与 手段	情景教学：通过角色扮演模拟红军队伍行军战斗的场景。 体验式教学：体验式教学法是革命精神教育的最佳教学法之一。通过将学生置于革命的历史情境中，体验革命人物的衣食住行、面临的困难和生存的压力，能使学生真正对革命精神"感同身受"达到课堂教学无法达到的效果。 参与互动式教学：通过拉板颠球和激情节拍考验学生的团队意识和协作精神。

教学 步骤	教学内容	教学 方式	时间
基本 部分	（一）组建军队 1. 高飞、范朝民教官介绍一天的教学内容。 2. 民主选举指挥部，包括"党代表""政委""参谋长"。 3. 队伍分编："中国工农红军第四军"和"中国工农红军第五军"，各军民主选举"军长""宣传委员""警卫员"等。	情景模拟 角色扮演	120分钟
	（二）三大纪律六项注意 1. 教官提出基本纪律要求。 2. 两支队伍分别展示队伍文化：团队口号、军歌、形象塑造。 3. 政委点评。 4. 拉板颠球：八条连线连着木板，球在板上颠八下，不能掉在地上。 5. 激情节拍：每喊一个字，击拍伙伴后背一下，比较两组完成"我们是最棒的团队"口号和节拍的速度，最开完成者胜出。 锻炼学生的遵守纪律、步调一致、团结协作的团队精神。	角色扮演 参与互动	120分钟

教学步骤	教学内容	教学方式	时间
基本部分	（三）自己动手、丰衣足食 "炊事班"为全军准备野餐。 要求：自己动手，丰衣足食，分工协作，收拾干净。	体验式教学	120分钟
	（四）胜利会师 1. 红四军先行进发，红五军负责"殿后"到目的地会师，体验"朱毛会师"。 2. 两军举行会师大联欢，仿写毛泽东诗词，并进行两军比赛。	体验式教学	120分钟

（五）情境体验式教学《重走朱毛挑粮小道》教案

"革命传统教育"（井冈山基地）社会实践课教案

情景体验式教学法　授课人：基地讲师团教师

课程名称	革命传统教育	课程类别	社会实践课	总学时数	40	课次	10
授课对象	2018级马克思主义理论专业本科生、公共思政课代表	授课人数	50人	授课日期	2019.1.16	授课地点	挑粮小道
本课题目	情境体验式教学 艰苦奋斗攻难关—— 重走朱毛挑粮小道	指导教师			李红霞、邱珍		
教学目标	知识层面：使学生了解"挑粮小道"产生的历史背景和历史价值，体会当年红军面临的艰难生活条件，进而加深对共产党执政规律、社会主义建设规律的认识； 技能层面：培养学生历史联系实际的思维和能力； 情感、态度、价值观层面：通过体验红军艰苦的行军生活，了解幸福生活的来之不易，认识到艰苦奋斗的井冈山精神是党的宝贵的精神财富，是克服困难夺取胜利的精神法宝。						
教学内容	一、"挑粮小道"产生的历史背景和历史价值（20分钟） 二、重走"挑粮小道"（40分钟）						

课程名称	革命传统教育	课程类别	社会实践课	总学时数	40	课次	10
教学重点与难点	教学重点：培养团结协作的团队精神和不畏艰难的奋斗精神 教学难点：重走"挑粮小道"，考验学生的耐力和毅力						
教学方法与手段	讲授法：向学生讲解"挑粮小道"产生的历史背景和历史价值。 体验式教学：体验式教学法是革命精神教育的最佳教学法之一。通过将学生置于革命的历史情境中，体验革命人物的衣食住行、面临的困难和生存的压力，能使学生真正对革命精神"感同身受"，进而达到课堂教学无法达到的效果。						

教学步骤	教学内容	教学方式	时间
基本部分	（一）"挑粮小道"产生的历史背景和历史价值 1928 年秋冬时节，因国民党严密封锁，井冈山革命根据地食盐、棉花、布匹、药材以及粮食奇缺，红军一日三餐大多吃糙米饭、南瓜汤，有时还吃野菜。严冬已到，战士们仍然穿着单衣行军打仗。 这时，畏难与动摇的情绪开始在红军队伍里滋生蔓延。尤其是井冈山会师后，根据地由原先 1000 多名红军增至上万名。虽然壮大了革命力量，但由于井冈山产谷不满万担，粮食等供给成了大问题。"红米饭，南瓜汤，秋茄子，味好香，餐餐吃得精打光。干稻草，软又黄，金丝被，盖身上，暖暖和和入梦乡。" 为打破湘赣两省敌人对井冈山根据地的经济封锁，军民同心开展了艰苦卓绝的斗争，包括打土豪、分田地、开办红色圩场、赤白贸易线、设立公卖处、开展熬硝盐运动、发行根据地货币等。 当时山下根据地收集的土地税粮，按片集中在茅坪谢冠南家、大陇尹家大店和柏路长富桥杨家祠。红军"一天一小仗，三天一大仗"，粮食存放在山下不安全，更不宜久留，需全部运上山贮存。那时上山没有公路，全需肩挑人扛，红四军上下掀起了轰轰烈烈的挑粮运动。 位于井冈山西北面的黄洋界下的红军挑粮小道，是当年红军从宁冈挑粮上山路线的一小段，全长 3.1 公里，路为羊肠小道，素以陡峭崎岖著称。当时，已是 42 岁的朱德和 35 岁的毛泽东在公务繁忙的情况下，依然亲自参与挑粮运动。在他们的带领下，红军每天往返 100 余里，靠着肩挑背驮把 30 多万斤粮食运上了井冈山，解决了井冈山革命根据地的给养问题，支撑了割据井冈山工农武装的革命斗争。	讲授	20分钟

教学步骤	教学内容	教学方式	时间
	（二）重走"挑粮小道" 　　全体成员在挑粮小道前集结完毕，开始重走挑粮小道的行军。体验当年朱德、毛泽东带领士兵通过"挑粮小道"运送粮食的艰辛，提醒学生牢记习近平总书记"行百里者半九十"的嘱托，在接续奋斗中实现中华民族伟大复兴的中国梦。	体验式教学	30分钟
教学小结	请同学们谈谈重走"朱毛挑粮小道"的体会和启发。	讨论	10分钟

（六）专题报告《遵义会议历史意义和当代价值》教案

"革命传统教育"（遵义基地）社会实践课教案

专题讲授法　授课人：基地讲师团教师

课程名称	革命传统教育	课程类别	社会实践课	总学时数	40	课次	3
授课对象	2018级马克思主义理论专业本科生、研究生、公共思政课代表	授课人数	70人	授课日期	2019.6.23	授课地点	遵义师范学院学术交流中心
本课题目	遵义会议历史意义与当代价值	使用教材		《中国共产党的九十年》 （2016年版）			
教学目标	通过本节课的内容讲解，马克思主义理论专业本科生、研究生，思政课代表在认知上能够了解第五次反"围剿"的历史背景，北上抗日、血战湘江、猴场会议等重大历史事件背后的生动故事，深刻把握遵义会议的召开背景和历史意义，认清遵义会议的召开标志着理论联系实际原则对教条主义的胜利。						

教学内容	导入新课（5分钟） 第一部分 "左"倾教条主义的影响（45分钟） 一、第五次反"围剿"遭到失败 二、红军北上抗日先遣队的历史地位 三、血战湘江 第二部分 理论联系实际原则的体现（35分钟） 一、遵义会议的背景和过程 二、遵义会议精神 课程小结5分钟
教学重点与难点	教学重点：1. 第五次反"围剿"失败的原因。 　　　　　2. 遵义会议精神。 教学难点：1. 红军北上抗日先遣队的历史地位。 　　　　　2. 遵义会议的背景和过程。
教学方法与手段	1、采用教师讲授、启发式提问、讨论以及其他互动式教学方法。 2、运用PPT使用图片、动画、视频案例、截图等多媒体教学形式。 3、利用板书进行教学内容结构及重要知识点的文字提示，直观解析其与讲解过程之间的关系。

教学步骤	教学内容	教学方式	时间
导入	关于遵义会议的研究一直是学术界研究的热点，出版了诸多著作和发表了大量学术论文。从党史学习和研究的角度看，要回答几个基本问题：为什么会召开遵义会议？它是在何种背景下召开的？召开之前已经开了哪些会议？遵义会议后又召开了哪些会议？ 　　另外，遵义会议与毛泽东思想的关系、遵义会议与中国共产党的统一战线政策的转变、遵义会议与党的建设、遵义会议与中国对外政策的关系、遵义会议对中国特色社会主义理论体系的借鉴和影响等问题也是大家学习、研究中应该注意的问题。带着这些问题，我们共同学习《遵义会议历史意义与当代价值》这个专题的内容。	讲授、启发式提问	5分钟

续表

教学 步骤	教学内容	教学 方式	时间
基本 部分	第一部分　"左"倾教条主义的影响 一、第五次反"围剿"遭到失败 （一）党中央对第五次反"围剿"失败原因的总结 　　1933-1934年中央苏区的第五次反"围剿"战争，是蒋介石倾全国之力对中央苏区发动的最大规模的一次进攻，也是一场使新生的中华苏维埃共和国遭受"亡国"之痛的战争。1935年1月8日在遵义会议上通过的《中央关于反对敌人五次"围剿"的总结决议》，认真分析了导致第五次反"围剿"失利的客观上、主观上的原因，明确指出第五次反"围剿"失败的主要原因在于主观上"我们在军事领导上战略战术上的错误路线"，并初步指出这种错误的来源"是由于对敌人的力量估计不足，是由于对客观的困难特别是持久战堡垒主义的困难有了过分的估计，是由于对自己的力量特别是苏区与红军的力量估计不足，是由于对于中国革命战争的特点不了解"。 　　1945年4月中共中央《关于若干历史问题的决议》明确指出，"在一九三三年秋开始的第五次反'围剿'战争中，极端错误的战略就取得了完全的统治""第三次'左'倾路线在革命根据地的最大恶果，就是中央所在地区第五次反'围剿'战争的失败和红军主力的退出中央所在地区"。 　　随后，《决议》深刻分析了第三次"左"倾路线在政治、军事、组织和思想方面的表现及其思想根源、社会根源。应该指出，这时的核心概念已由"中国革命战争"变为"人民战争"，并把第五次反"围剿"失败的原因重新表述为"是企图用阵地战代替游击战和运动战，用所谓'正规'战争代替正确的人民战争的结果。"这是中国共产党对中国革命和中国革命战争把握其规律性的认识，是对第五次反"围剿"战争失败原因认识的新的理论高度。在此前后中国革命战争的胜利用事实证明了这一认识的真理性。 （二）学术界对第五次反"围剿"失败原因的分析 1. 第五次反"围剿"失败的主观上的原因 　　中共中央在遵义会议决议中，尤其是在《关于若干历史问题的决议》中都对第五次反围剿失败的主观上的原因进行了深入的分析。中共十一届三中全会后，学术界的研究使决议更加丰富和具体。谈起第五次反"围剿"失败的主观原因，必然涉及李德和共产国际。李德所说由战术的胜利到战役的胜利、再到战略的胜利，是本末倒置的观点。	讲授、启 发式提问	45分钟

教学步骤	教学内容	教学方式	时间
基本部分	2. 第五次反"围剿"失败的客观上的原因 长期以来，第五次反"围剿"研究中"内因论"占据着主导地位。这种观点是正确的，但又是不全面的。有学者分析了国民党新战略的表现，即国民党权力重心的南移、保甲制度、地方武装制度、封锁、"新生活运动"等等方面，提出了这方面研究的新思路。 通过对蒋介石在第五次"围剿"中央苏区中的准备的考察，在第五次反革命'围剿'中，蒋介石从政治、军事、经济、思想到心理，从充实精神振作士气、推进政治工作、健全组织、加强纪律、统一指挥、整顿军队、改进战略战术、加强军队教育与技术训练到加强宣传等等，比之历次"围剿"都大为改进。 二、红军北上抗日先遣队的历史地位 （一）红军北上抗日先遣队是中国人民抗日战争的重要组成部分 1934年中国共产党和红军面临的形势主要有两大特点：一是反对日本帝国主义的侵略和国民党妥协投降，争取民族解放战争的胜利；二是保卫苏维埃政权，粉碎国民党军对中央苏区的第五次"围剿"。红军北上抗日先遣队就是在这一严峻形势下成立的。 历史事实表明，反对日本帝国主义侵略和打破国民党军对中央苏区第五次"围剿"，既是中国共产党、苏维埃政权和红军面临的严峻形势，也是其肩负的历史任务。同时也体现了中国共产党高举抗日旗帜，坚决反对日本帝国主义侵略中国和彻底推翻国民党反动统治的坚强决心。 首先，考察红军北上抗日先遣队，必须从党的政治纲领、政治路线和政治任务去考察。 其次，考察这段历史，还必须抗日战争的全过程、内外联系和历史发展去考察红军北上抗日先遣队，红军北上抗日先遣队是中国人民抗日战争的重要组成部分，是中国革命史上具有伟大历史意义的事件，这是不容争辩的事实。 （二）红军北上抗日先遣队拉开了战略转变的序幕 历史证明，红军北上抗日先遣队拉开了从正规战向游击战转变的序幕，它同红军长征一样，都是中国共产党由土地革命战争向抗日战争战略转变过程中的一次重大行动。同时，需要指出的是，红军北上抗日先遣队为中国革命付出了巨大牺牲，作出了重大贡献。红军北上抗日先遣队（红7军团、红10军团）全军前后约1万多人，历时6个多月，行程5600多里，大小战斗30多次，牵制国民党军队十几万人。在那场悲壮惨烈的战争中，几乎全军覆灭，红军将士为此付出了巨大牺牲，作出了重大贡献。		

教学步骤	教学内容	教学方式	时间
基本部分	三、血战湘江 　　湘江战役，国民党方面由蒋介石坐镇南昌直接指挥，陈诚作为预备军总指挥竭力协助蒋介石图谋策划。他们企图集中重兵歼灭红军于湘江东岸。红军陷入敌人 30 万大军重重包围：东面是中央军和湘军的 6 个师，北面中央军 5 个师，西北湘军 4 个师，西面桂军 5 个师，南边还有粤军。当时，敌我兵力对比为 6：1，中央红军似乎插翅难飞。因此，湘江战役打得异常血腥激烈，激战达一个星期。 　　湘江战役是中央红军长征出发以来最艰苦的一仗，是红军与国民党军队展开的生死决战。它粉碎了蒋介石企图将中央红军消灭于湘江以东地区的计划，同时也宣告了"左"倾军事路线的破产。由于"左"倾领导者面对强敌和险境，指挥失措，红军付出惨重代价，兵员折损过半，全军已不足 35000 人，作战部队伤亡超过三分之二。但是英勇无畏的红军将士终于突破敌人设防最严密的封锁线，以血的惨痛代价，保存了党和红军的精英，为继续长征夺取胜利奠定了基础。最重要的是，正如刘伯承回忆录所写："广大干部眼看反五次'围剿'以来，迭次失利，现在又几乎濒于绝境，与反四次'围剿'以前的情况对比之下，逐渐觉悟到这是排斥了以毛泽东同志为代表的正确路线，贯彻执行了错误的路线所致，部队中明显地增长了怀疑、不满和积极要求改变领导的情绪。这种情绪，随着我军的失利日益显著，湘江战役达到了顶点。"		
	第二部分　理论联系实际原则的体现 一、遵义会议召开的背景和过程 （一）遵义会议召开的背景 　　遵义会议的成功召开体现了历史发展的必然性与偶然性的统一。遵义会议是党和红军摆脱困境，争取生路，解决指战员军事路线分歧，增强凝聚力、战斗力的迫切需要。毛泽东的影响力及他对其他领导人的思想转化工作和正确方略，周恩来、朱德等党和红军指战员立场的转变，以及通道、黎平和猴场会议等，为遵义会议的成功召开奠定了基础。中共与共产国际失去联系，毛泽东参加长征及保有领导职务，派遣中央苏区的是周恩来而不是张国焘等偶然性因素，使会议得以顺利而又成功的召开。	讲授、启发式提问、讨论、多媒体教学	35分钟

教学步骤	教学内容	教学方式	时间
基本部分	（二）遵义会议的界定 遵义会议有狭义、广义之说。所谓狭义遵义会议（小遵义会议）就是指遵义会议本身。指红一方面军长征途经遵义时召开的为期三天的中央政治局扩大会议。目前，学界已倾向于从大遵义会议（广义遵义会议）来解读遵义会议，只是其具体包含哪几个会议存在分歧。大部分学者同意"1+4"系列会议说。前面的"1"指系列会议的主会议、中心会议或转折会议，即系列会议冠名的遵义会议，后面的"4"系主会议前后的预备和后续会议之和。 红军长征途中，党中央于1934年底至翌年3月先后召开了黎平会议、猴场会议、遵义会议、鸡鸣三省会议、苟坝会议等会议，其中以遵义会议为转折标志的这一系列会议组成了所谓的大遵义会议。黎平会议、猴场会议可视为大遵义会议的预备会议，鸡鸣三省会议、苟坝会议为大遵义会议的续篇，当然核心是遵义会议。 二、遵义会议精神 遵义会议精神是从总结和借鉴历史经验教训的角度来审视遵义会议的。近年来关于遵义会议精神的研究是学界的一个热点。一方面，是学者们对遵义会议深入研究和呼吁的结果。另一方面，历代党和国家领导人重视革命老区精神的继承和弘扬。 （一）概括遵义会议精神内涵遵循的原则 探求遵义会议精神的内涵应当依据"忠于史实、激励当代、启迪未来"的原则。"精神"内涵首先要尽量凸显"精神"的个性特征，即特殊性，使人们一看就能区分和识别——讲的是这个精神不是别的精神。其次，也要具有共性的内容，即共产党人一贯的作风和精神风貌，不管哪个革命精神，必然有贯穿于其中的共通的精神。再次，在提炼和概括精神内涵时，在文字的表述上应尽量为原生形态，具有原创性，抓住精神的本质特征，不流于形式，这样方能体现和彰显"精神个性"的生动性和鲜明性。 （二）遵义会议精神的内涵 丹青难写是精神。关于遵义会议精神的内涵，以往学界主要从思想路线、精神状态、理论诉求、领导作风、军事策略等方面进行归纳和概括。表述虽不一致，但其精神实质大同小异，其中如实事求是、坚定信念、独立自主、民主团结、务求必胜等精神是多数学者都认同的。此外，有学者还概括为自我批评、思想斗争、艰苦奋斗、勇于反思、勇闯新路；坚持辩证思维的科学方法，抓住主要矛盾，服务党的工作大局的精神；坚定信仰、敢为人先、听党指挥，是遵义会		

续表

教学步骤	教学内容	教学方式	时间
基本部分	议精神的主旋律，灵活机动是遵义会议精神的鲜明特征，努力推进马克思主义大众化是遵义会议精神的理论诉求；务实与担当（深刻体现）、危机管理能力和驾驭复杂局面（集中展现）等。 （三）遵义会议精神的当代价值 　　遵义会议有着极为重要的当代价值，它充分体现了中国共产党人的一贯作风和优秀品格，对建设中国特色社会主义宏伟事业具有强大的精神动力；对深入推进社会主义核心价值体系建设和在新形势下提高党的建设科学化水平具有极为重要的历史参照作用；作为民族和时代精神的重要组成部分，实现中华民族的伟大复兴也提供了历史的借鉴作用。 　　不论是遵义会议的开会方法，还是会议最终解决的军事组织等重大问题和做出的战略决策，其中所凸显出来的会议精神，对建设和发展中国特色社会主义和贵州"加快转型、加速发展、推动跨越"，实现经济又快又好发展，都具有非常重要的当代价值。		
教学小结	遵义会议精神坚持了党的实事求是的思想路线，挽救了党，挽救了中华民族的命运，是党的革命精神谱系中具有转折色彩的一道光谱，是党的革命文化的宝贵财富，必须继承发扬光大。	讲授	5分钟

（七）仪式化教学《革命理想高于天》教案

"革命传统教育"（遵义基地）社会实践课教案

仪式化教学法　主持人：基地讲师团教师

课程名称	革命传统教育	课程类别	社会实践课	总学时数	40	课次	5
授课对象	2018级马克思主义理论专业本科生、公共思政课代表	授课人数	50人	授课日期	2019. 6. 23	授课地点	遵义老城红军山

本课题目	仪式化教学 革命理想高于天——烈士陵园 存忠魂，重温誓词忆初心	指导教师	梁家明讲解员
教学目标	知识层面：使学生了解红军第五次反围剿的历史背景，通过学习革命战士的英勇事迹，深入理解遵义会议在中国共产党历史上的转折性意义，进而加深对党的历史及人民群众历史地位的认识； 技能层面：通过青年革命人物及其英勇事迹的熏陶，培养学生的历史使命感和责任感，联系自身和实际，培养实干能力； 情感、态度、价值观层面：通过现场瞻仰瞻仰烈士陵墓，聆听革命先烈的故事，奏唱国歌，敬献花篮，全体党员集体重温入党誓词等，领略共产党员的崇高革命信念，了解幸福生活的来之不易，认识到共产党人的革命信念和不渝初心是中国革命最终取得胜利的精神法宝。		
教学内容	（一）参观红军烈士陵园（20 分钟） （二）瞻仰烈士碑，奏唱国歌，敬献花篮，缅怀先烈，重温入党誓词（60 分钟） （三）瞻仰邓平烈士墓，聆听青年烈士事迹（35 分钟） （四）聆听"红军菩萨"的故事及启示（35 分钟）		
教学重点与难点	教学重点：通过仪式引领学生回顾历史，缅怀先烈，领会共产党人坚定的革命信仰转化的强大的精神动力。 教学难点：将知识上的习得与情感上的体验与现实紧密结合，培养学生对马克思主义理论和实践的知、信、行的统一。		
教学方法与手段	情景教学：在英烈墙、烈士墓及红军菩萨雕像前，使学生对烈士事迹和党的历史的认识更能入脑入心。 仪式化教学：仪式能够强化参与者的情感体验，补充和深化对事物的理性认知。通过组织学生以敬献花篮、奏唱国歌、重温入党誓词的形式，表达对革命先烈的缅怀，对共产党员坚定的共产主义信仰的崇敬，能使学生深入理解革命精神，达到课堂教学无法达到的效果。 参与互动式教学：学生作为完成仪式的主体，营造庄严肃穆的气氛。聆听讲解过程中参与问答，深化对革命历史的了解。		

教学步骤	教学内容	教学方式	时间
基本部分	（一）参观红军烈士陵园 　1. 介绍红军五次反围剿的战况 　2. 了解红军烈士陵园的建造背景及设计理念。重点介绍陵园顶端平台的红军烈士纪念碑，圆环外壁镶嵌 28 颗星，象征中国共产党经过 28 年艰苦奋斗，取得新民主革命的胜利。圆环内壁 4 组汉白玉石浮雕，分别为"强渡乌江""遵义人民迎红军""娄山关大捷""四渡赤水"，深入对几次重要战役及其历史意义的理解。	讲解员带领参观，通过提问与学生互动	20 分钟
	（二）瞻仰烈士碑，奏唱国歌，敬献花篮，缅怀先烈，重温入党誓词 　1. 全体学员整齐列队肃立，奏唱国歌。 　2. 全体学员瞻仰烈士碑。 　3. 2018 级马克思主义理论专业学生代表张铮与思政课程学生代表杜金凯两位同学向烈士碑敬献花篮，李红霞副院长整理挽联，表达对革命先烈的崇敬与缅怀。 　4. 全体共产党员师生集体于烈士碑的党旗前宣读入党誓词，在庄严仪式中重温共产党员的初心，坚定共产主义的信念，在具有重要历史意义的革命圣地完成一次特别的党性教育。	仪式化教学、参与互动	60 分钟
	（三）瞻仰邓萍烈士墓，聆听青年烈士事迹 　1. 全体学员瞻仰邓萍烈士墓 　2. 讲解员介绍邓萍同志的生平和革命事迹。邓萍担任中国工农红军第 5 军参谋长和中共红五军军委书记，参加领导开辟湘鄂赣苏区，多次指挥参与"反围剿"，1935 年，年仅 27 岁的邓萍在遵义战役前线指挥作战时牺牲。通过事迹讲解，领会青年共产党员革命理想与信念的力量。	现场讲解	35 分钟
	（四）聆听"红军菩萨"的故事及启示 　1. 全体学员瞻仰"红军菩萨"雕像。 　2. 讲解员介绍"红军菩萨"的青年人物原型及革命事迹。"红军菩萨"体现了中国共产党与人民群众血肉相依的深厚感情，为理想和信仰艰苦奋斗的精神，学生通过实地观摩和深入了解，能更充分地领会革命传统的精髓。	现场讲解，通过提问与学生互动	35 分钟

（八）激情教学《忆秦娥 娄山关》教案

"革命传统教育"（遵义基地）社会实践课教案

激情教学法 授课人：基地讲师团教师

课程名称	革命传统教育	课程类别	社会实践课	总学时数	40	课次	13
授课对象	2018 级马克思主义理论专业本科生、研究生、公共思政课代表	授课人数	70 人	授课日期	2019. 6.25	授课地点	娄山关
本课题目	娄山关实践教学			使用教材	《中国共产党的九十年》（2016 年版）		
教学目标	通过现场参观娄山关战斗遗址和娄山关战斗遗址陈列馆，了解娄山关战役的历史意义，体验毛泽东为代表的中国共产党人不惧艰险追求胜利的豪迈的革命英雄主义气概。						
教学内容	一、娄山关战役纪念碑前忆英烈（30 分钟） 二、参观娄山关战斗遗址陈列馆（30 分钟） 三、体验式教学：娄山关词牌碑下讲解朗诵毛主席诗词《忆秦娥·娄山关》（45 分钟） 四、激情教学：合唱毛主席诗词《忆秦娥·娄山关》（45 分钟） 五、参观毛泽东诗词馆（30 分钟）						
教学重点与难点	教学重点：从娄山关战役感人的英雄故事中体验信仰的力量。 教学难点：诗歌艺术中的革命精神。						
教学方法与手段	1. 采用现场讲授法讲解娄山关战役的历史意义。 2. 采用参与互动式和激情教学法学习革命文化的精华，咏唱以《忆秦娥·娄山关》为代表的毛主席诗词，体会共产党人革命英雄主义精神。						

教学步骤	教学内容	教学方式	时间
基本内容	一、仪式化教学：娄山关战役纪念碑前忆英烈。 向英雄敬献花篮。 重温入党誓词。 讲解娄山关战役，聆听感人的英雄故事。 　　娄山关人称黔北第一险要，素有"一夫当关，万夫莫开"之说，自古被称为黔北第一险隘，历来为兵家必争之地。1935年1月7日红军长征途中占领遵义。贵州军阀王家烈、候之担闻讯，慌忙调兵遣将，在娄山关一带设防，1月9日红军以猛烈火力从关南发起总攻，迅猛杀上娄山关，战斗大获全胜。2月25日凌晨，红三军团在军团长彭德怀的率领下，采取正面攻击和两翼包围的迂回战术，再度向娄山关挺进，攻占娄山关取得红军长征以来的首次大捷，为遵义会议的召开作出了重要贡献。 　　聆听"为战斗英雄理想而来，为信仰而战"的感人故事。特别是十二团政委钟赤兵在没有麻药的条件下三次咬牙忍痛做截肢手术，还跟随队伍一起长征，爬雪山过草地。感受英雄钢铁一般的坚强意志，源自坚定的信仰和理想。	仪式化教学、现场讲解	30分钟
	二、参观娄山关战斗遗址陈列馆（30分钟） 　　该馆以文物和照片、战斗沙盘及多媒体等展陈方式，展示了1935年2月中国工农红军在娄山关战斗的恢宏历史画卷。仿佛历史再现，给人隔空回望的感觉。	现场讲解、体验式教学	30分钟
	三、娄山关词牌碑下讲解朗诵毛主席诗词《忆秦娥·娄山关》 　　娄山关是毛泽东在遵义获得领导地位后指挥红军取得的首次战役的胜利，他在娄山关上感慨万端，吟出了长征中最为悲壮的著名诗句《忆秦娥·娄山关》："西风烈，长空雁叫霜晨月。霜晨月，马蹄声碎，喇叭声咽。雄关漫道真如铁，而今迈步从头越。从头越，苍山如海，残阳如血。"描写了红军指战员英勇鏖战的壮烈情景。	现场讲解、体验式教学	45分钟
	四、合唱毛主席诗词《忆秦娥·娄山关》 　　在娄山关石刻字下先分男女声部分别教唱，然后合声部视唱，合练几遍后，录制视频。 　　在标志转败为胜的历史发生地歌唱总书记钟爱的主席励志诗篇，体验革命伟人豪迈的英雄主义气概，留下终生难忘的历史记忆，将在学生未来人生道路上起到激发战胜困难的勇气的作用。	激情教学、体验式教学	45分钟

续表

教学步骤	教学内容	教学方式	时间
基本内容	五、参观毛泽东诗词馆 　　读伟人诗词，悟伟人初心。由讲解员介绍 70 多首毛主席不同年代写下的壮丽诗词，体会革命伟人的少年意气和建国志向，以及在艰难岁月中积极乐观、不改初心的执着，以及带领人民走向胜利的自豪和新中国成立后社会主义建设突飞猛进的新局面。		30分钟
课后作业	毛主席诗词背诵比赛（安排在结业式上，分组比赛，按背诵数量评奖）。	参与互动式教学	

中篇
活动策划组织、宣传与反馈

▼
▼

一、活动策划

（一）井冈山活动策划（2018 年 1 月）

为贯彻马克思主义理论本科实验班和硕士研究生培养方案中关于社会实践的要求，学院将与井冈山大学就红色实践基地现场教学合作事宜进行首次接洽和尝试。具体安排如下：

教学时间：2018 年 1 月 11 日下午—1 月 16 日（下午）共 5 天。

教学主题：重温历史，不忘初心。

带队教师：近现代史纲要课邱锦老师、陈世阳老师。

教学对象：马克思主义理论实验班 + 硕士研究生（45-50 人左右，含带队教师）。

教学师资：井冈山大学马克思主义学院，刘家桂院长率队，教学计划由井冈山大学马克思主义学院提供，刘家桂院长亲自策划（见附件）。

承办单位：井冈山大学继续教育与培训学院。

经费预算：略。

北京体育大学马克思主义学院

2017 年 12 月 10 日

（二）井冈山活动策划（2019 年 1 月）

为贯彻马克思主义理论专业本科生和硕士研究生培养方案中关于社会实践的要求，学院将于 2018-2019 秋季学期末组织学生到井冈山红色教育实践基地接受革命传统教育，提升马克思主义理论人才的思想政治理论素养，传承红色基因，发扬井冈山精神。具体安排如下：

教学时间：2019 年 1 月 20 日下午—1 月 25 日（下午）共 6 天。

教学主题：重温历史，不忘初心，发扬井冈山精神。

带队教师及助理：马克思主义学院副院长李红霞老师、2018 级本科生辅导员吴国斌老师、原理教研室邱珍老师。

教学对象：2018 级马克思主义理论专业本科生 + 2018 级硕士研究生+优秀思政课学生代表（50 人，含带队教师）。

教学师资：井冈山大学马克思主义学院，教学计划由井冈山大学马克思主义学院提供（见附件）。

承办单位：井冈山大学继续教育与培训学院。

经费预算：略。

北京体育大学马克思主义学院

2018 年 10 月 15 日

（三）遵义活动策划（2019 年 6 月）

为深入学习贯彻习近平新时代中国特色社会主义思想和党的十九大精神，切实执行马克思主义理论专业本科生和硕士研究生培养方案中有关社会实践的要求，北京体育大学马克思主义学院拟于 2019 年暑期带领学生前往贵阳孔学堂和遵义红色教育实践基地开展实践教育活动，依托贵阳深厚的国学文化根基传承优秀传统文化，利用遵义丰富的红色文化资源传承红色基因，着力提升马克思主义理论人才的思想政治理论素养和实践能力。具体实施方案制定如下：

一、教学时间

2019 年 6 月 22 日（上午）—6 月 27 日（下午），共 6 天。

二、教学主题

"重温历史，不忘初心"。

三、教学对象

马克思主义学院 2018 级马克思主义理论专业本科生、2018 级硕士研究生，其他各学院思政课学生代表等（共计 72 人，含带队教师）。

四、带队教师及助理

马克思主义学院李红霞（副院长），李庚全（原执行院长），吴国斌（2018 级本科生辅导员），杜雅（马克思主义基本原理教研室教师）。

五、教学方式

采取专题讲座、现场教学、体验教学、情景教学等相结合的形式，开展集中培训。

六、教学师资

由贵阳孔学堂和遵义师范学院继续教育学院提供。（教学计划详见附件）。

七、组织与承办形式

由北京体育大学马克思主义学院统一组织，贵阳孔学堂和遵义师范学院继续教育学院具体承办。

八、经费预算：略。

北京体育大学马克思主义学院

2019 年 5 月 21 日

（四）延安活动策划（2018 年 7 月）

为贯彻马克思主义理论本科实验班、硕士研究生培养方案以及高校思政课关于社会实践的要求，落实习近平总书记关于传承红色基因，加强理想信念教育的指示，学院在成功组织井冈山实践教学活动的基础上，拟开辟第二个红色教育实践基地——延安（含梁家河）。延安是继井冈山之后中国共产党及其领导下的人民军队由弱到强实现重大历史转折的革命根据地，党在延安十三年的光辉历史凝成了伟大的延安精神。习近平总书记工作过的梁家河，留下了新时代领袖在建设时期发扬艰苦奋斗精神的历史印记，业已成为十分宝贵的红色教育资源，充分利用这些资源开展革命传统和艰苦奋斗教育，对提升我校思政课实践教学实效性十分必要。

2018年1月13日学院与延安泽东干部学院签订了实践教学合作协议，计划利用暑期组织80名学生赴革命圣地延安开展为期8天的实践教学活动。具体安排如下：

一、教学时间：2018年7月14日—7月21日共8天。

二、教学主题：传承红色基因，发扬延安精神。

三、带队教师：执行院长李庚全、团总支书记张也、纲要课教师刘玲、原理课教师贾桠钊。

四、教学对象：马克思主义理论实验32人、硕士研究生11人、全校其他院系思政课学生代表33人。

五、人数规模：80人（含带队教师）。

六、承办单位：延安大学泽东干部学院（该学院为教育部委托负责全国各地高校教师与机关党员干部培训的专门机构）。

七、经费预算：略。

马克思主义学院
2018年3月16日

（五）西柏坡活动策划（2020年1月）

为贯彻马克思主义理论本科实验班和硕士研究生培养方案中关于社会实践的要求，学院将与河北师范大学就红色实践基地现场教学合作事宜进行首次接洽和尝试。具体安排如下：

教学时间：2020年1月11日下午—1月16日（下午）共5天。

教学主题：重温历史，不忘初心。

带队教师：李红霞副院长、邱珍老师、马祖兴老师。

教学对象：马克思主义理论实验班、硕士研究生、思政课学生代表（60-70人左右，含带队教师）。

教学师资：河北师范大学马克思主义学院师资等。

承办单位：河北师范大学。

经费预算：略。

北京体育大学马克思主义学院
2019年12月10日

二、教学安排

（一）井冈山教学安排

时间		教学内容	地点	负责人（教师）
1月11日（周四）	9：40到站	接站（Z133次列车），前往宾馆	吉安火车站	联络员
	10：30	入住井冈山大学宾馆	宾馆	联络员
	11：30-12：00	中餐	宾馆	联络员
	14：30-14：50	开班式	宾馆	组织员
	15：00-18：00	专题教学 井冈山斗争与井冈山精神	宾馆会议室	刘家桂
	18：00-18：30	晚餐	宾馆	联络员
	19：00-21：00	自学		
1月12日（周五）	7：00-7：20	早餐	宾馆	联络员
	7：30	乘车前往永新三湾		组织员 联络员
	10：00-11：30	专题教学 三湾改编的政治资产—— 毛泽东政治建军思想	永新三湾改编纪念馆、旧址群	何继明将军
	11：30-12：00	现场学习	三湾改编旧址群、纪念馆	
	12：40-13：20	中餐	酒店	
	13：30-14：10	现场教学 建设学习型党组织	龙江书院	周庆峰
	14：10-14：40	齐心协力同舟共济	井冈山会师纪念馆	
	15：20-15：40	现场教学 从井冈山道路到中国特色 社会主义道路	湘赣边界 一大旧址	周庆峰
	16：00-16：20	党风关系到党和人民事业成败	象山庵	组织员
	16：30-17：30	回宾馆	宾馆	联络员
	18：00-18：30	晚餐	宾馆	联络员
	19：00	激情教学唱红歌，发红军服	宾馆	

续表

时　间		教学内容	地点	负责人 （教师）
1月13日 （周六）	7：30-8：00	早餐	宾馆	
	整天	拓展训练 （穿红军服、自做中餐）	荆竹山	组织员
	18：00-18：30	晚餐	宾馆	联络员
1月14日 （周日）	7：00-7：30	早餐	宾馆	联络员
	8：00-10：00	体验式教学 永远保持人民群众的本色	挑粮小道 （走全程）	组织员 联络员
	10：30-11：30	现场教学 人民群众的支持是胜利的保证	黄洋界	周庆峰
	12：00-12：30	中餐	宾馆	联络员
	12：40-14：20	午休	宾馆	
	14：30-16：00	访谈教学 红色基因代代传——访谈 井冈山时期老红军后代	宾馆	联络员
	16：10-17：30	音像教学 音乐舞蹈史诗《井冈山》	宾馆	联络员
	18：00-18：30	晚餐	宾馆	联络员
	19：00-21：00	自学	宾馆	

续表

时 间		教学内容	地点	负责人（教师）
1月15日（周一）	7：30-8：00	早餐	宾馆	联络员
	8：00-9：00	现场学习 依靠学习战胜困难走向未来	大井 毛泽东旧居前	组织员
	9：10-9：40	发扬艰苦奋斗的优良传统和作风	小井红军医院	组织员
	9：50-10：20	现场教学 为理想信念抛头颅洒热血	小井红军烈士墓	刘志翔
	10：30-12：00	班级活动	红军洞	
	12：00-12：30	中餐	宾馆	联络员
	12：40-14：00	午休	宾馆	
	14：10-15：10	现场教学 坚定理想信念是共产党人的政治灵魂	井冈山革命烈士陵园	王志明
	15：20-16：20	学习历史肩负使命	井冈山革命博物馆	讲解员
	16：30-17：00	群众利益高于一切	茨坪毛泽东旧居	组织员
	17：30-18：00	晚餐	宾馆	
1月16日（周二）	7：30-8：00	早餐	宾馆	联络员
	8：30-11：00	结班式 （总结发言＋文艺节目两种形式）	宾馆会议室	组织员 联络员
	11：30-12：00	午餐	宾馆	
	12：20	返程 前往吉安火车站（3：30发车）	宾馆前	

（二）遵义教学安排

日期		时间	课程内容	责任人授课教师	地点
6月22日（周六）	8：00-16：43	北京-贵阳，G403（北京西-贵阳北）	联络员	"贵阳北"高铁车站	
	17：39-18：25	贵阳-遵义，D8584（贵阳北-遵义）	联络员	"遵义"高铁车站	
	19：00	晚餐；学员报到入住	组织员	遵义师范学院学术交流中心	
6月23日（周日）	7：00-8：00	早餐	组织员	遵义师范学院	
	上午 8：00-8：40	开班仪式：奏唱国歌，院领导致辞，培训班带班领导做开班讲话，授班旗、合影等。	组织员	学术交流中心	
	上午 8：50-10：20	专题报告：《遵义会议精神的历史意义与当代价值》	遵义师范学院教师	学术交流中心	
	上午 10：30-12：00	专题报告：《长征精神的历史意义与当代价值》	遵义师范学院教师	学术交流中心	
	12：00-13：00	午餐	组织员	遵义师范学院	
	下午 14：30-17：00	现场讲解：遵义会议会址、陈列馆 现场教学：前往红军烈士陵园敬献花篮，重温入党誓词；"红军菩萨"的故事及启示。	现场教学教师	遵义老城（中午13：30乘车前往，教学结束后返回遵义师范学院）	
	晚上 19：00-21：00	激情教学：教唱红歌《遵义会议放光辉》《四渡赤水出奇兵》《娄山关》等。	遵义师范学院音乐舞蹈学院教师	学术交流中心	

续表

日期		时间	课程内容	责任人授课教师	地点
6月24日（周一）		8：00-9：00	早餐	组织员	习水县土城镇（早上7：00乘车前往，下午土城晚餐后返回遵义师范学院）
		上午10：00-12：00	情景教学：铮铮誓言祭奠仪式现场讲解：青杠坡战斗历程情景教学：祖国，只要您需要现场教学：坚守信仰——一颗红心永向党、行军路上的歌声体验红军餐现场讲解：红军医院纪念馆现场教学：红军故事	现场教学教师	
		12：00-13：00	午餐	组织员	
		下午14：00-16：30	现场讲解：一渡渡口现场教学：一渡赤水，铁肩担道义现场讲解：四渡赤水纪念馆现场教学：从四渡赤水精神看党的群众路线	现场教学教师	
		17：00-18：00	晚餐	组织员	
6月25日（周二）		7：00-8：00	早餐	组织员	遵义师范学院
		上午09：00-12：00	现场讲解：毛泽东诗词馆、西风台、小尖山战斗遗址、娄山关陈列馆等现场教学：为理想而来、为信仰而战互动教学：集体诗朗诵并合唱《忆秦娥 娄山关》	现场教学教师	汇川区娄山关（早上8：00前往）
		12：00-13：00	午餐	组织员	娄山关
		下午14：30-17：00	现场讲解：苟坝会议陈列馆、红军村、花茂村新农村建设（习近平总书记视察之地）现场教学：真理小道上的追寻与探索体验教学：重走"毛泽东小道"	现场教学教师	播州区枫香镇（娄山关午餐后前往苟坝，教学活动结束后回校用餐）

日期	时间	课程内容	责任人授课教师	地点
6月25日 （周二）	17：00-18：00	晚餐	组织员	遵义师范学院	
	19：00-21：00	第一阶段：学员学习交流报告会 主持人：班长 1. 发言主题：谈学习体会和收获 2. 发言人由各学习小组推荐（每人6—8分钟） 第二阶段：结业仪式 主持人：带队教师 1. 学习委员代表班级做学习结业总结发言 2. 颁发结业证（由组长统一领取） 3. 受训学校带队领导做总结讲话	北京体育大学带队领导或老师	学术交流中心	
6月26日 （周三）	6：30-7：00	早餐	联络员	遵义师范学院	
	上午8：05-9：04	遵义-贵阳 D8581（遵义-贵阳北）	组织员	贵阳（统一送至车站）	
	上午9：40	孔学堂附近维特兰德酒店办理入住	组织员	孔学堂联络员接站	
	上午 10：00-11：00	贵阳"孔学堂"参观	组织员	孔学堂	
	11：30-12：30	午餐	联络员	孔学堂	
	下午 14：00-15：30	"成人礼"仪式	组织员	孔学堂	
	下午 16：00-17：30	传统文化公益讲座	组织员	孔学堂学术交流中心	
	18：00-20：00	晚餐暨活动总结	联络员	孔学堂	

续表

日期		时间	课程内容	责任人 授课教师	地点
6月27日 （周四）		7：00-8：00	早餐	联络员	维特兰德酒店
		10：03-18：46	贵阳-北京 G404（贵阳北-北京西）	组织员	北京体育大学

（三）延安教学安排

日期	时间	内容	主持人	地点
2018.7.14	晚20：12	乘坐 Z43 奔赴延安		北京西客站
2018.7.15	上午 8：00	开班典礼 北京体育大学马克思主义学院延安红色教育实践基地挂牌仪式		会议室
	上午 9：00-11：30	专题报告 《党中央在延安十三年》	延安大学教授	
	下午 14：30-18：00	现场学习 延安革命纪念馆 王家坪旧址 陕甘宁边区高等教育史（延安大学校史馆）	班主任	中心街 王家坪
	晚上 19：00-21：00	激情教学 《学唱延安革命歌曲》		会议室
2018.7.16	全天	现场教学 吴起胜利山-红军长征胜利纪念馆 红都保安旧址 刘志丹烈士陵园	延安大学教授	志丹县 吴起县

续表

日期	时间	内容	主持人	地点
2018.7.17	上午 8：30-11：30	信念教育 重温入党誓词，坚定理想信念 现场讲解 杨家岭革命旧址	延安大学 教授	宝塔山 杨家岭
	下午 14：30-17：30	专题报告 《延安精神及其新时代价值》	班主任	会议室
2018.7.18	全天	现场体验 知青旧居——梁家河大队 现场教学 《知青情·知青理·知青魂》 访谈	外聘 教授	延川县
2018.7.19	上午 8：30	现场教学 中共中央西北局旧址 延安知青馆	班主任	新城 枣园
	下午 14：30	现场教学 南泥湾大生产展览馆 现场教学 《大生产运动与南泥湾精神》	外聘 教授	南泥湾
2018.7.20	上午 8：30-11：30	专题报告 《陕北历史文化》	延安大学 教授	会议室
	下午 14：00-17：30	现场教学 《白求恩精神》 现场学习 枣园革命旧址	外聘 教授	子长县
2018.7.21	上午	参观凤凰山旧址、四八烈士陵园		延安
	下午	结业仪式 颁发证书+学习总结+汇报表演	班主任	会议室
	晚上 22：34	乘坐 Z4 返京		

（四）西柏坡教学安排

日期	时间	内容	活动地点
第一天 1月11日 周六	9：00	接站（G671次列车） 开班仪式	保定
	14：00-17：00	专题授课：新时代中国发展进步的制度保障	保定
第二天 1月12日 周日	上午 下午	现场教学：直隶总督署 通过"一座总督衙署，半部清史写照"了解当年封建王朝的兴衰过程。 乘大巴车前往易县（车程约90分钟） 乘车前往保定清苑区（90分钟车程） 现场教学：发扬平原抗战精神，冉庄地道战遗址 1. 冉庄地道战纪念馆 2. 冉庄地道战遗址	保定
第三天 1月13日 周一	全天	现场教学： 1. 壮怀激烈中华魂——宁死不屈的狼牙山五壮士 2. 狼牙山五壮士跳崖处 3. 狼牙山五勇士纪念馆、五勇士纪念塔	保定
			石家庄
第四天 1月14日 周二	全天	现场教学：中国人民解放军华北军区烈士陵园 1. 参观展览馆 2. 烈士纪念馆 乘大巴车前往西柏坡（车程约90分钟） 现场教学：重温两个务必，锤炼党性修养 1. 在纪念广场向五大书记献花，重温入党誓词 2. 参观西柏坡纪念馆 3. 参观西柏坡中央二届全会旧址 专题教学： 《社会实践论文写作指导》	西柏坡
第五天 1月15日 周三	全天	现场教学：历史文化名城，习近平总书记从政始发地-正定 1. 正定国家乒乓球训练基地 2. 正定塔元庄村 3. 古城夜景	正定

续表

日期	时间	内容	活动地点
第六天 1月16日 周四	上午	参观教学：雄安新区 学习内容：实地感受国家千年大计，考察新区市民服务中心，探访绿色智慧生态的雄安新区。 结业仪式	雄安
	下午	G586 保定东—北京西（14：40-15：21）	

三、媒体报道

（一）学习强国

北京体育大学：传承体育报国红色基因 把主题教育抓实落细走深
现代教育报 2019 年 12 月 20 日　作者：解植岗、唐沛

北京体育大学"不忘初心、牢记使命"主题教育开展以来，学校党委以历史调研为切入点，组织专班，挖掘学校自建校兴学以来形成的体育报国红色基因，追溯内强民族体质、外争国家荣光的初心使命，把主题教育抓到实处、落到细处、引向深处。

创新宣传形式，将校史与党史、国史、体育史紧密结合

北京体育大学的前身是创办于 1953 年的中央体育学院，学校创建的历程清晰地展现了当时的时代背景。中央体育学院的创建正是响应毛泽东同志在 1952 年发出的"发展体育运动，增强人民体质"的伟大号召，其创建的艰辛历程凝聚着党和国家寄予学校甩掉"东亚病夫"的帽子，改变中国人民精神面貌的殷切期盼。

北京体育大学在主题教育开展过程中，将校史与党史、国史、体育史紧密结合，加强宣传策划，创新宣传形式，通过编辑出版、策划专题展和利用新媒体进行宣传报道等，激励新时代北体人传承红色基因，一以贯之地践行北体人的初心和使命。

在学校的珍贵史料中，有 1955 年 10 月 30 日，毛泽东同志亲临先农坛体育场中，观看中央体育学院与苏联列宁格勒泽尼特足球队比赛的珍贵视频，这也是毛泽东同志一生中唯一一次现场观看的国际足球比赛视频；有 1962 年周恩来同志陪同蒙古人民共和国部长会议主席泽登巴尔来校参观的图片；有 1955 年贺

龙同志对中央体育学院的人才培养工作所做的批示："你们学校是个工作母机，母机是制造机器的机器；母鸡要下蛋，母鸡还能孵小鸡。"

纵观学校 66 年发展史，毛泽东、周恩来、刘少奇、朱德、邓小平、贺龙等老一辈党和国家领导人对学校办学做出的指示批示、来校视察或接见师生等，共有 64 次之多，倾注了党和国家对办好新中国体育院校的殷切期盼。66 年来，北体人念念不忘的还有学校创建之初第一批"九大教授"，他们是北体的学术文脉之源。

努力讲好北体健儿接续奋斗的赛场拼搏故事

今年，学校围绕庆祝新中国成立 70 周年这一总纲，进行深入的爱国主义教育，问道前贤。深入挖掘建校之初徐英超、宋君复、张文广等"九大教授"的杰出学术成就和动人的报国事迹，激发师生的爱国热情。徐英超面对敌特写下"绝命书"，宋君复和刘长春代表中国参加第 10 届奥运会途中与日本帝国主义进行了不屈不挠的斗争，张文广"强国强种、一振中华"的"武术救国"实践，这些都成为对师生进行爱国主义教育的生动素材。

在"不忘初心、牢记使命"主题教育中，学校党委要求要努力讲清楚北体健儿为甩掉"东亚病夫"帽子的赛场拼搏故事，以北体健儿为新中国体育事业做出的卓越贡献、获得的荣誉激励新时代师生接续奋斗。譬如被国际奥委会授予奥林匹克银质勋章、开创新中国第一个世界纪录的举重名将陈镜开；第一个打破田径世界纪录的中国人、新中国第一个打破世界纪录的女运动员郑凤荣；勇创 100 米蛙泳世界纪录的戚烈云；新中国田径史上首位亚运会田径冠军宋美华；女排"三连冠"的风云人物曹慧英、杨希、陈招娣；等……

正如校领导在给全校师生上主题党课时所说："体育报国的红色基因就是北体大的初心和使命，是学校发展最清晰的主线、最鲜亮的底色、最恒定的基调，是体育大学始终与祖国和人民同呼吸、共命运，与时代发展同频共振的制胜法宝，我们要永远传承下去！"

（二）人民网

北京体育大学马克思主义学院把课堂搬到纪念馆、展览馆
2019 年 10 月 28 日 16：03　来源：人民网-教育频道

人民网北京 10 月 28 日电 近日，北京体育大学马克思主义学院将专业教育搬出教室，走出学校，探索马克思主义人才培养的新形式。学院师生先后到北京香山革命纪念馆和北京展览馆参观，深入展开"不忘初心、牢记使命"主题

教育，感受中华人民共和国成立 70 周年的伟大成就。

马克思主义学院副院长李红霞老师谈道："香山纪念馆的建成意义非凡，可以作为马院发掘的第五个红色教育实践基地，而且是离我们最近的实践基地，从井冈山到遵义、再到延安西柏坡，最后来到进京赶考的第一站香山，这样我们的红色教育实践基地就更加全面地覆盖了党的革命足迹。此次香山学习让我们感到回归初心的重要意义，作为革命先烈的后代，我们应该继承他们光荣的革命传统，把先辈们'为人民谋幸福，为民族谋复兴'的初心守护住并践行到底。我们要接好民族复兴的接力棒，注意思想上不松懈，不断在心灵深处进行自我革命。"

庆祝中华人民共和国成立 70 周年群众游行"青春万岁"方阵中，来自北京体育大学的陈俊男、王力宸、刘晴、上官嘉雯四位同学克服困难，全身心投入训练，出色地完成了任务。他们一致认为，能够参加国庆群众游行是一生中的难忘经历。回忆起当时的场景，刘晴与上官嘉雯激动地流下了眼泪。陈俊男和王力宸表示，能够为庆祝新中国成立 70 周年贡献力量深感自豪，体大学子发扬了"使命在肩、奋斗有我"的精神，圆满地完成了祖国交予的任务，通过参与其中，激发了爱国主义热情和集体荣誉感，增强了民族自信。

北京体育大学马克思主义学院不断探索推动青年马克思主义者培养的改革创新，坚持理论理论学习与专业实践相结合，与井冈山、延安、遵义、西柏坡等签署了革命传统教育实践基地建设协议，把课堂搬到博物馆、纪念馆，组织师生参观各类红色教育基地，利用寒暑假及课余时间前往井冈山、延安、遵义、西柏坡、香山等革命传统教育实践基地进行社会实践，开展体验式现场教学。

据悉，学院将社会实践列入了 2018 版马克思主义理论本科专业和硕士、博士研究生培养方案。通过与实践相结合的教学方法，让学生"都爱听""真相信""产共鸣""有收获"，做到学而信、学而用、学而行。（卢雪）

（三）新体育

北京体育大学马克思主义学院：传承红色基因 牢记初心使命
北京体育大学 2019 年 10 月 28 日

对北京体育大学马克思主义学院来说，2019 年是一个意义非凡的年份。3月 18 日，习近平总书记在学校思想政治理论课教师座谈会上阐述了办好思政课的重大意义，指出了"八个相统一"的思政课改革创新方向。在学校党委的高度重视和精心部署下，马克思主义学院组织全体师生集中学习了总书记的讲话精神。教师纷纷表示，要自觉把总书记的指示贯彻到教学科研的每一个环节中。6月18日，总书记给北京体育大学2016级研究生冠军班全体学生回信，勉励北京体育大学师生发挥"使命在肩、奋斗有我"的精神，"为建设体育强国多做贡献，为社会传递更多正能量"。这在北体师生中引起了强烈反响，振奋着每一名北体人的心。

沉甸甸的嘱托意味着沉甸甸的责任。切实把总书记的重要指示落到实处，这是北体马院乃至整个北京体育大学最为关切的话题。其实，自2016年成立以来，北体马院就一直致力于推进思政课教学改革，并取得了不错的成绩。在深入学习了总书记的重要讲话和重要回信后，北京体育大学党委于2019年7月推出了《中共北京体育大学委员会关于加强思想政治理论课建设的实施意见》，作为加强思政课建设的指导性文件。根据上述文件，北体马院迅速凝练改革方向，制定了思政课建设"十大工程"。

如果有一个词可以概括出北体马院思政课教学改革的最大亮点，那就是"红色"，即将红色基因深深根植于思政课堂，让师生感受到红色文化的全方位熏陶。当前，正值"不忘初心、牢记使命"主题教育之际，北体马院牢牢把握"守初心、担使命、找差距、抓落实"的总要求，不断打磨已有成果，将"红色"思政课教学改革推向纵深。

（一）红色教育基地现场教学，增强思政课程实践性，是北体马院思政课建设"十大工程"之一。早在2017年党的十九大召开之后，北体马院就围绕"不忘初心"主题开展了红色基地现场教学活动，并将此纳入马克思主义理论专业本、硕、博培养方案。经过几年的精心经营，学院已开拓了五大红色教育实践基地——井冈山、延安、遵义、西柏坡、香山革命纪念馆。每年都利用寒、暑假组织马克思主义理论专业本科生、研究生和公共思政课学生代表赴基地进行一周左右的现场教学。目前已成功开展五次，产生了很大的社会影响。近日，马院师生将思政课专业课堂搬到了《伟大历程 辉煌成就——庆祝中华人民共和国成立70周年》大型成就展现场，重温中国共产党解放全中国、建设新中国的光辉历史。

（二）每日打卡阅读红色经典，提升思政课程理论性，是北体马院思政课建设"十大工程"之二。为贯彻落实总书记关于"读原著，学原文，悟原理"的讲话精神，2018年9月起，北体马院将红色经典每日打卡阅读活动纳入马克思主义理论专业本、硕、博培养方案。按照二级学科方向将学生分为数个读书小组，每个小组安排3名指导教师。到目前为止，马院师生红色经典每日打卡阅读活动已坚持一年，阅读经典已成为北体马院人的生活方式。打造书香马院，品读信仰味道，领略经典魅力，为学生营造了浓厚的学习氛围。为进一步落实此次主题教育，学院结合红色经典打卡阅读活动，于2019年9月推出"初心讲堂"品牌系列讲座，邀请马克思主义理论领域的专家学者，围绕习近平总书记关于"初心与使命"和全面加强党的领导的重要论述进行了导读。

（三）集体观看红色影片，彰显思政课程多样性。思想政治教育不仅体现在课堂之内，也可以扩展到课堂之外。2019年9月21日，为庆祝新中国成立70周年拍摄的《决胜时刻》上映的第二天，北体马院就组织全院师生到电影院共同观看了这部红色影片。影片以1949年党中央领导进驻香山后的活动为主线，再现了以毛泽东为首的共和国缔造者们运筹帷幄、筹建新中国的智慧与决心。通过观影，全体师生接受了一次红色精神的洗礼，不仅对中国共产党筚路蓝缕的革命事业有了更深入的理解，也更加坚定了对中国特色社会主义事业的自信。

"铭记光辉历史、传承红色基因"，这是习近平总书记在参观中国人民革命军事博物馆时向广大人民群众提出的殷切希望。作为大学生思想政治教育的主渠道，思政课应积极承担起这一使命，以红色教育助力中华民族的伟大复兴。

四、微信公众号活动报道

（一）井冈山篇

"重温历史赴井冈，红色基因永传承"

北京体育大学马克思主义学院师生学习实践活动（一）

北体马院　2018年1月11日

为深入贯彻党的十九大精神和习近平新时代中国特色社会主义思想，特别是引导青年学生落实践行习近平总书记"传承红色基因"的重要指示精神，由北京体育大学马克思主义学院主办，井冈山大学继续教育与培训学院承办的"重温历史，不忘初心"社会实践培训活动于2018年1月10日正式启动。北京体育大学马克思主义学院党总支委员、特色理论教研室党支部书记邱锦，特色理论教研室副教授陈世阳带领马克思主义理论实验班全体学生及部分研究生共赴革命老区——井冈山革命根据地开展为期五天的社会实践。

2018年1月10号下午，马克思主义学院党总支书记付红星，执行院长李庚全，在学校西门欢送社会实践团全体师生。他们嘱托，社会实践团队全体师生，要牢记使命、不负重托，认真学习党的光辉历史，践行党的优良作风，扎实学习，深入实践，服从纪律，发扬作风，团结合作，全方位展示北京体育大学追求卓越的良好精神风貌。

马克思主义学院党总支书记付红星，执行院长李
庚全，在学校西门欢送社会实践团，全体师生共呼
"出发，井冈山！"

　　1月11号上午十点，马院师生抵达江西吉安市。历经14个小时的舟车劳顿，同学们不仅没有感到疲惫不堪，反而因为将要抵达井冈山大学进行参观学习而兴奋不已。

到达吉安

　　下午两点半，北京体育大学马克思主义学院"重温历史，不忘初心"井冈山社会实践培训班开班暨揭牌仪式在井冈山大学学术交流中心隆重举行。井冈山大学继续教育与培训学院副院长王志明，北京体育大学马克思主义学院党总支委员、特色理论教研室党支部书记邱锦、特色理论教研室副教授陈世阳出席开班仪式。北京体育大学马克思主义学院社会实践团全体学生们参加开班式。

会议由井冈山大学继续教育与培训学院培训科科长肖贻滨主持。

陈世阳、王志明、邱锦、肖贻滨在开班仪式上

　　开班式上，王志明院长首先对于全体师生的到来表示诚挚慰问和热烈欢迎，并预祝此次社会实践培训取得圆满成功。他表示，多年来，井冈山大学充分挖掘利用革命根据地红色资源，承担着国家党政干部和国防生培训的重要使命，此次承办北京体育大学马克思主义学院的社会实践培训班，是两校加强交流合作的第一颗宝贵果实，井冈山大学将精心安排教学与实践内容，优化管理与服务，为圆满完成培训育人目标提供坚实保障。邱锦老师代表社会实践团全体成员对井冈山大学周到细致的工作表示衷心感谢。她指出，此次培训班是马克思主义学院贯彻党的十九大精神，学习革命传统，传承红色基因，强化使命担当的具体行动，是"两学一做"学习教育常态化制度化的重要内容。她希望，培训班全体师生：提升思想认识，以初心使命引领学习实践；加强学习研讨，以问题导向促进学习实践；严肃纪律要求，以制度执行保障学习实践。

井冈山大学继续教育学院负责人王志明讲话

会议第二项，王志明院长为社会实践培训班授予旗帜，马克思主义理论实践——班班长陈彬劼作为学生代表，走上台挥舞旗帜，红色的旗帜高高飘扬，仿佛红色革命的血液在眼前澎湃流动；全体成员在王志明院长的带领下佩戴红色标志领带，起立合唱国歌，大家被革命的热情与激情深深感动。

王志明授予学生代表陈彬劼旗帜

全体成员高唱国歌

会议第三项，王志明、肖贻、邱锦和陈世阳共同为"北京体育大学红色教育实践基地"牌匾进行揭牌仪式，并与全体师生合影留念。

"北京体育大学红色教育实践基地"牌匾进行揭牌仪式

下午三点，井冈山大学马克思主义学院原院长刘家桂教授做了以"井冈山斗争史与井冈山精神"为主题的专题报告。刘家桂教授围绕井冈山斗争史和井冈山精神做了详尽讲解。他指出，井冈山是"中国共产党创建的第一块农村革命根据地"，是"天下第一山"，是"中国革命的摇篮"。强调了井冈山有三大亮点，一是形成了一条革命道路——井冈山道路；二是培育了一个精神瑰宝——井冈山精神；三是走出了一批开国元勋——中国的脊梁。讲解了井冈山精神，要坚定信念、艰苦奋斗、实事求是、敢创新路、依靠群众、勇于胜利。除了对井冈山精神内涵的解释与阐述，刘家桂还对"大仓会见""三湾改编"和"军至打井"等历史事件展开了细致描述。在讲授过程中，刘家桂教授即兴为大家演唱了《八角楼的灯光》和《映山红》等红色经典曲目。

井冈山大学马克思主义学院原院长刘家桂教授授课

全体成员认真学习记录

随后陈世阳老师表示，刘家桂教授的讲课将理论与史实相结合，历史与当代相贯通，语言通俗易懂，内容深入浅出，引人思考，进一步加深了同学们对井冈山建立革命根据地建设发展历程以及井冈山精神的理解。同时，井冈山就是要求始终坚定理想信念，始终牢记时代使命，不忘艰苦奋斗精神，要发扬优良传统，传承政治薪火，把红色基因学习好、践行好。

通过今天的开班仪式及专题报告的学习，同学们纷纷表示，被井冈山革命根据地独特的红色文化所吸引，内心涌起了对革命先烈的深切敬仰与缅怀之情，在接下来四天的实践和学习中，将把不忘初心的坚定信念转化为扎实学习、务实实践的具体行动，以追求卓越的精神展现青年学生的时代担当与风采！

坚定理想信念 传承三湾精神
北京体育大学马克思主义学院学习实践活动（二）上
北体马院 2018 年 1 月 12 日

　　三湾改编是中国共产党建设新型人民军队最早的一次成功探索和实践，深入学习这段历史及其蕴含的三湾精神，对于广大青年学生坚定理想信念，树立崇高人生信仰具有重要意义。2018 年 1 月 12 日上午，井冈山大学马克思主义学院邀请三湾村何继明将军革命传统教育的传承者刘新宝在永新三湾改编纪念馆道德讲堂开启了一场意义深刻的宣讲活动。北京体育大学马克思主义学院党总支委员、特色理论教研室党支部书记邱锦，特色理论教研室副教授陈世阳，井冈山大学马克思主义学院教师周俊出席活动，社会实践团全体成员参加。活动由井冈山大学马克思主义学院教师周庆峰主持。

井冈山大学马克思主义学院教师周庆峰主持教学

　　讲课中，刘新宝主要围绕三湾改编的政治资产——毛泽东政治建军思想进行宣讲。首先，刘新宝叙述了三湾改编的历史背景与政治依据。他强调，1927 年党中央的政治决议案，创造新的革命军队，建立工农革命军。然后，刘新宝论述了毛泽东同志领导政治建军和三湾改编思路的形成。他指出，三湾改编是建设新型人民军队的重要开端，在人民军队的建军史上有重大意义。三湾改编首先要压缩编制，纯洁队伍；其次要健全党的组织体系；最后要实行民主制度，成立士兵委员会；这三项改变方案的实施开始使旧式军队风气和农民自由散漫作风得到明显改善。最后，刘新宝强调了三湾改编政治建军原则的深远意义，三湾改编是新型人民军队建设的伟大开篇，党铸军魂是一个凤凰涅槃，彻底改造旧军队的历史过程，希望所有人牢记历史，并以新的姿态贯彻党的十九大精神。

何继明将军革命传统教育传承者刘新宝作报告

同学们认真听讲做笔记

听完讲座后，现场爆发了持久响亮的掌声。紧接着，社会实践团成员还与开国将军李立之子李新民进行了热烈地交流互动，详细了解李立将军的光荣革命事迹和深远影响。

开国将军李立之子李新民作报告

听完革命精神讲座，社会实践团全体成员参观了中国工农革命军第一军第一师第一团旧址——泰和祥杂货铺、协盛和杂货铺、钟家祠、红双井、枫树坪等地，现场体悟峥嵘岁月里的革命精神。

同学们认真参观三湾村革命旧址

上午的行程结束，实践团所有成员纷纷表示，要将三湾精神薪火相传，坚定崇高的人生信仰。

编辑：李铖

图：李铖　鹿文彬

文：刘佳钰　柏媛媛

继承红军传统 发扬井冈精神

北京体育大学马克思主义学院学习实践活动（二）中

北体马院　2018 年 1 月 12 日

为进一步深刻了解三湾改编的重要意义，更好地传承红色基因，**2018 年 1 月 12 日**下午，北京体育大学马克思主义学院社会实践团所有师生参观了井冈山会师旧址和八角楼毛泽东旧居。

毛泽东故居

第一站是边界三县客籍的最高学府——龙江书院。此地为当年工农革命军在此组建军官教导队，为湘赣边界工农武装割据斗争培养了大批优秀军政人才。院内典型的民族建筑，屋宇参差，屋檐飞翘，格局恢宏，古朴大气。屋内九井十八厅，回廊曲径相通，不仅建造工艺精湛，而且厅名如：文星阁、启秀斋、报功祠、梯云斋更是极富内涵和寓意。实践团所有成员登临文星阁，观看两位历史巨人——朱德与毛泽东的握手照片，感慨道这次会面不仅壮大了井冈山的革命武装力量，还对巩固全国第一个农村革命根据地，推动全国革命事业的发展，具有深远的意义。

龙江书院

文星阁

　　第二站是茅坪革命旧址——八角楼毛泽东旧居。井冈山斗争时期，毛泽东经常在茅坪八角楼居住和办公，领导湘赣边界工农武装割据的伟大斗争，在这里写下了《中国的红色政权为什么能够存在》与《井冈山的斗争》两篇光辉著作。实践团所有成员走进旧居，沿着窄而陡的木楼梯登上小阁楼，看着室内摆放简单的木架床、高背椅、木桌等家具；摆放着简陋的铁盏青油灯和砚台。这让大家都感受到，共产党人艰苦朴素的优良传统和同甘共苦的优良作风，才点燃了以身作则、密切联系群众的井冈山精神之火。随后，又参观了井冈山第一个女红军——贺子珍展。贺子珍是井冈山上的第一位女红军，和毛泽东相濡以沫，度过了一段难以忘怀的峥嵘岁月。实践团成员详细了解了贺子珍的辉煌一生，感受到贺子珍的伟大与勇敢，并被她为革命无私奉献的精神而感佩。

贺子珍故居

八角楼

参观过程中，实践团所有成员边看实物、边听讲解，并不时相互讨论交流，畅谈心中所思所想。大家表示，坚定理想信念，坚守共产党人精神追求，是共产党人安身立命的根本，作为新时代的青年学生要不忘信仰初心，继承红军传统，发扬井冈山精神，共圆中国梦！

同学们参观了毛泽东故居、袁文才生平陈列，在龙江书院门前合影留念

编辑：李铖

图：李铖　鹿文彬

文：刘佳钰　柏媛媛

红歌传唱颂革命 红曲精神笃理想
北京体育大学马克思主义学院学习实践活动（二）下
北体马院　2018 年 1 月 12 日

　　红歌是激荡在人民心中的革命瑰宝，更是深藏在共产党人灵魂深处的红色基因。2018 年 1 月 12 日晚上，北京体育大学马克思主义学院社会实践团在井冈山工会培训中心开展了"身着红军服，激情唱红歌"教学活动。

　　在一天连轴转的参观学习后，实践团成员换上崭新的"工农红军军装"，扎上裤腿，带上红军帽，背上行军包，系上"红星"皮带，带着饱满的精神状态进入下 一个实践环节"学唱红歌"。

同学们穿红军服装学唱红歌

　　课堂上，一幕幕映入眼帘的史诗纪录片，展示着感人肺腑的革命故事。实践团成员在老师的带领下，以饱满的革命激情合唱着《团结就是力量》《映山红》《十送红军》《歌唱祖国》等一首首脍炙人口的革命歌曲。合唱中，大家采用了分组合唱、男女领唱、大合唱等多种形式，将每一首歌曲所承载的红色精神、红色底蕴，融入血脉、注入肌体。伴随着嘹亮的歌声，实践团全体成员凝聚起奋进的力量，描绘出一副幕传承信仰、展现忠诚、甘于奉献的革命画卷。

同学们听教师讲解红歌

　　课程结束后，实践团成员表示，将会以革命歌曲所蕴含的精神激励自己，在接下来的学习实践中，感悟革命历史、纯洁信仰底色，不断继续奋勇前进的力量。

同学们在教师的指导下学会了很多红歌

编辑：李铖

图：李铖　鹿文彬

文：刘佳钰　柏媛媛

巍巍井冈行 灼灼初心志
北京体育大学马克思主义学院学习实践活动（三）
北体马院　2018 年 1 月 13 日

"五指擎天秀井冈，险峰无限过黄洋"。一首《井冈山》让所有人对中国革命的摇篮井冈山无限神往。2018 年 1 月 13 日，北京体育大学马克思主义学院社会实践团全体成员饱怀崇敬之情，身着红军服，踏着革命先辈的足迹，走进井冈山，开展为期一天的"将红旗插上山顶"主题拓展训练，深切感受到中国共产党带领人民群众开展革命斗争，建立新中国的伟大征程。

活动第一项是举行开营仪式。仪式上，实践团按照当年红军行军要求，展开政治整训工作，向全体成员讲明队伍的性质、纪律与作风要求，并成立了由陈世阳老师担任总司令，实验班学员代表分别担任总参谋长和总政委的总指挥部。随后，队伍分编成红四军和红五军，选举了各自的军团团长、宣传委员、炊事班班长等领导班子，确定了两军的口号队歌，组建起了两支有组织、有纪律、有斗志的新红军队伍。

左：红四军　右：红五军

活动第二项是"部队整编"。随后两支队伍沿着当年红军行军路线，在嘹亮的红歌声中来到了雷打石，进行"部队整编"，制定"三大纪律"，接受领导的检阅。实践团所有成员服从指挥，斗志昂扬，不仅制定出了符合要求的军纪军规，而且出色地完成了各项队列动作要求。所有队员迈着坚定的步伐，喊着响亮的口号，圆满地完成了检阅任务，获得了领导和教官的充分肯定。

"部队整编"

左：红四军进行检阅　右：红五军进行检阅

两军会师后合影

中午时分，两支队伍走进当地的联络员家，自己动手准备行军饭。两支队伍团结合作、互帮互助，洗菜切菜、生火烧菜、准备碗筷，齐心协力很快就做好了午饭，让全体成员感受到，众人拾柴火焰高、团结力量大的合作精神。饭后，大家在教官的组织下，开展了一项考验队伍体力脑力的活动，同学们积极参与，努力思考，并畅谈了深刻的活动感想。

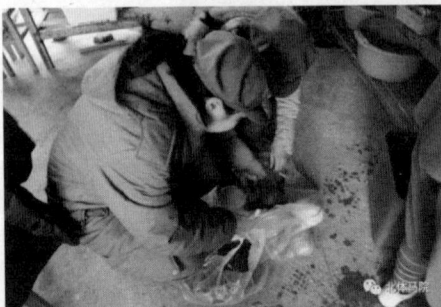

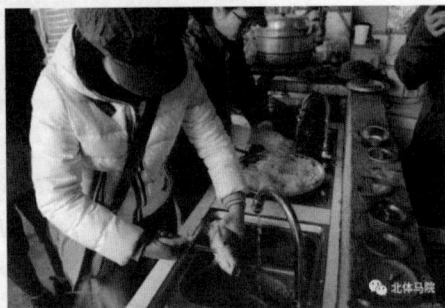

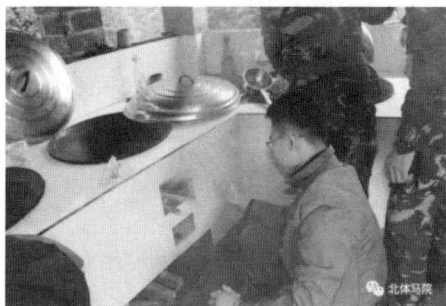

两军会师后自己动手做野餐

下午三点，两支队伍整理衣装，背上行囊，开始拓展的最后一项任务——重走红军路。实践团所有成员个个精神抖擞，昂胸阔步重走红军路，穿越河谷、山林，仿佛已置身于炮火连天的革命岁月中，行进在当年的红军队伍中。在六公里的路程中，实践团成员们爬坡过河、下山穿林，不管走得多艰难，没有一个人害怕掉队。大家互相帮助、加油鼓劲，终于在黄洋界两军胜利会师，同时举行了会师胜利联欢会，总结一天的拓展训练情况。

重走红军路

两军胜利会师联欢后合影

经过一天的户外拓展训练，实践团所有成员对井冈山精神有了更加切身的体悟，大家纷纷表示，井冈山精神是党在艰苦岁月的革命斗争中凝练出来的，就是要我们做到坚定信念、艰苦奋斗、实事求是、敢闯新路、依靠群众、勇于胜利，在中国特色社会主义新时代，我们要继承发扬党的优良传统，在新的伟大实践中践行井冈山精神，为全面决胜小康社会做出青年学生应有的贡献。

编辑：李铖

图：鹿文彬 李铖

文：董瑞承 柏媛媛

重走红军挑粮小道 接过新时代接力棒
北京体育大学马克思主义学院学习实践活动（四）
北体马院 2018 年 1 月 15 日

2018 年 1 月 14 日，北京体育大学马克思主义学院"重温历史 不忘初心"社会实践团继续在井冈山开展革命体验教学实践，重走红军挑粮小道，学习革命先辈英勇事迹，身体力行践悟党艰苦奋斗的优良传统，切实筑牢在中国特色社会主义新时代进行伟大斗争，建设伟大工程，推进伟大事业，实现伟大梦想的坚定信念，进一步激发青年学子展示新气象，彰显新作为。

位于井冈山西北面的黄洋界下的红军挑粮小道，是当年红军从宁冈挑粮上山路线的一小段，全长 3.1 公里，路为羊肠小道，素以陡峭崎岖著称。1928 年底，在毛泽东、朱德同志的带领下，根据地军民靠着肩挑背驮，先后把 30 多万斤粮食运上了井冈山，解决了关乎部队生死存亡的给养问题，确保了井冈山革命根据地的巩固和发展。

同学们来到红军挑粮小道

上午9点，社会实践团全体成员在挑粮小道前集结完毕，以饱满的精神状态，开始了重走挑粮小道的行军。在挑粮小道上，社会实践团全体成员不怕苦、不怕累，激情高涨，互帮互助，一往无前，经过近两个小时的连续行军，全体成员成功到达了黄洋界红军营房的终点。行军中，大家纷纷表示，党带领人民从"挑粮小道"，发扬迎难而上、敢于胜利、大无畏的革命精神气概，走上了中国特色社会主义的光明大道，走进了中国特色社会主义新时代，要牢记习近平总书记"行百里者半九十"的嘱托，在接续奋斗中实现中华民族伟大复兴的中国梦。

同学们踏上挑粮小道

下午2点30分，北京体育大学马克思主义学院邀请井冈山革命博物馆编研陈列室副主任张莉在工会培训中心进行访谈教学。社会实践团所有师生参加活动。课程由井冈山大学马克思主义学院教师周俊峰主持。

讲课中，张莉以红色基因代代传为主题，访谈了井冈山时期老红军曾志同志的孙子石金龙和袁文才烈士的嫡孙袁建芳。实践团全体成员集体学习了曾志烈士、袁文才烈士的英勇革命事迹。革命后代的回忆，真切生动的讲述，精彩

工会培训中心张莉授课

纷呈的互动，让实践团全体成员的思想得到进一步升华，更加明白了什么是"开怀天下事，不言身与家"的精神，并表示要铭记历史、不忘初心，担当作为，继承和发扬井冈山精神。

左：曾志之孙石金龙　右：袁文才嫡孙袁建芳

约两小时的访谈教学后，实践团全体成员继续进行录像教学，观看了《井冈丰碑》纪录片。大家聚精会神地注视着引兵上井冈、艰苦的岁月、激流归大海、热血铸忠诚和永远的井冈等精彩片段。录像全景式地介绍了井冈山光荣的革命历史和革命精神，这些内容翔实的视频资料，让大家深刻感受到党领导人民开展革命斗争的艰苦卓绝和今天幸福生活的来之不易，切实体会到习近平总书记所说的，中华民族伟大复兴，绝不是轻轻松松、敲锣打鼓就能实现的。

同学们认真听讲　　　　　同学们在井冈山英雄纪念碑下合影留念

一天的学习，将实地体验、课堂学习与视频教学相结合，全方位、全景式展现了放射时代光芒的井冈山精神，鼓舞着着实践团全体成员传承红色基因、激发奋进力量，在决胜全面小康、实现中国梦的征程中担当青年使命，展现卓越风采！

编辑：李铖

图：李铖　鹿文彬

文：柏媛媛　袁颖

致敬先烈记历史 不忘初心创未来
北京体育大学马克思主义学院学习实践活动（五）
北体马院　2018 年 1 月 17 日

为进一步贯彻习近平总书记提出的让井冈山精神放射新的时代光芒重要讲话精神，2018 年 1 月 15 日，北京体育大学马克思主义学院"重温历史，不忘初心"社会实践团继续对大井毛泽东故居、小井红军医院和红军烈士墓、茨坪毛泽东故居、井冈山革命烈士陵园等地进行实地学习。

同学们在茅坪参观毛泽东故居

上午八点，实践团全体成员来到大井毛泽东同志故居和茨坪毛泽东故居，详细了解毛泽东同志在这里起草《井冈山斗争》的艰辛的理论探索过程和重要理论成果，深刻理解党在土地革命时期的"工农武装割据"的战略远见。参观过程中，实践团成员们表示，井冈山革命斗争时期虽然条件艰苦，但党群军民团结一心，走出了一条"农村包围城市，武装夺取政权"的革命道路，为新中国的成立奠定了重要的基石。

随后，同学们来到小井红军医院和红军烈士墓，瞻仰小井红军烈士墓碑与女红军战士曾志的石碑，全体成员肃穆致哀，向革命先烈致以崇高敬意。80多年前，在这里，130余名红军战士惨遭杀戮，她们誓死捍卫党的尊严，坚守党的秘密，树立起一座坚强党性的丰碑。大家深深感受到，信念、信仰，绝不是所谓的口号和标语，而是深深镌刻在每一名红军战士心中的烙印；把革命的胜利看作超出一切价值的最高理想，矢志不渝、视死如归的大无畏精神，更加坚定了理想信念，将红色基因坚实地传承下去。

同学们在小井红军烈士墓前聆听教学

参观小井红军医院

　　下午2点，实践团全体成员前往井冈山革命烈士陵园。这里是习近平总书记考察井冈山的第一站，也是提出要继承发扬伟大的"井冈山精神"的地方。实践团全体成员站在革命的"奠基石"上进行了庄严肃穆的现场教学，由井冈山大学继续教育与培训学院副院长王志明担任指导员。

井冈山大学继续教育与培训学院副院长王志明指导讲解

　　简单的教学后，所有成员沿着109级台阶拾级而上，向一万五千七百四十四名革命烈士以及三万多名无名烈士默哀、鞠躬悼念，并向革命烈士敬献花篮。在开国元勋、牺牲烈士照片墙和烈士英名录前，社会实践团成员认真聆听讲解，感受革命先烈对信仰的矢志不渝，大家表示，他们为理想勇于牺牲的精神，用生命保护红色政权的精神值得永远铭记。

同学们向一万五千七百四十四名革命烈士以及三万多名无名烈士敬献花篮

同学们在井冈山革命烈士陵园听讲解员讲解

　　紧接着实践团还参观了井冈山烈士雕塑园和碑林。雕塑园和碑林记录了革命先辈们的光辉形象，展现了革命先辈的无上荣光与风采。大家仰望着雄伟的纪念碑，俯瞰着天下第一山的壮美景色，缅怀着无畏牺牲的烈士英雄，终于明白习近平总书记强调的："多来这里看看很有必要，要让广大党员干部知道现在的幸福生活来之不易，多接受红色基因教育。"

同学们参观井冈山烈士雕塑园和碑林后合影留念

　　一天的学习，让实践团全体成员深刻体会到"坚定信念、艰苦奋斗、实事求是、敢闯新路、依靠群众、勇于胜利"井冈山精神的真正内涵。大家纷纷表示，要铭记历史，不忘初心，继承革命先烈遗志，践行井冈山精神，让党的宝贵精神在新时代推进中国特色社会主义事业的伟大进程中彰显新的价值，开创新的未来！

编辑：李铖

图：李铖　鹿文彬

文：柏媛媛　张梦羽

致敬先烈追寻红色脚步 不忘初心提升使命自觉
北京体育大学马克思主义学院学习实践活动（六）
北体马院 2018年1月17日

为深入学习贯彻党的十九大精神和习近平新时代中国特色社会主义思想，践行习近平总书记在瞻仰中共一大会址时强调的"铭记党的奋斗历程时刻不忘初心，担当党的崇高使命矢志永远奋斗"的重要精神，引导青年学生传承红色基因、勇担时代使命，2018年1月16日，北京体育大学马克思主义学院"重温历史 不忘初心"社会实践团继续在井冈山开展学习实践活动，深入井冈山革命博物馆进行现场教学，并举行结业仪式。

上午八点，社会实践团一行首先来到井冈山革命博物馆，聆听井冈山革命历史讲解，开展党史与理想信念教育。井冈山革命博物馆是首批国家一级博物馆，也是全国爱国主义教育示范基地"一号工程"。观看展览中，社会实践团成员在一张张照片、一部部影像、一件件实物前驻足，认真聆听讲解，仔细阅读介绍，详细了解井冈山根据地革命斗争和建设情况，从中深刻体悟伟大的井冈山精神。大家感到，在中国共产党的正确领导下，革命先烈以自己的铁肩和壮举托起了伟大的复兴梦想，我们的国家由此从贫弱走向富强，我们的民族也由此从苦难走向复兴，中国共产党确实始终是时代先锋、民族脊梁。

同学们参观井冈山革命博物馆

随后，上午九点半，北京体育大学马克思主义学院"重温历史 不忘初心"井冈山社会实践培训班结业仪式在井冈山工会培训中心举行。北京体育大学马克思主义学院党总支委员、特色理论教研室党支部书记邱锦、特色理论教研室副教授陈世阳出席仪式。北京体育大学马克思主义学院社会实践团全体成员参加结业式。井冈山大学马克思主义学院教师周俊峰主持结业式。

井冈山大学继续教育与培训学院副院长王志明发言

结班仪式第一项，奏唱国歌并宣布优秀学员名单。邱锦宣布陈彬劼、李长明、李铖、陶新超、姚心圆获得社会实践团"优秀学员"荣誉称号，她希望全体成员向他们学习，以此次社会实践对信仰的锻造、作风的锤炼指导今后的学习生活，并发挥积极表率作用，引领北体大学生坚定理想信念，矢志奋斗进取，展现新时代青年的新气象、新作为。

向优秀学员陈彬劼、李长明、陶新超、李铖颁发证书

结业仪式第二项是师生代表总结发言。教师代表陈世阳回顾总结了为期一周的社会实践活动。他说，这是一次丰富的党史教育。培训班以井冈山革命根据地武装革命斗争、军队政治建设和党的优良作风为主线，重点将井冈山道路、井冈山精神和中国特色社会主义道路相联系，展示了一幅共产党人对中国革命道路进行艰辛探索的宏伟画卷。这是一次深度的党性教育。井冈山斗争史在无声地诉说着仁人志士对革命信念的执着，在鲜明昭示着先烈前辈对崇高信仰的坚定；井冈山精神不仅是战胜各种艰难险阻的理想之骨、精神之钙、动力之源，更是对革命道路的自信、对科学理论的自信、对远大目标的自信。他代表北京体育大学感谢井冈山大学组织的学习培训，希望学生在今后的学习实践中能够传承使命，赓续精神，勇立潮头。

教师代表陈世阳总结

学生代表李长明表示，这次社会实践亲身感受了革命斗争的艰苦卓绝，感受井冈山给予人民的伟大精神力量，将勉励牢记历史，不忘初心。吴建泽表示，历史是最好的教科书和清醒剂，要将红色基因注入血脉，让井冈山精神在新时代展现新价值。文世焰表示，山因革命而高，史以传承而明。将以此次井冈山学习实践为新的起点，铭记历史，牢记使命，不忘初心，做一名红色基因传承者、践行者。陶新超表示，党的第一块农村革命根据地给自己带来太多思想的升华与心灵的震撼，深刻感受到党领导人民创业的艰辛和今天幸福生活的来之不易，将激励自己在沿着革命前辈的脚步中砥砺前行。贺凤凯表示，要继续弘扬艰苦奋斗攻难关的井冈山精神，踏石留印、抓铁有痕，以苦干续写中国辉煌，以实干实现复兴梦想。

学生代表发言

结业仪式第三项是周庆峰代表井冈山大学向本次实践班的圆满举办表示祝贺。他表示，这是一次成功的"两学一做"学习教育，师生们通过亲身体验，实地参学等活动，进一步筑牢了政治意识、大局意识、核心意识、看齐意识，进一步深化了道路自信、理论自信、制度自信、文化自信，展现了新时代青年的良好精神风貌，和北体大学子追求卓越的风采。希望大家以后以井冈山精神内化于心、外化于行，切实担负起新时代赋予的崇高使命。

井冈山大学代表周庆峰讲话

结班仪式第四项是文艺汇演。师生通过演唱《映山红》《毛委员和我们在一起》等红色歌曲，朗诵《西江月·井冈山》《水调歌头·重上井冈山》等革命诗词，为本次实践班的发动画上了圆满的句号。

同学们以文艺汇演的形式进行学习汇报和总结

为期一周的社会实践，北体大马院的学生们以重走红军路的形式，将党领导人民开展革命斗争的光荣历史与党领导人民实现"两个一百年"奋斗目标的伟大事业相联系，从历史、现实与未来的角度，进一步加深了对习近平新时代中国特色社会主义思想的理解，进一步加深了对新时代青年所肩负的时代使命与责任的理解。北体大马院学子将传承井冈山精神，志存高远、脚踏实地，在服务科教兴国、体育强国战略中放飞青春梦想，在实现中国梦的生动实践中书写人生华章。

编辑：李铖

图：李铖　鹿文彬

文：柏媛媛

"传承红色基因 发扬井冈山精神"井冈山社会实践活动系列报道
（一）2019 年寒假井冈山社会实践动员会
北体马院　1 月 13 日

为深入贯彻习近平新时代中国特色社会主义思想，传承红色基因，做好2019 年寒假井冈山社会实践动员部署工作，以"传承红色基因 发扬井冈山精神"为主题的井冈山革命精神教育社会实践动员会于 1 月 11 日下午 17：00 在教学楼 101 教室准时召开。

北京体育大学学生工作部部长周启迪、马克思主义学院党总支书记付红星、马克思主义学院执行院长李庚全、马克思主义学院副院长李红霞、马克思主义学院讲师兼本科生辅导员老师吴国斌、马克思主义学院讲师邱珍等领导和老师们出席了本次动员会。参与此次社会实践活动的全体同学参加了本次动员会。

各位领导和老师们高度重视此次活动，在动员会上表达了他们对同学们的嘱托和期望，让参与此次社会实践活动的同学们精神振奋，信心倍增。

01　安全在心，实践于行

学生工作部部长周启迪讲话

学生工作部部长周启迪对同学们在此次实践活动中的住宿安全、交通安全、纪律问题、学习等提出了四点要求：

一、确保安全用电，不使用违章电器，时刻注意住宿安全，锁好门窗，严防盗窃。

二、交通出行乘坐正规车辆，关注天气变化，做好防范准备。

三、严守纪律，如遇特殊情况及时与带队老师们联系沟通。

四、以学习为重，积极参与实践，抓住机会增长知识。

02 勤俭节约，艰苦奋斗

马克思主义学院执行院长李庚全讲话

马克思主义学院执行院长李庚全要求同学们秉承吃苦耐劳，坚韧不拔的学习精神上井冈山。希望全体同学牢牢抓住本次学习机会，全身心投入本次实践课程。他对同学们提出了以下三点要求：

一、同学们要怀着崇敬和庄严的态度上井冈山。

二、同学们应该以勤俭节约的精神和艰苦奋斗的意志来面对各种问题与困难。

三、参观井冈山革命根据地是一次来之不易的宝贵的体验机会，是理论结合实践的大好时机，同学们要积极认真地参与每一项活动，争取在这次社会实践中取得最大的收获。

03 专注学习，总结收获

马克思主义学院副院长李红霞讲话

马克思主义学院副院长李红霞作为本次社会实践团的团长，对同学们的学习提出了三点要求：

一、研究生同学应起到模范带头作用，及时与带队老师沟通，带领本科生同学认真记录实践过程。本科生同学要向榜样看齐，共同学习，共同进步。

二、全体同学应以端正的学习态度听当地领队老师的讲解，集中注意力去获取新知识。

三、每位同学都应多记笔记，完善当日的活动感受与思考，每天都学有所得，学有所获。

04 充分准备，遵守纪律

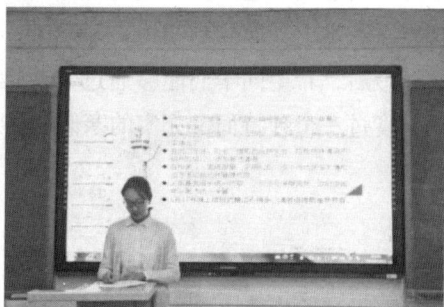

吴国斌、邱珍老师讲话

吴国斌老师和邱珍老师对同学们的安全和纪律等方面提出了细致的要求：

一、同学们要充分了解井冈山革命根据地，只有提前做好充分的准备，才能真正地从本次实践中学有所得，有所收获。

二、同学们应具备较强的集体意识，严格遵守规则和纪律，做到不迟到，不擅自脱离集体，一切行动听指挥。

三、同学们要照顾好自己的人身安全，财产安全和饮食安全，有问题及时和带队老师沟通，确保每位同学都能平安上井冈山，平安回到家。

总结

马克思主义学院党总支书记付红星总结

在动员会的最后，马克思主义学院党总支书记付红星对本次动员会进行了总结并对同学们提出了以下几点要求：

首先，同学们应以自身安全为重，遵守纪律，对自己负责。

其次，同学们要珍惜本次社会实践的机会，相信经过充分的准备和积极地参与，同学们一定能更好地将理论与实践相结合，获得直击灵魂的体验，收获难以从课本上汲取到的知识。

最后，希望同学们能够通过本次社会实践拓宽自身的眼界，丰富自己的知识，度过一个独特而又充实的寒假。

图：沈思雨

文：李轶蔚 李硕

排版：李轶蔚 李硕

"传承红色基因 发扬井冈山精神"井冈山社会实践活动系列报道
（二）2019年寒假井冈山社会实践开班式

北体马院　1月14日

经过近14个小时的舟车劳顿，全体师生于1月13日上午10点到达江西省吉安市，同学们满怀着对井冈山精神的敬仰，乘坐大巴来到井冈山大学。

马院师生在井冈山大学门口合影

下午2点30分，北京体育大学马克思主义学院"重温历史，不忘初心"井冈山革命精神教育社会实践活动开班式在井冈山学习交流中心隆重举办。出席本次会议的有：井冈山大学继续教育与培训学院副院长李忠、北京体育大学马克思主义学院副院长李红霞、井冈山大学继续教育与培训学院培训部教师贺薇、北京体育大学马克思主义学院教师吴国斌、邱珍以及来自北京体育大学的50名学生。

全体参会人员佩戴识别带，奏唱国歌

　　井冈山大学继续教育与培训学院副院长李忠简单介绍了井冈山大学的基本情况。91年前，以毛泽东同志为代表的共产党人在井冈山点燃了中国革命的星星之火，开辟了中国革命的胜利之路。井冈山精神是革命精神的源头，是中国共产党人宝贵的精神财富。李忠院长预祝此次社会实践培训班活动取得圆满成功。

　　北京体育大学马克思主义学院副院长李红霞表示两校之间合作关系历史悠久，并已经于去年签署了实践基地合作协议，对井冈山大学的大力支持表示感谢。红色教育实践是北体马院专业建设和人才培养的特色，也是北体特色公共思政课一大亮点，这次实践活动就来了几位公共思政课学生代表。李红霞教授指出同学们作为强国一代的大学生，要跑好民族复兴的接力赛，成长为国家需要的中国特色社会主义事业的接班人，必须传承革命先辈留下的红色基因，继承革命精神，这是中国共产党为中华民族精神宝库留下的一笔宝贵财富。她强调这次教育活动的珍贵性，要求同学们珍惜机会，认真听讲。

由李忠副院长致欢迎辞　　　　　　　　李红霞副院长做动员讲话

　　最后，由李忠副院长向社会实践培训班授旗，旗帜飞扬如当年革命时，井冈山革命精神必将一代一代地继续传承下去。

李忠副院长向学生代表授旗　　　　全体参会人员在学术交流中心门口合影留念

下午三点，井冈山大学继续教育与培训学院副院长李忠教授为同学们作主题为"井冈山斗争史与井冈山精神"的专题报告，围绕井冈山革命历程做了详尽讲解。李忠教授首先介绍了井冈山的历史地位，他指出井冈山是"中国革命的摇篮"，是"天下第一山"，而井冈山精神则是党和人民的宝贵精神财富。随后李忠教授将井冈山革命根据地的斗争史分为"初创时期""全盛时期""曲折发展时期""后期斗争时期"四个阶段为同学们讲述了如"三湾改编""朱毛会师"等一个个生动形象的革命故事。报告的最后，李忠教授向同学们阐述了井冈山精神及其时代价值，指出"坚定执着追理想"是井冈山精神的灵魂，"实事求是"是井冈山精神的核心，"依靠群众求胜利"为井冈山精神的根本，而井冈山精神的精髓在于"艰苦奋斗攻难关"。在讲解的同时，李忠教授还讲述了毛泽东主席感动的事迹，令在座同学感动不已、热泪盈眶。

李忠副院长做专题报告　学生们认真听讲

经过今天的开班仪式及专题报告的学习，大部分同学们表示已经被井冈山的红色革命精神深深吸引，内心涌起了对革命先烈的深切敬仰与缅怀之情，并更加期待接下来四天的社会实践活动。马院学子将用更加积极热情的态度迎接学习与实践，将知识与理论融入实际行动中，展现新时代新青年的青春姿态。

图：丁雪晨　沈思雨

文：蒋　倩　王启煜

侯榕芳　侯东昉

排版：王启煜

"追寻革命印记 感悟革命艰辛"井冈山社会实践活动系列报道

（三）2019 寒假井冈山社会实践之现场体验

北体马院　1 月 16 日

1 月 14 日早上 8 点，全体师生前往三湾改编旧址群、龙江书院、茅坪八角楼等革命圣地参观。

上午11点，全体学员来到永新三湾改编旧址。井冈山大学马克思主义学院周庆峰老师在三湾改编枫树坪开展了主题为"加强党的建设，实行民主制度"的现场教学，让全体成员更加细致地了解了三湾改编的基本思路和意义，即三湾改编通过将一个师整编为一个团，把支部建在连上，建立士兵委员会等举措，不仅从政治上组织上确立了党对军队的绝对领导，也开创了我们党政治建军的伟大征程。随后，全体师生参观了工农革命军委员会旧址、毛泽东同志旧居、工农革命军第一军第一师第一团部旧址以及永新三湾改编纪念馆等地。

全体学员在三湾改编纪念馆前合影

下午2点，全体师生到达"朱毛会师圣地"——龙江书院。龙江书院是中国人民解放军国防大学的前身，为湘赣边界工农武装割据斗争培养了一大批优秀的军政人才。书院的建筑风格具有民族特色，院内设有"朱毛会师"握手的宏伟雕像。师生们进入了中堂"明道堂"授课场所，坐在当年军官教导队的课堂体验当年教导队学员上课的情景，认真听解说员讲解井冈山会师的故事以及当年士兵们刻苦的学习过程。随后登上"文星阁"，感受当年"朱毛会谈"的亲切场景和非凡意义。

下午3点，全体师生来到湘赣边界一大旧址——谢氏慎公祠，现场体验了当年在中国共产党领导下组织开展湘赣边界一大的情景。随后，全体成员来到茅坪八角楼毛泽东旧居，参观老一辈无产阶级革命家工作和生活的地方。毛泽东在这里完成了《中国的红色政权为什么能够存在?》和《井冈山的斗争》两篇光辉著作的写作，同学们纷纷感慨于毛泽东在物质条件极度贫乏艰苦的环境

全体学员在龙江书院前合影

下仍然勤于学习、勇于探索的品质。随后全体成员来到慎德书院，参观了巾帼英雄贺子珍的展览，详细了解了她辉煌且艰辛的一生。

湘赣边界一大旧址

毛泽东旧居

同学们认真聆听现场教学

贺子珍旧居

通过今天的现场教学和参观活动，全体师生深切地感受到在革命危难时刻三湾改编的重大历史意义，切身体会到了"朱毛会师"的胜利喜悦和以毛泽东为代表的革命战士顽强的革命毅力和坚强的革命意志。作为新时代的新青年，应当坚定理想信念，继承红色基因，在今后的学习中将不畏艰辛，力争用自己的实际行动把井冈山革命精神发扬光大！

图：丁雪晨　侯鑫磊

文：侯鑫磊　杨雨恒　王恒璇

排版：杨雨恒　王恒璇

"重走红军路 迈向新征程"井冈山社会实践活动系列报道

（四）拓展训练：将红旗插上山顶

北体马院　2019 年 1 月 18 日

1 月 15 日，"重温历史，不忘初心"井冈山革命精神教育社会实践活动进入了新的阶段。参加本次实践活动的全体师生用一天的时间亲身体验了近一个世纪前红军的奋斗之路。

全体师生参加开营仪式

早八点，全体师生身着红军军服，在高飞、范朝民两位教官的带领下，正式开始了一天的"红军生涯"。正式出发前举行了简短的开营仪式。教官简单介绍了一天的红军之路，对全体同学进行了动员，激发出了同学们高昂的斗志。随后，民主选举出带领本支红军队伍的指挥部："党代表"吴国斌老师，"政委"李红霞院长，"参谋长"邱珍老师。教官还整编了队伍，将原部队改编为两支部队："中国工农红军第四军"和"中国工农红军第五军"。各军内部选举出各军的"军长""宣传委员""警卫员"等职务。活动的全程，没有老师和同学之分，只有指挥员和士兵之别。这让同学们有了参与红军战斗的真实感。开营仪式结束后，两支红军正式出发，前往荆竹山，满怀豪情、军歌嘹亮，誓将红旗插上山顶。

第一站，教官做的第一件事就是严肃纪律、整顿作风，让同学们能以真正军人的姿态训练。工农红军有铁的纪律，教官也对同学们提出了几项基本的纪律要求，并附加了惩罚措施。首先两支队伍分别展示了自己的队伍文化，在指挥部前整齐排开，完成了喊口号，唱军歌，制定"三大纪律六项注意"、集体造型等项目。随后，李红霞政委简单点评了两支军队的整体表现，对两支队伍的精神状态与整齐度较为满意。经过商讨后总指挥部一致认为红五军的展示更为优秀。红四军也因此获得了小小的"奖励"——10个俯卧撑。

完美造型（红四军）

英雄形象（红五军）

红五军"军长"发表感言

"全力以赴"（红四军）

简单的休整后，两支队伍开始了第二项活动——拉板颠球和激情节拍。两支队伍内部紧密团结，分工明确，紧张而有序练习让队伍紧密地融合成一体。两支队伍在比赛之间更是相互鼓励，共同前进。团结，正是当年红军在起义后受挫时走向井冈山并坚持斗争的重要支撑。随后，同学们参观了当年毛委员宣布"三大纪律六项注意"的雷打石。

每个人都很重要（红五军）

雷打石前集体合影

第二站，是极为特殊的一站。两支红军队伍的"炊事班"和指挥员亲自动手，为全军准备午饭。大家分工明确，井然有序，完成了从洗菜生火到摆盘的全过程。乡下做饭的条件相较于城里艰苦许多，但这丝毫没有影响大家的斗志。一个小时紧锣密鼓的努力后，丰盛的菜肴摆在了同学们的面前。虽然绝大多数烹饪工作都是指挥员和教官完成的，但同学们在这一过程中体验到生活的不易，对当年红军战士坚守井冈山根据地的辛苦有了更深入的了解。

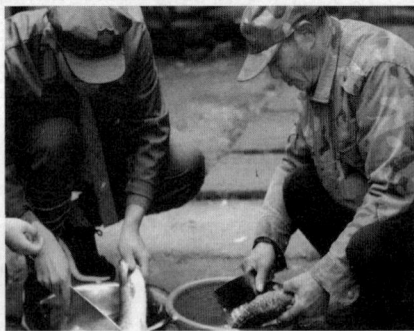

自己动手　丰衣足食

餐后，同学们主动刷碗，收拾桌椅，将庭院打扫干净，体现出北体学子的素养，也展现出红军的纪律性，更体现出军民鱼水情。作为红军战士，就要做到不拿老百姓一针一线，用过的东西都要回归原位。

最后一站最为辛苦却也最有意义，两支队伍重走红军山路。井冈山植被茂密，气候潮湿，青苔较多，山路较为崎岖。两支队伍的小红军战士追寻先辈的足迹，翻山跨河，走独木桥，用脚步丈量井冈山的土地，用汗水体验红军的精神。

90

跋山涉水重走红军路

红四军先行进发，红五军负责"殿后"，两支队伍向着共同的目的地进发。跋山涉水后，两军胜利会师，先行到达的红四军为红五军举行了欢迎仪式，同学们亲自体验到当年"朱毛会师"的喜悦之情。

胜利会师后，两军一同举行了会师大联欢。两军群策群力，集思广益，分别仿写了毛泽东的诗词《西江月》和《水调歌头·重上井冈山》，三句半表演诙谐幽默，歌舞串烧让全场气氛达到高潮。

红五军战士朗诵仿作的《水调歌头·重上井冈山》　红四军战士表演三句半

随着会师大联欢落下帷幕，拓展训练也正式结束。重走红军路，不仅让同学们对当年井冈山斗争革命的历史有了更深入的理解，还亲身体验到红军奋斗的艰难与革命乐观主义精神。虽然这次活动很短暂，但北体学子将会在以后的学习生活中永远践行井冈山精神，在社会主义现代化建设的新征程中勇担重任！

两支队伍胜利会师

图：丁雪晨 沈思雨 王也

文：高万琛

排版：陈琪然 高万琛

"忆峥嵘岁月 悟井冈山精神"井冈山社会实践活动系列报道
（五）2019 寒假井冈山社会实践之追忆历史
北体马院　1 月 18 日

　　2019 年 1 月 16 日早晨八点，全体师生乘车前往大井毛泽东旧居。此次参观的重点有三件原物：第一是毛泽东旧居前面的一块读书石，由此可见毛委员无论走到哪里都坚持读书，这种精神值得我们学习。第二件原物是残墙，其上有数不清的弹坑，它见证了大井被破坏以及红军的火种得以保留的历史。最后一件原物是生长在屋后的红豆杉和椤木石楠，因为它们见证了毛泽东和朱德的友谊以及革命的发展历程，也称为感情树。现今的大井，让我们能从心底生发出对革命先烈的敬佩。

全体师生在大井毛泽东旧居合影

刘萧老师在感情树下现场教学

残墙原物

　　大井参观完毕后，我院师生乘坐大巴前往黄洋界。天气湿冷，山间雾气弥漫，全体师生踏上了回溯历史的征途。作为井冈山上最险要的一个哨口，黄洋界海拔一千三百多米，山势陡峭。黄洋界保卫战是中国革命时期为数不多的以少胜多、以弱胜强的战役之一。在纪念碑前，井冈山大学继续教育培训学院副院长王志明为师生进行了现场教学。他用满腔热情，为我们讲述了黄洋界保卫战的历史过程。并指出老百姓拥护我们党的原因在于，我们的队伍有铁的纪律、模范的行动和好的政策。随后王志明院长带领大家诵唱了毛泽东的诗词《西江月·井冈山》《水调歌头·重上井冈山》，并激励大家以己身传承红色精神。紧接着大家在湿滑的挑粮小道上体验了当年红军战士挑粮上山的艰辛，更深深地为老一辈革命者艰苦奋斗的精神所动容。

全体师生在黄洋界保卫战胜利纪念碑合影

全体师生亲身体验朱毛挑粮小道

　　下午2点30分，全体师生乘车前往井冈山革命烈士陵园。在通往井冈山革命烈士陵园的台阶上，王志明院长讲述了段紫英、王展成同志等革命烈士在井冈山革命斗争中的故事。在他们身上，我们感受到了坚定执着追理想的力量。

　　在纪念馆内，全体师生向井冈山烈士们鞠躬致敬默哀，表达我们对于烈士们的崇高敬意。吊唁大厅的墙壁上 15744 人的名字时刻提醒着现在的美好生活来之不易。随后党员同志在纪念馆门前重温入党誓词，感受先辈们对党的忠诚。

在细雨绵绵中，全体师生参观了陈列着 140 块精湛书法碑刻的井冈山碑林，深切感受井冈山的光辉历史和英雄烈迹。随后全体学员来到井冈山革命烈士纪念碑，向先辈们致以崇敬缅怀之情。在立有 20 尊井冈山革命历史人物塑像的雕像园，让我们由衷感受到先辈们为理想抛头颅洒热血的精神，并时刻提醒我们不忘历史，砥砺前行！

王志明院长为大家讲解革命历史　　　　　全体党员重温入党誓词

全体师生在井冈山革命烈士纪念碑下合影

下午 6 点，全体学员参加了由张莉老师主持的访谈教学，聆听了王佐的后代王华文、曾志的后代石草龙讲述烈士的光荣事迹。王佐曾带领绿林好汉加入革命队伍，为井冈山革命根据地的巩固做出了贡献。曾志前辈大公无私，舍小家顾大家的革命情怀，为我们树立了榜样。

随后，在两位老师的带领下开展了激情教学，全体学员唱响了《映山红》

王佐后代王华文、曾志后代石草龙讲述先辈革命历史

《三项纪律八项注意》等井冈山红歌。在嘹亮的歌声中，师生们感受到了先辈们的艰苦奋斗精神和革命乐观主义精神。

两位老师激情教学唱响井冈山红歌

井冈山革命斗争时期已经过去，但井冈山精神将永远流传下去。这一宝贵的财富，值得我们去传承弘扬。新时代的我们必须明白，没有烈士的"我以我血荐轩辕"，就没有今天我们的美好生活，当下的我们更应该发扬革命传统，使井冈山精神代代相传！

"英雄威名万古传 吾辈志承井冈魂"井冈山实践活动系列报道
(六)2019寒假井冈山社会实践之缅怀英烈

北体马院 1月19日

1月17日，全体师生前往小井红军医院、小井红军烈士墓、曾志墓、龙潭、茨坪毛泽东旧居、井冈山革命博物馆参观学习。

上午8：30左右，学员们来到小井红军医院。解说老师于门前进行了主题为"艰苦奋斗攻关，永葆优良传统"的现场教学，让全体学员了解到小井红军医院建立的必要性、当年该医院条件之艰苦、该医院涌现的革命英烈感人事迹以及承载的精神力量。即使当时医疗条件极差，红军战士依然满怀革命乐观主义精神：西药奇缺，就亲自挖草药；医疗器械缺乏，就以竹子烧制为镊子、剃头刀和菜刀为手术刀……此外，老师也向我们介绍了张子清师长不顾自己伤痛藏盐、献盐和曾志怀胎七月仍献身革命事业的动人故事，在场学员无不体悟到红军战士同甘共苦、舍己为人、忠诚为党的革命热情。

随后，学员们来到小井红军烈士墓前，解说员老师声情并茂的进行以"坚定执着追求，为主义而牺牲"为主题的现场教学，学员们对敌军当年烧毁红军医院、把130多名伤病员严刑拷打并集体枪杀的行径扼腕痛惜。同时，老师动情讲述了陈毅安为革命不惜牺牲爱情，甚至不惜牺牲自己生命的故事。之后，在老师的带领下，学员们为满腔热血、宁死不屈的英烈默哀、鞠躬，表达了诚挚的敬意。接着，学员们来到曾志墓前。曾志同志是当年唯一的幸存者，学员们从那棵以她的一半骨灰为肥料的绿树和照片展中看到了她的艰苦奋斗、一生奉献、信仰忠诚！

同学们认真聆听解说员讲解

同学们参观曾志生平图片展

同学们于小井红军烈士墓前默哀

　　9：20左右，学员们来到云雾绕山峦的龙潭。秉承"革命理想高于天"的原则，大家凭着坚定意志徒步全程，感受到当年红军战士的艰辛与不易。同时也体会到"红军洞"处于此处的隐蔽性与优势之处，即这里山势陡峭险要、地处偏僻、道路曲折，藏存于"红军洞"内的粮食也可提供物质保障，休养于此处的伤病员也不易被敌军发现。在上午的登山路途中，学员们不辞辛苦，以高标准严格要求自己，顺利完成任务！

　　下午14：30左右，学员们来到茨坪毛泽东旧居。随后参观井冈山红色邮政陈列室、湘赣边界防务委员会旧址、中国红军第四军军械处旧址、中国红军第四军军官教导队、新遂边陲特别区工农兵政府公卖处旧址、朱德同志旧居等地。学员们从这些简朴的陈设、一张张照片中感受到当年红军在经济封锁处境下坚定执着追理想、艰苦奋斗攻难关的井冈山精神！

同学们不放弃，坚持完成任务

同学们参观红色旧址

同学们瞻仰毛泽东同志旧居

　　随后，学员们来到井冈山革命博物馆参观，进一步加深了对井冈山革命根据地建立背景、朱毛会师的意义、粉碎经济封锁的艰苦卓绝、红四方面军和红五方面军会师对开拓井冈山革命根据地新局面的意义以及整个井冈山斗争历史过程的理解。通过讲解员精彩的介绍和丰富的图片、实物资料，学员们也更深刻认识到中国革命道路的艰难探索与今天幸福生活的来之不易。

同学们专心聆听解说员讲解井冈山革命斗争史

最后，全体师生于朱毛会师大型雕塑前高喊此次社会实践口号和 28 字井冈山精神，气势恢宏，展示了北体学子用实际行动践行井冈山精神的决心。

通过今天的现场学习和参观活动，全体师生深切感受到井冈山斗争时期虽然红军战士处于伤痛的折磨、条件的恶劣、敌人的残暴下，依然艰苦奋斗、矢志不渝、献身革命！英魂万古常青，作为新时代的青年，更应接过历史的接力棒，"以青春之我，创造青春之国家、青春之民族"，立志传承井冈魂！

图片：沈思雨 丁雪晨

文：李逸群

排版：李逸群

"担当新时代使命 传承井冈山精神"井冈山实践活动系列报道
（七）2019 寒假井冈山社会实践之结班式暨迎春晚会
北体马院 1 月 20 日

2019 年 1 月 17 日晚 19：00，北京体育大学马克思主义学院于井冈山嘉华大酒店举办了"传承红色基因 发扬井冈山精神"社会实践结班式暨迎春晚会。此次活动由马克思主义学院副院长李红霞，马克思主义学院教师吴国斌、邱珍，井冈山大学继续教育培训学院教师贺薇、刘萧出席。参与此社会实践的全体成员参加了本次活动。

在上半场结班式中，首先由马克思主义学院李红霞副院长为此次社会实践活动做总结发言。李红霞副院长首先对井冈山大学继续教育培训学院的老师们表示感谢，并提出在这五天的行程中，全体学员通过接受形式多样、内容丰富的井冈山革命精神教育，强化了我们对党的革命精神和井冈山精神的知、情、信、意、行，再次坚定了我们的马克思主义信仰。在拓展训练等环节中，学员们的团结协作能力和不怕困难的顽强意志得到进一步锻炼。要求全体学员要勇于接过革命先烈手中的冲刺棒，将井冈山精神带下山，从坚持晨读和读经典等好习惯做起，树立马院优良学风。最后，李红霞副院长提醒同学们在寒假期间一定要深刻总结此次社会实践，并写出一篇高质量的社会实践论文。

李红霞老师发言

接下来马克思主义学院的邱珍老师做了简短发言。邱珍老师表示五天的时候过得很快，大家都对这片红色的热土产生了深厚的感情，对同学间产生的革命友谊也恋恋不舍。邱珍老师认为社会实践过程中学员整体表现优秀，尤其体现在学习劲头足，团队氛围浓和协作效率高这三个方面，充分表明"中国工农红军第四军"和"中国工农红军第四军"是特别能吃苦、特别能战斗、特别能奉献的队伍。最后邱珍老师希望同学们铭记这段峥嵘岁月，把井冈山的精神的内涵充分运用到自己的生活和学习中。

邱珍老师发言

随后，马克思主义学院的吴国斌老师上台发言并对同学们提出要求。吴国斌老师表示在这五天的时间里我们比较深入系统地了解了井冈山历史，这也是中国共产党自身建设史、政权建设史和经济建设史的重要源头。通过这几天的学习我们能够更深刻地了解到革命胜利来之不易，中国共产党历史来之不易，今天的幸福生活来之不易。这次学习也为我们本科生研究生提供了一个研究方向，可以激励对党史党建方向感兴趣的同学继续深造。随后吴国斌老师提到井冈山精神的现实意义，大学生应从中汲取力量，成为今后学习的动力。吴老师充分 肯定了全体成员在此次实践活动的优异表现，也指出了同学们的不足，如在现场教学环节部分同学应该更加集中注意力认真听讲。吴国斌老师也向公共思政课的同学们表示感谢，来自不同学院的他们在这次实践中展现了学习的热情，拓展训练时他们不怕辛苦，与马院同学们互帮互助，积极完成任务，展现了北体学子出色的风采。最后吴国斌老师希望同学们在今后的学习中身体力行井冈山精神，树立良好目标，掌握方法，持之以恒，实现目标。

吴国斌老师发言

最后，来自井冈山大学的刘萧老师上台发言。刘萧老师表示社会实践期间与同学们相处非常愉快，希望同学们能弘扬这份红色精神，更加珍惜难得的学习机会。

随后是结业证书的颁发仪式，由李红霞副院长，吴国斌老师，邱珍老师，刘萧老师，贺薇老师为大家颁发证书。

学员们领取结业证书

主持人致辞

第一组同学倾情演唱

　　下半场的迎春晚会由刘政宇，朱奎闽，李轹蔚，张恩圆主持，在周淑婧，张铮，卢达辉，刘政宇，朱奎闽，李硕带来的《军港之夜》中开篇，悠扬的歌声瞬间"点燃"全场。

　　第二个节目是由本科生和研究生共同表演的舞台剧《闪闪红星》，生动形象的表演引人入胜，赢得阵阵掌声。

第二组同学绘声绘色的表演

同学们热情高歌

第三个节目是由曾达炜、侯鑫磊、杨雨恒、侯东昉带来的三句半小品《厉害了，我的国》，风趣幽默的语言引起场上欢呼此起彼伏。

第三组幽默风趣的表演

第四组同学的深情朗诵

第四个节目是由李嘉、梁杰、高万琛、王海桦、陈琪然表演的《水调歌头·重上井冈山》朗诵，深情的读书声中流露出对井冈山精神的敬仰与向往。

第五个节目是由张非凡、潘靖轩、刘旭晨、刘永芳、上官嘉雯带来的《国际歌》。激昂的歌声飘荡在嘉华厅中，铿锵的语调中革命精神熠熠生辉。

同学们铿锵有力的歌声

第六个节目是由丁雪晨带来的《水调歌头·重上井冈山》朗诵和张恩圆的《不朽》朗诵，坚定的语气中透露出饱满的感情。丁雪晨和赵婉龄的《不为谁而作的歌》带动起全场气氛，将晚会气氛带到高潮。

丁雪辰同学朗诵　　　　　　　　　　　　张恩圆同学朗诵

丁雪晨、赵婉龄同学深情演唱

随后，公共思政课学生代表为大家带来一场视觉盛宴！他们的表演中融合了武术元素，且剧情丰富，引来阵阵掌声。

公共思政课学生代表的精彩演出

最后，参加社会实践的全体同学带来合唱《映山红》，婉转细腻的歌声中饱含昂扬斗志，众志成城中尽显革命友谊。

李红霞老师指导合唱

红歌表演后是抽奖环节，现场气氛活跃，主持人借助"雨课堂"现场抽取了 3 名一等奖和 36 名二等奖。一等奖奖品是附有作者签名的《中国第一山》，二等奖奖品是贴心温暖的袜子，获奖同学兴高采烈地上台领取奖品。

抽奖环节

自由表演环节在击鼓传花的游戏中拉开帷幕。选中的同学上台表演了精彩的节目。来自武术学院的李浩杰展示了二指禅俯卧撑，张非凡、王启煜、卢达辉、王海桦、沈思雨等同学用不同方言朗诵了《再别康桥》，亦庄亦谐，全场观众捧腹大笑。李红霞副院长登台为同学们带来一首《五星红旗》，让同学们沉醉在悠扬的歌声中细细品味着经典的魅力。吴国斌老师的歌曲表演《安静》赢得同学们阵阵掌声。

李浩杰同学展示二指禅俯卧撑

六位同学朗诵方言版《再别康桥》

李红霞老师演唱《五星红旗》

吴国斌老师演唱《安静》

最后，晚会在李红霞副院长，吴国斌老师，邱珍老师的新年祝福中落下帷幕。至此，北京体育大学马克思主义学院井冈山革命精神教育社会实践圆满结束。全体学员对井冈山革命斗争史和井冈山精神有了深入的了解，将进一步坚定理想信念，传承红色基因，担当新时代使命，让井冈山精神的时代光芒照耀神州！

三位老师送上新年祝福　　　　　　全体师生合照

文：赵婉龄

图：丁雪晨　沈思雨

排版：李逸群

（二）遵义篇

"重温历史 不忘初心"社会实践系列报道

（一）2019年遵义贵阳红色教育社会实践动员会

北体马院　6月25日

为学习、贯彻习近平新时代中国特色社会主义思想和党的十九大精神，落实习近平总书记2019年5月31日在"不忘初心、牢记使命"主题教育工作会议上的重要讲话精神，切实执行马克思主义理论专业本科生和硕士研究生培养方案中社会实践课时的要求，着力提升马克思主义理论人才的思想政治理论素养和实践能力，北京体育大学马克思主义学院计划于2019年6月22日至27日开展以"重温历史，不忘初心"为主题的遵义贵阳红色教育社会实践活动。6月21日晚18点，行前动员会于101教室如期召开。

此次实践活动的顺利启动，得益于遵义红色教育实践基地建设协议的成功签订。今年3月16日，我校党委副书记邢尚杰率马克思主义学院副院长李红霞与遵义师范学院签订了协议。

在实践基地建设协议打下的良好合作关系基础上，为确保此次实践活动顺利开展，北京体育大学学工部部长周启迪、马克思主义学院党总支书记付红星、马克思主义学院副院长李红霞、马克思主义学院吴国斌老师和杜雅老师一同出席，对将要参加贵阳遵义社会实践的44位马院学生和14位思政课学生代表进行了动员。参会领导和老师高度重视此次活动，在动员大会上表达了对同学们

两校领导基地共建协议签署现场

的嘱托和期望，让所有参与此次社会实践的同学精神倍增，充满期待。

01 守时守纪，严于律己

学生工作部部长周启迪在动员会上悉心叮嘱参与本次实践活动的同学们，要高标准、严要求，规范自己的言行；要树立时间观念，杜绝迟到现象，把守时作为一种良好的习惯；要树立团队意识，正确处理好集体利益与个人利益之间的关系；要增强学习意识，注重能力的提升，充分利用此次实践教育活动提高自身的理论水平，做到理论联系实际。

周启迪部长做行前动员

02 学懂弄通，奋发有为

马克思主义学院党总支书记付红星对同学们提出了以下几点要求。一是理论学习要有收获。通过实践活动的学习，同学们要加深对习近平新时代中国特色社会主义思想和党中央政策方针的理解，学深悟透，融会贯通。二是思想政治要受洗礼。同学们要更加坚定对马克思主义的信仰，对中国特色社会主义的信念，传承红色基因，坚定"四个自信"。三是学习工作要勇担当。同学们要学习革命先辈们越是艰难险阻越向前的斗争精神，以昂扬的奋斗姿态投入到学习和工作中去。

付红星书记做行前动员

03 知行合一，学用结合

马克思主义学院副院长李红霞作为社会实践团的团长，首先代表马院欢迎 14 位思政课学生代表参加这次社会实践活动。这 14 位同学是从 18 级思政课学生中选出的优秀代表，相信经过此次锻炼，同学们能够将思政课理论、中国共产党历史与遵义贵阳地区当前的经济社会发展实践结合起来，做到知行合一。希望同学们通过本次社会实践丰富阅历，提升综合素质，真正做到理论与实践相结合。

李红霞讲话

04 准备充分，学有所得

马克思主义学院吴国斌老师对同学们进行了学习和安全教育。他讲到，同学们要正确认识本次社会实践的目的："重温历史，不忘初心"。要充分了解中国共产党领导遵义贵阳地区人民进行革命、建设、改革的历史，提前做好学习的功课。同学们还要注意保管好身份证、学生证和车票；提前准备一些食品和药品，以及准备好衣物、雨伞，确保自身安全健康。

吴国斌讲话

总 结

动员会现场

通过本次动员会，同学们精神上都受到了鼓舞，纷纷表明会在即将到来的实践教育活动中全力以赴，努力学习并传承红色精神，不忘初心，奋力前行。

图：沈思雨

文：周淑婧 李硕

排版：李轶蔚

"重温历史 不忘初心"遵义贵阳社会实践系列报道

（二）遵义会议放光芒 长征精神永不忘

北体马院 2019 年 6 月 28 日

一、开班仪式

开班仪式合影

6月23日上午8点，北京体育大学"重温历史，不忘初心"遵义贵阳红色教育社会实践团全体学员在李红霞副院长、李庚全教授以及吴国斌老师、杜雅老师的带领下，参加了在遵义师范学院学术交流中心举行的开班仪式。开班仪式由遵义师范学院继续教育学院副院长黎雯主持，在全体团员热情激昂的国歌声中拉开序幕。

黎雯、蒋自立致辞

随后遵义师范学院继续教育学院院长蒋自立致辞，蒋院长对实践团表示热烈欢迎，并对遵义这座革命老城和遵义师范学院以及本次实践活动的教学安排做了介绍。

随后，李红霞副院长做开班动员讲话。她首先对遵义师范学院支持红色教育基地的建设表示感谢，强调红色教育实践是北体马院马克思主义理论专业本科生研究生培养方案的要求，也是思政课改革的一大特色。本次实践活动有多重意义，是落实习近平总书记3月18日在全国思政课教师座谈会上重要讲话精神和5月31日在"不忘初心、牢记使命"主题教育工作会议上重要讲话精神的实际行动。在建党70周年之际，更加激励我们思考如何以行动回应祖国的期望，报答祖国的培育之恩，希望同学们珍惜学习机会，谨记习近平总书记6月18日给北京体育大学冠军班学生的回信中对北体人的勉励，通过在"转折之城"遵义的实践活动，传承和发扬遵义精神、长征精神，努力实现自己人生的转折。最后，李红霞副院长与学员班班长完成了授班旗仪式，标志此次实践活动正式开始。

李红霞致辞、授旗仪式

二、追忆革命历程 锤炼党性党魂

★专题会议讲座★

上午10时，遵义师范学院马克思主义学院杨娟教授进行了"遵义会议历史意义与当代价值"的专题讲座。讲座分为"左倾教条主义的影响"和"理论联系实际原则的体现"两部分。杨教授首先介绍了第五次反围剿的历史背景以及北上抗日、血战湘江、猴场会议等重大历史事件背后的生动故事，道出了遵义会议的召开背景，指出红军抗战之艰难。其次，杨教授强调了遵义会议使红军转危为安的历史意义，说明遵义会议的召开，标志着理论联系实际原则对教条主义的胜利，并勉励同学们传承红军精神，在今后的学习研究中坚持理论与实际相结合的原则，为新时代的祖国建设作出贡献。

杨娟、裴恒涛做专题讲座

11 时，遵义师范学院中国共产党革命精神与文化资源研究中心副主任裴恒涛教授为大家作了"红军长征及其当代价值"的专题讲座。裴教授从红军长征的概念、长征的原因、进程与内容及其伟大意义、基本经验与当代价值等七个部分进行讲解，生动介绍了红军长征中的重大战役和重要会师，强调长征是一次唤醒群众的伟大远征，是一次开创性的远征。讲座最后，裴教授列举了关于长征的重要研究文献，并鼓励同学们在今后的学习生活中多阅读相关书籍，为红军文化的研究做出贡献。

三、参观遵义会议纪念馆

遵义会议旧址合影、讲解现场

下午 1 点 30 分，北京体育大学红色教育社会实践团启程前往遵义会议旧址，并在讲解员的带领下参观遵义会议纪念馆。纪念馆分为"战略转移，开始长征""遵义会议，伟大转折""遵义会议，精神永存"等多个主题展厅，通过文物和人物图片展览以及短片报道等多种形式，再现了五次反围剿、湘江血战、娄山关大捷、四渡赤水、翻雪山、过草地和胜利会师等历史事件。

四、烈士陵园存忠魂 重温誓词忆初心

★参观陵园★

接着，实践团来到了红军烈士陵园，并敬送了花篮。

敬送花篮、李红霞整理挽联

在雪白的鲜花旁，全体党员再次重温了入党誓词。红军战士在第五次反围剿失利的艰难境地中，依然坚定执守革命信仰，不畏牺牲，誓死战斗到底。这种"革命理想高于天"的信念对全体党员来说是一次特别的党性教育。

重温入党誓词

随后，同学们跟随讲解员参观了红军烈士纪念碑。纪念碑外侧有东南西北四位红军形象的环形浮雕，雕刻的28颗星星，象征中国共产党从建党到建国28年来艰苦奋斗的峥嵘岁月。内侧为红军长征时期的各类历史事件浮雕。

接着，实践团来到邓萍同志的墓前，听讲解员介绍邓萍同志的成长经历。邓萍同志于1935年2月27日在遵义战役前线指挥作战时英勇牺牲，年仅27岁。在这短短的27年里，邓萍同志为党、为国家奉献了一切。

全体师生聆听邓萍同志的事迹

最后，实践团在"红军菩萨"的雕像前听讲解员的报告。"红军菩萨"的原型是一位年仅 18 岁的卫生员，在医治贵州百姓的返队途中，被国民党军队杀害。当地人民为了纪念他，不仅为他修建和守护坟墓，而且树立了雕像。虽然这位卫生员早已离开我们，但红军为了人民不畏艰险、不畏牺牲、不断奉献的精神永远不会消失！

全体师生聆听"红军菩萨"的事迹

习近平总书记多次在讲话中强调共产党员要"不忘初心"，那么，共产党员的初心从哪里来？共产党的"初心"从百年前的《共产党宣言》中来，从井冈山上茅坪八角楼的点点灯光中来，从浙江嘉兴的红船中来，从这遵义的红军墓中来！中国共产党人不忘初心，砥砺前行，缔造了历史，也传承了红军精神。这一精神代代传递，在新时代也具有鲜活的生命力。在中华人民共和国成立 70

周年之际，中华儿女应当重忆革命征程，始终奋力前行。

五、学唱红歌

下午 7 点 10 分，实践团一行人在遵义师范学院音乐厅就座，由音乐学院的教师进行激情教学——红歌学唱。"调虎离山袭金沙，毛主席用兵真如神"，《四渡赤水出奇兵》一曲，坚毅铿锵，生动地反映了解放军在赤水的英勇无畏和毛主席的深谋远虑。"英明领袖来掌舵，革命磅礴向前进"，相比前一曲《四渡》，《遵义会议放光辉》更偏清新优美，曲调更突出了浓厚的地方特色，更偏山歌风味，主要体现了遵义会议成功后，人民齐欢庆、万众欢呼的情境。"从头越，苍山如海，残阳如血"，最后一首《娄山关》，将悠长美妙的音乐与铿锵有力的进行曲风格巧妙地结合起来，听得大家热血沸腾。晚上 9 点 30 分，激情教学圆满结束，大家都收获颇丰。

学唱红歌

总结

丹霞向晚，竹海悠悠。遵义这座红色城市蕴藏的革命精神力量历久弥新。作为新时代的青年学生，我们北体人应奋发图强，积极响应习近平总书记给冠军班回信中对我们的殷切勉励，努力学习文化知识，发扬体育精神，通过实践活动学习和继承红色革命精神，向社会传递正能量。

图：沈思雨

文字：刘子依　王昭雯

编辑：蒋倩　吕思思

"重温历史 不忘初心"遵义贵阳社会实践系列报道
（三）青杠坡下缅怀先烈 赤水河边领悟初心
北体马院 2019 年 7 月 1 日

6 月 24 日清晨七点，北京体育大学马克思主义学院红色教育社会实践团全体成员便已启程前往距离遵义城区 3 小时车程的土城战斗遗址。

土城战斗遗址、前往青杠坡战斗纪念碑

01 铮铮誓言，不忘初心

上午 10 点，实践团到达青杠坡战斗遗址。在四渡赤水培训学院报告厅，我们接受了以"铮铮誓言"为主题的情景教学。讲解老师结合夏明翰、江竹筠等革命先烈的英勇事迹，声情并茂、慷慨激昂地做了演讲，所有党员再次宣读入党誓词，在鲜红的党旗前，举起右手、握紧拳头，庄严宣誓，让党员重温入党宣誓时的庄严承诺和坚定决心，牢记共产党员的使命，不断保持共产党员的先进性，以更加饱满的热情投身于工作与学习。团员同学们也为这庄严的一幕所震撼，在党旗下接受了心灵的净化和洗礼。情景教学在讲解老师带领全体师生唱响的《国际歌》歌声中结束。

党员重温入党誓词、唱响《国际歌》

02 缅怀先烈，砥砺前行

随后，我们来到青杠坡烈士纪念碑前，为长眠于此的烈士们献上花篮，以表崇敬与哀悼。

向红军烈士敬献花篮、同学们在讲解老师的指引下仰望青杠山

在烈士碑前，我们聆听了讲解老师关于青杠坡战斗历程的详细介绍。难以想象此时此刻山清水秀的青杠坡，八十余年前竟埋下了三千红军忠骨。在对青杠坡战斗历史的回顾中，我们仿佛身临其境感受到当时战斗之激烈，听说红军当时误判敌情陷入险境，我们不禁为红军捏一把汗；听到毛主席与朱德的英明战略指导使得战情扭转，我们心里又暗暗喝彩；遥想当时烈士的鲜血甚至染红了赤水河，我们为红军的牺牲深感悲痛。

接着，六名培训学院的老师一齐朗诵《祖国，只要您需要》，给我们上了一场尤为难忘的情景教学课。老师们的声音激昂又饱含深情，一声声"不要哭，我的朋友"，不禁让我们联想母亲再等不到孩子，妻子再等不到丈夫，孩子再等不到父亲的一幅幅悲壮画面，为红军先烈的牺牲深深打动；一声声"只要祖国需要"，让我们由衷地为红军战士的坚定信仰与战斗精神所叹服。

朗诵《祖国，只要您需要》、讲解老师叙述烈士故事

随后，我们继续向上攀登，在青杠坡烈士墓前，我们庄严肃立，聆听了四

渡赤水学院老师"坚守信仰——一颗红心永向党，行军路上的歌声"的现场教学。面对 60 座红军真人烈士墓，我们切身地感受到当时战斗之激烈，牺牲之悲壮，从心底钦佩红军的革命精神，并深受鼓舞。

青杠坡合影

03 救死扶伤，革命传统

体验了特别的"红军餐"后，我们跟随讲解老师走进红军医院历程的缩影——红军医院纪念馆。在这里，我们清楚了解到伟大红军医疗后勤的前世今生：红军建立之初，红军医院便随之诞生，从最初的医务人员用各种"土方法"医治负伤生病的红军同志到如今种种现代化医疗条件一应俱全，那陶制医疗器具默默地诉说着这一切的来之不易。现代军队医院继承了红军救死扶伤的革命传统，成为人民最为信赖的医院。

参观红军医院

04 四渡赤水，得意之笔

从红军医院出来，在永安寺的古树下，讲解老师为我们讲授红军四渡赤水河的过程及其重要历史意义。土城战役打响后，我军伤亡惨重，红军北上受阻，迫使中央红军一渡赤水，避开敌人主力向西挺进，毛泽东指挥红军在运动中捕捉生机，在三个月的时间内四渡赤水河，转战川贵滇三省，巧妙地穿插于国民党军集团围剿之间，不断创造战机并大量歼灭敌人，牢牢掌握了战场上的主动权，演绎了"四渡赤水"得意之笔。

讲解老师强调，四渡赤水河的胜利对于整个红军当时的生死存亡来说至关重要。其次，四渡赤水河是游击战"十六字方针"的真实写照，它的成功对红军以后的战略方针具有很大的启迪作用，毛主席故称其"得意之笔"。这场讲授为接下来的活动做了很好的行前功课。

聆听四渡赤水的故事、参观四渡赤水纪念馆

离开永安寺，实践团一行来到四渡赤水河纪念馆。在这里，通过文物、信件、影像和场景模拟的展示，我们再次真切地认识了红军四渡赤水河的全过程。在还原的实物面前，我们为红军先烈不惧牺牲的英勇气概和岿然不动的坚定信仰而动容。这也是我们此行之目的，让我们在重温红军革命先烈的历史事迹中，不忘初心！

聆听红军长征途中的感人故事、在一渡渡口前合影

总结

结束了一整天紧凑而又充实的行程，我们在仔细聆听和亲临现场中重温历史，领悟到了革命先辈为人民谋幸福，为民族谋复兴的初心，感受到了信仰的伟大力量，意识到了肩上的使命和责任。

图：丁雪晨

文：曾达炜 杨雨恒

编辑：高雨君 吕思思

"重温历史 不忘初心"遵义贵阳社会实践系列报道

（四）娄山关前寻理想 马灯光亮笃志向

北体马院 2019 年 7 月 1 日

01 千古险要娄山关

6 月 25 日上午 10 点，北京体育大学马克思主义学院红色教育社会实践团全体学员到达革命圣地娄山关入口。娄山关连接巴蜀与黔桂，有"黔北第一险"之称，历来为兵家必争之地。在共和国的历史上，"娄山关战役"不失为浓墨重彩的一笔。此刻我们站在入关口，难抑心中激动。

娄山关前全员合影、《忆秦娥·娄山关》词碑

我们拾级而上。群山如黛，树木环绕，迎面而来的是一座词碑，上面刻着的正是毛泽东诗词《忆秦娥·娄山关》："西风烈，长空雁叫霜晨月。霜晨月，马蹄声碎，喇叭声咽。"上阕写景，悲壮凄凉。"雄关漫道真如铁，而今迈步从头越。从头越，苍山如海，残阳如血"，下阕抒情，豪迈乐观。

来到娄山关的代表作品摩崖石刻前，同学们心怀崇敬，动情朗诵并合唱了《忆秦娥·娄山关》一曲。

随后，我们来到娄山关红军战斗纪念碑前，向长眠于此的革命烈士们敬献花篮，全体肃立以三鞠躬表达对英雄们的崇高敬意。

全体学员向纪念碑鞠躬

接着，讲解员结合娄山关战役中的英雄事迹作了"为理想而来，为信仰而战"的现场教学。我们了解到，娄山关如今可见的战壕，都是当年国民党王家烈的部队留下的。红军两次仰攻娄山关，这其中艰难万千，但红军毫不畏惧。

1935年2月，红军一渡赤水后，为摆脱川军围追堵截，毛泽东决定回师贵州，二渡赤水，先夺娄山关，再占遵义城，并将夺取娄山关的主攻任务交给红三军团，任命擅长打硬仗的彭德怀为总指挥。

十二团政委钟赤兵带领一营官兵率先冲向娄山关。在激烈战火中，他不幸被子弹击中，血流不止，伤势严重却拒绝士兵背着他撤离的建议，继续坚持指挥作战，他的志气鼓舞了全军，我军牢牢占领了点金山。

红军占领遵义城后，医生立即为钟赤兵治伤。但由于医疗设备不全，伤口易化脓感染，在没有麻醉药的情况下，钟赤兵接连做了三次截肢手术，凭着自己"铁的意志，铁的党魂"挺了过去！并活了下来！他的右腿被连"根"截去，但他不愿留在原地养伤，坚持跟随队伍长征。这一路爬雪山过草地，他为了避免扩大敌人追击目标，大多时候都自己挂双拐前行，在雪山上更是独立攀爬。正因为心怀崇高的理想、坚定的信念，正是为理想而来、为信仰而战，红军才取得了最后胜利！

随后学员们上山参观了当年的战壕，这一行我们切身体会到山关陡峭，易守难攻，更加明白当年红军战士的不易，并由衷为他们的英勇事迹感动、自豪！

02 诗词百首永流传

从娄山关下来，我们来到毛泽东诗词馆。毛泽东同志是新中国的创建者，同时也是一代诗词巨匠。

诗词馆里共收录其七十多首代表作品，以时间为主线，分别从"问苍茫大地谁主沉浮""战地黄花格外香""雄关漫道真如铁""江山如此多娇""敢叫日月换新天"五个单元进行展示。

学员们认真聆听讲解

伫立于展厅中，我们从《咏蛙》读出毛主席的少年意气与建国之才；从《西江月·井冈山》读出毛主席在艰难岁月中积极乐观，不忘初心；从《十六字令》三首读出长征道路奇险，更深刻地体会到红军战士们不畏艰辛；从《沁园春·雪》读出毛主席带领人民走向胜利的自豪；从《水调歌头·游泳》读出新中国成立后社会主义建设突飞猛进的新局面……

馆中还有视频影像以及 AR、VR 互动体验设施，形式多样有趣，让我们更好地体验和理解了伟人的处境和心情。

03 马灯一盏前路亮

下午 14 点，我们来到苟坝会议旧址和当时毛主席及其他革命先辈的旧居。

讲解员带领学员们参观旧址

从讲解员口中我们了解到一盏马灯与苟坝会议的故事。

1935 年 3 月 10 日，张闻天召集毛泽东、周恩来等二十余人在苟坝召开会议，讨论是否进攻打鼓新场。当时多数人同意作战，唯有毛泽东反对。他审慎地认识到，若不能很快攻下打鼓新场，红军将遭到国民党军南北夹击。但由于少数服从多数，毛泽东的意见并未被采纳。晚上，毛泽东思忖良久，提着马灯径直走了两公里多路，来到周恩来住处，说服他暂缓下发已拟好的作战命令。翌日，张闻天继续召集会议，毛泽东的陈述终于得到认可，会议撤销了进攻计划。

此时我们徜徉于苟坝会议旧址，在朴素的土屋里反复观摩陈列起来的马灯，不由佩服毛主席的军事谋略，也更加领略到毛主席一心为革命的胸襟与担当。

而后，我们循着习总书记的足迹，参观了总书记考察过的花茂村。花茂村，取花繁叶茂之意。在这里，我们认真体会总书记所说的"乡愁"，也看到了社会主义新农村的美丽风貌。

04 代代薪火少年强

遵义之行暂告段落。6 月 25 日晚 19 点 30 分，遵义红色教学实践活动结业仪式如期举行。马克思主义学院副院长李红霞教授、原执行院长李庚全教授、吴国斌老师和杜雅老师一同出席。

首先，原执行院长李庚全表达了对此次遵义之行的体会，鼓励我们未来不仅要铭记遵义会议精神、长征精神，更要将其与我们的集体生活、个人生活联系起来，作为精神上的指引，从而在遇到困境或遭遇失败时绝不退缩，总结经验教训，朝向既定的目标锲而不舍地前进，追求卓越。

李庚全教授讲话

随后，副院长李红霞做了总结讲话。她说，我们踏着英雄的足迹，近距离触摸到了民族的脊梁，英雄身上满满的正能量时刻提醒我们不能做健忘的民族。我们作为复兴之梦的强国一代，没有理由坐享其成，而应当要在红色记忆中找回党为人民谋幸福、为民族谋复兴的初心，成为革命精神的传承者和发扬者。

李红霞总结

接下来，老师们为学员颁发了结业证书。

向学员颁发结业证书

在各组代表就遵义红色教育社会实践活动发表感言之后，八个小组作了热情洋溢的汇报演出。饱含深情的朗诵满怀对红军无尽的敬佩与怀念，激昂高亢的歌声蕴含对信仰的坚定不渝，别开生面的毛主席诗词背诵比赛充分展现出青年一代后继人才的学识才华。

125

八组学员表演诗朗诵、三组学员背诵毛主席诗词

总结

遵义历时三天的红色教育社会实践活动，给予了我们一次追寻英雄足迹的机会，加深了我们的民族记忆，诠释了遵义会议精神和长征精神的历史意义与当代价值。在二万五千里铁流浇铸的红色飘带上，遵义在人们仰望的目光里成为万世的丰碑和指引奋进的方向。

重温历史，不忘初心，牢记使命，传承遵义精神与长征精神，是我们这一代青年人的责任。青年有信仰，国家有力量，民族有希望。

图：沈思雨

文字：李嘉　陈琪然　王海桦

编辑：李嘉　吕思思

"重温历史 不忘初心"遵义贵阳社会实践系列报道
（五）孔学堂里研习传统 成人立身志存高远

北体马院　2019 年 7 月 4 日

一、参观孔学堂

6 月 26 日清晨，北京体育大学马克思主义学院社会实践团离开红色圣地遵义，赴贵阳孔学堂开启下一站的学习活动。

登上孔学堂、孔子雕像

贵阳孔学堂位于贵阳市南郊国家级湿地公园花溪十里河滩，以传承与弘扬中华优秀传统文化，培养践行社会主义核心价值观为宗旨，是传承、研习、交流和传播孔子思想及优秀传统文化的重要场所。

全体师生在工作人员的带领和讲解中，参观了棂星门、礼仪广场、大成门和大成殿等。通过图文、实物和多媒体等方式，学员们对孔子的一生及其历史影响有了更深入的认识。

学员们认真聆听孔子事迹

二、成人礼仪式

自古以来，中华民族非常重视"成人礼"。所谓"冠者，礼之始也"，成人礼意味着行礼者从此将转变为跨入社会、践履社会职责的成年人。下午3点，我们在孔学堂四面开放的"明伦堂"举行了"成人礼"。在孔学堂老师的带领下，学员们身着汉服，双手合拢鞠躬，学习行三谢礼，由此拉开了成人礼的序幕。随后为长者对参礼者寄予祝词。

明伦堂下成人礼

　　马克思主义学院原执行院长李庚全教授向同学们表达了殷切希望，他指出："传统文化的发展和传承要靠年轻一代，贵阳孔学堂这一文化平台让学生们充分体验中华优秀传统文化，接受传统文化的熏陶和洗礼。我们应积极弘扬优秀传统文化，增强文化自信。"接着由马克思主义学院学生代表刘旭宸发表感言。他说道："作为一名大学生，我们不仅要肩负起社会责任，也要肩负起传承弘扬优秀文化的重担。"

李庚全、刘旭宸两位师生代表发言

　　随后，师长们为同学们佩戴了刻有"人"字的成长徽章。在古朴明亮的庙堂里，我们齐诵《成人立身歌》，行三谢礼，一拜祖国、二拜父母、三拜师长。我们在"盛年不重来，一日难再晨；及时当勉励，岁月不待人。箴言如金玉，牢记且躬行"的谆谆余音中，感受到了中华礼仪之美，体会到了中国传统文化滋生不息的生命力。

佩戴成人徽章、明伦堂前合影

三、体验茶文化

　　成人礼毕，我们叹服于传统礼仪的庄严郑重，意犹未尽。接下来的茶文化讲座和茶艺展示，再一次让我们领悟到传统文化的魅力。悦耳的丝竹声在耳畔萦绕，幽幽茶香沁入心田。在熨帖人心的体验中，我们意识到传承传统文化的重任。

学习茶文化、茶艺展示

总　结

随着"明伦堂"前的钟声响起，此次遵义贵阳红色教育社会实践活动圆满结束。每位学员都经受了革命精神的洗礼和中华优秀传统文化的熏陶。

就如"立身歌"中所咏的"人生职与责，处处须担当"，作为新时代的大学生，我们应承担起传承优秀传统文化的重任，承担起对自己，对社会和国家的责任。"铁肩承道义，先辈迹辉煌。养我浩然气，负重如栋梁"，此次遵义贵阳红色教育社会实践活动，让全体学员更深入地学习了革命先烈的英雄事迹，更深刻地领会了理论联系实际、实事求是的遵义会议精神和坚韧不拔、吃苦耐劳、勇往直前的长征精神。今日的我们，在革命先烈用鲜血换来的幸福生活里，更加需要牢记历史，不忘初心，踏实努力，砥砺前行。

图：丁雪晨

文字：刘旭宸　张非凡　刘永芳

视频：王启迪

编辑：刘永芳　吕思思

（三）延安篇

牢记革命历史　传承红色基因

北京体育大学马克思主义学院赴延安开展革命传统教育教学实践系列活动（一）

北体马院　2018 年 7 月 16 日

为深入学习贯彻习近平新时代中国特色社会主义思想和党的十九大精神，特别是引导青年学生践行落实习近平总书记"弘扬延安精神""做延安精神的传人"的重要讲话精神，由北京体育大学马克思主义学院主办，延安大学泽东干部学院承办的"不忘初心牢记使命 延安精神薪火相传"教育教学社会实践活动于 2018 年 7 月 14 日正式启动。

北京体育大学马克思主义学院执行院长李庚全、原理教研室教师兼研究生辅导员贾桠钊、纲要教研室教师刘玲、教务员陈小侠带领马克思主义学院研究生、本科生及部分思政课学生代表共 80 人共赴革命老区——延安革命根据地，开展为期一周的社会实践活动。

7 月 15 号上午 6：30，社会实践团全体师生顺利抵达陕西省延安市。在经过近 20 个小时的长途奔波后，实践团全体成员不惧辛苦，坚持发扬延安精神，积极投入到第一天的实践活动中。

上午 8：30，北京体育大学马克思主义学院延安精神实践教学培训班开班暨揭牌仪式在延安大学会议室举行。

同学们在延安大学泽东干部学院参加开班仪式

延安大学马克思主义学院党委书记、院长郝琦，泽东干部学院院长拓宏伟，北京体育大学马克思主义学院执行院长李庚全出席开班仪式。北京体育大学马克思主义学院延安精神实践教学培训班全体师生参加开班式，会议由延安大学泽东干部学院本期培训班班主任刘萱主持。

开班式上，郝琦首先对于全体师生的到来表示诚挚慰问和热烈欢迎，并预祝此次社会实践培训活动取得圆满成功。

他说到，延安大学具有悠久的红色革命历史，在学科建设、人才培养、师资队伍建设、教学科研和服务社会等各方面都取得了令人瞩目的成绩，泽东干部学院承担着国家党政机关、高等院校干部和青年学生培训的重要使命，作为此次北京体育大学马克思主义学院教育教学实践活动的承办方，将精心安排教育教学与实践内容，开展"真、活、新"的系列课程，不断提高红色教育培训的实效性。

泽东干部学院郝琦与马克思主义学院院长李庚全在开班仪式上讲话

李庚全代表实践团全体成员对延安大学的工作表示衷心感谢。他指出，此次培训班是北京体育大学贯彻党的十九大精神，丰富实践课程，传承红色基因，强化使命担当的具体行动。

他希望，培训班全体师生：一是要仔仔细细研读革命著作和文章；二是要踏踏实实开展现场实践教学活动；三是要认认真真撰写体会和文章。要树立远大志向、坚定理想信念，做延安精神的传人。

会上，郝琦、拓宏伟和李庚全共同为"北京体育大学革命传统教育实践基地"牌匾进行揭牌仪式，拓宏伟为社会实践培训班授予旗帜，贾桠钊作为实践团代表接受授旗并挥舞致敬。

延安红色教育实践基地挂牌仪式　　　　　　首批培训班授旗仪式

上午9：10，拓宏伟教授在会议室展开了主题为《党中央在延安十三年》的专题报告学习。报告中，他详细介绍了党中央在延安十三年的奋斗历程，表示延安的历史就是中共十三年艰苦奋斗的历史。

他提出，党中央在延安十三年取得了辉煌业绩，其中最为突出的就是延安精神，延安精神不应该仅仅停留在思考上，更应该付诸实践。同时党中央在延安十三年的经验启示我们要保持与人民群众的密切联系，要继续坚持自力更生，发挥艰苦奋斗的优良传统。

泽东干部学院院长拓宏伟教授做报告

同学们认真听讲

下午2：30，实践团全体成员前往王家坪旧址和延安革命纪念馆开展现场教学活动。王家坪是中共中央革命军事委员会和八路军总司令部所在地，是中共中央领导各抗日根据地武装斗争和军事建设的军事领导机构，也是毛泽东等领导同志和中央军委及八路军总部所属机关负责同志的旧居。

同学们参观王家坪旧址

随后实践团来到延安革命纪念馆，通过真实文物的展出与当时情景的再现，大家再次了解延安的革命历史，深刻感悟延安精神的真正内涵，更加坚定了跟党走的信念。

同学们参观延安革命纪念馆

同学们在延安革命纪念馆前合影留念

下午 5：00，实践团全体成员返回延安大学参观校史馆。在校史馆中，师生们再次认真学习了陕甘宁边区高等教育史，更加清晰了解到延安地区发展饱含着延安大学无私的付出与贡献。

李庚全在延安大学校史馆题字留念

晚上 7：00，实践团成员在延安大学副教授程琴的带领下，以饱满的革命激情合唱着《东方红》《保卫黄河》《南泥湾》等一首首脍炙人口的革命歌曲。

通过一天的开班仪式、专题报告、现场参观、学唱红歌等实践活动，同学们纷纷表示，延安独特的红色文化和革命精神历久弥新，在接下来的学习实践中，要把延安精神转化为扎实学习、务实实践的具体行动，以追求卓越的精神展现体大青年学生的时代担当。

图片：王启迪 鹿文彬

文案：宋玉博 柏媛媛

编辑：陈彬劼

致敬英雄铭记历史 弘扬伟大长征精神
北京体育大学马克思主义学院赴延安开展革命传统教育教学实践系列活动（二）
北体马院 2018 年 7 月 18 日

吴起是中央红军长征胜利落脚点，还是中国革命走向胜利的出发点。志丹县是中共中央继江西瑞金之后的第二个奠都地，有"赤色首都"之称，是"群众领袖、民族英雄"刘志丹将军的故里。

为进一步深刻了解红色历史、弘扬长征精神，2018 年 7 月 16 日，北京体育大学马克思主义学院延安精神实践教学培训班赴吴起县、志丹县参观红军长征胜利纪念馆、保安革命旧址和刘志丹烈士陵园。

上午 8：00 启程，80 名师生于 10：00 左右来到坐落在吴起县胜利山脚下的红军长征胜利纪念馆。

一座高耸入云的纪念碑上镌刻着毛泽东主席手书的大字"中央红军长征胜利纪念碑"，显得格外醒目。

同学们在中央红军长征胜利纪念碑下合影留念

　　该纪念馆以党中央和中央红军经过二万五千里长征胜利到达吴起为主题，通过一件件实物、一张张图片、一句句讲解，使师生们对红军历时两年多、途径14省、翻越21座大山、进行近600次重要战役的艰苦历程和长征精神有了更加深刻的体悟。

同学们参观红军长征胜利纪念馆

　　简短的午餐后，下午2：00，社会实践团一行乘车又来到了志丹县，继续参观红都保安旧址，瞻仰刘志丹烈士陵园。

　　保安革命旧址纪念馆位于志丹县城北炮楼山麓，主要以窑洞陈展为载体，展示了当时窑洞的照片、桌椅、茶具、电台、电报等日用品，再现了当年毛泽东、周恩来等共产党人在此发动群众、学习马列的艰苦场景。

同学们参观保安革命旧址纪念馆

志丹县原名保安县，为纪念民族英雄刘志丹，1936年4月陕甘宁边区将保安县更名为志丹县。

社会实践团全体成员冒雨来到刘志丹烈士陵园，瞻仰烈士墓碑，向革命英雄致以崇高敬意。

同学们瞻仰刘志丹烈士陵园，参观刘志丹革命事迹陈列馆

大家仰望着庄严的纪念碑，目睹革命先烈艰苦斗争的图片，缅怀着无畏牺牲的英雄，深入思考习近平总书记的话语："革命前辈们当年建立陕甘根据地靠的是什么？靠的就是共产党的坚强领导，靠的是走群众路线，同时也离不开每一位共产党人脚踏实地的埋头苦干和无私无畏、不怕牺牲、勇于开拓的革命精神。"

一天的现场学习，让社会实践团全体成员深刻体会到长征精神的真正内涵：一段岁月，能够波澜壮阔，刻骨铭心；一种精神，能够穿越历史，辉映未来，是因为革命先烈用血肉和气魄树立起万世瞩目的丰碑。

作为后来人，我们要继承革命先烈遗志，践行长征精神，发挥新时代青年无畏奋斗的力量，努力在实现中华民族伟大复兴中国梦的新征程中续写新篇章、创造新辉煌！

图片：鹿文彬

文案：柏培玲 柏媛媛

编辑：王钧烁

追寻延安精神 不忘时代使命

北京体育大学马克思主义学院赴延安开展革命传统教育教学实践系列活动（三）

北体马院　2018年7月19日

为了更深入地学习延安精神，激发广大同学艰苦奋斗、砥砺前行的意志，2018年7月17日，北京体育大学马克思主义学院延安精神实践教学培训班赴延安宝塔山和杨家岭革命旧址进行参观，并就延安精神进行了专题报告会。

上午 9：00，培训班全体师生登上宝塔山，追寻先辈足迹，探寻红色记忆。宝塔山是革命圣地延安的重要标志和象征，更是革命年代指引无数仁人志士前进方向的灯塔。到达山顶后，全体党员面对党旗重温入党誓词，共同回望入党初心，进一步坚定理想信念。

同学们在宝塔山下合影留念

同学们在宝塔山下重温入党誓词

离开宝塔山，培训班于 10：30 来到杨家岭革命旧址进行参观学习。步入中央大礼堂，映入眼帘的是主席台正中毛泽东、朱德的画像和八面鲜红的党旗，主席台上方悬挂着写有"在毛泽东的旗帜下胜利前进"的横幅。

大厅内摆放着当年代表们坐过的 200 多个座位的木质长椅和"七大"投票箱，所有这些陈设，共同再现了"七大"的盛况，让同学们更加深刻的理解毛泽东思想对于中国革命的指导作用。

同学们参观七大旧址中央大礼堂

同学们听老师讲解"七大"历史

接着，培训班成员来到中央领导人当年居住和工作的窑洞参观。粗糙的门窗、简陋的桌椅，这一孔孔黄土窑洞无不诉说着老一辈革命家艰苦朴素、严于律己的优良作风。参观过后同学们感慨，虽然今天的生活条件同当初的延安相比有了翻天覆地的变化，但这种艰苦奋斗的精神永远不能丢，并且要坚定不移地传承下去。

下午3：00，全体师生来到延安大学学术报告厅举行《延安精神及其新时代价值》专题报告会，中国延安干部学院的李世明教授围绕中共中央在延安地区建立红色政权、指挥抗日战争的伟大实践，从中国共产党和工农红军的落脚点、中国革命新的出发点、中国共产党的重要转折点、中国改革开放的试验田这四个角度，通过一个个生动的故事诠释了延安精神的丰富内涵，阐明了延安对于中国革命至关重要的历史地位。

李世明教授讲授《延安精神及其新时代价值》

李教授风趣幽默的语言感染了现场的每一位同学，在一片欢声笑语中，大家对共产党在延安时期的光辉历程和局部社会治理经验有了充分的了解，对于历久弥新的延安精神有了更准确的把握，更加明确地认识到新时代条件下青年学生肩负的重大历史使命。

延安精神是自力更生、艰苦奋斗的精神，是全心全意为人民服务的精神，是实事求是、理论联系实际、不断开拓创新的精神。延安精神不会过时，它会随时代的发展给予人们新的启发和力量。实现民族复兴的重任落在了新时代青年的肩上，我们要牢记历史使命，矢志不渝的传承和发展延安精神，用这把思想利器开辟前进的道路。

文：曹雨晨 杨轶

图：鹿文彬

编辑：王钧烁

走进梁家河 探寻初心路
北京体育大学马克思主义学院赴延安开展革命传统教育教学实践系列活动（四）
北体马院　2018 年 7 月 20 日

梁家河村隶属于陕西省延安市延川县文安驿镇，在延安市东北方向 75 公里处。1969 年 1 月 23 日，北京 1300 多名知识青年来延川落户插队。青年们首先穿越黄土高原上的千丘万壑来到延安，继而被分配到各县、镇、村，习近平就是其中的一员。

为了更加深入了解习近平同志在梁家河村带领村民艰苦奋斗搞建设的为民情怀以及刻苦修身、坚持学习的优秀品质，进一步体会北京知青扎根基层、锤炼身心的作风和品格，了解40年来延川人民生活的巨大变化，2018年7月18日，北京体育大学马克思主义学院延安精神实践教学培训班走进梁家河，探寻初心路，参观习近平总书记度过了7年知青岁月的地方——陕西省延安市梁家河村。

全体师生于上午10：00顺利到达梁家河村，在讲解员耐心细致的讲解下，师生们认真参观了梁家河村史馆、知青淤地坝、知青井、陕西第一口沼气池和知青旧居，深刻了解到梁家河村40多年来的艰辛创业历史，特别是习近平同志担任梁家河大队党支部书记期间为改变农村贫穷落后的面貌，带领农民群众实干苦干、艰苦创业的故事，也同时更加深刻地体会到"坚定信念，一心为民、艰苦奋斗、实干担当、敢为人先、廉洁奉公"的梁家河精神。

同学们参观梁家河村史馆并合影留念

参观结束之后，延安大学马克思主义学院教授王东维教授为大家带来了一堂以"知青情·知青理·知青魂"主题的现场教学课，讲述了习近平如何克服自身困难、磨砺意志品质并带领村民打坝造田、修沼气池、建铁业社等轰轰烈烈的生产劳动，使大家深刻认识到青年习近平是如何在困境中成长，在窑洞里读书求知，在实干中如何树立"要为人民做实事"的坚定理想信念。王老师从习近平插队时发生的一段段感人的故事出发，生动再现了习近平和梁家河村百姓之间的绵绵深情，以及习近平在离开梁家河村之后多年对乡亲们的关心与牵挂。

同学们听王东维教授讲述知青故事

下午14：00，同学们又来到了安驿古镇文化园，这里是以黄土高原古镇为题材的文化创意场所，是一个集千年"古道"驿站、百年"窑居"建筑群落、千名"知青"记忆、一部路遥"人生"的文化旅游名镇。在参观的过程中，大家为古镇所孕育的古驿站文化、窑居文化、知青文化、黄土文化及新农村建设等多元文化的魅力所感染，同时也深刻感受到当地政府为深入贯彻落实乡村振兴战略、改善当地落后面貌所做的设计和规划。

同学们参观安驿古镇文化园

傍晚时分，全体师生又来到了延安大学校内的路遥文学馆，从馆藏的路遥生前所用的生活用品、手稿、信函、照片等珍贵实物资料中，细致了解路遥的创作历程，并从路遥不同时期各类文学作品之中，领略到他一生的创作成就，真切感受到他"像牛一样劳动，像土地一样奉献"的创作精神。

一天的参观学习，更加坚定了师生们的政治方向和理想信念。在实现中华民族伟大复兴的征程中，在决胜全面建成小康社会的奋斗中，我们将面临前所未有的机遇和挑战，同时还需要发扬坚韧不拔、勇于担当的作风，像总书记那样，把延安精神接力传播下去，在平凡的岗位上通过实践做出新成就。

同学们参观路遥文学馆

文：张研 杨轶

图：鹿文彬 王启迪

编辑：许冰镔

追忆知青岁月 弘扬时代精神

北京体育大学马克思主义学院赴延安开展革命传统教育教学实践

系列活动（五）

北体马院 2018 年 7 月 21 日

为深入了解老一辈无产阶级革命家为了新中国诞生抛头颅、洒热血的政治情怀，弘扬艰苦奋斗、自力更生的南泥湾精神，学习知青用广博学识服务社会，以先进文化醇化风气的优良品格，2018 年 7 月 19 日，北京体育大学马克思主义学院延安精神实践教学培训班赴中共中央西北局革命纪念馆、南泥湾大生产展览馆、延安北京知青博物馆进行参观，并就南泥湾精神听取了专题报告会。

同学们在延安北京知青博物馆前合影留念

上午 9∶00，培训班全体学员抵达延安北京知青博物馆。在讲解员耐心细致的解说下，结合一段段珍贵的历史影像，学员们全面地了解了北京知青从来到延安、扎根基层，到离开延安，走向各自人生道路，并最终实现自身价值的人生轨迹。学员们还着重了解了习近平、孙立哲、史铁生等优秀知青的感人事迹，从中深刻地体会到，青年时代是奠基人生方向的时代，是一个大有作为的时代。

同学们在认真观看北京知青博物馆的图片展览

随后，学员们参观了中共中央西北局革命纪念馆，共同追寻老一辈无产阶级革命家的脚步。展馆中，一件件雕塑、一幅幅照片、一幕幕场景为学员们生动地再现了老一辈革命家带领边区军民创建红色革命根据地、建设模范抗日根据地、转战陕北和解放大西北的光辉历程，使学员们对革命先烈艰苦奋斗、克服重重困难，为解放新中国做出的巨大贡献有了更加清晰地认识。

同学们参观中共中央西北局革命纪念馆并合影留念

下午 14∶00，学员们又乘车赶赴南泥湾大生产展览馆，重温了八路军三五九旅艰苦奋斗、自力更生的历史。"屯垦南泥湾""陕北好江南""保卫党中央"，展览馆内一张张翔实而珍贵的老照片、一件件斑驳而完整的劳动工具和大生产运动的雕塑群，为学员们全方位展现了当年将士们在面对艰险和困苦时，自力更生、艰苦奋斗，身背钢枪、手握镢头，用鲜血和汗水，把南泥湾建设成了丰衣足食的"陕北好江南"这一波澜壮阔的历史场景。

同学们参观南泥湾大生产展览馆，认真听图片讲解

现场教学环节，全体学员一起聆听了延安干部学院李晓有老师题为"大生产运动与南泥湾精神"的专题报告。他深入分析了边区政府开展大生产运动时所面临的现实困境，详细介绍了三五九旅的战士们如何在党中央的领导下垦荒南泥湾的经过。他强调，弘扬南泥湾精神，关键在于与时俱进，不断赋予其新的时代意义。学员们一致认为，南泥湾精神就是自力更生、艰苦奋斗的创业精神，南泥湾精神作为延安精神的重要组成部分，永远是激励我们前进的强大精神动力。

同学们认真听延安干部学院李晓有老师做"大生产运动与南泥湾精神"专题报告。

通过这次学习学员们更加详细地了解了延安时期中共中央西北局在陕甘宁边区政治、经济、军事、文化、社会建设中取得的重大历史成就，领略了三五九旅将士用锄头和钢枪演奏的悲壮赞歌，感受了北京知青改天换地的决心和胸怀祖国的情怀。学员们深刻地体会到，实现中华民族复兴的伟大征程需要延安精神，我们要在实践中不断赋予其新的时代内涵，使之成为新时代激励中华民族腾飞的强大精神支柱。

文：杨轶　梁媛

图：鹿文彬　王启迪

编辑：许冰镔

探寻枣园致敬革命先烈 传承历史赓续红色基因
北京体育大学马克思主义学院赴延安开展革命传统教育教学实践系列活动（六）
北体马院　2018 年 7 月 21 日

为更加深入学习实践延安孕育的崇高革命精神和陕北积淀的丰厚历史文化，坚定理想信念，7 月 20 日，北京体育大学马克思主义学院延安精神实践教学培训班进行了一天在融合专题报告、实地参访、现场教学为一体的学习实践活动。

　　上午9：00，延安大学从事历史文化研究的张小兵教授以"走进陕北——陕北历史文化漫谈"为主题，为培训班全体师生做专题报告。张小兵的报告视角新颖、史料丰富，讲解旁征博引、生动形象，通过对陕北历史文化和风俗的全方位展示，详细介绍了陕北地区的发展历史、社会生活、文化民俗等情况，让大家更加全面地学习了解到陕北厚重的历史文化与多姿多彩的人文风情。

同学们聆听延安大学张小兵教授的专题报告"走进陕北——陕北历史文化漫谈"

同学们在枣园革命旧址前合影

　　简短的午休后，培训班全体师生于14：00来到枣园革命旧址，这里曾经是中共中央书记处所在地。大家仔细参观了中共中央书记处小礼堂，毛泽东、周恩来、刘少奇、朱德、任弼时、张闻天、彭德怀旧居，"为人民服务"讲话台，中央医务所，幸福渠等场所；联想当时在中共中央和毛泽东同志的领导下，延安围绕整风运动、军民大生产运动，党的七大等开展工作，为取得抗日战争最后胜利，争取民主团结、和平建国做充分准备的史实资料。大家通过缅怀革命先烈丰功伟绩，进一步坚定了新时代要有新气象、更要有新作为的信心和决心。

同学们参观枣园革命旧址

　　枣园革命旧址参观结束后，中国延安干部学院冯建玫教授为培训班全体师生举办了一场主题为《白求恩精神》的现场教学报告。冯建玫饱含深情，详细介绍了白求恩同志不远万里来到中国，在中国工作的一年半时间里，为共产主义革命呕心沥血，为中国人民的解放而奋斗终生的英勇革命事迹。大家认为他正是毛泽东同志高度评价的"一个高尚的人，一个纯粹的人，一个有道德的人，一个脱离了低级趣味的人，一个有益于人民的人"，同时也深刻理解白求恩精神的深刻内涵是：毫不利己，专门利人。

同学们在张思德雕像前留影

同学们听冯建玫老师讲述白求恩精神

在经历了一天的学习之后，培训班全体师生对陕北的革命历史和文化有了更加深入、更加全面的了解，对革命先烈的丰功伟绩和崇高精神更加生动、更加真切的体悟。

文：刘书越　丛铭　柏媛媛

图：鹿文彬　王启迪

编辑：许冰镔

（四）西柏坡篇

北体马院"重温历史 不忘初心"西柏坡革命传统教育隆重开班

北体马院　2020 年 1 月 15 日

重温革命历史 牢记初心使命 传承红色基因 发扬革命精神

北京体育大学马克思主义学院西柏坡革命传统教育社会实践系列报道（一）

为深入贯彻习近平新时代中国特色社会主义思想、党的十九大精神和习近平总书记给 2016 级研究生冠军班重要回信精神，严格执行马克思主义理论专业本科生培养方案中关于《革命传统教育》社会实践课程的要求，创新思政课教学形式，北京体育大学马克思主义学院在开展井冈山、遵义、延安革命传统教育实践教学的基础上，决定在 2020 年 1 月 11 日至 16 日开展西柏坡革命传统教育社会实践。为做好相关部署工作，以"传承红色基因，发扬西柏坡精神"为主题的行前动员大会于 1 月 10 日下午 5 时许如期召开。马克思主义学院党总支书记付红星，副院长陈世阳，辅导员马祖兴老师以及来自各学院的 70 余名本科生参加了动员会。

付红星书记行前动员

2020年1月11日上午10点，经过短暂的车程后全体师生到达河北省保定市，正式开启了为期六天的西柏坡革命传统教育社会实践活动。

上午11点，北京体育大学马克思主义学院"重温革命历史 不忘初心使命 传承红色基因 发扬革命精神"西柏坡革命传统教育开班仪式在保定市华美时酒店会议中心隆重举行。出席本次会议的有河北师范大学马克思主义学院执行院长李素霞教授、带班老师吴梅亚、王敬红、刘佳，北京体育大学马克思主义学院社会实践指导教师副院长李红霞教授、邱珍老师，辅导员马祖兴和北京体育大学31名马克思主义理论专业本科生及42名公共思政课优秀代表。

开班仪式由河北师范大学吴梅亚老师主持，在全体参会人员热情激昂的国歌声中拉开序幕。

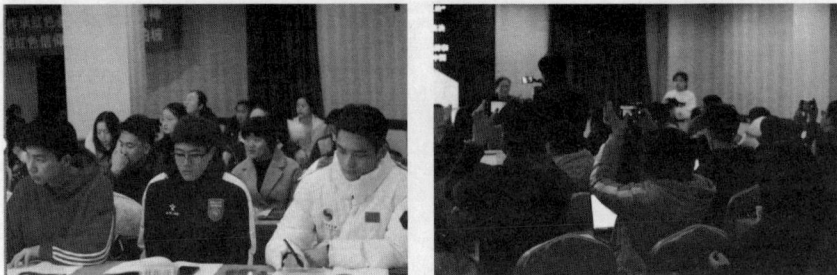

西柏坡红色教育实践基地培训开班仪式现场

李素霞院长代表河北师范大学对北京体育大学社会实践班的到来表示热烈欢迎，向全体同学介绍了河北师范大学马克思主义学院的发展情况。河北师范大学马克思主义学院于 2017 年获得马克思主义理论一级学科博士授予权，2019年被评为全国重点马院，2013 年被批准为全国思政课教师研修基地。李素霞院长表示，北京体育大学在马克思主义理论本科专业人才培养和思政课社会实践改革方面做出了有益的探索，在"红色种子"培育方面发挥了带头作用，希望同学们作为"红色的种子"传播好马克思主义的声音，把自己在本次实践活动中学到的精神传递发扬下去。

李红霞副院长首先向河北师范大学对北京体育大学马克思主义理论专业和思政课社会实践教学的支持表示感谢，河北师范大学马克思主义学院是我们在校外开辟的第四块红色教育基地，在学科建设和学院建设上都值得我们学习。"革命传统教育"是纳入 2018 级马克思主义理论本科专业培养方案中的一门独立的社会实践课程，该课程旨在重温革命历史，牢记初心使命，传承红色基因，继承党的革命传统，发扬井冈山精神、遵义精神、长征精神、延安精神、西柏坡精神，培养具有扎实的马克思主义理论素养、坚定马克思主义信仰的马克思主义理论人才。该课程同时也是思政课改革的创新形式，作为思政课建设十大工程之一——红色教育+思政课，是北体特色思政课的一大亮点。

李素霞院长讲话、李红霞副院长讲话

　　李红霞副院长强调，作为时代新人，青年大学生要想清楚"我们从哪里来？我们要到哪里去？"，未来需要信仰去支撑，需要理想去引领，革命传统教育就是为了帮助马克思主义理论专业同学和思政课代表寻找答案而量身定做的"红色信仰之旅"。希望马克思主义理论专业学生能树立"在马爱马"的专业态度，养成"在马信马"的专业品质，树立学科自信，巩固专业思想。

　　该课程的教学思路是利用全国各地的红色教育资源，探访重大历史事件发生地，还原历史场景和历史过程，引导学生识读中国共产党革命文化的优秀成果——党的丰富多彩的革命精神谱系，学习革命先辈和英雄的初心和使命担当意识；同时遵循理论与实践相结合的理念，把实践周安排在考试周之后，符合马克思主义从实践到认识、再从认识到实践的循环往复的辩证发展过程。授课教师由马克思主义学院指导教师和基地讲师团队构成。教学方法除专题讲授外，还采用了案例式、研究式、现场式、情景式、体验式、仪式化、访谈式及激情教学。最后提出了考核和纪律要求，希望同学们能够践行总书记给冠军班的重要回信精神，向社会传递正能量。

　　最后，河北师范大学马克思主义学院执行院长李素霞教授向社会实践班授旗，西柏坡革命传统教育实践活动正式开始。

授旗仪式

　　下午，河北十大新闻人物之一——河北师范大学朱月龙教授为同学们带来了题为"新时代中国发展进步的制度保障"的专题讲座。

朱月龙教授授课

同学们认真聆听讲座

　　朱教授首先为我们讲解了十九届四中全会的意义与主题的深刻含义，强调其开辟"中国之治"新境界的里程碑意义，阐释了"制度稳则国家稳，制度强则国家强"的理念。

　　其次，朱教授为我们阐述了全会重要问题的回答，包括我国的根本制度、中国特色社会主义制度的基本特色等，并对重要问题进行了具体、明确的分析阐述，表明只有坚持我国的根本制度，才能形成全国一盘棋的稳定局势。

　　朱老师讲到，坚持中国特色社会主义制度必须确立坚定的理想信念，必须强化政治意识，必须继承和发扬共产党人的精神和传统，必须确立正确的文化观。朱老师强调，当代青年学生要远离历史虚无主义，远离低俗、庸俗、恶俗、无病呻吟，反对无底线的娱乐和无节操的文化垃圾，树立文化自信，对各种良莠不齐的文化产品要有辨别能力，要善于从传统优秀文化中汲取宝贵的思想。

同学们认真做笔记

　　最后，朱老师总结道，我们必须深入学习贯彻党的十九届四中全会精神，在坚持和完善中国特色社会主义制度、推进国家治理体系和治理能力现代化上下功夫，使中国特色社会主义制度更加巩固、社会主义优越性充分体现，为实现"两个100年"奋斗目标、实现中华民族伟大复兴的中国梦而不懈努力。

　　听完朱月龙教授的讲座，同学们对十九届四中全会的精神和内容有了更加深刻的认识。朱月龙教授理论分析到位，注重联系实际，直面社会问题，语言幽默风趣，同学们深受启发，其中列举了很多爱国志士报国牺牲的英雄事迹，讲到两名青年身着日伪军服在南京大屠杀纪念馆门前拍照的事件，从两名青年汉奸后代身份的背后牵出两个令人震惊的数据：抗战时期汉奸数量比当时的侵华日军数量还要多。通过正反两方面的对比，让我们意识到当前加强爱国主义教育的必要性，同学们对朱教授的精彩报告报以真诚热烈的掌声。作为新时代的青年学生，北体学子应深入领会十九届四中全会精神，积极践行《新时代爱国主义教育实施纲要》，发扬"使命在肩，奋斗有我"的精神，在未来风云变幻的百年未有之大变局中做坚定的爱国者和正能量的传播者，用更加积极进取的精神面貌迎接新的学习和实践，为推进我国新时代社会主义强国建设，早日实现中华民族伟大复兴贡献力量。

文字：刘昊 冯兵 张铮 肖滨 李硕 李轶蔚 周淑婧

图片：丁雪晨 沈思雨

编辑：高雨君 冯兵 王也

指导教师：李红霞 马祖兴 邱珍

观冉庄地道战遗址 学先辈抗战精神

北体马院　2020 年 1 月 18 日

重温革命历史 牢记初心使命 传承红色基因 发扬革命精神
北京体育大学马克思主义学院革命传统教育西柏坡社会实践系列报道（二）

　　1 月 12 日上午 8：30，北京体育大学马克思主义学院革命传统教育社会实践班全体成员启程前往位于河北省保定市莲池区裕华路的直隶总督署。直隶总督署是清代直隶总督的办公处所，直隶省的最高军政机关，是我国现存的唯一一座最完整的清代省级衙署，有"一座总督衙署，半部清史写照"之称。

　　下午 14：00，全体师生到达保定市清苑区冉庄地道战纪念馆。冉庄地道战纪念馆建于 1959 年，现保存着千余米地道主干线及部分战斗工事和地道口，是现存最完整的、规模最大的地道遗址。

同学们认真聆听讲解

　　随后同学们来到1965年《地道战》军事教学片的片场——冉庄村。冉庄村仍然保留了抗日战争时期冀中平原村落的风貌，墙上清晰可见的抗日宣传口号，仿佛把同学们拉回了炮火连天的战争岁月，再现了千千万万的中国人民在外敌面前团结一心，为中华民族的独立与解放而殊死奋斗的场景。在村庄地下，冉庄人民建成了户户连村、村村相通、四通八达、上下呼应的长达15公里的地道，这是抗日战争时期冀中地道能打能藏、可攻可守的战术典范，也是冉庄人民与日寇艰苦卓绝斗争的一个伟大创举。抗战时期，冉庄人民利用地道的特殊性和复杂隐蔽性，配合野战军对敌作战157次，歼敌2100余名，其中较大的战役5次，荣获了"地道战模范村"的光荣称号。

同学们参观冉庄

冉庄街道的抗战标语和神奇的老槐树

　　走进冉庄街道，两颗挂着古钟的老槐树巍然矗立在十字路口。这两颗老槐树已有一千三百多年的历史，见证着冉庄人民同日军的英勇斗争。如今，老槐树已经枯死，铁钟依然高挂，时刻警醒着人们勿忘历史。

　　在一间民俗大院中，同学们遇到了冉庄民兵"高传宝"的后人王彦军。他带着大家参观了自家卧室内离地面半米左右、仅容一人通过的地道口原貌，让同学们更加直观地感受到了抗战的艰难和群众的智慧。他告诉同学们："高传宝是人们塑造出来的艺术形象，代表的是抗击侵略者、不甘做亡国的冉庄人民！地道战不是一个人发起的，而是依靠毛泽东思想和党的领导，还有冉庄人民的智慧，群策群力的产物"。

同学们访谈"高传宝"的后人王彦军

　　这次活动激发了同学们实现祖国统一、民族独立的使命感和责任感。作为和平年代的青年学子，我们不能忘记革命先辈为今天美好生活付出的艰辛、洒下的热血和创下的功绩，更应该珍惜幸福生活的来之不易，踏着革命先辈的足迹，继续发扬使命在肩，奋斗有我的精神，在实现中华民族伟大复兴的接力跑中跑出骄人的成绩，在体育强国的建设中做出体育人应有的贡献。

全体师生合影

文字：王也　王昭雯　蒋倩　王启煜　刘子依　丁雪晨

图片：沈思雨　丁雪晨　冯兵

编辑：李逸群　王也

指导教师：李红霞　邱珍　马祖兴

古城正定看成就 赶考路上再出发

北体马院　2020 年 1 月 22 日

重温革命历史 牢记初心使命 传承红色基因 发扬革命精神

北京体育大学马克思主义学院革命传统教育西柏坡社会实践系列报道（五）

观塔元庄村今日之变 望全面小康明日之成

2020 年 1 月 15 日，西柏坡革命传统教育社会实践班全体成员来到了第一批全国乡村旅游重点村、全国乡村治理示范村——正定县塔元庄村。村庄坐落于滹沱河北岸，距离正定县城 1.5 公里，全村共 500 户，2030 人。2018 年，塔元庄村集体收入已超过 1000 万元，村民年人均收入达到 21000 元。同学们满怀热情和期待，开始探寻塔元庄村从北方平凡乡村到名声远扬魅力村庄的蜕变之路。

全体师生在塔元庄村民委员会前合影

同学们在文化长廊认真聆听

学员们首先参观了塔元庄村的文化长廊。长廊用丰富的图片生动地展示了塔元庄村遵照习近平总书记嘱托和指示，在村干部的带领下，通过全体村民共同努力，从贫穷落后到全面小康的发展历程。

接着学员们跟随讲解员来到位于村委会大楼四楼的"正道沧桑 圆梦塔元"主题村史馆。一幅幅纪实图片，展现着塔元庄村的发展变迁，也让同学们详细了解了总书记与塔元庄村的深厚情缘。

1982 年至 1985 年，习近平同志先后担任正定县委副书记和书记，在任期间经常骑自行车到塔元庄村了解村民所想，解决村民所急。2008年习近平同志刚担任中央政治局常委、中央书记处书记不久，就把第一次出京下基层的地点定在了塔元庄村。他回到村庄，向村里的领导干部了解基本状况，强调建设过程中要多参考群众的意见。2013年，总书记再一次回到塔元庄村。他深入百姓家中询问家庭收入、子女教育等问题，还亲自走进村庄超市，向店员询问蔬果价格。最后总书记召开了座谈会，寄语塔元庄村要"把农业做成产业化，养老做成市场化，旅游做成规范化，在全国率先建成小康村"。近年来，在总书记的关心和指导下，塔元庄村大力发展农业、旅游业和电商物流业，经济得到了快速的发展，人民生活水平得到了显著提高，村民们"居住在农村，生活在城市"的梦想成为现实。

同学们在村史馆认真聆听　讲解员介绍习近平总书记与塔元庄的深厚情缘

塔元庄村只是中国社会主义新农村建设的一个缩影。村庄统一规划建设的村民住宅、干净宽敞的村庄大道、美如风景画的村庄绿化让全体师生亲身感受到改革开放以来农村的巨大变化。2020年是全面决胜小康社会收官之年，是党向人民、向历史作出的庄严承诺，"纷繁世事多元应，击鼓催征稳驭舟"，脱贫攻坚战目前已经进入全力冲刺阶段，塔元庄村的发展变化让同学们更加坚定了必胜的信心。

忆华北大学历史 励学子勤勉之志

随后，学员们来到了华北大学旧址。华北大学由华北联合大学演变继承而来，是中国人民大学的前身。在礼堂前，学员们回溯了华北大学艰苦卓绝的办学之路。

讲解老师介绍华北大学的办学经历　讲解老师介绍华北大学的办公处所

　　1948 年 5 月，中共中央决定原属晋察冀边区的华北联合大学和原属晋冀鲁豫边区的北方大学合并成立华北大学，为解放全中国培养干部。校址设在正定县城，由吴玉章任校长，范文澜和成仿吾任副校长。当时华北大学下设四部两院：一部是政治训练班，对知识青年进行短期政治思想训练；二部是教育学院，培养中等学校师资和教育干部；三部为文艺学院，培养文艺干部；四部为研究部，从事专题科学研究，培养、提高大学师资水平；两院是工学院和农学院。

　　1949 年 2 月，华北大学迁入北平，由于办学规模扩大，先后在正定、天津创办了分校，成为当时全国规模最大的一所高等学府。大批文艺精英和学术理论界名家云集于此，吴玉章、成仿吾、范文澜、钱俊瑞、陈唯实等代表了华北大学当时的师资水平，培养了一大批教育家、各行各业的领袖人才，在中国高等教育史上写下了辉煌的篇章。新中国成立以后，华北大学各部院多发展或合并成了独立院校，其中包括中国人民大学、北京外国语大学、中央戏剧学院、中国农业大学等众多高等学府。

毛泽东亲笔题写的"华北大学"

　　随后同学们参观了古朴庄重的栖贤楼和学生宿舍，感受华北大学当年在艰苦的办学条件下坚持培育人才、播撒文明的自强精神以及华北大学师生以他们的青春和智慧发扬中华民族不屈不挠的精神。当年师生的强国之志、爱国之情、建国之行，激励着同学们在今后的学习中勇于担当使命、履职尽责，在学校"大学+基地"的高等体育院校发展模式的探索当中做出自己应有的贡献。

全体师生在华北大学礼堂前合影

探中国乒乓成功之路 激学子体育强国之梦

紧接着全体学员前往正定国家乒乓球训练基地参观，探访乒乓球世界冠军的"摇篮"。在讲解员的带领下，全体师生进入中国乒乓球运动成就展馆。一进大门，首先映入眼帘的，是位于展馆入口的 7 个世乒赛最高荣誉奖杯和印着截止到 2019 年中国乒乓球史上共产生的 115 位世界冠军的头像和姓名的巨型乒乓球拍模型。这正是多年来我国乒乓球运动员们始终做到初心如磐、使命在肩，全心全意投身于体育事业最好地诠释。

世乒赛最高荣誉奖杯和巨型乒乓球拍模型

之后学员们跟随讲解员步入展区。两千多张照片及几千件实物，再现了中国乒乓球的辉煌历史。乒乓球运动员怀着为国争光的使命感和责任感，长期坚持、刻苦训练，使每一位学员深受感动。在展览馆中央的展台，陈列着乒乓球冠军们留下的手印。看到这大大小小的手掌印记，学员们想起了北体大校园的冠军之路，更加感受到作为北体人肩负的为建设体育强国多做贡献的重任。

加快推进体育强国建设，是党的十九大对中国特色社会主义进入新时代体育发展的战略谋划和具体部署。2019 年 9 月国务院办公厅印发的《体育强国建设纲要》中提出了促进体育文化繁荣发展，弘扬中华体育精神的战略任务。"为国争光、无私奉献、科学求实、遵纪守法、团结协作、顽强拼搏"的中华体育精神为体育强国建设提供着精神动力。中国乒乓精神是中华体育精神的有机组成部分，同学们在基地的参观中深刻感受到这一点。

讲解员介绍中国乒乓球的辉煌历史

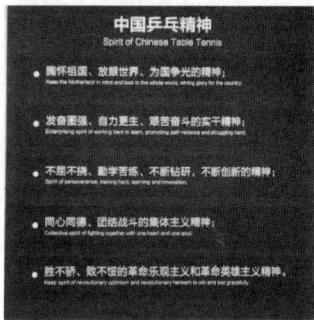

中国乒乓精神的内涵

参观结束后，学员们一看到展览厅的乒乓球台，兴致勃勃地展开了一场小组间的乒乓球挑战赛。早已摩拳擦掌，跃跃欲试的学员们立刻开始挥拍奋战，赛场气氛紧张活跃，不时响起阵阵掌声和欢呼声。短暂的比赛不仅加深了同学们之间的友谊，也使大家对乒乓精神有了更深刻的理解。比赛结束后，学员们齐声喊出"体育强则中国强，中国强则体育强"的激昂口号，在大厅里久久回荡。

全体师生在中国乒乓球运动成就展馆合影

思革命精神书论文 享心得体会再出发

为提高学员们实践论文写作能力，15 号晚上 19：30，北京体育大学马克思主义学院副院长李红霞教授给学员们带来了一堂干货满满的社会实践论文规范写作指导课。李红霞教授展示了部分社会实践优秀论文，提出了优秀社会实践论文的评判标准和要求。随后，介绍了论文应包含的基本要素，分享了选题公式，又逐层地讲解如何确定研究的主题、问题和方法。听完讲座后，学员们纷纷表示受益匪浅，一定会尽力写出一篇高质量的社会实践论文。

指导教学现场

随后，本次西柏坡革命传统教育社会实践活动结业仪式在河北师范大学国培大厦举行。首先，各小组分别派出学生代表总结此次实践教学的收获与体会。

第一小组代表冯兵分享道："毛主席说：'只要方向对了，学问是可以慢慢积累的。'非常感谢马克思主义学院能给我们这样一个不可多得的好机会，让我们走出书本，走出校园，走近历史，增强了我们对历史的理解和认同感，让我们沿着历史的足迹进一步体会到党'为人民谋幸福，为民族谋复兴'初心和使命。这为我们日后的学习和生活提供了非常重要的方向指引。"

第一小组代表冯兵发言

第三小组代表王润泽发言

第三小组代表王润泽分享道："中华文明能从古至今延绵不逝，是因为伟大的精神力量，也就是信仰的力量。当年冉庄的地道没这么宽敞，狼牙山上也没

162

有缆车，信仰的力量能使无数先辈在战场上献出宝贵的生命。老百姓坚持把最后一碗米做军粮，最后一尺布作军装，最后一个亲骨肉送上战场。那个年代的老百姓，相信共产党，坚信共产党领导下的中国必将走向富强，这便是他们的信仰！当代青年生于父辈给予的安逸，但不应该沉浸于安逸。我们应该坚定共产主义信仰，为建设社会主义现代化强国多做贡献！"

第九组代表马克思主义理论专业的丁雪晨说道："作为马院的学生，这已经是第三次参加相关的实践活动，而每一次的出发都让我们对历史的厚重感有新的感悟。我们一定要铭记历史，因为历史才是一个国家存在的凭证，只有不忘历史才能不忘初心，只有从历史中才能找到未来发展的真谛。"

第九组代表丁雪晨发言　　　　　　　　　　邱珍老师发言

随后，邱珍老师上台发言，对来自河北师范大学的带队老师表示感谢，充分肯定各位组长和新闻组同学的工作。邱老师对同学们提出希望，要求大家不断深化对西柏坡精神的理解，将所学运用于指导实践，保持昂扬斗志担负时代责任。

紧接着，李红霞副院长为此次社会实践活动做总结发言。李红霞副院长首先对河北师范大学的精心安排表示感谢，随后指出希望同学们能找到"我们是谁，我们从哪里来，我们要到哪里去"的答案，相信同学们在本次信仰之旅中有很大收获。紧接着，李红霞副院长对学员们提出期待，指出要提高历史唯物主义的理论素养，用马克思主义立场、观点和方法看历史、讲英雄故事，不能让英雄流血又流泪，同学们要树立正确的历史观，摒弃颠倒黑白、混淆是非的历史虚无主义。有人因为信仰而看见，有人因为看见才信仰，希望同学们做前者，就像中国共产党的创始人之一李大钊那样，牺牲前就科学地预见到："试看将来的环球，必是赤旗的世界。"同学们应该更加坚定理想信念，不要辜负自己"红色种子"的使命，在各自的领域做出报国之举，树立一个神清气正、阳光上进的北体人形象。

最后，李红霞副院长、邱珍老师、马祖兴老师为大家颁发结业证书，为本次"重温历史 不忘初心"西柏坡革命传统教育社会实践活动画上了圆满的句号。

颁发结业证书

太行山下滹沱河畔的西柏坡红色信仰之旅让同学们在行走的课堂里接受革命文化熏陶。一幅幅珍贵的图片、一份份文献、一件件实物，大家驻足观看、细细思索，无不被革命前辈在极其艰苦的条件下保持初心，探寻救国救民之路的执着与坚定而深深感动。

70年前，党中央从西柏坡出发，进京"赶考"，新中国从这里走来。70年后，学员们踏上这片红色的热土，重温初心，从这段历史中汲取信念和力量。对于全体学员而言，这一次西柏坡革命传统教育社会实践活动虽已结束，但将西柏坡革命精神融入我们生命的脚步永远不会停止。正如习近平总书记所说："一切向前走，都不能忘记走过的路；走得再远、走到再光辉的未来，也不能忘记走过的过去，不能忘记为什么出发。"让我们继续保持谦虚谨慎不骄不躁的作风，继续保持艰苦奋斗的作风，为助力建成全面小康社会，实现中华民族伟大复兴的中国梦而不懈奋斗！

文字：刘旭宸 上官嘉雯 刘永芳 张非凡 潘靖轩 李逸群

图片：沈思雨 丁雪晨

编辑：姜海涛 李逸群

指导教师：李红霞 邱珍 马祖兴

铭记革命先烈功绩 继承发扬西柏坡精神

北体马院 2020 年 1 月 22 日

重温革命历史 牢记初心使命 传承红色基因 发扬革命精神

北京体育大学马克思主义学院革命传统教育西柏坡社会实践系列报道（四）

为弘扬爱国主义精神，继承革命先烈遗志，引导广大学生树立崇高的理想和坚定的信念，1 月 14 日上午 8：30，西柏坡革命传统教育社会实践班全体师生满怀对革命先烈的崇高敬意来到华北军区烈士陵园。园内安葬着马本斋、周建屏、常德善、包森、周文彬等不同革命历史时期牺牲在华北地区的 318 位团职以上的革命烈士，安放着 650 多位烈士和老红军的骨灰，国际主义战士诺尔曼·白求恩和柯棣华大夫也安葬于此。

01 瞻仰华北军区烈士陵园

同学们首先来到华北革命战争纪念馆。馆内共包括三个部分：第一部分"红旗插遍燕赵大地 革命运动风起云涌"，展现了河北人民打列强、除军阀、工农运动以及第一次国共合作、建立革命统一战线的革命斗争史；第二部分"抗日烽火燃烧燕赵 万众一心抵御外辱"，是河北人民发扬艰苦奋斗的革命精神，用无穷的智慧抗击日军侵略，为抗战胜利做出巨大贡献的见证；第三部分"河北军民保卫解放区 柏坡圣地孕育新中国"，河北解放区军民在党的领导下，坚决进行自卫战争，保卫了解放区。同时积极进行土地改革，热情支援前线和全国解放，为解放战争在全国的胜利做出了贡献。

同学们认真参观华北革命战争纪念馆

橱柜中的一件件展品诉说着那段红色岁月的艰苦岁月，一段段模拟战争场景展现了先烈们奋勇抗击的献身精神，再现了千千万万仁人志士为国为民英勇赴难的感人历史。讲解员的深情讲解让同学们全方位了解了新民主主义革命到新中国成立期间河北军民的革命奋斗史，深深感悟到革命先辈对党的忠诚、对信仰的追求和对伟大事业的执着。

同学们在华北革命战争纪念馆内聆听讲解

全体师生纪念碑前合影

随后，全体师生缓步绕行，瞻仰了华北军区烈士纪念碑。巍峨耸立的纪念碑上是毛泽东亲笔题写的"为国牺牲 永垂不朽"八个镏金大字，遒劲有力。

参观华北军区烈士陵园使同学们进一步感受到了中国共产党人敢于斗争、不怕牺牲、艰苦奋斗、勇往直前的精神气概，更加坚定了共产主义理想和为人民服务的信念。

02 重温西柏坡精神

下午13：30，全体师生前往革命圣地西柏坡参观学习。在西柏坡纪念馆广场五大书记铜像前，鲜花铺就的"新中国从这里走来"大字格外引人注目。思政课学生和马克思主义理论专业学生代表敬献了花篮，李红霞副院长整理了挽联，八名党员师生重温了入党誓词，体会先烈为党的初心使命勇于牺牲的斗争精神。全体师生向领袖伟人深情三鞠躬，表达对革命先辈们的敬仰与追思之情。

李红霞副院长整理花篮挽联

重温入党誓词

在西柏坡革命纪念馆，同学们在讲解老师的带领下，回顾了中共中央在西柏坡期间领导全国开展土地改革，指挥震惊中外的辽沈、淮海、平津三大战役，召开党的"九月会议"和具有划时代意义的七届二中全会，建立华北人民政府，提出"两个务必"号召的光辉历史，深刻感受到红色政权建立的艰辛与不易，也对西柏坡精神有了更深入的了解和更深刻的体会。

在中共中央旧址，全体师生一同参观了毛泽东、周恩来、刘少奇、朱德等老一辈无产阶级革命家的故居、中央军委作战室以及中共七届二中全会旧址，重走了当年的备战防空洞。看着革命先辈曾使用过的桌椅板凳、驻足过的院落、曾围坐四周运筹帷幄的石磨台，同学们感慨良多。

参观中国共产党七届二中全会会址　　　　在七届二中全会旧址前聆听讲解

不论是中共七届二中全会上提出的"务必使同志们继续地保持谦虚、谨慎、不骄、不躁的作风，务必使同志们继续地保持艰苦奋斗的作风"的谆谆告诫以及"不做寿、不送礼、少敬酒、少拍掌、不以人名作地名、不要把中国同志同马恩列斯平列"的六条规定，还是以毛泽东为代表的共产党人将离开西柏坡比作"进京赶考"的赤子之心，直到今日仍起到深刻有力的警醒作用。2013 年 7 月，习近平总书记在河北省调研指导党的群众路线教育实践活动时再访革命圣地西柏坡，提出"党面临的'赶考'远未结束"，是对"赶考论"的继承和发展。

进入新时代，中国共产党继续走在"赶考"的路上，广大青年也将踏上"赶考"新征程。我们要牢记"两个务必"，发扬艰苦奋斗的作风，牢记肩负的使命，始终保持昂扬的斗志，积极乐观地面对前进中遇到的困难，弘扬创业精神，增强为实现体育强国梦而努力奋斗的责任感和使命感。

03 激情教学 红色歌曲背后感人的革命故事

紧接着，西柏坡纪念馆宣教部副主任、讲解员艺术团团长姚军老师为同学们带来了以"不朽的旋律 永恒的歌唱 新中国之歌"为主题的激情教学。

姚军老师慷慨激昂地介绍了《在太行山上》《地道战》《义勇军进行曲》《中国人民解放军军歌》《歌唱二小放牛郎》等革命歌曲的创作背景、最初的影响和发挥的作用，在他的带领下，同学们饶有兴趣地学唱着这些歌曲，感受到战歌的高亢、国歌的激昂、军歌的嘹亮和赞歌的悠扬，在歌声中重温时代豪情，真切感悟革命精神和革命情怀。尤其是姚军老师对国歌《义勇军进行曲》创作背景的详细介绍，使同学们激情澎湃、热血沸腾。有同学表示："之前我们每每唱起国歌，心生敬畏，壮志萦怀，但很少了解这首歌诞生的经过。姚军老师通过讲解国歌产生的背景以及田汉、聂耳为了国歌所做出的巨大牺牲，让我们领会了国歌所蕴含的悲壮之情、奋发之意。了解背景之后，我们再次唱起国歌，心中不只有敬畏，更是饱含着铭记历史、不忘使命的担当与责任。"当同学们再次合唱国歌时，几度哽咽，流下了激动的眼泪。讲座临近尾声，姚老师深情演唱《天下乡亲》，并提醒大家在自己的学习和生活中，应时常反思自己是否对得起老百姓，是否在坚守自己的初心。姚军老师对革命歌曲背后感人故事的精彩讲解，使同学们对红色歌曲产生了浓厚的兴趣。

激情教学现场

西柏坡红色之行在同学们心中留下了深深的印记，使同学们了解到西柏坡时期在中国近代史上的重要地位以及西柏坡精神的丰富内涵，同学们纷纷表示一定要珍惜这来之不易的幸福生活，不能忘记老一辈革命先烈的无私奉献，继承老一辈革命家的光荣传统，坚定"立学为民、治学报国"的决心，传承西柏坡精神，在新时代"赶考路"上交出人民满意的答卷。

文字：高万琛 王海桦 陈琪然 李嘉

图片：丁雪晨、沈思雨

编辑：马俊杰 王也

审核：李红霞 邱珍 马祖兴

缅怀英烈　弘扬狼牙山五壮士精神

北体马院　2020 年 1 月 22 日

重温革命历史 牢记初心使命 传承红色基因 发扬革命精神
北京体育大学马克思主义学院革命传统教育西柏坡社会实践系列报道（三）

1 月 13 日上午 8：00，西柏坡革命传统教育社会实践班全体成员启程前往狼牙山，缅怀狼牙山五壮士的英勇事迹。

陈列馆里倾听历史

全体成员首先来到狼牙山五壮士陈列馆，馆内包括六个展室：第一展室讲述了从 1937 年到 1939 年狼牙山根据地的创建和发展；第二展室是黄土岭战斗的模拟景观；第三展室讲述 1940 年到 1943 年间面对日寇的重重封锁，狼牙山地区军民的抗战行动；第四、第五展室分别以电影图片和群塑形式再现当年五壮士血战狼牙山的场景；第六展室介绍了 80 多年来学习英雄、纪念英雄的概况。陈列馆通过大量历史图片、珍贵文物、文献资料、艺术作品等，揭露了日寇在根据地犯下的滔天罪行，再现了抗日军民在党的领导下抗击日寇、保家卫国的英雄事迹和悲壮历史。

讲解老师为同学们讲解先辈事迹　　　　同学们认真学习参观

通过讲解老师的介绍，同学们了解了狼牙山五壮士（当地又称五勇士）马宝玉、葛振林、宋学义、胡德林、胡福才的英勇事迹。1941 年 9 月 25 日，晋察冀军区在狼牙山打响了反扫荡战役，为了掩护群众和主力部队撤退，五壮士毅然决然地把敌人引上了狼牙山莲花峰峰顶，在弹药都用光的情况下，他们高喊："打倒日本帝国主义！中国共产党万岁！"纵身跳下了万丈悬崖。狼牙山的五位壮士用气壮山河的壮举告诉我们，世间唯一能供万世瞻仰、永世不灭的是一种精神——崇高的爱国主义精神。它跨越时空、震古烁今，启迪我们舍生取义，用生命捍卫国家和民族的主权与尊严，鼓舞一代又一代的中华儿女为了中华民

族的伟大复兴而前仆后继！

不忘初心，方能牢记使命。狼牙山五壮士的英勇事迹广为传颂，他们的家国情怀也值得我们学习，讲解老师带领我们一起探寻五壮士参加这场保家卫国抗日战争的初心。战士马宝玉的妹妹因为家境贫穷，年幼时就被卖去做了童养媳，马宝玉参加革命的初心就是为了让更多贫苦人家的女儿不会因为生活所迫被卖去当童养媳。胡德林、胡福才是叔侄俩，当共产党的军队经过他们的村庄时，他们毅然决然从家中跑出加入革命的队伍。他们的初心就是为了赶走家园的侵略者，为了让贫困的老百姓能吃上大米白面。战士们坚守着朴实纯粹的初心，为中国革命事业、为人民解放和幸福献出了宝贵的生命，谱写了一曲中华民族英勇抗击外来侵略者慷慨悲壮的战歌。

狼牙山上探寻初心

实践班全体成员随后开始攀登狼牙山。山高路险，处处是悬崖峭壁。登上山顶的过程极为漫长，即使有了缆车的帮助，大家登上山顶后还是气喘吁吁。爬山尚且不易，更不用说当年五位勇士一边掩护我军撤退，营造出战士众多的假象，一边又要四处攀爬，不断诱敌深入，最终来到三面都是绝壁的莲花峰上是何等的不易。为感受先烈遗迹，同学们情绪高涨，一个多小时后到达顶峰，只见狼牙山五壮士纪念塔巍然耸立，塔正面有原晋察冀军区司令聂荣臻题写的"狼牙山五勇士纪念塔"九个红色大字。

据有关资料记载，"狼牙山五壮士"这个称号是时任晋察冀军区司令员兼政治委员的聂荣臻亲自签署的。1985 年为纪念抗战胜利 40 周年，聂荣臻元帅写下《烈士的鲜血浇灌出民族解放胜利之花》一文，"狼牙山五壮士"这一称谓也由此得来。聂荣臻元帅在文中还概括了"狼牙山五壮士"精神及其内涵：忠于理想忠于革命，在侵略者面前忠于祖国的伟大民族气节以及为顾全大局勇于自我牺牲的高尚品德。"狼牙山五壮士"的精神不管在当时还是在今日，都具有深刻的教育意义，值得我们认真学习。

同学们瞻仰狼牙山五勇士纪念塔

悬崖峭壁前感受狼牙山五壮士精神

视死如归本是革命军人应有的精神，宁死不屈乃燕赵英雄光荣传统。全体师生深刻地感受到五壮士英勇无畏的英雄气概，为他们在日本侵略者面前牺牲自我、保全大家的坚贞不屈的革命精神所打动。然而近些年，有人利用网络扭曲历史，抹黑狼牙山五壮士的英雄事迹。在狼牙山山顶，北京体育大学马克思主义学院副院长李红霞与讲解员就抹黑狼牙山五壮士事件进行了讨论，提醒同学们警惕历史虚无主义思潮，指出五壮士的光荣事迹不容质疑与诋毁，要尊重历史，尊重英雄。捍卫狼牙山五壮士的精神，不仅是捍卫个人名誉，也是捍卫中华民族精神。

全体师生在纪念塔前留念

同学们在狼牙山五壮士雕像前合影

同学们纷纷表示，作为新时代的青年，我们将永远传承狼牙山五壮士忠于革命、忠于理想的献身精神和顾全大局、牺牲小我的高尚品德，将狼牙山五壮士精神与北京体育大学追求卓越的精神充分融合，在今后的学习和训练中不畏挑战，攻坚克难，让革命精神迸发新力量，强化"使命在肩、奋斗有我"的使命担当，为社会传递更多正能量。

文字：高雨君　侯鑫磊　沈思雨　曾达炜　杨雨恒

图片：丁雪晨、沈思雨

编辑：杨柳鸣　王也

审核：李红霞　邱珍　马祖兴

（五）香山篇

跑好民族复兴接力棒，交出人民满意的答卷
——北体马院"不忘初心、牢记使命"主题教育系列报道
北体马院　北体马院　2019年10月11日

　　为庆祝中华人民共和国成立70周年，深入学习贯彻党的十九大精神，落实"不忘初心、牢记使命"主题教育工作，使学院师生增强"四个意识"，提升"四个自信"，坚定"两个维护"，更好的学习体会习近平总书记给北体大冠军班学生回信精神，北京体育大学马克思主义学院师生于10月10日参观北京香山革命纪念馆，深入展开系列教育。

　　香山革命纪念地由修缮恢复后的革命旧址与新建的香山革命纪念馆组成，其中香山革命纪念馆9月13日向社会开放，该馆紧邻香山公园，馆中数千件展品、图片和一段段珍贵的影像资料，将中共中央在北京香山时期波澜壮阔的革命历史画卷徐徐铺开。在建国70周年之际，再次回眸这段波澜壮阔的历史，有着非同一般的意义。

邱锦老师讲解

　　进馆后，纲要教研室主任邱锦老师发挥专业背景优势，把课堂搬到了纪念馆，对新中国成立前夕的历史进行了讲解。纪念馆分为"进京'赶考'""进驻香山""继续指挥解放全中国""新中国筹建""不忘初心、牢记使命、永远奋斗"五个部分，融入了新媒体技术手段，通过动态影像视频还原了历史，展馆内"西苑机场阅兵"和"开国大典"原始影片首次对外公开。"人民欢迎解放军进城"为第一个采用"步入式"的新展示形式，让同学们亲身体会到欢迎

解放军进城的感觉。"开国大典"则采用全息影像技术，通过 LED 屏将开国大典中阅兵等全过程原始影像展出。一张张旧报纸、一件件文物、一幕幕黑白影像，将师生们带回那段惊心动魄、激荡人心的岁月，感受到新中国诞生的艰难、欢欣、荣耀。大家了解了中国共产党中央进驻香山的历史背景，中共中央、中央军委在香山领导指挥全国解放战争，夺取新民主主义革命胜利的光辉历程，以及新中国成立前在政治、经济、文化、国防、外交等各方面的筹备工作，缅怀了以毛泽东同志为代表的老一辈无产阶级革命家的丰功伟绩。

师生参观学习

参观结束后，师生们在场馆外合影留念，大家围在一起交流了参观学习的感受，同学们表示此次参观有很大收获，了解了新中国成立前夕的历史，为新中国取得的胜利感到骄傲自豪。随后，李红霞老师及邱锦老师也分享了参观的心得和体会。

李红霞老师讲道："香山纪念馆的建成意义非凡，可以作为马院发掘的第五个红色教育实践基地，而且是离我们最近的实践基地，从井冈山到遵义、再到延安西柏坡，最后来到进京赶考的第一站香山，这样我们的红色教育实践基地就更加全面地覆盖了党的革命足迹。此次香山学习让我们感到回归初心的重要意义，作为革命先烈的后代，我们应该继承他们光荣的革命传统，把先辈们'为人民谋幸福，为民族谋复兴'的初心守护住并践行到底。我们要接好民族复兴的接力棒，注意思想上不松懈，不断在心灵深处进行自我革命。"

邱锦老师讲道:"因为香山是领导中国共产党,中国革命取得胜利的基地,也是我们党的工作重心,是我们党的工作由农村转向城市的一个重要标志。改革开放以来,我们党还面临很多问题,观看了这个展览,感受到了中国共产党人的崇高理想和坚定信念。我们要发扬老一代人不骄不躁,艰苦奋斗的精神,加快实现社会主义现代化,最重要的就是不忘初心、牢记使命。"

此次参观香山革命纪念馆,不仅创新了专业课的授课形式,也让马院学子体验到了一堂生动的党课。社会实践是引导学生走出校门,走向社会,感受历史,领悟幸福生活来之不易的良好形式,是提升思想、修身养性,树立服务社会的思想的有效途径。通过参加红色社会实践活动,有助于学生们吸收和消化在校内学习的知识,真切的感受身上肩负的历史使命。马克思主义学院与井冈山、延安、遵义、西柏坡等签署了革命传统教育实践基地建设协议,并将社会实践列入了 2018 版马克思主义理论本科专业和硕士、博士研究生培养方案,并选拔优秀的思政课代表参加活动,同学们坚持每个假期前往红色实践基地接受培训学习,本科生至少 4 次,并提交 4 篇 5000 字以上实践论文,研究生至少 2 次,并提交 2 篇 5000 字以上实践论文,方可获得专业实践学分。红色实践教育育人已成为北体马院专业人才培养和思政课改革的一大亮点。

此次主题教育使马院师生重温了中国共产党解放全中国、筹建新中国的光辉历史,更加坚定了为人民谋幸福,为民族谋复兴的初心和使命。作为新时代的青年大学生,马院学子更应该有所担当,争当社会主义现代化建设的领跑人,牢记习近平总书记的嘱托——使命在肩,奋斗有我,为建设社会主义体育强国多做贡献。深化对马克思主义历史必然性和科学真理性、理论意义和现实意义的认识,学会运用马克思主义立场观点方法观察世界、分析世界,真正读懂面临的时代课题,深刻把握世界发展走向,认清中国和世界发展大势,以推动马克思主义中国化为目标努力学习专业知识。

师生合照

文字：尹扬帆 郑瀚钧

摄影：张宏旭 邵月虹

视频：张宏旭

编辑：朱奎闽

赓续香山精神，永葆初心前行
北体马院 2021 年 3 月 17 日

为贯彻落实习近平总书记在党史学习教育动员大会上的重要讲话精神，切实推进党史学习教育工作，不断增强师生的历史责任感与使命感，2021 年 3 月 13 日下午，学院举办了初心讲堂系列活动第十三讲暨党史学习教育系列活动启动讲座。此次讲座邀请到香山革命纪念馆副研究馆员都斌，他以《中共中央在香山的革命实践》为题进行了线上云讲座。全院师生参加了此次活动，李红霞副院长主持讲座。

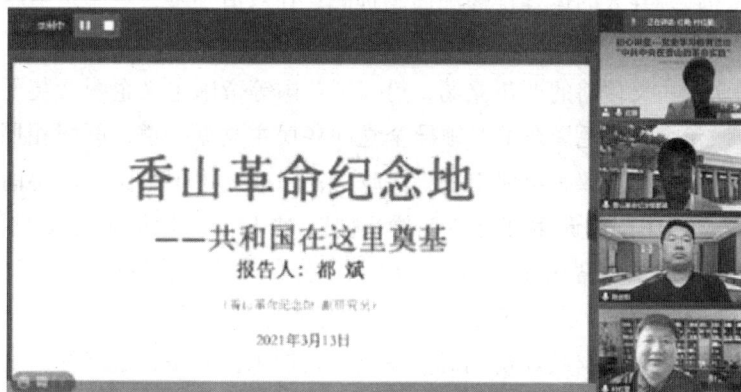

香山革命纪念馆副研究馆员都斌为马院学生做线上讲座

香山革命纪念馆副研究馆员都斌主要从事抗日战争史、中日关系史、敌后抗日根据地建设和抗战时期中国共产党党风廉政建设研究，近年来主要参与策划了《世界反法西斯东方主战场》《纪念中国人民抗日战争暨世界反法西斯战争胜利 70 周年主题展览"伟大胜利历史贡献"》《为新中国奠基——中共中央在香山》等十余个大型展览。参与编写的著作有：《抗战时期苏联援华史论》《民族复兴与抗日战争：港澳台同胞抗战》《抗日战争地图集》《甲午影像志》《抗战时期中国共产党党风廉政建设史论》等，公开发表学术论文十余篇。

讲座开始前，学院书记付红星代表全院师生对都斌表示了感谢，并指出，在党史学习教育活动中，北体马院要首当其冲，充分发挥专业优势，发挥排头兵作用，希望能够继续加强与香山革命纪念馆的合作，推进学院红色教育基地建设。

都斌首先对香山革命纪念地的背景和意义进行了介绍，毛泽东率中共中央进驻香山让这座拥有近900年历史的古老园林在新中国成立的历史上留下了浓墨重彩的一笔，它不仅是中国共产党领导解放战争走向全国胜利、新民主主义革命取得伟大胜利的总指挥部，也是中国共产党人"进京赶考"的首站，具有战略性意义。

在讲授中，都斌重点以时间为脉络，围绕进京"赶考"、进驻香山、继续指挥解放全中国和新中国筹建等事件进行详细讲解，并贯穿了中共中央于新中国成立前在军事、政治、经济等各方面的准备工作等一手内容。譬如军事方面，在香山的181天时间里，毛泽东主席发放的电报数量达到202封，其中军事指挥电报约130封，带领中共中央指挥了举世闻名的渡江战役等重大历史事件，充分展现出一代领导人的运筹帷幄和高瞻远瞩；在双清别墅，毛泽东主席亲自处理了英舰"紫石英"号事件并起草重要声明，表明了中国人民不怕任何威胁、坚决反对帝国主义侵略的严正立场，粉碎了英国等帝国主义企图武装干涉中国的阴谋。政治方面，毛泽东主席领导全党同各民主党派一道，肝胆相照、共商国是，筹备新政协会议，组建中央人民政府，起草《中国人民政治协商会议共同纲领》，为新中国的诞生搭建"四梁八柱"，开启了中国历史发展的新纪元。经济方面，毛泽东主席在此期间，提出了"公私兼顾、劳资两利、城乡互助、内外交流"的"四面八方"思想，成为国家经济建设的根本方针，对于克服新中国成立前后严重的财政经济困难、恢复和发展国民经济、稳定社会的政治局面起到极其重要的作用。

讲座最后，都斌以"进入新时代，立足新方位，百尺竿头，更进一步"与全院师生共勉，希望大家善于从党史中汲取养分，始终牢记中国共产党人矢志不渝的初心和使命，不断加强自身理论素养，不惧艰险、迎难而上，实现新作为。

历经两个小时讲座，都斌生动而深刻的讲授获得一致好评。付红星书记在总结发言中，传达了学校党史教育动员大会的主要会议精神，要求全院师生深刻贯彻领会曹卫东书记提出的"六个必然"要求，围绕学习目标、把握学习重点、抓好学习全覆盖，将党史学习作为一项重大政治任务完成好，将中央重大决策部署落实好，切实增强开展好党史学习教育的思想自觉、政治自觉、行动自觉，以优异的成绩迎接双奥和建党一百周年。北体马院将继续以党史学习教育为工作重点，从党的百年伟大奋斗的历程中，汲取奋进的智慧和力量，传承体育报国的红色基因，弘扬先农坛精神和使命在肩、奋斗有我的时代精神，坚定为党育才、为国育才的办学初心使命，办好人民满意的高等体育教育。

本次党史主题讲座让同学们加深了对中国共产党党史的理解和认识，同时也体会到了新中国成立的不易与艰辛。开展党史学习教育，是牢记初心使命、坚定理想信念的必然要求。香山革命纪念馆不仅是马克思主义学院国家级金课"革命传统教育"的第五块红色教育实践基地，还将作为北体师生建党一百周年党史教育学习基地。我院将进一步推进全院师生党史学习教育，做到学史明理，学史增信，学史崇德，学史力行，以优异的成绩迎接建党一百周年！

全院师生对本次讲座反响热烈，接下来让我们看看大家的感受吧！

青年教师贾桠钊：中共中央在入驻香山半年的时间里就领导中国人民取得了如此大的成就，如今怀着敬畏之心回望这段历史，看到的是老一辈革命家革命到底的精神，是为民为公的情怀，是艰苦奋斗的作风！知所从来，方明所往，从党的百年历史中汲取智慧和力量，巩固好、发展好以往的伟大成果，是我们这一代人的使命与担当。唯有不忘初心、牢记使命，始终保持"赶考"的清醒与坚定，始终保持奋发有为的姿态，才能答好新时代的考卷。

博士研究生高嫄：作为中国革命胜利前夕党中央所在地，北京西郊的巍巍香山目睹了毛泽东等老一辈革命家指点江山、挥斥方遒的豪情，也见证了中国共产党人团结各界人士，凝心聚力描绘新中国宏伟蓝图的艰辛和荣耀。新时代的我们，应时刻不忘初心，始终铭记我们是从哪里来，明白我们到哪里去。实现中华民族伟大复兴中国梦的目标，需要我们争做造梦的实践者、追梦的推动者和圆梦的促进者。

硕士研究生付俊杰：中国共产党在进入北平时，仍是一支农民占大多数的队伍，文化水平普遍不高，但即便如此，在党的严明的纪律下，在"三讲究、四不、五要"的规定下，共产党在进入北平时也丝毫未影响北平人民的正常工作和生活。进入北平之后，中共中央从上到下，从组织到个人，坚决以人民为中心，维护最广大人民群众的利益。因此，如果革命成功有秘诀，那么最重要的秘诀就是人民。

本科生张宏旭：回望历史，香山是中国革命胜利前夕党中央所在地，是承载党的伟大革命精神的重要红色纪念地。中共中央在香山虽然只有半年时间，但留下了中国共产党人为新中国诞生而努力奋斗的光辉历史。从历史的洪流中，我们可以深刻感受到伟大的党史，获得了丰厚的滋养和深刻启迪。作为一名新时代青年，我将会继续坚定"学党史、强信念、跟党走"的步伐，学好专业知识，为国家和人民更好地服务与奉献！

文字：赵奕清　刘婷婷

校对编辑：刘婷婷

指导教师：贾棚钊

审核：李红霞

党史学习教育进行时 | 北体马院：
用好红色资源，上好"大思政课"
北京体育大学　2021年3月23日

3月18日，在习近平总书记于全国学校思想政治理论课教师座谈会上发表重要讲话两周年之际，北京体育大学向香山革命纪念馆授牌"北京体育大学红色教育实践基地"，积极响应习近平总书记提出的"善用'大思政课'"的工作要求，进一步拓展完善学校革命传统教育思政"金课"的教学资源，充分发挥红色资源铸魂育人的功能，推动"大思政课"建设与学校党史学习教育深度融合。

北京体育大学与香山革命纪念馆举行红色教育实践基地授牌仪式

授牌仪式后，北京体育大学马克思主义学院党总支书记付红星，副院长李红霞、陈世阳与香山革命纪念馆副馆长徐中煜、编研部负责人都斌就"校馆红色教育基地共建"进行了座谈。付红星介绍了北京体育大学及北京体育大学马克思主义学院的基本建设情况。付红星表示，此次挂牌不仅丰富了革命传统教育课程的红色教育实践基地，还为全校师生乃至国家队运动员提供了建党一百周年党史学习教育基地，有利于学校党建工作开展，希望双方可以开展深入合作。徐中煜对北京体育大学一行的到来表示欢迎，对北京体育大学在体育人才培养方面作出的贡献给予了肯定和赞扬。他认为，校馆双方在红色资源育人方面有很大的合作发展空间。都斌介绍，香山革命纪念馆具有报告厅、讲解员、宣传制品等多种资源，双方可以在举办讲座、志愿活动、课题研究、教材编写、主题巡展等方面进行合作，推动党史学习教育活动的开展，做到资源共享、协同育人。李红霞表示，北京体育大学香山红色教育基地建设将中国共产党从1927年至1949年间的革命历史完整地串联起来，学生将接受到更加系统的革命传统教育，更能真切体会到新中国的来之不易，从而更加坚定实现中华民族伟大复兴的信心。陈世阳向都斌就参加学校"中国共产党领导体育工作百年历史经验学术研讨会"发出诚挚邀请，希望通过主题布展、主题报告等方式，校馆联合举办学术会议。

"革命传统教育"是为北京体育大学马克思主义理论专业学生量身设置的红色信仰之旅，是马克思主义理论专业课程建设的一大特色，是贯彻理论与实践结合教育理念的重要体现。通过利用全国各地的红色教育资源，探访重大历史事件发生地，还原历史场景和历史过程，结合现场教学重温历史，引导学生识读中国共产党革命文化的优秀成果——党的丰富多彩的革命精神谱系，感悟真理的魅力和信仰的力量，学习革命先辈和英雄的初心意识和使命担当意识。

近年来，北京体育大学马克思主义学院先后开辟井冈山、遵义、延安和西柏坡四大红色教育实践基地，作为国家级社会实践类专业金课"革命传统教育"的授课场所。香山革命纪念馆红色教育实践基地的成立，丰富了学校党史学习教育形式，推动校馆双方在举办讲座、志愿活动、课题研究、教材编写、主题巡展等多层次合作，实现资源共享，协同育人。

学校将以庆祝中国共产党成立100周年为重大教育契机，充分运用五大红色教育实践基地资源，发挥革命传统育人价值，用党史这部"最生动、最有说服力的教科书"，践行"为党育人、为国育才"初心使命，激励师生传承红色基因，继承革命精神，激发"使命在肩、奋斗有我"的担当意识，为实现中华民族伟大复兴不懈奋斗。

2019 年 1 月 15 日，北京体育大学马克思主义学院井冈山革命传统教育社会实践班参观雷打石

2018 年 7 月 20 日，北京体育大学马克思主义学院延安革命传统教育社会实践班参观枣园

2019 年 6 月 24 日，北京体育大学马克思主义学院遵义革命传统教育社会实践班
参观四渡赤水之第一渡的渡口

2020 年 1 月 12 日，北京体育大学马克思主义学院西柏坡革命传统教育社会实践班
参观冉庄地道战纪念馆

2019 年 10 月 10 日，北京体育大学马克思主义学院师生参观北京香山革命纪念馆

北体官微：2021 第 97 期

内容来源：马克思主义学院

编辑制作：党委宣传部

永远跟党走 | 北体马院党史宣讲志愿者走进香山革命纪念馆

北体马院　4 月 23 日

2021 年是中国共产党成立 100 周年，党中央决定在全党开展党史学习教育。习近平总书记在党史学习教育动员大会上强调，要学党史、悟思想、办实事、开新局，以优异成绩迎接建党一百周年。为深入贯彻习近平总书记在党史学习教育动员大会上的重要讲话精神，积极贯彻落实学校党委关于党史学习教育具体部署，马克思主义学院与香山革命纪念馆共建红色教育实践基地。香山革命纪念馆位于香山脚下，设有《为新中国奠基——中共中央在香山》主题展览。展览通过 800 多张图片、地图、表格和 1200 多件实物、文献和档案，把人们带回那段激荡人心的岁月。

4 月 16 日下午，马克思主义学院首批党史宣讲志愿者在指导老师吴国斌带领下来到香山革命纪念馆，参加由纪念馆宣教部组织的讲解员和相关服务工作的培训。本次党史宣讲志愿者主要来自马克思主义学院马克思主义理论专业

2018级本科班。同学们参观了《为新中国奠基——中共中央在香山》大型主题展览，认真聆听了纪念馆宣教部孟超主任的讲解示范，记录了讲解中要注意的问题。

同学们在香山革命纪念馆前合影

在香山革命纪念馆开展党史宣讲志愿服务，是马克思主义学院发挥马克思主义理论专业优势，主动深入开展党史学习教育的重要举措，是培养学生正确党史观、历史观，提升学生专业能力、实践能力的重要环节，是共建红色教育实践基地的重要方式。通过党史宣讲志愿服务，同学们更加深刻地了解了中国共产党领导中国人民夺取全国胜利和党中央筹建新中国的光辉历史，更加深切地感受了中国共产党建立的丰功伟业和社会主义制度的优越性，更加明确地坚定了永远跟党走的思想自觉和行动自觉。在实现中华民族伟大复兴的中国梦的历史进程中，青年大学生必须向历史学习，不忘初心、牢记使命，锐意进取、勇于创新。马克思主义学院学生将在深入了解和掌握党史的基础上，积极投身宣讲党的辉煌历史、传播党的创新理论、弘扬党的奋斗精神的志愿服务之中，在党史学习教育中作出自己的贡献。

同学们正在接受香山革命纪念馆讲解员培训

目前，马克思主义学院 2018 级本科生已经接受了专业的志愿培训，即将正式"上岗"开展志愿讲解和其他服务工作。其他年级的本科生和研究生也将陆续接受党史宣讲培训，接续做好志愿服务工作。

五、收获体会

（一）井冈山篇

井冈山精神的核心是实事求是闯新路，建立了中国第一个农村革命根据地，建立了第一个中国的红色政权，第一次提出了党对军队的绝对领导，第一次提出；从思想上建党的原则，制定了中国农村革命根据地土地法，开辟了一条具有中国特色的革命道路。

井冈山精神的精髓是艰苦奋斗攻难关。要艰苦奋斗，自力更生，必须倡导节约，实行生产自救，开展运动，实行民主主义。

牢记井冈山革命历史和宝贵的井冈山精神，党和国家领导人积极弘扬井冈山精神。

习近平总书记在 2016 年说，井冈山时期留给我们最为宝贵的财富，就是跨越时空的井冈山精神。我多么骄傲，在我 19 岁的时候，登上了井冈山。井冈山，这中国革命的摇篮，当之无愧"天下第一山"，这革命的山、战斗的山、英雄的山、光荣的山，这中华人民共和国的奠基石，这马克思主义中国化的伟大开篇。我从中领悟体会到习近平总书记所说的跨越时空的井冈山精神，这中国共产党人革命精神的重要源头。都说"上井冈山伟大，下井冈山也伟大"我会一直深刻牢记我在井冈山上度过的五日，更会牢记在那片故土上，革命先辈们留给我们的永恒的精神。现在，革命的接力棒交到我们年轻的一辈子，我们更会牢记使命，用井冈山精神武装自己头脑，不忘初心，继续为人民更好的生活而奋斗不息！

（马克思主义学院 2018 级马克思主义理论专业本科生　沈思雨）

给我印象深刻的是曾志，曾志晚年任中共中央顾问委员会委员，中共中央组织部原副部长。她当年因为革命工作的需要，就将自己的儿子留在井冈山由当地的人来抚养，而几十年后她的儿子终于见到了母亲本人。曾志始终坚持跟党走，体现出"忠诚于党，绝不动摇"的坚定信念，"前仆后继，不畏艰险"的革命精神，"坚守原则，公道正派"的无私胸怀，"胸怀天下，关爱人民"的优良作风和"党和国家利益至上，个人利益无足轻重"的奉献精神。

习近平总书记强调：不忘初心、砥砺前行。就是让人们缅怀过去，走好未来。传承红色基因，发扬井冈山精神是实现中华民族伟大复兴，实现中国梦的精神力量！

（马克思主义学院 2018 级马克思主义理论专业本科生　候鑫磊）

通过为期五天的井冈山革命精神教育，我们深入理解了井冈山精神，在井冈山斗争中体悟到红色基因当代价值。我们应做共产主义远大理想和中国特色社会主义理想的坚定信仰者和忠实的实践者，坚定对于中国特色社会主义的道路自信、理论自信、制度自信、文化自信。井冈山是革命的摇篮，是中华人民共和国的基石。

新时代，更要传承井冈山精神，加强党对于军队的绝对领导，始终坚持党的领导核心作用，加强党性和自我批评，对于各方面的措施、规范、坚持群众路线，也要与时代发展同行。不断推进制度创新、理论创新等，并落实于实践。同时，要弘扬艰苦奋斗的作风。持续进行批评和自我批评。

不忘初心，不忘历史方可告慰历史，"一个人如果没有理想和对于理想的追求，如果没有信仰和对信仰的虔诚，就算心在跳也不过是一块麻木的肉，就算血在流，也不过是一腔红色的水"。作为新时代的大学生更应该接过历史的接力棒，努力学习理论知识，立志传承井冈魂。

（马克思主义学院 2018 级马克思主义理论专业本科生　李逸群）

学习不仅是知识的积累，而是世界观改造的重大问题，理论水平提高了，看问题的能力也提高了，只有刻苦学习理论，才能树立正确的世界观，人生观和价值观，才能永葆共产党人的先进性。

　　时代在迅速前进，信息化突飞猛进，人们包括广大学子，面临着更多更广的选择，但关键是在于如何选择以及怎么选择最合心意。在这选择的过程中，尤其会渗透一种精神的内涵，以丰富发展自我的世界，我们也因此会更加的无悔。井冈山精神是我们共同的精神价值。我们也要学会在选择中渗透井冈山精神，让我们的选择有所坚定，懂得信念，理解艰苦，懂得奋斗，实事求是，懂得创新，懂得勇敢，相信胜利！

（马克思主义学院 2018 级马克思主义理论专业本科生 赵婉龄）

　　通过这次井冈山的社会实践之旅，我深刻明白了我们如今的美好生活是无数先烈抛头颅，洒热血牺牲而换来的。那个战争年代，硝烟四起，红军战士们为守卫国家，放下儿女私情，舍小家为大家。战士们的孩子在那个年代，有的没有父爱，有的没有母爱，一个安稳平静的童年生活都没有具备。他们的生活承受着无法理解的痛苦和恐惧不安。正是他们昨天的付出换来了我们今天的美好生活。

　　在那艰苦岁月中，红军战士们珍惜每一分，每一秒，带领着大家坚毅地活下来，不抛弃，不放弃，勇往直前，这样的意志正是我们当代人所需要的品质，困难再大，不低头，不屈服，迎难而上方能取得更大的胜利。作为新时代的我们，我们首先要认真努力学习文化专业知识，更要不断的锻炼自己的身体素质，还要认真学习传承井冈山精神，以实际行动来报答先烈们的英勇行动，为国捐躯，用实际行动来珍惜今天的来之不易的幸福生活。

（马克思主义学院 2018 级马克思主义理论专业本科生 李硕）

　　坚定的理想信念，是党员的精神动力，是党员的一种理性自觉，也是加强党的先进性建设的时代要求。我们作为传承红色基因的共产党员，更应该牢固树立为实现共产事业而奋斗终生的理想信念，勤奋工作，无私奉献。

　　井冈山精神—是井冈山的红土地和革命先烈的鲜血所凝练，所铸造；坚定信念，艰苦奋斗，实事求是，敢闯新路，依靠群众，勇于胜利。

　　那些血雨腥风的岁月已然成为过去，然而井冈山精神却已成为永恒，已镌刻在后代的心中。现在的和平年代，我虽然不再需要用生命去斗争，但同样需要内心充满着希望和信念。而我们也必须要通过这样的学习活动，从井冈山精神汲取更多的政治营养，不断加强党性修养，在这个充满物质欲望的社会中，我必须沉淀我们的心灵，洗涤我们的灵魂，净化我们的思想，才能守住革命先烈们创下的基业，并将其发展壮大，让我们一起传承红色基因，发扬井冈山精神！

（竞技体育学院 刘子萌）

井冈山精神是革命精神，是斗争精神，更是中华民族精神，它具有丰富内涵。它主要包括：坚定执着追求梦想，实事求是闯新路，艰苦奋斗攻难关，依靠群众求胜利。井冈山精神之实质具有多种意义。它是中国革命精神的灵魂，是坚定对"山沟里的马克思主义"的信仰。它是中国革命精神的核心，建立了中国第一个农村革命根据地，建立了红色政权，明确了土地法，为中国革命开辟了道路。井冈山精神是根本，它体现的是真心实意为群众谋利益，体现了党群关系与军民关系鱼水情深。井冈山精神的精髓是艰苦奋斗，红军战士形容的是"有时真是到了极致"，"好在苦惯了"。在井冈山社会实践中的红歌教学以及革命烈士访谈教学受益很深。通过学唱了红歌，体会到了在井冈山革命斗争年代，那个没有手机、没有电脑的时代，那个充满了硝烟战争的年代，红军战士们通过唱红歌，克服艰难环境，得到精神的巨大动力，同时相互扶持，为革命胜利而艰苦奋斗，体现了革命乐观主义精神。通过对革命烈士后代的走访，也深刻体会到革命先烈们在革命战争年代是如何通过自己一步步努力，如何通过艰苦卓绝斗争，抛头颅洒热血，为中华民族国家富强、民族独立，人民富强而努力奋斗、英勇抗争。

（马克思主义学院 2018 级硕士研究生 陈俊男）

井冈山，中国革命的摇篮，她如一颗璀璨的明珠镶嵌在湘赣边界罗霄山脉中段。这是一座雄伟独特又神奇的山。这里的山山水水，孕育了革命的星星之火，这里的一草一木，溅洒过革命先烈的热血，在这片红色的土地上，留下了以毛泽东为代表的老一辈革命家的脚印。

抗战革命已经过去很久，但革命精神却不会消散。正如习近平总书记所指出的，今天，我们要结合新的时代条件，坚定执着追理想，实事求是闯新路，艰苦奋斗攻难关，依靠群众求胜利，让井冈山精神放射出新的时代光芒。今天，在以习近平同志为核心的党中央的领导下，党和国家建设发生着翻天覆地的新变化，取得了一系列历史成就。我们要坚定不移走好井冈山之路，矢志不渝的坚定政治信念，踏着无数革命先烈的足迹，不断增强自己的理想信念，筑牢立身之本，恪尽职守，埋头苦干，积极进取，与时俱进，为国家和社会的发展做出应有的努力。

因此，我们要感谢井冈山之行，牢记自身使命。历史的车轮滚滚向前，我们站在历史和未来的交界，在决胜全面建成小康社会的今天，我会时刻牢记这种艰苦奋斗的井冈山精神，坚持一切从实际出发，从党和国家的需要出发，不断严格要求自己，不断将理论联系实际，踏踏实实地学习，为祖国的建设贡献自己的绵薄之力，始终保持着不畏艰难困苦的坚强意志，敢为人先的工作干劲，乐观向上的生活态度，为更好地服务国家，服务人民，服务社会做出自己的一份贡献。

（马克思主义学院 2018 级马克思主义理论专业本科生 陈琪然）

井冈山是中国革命的圣地，无论历史怎样发展，社会怎样变迁，物质条件怎样丰富，作为中华民族精神重要组成部分的井冈山精神，永远不会过时，永远是一座取之不尽、用之不竭的精神宝座，切身处在革命圣地，让我们深切地感受到了井冈山上红色情怀。

在井冈山革命烈士陵园，我们在那里缅怀先烈并重温了入党誓词，在细雨绵绵中，我们参观了陈列着 140 块精湛书法碑列的井冈山碑林，深切感受井冈山的光辉历史和英雄烈迹，我们来到井冈山革命烈士纪念碑，向前辈致以蒙敬缅怀之情，在立有 20 尊井冈山革命历史人物塑像的雕像园，我们由衷感受到先辈们为理想抛头颅洒热血的精神，并时刻提醒我们不忘历史，砥砺前行。

历史在不断前进，社会在飞速发展，而我们作为新时代的接班人，我们必须坚定自己的理想信念，实事求是，艰苦奋斗，不断创新，让井冈山精神放射出新的时代光芒。

（马克思主义学院 2018 级硕士研究生 王恒璇）

回顾党的历史，我们不能忘记井冈山，井冈山被誉为"中国革命的摇篮"和"中华人民共和国的奠基石"。1927 年，毛泽东等老一辈无产阶级革命家在这里亲手开创了中国革命第一个农村根据地，点燃了中国革命的星星之火，井冈山因此被载入中国革命的光辉史册。

当我们重走当年朱毛挑粮小道的一段，那件事的脚印好像还镶嵌在这小道上，指引我们前进的道路，重走挑粮小道，不由感慨意志坚定之重要，在物质渐渐改善的今天，这品质更显得弥足珍贵，向历史致敬，向历史上辉煌的汗水致敬。

在井冈山的伟大斗争中，毛泽东、朱德、陈毅、彭德怀等革命先烈们所培育的井冈山精神，是中国共产党和中国人民极其宝贵的精神财富，这种精神必将激励中国人民在建设中国特色社会主义和实现共产主义伟大理想道路上奋勇前进。在今天新的历史时期，我们更应该弘扬井冈山精神，继承和发扬老一辈无产阶级革命家为了理想信念而抛头颅、洒热血、艰苦奋斗、无私奉献的精神和他们敢于开拓的勇气。

这次参观学习给我们党员上了一堂生动的党课，使党员们受到了强烈的震撼，井冈山之行丰富了我们先进性教育活动的内容，受到了一次深刻的党性和革命传统教育，对中国革命的艰难历程有了更全面的了解，充分认识到新时期继承和发扬井冈山精神的重要性和必要性。我作为一名共产党员，一定要认真学习，把自己的满腔热情投入到光荣的建设祖国的任务中去。

（马克思主义学院 2018 级硕士研究生 侯榕芳）

"夜半三更哟盼天明，寒冬腊月哟盼春风，若要盼得哟红军来，岭上开遍哟映山红……"每每听到这首歌，我的思绪总是飞回到那遍地开满革命之花的地方，忆起那段苦中作乐的日子。

红军路，过三湾，是人寰，眺望着年轻的，九十二年过去，掌灯人未还，红旗屹立不倒，革命军魂难忘，而今缚苍龙，胸有凌云志，万事皆可成。

见山思山，见水思水，见碑思事，见墓思人。我登上了高高的石阶，眺望着年轻的风景：墨绿色的山不像山，像一道帷幕将故事紧锁在这里，这斑斑点点的楼不是楼，像星火化烬后重生的光标，这古树不是树，这树下的雕像却似真人，这风儿从远处吹来故事，又把思绪吹向无尽的长空，缩成地上的尘埃一点，飘向毛委员目光指向的天边。

山崖峭壁险峻，山路坎坷曲折。肩上扁担万千重，可见谁人埋怨？纵使围困千重，初心使命不变，挑粮道上军歌起，赤子之声嘹亮。

由于挑粮小道路程遥远，我们一行人也只走了一百多米便原路返回了。我不知道该如何回忆那段艰难的时光，也不知道该如何描写那触目惊心的场景，我只会每每梦见它，幽幽的山林，卖力的脚步……

重走一次革命路，重燃一次赤子心，不想多言虚空的话，我只想说，谢谢你点燃了我尘封已久的、内心的星火。

（马克思主义学院 2018 级马克思主义理论专业本科生 周淑婧）

对真理的信仰，对信念的坚持，使得革命先辈克服重重困难，取得革命胜利，将马克思主义与中国具体国情相结合，在实践中检验了马克思主义的真理性，而在今日，我们更要做共产主义的坚定信仰者和重视实践者。在西方相互诋毁社会主义时，我们更要坚持马克思主义信仰，坚持对中国特色社会主义的道路自信、理论自信、制度自信、文化自信，不能丢掉我们精神的钙。

习近平总书记在接见红军后代，先进模范时的讲话中说："井冈山这块土地是中国革命的圣山，我每一次来都觉得很受教育，接受洗礼，升华精神，净化心灵的洗礼。第一次我们的红色政权，农村包围城市，武装夺取政权的革命道路从这里走出。"

一个伟大的理想信念，一定要有扎实的理论基础，这个理论要和一个具体的土地结合，所以我们说马克思主义本土化，井冈山道路就是中国马克思主义本土化相当成功，是我们的经典之作，行程万里，不忘初心。

习近平总书记三上井冈山，寻找中国革命的起点。重访革命老区，寻找学习革命先辈的革命精神，这是中华民族宝贵的精神财富。对未来的学习生活也有着启示模范作用。这是马克思主义同中国具体实践相结合的典型范例，也让我坚定对专业学习的兴趣，期待之后革命圣地的旅行。

（马克思主义学院 2018 级马克思主义理论专业本科生 蒋倩）

实事求是，敢于闯新路是我们要弘扬的精神，是井冈山精神的核心。依靠群众，勇于创新是发展的源头，正是紧密联系群众，才创新了多次以少胜多、以弱胜强的奇迹。党要始终与人民心连心、同呼吸、共命运，党的事业才能坚如磐石，保持活力。

从新中国成立到现在改革开放的进程不断加快，我们必须坚定理想信念，弘扬艰苦奋斗的精神，为建设小康社会、实现中华民族的伟大复兴打下坚实的基础，为实现共产主义远大理想不懈努力。井冈山斗争时期，正像是朱德、萧克等有坚定信念，崇高品德，坚不可破的核心价值观的共产党人，可能带领党和人民推动革命胜利的步伐。

中国正走进世界舞台的中央，当今世界的发展是机遇也是挑战，但只要我们坚定理想信念，那么不论面对何种挑战，我们也要凭借信念做到执着追求理想，矢志不渝谋求发展。当我们拥有共同的信念时，当我们弘扬中华民族的精神动力时，实现中华民族的伟大复兴之梦，便只是时间问题。

（马克思主义学院 2018 级硕士研究生 朱奎闽）

（二）遵义篇

一步步走过，从北京到遵义再到贵阳，我看到了国际大都市的繁华，也看到了转折之城的伟大；看到了花茂村的乡愁与笑容，看到了贵州人民的朴实与热情；看到了连绵起伏的山峰，更看到了丰富的红色资源。

一眼眼望去，红军烈士纪念碑、青杠坡红军烈士战斗遗址、娄山关红军战斗纪念碑……我们在碑前鞠躬、默哀、敬献花圈，用我们的方式表达对烈士的敬仰之情。

一帧帧会议，邓萍同志的先进事迹、钟赤兵三次截肢的坚强意志、红军菩萨的美名……有些英烈的事迹在这几天虽被反复讲述，但每一次讲述时都会心如刀绞，热泪盈眶。

历史终将成为过去，历史也终将指导现实。一张试卷的完成尚需一笔一画，一字一顿，倾注全部心血，更何况是汇聚了十四亿人民的体育强国梦和中华民族伟大复兴的中国梦。相信在宝贵历史经验的指导下，我们可以以史为鉴，面向未来，实现中国梦。

（体育商学院 游龙飞）

长征精神是中华民族的宝贵遗产，是一种即使面对艰难也要勇往直前的革命精神，是革命先辈留给我们的精神财富，是鼓励全国人民团结在党中央的领导下，建设中国特色社会主义。对于建设社会主义文化强国，对于将强社会主义核心价值观建设，具有十分重要的现实意义。

（马克思主义学院 2018 级硕士研究生 刘政宇）

长征精神启示：红军长征虽已成为过去，但长征精神永远不会过时。中国工农红军在长征中浴血重生的光辉历史，为我们留下了极为宝贵的精神财富，对于我们今天进行中国特色社会主义的新长征有着许多重要启示。

第一，党的正确领导是革命、党的建设和改革取得成功的根本保证。毛泽东在总结长征精神经验的时候指出："谁使长征胜利的呢？是共产党。没有共产党，这样的长征是不可能成功的。"

第二，艰苦奋斗是战胜一切困难的重要法宝。艰苦奋斗是中华民族的光荣传统，也是万里长征留给后人的一个重要启示。

团结是构建社会主义和谐社会的必然要求。构建社会主义和谐社会是一项伟大而艰巨的事业，同样离不开团结协作精神。

第三，与人民群众紧紧联系在一起是党的事业兴旺发达的牢固根基。在建设中国特色社会主义的新长征中，我们必须始终践行为人民服务的宗旨，永远保持与人民群众的血肉相连，把人民群众赋予的权力真正的用来服务人民，为人民谋利益。

（马克思主义学院 2018 级硕士研究生 白雪）

长征是一部伟大的史诗，遵义会议是这部诗史中最扣人心弦的激越篇章。

遵义会议在中国共产党的历史上，在中国革命历史上都有着极其重大的意义。过去通过对党史的学习有所了解，而参观回来，眼前总是浮现有关红军，有关党内会议的一段段场景。遵义会议是我们党从幼年走向成熟的标准，是生死攸关的转折点，是红军走向胜利的保证。重温这段历史，我们感悟到了今天幸福生活的来之不易，在不忘先烈的同时也要倍加珍惜这样的生活，用实际行动告慰先烈。

（马克思主义学院 2018 级硕士研究生 王恒璇）

遵义会议上，无论是对第五次反"围剿"以来的历史总结还是对红军进一步军事行动的深化，无论是对犯错同志的批评处理，还是对犯过错误的同志的重新启用，无不体现着实事求是的精神。而在实事求是的基础上，我们抛弃了本本主义，经验主义，并结合自身实际和客观规律独立思考，创出新路。毛泽东同志后来回忆说："我们真正懂得独立自主，是从遵义会议开始的。"实事求是，独立自主，便是旬邑会议精神的鲜明特色。遵义会议是一次伟大的转折，他的精神直接影响了中国未来的发展。1979 年的十一届三中全会，我们党再次实事求是，解放思想，直面现实，掀起了改革开放的大潮。在全国人民以习近平同志为核心的党中央领导下，向实现伟大中国梦宏伟目标大步迈进的今天，我们又一次实事求是，深化改革创新，努力建设具有中国特色的社会主义国家，创造更加辉煌的明天。

（马克思主义学院 2018 级硕士研究生 朱奎闽）

要坚定地相信国家，相信党，坚决跟党走，维护党的领导。建国已 70 年，祖国早已发生了翻天覆地的变化，人民幸福安康，社会和谐稳定，经济发展迅猛，种种现象表明，社会主义具有强大的生命力，只有社会主义才能救中国，创造中国现在的辉煌。

必须要认识到，只有坚定地相信国家，拥护党的领导，坚持道路自信、文化自信，中国才能走得更远，发展得越来越好。

（马克思主义学院 2018 级马克思主义理论专业本科生 王昭雯）

本次红色教育社会实践中，我除了知识层面的学习，也了解了很多贵州的地理气候，风土人情。"天无三日晴，地无三尺平"是真，大部分地区仍处于贫困状态也是真。贵州人民的淳朴是真，他们的思想觉悟和精神凝聚力更强也是真。这一切的经历真真切切，让我感受到现在和平而幸福的生活值得我们珍惜并守护。

每一座城市都有自己的故事，而每一个城市都是中国的领土，都有一个名为"中国"的母亲。尽管各地人民性情不同，相貌迥异，但都是中国人。每一个人都应该珍惜先辈们流血牺牲而守护的祖国领土，都应该为祖国建设和国家发展而不懈奋斗。

（马克思主义学院 2018 级马克思主义理论专业本科生　李硕）

红军历经千难万险实现了陕北吴起镇的伟大会师，创造了人类历史上的伟大奇迹。中央红军经历了 400 多次战斗，攻占了 700 多座县城，行程约两万五千里。长征是一次理想信念的伟大远征，一次检验真理的伟大远征，一次唤醒民族的伟大远征，一次开创新局的伟大远征。"精神的力量可以改变个人与世界的命运"，长征是中国工农红军留给中国人民的精神财富，是走向理想的道路上所必需的永不磨灭的信念。伟大的长征精神，是中华民族自强不息的民族品格的集中展示，是以爱国主义为核心的民族精神的最高体现。

（马克思主义学院 2018 级马克思主义理论专业本科生　李逸群）

红军的二万五千里长征，是战争史上的伟大奇迹，是人类历史上一次最壮丽的日出。什么是长征精神——坚韧不拔，勇往直前；什么是革命英雄主义——不怕苦，不怕死，流血流汗不流泪，掉皮掉肉不掉队；什么是民族精神的最高体现——百折不挠，自强不息。重走长征路，重温长征魂，重忆长征史，重启长征心。我愿在这美好的新时代，也能再有这般壮丽辉煌的日出。

唱的是红歌，忆的是军魂。每当红歌唱响，我仿佛看到了战场的硝烟与勇士，每当红歌唱响，我感受到的是顽强，英勇，不屈。红歌嘹亮，唱的是魂不灭，唱的是军旗扬，唱的是士之烈。

携初心，踏征途，走的是历史走过的路，坚持的是始终不变的初心。

（马克思主义学院 2018 级马克思主义理论专业本科生　周淑婧）

在学习过遵义的革命斗争历史后，我感受到遵义会议的精神仍然以其特殊的魅力吸引和影响着新的一代的年轻人。在参观完战斗遗址后，我们仿佛能看到弥漫的硝烟、闪着寒光的刺刀、听到隆隆的炮声和雄壮的号角声，我们似乎又回到了那杀声阵阵的战场。我们队那些勇猛杀敌、不怕牺牲的革命前辈更增添了敬佩之情。对烈士们用鲜血和生命换回来的生活，我们无不更加珍惜；对经过战火洗礼的伟大祖国，我们无不更加热爱。

党在遵义会议期间，已经用伟大的实践证明了一个党、一个国家可以将符合历史规律、符合人民利益的理想变为现实。我的感想是，纵观古今，学史明理。借鉴历史可以更好地把握自己。我们要大力弘扬遵义精神，不断学习，通过学习优秀文化、科学技术，来提高自身的水平，通过学习政治理论，用马克思列宁主义、毛泽东思想、邓小平理论、"三个代表"重要思想、科学发展观、习近平新时代中国特色社会主义思想来武装头脑，树立正确的人生观、世界观、价值观、增强能力，只有这样才能不辱使命，成为真正的建设中国特色社会主义的接班人，助力实现中华民族伟大复兴的中国梦。

（马克思主义学院 2017 级硕士研究生　马鑫媛）

中国工农红军长征的胜利，是历史上的奇迹。红军长征转战十一个省，历经艰难曲折，战胜了重重困难，最终保存了革命力量，将中国革命的大本营转移到了西北地区，为开展抗日战争和发展中国革命事业积蓄了力量，保存了条件。从 1934 年到 1936 年的长征，突破了几十万敌军的保卫和封锁，唱响了战略转移的凯歌，是人类近代战争史上的英雄传奇。红军长征的胜利使中国革命转危为安，更表明了中国共产党领导下的工农红军是一支不可战胜的强大队伍，长征中红军表现出来的对革命必然胜利的信念和一往无前不怕牺牲的英雄主义气概，成了激励共产党和广大人民的巨大精神动力。

习近平总书记在纪念红军长征 80 周年大会上指出，长征是一次理想信念的伟大远征，是一次检验真理的伟大远征，是一次开创新局面的伟大远征。他强调，长征永远在路上。一个不记得来路的民族，是一个没有出路的民族。不论我们的事业发展到哪一步，不论我们的取得了多么大的成就，我们都要大力弘扬伟大的长征精神，在新的长征路上继续奋勇前进。

坚定理想信念是共产党带领人民群众实现中华民族伟大复兴的根本，是我们党不忘初心继续前进，实现国富民强的力量和源泉。弘扬长征精神，就是要不忘初心跟党走，走好每一个人自己的长征路！

（马克思主义学院 2017 级硕士研究生　王启迪）

这次的社会实践教育选择在了著名的转折之城"遵义"，在做微信推送的过程中，深切体悟到"不忘初心、牢记使命"的教育主题的意义。习近平总书记来到遵义时曾说过："要运用好遵义会议历史经验，让遵义精神永放光芒。"找宝贵的精神财富，结合具体实践实际，服务于日常的生活实践之中，获得一次精神的洗礼。这或许是社会实践的意义所在。文献上说遵义会议集中体现的是坚定信念、实事求是、独立自主、敢闯新路和民族团结的精神。遵义会议是中国共产党独立自主的解决中国革命的一次重要会议。我表示认同且深有体会，我记得在仰望纪念馆时，会发现墙壁上"中国共产党万岁""中国工农红军万岁"等标语仍然完好，中国工农红军是一支善于宣传，发展群众，团结群众的队伍。红军菩萨的存在就是阐明军民鱼水情的生动例子。能如此得民心，中国共产党在遵义会议期间，实现伟大转折进而取得中国革命的胜利，这绝非偶然。人民群众是历史的创造者。人民群众是历史的创造者，中国共产党在革命过程紧紧依靠广大人民群众，得民心者得天下，而中国工农红军因此走出胜利的坦荡路途。

遵义会议让我印象最深的就是体会到艰苦卓绝的斗争，如何在面临极大困境下，仍坚守心中的理想信念，实现伟大的转折。

（马克思主义学院 2018 级马克思主义理论专业本科生　蒋倩）

经过几天的学习和实践，我了解到遵义会议的具体内容和精神，也学习到了红军长征的原因。遵义会议在召开之前，也曾紧急召开过通道会议、黎平会议和猴场会议。其中我们参观了猴场会议召开的地点，了解到猴场会议为遵义会议的召开打下了坚实的基础。遵义会议是党的历史上一次具有伟大转折意义的重要会议，从中我学习到了一个宝贵的经验：理论联系实际，反对教条主义。而毛泽东同志一直都坚持自己的想法，他赞同马克思的观点——具体问题具体分析，这是马克思主义活的灵魂。毛泽东同志坚持把马克思主义基本原理与中国具体实际相结合的观点，他坚持不能照搬苏联模式，要做到具体问题具体分析，这才是中国共产党该走的道路。而遵义会议就是中国共产党独立解决问题的成功的一次会议，在这里我深切地感受到毛泽东同志的高瞻远瞩且散发着理性智慧的光芒。

在学习中我了解到，由于以王明为首的教条主义，宗派主义者，推行"左"倾冒险主义，排挤了毛泽东同志在中央革命根据地的地位，致使中共苏区第五次反"围剿"失败，红军被迫长征。王明虽然总是去苏联学习经验，但是他确实一个教条主义者。虽然他能把马克思的著作倒背如流，但是他却不能做到理论联系实际，与中国的国情相结合，我认为这不是一个英明的马克思主义者。

所以，中国共产党的很多次失败都是王明、博古等人的错误指挥导致的。通过去遵义学习。我学习到了一个重要的真理：理论联系实际。我们也要把这样的真理运用到学习和生活中。

（马克思主义学院 2018 级马克思主义理论专业本科生　侯鑫磊）

此次院系为主导的红色教育社会实践，为期 10 天，在贵阳和遵义度过了一段紧凑、充实而又有深刻教育意义的时光。我对遵义会议精神和长征精神有了更深刻的体会。我们了解到遵义会议是中国共产党在历史上的伟大转折点，这个转折点就是理论联系实际战胜教条主义的胜利。在清楚原理的情况下，我们更应该将其付诸行动与实践之中。

在讲座中，我学习了红军长征的概念、长征的原因、进程与内容及其伟大的价值。长征是一次唤醒群众的伟大远征，是一次开创性的远征。"长征精神"真的对人的成长有教育意义，倘若将人生比喻成二万五千里长征，那么"长征精神"就是一支坚强的精神支柱。

在孔学堂学习的时候，我感受到就如"立身歌"所咏"人生与职责，处处须担当"。作为新时代的大学生，我们应当承担起传承传统文化的重任。"铁肩承道义，先辈迹辉煌。养我浩然气，负重如栋梁。"此次遵义贵阳红色教育社会实践活动，让我深入学习了革命先烈的英雄事迹，更深刻地领会了理论联系实际，实事求是的遵义会议精神和坚忍不拔、吃苦耐劳和勇往直前的长正精神。

（马克思主义学院 2018 级马克思主义理论专业本科生　杨雨恒）

2019 年 6 月 22 日至 27 日，我参加了北京体育大学马克思学院开展的"重温历史，不忘初心"为主题的遵义贵阳红色教育社会实践活动。

遵义会议是中国共产党第一次独立自主地运用马克思列宁基本原理解决自己的路线方针政策的会议。这次会议开始确立以毛泽东为代表的马克思主义的正确路线在中共中央的领导地位，是中国共产党历史上一个生死攸关的转折点，标志着中国共产党从幼稚到成熟。

在实践中，我们来到娄山关口，感受"雄关漫道真如铁，而今漫步从头越"的雄壮豪迈，缅怀为娄山关战役英勇献身的革命光烈。从娄山关下来，我们来到毛泽东诗词馆，感受一下伟人的风采。遵义历时三天的红色教育实践活动，让我们追寻英雄足迹，加深民族记忆，也让我深刻了解遵义会议精神和长征精神的当代价值和历史意义。重温历史，不忘初心，牢记使命，传承遵义会议精神和长征精神，是我们这一代青年人的责任。从此，我更要坚定理想信念，担起责任与使命，为祖国发展和民族复兴贡献一份自己的力量！

（马克思主义学院 2018 级马克思主义理论专业本科生 陈琪然）

为期六日的"重温历史，不忘初心"遵义——贵阳社会实践告一段落。而在这段时间里，我学习到的有关遵义会议和红军长征的知识，我感受到的革命先辈的坚定信仰和顽强拼搏的精神，都永远铭记在心中。

初高中我只知道党的伟大转折之一的遵义会议，通过这次实践活动学习，我了解到遵义会议之前还有通道会议，黎平会议和猴场会议。这些会议都为遵义会议打下了坚实的基础，做了充分的思想准备，如若没有这些会议做前期的铺垫，遵义会议也许不会顺利召开和进行。正如马克思的量变和质变的发展观点，只有进行充分的量变的积累，才能在量变达到一定程度时完成质的飞跃，实现事物的质变。遵义会议之后，红军还进行了扎西会议，苟坝会议，明确了组织，提高了党和红军的效率，理清了一些不清楚的问题，真正地将遵义会议的成果落到了实处。另外给我留下最深的印象的就是毛泽东同志的军事能力，使我真真切切地感受到"毛泽东用兵真如神"。

正如马克思主义哲学唯物主义辩证法的观点中提到的，物质是第一性的，物质决定意识，同时意识也具有主观的能动性，积极有益的认识也能指导实践，改造客观认识。这些历史经验表明显示，思想对行动的引领，尤其是正确的思想对行为与实践有多么重要的指引作用！

（马克思主义学院 2018 级马克思主义理论专业本科生 沈思雨）

在遵义和贵阳的社会实践学习中，我感动于每个故事。其中关于"红军菩萨"的故事让我感动不已。在烈士陵园，有一座雕塑，是一位年轻的女红军战士的。解说员说，这位红军女战士当时被领导派去给老百姓看病，但是由于那位父亲高烧不退，病情危急，该卫生员忙碌一晚未能及时赶回部队，结果在夜里，她被残忍地杀害了。这位女菩萨不仅让我感动不已，更传递出革命年代，那无私奉献以及为革命献身的伟大的精神。风雨沧桑，时间荏苒，红军菩萨精神一直流传，红星闪闪，依旧夺目。

在瞻仰孔学堂的时候，看着声情并茂的展览，我深感中国传统文化的魅力，所以传承和创新传统文化，是我们每个青年人肩负的责任。那文明的感召，是一代文化巨擘的治学史。这不仅是学习国学的课堂，更是砥砺精神，坚定信念的德育圣地。

通过此次孔学堂的参观学习，才慢慢明白之前好长一段时间没有努力学习传统文化，是多么遗憾的一件事。在遵义我学习到了红色的遵义会议精神与长征精神，在孔学堂，我领略了传统文化的魅力。在红色精神的感召下，在传统文化的熏陶下，我们更应该自强，将理论和精神贯穿到实践中去。

（2018级马克思主义理论专业本科生 刘永芳）

通过去往参观遵义会议旧址，让我更加了解了党的这段历史，加深了对革命先辈的崇敬之情，并从中受到了新的启发和教育。

第一，学习长征精神，坚持吃苦耐劳，艰苦奋斗。长征精神，是中华民族百折不挠，自强不息的民族精神的体现，是保证我们革命和建设事业走向胜利的强大精神力量，是中国共产党和中国人民最宝贵的精神财富。参观遵义会议旧址让我们重温了中国革命发展重要的一页，体会了中国共产党从弱到强到发展壮大所走过的艰苦历程，理解了无数革命先烈为理想和信念不惜牺牲一切的高尚情怀，更加明白了今天幸福生活的来之不易，在思想上得到了一次意义深刻的洗礼和升华。

第二，实事求是，一切从实际出发，理论联系实际，这是遵义会议给我们留下的最宝贵的最根本的经验。因此，我们必须继承和发扬遵义会议体现出的百折不挠，艰苦奋斗的革命精神，不怕挫折，勇往直前，努力实现中华民族伟大复兴。

第三，坚持批评与自我批评，坚持听取他人正确的意见和建议，及时发现和纠正自身存在的问题。遵义会议作为我们党的"生死攸关的转折点"，正是因为这次会议的召开，及时发现和纠正了党内的"左"倾冒险主义错误，在危急关头挽救了党，挽救了革命。在实际工作和生活中，我们难免会遇到这样或者那样的问题，及时开展批评和自我批评，能够及时发现自身的不足，纠正自身的错误。

（杨睿琎）

在青杠坡战斗遗址前，我看到眼前大部分是无名的烈士墓碑，我甚至屏住呼吸，生怕惊扰了这里的魂灵。站在烈士墓前的大型雕像下，我久久沉默——我第一次从一个雕塑的眼神中看到仿佛燃烧了烈火一样的视死如归的情绪。就好像我正身处刀枪火海，眼前是飞溅的子弹和冲天的火焰，而我面前的勇士从未想过退缩，他们几次与死神擦肩而过，又或是最终真的长眠于青山。在他们的墓碑前，无数如我们一样的后辈们沉默着泪盈于睫，祭奠先烈英魂。

遵义是一座转折之城，它因"遵义会议"彪炳史册。中国共产党在此终于确立了毛泽东同志的领导地位，中国革命终于在黑暗中点燃了星星之火。遵义会议"坚定信念，实事求是，独立自主，民主团结"的精神同井冈山精神、长征精神等重要精神一起，传承至今，成了当代青年挺拔的脊梁。遵义之行后，我对延安和西柏坡实践更是充满了期待。我的心中有豪气万千，"岁月易逝，我只活一次，为了新时代准备，我想要有所作为。"

（2018级马克思主义理论专业本科生 李轶蔚）

（三）延安篇

在延安为期一周的社会实践，我们深刻了解党中央在延安十三年的奋斗历史与取得的辉煌业绩，深切体悟中国共产党人的初心使命，深入学习延安精神的历史意义与时代价值，深刻感受红色江山来之不易，当世代珍惜。

一张张珍贵照片，一件件革命文物，一曲曲动人歌谣，承载着全心全意为人民服务的精神，自力更生、艰苦奋斗的精神，勤俭节约、艰苦朴素的精神，默默无闻、勇挑重担的精神。历史是最好的教科书，历史是最好的清醒剂。作为一名新时代青年学生，我们应以史为鉴、常学常新，不忘初心、砥砺奋斗，为实现"两个一百年"奋斗目标，实现中华民族伟大复兴中国梦贡献青春力量。

（马克思主义学院马克思主义理论实验班 吴建泽）

在延安一周的实践学习感触很多，走过前辈们居住过工作过窑洞，浏览他们留下的照片、书籍、桌椅、暖瓶……陈旧的器具，透露出一种简朴，积极上进，为人民服务的生活状态，我受到了一次生动的党性教育。在那个艰苦的年代，全国各地的有志青年走进延安，为理想奋斗，无论条件多么艰苦，他们不畏牺牲，斗志昂扬，最终取得革命胜利。通过此次实践学习，我深刻认识到中国共产党的伟大，坚定了我加入中国共产党的信念，今后，我要把握住各种学习的机会，努力提高自己，使自己成为无愧于人民的合格的党员。

（马克思主义学院马克思主义理论实验班 莫红岭）

毛主席的核心领导作用，是在艰苦卓绝的内外斗争中"斗"出来的，是在中国革命的伟大实践中"炼"出来的，是在陕北人民和全军将士的衷心拥护下"选"出来的。是人民的选择，历史的选择。只有真正读懂这段历史，真正了解中国国情的人，才能真正领悟毛主席的卓越才能和对于中国革命的伟大贡献。

今天，我们回望延安，不仅仅是为了纪念，更多的是从中得到启示，是为了反思当下，认真地面对现实，思考我们每一个人，思考我们的党和国家，从延安精神中汲取力量！

　　一切向前走，都不能忘记走过的路；走得再远、走到再光辉的未来，也不能忘记走过的过去。

（马克思主义学院马克思主义理论实验班 陈彬劼）

　　为期一周的延安之行，让我理解了为什么在抗战年代会有那么多的青年人踏上去往延安的路途。在这片看似贫瘠的土地上，却孕育了中国共产党人的灵魂。坚定不移的理想信念、实事求是的实践、自给自足的艰苦奋斗、全心全意为人民服务的延安精神并没有随时历史长河流逝，在时间紧凑的学习实践中，我依然深刻感受到了革命先辈们为之抛头颅、洒热血的决心。作为一名共产党员的我，应该汲取先辈们的精神养分，将我的个人成长成才，将自己的学习和就业融入中华民族的伟大复兴这项事业中，汇涓涓细流，成就属于我们自己的"中国梦"。

（马克思主义学院 2017 级硕士研究生 柏培玲）

　　这一次自己特别荣幸能在学校的组织下前往延安。曾经，那里是多少青年志士最向往的革命圣地，现在，我们能够循着前辈的足迹，去实地感受并学习他们的革命精神，这对我来说是受益匪浅的。到了延安，在参观伟人们的居住地时，我印象最深刻的是每位伟人家里的炕头上或者是炕头旁都会放着许多书和报纸，并且他们的居住地都是寝室与办公室结合一起的，不禁让我想起了他们为中国革命日夜操劳的身影。记得高考时，我用"累不累，看看革命老前辈"来激励自己，告诉自己现在的这些压力与前辈相比都不值一提，还有什么理由不努力学习，最后自己顺利通过了高考。作为一名大学生，自己更应该多看书，多钻研，向那个时代里辛劳付出的前辈们学习，勤俭节约，奋发图强，做一名合格的新青年！

（新闻传播学院 许冰镔）

　　2018 年的暑假，我有幸来到了革命圣地延安，这个曾经无数有志青年向往的地方，老一辈的共产党人在此留下了深刻的红色印记。1935 年党中央在延安落脚安家，从此延安成为革命、共产主义、马克思主义的大熔炉，共产党人在延安巩固马克思主义信仰和信念，从延安开始解放全中国。我们追随老一辈共产党人当年的脚步，了解了这片土地上曾经发生过的事情，更深刻地理解了自力更生、艰苦奋斗、实事求是、全心全意为人民服务的延安精神，更明晰了作为当代青年学子的使命与担当，不忘来时路，方知向何行，吾辈当自强。

（心理学院　许意佳）

延安作为民族圣地、中国革命圣地，让我感受到了浓厚的红色文化气息，老师绘声绘色地讲解让我领略了不一样的白求恩精神，对革命先辈们故居的探访更是教人肃然起敬、高山仰止，对于新一代青年来讲，当我们遇到所谓的"困难"想停止不前的时候；当我们感到有些累，觉得苦想放弃的时候；和当年革命先辈全身心地投身于革命事业中的付出相比，我们这点挫折又算得了什么？为有牺牲多壮志，敢教日月换新天，我们更要坚定自己的人生目标，体验革命，感怀先人，方不负韶华年少，热血青春！

（心理学院　史超）

延安是革命圣地。那里留下了许多革命先辈们奋斗过的事迹。通过这次延安之行，我更加深刻地了解了革命先辈的历史事迹，感受到了革命先辈们不怕牺牲，英勇奉献的精神。在那个革命的年代，无数优秀的中华儿女为了建立一个新中国而努力奋斗。革命先辈们凭借长征精神从井冈山经过万里长征来到延安，再从延安夺取了全国的胜利！虽然我们现在的生活好了，但不能忘记伟大的革命精神。一代人有一代人的长征路，我们应该接力下去，建设我们美丽的中国。

（管理学院　邓贵源）

走进延安，领略着"三山二水"对岁月的哺育；感悟着在物质极度贫瘠的革命岁月中，先辈们的丰满的精神世界，进而提醒自己言且慢，心且慢，静下心来思考所想所念，回归对纯粹本心的向往。延安是共产党人革命事业的起点，是物资极度匮乏却依然朝气勃勃焕发生机的革命圣地。延安宝塔则是一盏明灯，数十年来，栉风沐雨，巍峨挺立，见证着中国革命"万丈高楼平地起"的奇迹，记录着共产党人朝着心中信仰终生奋斗的历程。我愿自己永远在延安，永远怀抱初心；我愿祖国的青年一代能够传承红色基因，汲取革命力量；我愿我们的精神内核能够同延安时期一样，经得住检验，对得起信仰；我愿延安城上宝塔的光辉永远纯粹、历久弥新！

（运动医学与康复学院　王子玲）

延安之行，让我开阔了眼界，丰富了知识，提高了认识，升华了思想，增强了党性，磨炼了意志。延安之行使我坚信，在中国共产党的领导下，只要我们坚持和发扬新时代的延安精神，就一定能把我们的祖国建设得更加繁荣、昌盛。作为新时代的青年，我们要珍惜当前来之不易的生活，要始终怀揣着延安精神，脚踏实地，一步步朝着自己梦想前进。延安之行，让我受到了一次最生动的党性教育，更加坚定了我的信仰。我认识到今后要不懈努力，不断地更新自我，改造自我，用知识来武装自己，提升自己。最后，希望自己能不忘初心、方得始终。

（武术学院 杨睿）

延安，是一座用红色渲染的城市，是被革命精神熏陶的城市。此次延安之行，我们领略了黄土高原的风光，感受了中央领导人，老一辈的革命家们奋斗的痕迹，那朴素，简陋的革命根据地让我们对延安精神的理解更加深刻。自力更生，艰苦奋斗，实事求是，不断开拓创新的延安精神不正是我们新时代新青年所要秉承的精神，而为伟大民族复兴贡献出自己的力量。

（教育学院 曾志佳）

走过前辈们居住过工作过的窑洞，浏览他们遗留下来的照片、书籍、桌椅、暖瓶……陈旧的器具，却透露出一种质朴踏实的气息。看过这些填补历史空白的"印记"，不禁感慨现代都市丰富充实快节奏的生活，新时代的我们，更应当牢记使命，珍惜幸福生活，继承发扬延安红色精神！

（教育学院 陈甜）

经过7天的延安之行，在北京体育大学和延安大学老师的共同带领下，给我们上了一堂堂生动的实践课。王家坪、杨家岭、宝塔山带我们重新回到了那个艰苦抗战的年代，了解了当时党的领导人以及红军的艰苦奋斗，矢志不渝的延安精神，梁家河的游览，我们感受到了习近平总书记当年知青上山下乡生活的艰辛以及刻苦努力。带领梁家河民众走向富裕的道路的曲折。中央红军长征胜利纪念碑、南泥湾等让我们感受到了当时的艰苦，以及红军战士的牺牲，感受到今天美好生活的来之不易，也让人倍感珍惜。感谢这次社会实践，感谢学校，感谢祖国。

（教育学院 王晓阳）

出了火车站，踏上了延安这片土地，就感觉到了延安同别的城市不同的地方文化以及革命文化。六点钟的清晨到处都是晨练的人，去延安大学的路上随处可见关于革命精神，文化以及党与国家建设的标语，使人热血沸腾。

还记得来到延安大学上的第一堂课，教授说在延安停留超过九天你就会不想走了。当时只是当玩笑听，不过在这一个星期的延安之行中，我渐渐地改变了这种想法，延安确实是一个有魔力的地方，我被这片土地的历史经历吸引了，我喜欢上了这座城市。一个星期很短，但是这一个星期所学到的东西使我一生受益匪浅——不忘初心、脚踏实地、实事求是。在有限的时间里参观了很多革命旧址。通过一幅幅泛黄的照片、一件件珍贵的文物、一段段感人的故事，把我的思绪拉回到了革命战争年代。感受了长征的艰苦，战争年代生活的艰辛。我看到了中国共产党的韧性，中国共产党人的为了胸中的主义和心中的理想抛头颅洒热血，舍生忘死，不怕苦，不怕死，只为主义，只为信仰的精神。就如李世明教授所说，延安精神的实质就是实事求是，艰苦奋斗。一个人或国家的成功所在就在于实事求是艰苦奋斗的能力。

在延安这片土地上最不缺高贵的灵魂。走在中国共产党人走过的地方，生活过的地方，艰苦奋斗过的地方，想象着自己也置身其中，心里百感交集。在延安看到最多的标语"人民有信仰，民族有希望，国家有力量"。作为当代大学生，共产主义的接班人，民族的希望，我们应该学习延安精神，告别醉生梦死，不忘初心，牢记使命，砥砺前行。

（竞技体育学院　李琪）

刚到这个城市就发现到处都弥漫着浓浓的红色气息在城市里总是可以见到关于党的一些宣传语和文化建筑，进入延安大学通过学习并参观校史馆不仅让我了解了延安的历史，感受到了延安精神，更让我突然觉得自己之前对于党的历史的理解太过于片面。只有来到延安才更能够真真切切地感受和更深入学习延安精神，感受到了革命前辈的不易。这些天我们去了，王家坪、吴起县、红都保安旧址、刘志丹烈士陵园、杨家岭并登上了宝塔山，走进了毛泽东，周恩来、朱德等老一辈无产阶级革命家所住的窑洞里，在缅怀先烈的同时体会到了延安精神。

"实事求是，艰苦奋斗"这句话让我记忆最深，这句话可以指导我们用于我们人生中各个阶段，也可以用于我们生活中的各个方面。

登上宝塔山后我们在党旗下庄严地宣誓："我志愿加入中国共产党，拥护党的纲领……"

作为一名入党积极分子我，这次实践学习坚定了我入党的信念。

通过本次学习，极大地丰富了我们的精神文化生活，开阔了视野，增长了见识。使我们真切地感受到了革命先烈们抛头颅、洒热血的英雄气概。深切体验到生活的来之不易。与此同时还让我认识了许多学长学姐，为这次"红色之旅"又增添了几分乐趣。

学习接近尾声，快乐的时光总显得那么短暂，在到延安的第一堂课上教授就说过超过九天就不想离开延安了。而现在仅仅用了六天我就对延安产生了浓厚的感情说实话有太多的不舍，不舍的延安这个遍布"红色"精神的地方，更不舍的这个大家庭。

最后我将把这次"红色旅游"所汲取到的精神运用到今后工作和学习当中，继续发扬老一辈无产阶级革命家的光荣传统，实事求是，艰苦奋斗。以实际行动，继承先烈遗志，努力学习，不断创新，不断地鞭策自己勤于思考，要以更高昂的学习热情，更认真的学习态度，在今后学习中取得长足的进步。

（竞技体育学院 刘子萌）

（四）西柏坡篇

西柏坡是一座胜利的城市，"新中国从这里走来"，在这学习中感受最大的莫过于如何保持对胜利的心态，如何谋计深远，如何避免在温水煮青蛙的境地里自我毁灭。毛泽东在胜利前夕就深刻认识到："夺取全国胜利，这只是万里长征走了第一步，只是人民民主革命短小的序幕。序幕还不是高潮。"党的工作靠党员，党员的素质和工作质量影响着人民群众对党的认知。我们要加强党员干部的培养，积极发挥模范带头作用，弘扬先进党员的优秀事迹，加强马列主义理论学习，树立马克思主义红色信仰。

（马克思主义学院马克思主义理论专业 蒋倩）

改革进入深水区，发展进入关键期，迫切需要当代青年担起大道义，而本次社会实践活动就是要我们探寻前辈的革命初心，在国民大革命、抗日战争和解放战争时期坚持英勇战斗的笃定理想。接受红色文化熏陶是每一个大学生应尽的义务和责任，本次红色教育将我们从理论带向实践，让我们对红色精神有了更深刻的理解，向外行走、向内感知。英雄的呐喊仿佛在耳畔回响，启示我们牢记英雄不畏牺牲的坚毅和勇气，牢记中国共产党的初心和使命。本次教育活动让我们走出校园、走出书本、走进历史、走近党的前世今生。当代青年应秉承先辈们顽强抗战的精神，不忘初心、牢记使命，向周围人传播正能量。

（国际体育组织学院英语专业 李芳馨）

　　这次活动激发了我实现祖国统一、民族独立的使命感和责任感。作为和平年代的青年学子，我们不能忘记革命先烈为今天美好生活付出的艰辛、洒下的热血和创下的功绩，更应珍惜幸福生活来之不易。踏着革命先辈的足迹，继续发扬使命在肩、奋斗有我的精神，为实现中华民族伟大复兴的接力跑中跑出骄人的成绩，在体育强国的建设中做出体育人应有的贡献。针对近年来抹黑英雄的种种事迹，我认为我们应当警惕历史虚无主义思潮，英雄的光荣事迹不容置疑和诋毁，我们应当尊重历史、尊重英雄，捍卫以爱国主义为核心的中华民族精神。

（人文学院汉语国际教育专业 杨柳鸣）

　　中国共产党正确对待胜利，居安思危，具有忧患意识，其历史任务由革命向建设转变，面对执政考验时有着决心与有效举措。胜利前夕，部分同志出现了骄傲自满、贪图享乐、无组织无纪律的现象，要求全体党员做到谦虚谨慎、戒骄戒躁、艰苦奋斗，这对保持无产阶级政党的先进性和纯洁性有着重要的意义。在西柏坡时期，中共中央为严肃党内政治生活，加强纪律建设、作风建设，强化党内思想政治建设，严防"糖衣炮弹"，重视"立规矩"。与此同时《三大纪律八项注意》《关于整顿全军纪律的训令》的颁布更加规范了军纪。

（马克思主义学院马克思主义理论专业李逸群）

　　中国历史能从古至今延续不断是因为某种伟大的精神力量，这种力量叫作"信仰"。我在很长一段时间里都在思考信仰的力量，当年冉庄的地道可没有现在这么宽敞，狼牙山上也没有缆车，这信仰的力量竟能使无数先辈为之牺牲，几乎在一个看不到希望的年代，他们坚信着中国人民可以战却不可以降。"把最后一碗饭做军粮，最后一尺布做军装，把最后一个亲骨肉送上战场"。那个年代的人们，他们相信共产党，他们坚信共产党领导下的中国必将走向富强，这便是老百姓的信仰！

（心理学院应用心理学专业 王润泽）

　　在此之前，我不知道原来歌曲会有这么大的力量，甚至能够推动生产。我们学习了有动力小调《纺车谣》，我们也了解了国歌的诞生以及正式的确立。朗朗上口的歌词和气势恢宏的曲调在那个艰苦的年代为人民带来了希望和干劲儿，为新中国的成立奉献了自己的力量。最后在唱国歌时，起初我唱得很大声，慢慢地声音就小了，因为控制不住地鼻子就酸了，眼泪掉下来了。或许处在这个年纪的同学们很少有这种时刻吧，但作为曾经为国出征的运动员，这种情绪是如此熟悉——是骄傲，是开心，是幸福。

（竞技体育学院运动训练专业　陈艺）

中国的命运定于此时，新中国从这里起来，正是因为这里有敢于斗争、敢于胜利、严守纪律、团结一致、谦虚谨慎、实事求是、依靠群众、为民创业、艰苦奋斗、不断革命为主要内容的西柏坡精神。西柏坡之行，让我们再一次见证了中国共产党人摧枯拉朽地打败强大敌人的历程，见证了共产党人走南闯北闹革命，脚踏实地建设新中国的历史转折，使我进一步理解了以两个务必为核心的西柏坡精神，对中国共产党与各民主党派无党派人士在艰苦的革命斗争过程中形成的肝胆相照、荣辱与共的诤友关系和中国共产党领导的多党合作与政治协商制度有了更加深刻的认识。

（马克思主义学院马克思主义理论专业陈琪然）

"因为胜利，过去对于我们是致命的东西，现在去掉了，过去没有的东西，现在有了。"致命的东西是指党组织内部存在的作风不纯的现象，在开展土地革命的时候曾出现过，个别党员养成官僚主义的作风习惯，侵占了人民群众的利益。因为胜利，有些人能够战胜激烈的炮火的攻击，却不能躲过胜利后糖衣炮弹的袭击。面对胜利，我们不能被一时之胜利遮蔽双眼，以后之路会更长更艰苦，需要我们更加努力。

革命胜利，国家独立，人民得到解放，如何巩固这个胜利，需要我们花费大量的时间和力气。现如今，中国革命将在全国取得更大的胜利，正处于最接近中国梦的时期，在胜利面前如何保持谦虚谨慎的工作作风，接受新的挑战，是每个共产党员应该思考的问题。

（马克思主义学院马克思主义理论专业沈思雨）

党的思想建设是党的建设的灵魂，指引着党的建设的方向。理想信念是共产党人的精神之"钙"，"缺钙"则会得"软骨病"。牢记自身的使命和要求，不忘自身的阶段性任务和革命理想。中国共产党人始终坚持全心全意为人民服务的宗旨，对人民负责是党的原则，始终把人民放在心上更是党的内在要求。中国共产党是执政党，必须发挥领导核心的作用。全面从严治党更是中国共产党保持自身纯洁性和先进性的应有之义。不忘初心、牢记使命，这不仅仅是对党和党员的要求，更是对中国人民的要求。

（马克思主义学院马克思主义理论专业李硕）

　　中国共产党是靠艰苦奋斗起家的，也是靠艰苦奋斗壮大起来的。在革命战争年代，无数革命先辈为了建立新中国而艰苦奋斗，无私奉献。西柏坡时期，中国人民解放战争已进入战略及战略反攻阶段，各方面条件与延安时期相比都有了根本好转，党中央领导人完全有理由有条件生活得好一些，但他们从来不以自己是党中央主席而在生活上搞特殊化。1949 年革命胜利在即，中国共产党即将成为执政党。面对胜利毛主席指出，革命胜利只是万里长征走完了第一步，要使全党同志务必保持谦虚谨慎、不骄不躁。

（马克思主义学院马克思主义理论专业王昭雯）

　　学了很多首歌，感触最深的莫过于国歌，讲到国歌的来历与背景。我不由地想起在新中国七十华诞的那一天，站在长安街的正中心，毛主席的正前方，面前的国旗，身后的天安门，当五星红旗缓缓升起，国歌从身后响起的时候，在眼眶里憋了很久的眼泪流下来了。今天的国歌，让我体会到中国共产党为了祖国的和平，为了人民的安定，为了中国的未来繁荣富强，真的付出了太多太多，我们作为中华儿女感到骄傲和自豪！

　　西柏坡精神不仅仅对于我们国家有重要意义，对我们每个人的成长也有很大益处。每个人都应该牢记老一辈革命家留给我们的精神财富，无数个个体组成我们国家建设的中坚力量，我们国家和民族终有一天会屹立于世界民族之林。

（艺术学院舞蹈表演专业 姜海涛）

　　老一辈革命家在西柏坡地道中的经历同样使我印象深刻，在黑暗低氧的地道里弓背行走，道口越来越矮，同学们几乎都不约而同地选择走完最长的隧道。现在，为了游客们的安全，这条地道已经全称安装了小型照明灯，但是足以令我感受到一股莫名的压抑与紧张感，实在难以想象在几十年前，我们的先辈们是如何在黑压压的地道中穿梭的，不过地道诚然凝固着中国人抗战的智慧，狭小的地道并非幽闭与恐怖，带给我们更多的是依靠与奋斗的启示。

　　老师说，我们是红色的种子。虽然我非马院学生，但是作为一个一心向党，渴望报效国家的中国人，我会带着这份使命开花结果，竭尽所能，让红色种子不断地传播下去。

（新闻传播学院新闻学专业 郭艺澜）

　　我们终于迎来太平盛世，今日之华夏，无蛮已可征，无列强可欺，经济腾飞，政治稳定，我们共同梦想着中国梦，期盼着五千年文明再放华彩。从革命到今天，共产党人矢志不渝，乘百舸争流之势，序中华民族之魂，国之繁盛，盛世鼎立，如今已然山河锦绣，国泰民安，这浩浩山河长治久安，盛世中华，正如故人所想。我们这一代青年人，更应学习革命传统，身为北京体育大学的学子，更应将自身学习搞好，从事体育教育工作的我，要在未来的学习工作中兢兢业业，以身作则。

（教育学院体育教育专业 刘浩楠）

青年兴则国家兴，青年强则国家强，我们应当主动学习了解党与国家的相关知识，了解把握中国特色社会主义理论与方向，作为青年一代的我们，有义务也有责任以饱满的激情不断奋进，勇敢创造，为祖国贡献自己的绵薄之力。

还有一句话也给我留下了深刻印象："兵民是胜利之本。"实现好、维护好、发展好最广大人民的根本利益，一直是党一切工作的出发点和落脚点，人民群众是工作的基础力量，做工作要团结人心，这更加加深了我对"以人民为中心"的理念，提高了思想觉悟。此次社会实践收获颇多，对十九届四中全会精神有了深入的学习和理解。激励我更加牢记全心全意为人民服务的宗旨，作为入党积极分子的我，要努力学习继承和发扬西柏坡精神，更好地投入到社会主义建设中，做优秀的社会主义接班人。

（国际体育组织学院葡萄牙语专业 金子微）

历史和实践证明，中国特色社会主义制度是当代中国发展进步的根本保证，是中国共产党带领广大人民摆脱半殖民地半封建社会，走上站起来、富起来、强起来伟大飞跃的必然选择，在长期的革命、建设和改革开放的征程中，尤其是对曾经出现过的错误思想，错误路线的批评总结中，我们党对中国特色社会主义制度进行了长期有益的探索，对制度建设的认识越来越深刻，越来越成熟。党的十八大以来，我们党把制度建设摆到更加突出的位置。

（马克思主义学院马克思主义理论专业 侯鑫磊）

我想我一辈子也忘不了以一己之力，力挽狂澜的李克农，同样忘不了稚嫩瘦小、心怀大义的温三玉，忘不了胜利前光荣就义的朱瑞，也忘不了亲如母亲呕心沥血的戎冠秀。我非常庆幸自己能在18岁走进这一位位令人热泪盈眶的英雄们，隔着纷乱时光，在数十年前，他们同样踏过的土地上，将他们闪光的意志，努力镌刻进自己的灵魂骨血，从此无论行至哪里都时时刻刻自我敲打，我是中国人，归国乱世已不在，犹记战争辱，英雄已归去，生者人牢记，我将不役于物质，不耽于享乐，居安而思危，祖国梦终赴！

（运动人体科学学院运动人体科学专业 梁霁桐）

继承和发扬西柏坡精神，就要强化机遇意识和进取精神，我们要学会迎接新时代的挑战，在经济加速发展的社会中调整自己的进步。在西柏坡时期，党中央和毛泽东准确的判断斗争形势，抓住全国革命形势一片高涨的机遇，及时调整了原先的解放战争进程，预测积极进取，加快战略反攻，大大加快了中国革命的进程。面临全国的解放形势，党中央做到了准确的预估和大胆的行动，我们也要发扬敢于斗争敢于胜利的西柏坡精神，切实增强历史责任感和时代紧迫感，以奋发有为的精神状态抓住机遇，发展自身，同时为全面建设和谐社会贡献力量。

（教育学院教育学专业 滕一）

我总以为中国的革命历史是缥缈的，不像影视剧中那样热血刚烈，但通过这次西柏坡革命传统实践教学，我深切感受到了中国革命历史的曲折历史的证据，实实在在摆在那里，诉说着革命先辈们用生命谱写的爱国和勇敢，震撼我心，中国的革命道路是在异常艰苦的斗争中走出来的，成功来之不易，我们一定要珍惜革命先辈们给我们创造的宝贵条件。不忘初心、牢记使命，砥砺前行，当今世界处于百年未有之大变局，我们青年一代要更加主动肩负使命，勇奋力拼搏，面对各种风险挑战，我们要发扬中华民族的伟大爱国精神和斗争精神，紧紧团结在党中央周围，为更好的明天而努力。

（运动人体科学学院运动人体科学专业 冯兵）

马克思主义不再是我高中畏惧的文字，它生动了起来，飞扬了起来，原本我以为历史走到哪一步都是人为的作用，不曾想他也有伟大的理论指导，让我对历史的进程有了更深的体会，也对伟大的先驱人物产生崇高的敬意，我意识到，在茫茫的历史洪流中，我只是一个渺小的沙粒，到我有幸见证人类文明制与智慧的过程，并让我的人生充满了意义，也让我找到了方向，原本我对世界的观察方式，深深地局限于我的学识和认知，让我对一些原本注意不到的事情更加以忽略，学习新闻之后，我才懂得打开更宽阔的视野，而学习马克思主义则让我变得更加理性与辩证。

（新闻传播学院新闻学专业 段家玉）

历史的生命在于薪火相传，生生不息，虽然这次"传承红色基因，发扬西柏坡精神"为主题的社会实践结束了，但是今天的红色的种子已经埋在我们每一个人的心中的沃土里，这会随着我们年龄成长而生根发芽。我们对这段历史，对自己的人生也会有更深刻的思考，在新时代的我们应该更加努力奋斗。有了先辈们给我们创造了这么多优秀财富，我们生活在更幸福、更美好的年代里，更应该把握好机遇，把握好每一次学习锻炼的机会，艰苦奋斗，刻苦努力努力，在自己的领域开疆扩土，传承红色基因，发扬革命先辈的精神。

（教育学院体育教育专业 丁皓）

（五）香山篇

在学院的组织下，我与同学们一同前往了北京香山革命纪念馆，参观了《为新中国奠基——中共中央在香山》大型主题展览，并接受了香山讲解员的相关志愿者培训。正如 2021 年 2 月 20 日习近平总书记在党史学习教育动员大会上强调的，今年是中国共产党成立 100 周年。在全党开展党史学习教育，是党中央立足党的百年历史新起点、统筹中华民族伟大复兴战略全局和世界百年未有之大变局，为动员全党全国满怀欣喜投身全面建设社会主义现代化国家而作出的重大决策。通过参观香山志愿者培训，我更深刻地了解了中国共产党领导中国人民夺取全国胜利和党中央筹建中华人民共和国的光辉历史，深切感受到了社会主义制度的优越性，也认识到了作为青年人的使命。在实现"两个一百年"奋斗目标、实现中华民族伟大复兴中国梦的道路上，我们必须铭记历史，不忘初心、牢记使命，锐意进取、开拓创新，学好专业理论知识，贡献自己的聪明才智。同时，我们也应发挥自己的力量，在加强自身对党史的了解和学习的基础上，积极投身于传播党史理论、发扬革命精神的工作之中，主动参加展览讲解员的志愿工作，坚守初心、勇担使命，做好中国特色社会主义事业的建设者和接班人，为实现中华民族伟大复兴不断奋斗。

（马克思主义学院马克思主义理论专业 沈思雨）

通过参观香山革命纪念馆与参与讲解活动，我深刻感受到伟大的革命传统精神，并获得了珍贵经验和深刻启迪。在我看来，讲解是一门艺术。一般认为只要对展览内容熟悉，按照展览讲解程序把该讲的讲出来，就算达到了讲解的目的。但实际上，讲解对讲解人员的敬业精神、心理素质、文化修养、语言表达能力 要求是很高的。讲解工作是讲解员与观众通过讲解语言而发生的情感交流。这就要求我在接待讲解当中，不但有工作热情和很强的专业技能，而且要培养好自己良好的心理素质，做到对游客热情、大方、得体，要注意运用语言的交际功能架起沟通的桥梁，建立起讲解员与观众的融洽关系，以此来增强相互间的信赖和友谊，更好地为大家服务。当下正值党的百年历史新起点、中华民族伟大复兴战略和世界百年未有之大变局，我们应该满怀信心奋力投身全面建设社会主义现代化国家的建设中。要学史明理、学史增信、学史崇德、学史力行，以昂扬姿态奋力开启全面建设社会主义现代化国家新征程，弘扬光荣传统，赓续红色血脉。

（马克思主义学院马克思主义理论专业 陈琪然）

香山革命纪念馆位于北京香山，紧邻香山公园，馆中数千件展品、图片和一段段珍贵的影像资料，全面呈现中共中央在北京香山时期波澜壮阔的革命历史。在革命纪念馆讲解过程中，我了解到，2019 年 9 月 13 日，香山革命纪念地正式向公众开放。新建成的香山革命纪念馆内，《为新中国奠基——中共中央在香山》主题展览，通过约 800 张图片、报照、地图、表格和 1200 多件实物、文献和档案呈现中国发展历程。2019 年 9 月 12 日，中共中央总书记、国家主席、中央军委主席习近平专程前往中共中央北京香山革命纪念地，瞻仰双清别墅、来青轩等革命旧址，参观香山革命纪念馆，观看《为新中国奠基》主题展览，回顾中国共产党领导中国人民夺取全国胜利和党中央筹建中华人民共和国的光辉历史，缅怀毛泽东同志等老一辈革命家的丰功伟绩。习近平发表重要讲话强调，全党全国各族人民要紧密团结起来，不忘初心、牢记使命，锐意进取、开拓创新，沿着中国特色社会主义道路，满怀信心继续把新中国巩固好、发展好，为实现"两个一百年"奋斗目标、实现中华民族伟大复兴中国梦而不懈奋斗！

前往香山纪念馆讲解在我心中非常光荣，能够发挥自身的特长，给大家带来有意义的教育，我十分开心，而培训过程的艰苦与此相比不值一提，百闻不如一见，在此，希望大家可以多多参观香山革命纪念馆，也希望我有机会可以为大家做详细的讲解。

（马克思主义学院马克思主义理论专业 丁雪晨）

在此次的香山讲解员培训体验中，我收获颇丰。首先是对与香山有关的中国共产党的历史事迹有了更深刻的了解，在不断熟悉讲解词的过程中，我们也悉知了建国前夕党中央在香山的一系列党政历史故事，以及新中国成立后的一些重要政策。同时展览馆的系列展品、影片也把我们带回到那个年代，感受到了党的事业艰辛。其次，就是对自身能力的锻炼。香山讲解员的培训自然要求我们熟悉讲解词，锻炼语言能力。一方面，我们对香山时期的党史知识有了很好的记忆，另一方面，也锻炼了我们讲好党史故事、传播马克思主义思想的能力，为日后走上演讲台、面对话筒提供了经验。最后，这次培训也让我看到了自身能力上的不足和短板，要向那些入选讲解员的同学学习，向他们看齐。

（马克思主义学院马克思主义理论专业 高雨君）

先进理论要联系实际，要在群众中广泛传播并在实践发挥作用，此次香山讲解员培训就是一次很好的学习机会，讲解员是沟通纪念馆和社会大众的桥梁和纽带，而优秀的讲解触动的是人们的心灵，如何讲好革命故事、红色历史，传承红色基因，需要不断地努力探索。北京香山是党领导解放战争走向全国胜利、新民主主义革命取得伟大胜利的总指挥部，是中国革命重心从农村转向城市的重要标志。这次的讲解活动使我们了解到这段历史的众多细节，加深了理论与实践的结合，感悟初心使命，赓续红色血脉，汲取奋进力量。

（马克思主义学院马克思主义理论专业 蒋倩）

第一次前往香山革命纪念馆时，正值秋日，但纪念馆中那些真实发生过的英雄事迹却要比香山的红叶还要鲜艳，让我们为之感动。再次前往香山革命纪念馆时，解说员耐心地带领我们解说、参观，培训员教我们在解说过程中需要注意的种种要点，特别强调要怀着对历史的尊敬和敬畏之心，认真对待自己说出口的每一句话。之后的每一次香山革命纪念馆之旅，虽然展馆内的内容是一样的，但是每一次看到这些内容，心情却是不一样的。一次更比一次感受到革命先辈们的艰苦付出是多么的艰难不易、伟大领袖们的殚精竭虑是多么的值得敬佩、英雄的中国人民群众是怎样在苦难中茁壮成长了起来！

同样身为中国人民群众的一分子，虽然未曾经历过战争、也未曾经历过一穷二白且饱受国际环境欺压的时代，但是我深知在新时代也有需要我们完成的使命，那就是为了新时代的中国建设尽一份力，那就是好好学习、用知识武装自己、用能力报效祖国！

（马克思主义学院马克思主义理论专业 李嘉）

香山位于北京市海淀区，是一处重要的自然和人文景观。70多年前的革命斗争年代，香山作为重要的中国共产党的革命根据地，承载了党夺取全国革命胜利的一段重要历史。2021年的春夏，我有幸参与了香山讲解员的培训，从一个全新的角度，了解了中国共产党这段光辉的历史。在培训期间，我认真听取讲解员老师的指导，仔细观察讲解员老师是如何给游客们进行讲解的，并且努力地模仿讲解员老师的站位、语态、路线。作为一个讲解员，其要求和作为一名听众、一位老师都是不同的。讲解员要身临其境的讲述某段历史，就要将其所讲授的内容烂熟于心，同时要有条理、有线索的带领参观者进行游览。为了保证参观者们能够全程跟随，讲解员还应该保证自己讲解内容的趣味性、真实性，讲解语言也要清晰流畅。能够转换角度，用一个讲述者的身份为其他人讲述这段重要的历史，我感到非常开心，并且获益良多。

（马克思主义学院 2018 级马克思主义理论专业 李轹蔚）

通过香山革命纪念馆讲解员的培训与学习，在红色故事、历史照片、情境再现中，我深刻认识到树立正确党史观的重要性，也从党的非凡历程中感悟马克思主义的真理力量和实践力量，以及中国共产党对社会主义理想的坚守。1949 年 3 月 25 日，中共中央机关和中国人民解放军总部进驻香山，是中国共产党领导解放战争走向全国胜利、新民主主义革命取得伟大胜利的总指挥部。中国共产党及其领导的人民军队敢打必胜，敢于接受挑战，具有勇克时艰、积极进取的大无畏精神。"两个务必"是每个中国共产党人应保持的政治本色。从革命党到执政党，广大人民群众是阅卷人，中国共产党秉持初心与践行使命的高度统一，实事求是、破旧立新，具有艰苦奋斗、谦虚谨慎的"赶考"精神。作为新时代的大学生，我们也应肩负使命、扎实"四史"学习、关注祖国发展，为传承红色基因接力、为"中国梦"的实现注入青春力量！

（马克思主义学院马克思主义理论专业 李逸群）

在参加香山讲解培训的过程中，深入了解了毛泽东同志以及中国共产党在香山那段期间的历史故事，了解了中国共产党领导人民夺取全国胜利到准备新中国建立的光辉时刻，也深刻的学习到了中国共产党优良作风，"两个务必"正展现了中国共产党人"进京赶考"的优良作风。而党的光辉历史所呈现的精神与价值，正是指引着我们当代的大学生，要深入的学习的历史，重视党史的教育，树立正确的党史观。把党中国共产党的历史经验与精神谱系贯穿于我们的生活之中，学会用党的智慧成果来指引生活中问题的解决。我们在党史教育的活动中，要积极参与培训，准备加入香山讲解的队伍，为党史教育贡献出自己的一份力量。

（马克思主义学院马克思主义理论专业 侯鑫磊）

　　仲夏时节参与的香山革命纪念馆讲解员培训，使得收获许多。在情感上，增加了自身对革命先烈厚重而浓烈的敬佩和共情力，在从前学习理论知识，都是跟随讲解员的步伐听其绘声绘色讲述先烈们的慷慨之事。或许在理解起来并非有那么多共情与深刻，但当自身经历讲解培训的过程里，会时刻想着，先辈们诸多慷慨就义，讲解模糊有种对不住他们付出的愧疚感。当自身处于讲解的场景时，自身也会沉浸在那个年代，站在和平年代的"我"望着先烈们的奔涌前进，一边感慨却更多的是无力感，更加珍惜当今来之不易的和平安宁。在自身能力提升上，讲解并非一件易事，需要熟记历史事件，另外在面对纪念馆时，要能声情并茂地为他人讲解革命先烈的事迹，这需要把自己完全融入当时的历史事件里去，肢体和语言的交相辉映更为理想。这些都是对自身表达能力和历史记忆能力的锻炼。在革命馆一幕幕展现在风云变迁的珍贵影像和背后的故事里，追忆光辉的历史，感悟作为当代青年身上更多的使命与责任。

（马克思主义学院马克思主义理论专业 刘永芳）

　　2019 年是中华人民共和国成立七十周年，也是我们党执政的第七十个年头，在这个时代背景下，香山革命纪念馆深入挖掘历史资源，举办了"为新中国奠基——中共中央在香山"大型主题展览。弘扬革命精神，传承红色基因是每一个新时代的青年人对自己应有的要求，能够获得讲解资格，我倍感荣幸。一遍遍走过场馆，就像是一遍遍和那些英勇的革命先驱、鲜活的革命故事相遇。一次次驻足，总觉有些草率——用我这短暂的、平淡的时间，是无论如何也不可能完整地感受那些照片，那些陈列着的文物之上深久的、热烈的历史的。我们缅怀这段历史，就是要不忘初心、牢记使命，继承和发扬老一辈革命家的革命精神，以青年人的锐意进取，使"中国号"这艘巨轮继续破浪前进、扬帆远航！

（马克思主义学院马克思主义理论专业 上官嘉雯）

　　这不是我们第一次前往香山革命纪念馆进行参观学习，但却是第一次从不同的角度进行参观。以讲解员的身份站在大家的前面，向各位游客群众介绍我们党走过的光辉岁月，仿佛自己也置身于那段岁月之中，与中国的发展共存亡。从讲解员的角度出发，能够从一个更加全面、更加专业的角度去对党史进行较为系统的学习，将现场的资料和书本上的内容相结合，留下了更加深刻的印象。

（马克思主义学院马克思主义理论专业 田访雨）

香山革命纪念馆是中国的、北京的、现代的、人民的革命纪念馆，它记载了中共中央进驻香山时期辉煌的历史大事记，展示了许多那个时期内中国共产党珍贵的宝物。能够参观目前国内唯一全面展示中共中央香山时期的大型展览已是荣幸之至，有机会在博物馆担任讲解更是梦寐难得。在讲解的同时我们一遍又一遍地参观展览馆，一遍又一遍地将这段历史重温于心间，感受着一代又一代中国共产党人踏着先辈的足迹，传承红色基因，弘扬革命精神，不忘初心、牢记使命，以永不懈怠的精神状态和一往无前的奋斗姿态，朝着实现中华民族伟大复兴的宏伟目标奋勇前进。这段讲解经历深深感染并鼓舞着我，让我能够了解党史，学好、讲好党史的故事，既提升了自己的个人能力，又为红色文化传播奉献了一份自己的力量。

（马克思主义学院马克思主义理论专业 王启煜）

经过一学期在香山革命纪念馆的学习和练习，我虽然对讲解工作没有多少经验，但对讲解工作还是有颇多的体会和感触。

在我看来，讲解工作是讲解员与观众通过讲解语言而发生的情感交流。讲解是一门特殊的艺术。因此，在某种程度上，讲解员既应该是一位口才良好的演说家，又应该是一位知识渊博的专家、一位造诣深厚的艺术家。所以，这就要求我们在接待讲解当中，不但有工作热情和很强的专业技能，而且要培养好自己良好的心理素质，做到对游客热情、大方、得体，始终以一个合格讲解员的身份为广大游客服务。

事实上，讲解工作最主要的是讲解过程。而讲解过程实际上就是讲解员与观众交流情感传递知识的过程。在讲解中运用语言的交际功能架起沟通的桥梁，建立起讲解员与观众的融洽关系，以此来增强相互间的信赖和友谊。

并且香山革命纪念馆更带有爱国的红色情怀，讲解这段革命历史更具有深刻的意义。我们有机会成为讲解员一员，能有讲自己专业所学和讲解结合起来更是倍感光荣。

（马克思主义学院马克思主义理论专业 王也）

在这次的培训中，本人除了感觉自己学习不足外，也感觉到了自己创造力的薄弱。不论是给我们培训的老师，还是其他学校的优秀讲解员，他们讲的课之所以精彩，不单单是内容讲得好，更是在讲解方式上有了突破有了创新。

通过这次的培训，本人会在未来的讲解工作中，努力进行突破，努力进行创新！过去本人的讲解内容，虽然不至于让听众昏昏欲睡，但要说精彩纷呈，本人自认为还有着一点距离。本人会在未来的讲解工作中，通过对讲课方式的学习、内容的突破，以及本人对不同参观人员的了解，来改进课堂，争取让参观人员也能够听到如这次培训时本人听到的那样精彩的讲解！

（马克思主义学院马克思主义理论专业 王昭雯）

习近平总书记视察北京香山革命纪念地发表重要讲话时指出：我们缅怀这段历史，就是要继承和发扬老一辈革命家谦虚谨慎、不骄不躁、艰苦奋斗的优良作风，始终保持奋发有为的进取精神，永葆党的先进性和纯洁性，以'赶考'的清醒和坚定答好新时代的答卷。作为新时代的青年，我们要牢固树立"四个意识"，坚决做到"两个维护"，永葆"赶考"的清醒和坚定，奋力答好新时代的答卷，为实现"两个一百年"奋斗目标、实现中华民族伟大复兴中国梦作出应有贡献。

（马克思主义学院马克思主义理论专业 刘子依）

习近平总书记在北京香山革命纪念地视察时指出，老一辈革命家谦虚谨慎、不骄不躁、艰苦奋斗的优良作风，是我们要继承和发扬的优良传统。我们要以"赶考"的清醒和回答好新时代问卷的信心，不忘初心、牢记使命，为中国人民谋幸福、为中华民族谋复兴。

中共中央在香山时期，是推翻帝国主义、封建主义和官僚资本主义统治的决胜时期，是夺取新民主主义革命胜利的收官时期，是筹办创建一个新中国的准备时期。历史证明，中共中央在香山时期的一系列决策开启了中国历史的新纪元，实现了中国人民站起来的伟大目标。香山时期所收获的实践经验以及表现出的中国共产党人的伟大精神，永远是我们党取之不尽、用之不竭的宝贵精神财富。

在接受香山讲解员培训的过程中，我切身体会到了老一辈革命家坚持立党为公、执政为民的革命情怀。在毛泽东主席手拿报纸庆祝胜利的塑像前，我不由得感慨中华民族近代以来久经磨难、为了争取国家独立和民族解放而不懈奋斗的伟大信念。

作为新时代的马克思主义者，我们一定要坚固自身党史理论，认真学习党的精神，为实现中华民族伟大复兴中国梦作出自己的贡献！

（马克思主义学院马克思主义理论专业 王海桦）

香山革命纪念馆位于北京香山，紧邻香山公园，馆中数千件展品、图片和一段段珍贵的影像资料，全面呈现中共中央在北京香山时期波澜壮阔的革命历史。

1949 年 3 月 23 日，中共中央决定从西柏坡赴北平，25 日进驻香山。在这里，指挥了举世闻名的渡江战役，吹响了"打过长江去，解放全中国"的伟大进军号角。同时发表了《论人民民主专政》，为新中国的建立奠定了理论和政策基础。中共中央同各民主党派、各界人士共同筹备中国人民政治协商会议，起草通过《中国人民政治协商会议共同纲领》，确定了新中国国体政体，制定了新中国一系列基本政策，描绘了新中国的宏伟蓝图。这段党领导全国各族人民，完成民族独立和人民解放的波澜壮阔的革命历史，纪念馆通过数千件展品、图片和珍贵的影像资料，为我们全面地呈现了出来。纪念馆采用中式风格，南立面设置 28 根廊柱，象征中国共产党从建党到建国的 28 年奋斗历程。

通过参观香山革命纪念馆，使我深刻感受到了伟大的党史，并获得了丰厚的滋养和深刻启迪。我们十分荣幸地成了香山革命纪念馆的讲解员，参与到了绍党史，传播党史，解读党史的工作当中。当下，正值党的百年历史新起点、中华民族伟大复兴战略和世界百年未有之大变局之时，我们应该满怀信心奋力投身全面建设社会主义现代化国家的建设中。要学史明理、学史增信、学史崇德、学史力行，以昂扬姿态奋力开启全面建设社会主义现代化国家新征程，以优异成绩迎接建党一百周年。

（马克思主义学院马克思主义理论专业 卢达辉）

上学期，我有幸参与了香山讲解活动，总的来说很有收获，既有理论学习又有精神洗礼。那天，我们乘坐的大巴驶入香山革命纪念馆园区，同学们下车排队入馆。在培训活动开始前，大家用了近一个半小时细致参观革命纪念馆展览。展览包括"进京赶考""进驻香山""继续指挥解放全中国""新中国筹建"和"不忘初心 牢记使命 永远奋斗"五个部分。同学们看到了众多史料和文物，其中相当部分西柏坡时期文物史料都是纪念馆独有的"绝版"。由此同学们对新中国成立前后与改革开放后到新时代特别是香山时期的历史有了更加深入全面的学习和认识，大家都表示收获很多。

三点半左右，纪念馆的张老师开始给我们开展讲解员培训活动，和马院同学一起接受培训的还有香山小学四、五、六年级的学生，于是展览前出现了一群可爱的小身影。在纪念馆大厅里，张老师为大家解释讲解工作，他把讲解工作比坐在家里向客人介绍自己的家，在香山纪念馆里做讲解，就是把整个纪念馆都当成家里，向参观者介绍家常。当然，讲解者有特定的站立点，有标准的站姿，面前"160 度"的观众就是自己的讲解对象，把展览讲解好光靠背讲解词是不够的，还要背词与展览充分结合起来。

在"进驻香山"部分展览前，张老师强调，讲解精华就在于掌握几个讲解技巧。如读"两个务必"的字版，观众的注意力就会聚集上面，让观众顺着讲解员的思路走，聚焦重点照片与文物。另外，互动式讲解是讲解的一个比较高的境界，互动问答可以激发大家兴趣，吸引大家注意。当然这种形式涉及政治历史内容，需要注意真实性，内容必须通过纪念馆审核以防谬误。有些博物馆的讲解并不涉及学术，但香山纪念馆注重讲解的准确，内容务必符合史实，做到讲解"有史有事有实"。讲解有虚讲和实讲技巧之分。实讲就是完全介绍某一部分的展览，虚讲则是一带而过，给观众留下探索空间，虚实可结合。熟悉解说词是讲解的基本功，只要功夫深多读几遍，讲解词就能读得比较流畅。好的讲解要求讲解员和观众投入展览内容，因而要避免观众和自己动作太多影响讲解效果。

张老师带大家逛了一遍展览，回到展览大厅。张老师在活动的结尾说，讲解员发出声音在大家都安静听的时候最好，这要求大家都不发出嘈杂的声音，讲解员在讲解过程中要以身作则。最后，张老师总结道，讲解员熟练后会惊喜发现讲解会不一样，甚至会非常好玩，讲解员会喜欢上并享受整个讲解过程，而这对讲解员自身语言表达能力是很有好处的。至此，讲解培训活动画上圆满句号。

（马克思主义学院马克思主义理论专业 肖滨）

香山纪念馆的讲解员培训是一次十分难得的时间锻炼机会，不仅是一次社会经历，也是马克思主义理论专业的宝贵学术机会，更是作为中共预备党员学习党史知识、锤炼党性修养、加强理论武装的机会。习近平总书记在北京香山革命纪念地视察时指出，我们要继承和发扬老一辈革命家谦虚谨慎、不骄不躁、艰苦奋斗的优良作风，始终保持奋发有为的进取精神，永葆党的先进性和纯洁性，以"赶考"的清醒和坚定答好新时代的答卷。在当前特殊的世情、国情、党情之下，在"不忘初心、牢记使命"主题教育深入开展的关键时刻，党员干部要在习总书记的"引领"下逐梦"香山"，保持"赶考"的清醒和坚定，答好新时代的"三张答卷"。

作为讲解员，一方面要做到两个清楚：清楚讲什么，清楚为什么和为谁讲；另一方面，也要保良好姿态，持增强知识储备，以备万全之需。

在我看来，讲解是一门艺术。讲解工作是讲解员与观众通过讲解语言而发生的情感交流。因此，在某种程度上，讲解员既应该是一位口才良好的演说家，又应该是一位知识渊博的专家、一位造诣深厚的艺术家。所以，这就要求我们在接待讲解当中，不但有工作热情和很强的专业技能，而且要培养好自己良好的心理素质，做到对游客热情、大方、得体，始终以一个合格讲解员的身份为广大游客服务。事实上，讲解工作最主要的是讲解过程。而讲解过程实际上就是讲解员与观众交流情感传递知识的过程。在讲解中运用语言的交际功能架起沟通的桥梁，建立起讲解员与观众的融洽关系，以此来增强相互间的信赖和友谊。

我认为，只有熟悉才能深刻，只有热爱才能出色。只有熟悉党史，才能更加理性地弄清中国共产党成立、发展、壮大的内在因素，从深层次理解中国共产党一次次度过各种危机的根本原因，而这些内在因素和根本原因，就是中国共产党所具有的以马克思主义为指导的独特政治文化。热爱党，热爱党的工作，热爱所有中国人一起参与的中国特色社会主义的伟大事业，才能做好本职工作，不论学习还是讲解都是反思的过程，一边学习体悟，一边自我提升。在讲解中书写美好青春的一页，在参与伟大斗争中创造壮美华章。

（马克思主义学院马克思主义理论专业　胡庭阁）

在大三下学期，我有幸参加了香山革命纪念馆讲解员的培训和选拔，虽然非常遗憾最后没有被选上作为第一批香山革命纪念馆讲解员，但是对于这次独特而光荣的使命依然难以忘怀。

香山作为建立新中国前夕中共中央所在地，历史地位独特，红色基因厚重。正如习近平总书记在视察香山革命纪念地时所说："中共中央在北京香山虽然只有半年时间，但这里是我们党领导解放战争走向全国胜利、新民主主义革命取得伟大胜利的总指挥部，是中国革命重心从农村转向城市的重要标志，在中国共产党历史、中华人民共和国历史上具有非常重要的地位。"这就要求我们要认真学习香山时期的内涵和历史，把香山所承载的精神发扬出来。

在培训过程中让我印象最深刻的是描述毛泽东等人在香山的日常生活的展览。毛泽东带头垂范，生活朴素，轻车简从，对子女严格教育、严格要求，要求他们人格独立，生活独立，不搞特殊化，对全党要求也是如此。这使得共产党、人民政府的形象焕然一新，与国民党当局特权横行、两极分化、腐化腐朽的现象形成鲜明对比，成为共产党得到民众支持的重要原因。

在今后，我们也要进一步弘扬和传承香山革命精神，牢记使命，为实现中华民族伟大复兴注入新的活力。

（马克思主义学院马克思主义理论专业　朱哲源）

作为一名学生，我很荣幸参加了香山讲解员的培训，在本次培训中，老师用理论结合实际给我们上了一堂生动、富有感染力的课程。讲解以陈列为基础，运用科学的语言和其他辅助表达方式，将知识传递给观众的一种社会活动，讲解员是香山革命纪念馆与社会沟通的桥梁和纽带，是纪念馆的一张名片，对提高纪念馆影响力尤为重要。要想做一名优秀的讲解员首先注重自己的形象，在语言方面具有艺术性、讲解的方式要丰富多彩、对讲解中所提出的问题要有正确的处理方法，然后在讲解前要有问候语，结束讲解时要有结束语。通过这次讲解员的培训使我对讲解员有了进一步的认识，更使我找到了自己在今后工作学习中需提升的方向。

（马克思主义学院马克思主义理论专业 潘靖轩）

作为我们专业培养方案的重要组成部分——革命传统教育，原定于前往革命圣地——延安进行革命传统教育与学习，由于疫情的影响，且我们党的百年华诞又临近，而后学院将我们的革命传统教育定于在京内的香山进行，其主要内容是学习"中共中央在香山"的重要历史。我们学院向来重视我们理论与实践相结合的能力培养，故而我们在学习这段历史后还要能够准确而生动地讲出来，与此同时也是对那段光荣岁月深深缅怀。

在香山革命纪念馆进行讲解员的培训学习也是一段让人难以忘怀且回味无穷的时光，所谓的"历史是最好的教科书"，在这一阶段得到真真切切的诠释。

2021年是中国共产党成立一百周年，在实现"两个一百年"奋斗目标的历史交汇期，也是"十四五"开局之年，在这个重要的时间节点，我们跟随习近平总书记的脚步，瞻仰红色圣地，怀古知今，别有蕴意。

不忘来路，明晰当下——缅怀历史，是为了走好今后的路。在香山，"打过长江去，解放全中国"的号角吹响；在香山，新中国的国体、政体确定；在香山，建立建设新中国的宏伟蓝图描绘一新；在香山，我党领导解放战争走向全国胜利、新民主主义革命取得伟大胜利，中国革命重心从农村转向城市……尽管已过去了70年，香山故地旧景，依然讲述着新中国如何走来的往事；历史前进的印记，给人深深的思考与启示。

传承精神，不愧历史——巍巍青山，峰峦不改。我们党能够团结带领人民攻克一个个难关，创造一个个奇迹，与坚定的革命意志、高尚的革命情怀、优良的革命作风密不可分。在党团结带领全国人民向着实现"两个一百年"奋斗目标和伟大复兴中国梦而不懈奋斗的重要历史时刻，继承和发扬老一辈革命家的崇高精神，始终保持冷静清醒，始终不忘初心、牢记使命，才能战胜各种各样的风险挑战，走好新时代的长征路。

坚定信心，复兴民族——"明镜所以照形，古事所以知今。"70多年前，老一辈革命家曾在这里眺望北京城，怀着满腔热忱踏上建设一个新世界的征程。我们要不断继承和发扬老一辈革命家的崇高精神，始终保持冷静清醒，始终不忘初心、牢记使命，才能战胜各种各样的风险挑战，走好新时代的长征路。今天，我们比历史上任何时期都更接近、更有信心和能力实现中华民族伟大复兴的目标。

生逢伟大时代，恰是青春年少。人无精神不立，国无精神则不强。在香山革命纪念馆学习中共中央在香山的历史，更加深刻明白，中国共产党在长期奋斗历程中形成的革命精神，已经深深融入中华民族的血脉和灵魂，成为中华民族精神的丰富滋养，是鼓舞和激励中国人民不断攻坚克难、从胜利走向胜利的强大精神动力。

（马克思主义学院马克思主义理论专业 杨雨恒）

今年是中国共产党建党一百周年，越来越多的人走进红色教育基地感受革命精神，红色旅游景点成为党史学习教育的生动课堂，而红色讲解员在其中发挥着巨大的带动作用，他们用虔诚、炽热的心传承红色基因，汲取精神力量，助推党史学习教育更有效。

此次在学院的组织下我们参加了香山讲解员的培训活动，博物馆的讲解员给我们留下深刻的印象，他们端庄的仪表、得体的着装、流畅且严谨的讲解使我们受益良多。跟随香山讲解员实地学习，了解到一名合格的讲解员需要具备的能力素养，在讲解之前，需要努力练熟讲稿，反复演练，在语音、语调、语速、肢体语言和站位等方面力求尽善尽美。

游客前来参观希望有所收获，总有不一样的学习目的，这就需要我们熟练掌握讲解词，让背诵变为交流、让红色故事讲出时代内涵，这就需要具备一定的文学素养。作为红色讲解员更应对历史有敬畏之心，做到铭记历史、敬重历史，传承红色精神，做一名红色文化忠实的传播者。

每个讲解员都是一颗星火，让红色精神照亮逐梦征程。在全国各地有着许许多多如小许一般的红色讲解员，他们用自己的力量点燃了很多人的内心，从党史中重温初心，感悟历久弥新的精神，汇聚起红色精神力量，推动中国号巨轮继续破浪前行。

（马克思主义学院马克思主义理论专业 张非凡）

大三下学期，我非常荣幸能够有机会参与到香山志愿者讲解的活动中，经历了层层的选拔和自己勤奋的学习，我有幸成了一名实习讲解员在香山革命纪念馆进行讲解活动。在这项活动中，让我更加深刻了解到了1949年初到建国初期，国家所经历的磨难与艰辛，更加坚定了我的党性。

在讲解的内容上，我主要负责西苑阅兵这部分的讲解，西苑阅兵是 1949 年 3 月党的七届二中全会后，毛泽东率领中共中央机关和解放军总部从西柏坡出发移驻北平并于 3 月 25 日，在北平西苑机场举行的盛大阅兵式。检阅结束后，新华社向全国、全世界发出广播："中共中央、解放军总部和毛泽东等胜利到达北平。"西苑阅兵这一盛大景象，不仅标志着中共中央进驻北平，还向全世界的人民彰显了解放军的强大实力。

经历了这次讲解，让我对建国期间的各项事务和战役有了更加深刻的了解，对于党的历史有了更加深入的认识，对于革命的精神也有了进一步的体会，非常荣幸可以参与到本次活动的讲解中。

（马克思主义学院马克思主义理论专业 张铮）

上个学期在学院的组织安排下，我有幸参与了香山革命纪念馆做讲解员的培训实习，并成功成为一名志愿讲解员。2021 年是中国共产党成立 100 周年，通过对香山革命纪念馆的进一步深入了解，让我深刻感受到了百年党史的伟大，和前辈革命英雄不畏牺牲救国救民的英勇精神。

1949 年 3 月 23 日，中共中央决定从西柏坡赴北平，25 日进驻香山。在这里，指挥了举世闻名的渡江战役，吹响了"打过长江去，解放全中国"的伟大进军号角。同时发表了《论人民民主专政》，为新中国的建立奠定了理论和政策基础。中共中央同各民主党派、各界人士共同筹备中国人民政治协商会议，起草通过《中国人民政治协商会议共同纲领》，确定了新中国国体政体，制定了新中国一系列基本政策，描绘了新中国的宏伟蓝图。这段党领导全国各族人民，完成民族独立和人民解放的波澜壮阔的革命历史，纪念馆通过数千件展品、图片和珍贵的影像资料，为我们全面地呈现了出来。纪念馆采用中式风格，南立面设置 28 根廊柱，象征中国共产党从建党到建国的 28 年奋斗历程。展厅里由"进京'赶考'""进驻香山""继续指挥解放全中国""新中国筹建""不忘初心 牢记使命 永远奋斗"5 部分、15 个单元构成，1200 件文物谱成新中国诞生序曲，再现那段令人难忘的时光。

当下，正值党的百年历史新起点、中华民族伟大复兴战略和世界百年未有之大变局之时，我们应该满怀信心奋力投身全面建设社会主义现代化国家的建设中。不能忘记过去的历史，不能忘记一代代英雄前辈革命到底的精神，讲好中国故事，是新一代青年的重要使命。

（马克思主义学院马克思主义理论专业 赵婉龄）

　　能够参与此次香山历史纪念馆的培训活动，我感到非常荣幸。从拿到讲稿的时候起，我不由得感叹，这白纸黑字，写的是革命先烈们为了全国人民解放而奉献的青春与生命，这一笔一画，写的是一批又一批优秀共产党员为了实现民族的伟大复兴而鞠躬尽瘁的光辉历史。讲稿通读一遍，只需要十几分钟，而党的这段光辉岁月，却走了一百年，一百年，难的是初心未变，难的是百年依旧砥砺前行。"红日升在东方，其大道满霞光。"学习党史，不是让我们死记硬背冰冷的文字，而是让我们传承一种赤诚火热的党之精神。

（马克思主义学院马克思主义理论专业 周淑婧）

高校红色教育实践课程开发与实践

——北体马院"革命传统教育"实践活动成果集

（下）

李红霞　刘　玲　吴国斌 ◎主编

九 州 出 版 社

JIUZHOUPRESS

下篇
实践成果集萃

▼

▼

一、井冈山篇

中国共产党革命精神与社会主义
核心价值观研究

2014 年 2 月 24 日，习近平总书记在中央政治局第十三次集体学习时强调："培育和弘扬社会主义核心价值观，必须立足中华优秀传统文化。"① 2014 年 11 月 26 日，习近平总书记在全国离退休先进集体和先进个人代表时指出："要发挥老同志的政治优势、经验优势、威望优势，组织引导老同志讲好中国故事，弘扬中国精神，推动全党全社会更好培育和践行社会主义核心价值观。"② 党的十八大以来，习近平总书记先后到延安、井冈山等革命圣地考察，强调红色精神教育的重要性，要求全国人民把红色精神代代相传。毋庸置疑，习近平总书记的上述讲话和考察活动，具有深远的意义，不仅把社会主义核心价值观同中国共产党革命精神融合在一起，展现了新时代弘扬中国共产党革命精神对培育社会主义核心价值观的重大意义，还为践行社会主义核心价值观提供了新的途径。中国共产党革命精神是在特定的历史时期，中国共产党领导中国人民，以马克思主义理论为指导，吸收并借鉴人类优秀文明成果，开辟符合中国国情和人民利益的中国特色社会主义道路并在此过程中形成的宝贵精神财富和优良传统。社会主义核心价值观在传承中华民族优秀文化基础上，立足于中国特色社会主义伟大实践而提出的"三个倡导"，都属于中国国家意识形态的核心思想，是提升国家软实力的重要动力。综上，中国共产党革命精神与社会主义核心价值观是辩证统一的。

---

① 习近平：《在中共中央政治局第十三次集体学习时的讲话》《人民日报》，2014 年 02 月 26 日。

② 习近平：《在会见全国离退休干部先进集体和先进个人代表时的讲话》《人民日报》，2014 年 11 月 27 日。

一、中国共产党革命精神与社会主义核心价值观的内在密切关联

中国共产党革命精神是红色文化的重要组成部分。如果说红色文化包括物质层面、精神层面、制度层面的话，那么中国共产党革命精神指红色文化的精神层面。换言之，中国共产党革命精神是中国共产党在新民主主义革命时期和社会主义建设时期艰苦卓绝的革命斗争和建设实践历程中孕育形成的精神财富，包括系列精神谱系，如红船精神、井冈山精神、苏区精神、长征精神、延安精神、抗战精神、西柏坡精神、雷锋精神、红旗渠精神、大庆精神、"两弹一星"精神、抗震救灾精神等在内的一系列革命精神。这些精神财富虽有其各自独特的时代背景及精神内涵，但作为中国共产党革命精神的组成部分，具有其共同的精神特质。其精神特质可以概括为忠于理想、坚定信念；依靠人民、服务人民；严守纪律、顾全大局；实事求是、开拓创新；百折不挠、敢于胜利；自力更生、艰苦奋斗；谦虚谨慎、戒骄戒躁等。也即是说，中国共产党革命精神彰显了中国共产党的精神力量，反映了中华民族的民族精神，体现了新时代中国特色社会主义的要求，具有丰富的内涵、多彩的形式，是宝贵的精神财富。如苏区精神、长征精神、延安精神、抗战精神、西柏坡精神、雷锋精神、红旗渠精神、大庆精神、"两弹一星"精神、抗震救灾精神等在内的一系列革命精神。这些精神财富虽有其各自独特的时代背景及精神内涵，但作为中国共产党革命精神的组成部分，具有其共同的精神特质。其精神特质可以概括为忠于理想、坚定信念；依靠人民、服务人民；严守纪律、顾全大局；实事求是、开拓创新；百折不挠、敢于胜利；自力更生、艰苦奋斗；谦虚谨慎、戒骄戒躁等。也就是说，中国共产党革命精神彰显了中国共产党的精神力量，反映了中华民族的民族精神，体现了新时代中国特色社会主义的要求。具有丰富的内涵，多彩的形式，是宝贵的精神财富。

社会主义核心价值观，就是新时代中国特色社会主义社会中社会群体普遍认可并遵循的价值理念、社会规范和行为准则，是凝聚社会群体的精神纽带和引导人们生活的理想信念。社会主义核心价值观根植于中国的历史与国情，不同于中国传统社会的核心价值观，也不同于西方社会的核心价值观。如果说中国共产党革命精神是共产党人的红色基因，那么社会主义核心价值观则是实现中华民族伟大复兴的思想道德基础，正如习近平总书记强调核心价值观是文化软实力的灵魂，"构建具有强大感召力的核心价值观，关系社会和谐稳定，关系

国家长治久安"①。

中国共产党革命精神体现了先进的中国共产党人为建立富强、民主、文明、和谐的新中国而前赴后继、不懈奋斗的理想与信念。在新民主主义革命和社会主义建设过程中，中国共产党人以严明的组织纪律和群众纪律，以推翻不平等、不合理的社会制度，建立自由、平等、公正、法治的社会，实现穷苦人民的翻身解放、实现中华民族的伟大复兴为己任。表现出了崇高的爱国主义精神，为共产主义事业兢兢业业、鞠躬尽瘁、不怕流血、不畏牺牲。革命同志之间相忍为党、精诚团结，党和人民群众之间患难与共、生死相依、以诚相待、团结友善。可见，中国共产党革命精神，集中体现了共产党的先进性，体现了共产党人的崇高风范，体现了中国共产党人的高度自信，体现了中华民族厚德载物、自强不息的传统美德与民族精神。正如理论界指出的红色文化与社会主义核心价值观具有思想文化同向性，红色文化的传承与传播，可以有力推进社会主义核心价值观的认知、认同和践行；而在社会主义核心价值观的认知、认同和践行中，又可深化对红色文化的感悟、内化和传承，两者之间相辅相成，相互促进，相得益彰。中国共产党革命精神与新时代社会主义核心价值观具有跨越时空的内在一致性与契合性，这是中国共产党革命精神融入社会主义核心价值观教育和实践的理论前提。

二、二者有功能导向上的逻辑联系

（一）二者统是实现中国梦的思想源泉

习近平总书记在第十二届全国人民代表大会第一次会议上指出："实现中国梦必须弘扬中国精神。这就是以爱国主义为核心的民族精神，以改革创新为核心的时代精神。"② 这一重要论述，表明了中国精神和中国人共同的理想信念对于实现中国梦的重要意义。历史唯物主义认为，只有符合社会发展规律的社会意识形态，才能推动社会根本性变革。因此，必须以特定历史条件为背景，赋予中国共产党革命精神时代诉求和弘扬社会主义核心价值观。

目前，我国正处在全面建成小康社会的攻坚阶段，面对西方价值观渗透，日益激烈的国际竞争和改革发展中存在的利益矛盾，只有全国各族人民坚定信念、解放思想、团结奋斗、众志成城，才能破解发展中的难题，这些也是中国

①　《习近平谈治国理政》外文出版社，2014 年版，第 163，165 页。
②　习近平：《在第十二届全国人民代表大会第一次会议上的讲话》《人民日报》. 2013 年 03 月 18 日。

共产党人的革命精神。新时代弘扬这种精神，是顺应新时代发展要求和实现中国梦的精神支柱。此外，培育和践行社会主义核心价值观是中华民族复兴的精神动力。正如习近平同志在北京大学师生座谈会上提出的，如果一个民族、一个国家没有共同的核心价值观，这个民族、这个国家就无法前进。可见，做好中国共产党革命精神和社会主义核心价值观的弘扬和培育工作，是提升整个国家的综合国力和民族凝聚力的强大保障。

（二）二者具有教育引领作用

众所周知，历史具有"资政育人"的作用。中国共产党革命精神是贯穿于中国共产党九十多年的历史，是中国共产党历史不可或缺的一部分，无论在革命年代还是改革开放新时期，它都起着教育引导和精神鼓舞的作用。它不仅有极其丰富的内涵，更重要的是它有众多的教育和传承的平台和载体，如博物馆、纪念馆、历史古迹、书籍、媒体等方式，让人们身临其境地感受共产党人伟大的革命精神，既能自觉接受教育，提升自身的理想信念，树立远大理想抱负，又能加强社会主义精神文明建设。同时，革命精神与社会主义核心价值观具有内在的相通性，把中国共产党革命精神融入社会主义核心价值观教育中，能使社会主义核心价值观的培育途径更有实效性。以这种精神教育引领广大党员干部，有利于提高党的执政能力；以这种精神教育引领青年学生，有利于树立热爱祖国、艰苦奋斗的思想觉悟。由此可见，中国共产党革命精神的本质与内涵为社会主义核心价值观开辟了新的道路和理论导向，其形式和特征为践行社会主义核心价值观提供了实践导向，而社会主义核心价值观的构建，也是对党的革命精神的继承与创新，它们都具有教育导向作用。

（三）二者具有道德提升作用

它们都是中国国家意识形态在价值观上的高度融合，是规范人们行为的基本准则和衡量道德修养高低的重要标准。中国共产党革命精神是党的奋斗史和光辉史形成的民族精神，是引导人们形成正确"三观"和提高人们思想道德素质的重要资源。中国共产党革命精神内涵丰富，既有坚定理念、敢为人先的革命理想和依靠人民、忠诚为民的服务意识，也有自力更生、百折不挠的奋斗精神和齐心协力、团结合作的团队精神，还有谦虚谨慎、不骄不躁的工作作风。这些革命精神不仅是革命先辈们用生命和鲜血诠释的爱国爱民的崇高思想境界，还是我们应该学习的榜样和自我约束、自我教育的基本要求。改革开放四十多年来，中国取得举世瞩目的成就，综合国力日益提高，人民生活水平总体达到小康。面对和平与发展的国际环境和稳定发展的国内情况，一部分党员出现了骄傲自满、贪图享乐、铺张浪费、不思进取等现象，严重影响了党的建设和国家发展。因此，弘扬党的革命精神必须从教育和引导广大党员干部入手，大力弘扬艰苦奋斗、舍生忘死、勤俭节约、忠诚为民的精神，开展理论教育、历史教育与实践教育相结合的方法，树立典型、发挥模范作用，在全党范围内形成良好的氛围，提高党员干部以身作则、率先垂范的道德品质来使革命精神不断发扬光大。社会主义核心价值观本身就是一种道德教育，是把国家道德、社会道德和个人美德相结合的一种道德，它蕴含丰富的道德内涵和伦理观念，因此，它能促进人们塑造良好的道德修养。这充分体现了二者在道德提升上的逻辑联系。

（四）二者具有文化传承作用

中国共产党革命精神和社会主义核心价值观都是中华民族精神的本质内涵，在文化传承上有着不可分割的关系。

社会主义核心价值观是对中国共产党革命精神的传承。社会主义核心价值观既有对中华民族优秀文化的继承，也有党的红色精神的精华。如在国家建设层面上的"富强、民主、文明、和谐"和公民个人层面的"爱国、敬业、诚信、友善"，都是对中国共产党革命精神的传承和发展。中国共产党从创立起，就肩负着反对帝国主义和封建主义的历史任务，以及实现民族独立和国家富强的奋斗目标。

为实现这一伟大目标，共产党人前仆后继、英勇向前，并在长期奋斗中形成的以爱国主义为核心的爱国为民、无私奉献、诚实守信等高尚道德情操，这为全社会形成"爱国、敬业、诚信、友善"的个人优秀品质奠定基础。同时，这种革命精神和道德思想不仅体现了爱国主义思想，还表现出共产党人为建立人民当家作主的中华人民共和国而不懈努力的民主意识。而文明、和谐的思想是我国传统文化的本质内容。中国自古以来就注重人与人、人与自然和谐发展，并有着"礼仪之邦"的美誉，所以，通过对社会主义核心价值观的国家层面和个人层面的简单分析，我们看到中国共产党革命精神的因素构成了社会主义核心价值观的直接来源。

马克思主义学院 2018 级硕士研究生侯东昉

红色文化培育和践行社会主义核心价值观研究

一、红色文化与社会主义核心价值观的基本内涵和联系

（一）红色文化的内涵

在中华民族的悠久历史中，红色代表着"喜庆""欢乐"。红色，在中华民族的心目中，是最神圣、最喜庆的颜色。时光流逝，到了近代，中国共产党更将红色作为党旗的底色，不仅因为红色象征着幸运、鲜血，更因为红色是中国共产党的先锋色、革命色，代表着至高无上的党性。至此，红色被时代和人民赋予了更深层次的意义。

具有鲜明党性的红色文化，更是代表着时代所赋予的特殊内容。红色文化，首先代表着马克思主义与中国革命现实结合之后所代表的文化。马克思主义具有的先进性，再与中国现实相结合，不仅赋予了马克思主义以时代意义，而且赋予了中国现实以指导意义，同时，更赋予了红色文化以先进内涵。其次，红色文化还代表和"自强不息、艰苦奋斗、诚信友善"等一系列中国人所具有的美好品质。中华文化之所以可以生生不息、源远流长，更是由于中国人民自强不息、艰苦奋斗、诚信友善，不断赋予这个国家、这个民族以动力、以能量。这些美好品质，是红色文化中必不可少的强心剂。最后，红色文化还代表着适应时代变化的、不断发展更新的先进文化。时代不断在变化，曾经羸弱的中国现在已经成为东方雄狮；红色文化也随着时代的变化而不断更新。正是由于红色文化不断地更新变化，才是红色文化能不断保持先进性的根本原因。

（二）社会主义核心价值观的内涵

社会主义核心价值观可以分为三个部分。

首先是"富强、民主、文明、和谐"。一个国家要想强大、并且屹立于世界民族之林，就要做到经济上富强、政治上民主、交往中文明、社会上和谐。

其次是"自由、平等、公正、法制"。这四个词是从社会层面上来说的，是

人民对社会的美好殷切希望：在不违法、不破坏规则下自由，在社会的各个方面、每个人都平等，在社会上处理事务时做到公正，在社会上处处遵法守法。

最后是"爱国、敬业、诚信、友善"。这是对个人的要求：首先作为一名中国人，最重要的就是一颗爱国心；追求美好生活的必要是敬业、努力；在人际交往过程中要诚信，对人要友善。

社会主义核心价值观，是现代、中华民族的美好追求，为中华民族的振兴、祖国的富强指出了一条康庄大道。

（三）红色文化与社会主义核心价值观的联系

首先，红色文化赋予了社会主义核心价值观的先进内涵。红色文化是贯穿古今、不断进步的先进文化，它所具有的丰富内涵，与社会主义核心价值观中所蕴含的意义不谋而合。可以说，红色文化给予了社会主义核心价值观以"内核"。

其次，社会主义核心价值观是对红色文化的继承与延伸。社会主义核心价值观，在社会各界、大小事务中都起到了风向标的意义。它不仅继承了红色文化给予其的历史意义，更在祖国不断发展的今天，依旧能具有广泛性和很强的适用性。

最后，二者都是社会主义建设过程中不可或缺的先进内容。随着社会主义现代化的大发展、国家的繁荣富强，在红色文化、社会主义核心价值观指导下的中国人民也必将走向胜利，人民对于美好生活的希望也必将成为现实。

二、关于大学生"红色文化融入社会主义核心价值观培育"的现状

（一）在红色教育过程中出现的问题

首先，地方红色文化基地体系建立并不十分完善。在基地建立过程中，大部分红色文化基地都以旅游区的形式宣扬红色文化，但这是远远不够的。这样的做法的优势在于可以将有地区特色的红色文化与红色景点相结合，更能让参观者身临其境地感受到红色精神，也更有利于参观者对于红色精神有着更加深刻的了解。但这样的做法也有着很明显的缺陷：对于那些没有机会去红色文化基地参观的大学生，红色基地如果只进行这样的宣传将导致他们几乎没有机会能够领略到当地的红色文化。因此，以旅游区的形式宣扬红色文化具有很明显的局限性，应以多方面、发散的方式来宣扬红色文化。

另外，学校在此方面教育力度不够。大部分学校仅从单一方面进行红色教育，教育效果也因此收到了削弱。例如，大部分学校对于大学生进行的红色教

育仅从收听广播或者观看电视节目等方面来进行。这样做的优点很明显，即省时省力。对于没有时间去红色景点参观、旅游的大学生来说，观看一场红色电影，是最合适的做法。另外，这样的做法也可以为学校、学生节省一定的资金，同时具有省钱省事的优点。但这样的做法也具有缺点。这样所造成的教育效果是比较有限的，而且很难使学生有切身的体会，更不用说深刻的体会和印象了。另外，如果仅对学生进行收听广播或者观看电视节目等方面来进行，某些学校可能因为任务量很小从而浑水摸鱼，从而导致教育效果大打折扣。

最后，有一部分大学生对于红色教育以及社会主义核心价值观的培育积极性不高，无法发挥在学习过程中的主观能动性。习近平总书记在纪念五四运动100周年大会上强调：新时代中国青年要树立远大理想；新时代中国青年要热爱伟大祖国；新时代中国青年要担当时代责任；新时代中国青年要勇于砥砺奋斗；新时代中国青年要练就过硬本领；新时代中国青年要锤炼品德修为。人民的希望与未来，寄托在新时代的中国青年身上；祖国的繁荣与富强，同样也寄托在新时代的中国青年身上。中国青年要不忘初心，不忘先辈的鲜血与教诲，努力学习、努力奋斗，发挥好主观能动性，主动领悟红色教育，学习好红色精神，绝不能成为时代的弃子，要努力成为时代的弄潮儿，为祖国的建设添砖加瓦。

（二）在红色教育过程中好的现象

即使红色教育与社会主义核心价值观培育过程中有一些问题，但都可以努力解决。在教育过程中，依旧有很多值得鼓励的现象。

首先，中央对红色教育和社会主义核心价值观的引导十分重视，也十分有成效。例如，在注册人数已经破亿的网站"哔哩哔哩"（b 站）上，越来越多的年轻人喜欢在 b 站上学习、关心国家大事。年轻人的组织"共青团中央"，就在 b 站上成了一名新潮的"up 主"，并通过这个平台，不仅及时将国家大事、红色文化以易于接受的方式传授给"这届年轻人"，并且以年轻人的视角，以积极向上的姿态，展现出年轻人蓬勃的朝气来。因此，"共青团中央"被广大年轻人亲切地称为"团团"。共青团中央，即是当代党和年轻人接轨的一个良好示范，年轻人通过共青团中央更好地学习到了红色文化，了解到了国家大事，党也因为"这届年轻人"的参与变得更加朝气蓬勃。

其次，大部分年轻人都有责任、有担当，是新时代的优秀青年。有数据表明，国家的尖端科技人员，例如纳米科技的相关研究人员，超过百分之六十都是年龄三十岁左右的年轻人；近些年来，有百分之七十的留学生都选择了回到中国，参与到祖国的建设大军中去。虽然依旧有声音说："90 后是垮掉的一代。"，但这绝对不会影响这届年轻人的责任感、使命感，"垮掉的一代"这一说法也必将被"打脸"。习近平总书记在纪念五四运动100周年大会上指出：我们要主动走近青年、倾听青年，做青年朋友的知心人；我们要真情关心青年、关爱青年，做青年工作的热心人；我们要悉心教育青年、引导青年，做青年群众的引路人。我们有充足的理由相信，在党的指导下，新时代的青年将会把中华民族的复兴变为现实。

三、关于大学生"红色文化融入社会主义核心价值观培育"的现实路径

（一）要发掘有特色的红色文化，以社会主义核心价值观为主导，完善地方红色文化体系

树立社会主义核心价值观，建设社会主义红色文化，要落实到社会生活的各个方面。要从基本规范抓起，正如上文所说的，地方红色文化的发展不应当仅仅依靠当地的红色景点来建设，还应当通过多个方面共同发展。例如，可以通过开发属于当地红色文化的网站，不仅可以通过网络来向世界各地传播红色文化，而且还可以通过网站来宣传当地的民俗、旅游，一举两得。网站的设计要有偏重，不能仅为了宣传本地的旅游特色，更应该以宣传红色文化为起点，多多完善红色文化体系。另外，还可以开发一些文化周边，例如有关红色文化的手办等等。

（二）学校加强对大学生红色文化的教育，采取多方面、多角度的方式进行红色教育

树立社会主义核心价值观理念，必须要加强红色文化教育，使得社会主义核心价值观为大学生认知认同，使形成社会主义核心价值观成为舆论导向，要主义社会主义核心价值观的科学性、准确性和完整性。加强对于大学生红色文化的教育，要从教育效果出发，要探究如何进行红色教育才能达到最好的效果。例如，通过举行红色文化写作大赛、辩论大赛、红色知识抢答大赛等等。方式要以年轻人最能接受的方式来，这样才能达到最好的教育效果。另外，要在条件允许的情况下，多让学生前往红色教育基地学习，以此使学生能够设身处地地感受红色文化氛围。要抓住大学生价值观形成的关键时期，把红色文化贯彻到学校教育、社会教育、家庭教育的各个环节，引导大学生扣好人生第一粒扣子。把红色义化和社会主义核心价值观有机结合起米。

（三）社会各界应建立与青年人沟通的桥梁，引导青年人学习红色文化、培育社会主义核心价值观

要充分发挥网络的作用，创作反映社会主义核心价值观、适于新兴媒体传播、格调继承红色文化的作品，充分发挥新媒体透明度高、传播力强、覆盖面广的独特优势，扩宽红色文化的传播渠道和途径，提高培育社会主义核心价值观的有效性。"共青团中央"开通微博和 b 站账号后，在宣传和传播红色文化方面做出了很好的表率。这不仅证明了红色文化即使在现代的中国也绝不过时，而且证明了如果通过合适的方式对于青年人进行红色文化的教育，效果也必定会变得更好。因此，中央要在"共青团中央"相关账号的基础上，多多建立与青年人沟通的桥梁，多多引导青年人学习红色文化、培育社会主义核心价值观，必然会得到事半功倍的效果。

红色文化培育和社会主义核心价值观教育不仅具有鲜明的历史意义、教育意义，而且对于培养社会主义合格建设者和可靠接班人有着十分重要的意义。我们有充足的理由相信，在党领导下的新中国必将因为红色文化培育和社会主义核心价值观教育而更加繁荣昌盛，也必将因为新时代的青年们而焕发不朽的生命力！

马克思主义学院 2018 级本科生王昭雯

井冈山精神的时代价值

井冈山红色文化是指在井冈山斗争时期，以马克思主义的科学理论为指导，由中国共产党人和人民群众共同创造的有中国特色的先进文化，蕴含着丰富的革命精神和厚重的历史文化内涵。井冈山红色文化不是红色和文化的简单相加，而是将中国历史文化中红色寓意与社会历史实践的思想有机地整合，是在长期的革命实践中，不断地选择、融化、重组、整合中外优秀文化思想的基础上所形成的特定文化精神和文化形态。

一、井冈山精神产生的历史背景

今年是井冈山革命根据地创建 92 周年。92 年前，以毛泽东为代表的老一辈无产阶级革命家，点燃了革命的星星之火，培育了伟大的井冈山精神。在纪念井冈山革命根据地创建 92 周年的今天，弘扬和学习井冈山精神，对于我们建设中国特色社会主义事业，具有十分重要的意义。

92 年前，以毛泽东为代表的老一辈无产阶级革命家。把马列主义基本原理同中国革命的具体实践相结合，在中国革命处于危难之际。在井冈山创建了中国第一个农村革命根据地，毅然地点燃了革命的星星之火，开创了农村包围城市，武装夺取政权的革命道路。在艰苦卓绝的峥嵘岁月中锻造和培育了伟大的井冈山精神。井冈山精神是中国革命和建设的极其珍贵的精神财富。具有深刻而丰富的内涵，对于我们今天建设中国特色社会主义事业，仍然具有十分重要的意义。

1927 年，背信弃义的国民党发动反革命政变，轰轰烈烈的大革命以失败告终。"八一"南昌起义打响了武装反抗国民党反动派的第一枪，由此开启了中国共产党独立领导革命战争、创建人民军队、武装夺取政权的红色之旅。之后的起义，由于我们照搬的是俄国革命模式，将工作重心放到大城市，不符合中国的国情，都遭受了失败。秋收起义失利之后，毛泽东同志正确地分析了革命形势，向敌人统治力量相对薄弱的农村进军，并开始创建中国第一个农村革命根据地——井冈山革命根据地。

以毛泽东为代表的其产党人在井冈山这片红色土地上开辟出的农村包围城市。武装夺取政权的道路，是一条符合中国国情，指引中国革命走向胜利的道路，而井冈山的光荣传统，凝聚了井冈山军民的革命精神，是我军克敌制胜的法宝和利器。

第一，就是创造性地提出了以工农武装割据为主体的"井冈山道路"理论。在当时，中国革命道路该怎么走。我们没有现成的答案，我党内部还普遍存在把马克思主义教条化以及把苏联经验神圣化的错误倾向，一味地照搬照抄俄国革命模式，将工作重心放到大城市，由于不符合中国国情而屡遭失败。面对这种错误倾向，毛泽东努力探索、大胆创新，把马克思主义武装斗争理论同中国的实际情况相结合，创造性地提出了"工农武装割据"理论，也为后来的农村包围城市道路奠定了重要的理论基础。

第二，时刻注意理想信念教育。当时的井冈山革命根据地条件异常艰苦。再加上敌人不断地军事进攻以及严密的经济封锁导致山上断盐、断药缺乏最基本的生活必需品，党组织亦遭到严重破坏，一部分党员信心挫败，看不到胜利的曙光，党内出现了信念危机。甚至出现叛变、逃跑的现象，更有人提出了"红旗到底打得多久"的质疑。为批评这种错误思想。毛泽东写下了著名的《星星之火，可以燎原》，并着重指出，马克思主义者必须全面地观察和科学地分析形势，正确地估计敌我力量，提出促进全国革命高潮最重要的因素是在广大农村建立巩固的红色政权，发展革命根据地等一系列重要原则。

第三，高度重视党群关系。全心全意为人民服务，是我党的一贯宗旨。毛泽东曾指出："相信和依靠人民群众，是共产党人对待群众的根本态度。"红军之所以能够在井冈山不断发展壮大。很重要的一点就是同人民群众的鱼水之情。"三项纪律、六项注意"更是密切了军民关系①。

第四，锤炼了敢于斗争、不怕牺牲的革命精神。井冈山革命根据地一直处在极险恶的环境下，而且敌我力量悬殊，我军枪弹及供给都严重不足。然而面对生死考验。井冈山军民却没有退缩，威武不屈、浴血奋战。在敌人进行第三次"会剿"时，住在红军医院和群众家中的130多名重伤病员因来不及转移，落入敌军手中。面对敌人的严刑拷打，威逼利诱，红军伤病员没有一个肯说出红军主力的去向，他们面对敌人的枪口，忠贞不屈、视死如归。敌人的目的未

---

① 曹京燕，卢忠萍. 井冈山精神的新时代内涵与价值实现，江西社会科学，2018年第10期。

能得逞，就把伤病员拖到小溪旁的稻田中用机枪扫射，红军伤病员全部英勇就义……

第五，始终保持艰苦奋斗的政治本色。根据地的条件是十分艰苦的，但是，井冈山军民不怕苦，不怕难，艰苦奋斗战胜困难。《朱德的扁担》是一个家喻户晓的故事，讲的就是为了解决根据地吃饭和储备粮食问题，朱德经常和同志们一天往返50公里下山去挑粮的故事。井冈山军民为了永远纪念朱德这种身先士卒、艰苦奋斗的精神，专门编了一首歌赞颂他："朱德挑谷上坳，粮食绝对可靠，大家齐心协力，粉碎敌人'围剿'。"

二、井冈山红色文化的内涵

井冈山红色文化是指在井冈山斗争时期，以马克思主义的科学理论为指导，由中国共产党人和人民群众共同创造的有中国特色的先进文化，蕴含着丰富的革命精神和厚重的历史文化内涵。井冈山红色文化不是红色和文化的简单相加，而是将中国历史文化中红色寓意与社会历史实践的思想有机地整合，是在长期的革命实践中，不断地选择、融化、重组、整合中外优秀文化思想的基础上所形成的特定文化精神和文化形态。

井冈山红色文化作为一种重要资源，包括物质和非物质文化两个方面。其中，物质资源表现为遗物、遗址等革命历史遗存与纪念场所；非物质资源表现为井冈山精神。井冈山红色文化是以红色革命道路、红色革命文化和红色革命精神为主线的集物态、事件、人物和精神为一体的内容体系，可以概括为井冈山斗争时期中的"人、物、事、魂"。其中的"人"是在井冈山斗争时期有着一定影响的革命志士和为革命事业而牺牲的革命烈士；"物"是革命志士或烈士所用之物，也包括他们生活或战斗过的革命旧址和遗址；"事"是有着重大影响的革命活动或历史事件；"魂"则体现为革命精神即井冈山精神。

三、井冈山红色文化的时代价值

井冈山红色文化产生于开创井冈山革命根据地的伟大实践中。它是马列主义与中国革命实际相结合的产物，是中国共产党和人民集体智慧的结晶。井冈山红色文化提高了党的影响力和号召力，提升了人民军队的战斗力，赢得了人民的巨大支持，巩固了井冈山革命根据地。研究井冈山红色文化是当代中国共产党人建设社会主义先进文化的内在要求，是巩固党的执政地位和保持党的先进性的必然要求。

（一）坚定的理想信念

革命烈士夏明翰面对敌人的屠刀，喊出了"砍头不要紧，只要主义真；杀了夏明翰，还有后来人"的豪言壮语。胸怀理想、坚定信念正是井冈山红色文化的精髓。井冈山斗争时期，敌我力量对比悬殊，革命队伍处于白色势力四面包围之中。在如此险恶的环境中，共产党人靠的是对中国革命光明前途的坚定信念和不懈追求。有了这种崇高的理想信念，就会产生战胜困难、战胜敌人的精神力量，在战场上冲锋陷阵、英勇杀敌，在敌人的屠刀下慷慨就义、视死如归，在艰难困苦的环境中精神饱满、斗志旺盛①。

（二）无私奉献的精神

井冈山的斗争虽然只有两年零四个月，却有四万八千人为此献出了自己年轻又宝贵的生命。井冈山斗争时期壮烈牺牲的烈士英名录，共有 15744 位，包括井冈山革命根据地周边的 7 个县市烈士名录，也包括外省外县在根据地范围内牺牲的烈士。还有 3 万多没有留下姓名的革命烈士。井冈山被誉为"中国革命的摇篮""天下第一山"，正是由无数革命英烈伟岸的身躯奠基而成的。

（三）艰苦奋斗的作风

艰苦奋斗是井冈山红色文化的重要内容。建立革命根据地，离开艰苦奋斗精神是无法实现的。井冈山斗争时期，国民党军队不仅在军事上"围剿"，而且在经济上严密封锁，妄图把红军饿死、困死在井冈山。"在白色势力的四面包围中，军民日用必需品和现金的日益缺乏，成了极大问题。"为了解决红军给养，安定群众生活，巩固红色政权，边界党组织领导根据地人民自力更生，艰苦奋斗，进行了有效的经济斗争和经济建设。毛泽东、朱德等党和红军领导人身先士卒、以身作则，带领井冈山军民自己动手挑粮、编草鞋、挖草药、熬硝盐、办军械厂，克服各种困难艰险，打破重重包围封锁，巩固和扩大了井冈山革命根据地。毛泽东在 1928 年 11 月 25 日写给中央的报告中说"这样冷了，许多士兵还是穿两层单衣。好在苦惯了。而且什么人都是一样苦，从军长到伙夫，除了粮食外一律吃五分钱的伙食。发零用钱，两角即一律两角，四角即一律四角。因此士兵也不怨恨什么人。"当时，在红军中流传着一首歌谣："红米饭、南瓜汤，秋茄子，味好香，餐餐吃得精打光。干稻草，软又黄，金丝被儿盖身上，不怕北风和大雪，暖暖和和入梦乡。"这不仅是当时红军生活的真实写照，更反

---

① 李忠，张颖. 论井冈山精神的时代价值，井冈山大学学报（社会科学版），2010 年第 1 期。

映了他们的革命乐观精神①。

四、弘扬井冈山精神的时代意义

92 年前，以毛泽东同志为代表的老一辈无产阶级革命家在井冈山创建了中国第一个农村革命根据地，走出了"农村包围城市。武装夺取政权"的井冈山道路。作为中国革命摇篮的井冈山生动诠释了"中国的红色政权为什么能够存在"，也见证了党同人民群众甘苦与其、艰苦奋斗的优良作风。以"坚定信念、艰苦奋斗，实事求是、敢闯新路，依靠群众、勇于胜利"为内涵的井冈山精神，既是砥砺我们坚定信念、继续奋斗的伟大旗帜，也是激发我们干事创业、攻坚克难的引航灯塔。

对马克思主义的坚定信仰，对社会主义和共产主义的坚定信念，是井冈山精神的灵魂；实事求是、敢闯新路，是井冈山精神的核心：艰苦奋斗是我们党的政治本色和优良传统，也是井冈山精神的基石。

今天，大力弘扬井冈山精神，对于我们高举中国特色社会主义伟大旗帜，不断开创中国特色社会主义事业新局面。具有重要意义。

井冈山精神照亮着中国革命一步步迈向成功。也是我们党贮藏的宝贵精神财富。习近平总书记指出，要结合新的时代条件，坚定执着追理想、实事求是闯新路、艰苦奋斗攻难关、依靠群众求胜利，让井冈山精神放射出新的时代光芒。站在新的历史起点上展望未来，我们任重道远，只要我们不忘初心、继往开来，把红色基因传承下去，推动改革发展不断取得新胜利，就一定可以在建设中国特色社会主义伟大事业的道路上决战决胜，最终实现中国梦，谱写出更加美好的新篇章！

五、井冈山精神的当代价值

（一）实事求是，勇闯新路

道路问题是根本问题，是关乎党的事业兴衰成败的首要问题。实事求是毛泽东思想活的灵魂，也是井冈山革命精神的精髓。正是由于遵循了实事求是这一思想路线，井冈山革命根据地才有建立的可能②。

中国和苏联的国情大不相同，在沿用苏联城市包围农村战略的时候吃了不少亏，打了不少败仗。这是由于当时中国的国情决定的：首先，中国内无民主

---

① 张昕桐. 井冈山精神的历史地位与时代价值，马克思主义学刊，2017 年第 2 期。

② 张友南. 井冈山精神的时代价值，求实，2009 年第 12 期。

制度。其次，近代中国农民占全国人口的绝大多数，是无产阶级可靠的同盟军和革命的主力军。再次，中国革命的敌人虽然建立了庞大的反革命军队，并长期占据着中心城市而农村这恰恰是其统治的薄弱环节。此外，由于中国共产党具有先天的优势。所以我们根据中国的实际情况，开辟出了一条农村包围城市的道路。在这条实事求是的道路上，中国共产党领导人民仅用了22年的时间就推翻了三座大山的黑暗统治，开辟了一条光明的胜利之路。

井冈山时代虽已过去，但是井冈山精神却永不凋零。我们应该坚持马克思主义中国化，从自己的实际情况出发，不照搬照抄，走自己的路。坚持道路自信、理论自信和制度自信，我们才能在实现中华民族伟大复兴的道路上策马奔腾。

（二）官兵平等，军民共济

"红米饭那个南瓜汤哟……毛委员和我们在一起，餐餐味道香味道香。"这首《红米饭南瓜汤》入木三分地揭示总结了当时井冈山革命根据地的艰苦生活，毛主席和大家一起挖野菜吃红米饭，竟也口口都吃得很香。当时按照规定，毛泽东一晚上可以用三根灯芯，但是为了节省，他每次都只用一根。但是，虽然灯光微弱，毛泽东在这里博览群书，著书立说，认清了中国的基本国情，阐明了中国革命的规律，提出了工农武装割据的思想。八角楼里散发出来的微微灯光正像星星之火一样照亮了中国共产党前进的道路，昭示着中国革命必然取得胜利。

现在，官兵一致是中国人民解放军政治工作三大原则之一。只有共产党员真正地做到官兵平等，军民共济，继承井冈山时期"不拿群众一针一线"的光辉传统，那么我们实现"中国梦"才能具有最广泛的群众基础，才能积累最大的能量厚积薄发。

（三）以人为本，为人民服务

在1927年10月24日和1928年1月25日，毛泽东对部队宣布了"三项纪律"和"六项注意"，目的就是要保证士兵们不要侵犯群众的利益，不能做失民心者失天下之事。红军不仅从纪律上真正做到了以人为本，在具体的实践中一心为民的事件也是数不胜数。余贲民退棉衣的故事也是广为流传，用他的话说，"先充足前线战友们的需要吧，我这点困难算不了什么。我有点冷不要紧，前方的战士更需要它们"。

如今，共产党已经成为执政党，在新的形势下，依然要坚持群众观点和群众路线，全心全意为人民服务。我们要在充分调动国内外、党内外和全国各族人民和各个阶级的积极性、主动性和创造性，实现中国各族人民的大团结，才能够形成改革的合力，才能够攻坚克难，顺利度过改革的深水区。

（四）艰苦奋斗，同甘共苦

1927 年，蒋介石叛变革命，大肆屠杀共产党，毛泽东敏锐洞察国内形势，带领红军登上了井冈山，建立了革命根据地。然而，屠杀并没有终止。根据地军民一方面不断遭受敌军的军事进攻；另一方面还受到经济上的封锁，医药、物资、粮食很难运送进来，物质条件非常有限，生活条件异常艰辛。

面对战场上不断运送下来的伤员，毛泽东等领导人深觉住群众家治疗不是长久之计，于是建立了红军医院。当时盐也很缺，往往用金银花水来代替。团里的同志来看张子清的时候特意给了他一小包盐让他清洗伤口，张子清再三推阻之后被迫留下来。但是，他没舍得用，他用油纸小心翼翼地把盐包好放了起来，即使是在半夜疼得睡不着觉的时候，他也没碰大家送他的这些盐。后来，他把自己积攒许久的盐送给了广大战士，就这样，他用自己的疼痛抚慰了其他伤员的伤口和内心。

艰苦奋斗的井冈山精神是革命胜利的力量源泉。"历览前贤国与家，成由勤俭破由奢。"因此，我们要坚持和发扬艰苦奋斗的精神，坚决抵制官僚主义、享乐主义、形式主义和奢靡之风，把艰苦奋斗渗入到每个人的血液里，融入每个人的实践中，让艰苦奋斗在社会中蔚然成风①。

（五）井冈山精神是实现中国梦的强大精神支柱

井冈山精神，是革命的灵魂，成功的法宝力量的源泉。中华民族的崛起，依靠的正是勤劳勇敢的历史文化传统和井冈山艰苦奋斗的革命精神。"中国梦"凝聚了千百年来中华儿女的伟大梦想，这个梦想的实现既要坚持以爱国主义为核心的民族精神，也要坚持以改革创新为核心的时代精神，尤其要坚持以艰苦奋斗为核心的井冈山精神②。中华民族的崛起靠的不是侵略别人或者深厚的家底，正是老一辈革命家的艰苦奋斗和共产党人的抛头颅洒热血才建立起一个焕然一新的新中国，发扬井冈山精神的信念价值，才能坚定实现中国梦的信心；其次，发扬井冈山实事求是的精神，才能为实现中国梦打下坚实的基础；再次，发扬井冈山勇闯新路的精神才能探索到实现中国梦的正确道路；第四，发扬井冈山以人为本的精神才能为实现中国梦凝聚力量；最后，发扬井冈山艰苦奋斗

① 曹蓉玫. 论井冈山精神的时代价值，党史文苑，2003 年第 5 期。

② 余品华，尹世洪. 井冈山精神：中国革命精神之源及其时代价值，江西社会科学，1996年第 12 期。

的精神，才能为实现中华民族的伟大复兴积聚最深厚最持久的精神动力。总之，井冈山精神并没有过时，领会并发扬不朽的井冈山精神，才能为实现中国奉献青春。

马克思主义学院 2018 级硕士研究生张建丽

井冈山精神与红船精神、延安精神、
西柏坡精神比较研究

一、共产党人精神具体产生背景及其内容

世界上任何一个政党都不能离开其先进文化精神，只有拥有精神文化的支撑，才会成为一个有凝聚力，有生命力的政党。在中国共产党发展至今的九十八年中，无数历史革命伟人留下了宝贵的、数不清的精神财富，从红船精神到二七精神、井冈山精神、长征精神、西柏坡精神直到新中国成立后"两弹一星"精神、雷锋精神、载人航天精神、抗震救灾精神等等。所有这些精神都是中国共产党人及其领导的广大人民群众在九十八年革命历程中，面对时代背景的变化而形成的品质，也正是这些精神成了区分中国共产党与世界上其他党派的重要标志之一，彰显了中国共产党人的独特智慧。下面就新中国成立前革命历程中这四大重要精神进行解读，即井冈山精神、红船精神、延安精神、西柏坡精神的具体背景内容进行具体比较分析。

（一）井冈山精神

井冈山精神是我们党在井冈山斗争的艰苦岁月中形成的，它不但是井冈山军民克敌制胜的强大精神支柱，也激励着一代又一代革命者前仆后继，成为长征精神，正安精神等革命精神的重要源头。

土地革命时期，以毛泽东同志、朱德同志为代表的老一辈无产阶级革命家，在秋收起义和南昌起义遭到严重挫折的情况下，把马克思主义基本原理同中国革命具体实践相结合，率领工农革命军进军井冈山，在白色政权的四面包围之中建立起全国第一个农村革命根据地。在物质条件极度匮乏的情况下，党领导红军连续击退了反动势力的四次"进剿"和三次"会剿"，历经大小战斗近百次，积累了丰富的军事斗争经验，创设了一整套红军建军原则，提炼了红军游

击战争的战略战术①。毛泽东在井冈山这块红色的热土上，在悉心研究中国国情的基础上对井冈山斗争的丰富实践经验进行了科学的理论概括，写出了《中国的红色政权为什么能够存在?》《井冈山的斗争》等光辉著作，创立了中国革命关于红色政权的理论，提出工农武装割据思想理论，在中国共产党发展历程中具有重大的转折意义。

而井冈山精神就是建立在这样的历史背景上的，那么，什么是井冈山的精神呢? 习近平总书记在 2016 年前往江西考察时，用四句话指明了井冈山精神的内容：坚定执着追理想、实事求是闯新路、艰苦奋斗攻难关、依靠群众求胜利。这短短的 28 个字高度概括了井冈山斗争时期的革命历史精神实质。井冈山精神从孕育发展到成熟的过程，都充分体现了上述精神实质，人们坚定对革命胜利的信心，不怕苦不怕累地完成了根据地的建立，开辟了一条崭新的道路。井冈山精神蕴藏了以毛泽东同志、朱德同志为代表的老一辈无产阶级革命家对国家前途、民族命运的艰辛探索和对社会理想、人生价值的深层思考，对中国革命的历史进程产生了广泛而深刻的影响。

（二）红船精神

众所周知，1921 年 7 月，中国共产党第一次全国代表大会因遭法租界巡捕的袭扰，从上海转移到嘉兴南湖的一条游船上继续举行。就是在这条游船上，伟大的中国共产党诞生了，中国革命的航船，从这里扬帆起航，这条游船也被后人称之为"红船"。近代以来，中国陷入了半殖民地半封建的社会状态，几次中国革命的失败，伴随着马克思主义的传入和工人阶级的崛起，呼唤先进的无产阶级政党的产生。因此，红船产生了，中国共产党也成立了。

简言之，红船精神就是共产党人敢为人先的开天辟地的首创精神。习近平在《弘扬"红船精神"，走在时代前列》一文中，概括红船精神为：坚定理想、百折不挠的奋斗精神；立党为公、忠诚为民的奉献精神。的确，这条红船代表着的是中国共产党的成立，红船精神更是中国共产党革命精神的源头。

（三）延安精神

延安精神形成于抗日战争时期，是中国共产党人在吸收中华民族优秀传统文化和中国共产党人优良作风基础上，在抗日战争时期的延安特定时空条件下形成的一种革命精神。延安时期，是我国从土地革命战争向抗日战争转折的关

---

① 郭向荣，马永红，万桃涛. 试析红色资源的精神实质及其现实意义，沧桑，2005 年第 4 期。

键时期。其中心任务是保卫国家，拯救民生，驱除外敌，复主权。面对这样的时代背景，也产生了相应的共产党人先进文化——延安精神。

延安精神内容丰富，2002年3月，江泽民将延安精神的主要内容概括为：坚定正确的政治方向，实事求是的思想路线，全心全意为人民服务的宗旨，自力更生、艰苦奋斗的创业精神。其中，坚持坚定正确的政治方向对于马克思主义政党来说，就是把党的最高纲领和最低纲领统一起来，依据历史发展的客观要求和广大人民群众的愿望，从实际出发确定不同历史时期的主要任务及实现这一任务的有效途径，并使自己正确的政治主张化为亿万群众的行动纲领，正是这样的纲领，为建立抗日民族统一战线建立，夺取抗日战争的胜利打下基础。

（四）西柏坡精神

1945年抗战胜利后，国民党发动内战。1947年，在国民党对陕北的大规模进攻下，党中央撤离延安，移驻河北平山县西柏坡村。三大战役胜利后，国民党军队的主力已被消灭，夺取全国胜利已成定局。正是这种革命大好形势下，我们党发出了"敢于斗争、敢于胜利"的号召。在西柏坡时期，中国共产党领导的人民革命经过28年艰苦卓绝的斗争，终于基本上完成了农村包围城市，武装夺取政权的历史使命，新中国黎明的曙光已在东方闪烁。在工作重心即将由农村向城市，由革命党向执政党、由夺取政权向建设国家的历史性转变的关键时期，中共七届二中全会在河北西柏坡召开。在这一重要关头，毛泽东高瞻远瞩地提出了"两个务必"的著名论述："夺取全国胜利，这只是万里长征走完了第一步……这一点就必须向党内讲明白，在夺取全国政权后要经受住执政的考验，务必使同志们继续地保持谦虚、谨慎、不骄、不躁的作风，务必使同志们继续地保持艰苦奋斗的作风。"① 基于"两个务必思想"，西柏坡精神渐渐发展为这样的思想：谦虚谨慎、艰苦奋斗的精神；敢于斗争、敢于胜利的精神；依靠群众、团结统一的精神。对于当今我们党的建设仍具有重大指导作用，意义非凡。

二、共产党人精神比较研究

（一）各自侧重点

因为其历史背景各不相同，精神内涵的侧重点自然不同。

1921年，中国共产党顶着风雨成立了，在党的建立的背景下，红船精神蕴

---

① 毛泽东选集（第4卷），人民出版社，1991年版，第1438-1439页。

含着更多的是对于理想信念的追求，从头开始的创新精神勇气。在土地革命时期，共产党人反围剿失败，政治方针出现错误，革命一度受挫的情况下井冈山精神更多强调艰苦奋斗的品质，哪怕睡稻草，红米饭南瓜汤的条件下，也要坚定执着的追寻理想，坚定的从事革命事业的信念。随着抗日战争的打响，中国共产党人面对国难，立即投身于抗日运动之中，领导边区军民开展了轰轰烈烈的大生产，依靠团结统一群众的民主精神把荒无人烟的南泥湾边城了陕北的江南，延安边区实现了丰衣足食。因此延安精神更多的在于团结群众，自力更生的进取精神。西柏坡时期，党所面临的革命形势是即将最后夺取全国政权以建立新中国，党的工作重心将由农村向城市转移；党的主要任务是由革命战争向和平建设转变；党所面临的全新课题是由革命党和局部执政向掌握全国政权的执政党转变。正是如此，西柏坡精神更加关注对于党的自身建设，方针的指导作用，保持谦逊的态度，永远不忘初心依靠群众的品质作风。

（二）一脉相承又相互呼应

从红船建立一路走来，截至新中国成立前的这四大精神是中国共产党人革命的精神动力，智慧结晶。尽管随着时代变化，它们各有不同之处，却有一些东西，一直被传承，从未改变。

首先是一切为人民服务的态度、依靠群众的作风。民本理念是中国共产党人的动力源泉，以民为本，顺应民意，凝聚民心，是一切革命和建设的取胜之本，是一切政权得以长期巩固和发展之本，也是一切国家得以长治久安之本。这一点体现在共产党人精神的方方面面，红船精神中便树立了立党为公，执政为民的理想信念；井冈山时期更是依靠群众"不拿老百姓一个红薯"、依靠群众求胜利的原则；延安精神，更是军民共建边区，团结人民群众齐抗日，恢复主权，击退敌人；西柏坡精神也少不了为人民服务，团结统一的精神。为广大人民利益而奋斗，紧紧依靠人民，是中国共产党立于不败之地的根本。为人民服务成就了中国共产党作为革命的胜利者，也成就了中国共产党作为建设的胜利者，把一个积贫积弱的庞大国家推进了世界发展的前列，使一个饱经外国强盗欺凌而元气大损的民族逐渐带入了复兴和辉煌①。

其次是对于理想信念的坚定追求，面对困难仍旧百折不挠，抱有对革命事业的热情奉献，致力推动中国革命事业，建立无产阶级政权而奋斗。共产党人的精神是鼓舞我们坚定共产主义理想和中国特色社会主义信念，不畏艰险、艰苦奋斗的强大精神支柱。中国革命的航船是在惊涛骇浪中到达成功的彼岸的，

---

① 曾家华：《中国共产党人的重要精神支撑》《广西日报》，2016 年 07 月 21 日。

中国改革和建设事业的航程同样不会一帆风顺。面对我国的基本国情和我们党的历史使命，我们并没有退缩，依靠着井冈山精神与红船精神、延安精神、西柏坡精神蕴含的坚定的理想和必胜的信念，不畏艰辛、励精图治的精神状态和艰苦奋斗、顽强拼搏的作风，建设期更美好更强大的中国。

最后是加强党自身的建设，坚持马克思主义方向。做到无论是从纪律上，原则上，行动指针上，思想上都在不断完善自己。特别是在革命过程中，中国共产党的党纲党纪不断严明，马克思主义思想深入人心。也是因为共产党对于自身的严格要求，坚定马克思主义的方向才取得今天的胜利。

三、井冈山精神独特价值意义

井冈山精神是中华民族几千年来积淀的优秀传统与人文精神在革命战争年代的彰显和高扬。同时，井冈山精神又是具有原创意义的当代民族精神，是无产阶级革命精神和崇高风范的体现，是中国共产党优良精神传统的基础，是中国共产党革命精神之链的伟大开端。

井冈山精神最重要的价值之一，在于它在开创中国革命崭新时期和开辟中国革命独特道路上所具有的示范性和先导性①。它不同于红船精神、延安精神、西柏坡精神等精神，它开创了中国革命道路，实现了政治理想和目标追求上高度统一，建立了革命根据地。因此，井冈山精神所具有的精神特质与品格在实现社会主义现代化的伟大历史进程中具有重要的指导意义和精神支撑作用。

作为中国革命精神的财富宝库，井冈山精神是激励全国人民建设和发展中国特色社会主义的宝贵精神活水。我们要紧密结合时代发展，结合改革开放和社会主义现代化建设的新实践，大力弘扬井冈山精神并不断赋予其新内涵，使之放射出更加璀璨夺目的光芒。

马克思主义学院 王也

---

① 姜玮，黎康：《井冈山精神的历史形成、基本内涵与时代价值》，《人民日报》，2015年04月09日。

井冈山精神与党的思想路线、思想建设

井冈山精神是中国革命在长期的艰苦斗争中形成的革命精神的精髓，而实事求是是中国共产党思想路线的核心，党的思想路线是党制定政治路线、组织路线和各项方针政策的基础，也是我们正确理解和执行党的路线、方针、政策的保证。党的思想建设的基本内容和主要任务，是用马克思列宁主义、毛泽东思想、中国特色社会主义理论体系武装全党，改造和克服党内一切非无产阶级思想；对党员进行党的基本理论、基本路线、基本纲领和基本经验的教育，保证党的基本路线的贯彻执行。党的思想建设的实质是坚持马克思主义的思想领导，保持全党在思想上政治上的高度一致和党的先进性。加强党的思想建设，最根本的是要用马克思主义理论武装全党。

一、井冈山精神的时代价值

（一）坚定理想信念，永远跟党走

胸怀理想、坚定信念正是井冈山红色文化的精髓。井冈山斗争时期，敌我力量对比悬殊，革命队伍处于白色势力四面包围之中。在如此险恶的环境中，共产党人靠的是对中国革命光明前途的坚定信念和不懈追求。有了这种崇高的理想信念，就会产生战胜困难、战胜敌人的精神力量，在战场上冲锋陷阵、英勇杀敌，在敌人的屠刀下慷慨就义、视死如归，在艰难困苦的环境中精神饱满、斗志旺盛。理想信念是最高的人生价值追求，是居于支配地位的价值观念。因而，它们对人们的思想言行具有决定性的影响，是主宰人们各项行动的精神支柱。理想信念是保持强大精神支柱的基础。过去我们党在革命战争年代从小到大，由弱变强，前赴后继，始终保持强大的战斗力，就是因为我们党有马克思主义的指导和共产主义的理想信念。

（二）求是创新，敢为人先

井冈山的斗争虽然只有两年零四个月，却有四万八千人为此献出了自己年轻又宝贵的生命。井冈山斗争时期壮烈牺牲的烈士英名录，共有 15744 位，包括井冈山革命根据地周边的 7 个县市烈士名录，也包括外省外县在根据地范围内牺牲的烈士，还有 3 万多没有留下姓名的革命烈士。井冈山被誉为"中国革命的摇篮""天下第一山"，是由无数革命英烈伟岸的身躯奠基而成的。党和红军为了人民的利益而战，井冈山人民就把革命当作自己的生命和无上光荣的旗帜。在井冈山斗争时期，根据地人民为了支援革命战争，保卫红色政权，还纷纷让自己的儿子和丈夫参加红军及地方武装。当时，到处可见母送子、妻送郎的动人场面。仅以宁冈县为例，据新中国成立后该县民政局调查统计：井冈山斗争时期的宁冈县总人口仅五万余人，而参加红军和地方武装的就有一万余人。其中，参加红军的有 3596 人，暴动队 3804 人，赤卫队 1115 人，少先队 1625 人，儿童团 1348 人。此外，还有参加之前的 4121 人，参加妇女慰问洗衣队的有 881 人。这些数据，对一个小小的宁冈县来说，简直是一个奇迹。

（三）艰苦奋斗，立志做大事

艰苦奋斗是井冈山红色文化的重要内容。建立革命根据地，离开艰苦奋斗精神是无法实现的。井冈山斗争时期，国民党军队不仅在军事上"围剿"，而且在经济上严密封锁，妄图把红军饿死、困死在井冈山。"在白色势力的四面包围中，军民日用必需品和现金的日益缺乏，成了极大问题。"[①] 为了解决红军给养，安定群众生活，巩固红色政权，边界党组织领导根据地人民自力更生，艰苦奋斗，进行了有效的经济斗争和经济建设。毛泽东、朱德等党和红军领导人身先士卒、以身作则，带领井冈山军民自己动手挑粮、种菜、编草鞋、挖草药、熬硝盐、办军械厂，克服各种困难艰险，打破重重包围封锁，巩固和扩大了井冈山革命根据地。毛泽东在 1928 年 11 月 25 日写给中央的报告中说"这样冷了，许多士兵还是穿两层单衣。好在苦惯了。而且什么人都是一样苦，从军长到伙夫，除了粮食外一律吃五分钱的伙食。发零用钱，两角即一律两角，四角即一律四角。因此士兵也不怨恨什么人。"当时，在红军中流传着一首歌谣："红米饭、南瓜汤，秋茄子，味好香，餐餐吃得精打光。干稻草，软又黄，金丝被儿盖身上，不怕北风和大雪，暖暖和和入梦乡。"这不仅是当时红军生活的真实写照，更反映了他们的革命乐观精神。进入新世纪新阶段，我国综合国力大幅度跃升，人民生活总体上实现了小康的历史性跨越，这是我们全党和全国人民长期艰苦奋斗的结果。然而与世界发达国家相比，我国经济发展仍然比较落后。毛泽东同志曾指出：战争时期有战争时期的困难，和平时期有和平时期的困难，

---

① 《毛泽东选集》（第 1 卷），人民出版社，1991 年版，第 57 页。

和平时期的困难不一定比战争时期的困难小，甚至会更大。历史告诫我们，越是胜利、成功、顺利和安逸的时候，越要保持高度警惕，保持头脑清醒。我们党是靠艰苦奋斗起家的，也是靠艰苦奋斗发展壮大、成就伟业的。在新的时代条件下更要戒奢戒侈、戒骄戒躁，永葆革命本色。

（四）依靠群众，责任过硬

在井冈山艰苦创业的过程中，中国共产党人始终关心群众，相信和依靠群众，同群众打成一片。为了人民的利益和革命事业的需要，无数革命者抛头颅、洒热血，甘愿奉献自己的青春和生命。正是因为中国共产党与人民群众血肉般的联系，才赢得了群众的拥护和支持，使得国民党反动派一进入根据地，就陷入人民战争的汪洋大海。上井冈山之初，毛泽东身背斗笠，脚穿草鞋，走遍了整个罗霄山脉，对井冈山地区的政治、经济、军事等情况进行了详细而周密的社会调查，先后写出了《永新调查》《宁冈调查》。1928 年 5 月至 7 月，边界各县掀起了全面分田的高潮，毛泽东还亲自帮助农民写分田牌。农民们欣喜地看到：毛泽东走到哪里，土豪打到哪里，田地分到哪里。他们从事实中认识到党和红军是为他们的利益而奋斗，就全力支持红军和根据地的斗争。在新形势下，我们要注重总结和发扬我们党在井冈山斗争时期的历史经验，要坚持执政为民，同广大人民群众紧紧地站在一起，紧紧依靠人民群众，与人民群众血肉相连。

（五）不忘初心，牢记使命，政治过硬

在新的历史时期，我们要结合时代的发展，结合党的历史方位和历史任务的变化，结合改革开放和发展社会主义市场经济的新实践，大力挖掘井冈山红色文化，使之在新的时代条件下放射出新的光芒。我认为我们党之所以能实现从小到大、由弱变强，跨过一道又一道沟坎，战胜一个又一个困难，取得一场又一场胜利，赢得一次又一次辉煌，就是因为从举旗的那一刻开始，始终不忘初心、牢记使命。正如习近平总书记在带领中央政治局常委瞻仰中共一大会址时所指出，唯有不忘初心，方可告慰历史、告慰先辈，方可赢得民心、赢得时代，方可善作善成、一往无前。

二、井冈山时期党的思想路线

井冈山精神的内涵有一句是"依靠群众求胜利"，即坚持群众路线，井冈山革命根据地是群众路线诞生的摇篮。人民群众是历史的创造者，是社会前进的决定力量，自古以来，中华民族古有"得民心者得天下"，今有"一切为了群众，一切依靠群众，从群众中来，到群众中去"等思想。而井冈山时期的思想路线的精髓就是坚持群众路线，在井冈山革命根据地的建设时期，群众路线得到很好的发展和执行，并且在党的群众思想发展史上起到了重要作用。在井冈山斗争时期，毛泽东带领着部队面临着内忧外患的情况，他明白了只有充分发动群众才能继续进行斗争，要把革命的火炬保存下来，因此他采取了一系列具有建设性的方法，一是提出了"支部建在连上"① 重大主张，在三湾进行著名的"三湾改编"②，确立党的领导 。二是在荆竹山雷打石上当中宣布革命军队的三大纪律，而后又发展成为我们熟知的"三大纪律，八项注意"③，明确了服务人民宗旨 。三是出台了诸如创办造币厂、开办红色圩场、设立公卖处、成立竹木委员会、开展群众性的熬硝盐运动等发展经济的政策，帮助群众发展经济。四是打土豪、分田地发动群众闹革命，确立根据地的经济基础，捍卫了群众的根本利益④。事实证明，毛泽东在井冈山采取的一系列措施不仅保护了人民群众的利益不受侵害，而且使革命战士们受到群众的爱戴和拥护，为根据地的建立打下了坚实的群众基础。

群众路线是中国共产党革命和建设事业审理的基础，也是井冈山革命斗争顺利开展的基础。"真正的铜墙铁壁是什么？是群众，是千百万真心实意拥护革命的群众。"⑤ 中国共产党能够取得井冈山革命斗争的胜利，最根本的是人民群众的领导，"边界的斗争，完全是军事的斗争，党和群众不得不一齐军事化，怎样对付敌人，怎样作战，成了日常生活的中心问题。"⑥ 由此可见，井冈山斗争时期，军民真正打成一片，合力打击反动派敌人，人们常常形容这种关系叫作"鱼水"关系。正是因为在井冈山革命斗争的初期打下了坚实的群众基础，才会有后面工作的顺利开展。《红军第四军司令部布告》中明确宣称："红军宗旨，民权革命"，"革命成功，尽在民众。"⑦ 红色政权建立的地方都是群众基础好的地方，因此，群众路线是井冈山革命斗争能够取得胜利的最重要的法宝。

三、井冈山时期党的思想建设
必须毫不动摇坚持思想建党原则。在井冈山时期，毛泽东同志等就认识到

---

① 《中国共产党 90 年主要成就与经验》，党建读物出版社，2011 年版，第 165 页。

② 《中国共产党 90 年主要成就与经验》，党建读物出版社，2011 年版，第 165 页。

③ 《中国共产党 90 年主要成就与经验》，党建读物出版社，2011 年版，第 170 页。

④ 曾锐冲. 井冈山斗争时期党的群众路线及其现实价值 [J]. 党史文苑，2015（02）：49-51.

⑤ 《毛泽东选集》（第 1 卷），人民出版社，1991 年版，第 139 页。

⑥ 《毛泽东选集》（第 1 卷），人民出版社，1991 年版，第 63 页。

⑦ 李小三. 井冈山精神与中国共产党，中国井冈山干部学院学报，2012 年第 1 期。

党处在农村环境和农民出身党员在党内占大多数的情况下，要克服党内各种非无产阶级思想，必须加强"无产阶级思想领导"，即加强思想建党。把党的思想建设置于党的建设首位，是针对当时党的组织基础的特殊情况下，如何保持党的无产阶级的先锋队的性质，即党的先进性的建党原则。当年，通过确立思想建党原则，对全党进行共产主义理想教育、革命人生观教育，使广大党员牢固树立坚定的革命信念，增强党性观念。由各个时期特殊的国情和党情所决定，我们党把马克思主义关于思想建党的理论适用于党的建设的具体实际，始终把思想建设摆在党的建设的首位，坚持用马克思主义理论武装全党，统一全党的思想。党的建设包括思想建设、组织建设、作风建设等，把党的思想建设放在党的建设的首位，是我们党自身建设的一个优良传统和鲜明特色。而先进性是马克思主义政党的本质特征，是党的生命所系、力量所在，是党的建设的主题，也是一个严峻的时代课题。重视在思想上建党是党始终保持先进性的根本保证。①

新时期，加强党的思想建设，就是要以习近平新时代中国特色社会主义思想武装全党，夯实基础，应用于实践，时刻不忘中国共产党在各个历史时期提出的思想建党的方针和政策，尤其是井冈山斗争时期实行的措施，这对于新时代建设党的伟大工程具有重大推动作用。

马克思主义学院 陈俊男

---

① 李小三：学习借鉴井冈山时期思想建党的经验 切实加强党的思想建设，党史文苑，2011 年第 2 期。

坚持践行"群众路线"这条生命线

——井冈山上话初心

十八大以来，国家领导人习近平先后多次在不同的场合提到了"不忘初心"。

在 2016 年 2 月初习近平不远万里，风尘仆仆，第三次踏上井冈山，这次他在瞻仰八角楼旧址时感叹道："行程万里，不忘初心。"这是习近平在作为党和国家最高领导人任职期间第一次提到"不忘初心"。之后，他在其他不同场合相继提到"不忘初心"。在庆祝中国共产党成立 95 周年大会上的讲话，习近平总书记提到了"不忘初心，继续前行"①，在这次"七一"讲话中，习近平在报告中一共 8 次提到了"不忘初心"。2016 年七月底，习近平在宁夏考察时，提出"缅怀先烈，不忘初心，走好新的长征路。"

在 2017 年 10 月 18 日，全国第十九次代表大会上，习近平提出了"不忘初心，牢记使命，砥砺前行"。并且，全面地阐释了"初心"。这里的初心，是中国共产党人的初心和使命，就是为中国人民谋幸福，为中华民族谋复兴。这个初心和使命是激励中国共产党人不断前进的根本动力。

那么，习近平作为党和国家最高领导人，他为什么会在井冈山这样的场合第一次提到"不忘初心"呢？我想，这不仅是有感而发，同时也体现了他对这片土地的深刻认识和理解，体现了他的忧民爱民之心，体现了中国共产党人高度的历史自觉和强烈的使命意识。

翻开中国近代史或中国共产党的革命斗争史，井冈山，这个名字永远都闪耀着夺目的光辉。因为，井冈山是中国革命的摇篮，它是中国共产党的精神家园，它是见证中国共产党与民同舟共济、同甘共苦的第一块革命沃土，它是中国共产党人寻觅初心的精神圣地。

---

① 习近平：《在庆祝中国共产党成立 95 周年大会上的讲话》，人民出版社，2016 年版，第 7 页。

一、井冈山革命根据地是深深扎根于人民的红色革命根据地

井冈山这片红色革命根据地的开辟，是中国共产党在生死攸关的革命形势之下毅然抉择的。毛泽东在领导秋收起义之后起义军队在面临着军队数量和武器配给都数倍于己的敌人的情况下，节节败退，军心溃散，不得不放弃会攻长沙的计划。率部转移，退兵文家市。在权衡诸多利弊之后，决定率部进入井冈山，开辟中国共产党第一个红色革命根据地，实现工农武装割据，建立起第一个人民当家作主的新政权。

井冈山革命根据地是一个深深植根于人民的革命根据地。毛泽东在上井冈山时就说："我们共产党，有主义、有政策，天下穷人都站在我们一边，只要我们大家依靠群众，团结奋斗，积蓄力量，待机消灭敌人，最后胜利一定是我们的。"①"群众路线"初步形成于中国共产党开辟井冈山革命根据地时期。这是中国共产党早期在探索与实践当中积累下的宝贵财富。

第一，井冈山革命根据地的建立全面依靠群众。首先，井冈山这片革命根据地的开辟，就是基于当地群众的支持和拥护。在毛泽东领导的秋收起义军余部踏上井冈山之前，井冈山这片土地便是有民意基础的，在当地群众中间具有很高的影响力，而且，袁文才还是一名共产党员。同时，王佐虽是占山为王的土匪，但在当地也并非为祸一方的匪患，是具有很好的民意基础的。在毛泽东率部上山之前，他是经过了二人的同意和认可的。得到了此二人拥护，便间接地也就获得了当地百姓的认可。之后，团结袁文才、王佐二人，改造他们的部队，并成功地将袁、王二人改造成"革命的山大王"。为创建井冈山革命根据地打下了坚实的群众基础，创造了良好的群众条件。其次，中国共产党领导下的工农红军坚持以人民群众的利益至上，制定规章纪律。在井冈山，毛泽东起草并颁布了"三大纪律，六项注意"，严守纪律和规矩，最大限度地团结和发动群众。1927年10月23日，毛泽东在江西省遂川县荆竹山动员部队向井冈山进发时，站在雷打石上首次规定了三项纪律，第三是"不拿老百姓一个红薯"，足以看出，这支工农革命军团结人民的严正态度和决心。1928年1月，部队进驻遂川县城，部队分散到县城周围农村发动群众，有些士兵对小商小贩的东西采取没收的行为。1月24日毛泽东在遂川县李家坪提出了六项注意："还门板；捆铺草；说话和气；买卖公平；不拉夫，请来夫子要给钱；不打人骂人。"纵观这"六项注意"，项项与民息息相关，语言通俗亲民化，毋庸置疑，共产党领导的

① 《毛泽东文集》（第1卷），人民出版社，1993年版，第274页。

军队是处处维护和实现人民的利益。这"三大纪律，六项注意"最后发展成为"三大纪律，八项注意"，成为共产党领导的军队的铁律。有了严密的组织纪律，使共产党领导的人民军队更加正规化，赏罚分明，得到了更多、更大范围的人民的拥护和爱戴。再次，井冈山革命斗争的开展，便是团结和发动群众，进行革命斗争。毛泽东将"群众路线"看作党的生命线和根本工作路线，提出"花10%的时间去打仗，用90%的时间去做群众的工作"。有力地宣传群众、组织群众，深入田间地头做群众工作，解决人民群众的问题。共产党设身处地为人民着想，为当地百姓谋福利，与民同袍，与民同甘共苦。正如朱德所说："我们要与群众有盐同咸，无盐同淡。"[①] 与人民群众同呼吸，共命运，正是这样与民同舟共济的情谊，使得中国共产党和工农红军在井冈山深得人心，井冈山革命根据地才能得以建立、巩固、发展壮大。另外，坚持人民利益至上的原则，进行决策，制定根据地的政策、方针。在井冈山，解决了一个事关农民百姓切身利益的问题，即土地革命。在扎根井冈山之后，毛泽东亲自下乡、深入群众，搞调查研究，了解当地的土地占有情况。再做出"打土豪、分天地"的决策。1928年冬制定了《井冈山土地法》，这是中国共产党坚持武装割据后颁布的第一部土地法，得到了广大人民的拥护和支持。这是井冈山根据地生存的基础和保证，是人民群众拥护共产党的力量之源。最后，井冈山斗争时期，实现了军民同心，共御外侮的场面。当时，军民团结，前后共成功地打退了敌人四次围剿。其中，最为经典的战役当属为人们耳熟能详的黄洋界保卫战。反动派趁井冈山红军主力外出，出兵直入井冈山腹地，井冈山地区群众闻讯连夜上山与红军并肩组建防御公事，伐竹削钉，布置防线。黄洋界保卫战的胜利不仅是以少胜多的经典战例，同时，也是井冈山工农红军与井冈山人民同仇敌忾，抵御外敌入侵，保卫家园的经典案例。体现了井冈山革命斗争时期中国共产党领导的军队与井冈山人民之间的鱼水之情。

第二，井冈山人民为井冈山革命斗争做出了巨大的牺牲。据史料记载，在井冈山的斗争中共计牺牲人数达4.8万人，有名有姓的只有15744人，其余的最后连姓名都没有留下。其中，不乏井冈山的人民群众。井冈山地区的群众，曾一度丧失了家园，在国民党反动派围剿的过程中死在了敌人的屠刀下，家破人亡，妻离子散，流离失所者多矣。井冈山人民为中国新民主主义革命牺牲了太多，可以这么说，没有井冈山人民群众的牺牲，就没有井冈山走出来的那一把星星之火，也就无法在全中国掀起燎原之势。是井冈山人民用他们的朴实和勤

---

① 刘同德：红色基因里的大视野，青海师范大学学报，2016年第5期。

劳，智慧和鲜血孕育了这点星星之火。

第三，井冈山革命根据地的陷落。随着第五次反围剿的失败。伴随着袁文才和王佐两位革命人士被错杀，使红军井冈山这片革命根据地失去了民心、丧失了民意基础。自此，井冈山已无红军的立足之地。工农红军不得不率部进行军事战略大转移。

第四，井冈山革命根据地的恢复和重建。在离开井冈山以后，党中央先后几次派人回到井冈山以图恢复井冈山革命根据地建设。然而，事与愿违，袁文才、王佐的错杀在井冈山人民的心里留下了心理阴影，井冈山人民再不愿意接纳军队的入驻。这也印证了中国共产党与老区人民之间的关系，党和军队在人民群众的事上所犯下的错误都会影响人民群众对党和军队的看法。

二、"群众路线"在不忘初心中的地位

"群众路线"是不忘初心的生命。群众路线作为毛泽东思想"活的灵魂"之一，在井冈山革命斗争时期，就已经发挥出强大的生命力，具有不可替代的作用。

"得人心者得天下。""群众路线"奠定了井冈山农村革命根据地的群众基础，为井冈山革命根据地的创建打下了良好的民意条件，也为井冈山革命根据地的壮大积蓄了物质力量，同时，也为工农红军进行长期的武装割据提供了人员储备，极大地壮大了地方工农武装和工农红军的战斗实力。孙子云：天时、地利、人和。在那个战火纷飞的年代里，井冈山人民倾尽所有支援红军，不惜生命为红军战士们送衣送粮。其中根本就是工农红军是人民的军队，是以为人民服务为宗旨的党和军队。在中国共产党领导下，打土豪、分田地，给了人民群众生存的权利，使中国共产党赢得全民拥护①。人民群众的拥护为革命斗争创造了一个非常有利的良性环境，为中国共产党领导的军队夺取全中国的胜利创造了条件。

对于新时代的共产党党员干部来说，坚持走群众路线，不忘这样的初心，就是坚持为人民服务，它是实现中华民族伟大复兴这个远大理想的根本动力、是保证党员干部保持求真务实、实事求是的根本着力点。

中国共产党人的不忘初心，就是从群众中来，到群众中去。坚持践行群众路线，密切联系群众。群众的拥戴是党和军队始终立于不败之地的不二法宝。井冈山农村革命根据地的探索和建立是一个伟大的开篇，对发动群众建立根据

---

① 刘同德：红色基因里的大视野，青海师范大学学报，2016 年，第 5 期。

地积累了宝贵的经验。井冈山保存了革命的火种，后来的军事战略转移，把革命的火种带到了全国的四面八方，后来，在中国共产党的领导下，在全国范围内建立了众多农的村革命根据地，一块又一块农村革命根据地的建立，都是与民融合的推进和团结，最终，成功地实现了毛泽东"星星之火可以燎原"的著名论断，赢得新民主主义革命的胜利，解放了全中国。

井冈山斗争时期走出去的革命英雄们成为抗日战争、解放战争的中流砥柱，为新中国的成立立下了汗马功劳，很多人还参加了新中国的建设，成了治国理政之才。这是井冈山斗争时期发动群众，密切团结群众，发掘和培养人才，为建立新中国的胜利奠定了良好的人才基础。中国共产党的党员干部都是来自群众，中国共产党和群众是鱼与水之情，不可分割，党和群众就是你中有我，我中有你，党和群众互相依靠，不能离分的情谊，一直被谨记恪守。

毛泽东同志指出："共产党人的一切言论行动，必须以合乎最广大人民群众的最大利益，为最广大人民群众所拥护为最高标准。"① 回顾历史，我们很容易就能发现，从井冈山走向全中国的革命队伍，不管在什么时候，在什么地方，一直坚持践行"群众路线"。团结群众、发展群众、依靠群众，是中国共产党所在之处开展工作的首要任务，"群众路线"，都是中国共产党战胜困难的不二法门。总而言之，"群众路线"是中国共产党人"不忘初心"的生命线，共产党人一直都对革命抱定必胜之心，除了具有坚定的革命信念之外，那就是共产党是一心一意为人民的党，在他们的身后，有千千万万的人民群众的支持和拥护，我相信，在当时那个年代，许多志愿加入中国共产党的人一样是为了替千千万万的劳苦大众着想、为共产党崇高的为人民服务的理念所折服，因此而加入中国共产党的。同时，在进行革命斗争的过程中，对马克思主义抱有坚定信仰，全心全意为人民服务，坚定不移地团结和依靠人民群众、走"群众路线"，不忘初心，慷慨地投身革命。使中国共产党从羸弱的开始成长、壮大、变得强大，领导人民进行革命、建设、改革，战胜了千险万难，取得今天的千秋功绩。

十八大报告指出："坚持以人为本、执政为民，始终保持党同人民群众的血肉联系。为人民服务是党的根本宗旨，以人为本、执政为民是检验党一切执政活动的最高标准。任何时候都要把人民利益放在第一位，始终与人民心连心、同呼吸、共命运，始终依靠人民推动历史前进。"

可以说，没有人民群众的支持和拥护，就没有井冈山革命根据地，就没有中国共产党的今天。毫无疑问，恪守"群众路线"这条生命线，是党的初心，

---

① 《中国共产党第十八次全国代表大会文件汇编》，人民出版社，2012年版，第47页。

是不可懈怠、不容丝毫忽视的初衷。只有不忘初心，坚定不移地践行"群众路线"，保证人民群众的利益，才能保证中国共产党执政之下的长治久安。

三、不忘初心，新时代应继承和发扬"群众路线"，坚持人民利益至上的原则

纵观中国共产党的革命斗争史，其实也是一部团结和发动群众，坚持革命斗争的血泪史。人民群众运用他们的智慧和创造力，养育了中国共产党和人民军队。

居安思危，党员干部要具有危机意识。中国这个文明古国一路走来，多难兴邦。十八大以后，习近平着手全面整治中国共产党面临的"四大危险"。"四大危险"之一便是"脱离群众"。中国共产党是依靠群众才取得了今天如此卓越的成就，切勿忘记。毋庸讳言，社会转型时期出现的信仰扭曲或缺失，是需要时刻警惕的。一系列错误的脱离群众的意识形态都不利于党和国家的良性发展，对过去的错误务必牢记并时刻敲响警钟。脱离群众，就是自绝生存之地，无异于自掘坟墓，这样的错误是每一个共产党员都必须时刻警惕的。古语有云：水能载舟亦能覆舟。中国共产党和人民的关系亦是如此。

党在不同的时期，对践行"群众路线"有新的要求。但是，始终坚持人民利益至上的原则，这个原则无论在哪个时期都不会过时的。在党员干部参与决策、处理政务的时候，应当时刻牢记，是否将人民群众的利益放在了首先考虑之列？是否触犯到人民群众的利益？人民群众的事儿没有大事儿小事儿之分，没有巨细之别，应当着重对待。怎样才能遵循人民利益至上的原则，井冈山革命根据地的开辟时刻警示我们，在工作、决策、处事的时候，务必坚持贴合群众、密切联系群众，征求群众意见，深入调查研究。

十八大以来，习近平总书记多次提到"不忘初心"，多次谈论起最放心不下的还是贫苦的困难群众，最牵挂的还是困难群众。中国共产党在新时代，更加关注于提高人民生活水平，满足人民对美好生活的向往。

第一、不忘初心，坚持践行"群众路线"，全面建成小康社会，这是当前与民息息相关的大事，也是中国共产党执政为民的高度体现。在当今世界上，将全面实现小康作为国家战略的政党，唯有中国共产党。十九大的召开，分析了我国主要矛盾的转变，即中国特色社会主义进入新时代，我国社会主要矛盾已经转化为人民日益增长的美好生活需要和不平衡不充分的发展之间的矛盾。全面建成小康社会，也就是为了消灭当前存在的发展的不平衡、不充分，提高了人民生活水平。这就是中国共产党"不忘初心"，一心为民的真实体现。中国共产党扎根于人民，来源于人民，服务于人民，这是中国共产党执政的鲜明特色，也是最有别于西方国家的执政理念的地方，这也将成为中国共产党长期执政的坚实基础。现如今，全面实现小康社会进入决胜阶段，这是中国共产党在新的时期对人民群众的殷切关怀和实际践行。

第二、不忘初心，坚持践行"群众路线"，实现中华民族的伟大复兴。实现中华民族的伟大复兴，这是关系民生，关系民族、关系国家未来发展的大事。中国特色社会主义步入新时代。仍然要始终坚持人民利益至上的原则。面对不同时期出现的新情况新问题新任务，党员干部都要努力践行以人民为中心的发展思想，坚持走"群众路线"，进一步提升群众的获得感和满意度。中国共产党是以思想建党，具有组织优越性，思想先进性。入党前必须具有思想认同，具有同样的信仰，同样的价值观念。将人民利益置于首位，就是加入中国共产党的思想前提。想要真正成为一名中国共产党人，必须要具有足够高的意识和觉悟。组织上入党一生一次，思想上入党一生一世。在加入中国共产党之后，需要倾其一生去学习充实自身的思想头脑，提高思想水平，提升党性觉悟。然而，对群众利益至上的认识，是每一个共产党员安身立命之本。要实现中华民族的伟大复兴，就需要党和人民戮力同心，不忘初心，坚持践行"群众路线"这条生命路线。

第三、不忘初心，坚持践行"群众路线"，实现人类的终极目标——人的自由。马克思主义哲学的终极目的，就是达到人的本质的全部实现，达成人的自由，达到全然为人的生存状态。这个终极目的也是中国共产党的终极目的，这个终极目的本身就是与人民利益相依存，这是二者共同的目的。毫无疑问，共产党和人民群众自始至终都是处在同一阵营里，人民的利益就是共产党的最高利益。中国共产党领导的人民军队推翻封建主义、官僚主义、资本主义三座大山，解放全中国，取得新民主主义革命的胜利，建立社会主义国家，努力实现共产主义，达致人的自由。现如今，随着我国经济的发展，人民生活水平的日益提高，我国的主要矛盾发生了变化。决胜全面实现小康社会为期不远，即将向着中华民族的伟大复兴的方向去努力。这一切，都是紧紧围绕着整个中华民族、整个国家的人民群众而立下的目标，这就是未来"群众路线"的有力指向，这就是不忘人民群众的初心。不忘初心，永远坚持践行"群众路线"这条生命线，实现人类的终极目标——人的自由，达到人的本质的全然实现。不忘初心，坚持践行"群众路线"这条生命线，国运必将恒久昌盛，中华民族将永远自信地立足于世界民族之林。

马克思主义学院　王强

井冈山时期毛泽东领导政权建设的基本经验和现实启示

1927 年 10 月，毛泽东率领秋收起义的部队到达江西井冈山，先后在宁冈、永新、茶陵、遂川等县恢复和建立了党组织，发展武装力量，开展游击战争，建立红色政权，实行工农武装割据，创立了党领导下的第一个农村革命根据地——井冈山革命根据地。在井冈山革命根据地，毛泽东采取了一系列措施来恢复和建设民主政权。

一、正确处理党政关系

在边界斗争初期，苏维埃政权内部存在着一些不尽人意的地方。一是以党代政，党政不分。"许多事情为图省便，党在那里直接做了，把政权机关搁置一边"，结果造成"党在群众中有极大的权威，政府的权威却差得多"①。边界的红色政权建设由于党政不分的现象而受到了严峻考验。这种党政不分、以党代政的偏向，使得党和政府之间的权威相差甚远，从而出现了群众遇事找党而非政府的现象，这就使党的组织忙于政权机关的事务工作，削弱了党的领导，而且也必然限制了政权机关的积极性，降低了苏维埃政权的作用，肯定不利于根据地政权的健康发展。二是党不领导政府，党不理政。"政权机关里的党团组织有些地方没有，有些地方有了也用得不完满"②。为了纠正这两种极端偏向，毛泽东和边界前委在年月日起草的《井冈山前委对中央的报告》中对党政关系做了明确规定：一要加强领导，"以后党要执行领导政府的任务"，在执行命令的时候必须通过政府的组织来实行，这是我党历史上最早提出的"党政分开"的思想。二要改善党的领导，"党的主张办法，除宣传外，执行的时候必须通过政

---

① 《毛泽东选集》（第 1 卷），人民出版社，1991 年版，第 73 页。
② 《毛泽东选集》（第 1 卷），人民出版社，1991 年版，第 73 页。

府的组织。国民党直接向政府下命令的错误办法，是要避免的"①。在党政关系问题上，后期逐渐明确了以下几点：（1）党不应当代替苏维埃、代替政府工作；（2）党要领导政府工作，但不应直接向政府下命令；（3）党要通过政府机关进行工作，只能通过党团的作用影响政权机关的工作；（4）党对政权工作的领导应以组织上的严格分工为前提；（5）党对政权工作的领导主要是政治领导，是对一切最主要的政策的领导；（6）要建立坚强有力的苏维埃，健全苏维埃的组织与工作，充分发挥政权机关的职能与作用。这些思想和原则，今天对于我们进一步理顺党政关系，改善和加强党对政府工作的领导，推进社会主义民主政治建设，仍具有现实的指导意义。

二、实行民主集中制

毛泽东在红色政权创建之初，就主张在政权中要实行"民主集中主义的制度"。他指出："民主集中主义的制度，一定要在革命斗争中显出了它的效力，使群众了解它是最能发动群众力量和最利于斗争的，方能普遍地真实地应用于群众组织。"② 在井冈山斗争初期，政府机关不重民主，独裁专断的事时时发生。在当时的军队中，不管是工农群众还是党员，大多数人对于苏维埃意义还没有正确的认识，当然，更不会懂得工农兵代表会是当时的最高权力机关。鉴于之前在其他根据地出现的一系列民主政治的问题，井冈山革命根据地在红色政权建设中，边界党除了注意充分发挥各级苏维埃代表会议的权力作用外，还注意健全各级苏维埃执行委员会的民主集中制，首先是对当地的人民群众不断进行民主集中主义的宣传，加强他们思想上的感知力，在制度上制定详细的各级苏维埃组织法，并在实际斗争中吸引广大工农兵群众参加政府工作。同时还应注意健全各级苏维埃执行委员会的民主集中制，改变"民主集中主义，在政府委员亦用得不习惯"的状况，对少数苏维埃政府中的贪污腐化分子进行彻底的清理，以保持代表会组织法（依据中央的大纲），把以前的错误逐渐纠正。红军中的各级士兵代表会议，现亦正在使之经常建立起来，纠正从前只有士兵委员会而无士兵代表会的错误③。后来，毛泽东总结说："新民主主义的政权组织，应该采取民主集中制，由各级人民代表大会决定大政方针，选举政府。它是民主的，又是集中的，就是说，在民主基础上的集中，在集中指导下的民主。

① 《毛泽东选集》（第1卷），人民出版社，1991年版，第73页。
② 《毛泽东选集》（第1卷），人民出版社，1991年版，第72页。
③ 《毛泽东选集》（第1卷），人民出版社，1991年版，第72页。

只有这个制度，才既能表现广泛的民主，使各级人民代表大会有高度的权力，又能集中处理国事，使各级政府能集中地处理被各级人民代表大会所委托的一切事务，并保障人民的一切必要的民主活动。"①

三、整顿组织，纯洁队伍

在井冈山时期，有些政权机关没有健全的代表会议作依靠，缺乏群众监督，造成了办事脱离群众，甚至滥用和贪污经费的现象。"现在民众普遍知道的工农兵政府，是指委员会，因为他们尚不认识代表会的权力，以为委员会才是真正的权力机关。没有代表大会做依靠的执行委员会，其处理事情，往往脱离群众的意见，对没收及分配土地的犹豫妥协，对经费的滥用和贪污，对白色势力的畏避或斗争不坚决，到处发现"②。毛泽东发现这种现象后，下令逮捕了带头贪污腐败的人，公审后将他们处决。边界红色政权在建立过程中，因为斗争的复杂性，以致一些小地主、富农和投机分子乘机混入党内，并用骗术钻入了政府机构，特别在乡政府一级，小地主、富农挂起红带子，装得很热心，用骗术钻入了政府委员会，把持一切，使贫农委员只作配角。这给红色政权造成了严重危害。出现这种情况的原因是由于湘赣边界的地主富农利用红四军刚到边界，农民对于工农兵政府为"何物"还不了解而"钻入"政权组织中为自己谋利益。他们在党和红军面前装作已"改邪归正"，实际上妄想凭着骗术继续支配农民群众为他们辛苦劳动，受他们剥削。只有整顿好了政权组织，把这些异己分子撵出政府机关才能保证农民群众的利益不受侵害。因此，为了巩固红色政权，清除投机分子，以纯洁内部，湘赣边界党和政府对政权机关进行了组织整顿。一是发动群众在实际斗争中，识别少数混入苏维埃政权中的投机分子，"只有在斗争中揭破了他们的假面，贫农阶级起来之后，方能去掉他们"；二是对被小地主、富农和投机分子把持的苏维埃政权，进行重新改组，限制苏维埃的代表和委员之成分与质量，选出代表，增加工人和农民成分，重组苏维埃，并"制定详细的各级代表会组织法（依据中央的大纲），把以前的错误逐渐纠正"，"反对富农秘书长把持，实现一切政权归苏维埃。"明确各级党部与各级苏维埃的关系，"免除党即政府的弊病"；三是解决土客籍矛盾和克服地方主义。四是厉行"洗党"，对党员成分加以严格限制。"永新、宁冈两县的党组织全部解散，重新登记"。经过以上措施，边界政府贪污腐化分子明显减少，政权内部开始纯洁。

---

① 《毛泽东选集》（第2卷），人民出版社，1991年版，第1057页。

② 《毛泽东选集》（第1卷），人民出版社，1991年版，第72页。

四、井冈山革命根据地政权建设的现实启示

井冈山斗争时期民主政权建设的丰富经验，闪烁着马克思主义的思想光辉，开创了中国革命的民主政权建设之先河。九十年过去了，在建设有中国特色的社会主义的今天，我们重温毛泽东的政权建设思想，对于搞好我国的政治体制改革，兴利除弊，是有着重大的现实意义的。

（一）加强党的执政能力建设

在创建井冈山革命根据地时期，通过总结根据地建设的经验，毛泽东等中央领导人提出了"党要领导政府""真心实意地为群众谋利益"和"共产党组织的有力量和它的政策不错误"等一系列思想，在革命战争年代，这些正确思想的提出，不只对于井冈山时期的革命根据地军队建设产生了深远影响，取得了中国革命战争的胜利，同时，也对我党在新的历史条件下不断加强党的执政能力建设具有十分重要的借鉴意义。在经济社会发展的新阶段，中国共产党面临"四大考验""四大危险"，这一系列问题的出现，要求我们党必须要借鉴井冈山革命斗争时期以及革命和建设时期中国共产党执政的经验教训，不断加强党的建设。

当前我国正处在改革发展的关键转折时期，因此，作为执政党和国家领导核心的中国共产党，搞好自身建设尤为重要。中央苏区时期形成的苏区干部好作风，涌现出许多基层干部切实做到真心为民，密切联系群众，解决好群众利益相关的实际问题的生动案例，这为中国共产党当前开展的群众路线教育实践活动提供更多鲜活的借鉴和参考。

（二）不断完善民主政治制度

在井冈山革命根据地的创立和建设时期，根据地的党政领导充分考虑到当时当地具体的情况，结合当时革命战争的现状，不断依靠和发动人民群众，依靠人民群众的力量，真正实现和走出了一条民主道路。自此以后，几代中国共产党人矢志不渝、艰难探索，终于成功开辟了一条民主政治的新路。通过这一系列民主制度的不断完善和施行，我国的民主政治建设也在不断地完善进程中取得了显著成就，但这些成就还远远不够，在全面深化改革的历史进程中，我党必须高度重视广大人民群众的作用，尊重人民的各项民主权利，不断扩大人民群众的政治参与度。

（三）促进经济社会发展

井冈山时期提出的"有足够给养的经济力"的口号是井冈山时期边界党和

政府根据当时的战争需求，为了粉碎敌人的经济封锁、保障军需和进而稳定边界民心的一项重要举措。在当前，发展"有足够给养的经济力"的思想对于我国的社会主义建设仍具有十分重要的意义。当前，我国经济发展正处于新常态，经济增速在国际中处于合理的区间，发展方式由质量型向效率型不断转变。一方面，最重要的是不断全面深化经济体制，完成经济体制的改革，不断推进经济结构战略性调整，转变粗放型的经济发展方式。另一方面，要以人民群众的利益为重点，切实维护和实现最广大人民的根本利益，为人民群众谋福祉。不断完善社会保障体系，尊重和保障人的发展权利，进而不断促进人的全面发展。

马克思主义学院 王恒璇

黄洋界保卫战的过程、启示和历史意义

　　井冈山革命根据地是土地革命战争时期，中国共产党在湖南江西两省边界罗霄山脉中段创立的第一个农村革命根据地。1927 年 10 月，毛泽东率领"三湾改编"之后的秋收起义部队到达宁冈，先后在宁冈、永新、茶陵、遂川等县恢复和建立了党组织，发展武装力量，开展游击战争，领导农民打土豪分田地，建立红色政权，实行工农武装割据，创立了党领导下的第一个农村革命根据地。党带领工农群众在这片红色的土地上开展了为期两年零四个月的艰苦卓绝的斗争，时间虽不长，但为中国革命开辟了一条成功之路。黄洋界保卫战作为其中极为重要的一次战役，具有重要的历史意义，值得今人学习、铭记。

一、黄洋界保卫战的局势背景和过程回顾

　　黄洋界位于井冈山北面，海拔一千三百多米，重峦叠嶂，气象万千，时常弥漫着茫茫云雾，好像汪洋大海一望无际，因此得名，又名：汪洋界。其中雄峰耸立，陡不可攀，是井冈山的险要哨口之一。1928 年 7 月，中国工农红军第四军主力在湘南行动受挫之后转移到桂东，毛泽东率部赴桂东接应，包括袁文才王佐部队在内的剩余部队留守井冈山。国民党得知情况后，于八月中下旬派出湘军和赣军功五个团的兵力准备对井冈山革命根据地进行第二次"会剿"。30 日晨，湘军第八军两个团在赣军一部的策应下，向井冈山黄洋界哨口发起进攻，妄图乘虚摧毁井冈山革命根据地，并迫使我红军主力部队无法返回。

　　危急时刻三十一团团长朱云卿和党代表何挺颖在大井召开有地方负责同志和连以上干部参加的紧急会议。在这次会议上出现了两种意见，第一种认为敌军人数太多，我们最终无法守住井冈山，只能撤退。第二种意见则认为井冈山革命根据地于 1927 年刚刚建立，这是中国的第一个农村革命根据地，一旦失手，对中国革命具有毁灭性的打击，故而一定要守。经过激烈讨论，会议最终选择第二种意见，并提出"誓死坚守井冈山，与大小五井共存亡"的战斗口号。毛泽东关于坚守井冈山的指示得到透彻传达，留守井冈山的队伍再次明确了坚

守井冈山的重要意义，并得到了毛泽东对于战胜敌人的有利条件的分析指示。

接着朱云卿介绍了敌情，划分了作战任务一连配置在哨口两侧，为主要防御方向，负责阻击源头方向进犯之敌；三连两个排配置在北侧，负责阻击茅坪方向进犯之敌，一个排为营预备队，配置于指挥所附近，特务连为总预备队；二连留在三湾、汗江、九陂地区继续游击，发动群众，袭扰和牵制敌人。具体的守山方法也在会上得到决定，各连分头作了歼敌准备，地方负责同志组织根据地的赤卫队、暴动队和革命群众积极参战。人们修工事，背粮食，担任警戒，并日夜将赶削的竹钉——即把竹子砍下来，两头削尖，放到马料里浸泡，再取出炒干，其效用就如生锈的毒钉一般，插满黄洋界四周，筑下一条人民战争的"竹钉防线"。第二道防线是挖壕沟、陷阱。前两道防线共同形成敌军进攻路线上猝不及防的阻滞设施。第三道防线是滚木礌石，士兵和百姓一起准备一大段一大段的木头和大块石头在山上，固定的可以阻挡延缓进攻，并增加敌军密度减小射击难度，滚落的可以对正在山下的敌军造成伤害。第四道防线是至今仍然保存在黄洋界保卫战遗址的射击掩体，配合由竹篱笆编制而成的篱笆墙第五道防线形成对防线中士兵的保护。

8月30日凌晨，浓雾弥漫。8时许，浓雾渐散，敌人开始进攻。因为山路狭窄陡峭，两侧又设置了竹钉，敌人兵力难以展开，只能一个一个往上爬，待他们一个个进入有效射程时，朱云卿一声令下，红军的各种火器一齐开火，滚木礌石像奔泻的山洪从山顶一直滚到山下，敌人躲闪不及，伤亡惨重，丢下大批死尸退了下去。接着四个团的敌人组织了两次冲锋，又都被红军打退。整整五道防线，就地取材，配合群众，就这样挡下了一次又一次猛烈进攻，让敌军在一个上午的进攻之中没有占到任何便宜，而且死伤不少。而除了五道防线，红军战士再次商量要把老百姓家里的铁桶拿出来，将鞭炮放入其中，以等待时机燃放。经过中午的休息调整，下午，敌人孤注一掷，在集中全部火炮向黄洋界轰击的同时，又一次发起冲击。在这关键时刻，由贺子珍的哥哥贺敏学从茨坪军械处抬上一个刚刚修好的迫击炮，而这个迫击炮只有三发炮弹。然而被寄予厚望的三发炮弹并没有让人们如愿以偿，收到预想的效果，前两发炮弹被炮手发射后并未对敌军造成任何伤害，只剩下一颗，孤军奋战但却成绩斐然。这最后一颗炮弹正好砸在了敌军指挥部的旁边，轰隆一声，敌军简陋的临时指挥所被震塌，当即炸死炸伤十多人，敌团长陈纪良亦受重伤。而随着炮声的响起，红军阵地上吹起了冲锋号，守山红军带领当地老百姓在大山的各处摇旗呐喊，将铁桶中的鞭炮点燃，霎时杀声震天，密集的鞭炮声就像枪声回荡在井冈山上，人声枪声响彻整个山谷。在上午的战斗中没有占到任何便宜的敌军听到下午的炮声人声枪声，看到自己的指挥所倒塌，以为是红军主力开始反攻，特别是用兵如神的毛委员回来了，于是马上就撤回了他们的驻地。朱云卿率部奋起追击，边界各县地方武装也纷纷出动，待敌军逃回茶陵时，沿途又留下数百尸体和伤号。黄洋界保卫战就在这种情况下取得胜利。

二、黄洋界保卫战带给我们的启示

我们铭记黄洋界保卫战不是单单要获得关于此战役的历史知识，还要从这样的历史知识中获得一些感悟和启示。其中最重要的一个启示一定是：人民群众的支持才是我们获得胜利的根本。毛主席在此后的多次讲话中提道："人民，只有人民才是创造世界的动力。真正的铜墙铁壁是什么？是人民。是千百万真心实意拥护我们的人民。战争之威力存在于伟大的民众之中。"

那么回顾这段历史，老百姓为什么要维护我们的战士呢？红军在井冈山斗争时期的兵力并不庞大，老百姓又为什么衷心拥护我们的军队，支持我们的中国共产党开展革命呢？总结来或许有以下几个原因。第一是我们党领导的红军战士在井冈山革命斗争时期具有铁的纪律。1927 年 10 月 23 日，毛泽东率领秋收起义部队到达井冈山之前就到达了荆竹山，在荆竹山雷打石上毛泽东颁布了三大纪律，这三大纪律是中国人民解放军三大纪律八项注意的前身，即行动听指挥；打土豪筹款子要归公；不拿老百姓一个红薯。最后一个纪律我们可以说是群众纪律，而军队每到一处的作风都被老百姓看在眼里，这支部队和别的部队是不一样的，他们纪律严明。我们的部队每到一处还会给当地老百姓做好事，所以老百姓是把这支部队当作自己的亲人，把这支部队当作穷人的部队，纷纷义无反顾自发地加入其中，加入推翻旧政权，建立新政权的活动当中。第二个原因是我们党领导的部队具有模范的行动。以朱德军长为例，面对敌军的强大兵力和不间断的猛烈进攻，山上的士兵和百姓温饱问题急需解决，由此产生了一条挑梁小道。黄洋界水汽充足，林木茂盛，挑梁小道阴暗湿滑，陡峭难爬，只是轻装上阵没走几步就已经满头大汗，两腿发软，难以想象当年红军战士是怎样挑着两担沉重的粮食，一路从山下将这些军队的希望挑上山，还要躲避敌人的侦查和攻击的。井冈山革命斗争时期朱德已经年近 42 岁，白天还有很多革命工作等着他去做，但他还是带头把粮食等紧缺的生活必需品从井冈山脚下带到井冈山上。此时的大部分红军战士都还很年轻，他们把朱德军长的辛劳看在眼里，为了不让军长过于辛劳，他们将朱德的扁担藏起来，没想到朱德重新做了一个扁担，并特意在上面刻上"朱德扁担，不得乱拿"几个字。这就是著名的课文"朱德的扁担"的原型故事，体现了领导的率先垂范，以身作则。朱德在遂川做群众工作时遇到一位老大爷，没有力气，全身浮肿，经过询问老大爷坦白这是因为国民党军队的封锁太过严密，老百姓家里没有足够的食盐可以吃，造成身体所需的营养元素缺乏，于是致病。朱德军长当场让警卫员取回一袋熬制的硝盐送给这位老大爷，老大爷激动地双膝下跪，口喊"保佑军长，保佑红军战士"。朱德军长则对老大爷说："我们红军战士和老百姓是有盐同咸，无盐同淡"。仅从朱德军长一位革命领导者身上我们就可以很直观地看到我们的部队有着模范的行动，这是获得群众拥护的第二个重要原因。而第三个原因就是我们有好的政策。1928年，毛泽东、朱德等率领红军战士制定了中国共产党历史上第一部土地法——《井冈山土地法》。它解决了土地的没收与分配；山林的分配和竹木的经销；土地税的征收和使用等问题。但因受当时"左"倾思想的影响，这部土地法也存在一些缺陷：一是没收一切土地而不是没收公共的土地和地主土地进行分配；二是土地所有权属政府而不是属农民自己，农民只有使用权；三是禁止土地买卖。此法颁布之后打土豪分田地的活动在井冈山轰轰烈烈地展开了，土地法大纲以彻底"废除封建性及半封建性剥削的土地制度，实行耕者有其田的土地制度"为基本原则，改正了土地法的缺点，对重大政策原则问题，做了更妥善的规定。《井冈山土地法》是中国共产党在土地革命战争初期制定的第一部较为成熟的土地法。它的颁布和实施，改变了几千年来地主剥削农民的封建土地关系，从法律上保障了农民对土地的合法权益。它不仅指导了湘赣边界的土地革命斗争，而且为以后中国共产党领导进行伟大的土地革命斗争提供了宝贵的经验。

在这样的井冈山斗争时期，我们的人民群众把最后一个娃送去当红军，把最后一碗米送去当军粮，把最后一尺布缝在军章上。由此来看，铁的纪律，模范行动，好的政策三大原因，让老百姓们真正看到了红军是真正为老百姓谋利益的军队，这才获得了他们的衷心拥护，支持红军战士对敌作战，才把我们的革命根据地不断发展壮大。

三、黄洋界保卫战的历史意义

战役胜利地保卫了井冈山战略基地，为红四军主力返回，打破敌人第二次"围剿"，恢复根据地，创造了条件。1928年9月初毛泽东在返回井冈山的途中听说黄洋界保卫战取得胜利，非常高兴，欣然提笔写下了《西江月·井冈山》：山下旌旗在望，山头鼓角相闻。敌军围困万千重，我自岿然不动。早已森严壁垒，更加众志成城。黄洋界上炮声隆，报道敌军宵遁。整首诗匠心别运，画意盎然，高度概括了井冈山斗争的形势和特点。

几十年前的黄洋界的炮声就犹如共和国的奠基声，三湾改编是毛泽东人民军队思想的萌芽，黄洋界保卫战的胜利是毛泽东人民战争思想的萌芽。黄洋界保卫战是红军以弱克强、以少胜多的一个战例，虽然这次保卫战只是井冈山红军军事战争中的一次战斗，却具有十分典型的意义。它是整个井冈山斗争的一个缩影。它高度概括了整个井冈山斗争的形势和特点，敌强我弱，敌众我寡，但红军民最终能以少胜多、以弱胜强。同时也概括了在白色的政权包围中，小块红色政权区域能够存在和发展的形势，生动地表明坚持农村革命根据地的斗争对于争取革命胜利的重要意义。它是所有革命根据地能够胜利发展的生动写照。

而黄洋界保卫战承载和传承着的，在井冈山斗争艰苦岁月里培育的井冈山精神，集中体现了马克思主义的首创精神，体现了我们党和人民军队的性质和宗旨，体现了中国共产党人的坚定信念和高尚情操，对中国革命历史进程产生了广泛而深远的影响。井冈山精神，将永远鼓舞着我们把中国特色社会主义的伟大事业坚定不移地向前推进！

马克思主义学院 上官嘉雯

论毛泽东工农武装割据思想

一、工农武装割据产生的背景

1924 年国民党右派叛变革命，大肆屠杀共产党人，国共第一次合作破灭，轰轰烈烈的国民大革命夭折。白色黑暗笼罩全国。从 1927 年 3 月到 1928 年上半年，被杀害的共产党员和革命群众达 31 万之多，全党党员人数由中共五大时的57900 多人锐减到 10000 多人。革命的主观力量大为削弱，工农运动走向低落，中国革命转入低潮。中国共产党遇到了前所未有的困难①。消极情绪在党内的不断蔓延，部分党员怀疑红色政权的未来。中国共产党内迫切地需要寻找革命的出路，回答"怎么打"的问题。1927 年 8 月 7 日中国共产党在汉口召开紧急会议，确定了开展土地革命和武装反抗国民党反动派的总方针，决定在群众基础较好的湘鄂粤赣四省发动农民举行秋收起义攻打长沙。但由于敌强我弱，起义失败，部队撤退到文家市，在文家市决策决定：放弃攻打敌方实力强大的城市，转战农村，走农村包围城市的道路。

1927 年 10 月，毛泽东率领湘赣边界秋收起义的工农革命军，进军井冈山，开展土地革命和武装斗争，开始创建以宁冈为中心的井冈山农村革命根据地。在此期间，广州、海陆丰、湘东、湘南、黄安等地的工农群众在武装起义中建立起来的红色政权，先后被优势的反动势力摧残了。1928 年 4 月，朱德等率领南昌起义、湘南起义的余部到达井冈山，与毛泽东所部胜利会师，巩固了井冈山的红色政权，增强了革命力量。

但这一块红色政权的存在，依旧处在国民党白色统治的四面包围之下，不断地对根据地进行军事围剿。艰难的军事处境使部分党员发出疑问："红旗到底还能打多久？"在农村进行革命是否真的可行？建立农村革命根据地，是与共产

---

① 《工农武装割据》. 中国台湾网，2012 年 10 月 22 日，http：//www. taiwan. cn/tsh/zxyd/bainiankouhao/201210/t20121022_ 3210088. htm

国际"城市中心论"相背离的，是一条崭新的，前途不可知的革命道路，没有可供参考的先例。没有革命经验的部分革命者对此质疑新路的可行性，而毛泽东为成功进驻井冈山时与当时的绿林王佐、袁文才的交往也让一些人对此颇有微词，影射其为"山大王"，而非真正的革命。

（一）工农武装割据思想的形成过程

为此，1928 年 5 月，在湘赣边界党的第一次代表大会上，毛泽东做报告，总结工农革命军建立井冈山根据地的经验，提出深入土地革命，加强根据地政权建设、军队建设和党组织建设的任务，初步回答了这个问题。

1928 年 10 月 5 日，为进一步阐述指导革命的根本理论，毛泽东在为中共湘赣边界第二次代表大会写的决议中，原题为《政治问题和边界党的任务》，即后来著名的《中国的红色政权为什么能够存在？》。在这篇文章中，毛泽东深刻分析了国内的政治状况，指明了中国革命的性质、任务以及中国红色政权的实质，总结了井冈山根据地及其他地区建立小块红色政权的经验教训，首次提出"工农武装割据"的重要思想，分析了中国红色政权能够发生、存在的原因和条件，回答了"红旗到底打得多久"的问题。毛泽东分析了中国的红色政权发生和存在有五条原因。

第一，地方的农业经济（不是统一的资本主义经济）和帝国主义划分势力范围的分裂剥削政策导致的白色政权内部的斗争，因为存在着白色政权间的长期的分裂和战争的客观现实，便给了一种条件，使一小块或若干小块的共产党领导的红色区域，能够在四围白色政权包围的中间发生和坚持下来。并认为这种现象的产生与中国的具体国情是分不开的。它的发生不能在任何帝国主义的国家，也不能在任何帝国主义直接统治的殖民地，必然是在帝国主义间接统治的经济落后的半殖民地的中国。

第二，中国红色政权首先发生和能够长期地存在的地方，不是那种并未经过民主革命影响的地方，而是受到过国民大革命的影响的地区，有过革命基础的地区。国内各地不平衡的革命发展情况决定了革命需要从小部分地区先开始，最后发展到全国。

第三，小地方民众政权之能否长期地存在，则决定于全国革命形势是否向前发展这一个条件。全国革命形势若不是继续地向前发展，而有一个比较长期的停顿，则小块红色区域的长期存在是不可能的。现在中国革命形势是跟着国内买办豪绅阶级和国际资产阶级的继续的分裂和战争，而继续地向前发展的。所以，不但小块红色区域的长期存在没有疑义，而且这些红色区域将继续发展，日渐接近于全国政权的取得。

第四，相当力量的正式红军的存在，是红色政权存在的必要条件。若只有地方性质的赤卫队而没有正式的红军，则只能对付挨户团，而不能对付正式的白色军队。所以虽有很好的工农群众，若没有相当力量的正式武装，便决然不能造成割据局面，更不能造成长期的和日益发展的割据局面。所以"工农武装割据"的思想，是共产党和割据地方的工农群众必须充分具备的一个重要的思想。

第五，红色政权的长期的存在并且发展，除了上述条件之外，还须有一个要紧的条件，就是共产党组织的有力量和它的政策的不错误①。

而这一理论在后来的革命实践中证明了其科学性。1929 年 1 月，毛泽东、朱德率领红四军的主力从井冈山出发，向赣南、闽西进军。经一年多的艰苦转战，红四军同其他红军合编为红军第一军团，并且在赣南、闽西地区建立了中央革命根据地的基础。在同一时期，赣东北、洪湖、湘赣边、鄂豫皖以及其他农村革命根据也都在不断粉碎敌军进攻中站住了脚，获得了初步发展②。

同年 11 月 25 日，毛泽东写给中共中央的报告即《井冈山的斗争》，对上述问题作出了明确而详细的回答，创造性地提出并阐明了"工农武装割据"的思想。"工农武装割据"思想的主要内容是"有革命根据地的，有组织地开展武装斗争，扩大人民政权"。即在党领导下武装斗争、土地革命和根据地建设三者的密切结合：武装斗争是中国革命的主要形式，没有革命的武装斗争，就不能进行有效的土地革命和发展革命根据地；没有土地革命，红军战争就得不到群众的支持，革命根据地也就不能巩固和发展；不建设革命根据地，武装斗争就没有后方的依托，土地革命成果就无法保持。工农武装割据的思想是以农村包围城市，武装夺取政权理论的初步表述。

（二）工农武装割据思想的发展

尽管毛泽东已经提出工农武装割据思想，认识到建设农村革命根据地的重要性，给从事农村斗争工作的同志以理论指导，使他们增强了对开展建设农村革命根据地工作的信心。不过，这时他还没有形成全党应把工作中心放在农村的思想，也还是认为要以城市工作为中心，并且是抱着影响和配合城市工作的目的而主张在湘赣边界创造根据地的。在红四军进军赣南、闽西的实践中，特别是从 1929 年到 1930 年，毛泽东更加深刻地认识到建立巩固的农村根据地的重

---

① 《毛泽东选集》（第 1 卷），人民出版社，1991 年版，第 49-50 页。
② 《农村包围城市、武装夺取政权思想是如何提出的》，《光明日报》，2012 年 09 月 07 日。

要性。此时，农村游击战争已经广泛地发展，并且有力地显示出它在中国革命中所占据的突出地位，而城市斗争则始终处于困难的境地①。

在 1930 年 1 月 5 日，毛泽东在为答复林彪散发的一封对红军前途究竟应该如何估计的征求意见的信而写给林彪的一封信（即著名的《星星之火，可以燎原》）中，已经将"工农武装割据思想"进一步上升为"以农村包围城市，武装夺取政权"的革命思想。在信中他批评了目前党内存在的只赞成游击斗争，却没有在游击区域里建立红色政权，没有想着借此去巩固和扩大去促进革命高潮的到来的深刻观念的错误观念。认为他们这种全国范围的、包括一切地方的、先争取群众后建立政权的理论，是与中国革命的实情不适合的。他们的这种错误理论的来源，主要是没有把中国是一个许多帝国主义国家互相争夺的半殖民地这件事认清楚。并明确指出了"党的无产阶级基础的建立，中心区域产业支部的创造，是目前党在组织方面的重要任务；但是在同时，农村斗争的发展，小区域红色政权的建立，红军的创造和扩大，尤其是帮助城市斗争、促进革命潮流高涨的主要条件"②。这时，毛泽东已将革命的重心转移到了农村中来，并将建设农村根据地在革命中的作用从原来的辅助城市暴动转移到了决定性的地位上来。

1929 年 9 月 28 日，中共中央发出由陈毅起草、周恩来审定的致红四军前委的指示信，即"九月来信"。该信肯定了毛泽东"工农武装割据"的思想，确认中国革命是先有农村红军，后有城市政权；红军的基本任务是实行土地革命，开展游击战争。这是第一次以中央身份对中国革命特征也即道路这一根本问题作出的正确结论，这一结论也是对毛泽东等人实践经验的总结和对毛泽东"工农武装割据"思想的升华。

（三）工农武装割据思想的当代启示

毛泽东提出的"工农武装割据思想"，并最后上升成为"以农村包围城市，武装夺取政权"，这一思想成功挽救了当时党的革命困境。试想继续坚持以城市中心论的共产党人，同在城市中力量强大的国民党反动派相斗争，其最后的结果只能是革命的失败。"工农武装割据"思想，运用了具体问题具体分析的矛盾分析方法，是马克思主义与中国具体国情相结合的典范，深刻认识到占中国人口中绝大多数的农民是反帝反革命的民主革命的主力军，敌人力量薄弱的广大

---

① 《毛泽东关于农村包围城市、武装夺取政权思想的提出》. 中国共产党历史网，2015 年 02 月 25 日。

② 《毛泽东选集》（第 1 卷）［M］. 北京：人民出版社，1991 年版，第 97—98 页。

农村是革命发展的主阵地。这是对当时党内主流的奉行共产国际的"城市中心论"的突破，突破了传统的经验主义和教条主义。毛泽东"实事求是闯新路"找到了适合中国的革命道路，挽救了党，挽救了中国革命。在如今的新时代，我们更应该克服以往社会主义建设中所固有的教条主义和经验主义，大胆解放思想，实事求是，拒绝照搬照抄外国经验，而与中国具体国情相适应，继续推进马克思主义中国化的进程，开辟新的中国特色社会主义建设道路。

马克思主义学院 蒋倩

三湾改编的过程、启示和历史意义

一、三湾改编的过程

1927 年 9 月 9 日，毛泽东领导的中国工农革命军第一军第一师在湘东赣西发动了秋收起义。起义军下辖三个团，分别是以原武汉国民政府警卫团为主力编为第一团；以安源工人纠察队、矿警队和萍乡等地的农民自卫军编为第二团；以原武汉国民政府警卫团一个营和浏阳部分工农武装编为第三团。由于当时革命形势严峻，敌强我弱，加之部队指挥官指挥不当，起义军缺乏实战经验，以及部分起义军队叛变，秋收起义三路部队均受到致命打击：第一团在行军过程中遭遇敌人突袭，团长失踪，第二团虽然攻克老关、醴陵，但轻敌心态导致部队溃败，牺牲惨痛，第三团在占领东门市后工农革命军第一军第一师下辖部队行军至浏阳文家市后被两路敌人包围。面对处于低潮的革命形势，毛泽东决定放弃攻打长沙的计划，以前委书记的名义通知各路起义军集结于浏阳县文家市并召开会议，会议指出起义军要保留主干力量，将革命重心从攻打武装力量强大的城市转向攻打武装力量薄弱的农村。军队的力量是革命胜利的关键因素，军队乱则革命败，军队强则革命胜。从 1927 年 9 月 20 日至 1927 年 9 月 29 日，起义军在行军路上接连遭到反动军队的袭击，加上行军辛苦，作战失利，部队在抵达江西吉安永新县三湾村时，原有的 5000 多名起义军到最后仅剩不足 1000 人。为了解决这支部队中纪律松懈、不听指挥、军风不良、贪小便宜、脱离群众、缺乏民主的现象，毛泽东提议将不足千人的队伍进行整顿和改编，整顿和改编有三项重要内容，分别是：部队缩编、党建连上和实行民主制度。

部队缩编，即把原工农革命军第一军第一师缩编为工农革命军第一军第一师第一团，第一团下辖两个营是个连。团直属队有团部、政治部、卫生队和辎重队等单位，取消原有军官队，精简部队。

党建连上，即党的组织建立在连上，在军队里设立党代表制度，党委在营、团之上，党小组在排之上，从整体上确立了党领导部队、党指挥枪的原则。

实行民主制度，即在军、团、营、连上设立士兵委员会，士兵委员会有五项职责：一是管理军队，二是维持纪律，三是监督财务，四是动员群众，五是教育士兵。

三湾改编过程中的三项重要举措有效地提高了军队的整体实力。经过整编，部队总人数虽然有所减少，但军队的战斗力却得到了显著提升，这也说明一个道理：影响军队核心战斗力的决定性因素绝不是军队人数的多少，而是军队的总体素质水平。治病用良方，治兵用妙招，这其中的妙，不在庞杂而在精巧。"党建连上"是军建史上的创举，是党真正能领导军队的关键所在。"北伐时期发展过来的秋收起义主力部队，原来就有党组织，但只是建在团一级，党代表也是设在团上，党员以军官为主。这就使党组织与党员严重脱节，党组织抓不住党员，基层党组织空心化，也就无法实行党对军队的领导。"① 一旦党无法领导军队，革命起义的队伍便会由内部崩溃向外部瓦解发展，势必对中国革命的结果产生重大影响，因此"党建连上"这一重要举措及时挽救了革命队伍即将崩盘的局势，从基层开始抓部队的思想教育工作，做好基层党组织发展的任务，保证党对军队的绝对领导与指挥，由上至下形成层层指挥的领导格局，从下至上形成环环相扣的服从意志，为我党的长期军队建设工作奠定组织基础。设立士兵委员会是部队实行民主主义的重要表现，提倡官兵平等、官兵互助，形成新型官兵关系，让士兵参与军队管理与建设，不仅提高了士兵们的积极性，还有效壮大了基层革命队伍，助力革命事业的成功，是我党建设新型人民军队的一次创举。

二、三湾改编的启示

尽管三湾改编距今已有90年的历史了，但三湾改编流传下来的精神却一直铭刻在世人心间，三湾改编中蕴含的勇于创新、扎根基层、积极进取、低潮奋起的革命光辉依然对当代军队建设及基层工作管理仍有重要的指导意义。

党对军队的绝对领导是革命最终取得胜利的重要前提。在三湾改编之前，从整体上而言，起义军并未形成严格的自上而下的领导局面，连有连的长，团有团的长，领导机构与执行部队间职责不明确，关系不明朗，难以达到"牵一发而动全身"的效果。除此之外，从个人角度看待，部分士兵对革命目的缺乏正确的理解，对军令军纪缺乏严格的执行力，对革命运动缺乏极大的鼓舞和热

---

① 丁仁祥. 三湾改编与井冈山精神源流之探讨，井冈山大学学报（社会科学版），2018年第2期。

情，对个体自身缺乏严格的要求，因而整支部队难以在短时间内及时应对突发状况，难以在长期的革命斗争中形成长久的合力，为完成革命任务而全力以赴。而有了党对军队的绝对领导，部队内部单纯的革命观由"利己"转变为"利众"，由革命悲观主义转变为革命乐观主义，由单纯的执行命令转变为绝对服从党的指挥。新局势新要求新模式新规范，为我党革命意志在基层的深入，为基层能够有效贯彻党的思想而不断助力。新时期的军队建设工作决不能离开党的领导，离开党的领导军队必然会偏离行进方向，遭受重创，为野心家及私利主义者提供发展生存的土壤。党的军队自诞生起就由党领导与缔造，为实现党的使命而奋斗不息。军队只有听党指挥，作风优良，纪律严明，党的意志才会在军建领域得到真正落实。

　　基层人士的支持是革命胜利的重要支撑。"吴艳玲认为'三湾改编'克服了当时部分领导人和士兵头脑中将军事与政治对立起来的单纯军事思想，确立了党对军队的绝对领导。其中党代表制度确立了党对军队的绝对领导。从指导思想上克服了单纯军事观，再者军队各级组织的建立为部队政治工作提供了组织保证，最后部队内部民主制度，为政治工作奠定了群众基础。"① 三湾改编革新的不仅是党对军队的绝对领导，革新的还有对基层官兵的重视程度。三湾改编前，起义军部队的结构组成非常复杂，既有新式军队又有旧式军队，而旧式军队的官兵等级划分严重，存在官兵不平等的现象，对军的整体风貌产生消极影响。为应对这种状况，毛泽东将民主制度引入部队，成立士兵委员会，让士兵参与到军队的管理建设、纪律维持等任务中，官兵同艰苦共命运，待遇平等，由此达到政治民主；士兵参与部队内部财务管理工作，与官兵平分伙食、待遇平等，实现了经济民主。民主制度的实施极大调动基层士兵的革命积极性，成为一股助力革命成功的强势力量，为革命事业的实现添砖加瓦。回顾当下，基层力量依旧是助推我党伟大事业的源动力，新时代的历史离不开基层人士，也就是群众的书写，他们是历史的创造者，是社会变革的决定力量。官兵协力能达到部队上下目标一致，出力一致，增强军队整体实力；而党与群众齐心协力，团结一切可以团结的力量，那么党伟大事业的最终实现便指日可待了。

　　保证党意志的正确执行首先要保证党思想的正确性。毛泽东说过："政策和策略是党的生命，各级领导务必充分注意，万万不可粗心大意。"② 由此可知党

---

　　① 曾会会，刘坚，汤乐彩."三湾改编"相关研究现状，文化创新比较研究，2018年第11期。

　　② 《毛泽东选集》（第4卷），人民出版社，1991年版，第1298页。

思想对全党上下乃至人民群众都会起着一定的引导作用。前有秋收起义失败后，毛泽东审时度势，在细致分析了革命形势后作出放弃攻打长沙，转而攻打武装力量薄弱的农村的计划；后有起义军部队抵达江西吉安永新县三湾村时，针对部队军纪散漫，陈腐军阀作风弥漫，官兵不平等等诸多现象，而提出的"部队缩编""党建连上""实行民主"的决议，这些举措无一不体现着党始终坚持一切从实际出发，实事求是的原则。党领导一切的前提是党自身思想的正确性，党思想的正确性不仅仅体现在党的思想正确，还体现在党的政治正确和组织正确，保证党的纯洁性，党的方针政策的落实才会更具有针对性。

三、三湾改编的历史价值

三湾改编是中国共产党建设新型人民军队的首次尝试。三湾改编中蕴含的改革创新精神，对现代人民军队的改革和建设具有重要的实践价值。它作为珍贵历史遗产，不只是存在于人们的记忆之中，而是作为永恒的精神力量在新时代中发光发亮。习近平主席曾在 2013 年 3 月 11 日指出，党在新形势下的强军目标是建设一支听党指挥、能打胜仗、作风优良的人民军队。从中央军委大刀阔斧进行军改时，改革的号角又一次振奋人心，军改不仅仅是对新形势下党的军队部署进行的调整，同时也是对自三湾改编以来党对建设中国特色社会主义军队的又一次强有力的回应。时代在进步，改革不停息。只有建设一支初心不改、使命不忘、顺应时代潮流、勇于改革创新的人民军队，才能在伟大的光辉事业路上战无不胜，攻无不克。

三湾改编奠定了党对军队的绝对领导。我党的革命道路从无到有，革命事业从低谷到高潮，再到持续发展，无一离不开党的绝对领导。在三湾改编前，部分部队士兵的革命觉悟不高，有心力有气力，却不知道心往哪里走，劲往哪处使，面对敌人突如其来的打击或是遭遇不可预料的挫败，革命热情瞬间一扫而空，置人利益与生死存亡为首位，缺乏军人应有的风姿。重整部队后，党领导军队成为全党共识，党内上下在党的指挥下严守党纪，履行党的职责和义务，践行党的原则。三湾改编，使革命道路上由此多出了一颗指路的启明星，听党指挥成为党员严守不变的行为准则。

三湾改编开辟党内民主新局面。三湾改编前，由于受到旧式军阀风气的影响，军队内部官兵不平等的现象突出，士兵与军官待遇悬殊，矛盾尖锐。为了缓和官兵之间的矛盾，清除旧式军阀思想，巩固革命政权的稳定，我党领导人设立了士兵委员会，赋予其教化士兵，管理财务等职权，以实现经济民主与政治民主，稳定军心。得军心者得胜仗，赢民心者赢天下，民主具有低折旧率和高稳定性，它是一个永不过时的词汇，不管是战火纷飞的年代，还是处于和平盛世的现今，党坚定民主信念一直不动摇。民主选举、民主决策、民主管理、民主监督……如今我党的民主方针政策，仍是从遥远的革命战争年代所继承发扬下来的，新时代的民主，不仅应有流传已久的思想内核，更应该有顺应时代潮流的外壳。

三湾改编是我党党建与军建历史上重要的里程碑，对三湾改编过程、启示与意义的认识，应该不仅仅局限于简单的党建、军建视角，应把它投入更广阔的社会领域中去探讨、认识，让三湾精神的火焰在新时代拥有属于它的独特光芒。

马克思主义学院　周淑婧

井冈山斗争时期的群众工作

1927年9月9日，毛泽东以前敌委员和总指挥的身份在湘赣边界策动和领导"秋收起义"。起义遭遇失败后，毛泽东从当时斗争的实际情况出发，选择向较为偏僻、远离国民党主力围剿范围的农村进发，带领余部来到井冈山地区，并在之后开创了井冈山革命根据地。井冈山斗争时期是中国共产党人独立探索中国革命道路的开端，也迈出了中国共产党人探索马克思主义中国化的第一步。而井冈山时期毛泽东的群众路线则更是中国共产党一笔珍贵的思想经验。本文通过具体论述井冈山时期毛泽东的群众路线的具体表现，旨在分析其对当今群众路线的指导和借鉴意义。

一、井冈山斗争时期的群众工作的具体表现

毛泽东同志对于人民群众的力量有着深刻的理解，"得民心者得天下"，他深知中国共产党想要取得中国革命最后的胜利必须要首先取得人民群众的信任，共产党的星星之火想要呈现出燎原之势，也必定离不开老百姓的帮助。因此毛泽东在井冈山时期格外注重对群众路线的探索，积极宣传群众、发动群众、服务群众、依靠群众，让军队与当地百姓紧紧结合在一起，通过一系列措施和政策维护老百姓的利益，最后赢得群众的支持。可以说井冈山时期根据地的革命运动能够如火如荼得开展，与成功的群众工作密不可分。

（一）向人民群众宣传革命

毛泽东刚带领革命军队来到井冈山时，并没有受到当地老百姓的热情接待，因为在他们的眼中这是一支完全陌生的新军队，也许和无恶不作的国民党军队并没有什么本质区别。而且在革命军到来之前国民党就在老百姓面前恶意丑化污蔑共产党，称他们为"杀人放火，奸淫掳掠，不敬祖宗，不敬鬼神，共产共妻，不要历史，不要文化，不要祖国，不孝父母，不敬师长，不讲道理的十恶

不赦的歹徒暴徒"①，这也使得长年生活在水深火热中的百姓们很容易轻信谣言，对这支新上井冈的队伍产生恐惧心理，并持观望态度。因此毛泽东也不禁在书中感慨道："每到一处，老百姓往往是十室九空。我们一年来转战各地，深感全国革命潮流的低落……红军每到一地，群众冷冷清清……我们深深感觉寂寞，我们时刻盼望这种寂寞生活的终了。"② 与此同时，为了能够让井冈山地区的革命工作更加快速更加顺利得开展，并建成革命根据地以供革命队伍发展壮大，毛泽东更清楚认识到了要在当地迅速宣传群众、联系群众的重要性与必要性，只有让群众认识中国共产党、了解中国共产党、信任中国共产党，才能让群众配合革命队伍开展革命工作。于是毛泽东立即组织成立了一支宣传小队，队员们手拿着小红旗，用石灰水在墙壁上写上诸如"打倒土豪劣绅""实行土地革命""工农革命军是保护穷人的军队"之类的宣传标语，让老百姓们了解共产党革命军队的性质和目的。此外，毛泽东还专门派了一些思想进步、待人和善的战士挨家挨户到当地老百姓的家中进行宣传，向老百姓们表明革命队伍的来历和目的，以及队伍会为了穷人们的利益和土豪劣绅进行斗争。宣传小队对当地群众的思想宣传起到了良好的作用，让百姓们感受到了这支革命队伍不同于暴力的山贼土匪、也不同于蛮横的国民党军队，开始信任中国共产党，也积极配合军队开展土地革命，为井冈山革命根据地的建成奠定了坚实的基础。

（二）严肃整顿军队纪律

井冈山时期的群众工作开展的目的除了要实现农民的利益诉求，为他们减少压迫，多分得土地之外，首先还应当不侵犯他们的现有利益。

1927 年革命军队最初上井冈山之时，由于此前经历了秋收起义的失败以及国民党军队的围追堵截，队伍在野外的风餐露宿中已经士气低落并且饥寒交迫，有些饥肠辘辘的士兵经受不住饥饿的考验，开始偷挖老百姓田地里的红薯来充饥。队伍中的这些行为严重伤害到了以种红薯为生计的贫穷百姓的利益，遭到了井冈山当地老百姓的不满，于是毛泽东下令每挖一个红薯都要在田地里插上一块小牌子向老百姓道歉，但这依然没有从根本上解决问题，无法做到让老百姓满意。为了进一步整顿军纪，1927 年 10 月 24 日，毛泽东召集队伍于井冈山荆竹山村前的雷打石进行思想动员，在动员讲话中，他指出在上了井冈山之后就应当严格遵守军规军纪，尊重当地群众，与群众搞好关系。由此毛泽东同志

---

① 范国盛. 井冈山时期以革命教育为主的群众教育初探，中国井冈山干部学院学报，2012 年第 2 期。

② 《毛泽东选集》（第 1 卷）人民出版社，1991 年版，第 77-78 页。

向大家宣布了军队内的三大纪律，即"第一，一切行动听指挥；第二，打土豪筹款子要归公；第三，不拿农民一个红薯"。工农革命军最初的"三大纪律"有效得严肃了军队容貌，使当地群众更加信服革命军队。而在1928年革命军攻占了遂川县城之后，毛泽东针对军队中又出现的一系列不良行为，立刻召开全体指战员大会整顿军队氛围。在大会中毛泽东同志又宣布了工农革命军的"六项注意"："一、上门板；二、捆禾草；三、说话要和气；四、买卖要公平；五、借东西要还；六、打烂东西要赔。"工农革命军钢铁般的军纪极大地维护了当地百姓的利益，使军队受到了人民群众的尊重和爱戴，顺利开展革命根据地工作。

在开辟井冈山革命根据地初期，如余洒度、苏先俊等官兵依旧带有旧军事官僚主义作风，将与士区别对待，为了稳定军心、整顿队伍，毛泽东同志主张军队首长和士兵同等对待，同样饮食，同样穿着，尽管不能再享受四菜一汤以及戴大金链子等待遇令余洒度、苏先俊等人颇有意见，但是对于整支军队的氛围有着积极的推动作用。同样遭到处罚的军队首长还有在茶陵县开展打土豪分田地运动的团长陈浩，他在茶陵逐渐沉迷于酒色之中，忘记了革命军队的初心，毛泽东认为这种享乐主义思想严重脱离了群众路线，后来在陈浩背叛革命之后，遭到了部队的枪决处罚。对陈浩的处理更加坚定了军队内服务群众、坚定革命的思想信念。

（三）全心全意服务群众

在上井冈山之前，毛泽东同志便清楚，想要在井冈山扎根落脚，没有得到在当地百姓中拥有极高威望的绿林农民武装——袁文才和王佐部队的支持与配合是很难站稳脚跟的。于是毛泽东仅带两人前往大仓村与袁文才会面商讨，并且赠送给袁文才部队他们最需要的一百支枪。毛泽东的这份胆识和气概深深感动了袁文才，他当即迎接革命军上井冈山，并且做通了王佐的工作，不久后两支绿林农民武装也改编进了工农革命军，一起进行革命运动。也因为得到了袁文才和王佐部队的呼应和配合，毛泽东的军队才能顺利在井冈山落足，并以此为依靠建立起第一个革命根据地。

在井冈山，大多数人民群众都是受到当地土壕地主压迫的贫困百姓，而毛泽东认识到解决群众问题的关键就在于解决土地问题。土地是穷苦百姓最根本的利益诉求，如何打土豪分配土地也是调动人民群众参加革命运动的重要因素。得到土地，百姓就有了自力更生的根本；利益诉求获得满足，百姓就会全力支持保护他们的党和革命运动。

为了更加及时且精准地制定出土地革命路线，合理地分配给农民土地，在井冈山革命斗争期间毛泽东同志亲力亲为,于1927和1928两年间亲自前往井冈山各个村庄进行实地考察,进入普通农民百姓的家中,前往田间野地,耐心地向当地群众询问各方面知识,最后详细地总结分析了湘赣边区的经济政治、自然条件、土地状况、农村的各阶级关系以及反动派的情况,连续发表了《宁冈调查》和《永新调查》两篇勘察文章,并在1928年12月颁布了《井冈山土地法》,这一历史性的土地革命纲领性文件的出台,充分调动了农民投身土地革命的积极性,为土地革命奠定了坚实的基础,也做到了真正的为人民服务。

同时,为了能够让农民百姓获得更多的土地,毛泽东同志带领工农革命军四处打土豪、分田地,烧毁地主契约,废除苛捐杂税,既减轻了贫困群众沉重的捐税负担,又给予了他们充足的生活收入空间,这使得人民群众更加拥护和爱戴这支全心全意为他们服务的工农革命军,保障了井冈山革命根据地的建成和发展。

二、井冈山斗争时期的群众工作的现实价值

历时三个春秋的井冈山斗争,使年轻的中国共产党人在探索和推进马克思主义中国化的实践中不仅开辟出了一条正确的革命道路,而且培育了井冈山精神。将井冈山精神赋予时代内涵可以概括为四句话"坚定执着追理想;实事求是闯新路;艰苦奋斗攻难关;依靠群众求胜利"。这二十八个字充分概括出了井冈山精神的内涵和实质,而其中的"依靠群众求胜利"便与井冈山斗争时期的群众工作密不可分。

(一)"依靠群众求胜利"是井冈山精神的根本体现

群众如水,政府如舟,水能载舟亦能覆舟。中国共产党军队竭尽所能甚至抛头颅洒热血地为人民群众全心全意办实事,这一切都被人民群众所看在眼里,也正是如此,人民群众选择的是拥护和爱戴中国共产党,与国民党反动派进行斗争。坚定不移地走群众路线是井冈山革命根据地胜利的基础和关键,也为今后的革命道路提供了方向性的指导。毛泽东提道:"我们共产党人区别于其他任何政党的又一个显著的标志,就是和最广大的人民群众取得最密切的联系。全心全意地为人民服务,一刻也不脱离群众;一切从人民的利益出发,而不是从个人或小集团的利益出发;向人民负责和向党的领导机关负责的一致性;这些就是我们的出发点。"[①] 如果没有井冈山老百姓提供的粮食、衣物甚至一针一线,没有井冈山人民群众的英勇奉献,毛泽东的工农革命军很有可能失去了一

---

① 《毛泽东选集》(第3卷),人民出版社,1991年版,第1094页。

个重要的根据地，全中国的革命形势也将大大改变，中国的历史进程或将就此改写。因此人民军队紧紧依靠人民群众求取胜利是由井冈山革命根据地奠定的传统，也将随井冈山精神一直传承下去。

（二）坚持党的群众路线不动摇

井冈山革命根据地斗争的胜利不仅标志着马克思主义中国化在中国革命道路上迈出了成功的第一步，也意味着毛泽东所提出的坚持群众路线的观点是正确的，可以继续执行实践的。我认为毛泽东的群众路线主要包含着三个方面——对党员的思想政治教育、对群众的思想宣传工作、为人民群众的利益做斗争。这三点对现如今党的领导和党员的自身发展都具有深远的意义。

在生活奔向全面小康的 21 世纪，中国共产党党员的贪污腐败问题也是越来越严重。在加大反腐倡廉工作力度的同时，也应该重视对于党员的思想政治教育，就像当初毛泽东同时在井冈山对军队定的"三大纪律，六项注意"一样，严格规定党内纪律，要求党员严于律己，对于脱离群众路线的党员进行严厉处分，使中国共产党党员做好榜样作用，真正履行全心全意为人民服务的宗旨。

加强对群众的思想宣传工作，让群众理解中国共产党的性质和宗旨，增强人民群众的四个自信，使人民群众在中国共产党的正确领导下坚定不移走中国特色社会主义发展道路，真正融入中国特色社会主义现代化建设中。因此，只有真正坚持党的群众路线不动摇才能获得人民群众的支持，决胜全面建成小康社会，全面实现社会主义现代化，把我国建成富强民主文明和谐美丽的社会主义现代化强国，实现中华民族的伟大复兴。

马克思主义学院 王启煜

井冈山斗争相关问题研究综述

一、对井冈山斗争时期党的建设的研究

(一) 研究的基本状况

经检索中国知网数据库,以"井冈山(斗争)时期党的建设"为"题名"的论文达 700 余篇。代表作品有刘孚威《党的建设伟大工程在井冈山奠基》(《党史文苑学术版》2007 年第 10 期)、刘付春《试论井冈山时期党建科学化》(《胜利油田党校学报》2010 年第 5 期),李新生《古田会议对中国共产党建设的历史贡献——纪念古田会议 80 周年》(《党史研究与教学》2009 年第 6 期),另有以"井冈山(斗争)时期××方面建设"为题的文章多篇,代表作有:何小文《井冈山革命时期的经济社会建设》(《中国文物报》2017 年第 4 期)、刘耀《井冈山时期的纪律建设》(《中国纪检监察报》2017 年第 5 期)、何增科《井冈山和中央苏区时期我党廉政建设经验》(《学习时报》2018 年第 5 期)。

据统计可知,关于"井冈山(斗争)时期党的建设"的专著有十余部。具体包括:《井冈山斗争时期党的建设研究》(周金堂等著,中央文献出版社 2009 年版)、中国井冈山干部学院教材编审委员会编写的《弘扬井冈山精神坚定理想信念》等等。

研究井冈山(斗争)时期党的建设和其他建设的学者较多,但分布主要集中在江西及其周边省份,如福建、广东、湖南等,这些地区由于地缘关系,历史资料储备丰富,受(斗争)时期历史影响较大。而北京作为科研中心、文化中心和政治中心,研究学者也较多。

(二) 研究的内容

关于党的纯洁性建设。中国共产党早在 1928 年 9 月就开始整治党的纯洁性运动。当时,湘赣边界特委从特殊的党情出发,在井冈山地区进行了整党运动,史称"九月洗党"。廖胜平同志指出:"这是处在幼年时期的中国共产党所开展

的一次局部性的整党运动，也是中国共产党历史上保持纯洁性的第一次整党运动。"① 吴寒斌认为，一 党的组织出了问题，大革命失败后，党组织受到极大的破坏，导致组织性不纯。二 农民党员占大多数，党员数量一激增，许多投机分子乘机混入党内，思想觉悟低，信仰驳杂。三 井冈山时期极其艰苦的斗争环境加剧了党内思想上的混乱。因此，毛泽东同志清醒地认识到当时的情况，决定开展党内整治运动②。而对于整编的具体做法，贺新春认为主要包括两项。一是解散清洗党组织，对党员重新登记。二是从公开建党转向秘密建党。而廖胜平同志认为，还应包括思想的引领作用，加强思想教育入手，在不改变党员成分的前提下，促使其在思想上逐步发生转变。贺新春也指出了洗党工作的错误，一是有些地方存在走过场的现象。二是有些地方清洗党员过头。三是挫伤了农民党员和知识分子的积极性③。

关于党的经济社会建设。毛泽东的经济思想建设在井冈山革命斗争时期起着非常重要的作用，因此，一直有学者将其作为研究的课题。王阿寿认为，毛泽东始终重视政治和经济工作，毛泽东在井冈山斗争实践中，回答了两个重大理论与实践问题：一是红色政权存在的原因；二是井冈山（毛泽东、朱德）式的斗争特点——武装割据的实践意义。而对于红色政权为什么能够存在，毛泽东在不同时代的论述都有所不同，原因就是经济问题。但无论哪次论述，经济问题都始终被毛泽东看作为重要问题④。

陈胜华则具体表述了毛泽东在井冈山时期发展经济建设的主要特点：一是重视农业生产，把发展农业生产放在第一位；二是创建维系和保障战争所需要的军事工业；三是保护工商业、保护中小商人，促进和开发边界的商品贸易。而对于井冈山经济建设的基本问题和总方针，梅宏和王旭宽均提出土地革命的主张。毛泽东同志充分发动群众和武装群众，开展分田试点，调动群众积极性，满足农民对土地的渴望。关于农业生产建设问题，张秀丽和黄国勤分别从民生建设和农业发展的角度加以论述，张秀丽指出，毛泽东同志在井冈山革命斗争时期不仅组织妇女耕田队以及耕牛、农具互助合作以保证粮食按时、按季播种，还切实开展兴修农田水利等相关农业基础设施建设和兴起植树造林活动，而黄

---

① 廖胜平. 中国共产党第一次保持"纯洁性"的整党运动——井冈山九月"洗党"探究，井冈山大学学报（社会科学版），2012 年第 5 期。

② 吴寒斌. 井冈山斗争时期党的思想纯洁性建设及启示，江西社会科学，2013 年第 12 期。

③ 贺新春，黄梅珍. 井冈山"洗党"运动与党的建设，党史文苑，2014 年第 6 期。

④ 王阿寿. 毛泽东的军事斗争与政治经济学——以井冈山革命根据地为例，军事历史研究，2013 年第 2 期。

国勤指出在井冈山革命斗争时期的艰苦环境和条件下，积极发展农业的急迫性和必要性。对于工商业政策，谢敬霞、饶道良分四个方面"根据地创建前井冈山经济状况""根据地初创时期的经济政策""红色经济政策""土地革命与粮食经济政策"进行了论述，主要从客观条件指出了发展工商业政策的必然性和必要性，认为毛泽东等人在此时期发展工商业政策并非出于主观意愿，而是出于客观要求，是在实践中不断摸索和发展的①。而刘付春具体论述了当时采用的工商业政策，包括兴办军需工业，如红军军械所、桃寮被服厂、红军印刷厂；开办生产合作社，引导小工业生产者；推行工商业减免税，给予财政、金融支持等等。当然，研究中也存在一些不足：只局限于历史主要人物的经济举措，忽视其他重要人物的经济思想；对主要人物经济思想研究深度不够，只局限于具体举措层面，而疏于对深层精神原因的挖掘等。

关于党的群众路线研究。党的群众路线是毛泽东思想活的灵魂，是党的根本领导方法和工作方法。井冈山革命斗争时期，尽管党的群众路线建设比较困难，但以毛泽东为首的中央领导集体仍然排除万难，加强宣传、调查工作，密切联系群众，为革命胜利打下坚实的基础。

曹秋敏和钱杭园指出了毛泽东等同志开展党的群众工作所面临的具体问题，主要有三点：一是官兵到农村开展群众工作积极性不高；二是群众畏惧、逃避使得群众工作实施困难；三是部队群众观念淡薄②。

而白娜认为，井冈山斗争时期党的群众路线内涵概括为以下几个方面：在行动上为人民谋利益；在思想上树立群众高于一切、劳动人民当家作主的观念；在方针上一切以群众利益为出发点；在作风上一切依靠群众③。

龙世清认为，在大革命时期，党的思想路线还不够成熟，在主观和客观上都缺乏开展群众实践工作的动力，还没有形成比较完整的理论，而在井冈山革命斗争时期，毛泽东将党的群众工作向前推进了一大步，这为以后党的群众路线不断得到完善、丰富和发展奠定了开创性的基础，并有着十分重要的现实意义④。

---

①　谢敬霞，饶道良. 井冈山革命根据地的红色经济，南方文物，2007 年第 1 期。

②　曹秋敏，钱杭园. 井冈山斗争时期的群众路线建设及其启示，陕西行政学院学报，2016 年第 3 期。

③　白娜. 井冈山时期党的群众路线之内涵，党史文苑，2014 年第 2 期。

④　龙世清. 党的群众路线的初步形成和首次具体实践——井冈山斗争时期毛泽东对群众路线的开创性贡献，长沙民政职业技术学院学报，2013 年第 4 期。

二、井冈山斗争时期相关人物研究

（一）研究现状

据不完全数据统计，参与井冈山革命斗争的重要人物有 450 人左右，其中包括红军战士，还包括各地方武装将领，也有部分国民党反动将领和地方反动士绅。由中国知网数据显示，以井冈山革命（斗争）时期人物评述的论文有560 余篇，集中出现在 1987、1997 及 2007 年，其中代表作有：孙伟著《井冈山斗争时期历史人物评述》（《中国井冈山干部学院学报》2014 年第 3 期）、贺文赞著《井冈山斗争时期历史人物袁文才、王佐研究述评》（《中国井冈山干部学院学报》2014 年第 4 期），主要记录人物为袁文才，王佐及毛泽东。另有以单独描述袁文才和王佐的评述类文章 30 余篇，代表作有北京农业刊物记者著《忆井冈双雄袁文才、王佐》（《北京农业》2011 年第 17 期）、袁建芳著《袁文才、王佐被错杀的深刻复杂的历史原因》（《史月刊刊》2012 年第 6 期），其中以研究袁文才、王佐两人在井冈山革命斗争时期起到的重要作用，毛泽东如何于袁、王二人接触，袁、王二人被错杀的原因和背景为多数。

（二）研究内容

关于人物经历研究。这一部分的研究主要集中在毛泽东，袁文才和王佐。对于井冈山历史人物的评说，论文数量最多的是评述毛泽东的，占几乎一半的数量。首先进行的是对毛泽东在井冈山革命斗争时期的综合评述，周声柱提出，他在领导开创井冈山革命根据地的伟大实践中，坚持把马克思主义普遍原理同当时中国革命的具体实际相结合，解决了中国革命许多根本性问题，为中国革命作出了伟大的贡献，也就此形成了毛泽东思想的雏形。而夏道汉则重点评述了毛泽东开创的井冈山革命路线，他认为，毛泽东最杰出的贡献之一就是开拓了一条农村包围城市、武装夺取政权的中国革命新道路。这条实践道路坚持以实践为导向，总结实践经验，将马克思主义基本原理同中国当时的具体国情相结合，把握住实事求是这一基本原则。而对袁文才和王佐的人物经历研究则主要集中在其对井冈山革命做所的贡献。贺文赞提出，袁、王二人的贡献主要有三点：（1）接纳毛泽东秋收起义部队在井冈山安家，袁文才、王佐占据的井冈山是催生根据地萌芽的土壤和呵护根据地成长的胎盘；（2）开展军事斗争，保护和巩固井冈山根据地。前期，袁文才、王佐为毛泽东建立井冈山根据地打下了军事基础；中期为发展和巩固根据地参加了大大小小十几次战斗；后期为恢复和保护根据地作出了积极贡献；（3）为毛泽东武装割据、游击战理论的形成提供了实践借鉴。同时，刘晓农同志也指出，袁、王二人对于井冈山革命斗争的贡献是对方面的，但相对于军事斗争方面的贡献，其他方面显得更次要。

关于人物思想研究。这类思想研究基本集中在毛泽东上，涵盖毛泽东思想的各个方面，其中包括军事、哲学、教育、创新、艰苦奋斗、反腐倡廉等方面。有的学者重视井冈山革命斗争实践对毛泽东思想形成的重要作用，梅黎明认为，井冈山斗争时期无疑是毛泽东思想创立的奠基阶段，而井冈山的斗争正是毛泽东思想形成的实践基础。也有许多学者研究毛泽东的"上山"思想，并在学界基本达成共识，即毛泽东是先产生了"上山"的思想，然后决定"上山"，王玉顺提出，毛泽东率部"上山"是把战略退却与战略进攻巧妙地结合在一起的光辉典范，开创了农村包围城市、武装夺取政权的道路。同时，研究中也存在一些不足，例如应加强对主要人物的继续挖掘；拓展人物挖掘的群体；丰富人物群众，研究底层人民；通过另一角度挖掘国民党重要人物等。

三、总结

新中国成立以来，井冈山革命斗争日益成为人们关注的研究课题，学者们从不同方面、不同角度展开了对井冈山革命斗争时期的研究和挖掘，这些研究对我国党的建设、社会建设和经济建设发挥了积极作用。但距离发扬井冈山红色基因，弘扬井冈山精神还任重道远，我们还需不断努力，继续深入挖掘这一课题，深入对党史、党建的研究工作，深入党的纯洁性建设研究、经济社会建设研究和群众路线研究，继续挖掘井冈山革命斗争时期的典型人物，加强对袁、王二人的深入挖掘，找出这些典型人物背后的重要思想，从而发挥以史为鉴的作用。

马克思主义学院　丁雪晨

井冈山斗争时期的经济建设

要了解井冈山时期的经济斗争，首先就要了解井冈山斗争前湘赣边界的经济状况。只有先知悉了经济状况，才能与井冈山斗争结果进行纵向的对比，从而得出综合可靠的结论。

一、井冈山斗争前湘赣边界经济状况

当时，湘赣边界整体处于"杵臼时代"。小农经济十分发达。因为这里的地理环境非常具有"宜农性"，历来为自给自足的小农经济，一直延续到革命前夕。这里的人民大多务农，很少有会去经商，或者读书的。所以这里虽然过着日出而作，日落而息，民至老死不相往来的世外桃源生活，但是这些地方最大的缺陷也在于此，经济文化水平落后，耕作方式，生产力水平也较为低下，百姓大多不识字，封建迷信盛行，有的地区甚至有严重的流寇思想并组织绿林武装。所谓的集市，也没用固定的网点，同样和古代时期"日中为市"相似。所以说，经济基础决定上层建筑。这些自给自足的小农经济严重道德束缚了经济发展，决定了井冈山革命根据地经济建设的极端复杂性。

如此的小农经济给当地百姓带来的肯定是极端艰苦的生活条件。就比如吃穿住行，吃的方面，主要以薯丝和苞米为主，少数中等生活水平的家庭，用来待客的也就是鸡蛋，小鱼等荤菜。如果碰上天灾人祸年成不好，甚至一年很少有荤菜吃，粮食也很难保证充足。住的方面，大多数百姓居住在低矮的茅草棚里，因为当地人有"依山搭寮"的习惯，所以住的环境很潮湿阴暗，至于一些土豪劣绅居住的砖瓦房，是那些百姓羡慕却不敢想象的。至于穿着，补丁衣服随处可见，有时候经常会受冻，捉襟见肘随处可见，可谓贫穷到了极度。这里交通十分闭塞，一般以步行为主，通讯方式也是口头传递，照明用菜油灯，就这样在艰苦的环境中一代代繁衍生息，传承下去。

如此的贫穷一定是有其内在外在的原因。其实，前文所阐述的自给自足的小农经济，并不是导致该地落后的主要原因。其实更为严重的是地方军阀血腥统治和暴力镇压，让边界人民深陷于水深火热之中。如杨克敏在《关于湘赣边苏区情况的综合报告》提道："边界的土地的 65% 都在地主阶级手里。永新，宁冈，莲花 60% 在地主手里。遂川的土地最为集中，约 70% 在地主手里。茶陵，临县的土地在地主手里的亦在 60% 以上。其余的天地都在农民手中，农民以半自耕农为最多，即家有田数亩而同时租佃地主的田耕种。耕农占最少数，富农的数目也不算少。"① 由此我们可以看出，当时的土地占有划分严重畸形，这种情况严重束缚了经济发展。此外，边界人民还需要向反动政府缴纳多如牛毛的苛捐杂税，并经常受到投机商人的剥削。所以由此导致的贫富两极差异不断扩大，百姓生活艰苦，经济长期处于落后阶段，生产力发展水平接近于停滞。

二、井冈山斗争时期的经济建设

中国革命的根本问题是农民问题，而农民问题的本质上其实是土地问题。如果需要在湘赣边界站住脚跟，光依靠自己是不行的，必须需要广大劳动人民的支持。如果需要获得广大劳动人民的支持就必须战胜封建主义，满足人民对土地的需求。在中国盛行了几千年的小农经济的土地上，只有实行土地革命，才能变革封建土地所有制，才能彻底解决农民的土地问题，动员广大人民投入反封建反帝国主义的战斗之中。只有这样，才能激发群众保卫红色政权，给红色政权源源不断地输入人力和物力。正如毛泽东之后指出的："如果我们能够普遍的彻底的解决土地问题，我们就获得了足以战胜一切敌人的最基本的条件。"② 总而言之，实行土地革命，改变封建王朝以来的生产关系，是完成反帝反封建革命的基本内容，是巩固红色政权，发展农村革命根据地的伟大经济斗争。

第一步，就是推翻地主豪绅阶级的特权，在当时，土豪们不仅拥有大量土地操纵着农村基层政权，而且他们控制着家族，祠会等宗教性组织。他们无情压迫着农民，在广大农村草菅人命，所以，打翻这个封建势力才是国民革命的真正目标。首先在政治上推翻他们，毛泽东同志在进入井冈山之后，立即领导农民开展了分浮财的斗争。

第二步，建立湘赣边界工农兵政府，之后就有工农兵政府领导土地革命。他们主要有以下的行动：大力宣传群众。工农革命军每到一个地方，就大力宣

---

① 杨克敏：《关于湘赣边苏区情况的综合报告》，《井冈山革命根据地》，中共党史资料出版社，1987 年版，第 275 页。

② 毛泽东：《目前形势和我们的任务》，《毛泽东选集》第 4 卷，人民出版社，1991 年版，第 1252 页。

传，口号主要有：打倒国民党反动派，打土豪，分田地，废除债务和苛捐杂税等等。为了有效发动群众，毛泽东很重视调查工作的开展。他不仅以身作则，而且鼓励官兵们都加入调查工作。这个工作的重要性不言而明，不仅包括了政治，经济，文化，百姓生活状况，而且调查了农村阶级关系，农民工人受压迫情况，以便了解当时百姓的迫切需求，即制定对应的措施政策。由此而观之，只有了解了百姓疾苦和需求，才能真正获得百姓的认可。在调查同时，我党积极帮助地方性党组织进行恢复和建设。经过不懈努力，在1928年2月，宁冈、永新、茶陵都拥有了县委。这些边界建设都为土地革命奠定了良好的组织和群众建设。

第三步，打土豪分浮财。召开清算土豪劣绅剥削群众的大会。革命军当中焚毁契约，废除债务。并通过开会，扩大革命舆论，给革命造势，引起广大人民揭竿而起，呼应党的领导。而土豪劣绅就偃旗息鼓，不敢声张，提高了广大人民的革命热情。其次分浮财，主要是分给农民土豪劣绅的财产，并教育群众正确的价值观和思想。此举能让农民们切实地感受到自己的切身利益得到了实现，说明共产党不是只有表面功夫的，是全心全意为人民服务，一切从人民群众出发，从群众中来到群众中去的值得信赖的党。当然，政策是双向的，不仅需要让农民实现自身利益，对于猖狂的地主阶级也需要惩罚。根据当地土豪劣绅的财产多少进行不同程度的处罚，让农民认识到了封建土地占有制是他们受压迫的根源。这一政策鼓舞了工农革命军和广大人民的士气，通过处决当地恶霸，打压了反动派的嚣张气焰，农民的威势大振。最后工农革命军抓住这个时机，建立了农民武装。当地的农民武装对土豪劣绅发动了猛烈的进攻，广大农民掌握了权力，为后面的分田奠定了有利条件。

三、分田中的阶级路线和路线斗争

取得革命胜利关键，就是要依靠党的领导。当时农村阶级情况大致分为三种，分为大、中地主阶级，小地主和富农的中间阶级，中农，贫雇农阶级。党制定的路线是，依靠贫雇农，团结中农，中立小地主和富农，消灭大、中地主阶级。首先，依靠贫雇农的政策非常重要，因为没有他们的奋斗就不能打倒土豪劣绅，也不能完成土地革命。如果不团结他们，就是否认革命；打击他们，就是打击革命。团结中农，通过分田的实践表明，只有团结了中农，才能更好地孤立和打击封建地主阶级，从而不断地把土地革命朝纵深发展。至于中立中间阶级的政策，是非常重要的，因为这个阶层，他们对革命既害怕又抵触，他们具有投机心理。如果不中立他们，他们就会倒向地主阶级，这样对革命的危害是的巨大的。所以，要中立这个阶层，不求他们能对革命做出很多贡献，但是至少不能成为革命所针对的对象。中国共产党之前因为没有正确处理中间阶级的关系从而导致了"八月失败"，所以这个教训是非常深刻的。在土地革命中，能否正确对待中间阶级是一个重大的问题。边界党如果拿不稳中间阶，地主豪绅就有了帮手，这样贫雇农就变成了孤军。因此要巩固团结中农，最大限度地打击地主阶级。最后就是消灭地主阶级。地主阶级代表的是中国农村最落后和最反动的生产关系，阻碍了生产力的发展。特别是大地主阶级，他们都是帝国主义的傀儡，必须镇压以外，同时要适当地给予他们出路，让他们自食其力。所以这种不把时期做绝的政策，让地主阶级逐渐接受，保护了中小工商业的发展。

四、井冈山土地革命的历史经验

第一，全面掌握边界的土地状况和阶级关系。在井冈山斗争前期，为了全面掌握当地群众的阶级关系和土地分配情况，毛泽东同志深入进行了社会调查，并写下了《宁冈调查》和《永新调查》。共产党人的行事办法就是一切实事求是，从实际行动出发。这也是为什么井冈山革命能够顺利成功的原因。他在《农村调查》中提道："一切实际工作者必须向下调查。对于只懂得理论不懂得实际情况的人，这种调查工作尤为重要，否则他们就不能将理论和实际相联系。没有调查就没有发言权。"[1] 这种精神首先就是需要广大革命者需要学习的，如果知识片面掌握，就不能用整体和局部的关系来看待这一事物，所以毛泽东同志这一带头作用，让井冈山斗争刚开始就取得了胜利

第二，必须充分发动群众和武装群众。随着革命的不断深入，光靠军队是不够的，还需要发动当地的农民群众。农民群众的参与和支持是井冈山根据地建立的重要条件。一开始，用办夜校的方式来教育广大群众，因为这是一个十分艰苦而逐渐深入的过程。要和群众交朋友，让他们了解党，接近党，信任党，并且要相信自己的力量，不迷信不盲从，后来再逐渐用打土豪分田地的方式取得百姓的信任和支持，奠定了基础。分田是对群众支持的巩固，建立武装是加强根据地建设的保证。建立地方武装，才能让当地人民真正享有自主的权利。但是如果没有武装，地主阶级就会日益猖獗，反动地主武装一来，好不容易建立的政权就会垮台。

---

[1] 毛泽东：《<农村调查>的序言和跋》，《毛泽东选集》第 3 卷，人民出版社，1991 年版，第 791 页。

第三，必须从边界实际出发，制定和实行正确的土地政策。土地政策不是凭空得来的，必须在实践的基础上才能得出符合实情，符合实际的正确的政策。曾任中共湘赣边界第二届特委书记的谭震林说道：就井冈山革命分田来说，就中央的指示，是要没收一切土地的，但是这样虽然打压了地主阶级，但是同时也损伤了中间阶级的利益，这就和之前说的要中立中间阶级的立场路线是不相符的。所以，因为实事求是，从实际情况出发，毛泽东同志就提出了依靠贫雇农，联合中农，限制富农，消灭地主阶级的路线。这才是符合当时的情况的正确的道路，而且有了井冈山的经验，之后闽西，赣南的土地革命也就越发顺利了起来。

第四，必须通过插牌焚契，进行地权的转移。这是保证当地百姓积极投身革命，始终对革命充满信念，饱含革命热情的保障。也是彻底打击地主阶级的有效手段。

最后，必须有主力红军做强力支柱。经历了八月失败之后，没有红军根据地作为坚强的支撑，土地革命就不可能深入地开展下去，也不可能得到巩固。军队不仅能消灭敌人，也能从事生产，帮助党建，发展地方武装，宣传和组织群众，他们是维持土地革命深入开展和巩固的柱石。

井冈山经济斗争给我们的启示是：只有在党的领导下，把武装斗争，土地革命和根据地建设紧密结合，把以经济斗争为重点，加以政治斗争文化斗争党建斗争结合，才能创造让敌人望而生畏的铜墙铁壁，才能保存革命火种，确保红色政权的巩固和发展。

马克思主义学院 朱哲源

井冈山斗争时期的文化建设

一、井冈山斗争时期文化形成的背景

井冈山位于江西省与湖南省的交界处，是庐陵文化、客家文化以及湖湘文化相互汇集交融的地方。

庐陵文化是在被称为江西"母亲河"的赣江的滋润下成长发展起来的。早在三四千年以前，赣江地区的人民便发展出与中原地区相似的文化并且将之延续下来，发展成为今天的独具特色的庐陵文化。庐陵文化不仅孕育出了以白鹭洲书院为首代表的书院文化，以青原山为代表的宗教文化，还培养出了欧阳修、文天祥、杨万里、杨士奇等一众历史伟人，更是为历史长河增添了浓墨重彩的一笔。

庐陵文化传承的主要精神主要有：勤劳勇敢的务实精神、重教好学的育才精神、坚忍不拔的革新精神、勤政为民的民本爱国精神以及海纳百川的兼容精神[1]。

明末清初时期，中原地区的汉族人民因为逃难的原因迁徙进入赣西地区。渐渐定居下来后，因为长期受到土籍人的欺凌，形成了独特的客家方言系统、文化习俗以及情感心态，与当地的畲族、瑶族等土著民族相融合，共同创造出丰富的客家文化。古代著名的思想家周敦颐是湘学的开创者，后经王夫之等人的发展达到了一个顶峰。

二、井冈山革命文化的发展

（一）革新与转型

20 世纪初兴起的新文化运动在全国掀起了大规模影响的有关于反对封建传

---

① 肖云岭，陈钢：《井冈山革命根据地文化建设史》，江西人民出版社，2014 年版，第 14-18 页。

统文化以及思想解放的运动，该运动由陈独秀、李大钊、鲁迅等当时中国的先进知识分子发起，提倡民主与科学，反对专制和迷信盲从；提倡个性解放，反对封建礼教；提倡新文学，反对文学革命。而此时马克思的共产主义也经由李大钊等人传入中国，借助新文化运动的影响在中国进行传播，为新文化运动的发展提供了理论上了支持。

1919 年的五四运动是一把打开新中国大门的钥匙，是一个具有划时代的意义的历史实践，并引起了更加广泛的、更加深层次的马克思主义传播运动。

同广大的中国其他地区的人民一样，湘赣地区的人民受到封建专制经济政治上的统治，在新文化运动及五四运动的影响后，北伐军在湘赣地区得到了人民群众的大力支持，由此获得了胜利，建立了新政府。

之后大革命失败，在一片紧急与危机中，中国共产党召开了八七会议，坚决纠正了陈独秀的右倾错误，确定了党的总方针：土地革命和武装反抗国民党反动派。中国革命由此开始了历史性的转变，毛泽东领导党的队伍走上了为广大人民群众而斗争的革命道路。

（二）红色革命文化的逐步兴起

大革命失败后，毛泽东等老一辈无产阶级革命家将革命眼光投向了尚未解放的广大人民群众中间，将重心移向农村，走"农村包围城市路线"。对于红军战士来说，这条道路不仅是对于身体极限的挑战，同时也是工作方法改变的极大挑战。众所周知的红军万里长征培养出了无法磨灭的红色精神，一直传承至今，而在井冈山的这段时期，在毛泽东同志领导下衍生出来的井冈山精神同样作为红色精神的重要一部分在熠熠生辉。

1927 年毛泽东在三湾提出了对队伍进行改编以更好地对队伍进行领导。此次改编将部队缩编成了一个团的规模，并且确立了党对军队的绝对领导，初步解决了如何把以农村及旧军人为主要成分的革命军队建设成为一支无产阶级的新型人民军队的问题，为中国共产党如何建设自己的军队进行了最早的也是一次比较成功的探索与实践，标志着毛泽东建设人民军队的思想开始形成①。改编还设立了士兵委员会，有助于调节士兵与军官之间的关系、对待战俘的政策方法以及红军战士在生活中的各种问题的解决，其中娱乐科的建立标志着革命军队文化建设的开始。

遂川分兵后，工农革命军加大了文化的宣传力度，颁布了《遂川工农县政

---

① 肖云岭，陈钢：《井冈山革命根据地文化建设史》，江西人民出版社，2014 年版，第 66 页。

府临时政纲》，而后又颁布了《党代表工作大纲》，这些纲领代表着中国共产党的工作职责，确定了党的工作方法，规范了红军各级人员的行为，为之后军队严明的纪律打下了坚实的基础。

（三）红色革命文化的宣传

中国共产党之所以能够取得最后的胜利，关键在于取得了广大人民群众的支持。毛泽东率领工农革命军驻扎在井冈山地区时，进行了文化宣传工作，以发动人民群众的力量来巩固革命根据地和取得革命战争的胜利。

以吉安地区的采茶戏茶陵的湘剧、客家的山歌以及莲花落为基础，各地创造出一首首脍炙人口的红色歌曲，如《红米饭，南瓜汤》《毛委员和我们在一起》这样的小调，调子简单，内容明了，不仅丰富了人们的劳动生活，也为工农红军的基层民众工作起到了良好的积极的宣传作用。同时，具有地方特色的红色戏剧由部队的战士们自导自演，在部队的宣传下很快地影响到地方，可惜的是许多剧本都没有被留下，特别是袁文才以及王佐创作的《二七惨案》以及《两个面孔》，值得惋惜。

工农红军在井冈山停留的两年多时间里，毛泽东对部队进行教育，对群众进行启蒙，坚定革命信念，普及群众知识。对于干部的主要教育是在于共产主义常识教育、党的方针教育以及克服各种非无产阶级思想的教育。教育方式不仅限于培训课程，还有创办党内刊物、召开会议等等，内容形式丰富多样，效果显著明显。对于红军战士的教育主要注重于思想政治教育以及纪律教育两方面，同时进行军事训练。在此期间，毛泽东同志提出的三项纪律：第一，一切行动听指挥；第二，不拿老百姓一个红薯；第三，打土豪筹款要归公。看似简单的三条纪律，却将整支队伍约束起来，成了一支纪律严明，无坚不摧的钢铁队伍，并且简单的纪律中对老百姓的情绪生活照顾周到，这也使工农红军取得了良好的群众基础。对于群众，毛泽东同志依照苏联的规定创办红色小学、平民小学、列宁小学，招聘有文化的人担任老师，严格规定学校内的规章制度，结合实际编写教材，课程内容包含文化课程以及文体类课程。不仅小孩子能够上学，连同其他不识字的成年人也可以参加识字班，这样的行为措施，使当地群众的文化水平有了较大的提升。

毛泽东率领的工农红军与朱德率领的起义军队于井冈山会师后，以井冈山为中心进行革命根据地的扩大，这引起了国民党反动派的惊慌，于是发动了针对井冈山根据地的围剿计划。为打破敌人的经济封锁，毛泽东同志制定了一系列相关政策，保护群众的利益，由此打破了敌人的经济封锁，渡过了难关，并且促进了根据地工农业生产和经济建设发展①。对于国民党的文化破坏行为，红军与当地老百姓采取各种各样灵活措施，恢复了当时的各种红色标语，为历史留下了见证。

反围剿期间，最主要的是红军战士的奋斗与不屈的精神。以黄洋界保卫战为代表的战斗体现出了红军战士英勇奋斗的精神，广大人民群众的协助共同谱写出不朽的佳话。而以众多为革命献身的战士们的经历流传下来的感人至深的故事更是数不胜数，成为当今令人传颂的赞歌。

（四）现今的红色革命文化

在井冈山斗争期间，由人们口头传唱的歌曲被记录下来，经过后来的重新整理，传至全中国的大街小巷。而当时在井冈山发生各种伟人英雄事迹，如三湾改编的著名场景被原地还原到电视连续剧《井冈山》中，由真人事迹改编的电影《闪闪的红星》中的主题曲《映山红》还时常在我们耳畔回响。我们的主席毛泽东同志，在井冈山留下的一首首诗文，蕴含着当时冲天的豪气以及对美好未来的向往。

井冈山现在作为中国最为著名的红色景区，在政府的帮助下，大力发展红色旅游事业。风景秀美的龙潭景区让人流连忘返；各处旧址在解说员的解说下使人仿佛身临其境，如同重返当年红军路；烈士陵园中安息的各位英魂以及曾志同志的故事让人不禁潸然泪下，感叹他们为祖国做出的奉献以及现今美好生活的来之不易。红色文化作为当今中国的特色文化不仅起到了丰富历史的作用，更是为当今中国新道路的发展做出了引导和榜样。现今的人民群众不仅仅是要从书本上学习历史、铭记历史，更应该去实地感受历史、重温历史，这也正是如井冈山这样的地方发展成为红色旅游基地的原因。

三、井冈山红色革命文化的现实意义

井冈山红色革命文化是中国先进文化的重要组成部分，是中国革命战争文化的优秀结晶。自从清政府统治被推翻后，近代中国出现过许多各种各样的新思想，而到了五四运动之后才真正开始确立适合新中国的主要思想。在此过程中，中国共产党人经过不懈的努力与斗争，在将马克思主义理论与现实相结合的情况下，渐渐磨合实践出一套属于中国的新理论体系。从毛泽东时代的毛泽东思想开始，经过邓小平理论，江泽民的"三个代表"重要思想再到习近平的中国特色社会主义，都是理论与实践的完美结合而得出的产物。而井冈山革命

---

① 赖春风：《井冈山革命根据地》（下），中共党史出版社，1987年版，第509页。

根据地的红色文化，作为这一系列思想的开端时期的重要组成部分，起到了不可磨灭的领导作用，为中国共产党指明了前进的方向。

几千年来，中国的劳动人民一直处于社会的底层，受到上层阶级的统治和剥削。而井冈山红色斗争时期所发展出的革命精神以及随后的中华民族革命精神，将最底层的劳动人民的利益放于最高位置，权力放于老百姓手中，使百姓成了自己的、权力的，以至后来国家的主人。这是中国历史新的篇章，是中国迎来新明天的曙光。

总而言之，井冈山革命根据地的红色文化是动员和激励根据地人民团结的号角，也是打击和消灭敌人的锐利武器，富有鲜明的时代精神，井冈山根据地的红色革命文化闪耀着中华民族革命精神的光辉①。

马克思主义学院　田访雨

---

① 肖云岭，陈钢：《井冈山革命根据地文化建设史》，江西人民出版社，2014年版，第219页。

革命史诗性的华章

——论红色歌曲的时代价值

习近平总书记在十九大报告中指出："今天，我们比历史上任何时期都更接近、更有信心和能力实现中华民族伟大复兴的目标。"中华民族伟大复兴的重要标志，就是民族意识、民族思想、民族精神、民族情怀的全面觉醒。现阶段，我们的主要矛盾已经转化为人民日益增长的物质文化需求同不平衡不充分的发展之间的矛盾。与日趋丰富的物质文明相比，我们仍然缺少新近创作出的，能够讲好中国故事，展示中国风貌，传递中国声音，阐发中国精神的优秀文化作品，以丰富和发展我们的精神文明。

伟大的思想必然有伟大的载体，伟大的民族必然有伟大的作品。中华民族想要复兴，首先文艺要复兴。

让我们打开中华民族瑰丽的文化宝库。在本次井冈山社会实践中，我发现，在老一辈人口中传唱的红色歌曲完全符合讲好中国故事，展示中国风貌，传递中国声音，阐发中国精神的要求。

一、红色歌曲是讲好中国故事的媒介

中国故事，是红色歌曲创作的源泉。红色歌曲的"红色"何来？"红色"来自歌曲中蕴含的爱国精神，爱党精神和军民鱼水情。自中国共产党成立以来，每天都发生着一件件平凡或是不平凡的故事，从中我们可以看出人民对党的拥护和党对人民的爱护。红色歌曲将这些故事进行艺术化加工，通过"和事以歌"的方式，将这些故事流传下来。

人民是红色歌曲的谱写者。列宁说："艺术是属于人民的。它必须在广大劳动群众的底层有其最深厚的根基。它必须被这些群众所了解和爱好。它必须结合这些群众的感情，思想和意志，并提高它们。"人民将革命，建设和改革过程中身边的所见，所闻，所感，通过一定的艺术加工，便创造出了一篇最接地气的文艺作品。那些脱离最广大群众生活的作品，那些与最普遍的群众感受相违

背的作品，注定会被时间的洪流冲刷下去。因此，通过研究分析流传下来的红色歌曲，我们可以与相对单调的书面材料相互印证，有利于对我们中华民族艰苦奋斗的历史，对老一辈革命家们的经历，有着更形象的认识。

"红米饭，南瓜汤，挖野菜，也当粮""干稻草，软又黄，金丝被，盖身上"在井冈山斗争时期，红军战士吃什么，喝什么，怎么住，怎么睡……这些问题我们都可以从那个年代的红色歌曲中得窥一二。

"毛委员和我们在一起"。全国各地都将伟大领袖毛泽东同志尊称为毛主席。但为什么唯独在井冈山地区，人们称毛泽东同志为毛委员呢？因为在八七会议上，毛泽东同志被选举担任中央临时政治局候补委员。这种感情相似于辛弃疾在《永遇乐·京口北固亭怀古》中所描写的"斜阳草树，寻常巷陌，人道寄奴曾住。"京口北固亭的人们将南朝的开国皇帝刘裕亲切地称为"刘寄奴"，表示他们对开国皇帝的亲切。井冈山地区的人民称毛泽东同志为毛委员，同样也表现了一种亲近，一种自豪。

二、红色歌曲是展示中国精神风貌的载体

中国特色社会主义最本质的特征是党的领导。中国共产党是工人阶级的先锋队，同时是中国人民和中华民族的先锋队，她代表着中国最广大人民的根本利益。自 1921 年以来，我们党紧紧依靠群众，走群众路线，从根本上改变了中国人民和中华民族的前途和命运，展现了良好的精神风貌。无论是在革命战争年代，和平建设时期还是改革开放时期，人民群众都是我党最坚实的后盾。2014 年，习近平总书记在党的群众路线教育实践总结大会上曾经指出："得民心者得天下，失民心者失天下，人民拥护和支持是党执政最牢固的根基。"人民对党的拥护和支持，党对人民的关切和照顾，不是我们喊口号喊出来的，而是表现在几十年来最广大人民的理性认识和具体的行动中的。红色歌曲，就是人民对中国共产党拥护的一个有力证据。

"若要盼的呦红军来，岭上开遍呦映山红"一曲《映山红》，生动形象地表现出井冈山根据地人民期望红军到来的热切心情；《十送红军》中"问一声亲人，红军啊，几时里格人马，介支个再回山"表现了根据地人民盼望红军早日归来的深情厚谊。

共产党员在人民心中的良好形象，是由老一辈革命家的全力付出得到的。这些红色歌曲，就像是古代的"万民伞""石刻碑文"，记录了老一辈共产党员们为人民造福的形象，歌颂了老一辈共产党员的无私奉献精神。今天的我们，更应该保持为人民服务的作风，真正增进与群众的感情，拉近同群众的距离，

增强同群众同甘共苦自觉性，做一个让人民交口称赞，为民歌颂的好党员，树立党和政府的光辉形象。

三、红色歌曲是传递中国声音的良好工具

随着中国近些年的快速发展，国际社会越来越关注中国，越来越想要了解中国，他们想要了解中国人的世界观、人生观、价值观，想知道中国人对自然，对世界，对历史，对未来的看法，想要探求中国的历史传承，风俗习惯，民族特色。红色歌曲作为中华民族特殊时期的歌曲类型，正可以担此重任，以艺术的形式向外传递中国声音。

作品创作就像烹饪，既要有美味，也要有营养。只有味道，缺乏营养的所谓"垃圾食品"，不利于长远健康，但天天清水煮饭，缺少调味，也会令人反胃，得"厌食症"。我们反对那种只有正确的政治倾向而没有艺术力量的"标语口号式"作品。为什么红色歌曲传唱至今，经久不衰？不只是因为他们蕴含的时代精神，更因为他们本身有一种中国的美感，一种音韵和谐美，用朴素的话语配上地域性特色的曲调，表达出了人民心中最真挚的感情。

红色歌曲的创作者们，善于采用比喻和排比的手法，来歌颂红军，歌颂党。比喻虽然是最为常见的一种修辞手法，但是红色歌曲的创作者们用人民身边最容易见到的、最熟悉的意象来做比，让人们感同身受。比如，"夜半三更呦盼天明，寒冬腊月呦盼春风"。将土匪军阀的统治比作"夜半三更""寒冬腊月"，将红军比作"太阳""春风"，寥寥几字，生动形象地写出了土匪军阀的统治之苦，红军到来后生活之幸福。红色歌曲的创作者们，完美地贯彻了这种马克思主义文艺观。多使用排比，有利于集中内容，增强气势，保持一种鲜明的节奏感。

有人也许会提出异议，革命年代的红色歌曲，旋律长度往往较短；很多歌词重复性较强。因为体量较小，通俗易懂，实在说不上有多么高超的艺术性。

对于这个问题，我们应该放到当时的大环境中来看。毛泽东主席曾经在《在延安文艺座谈会上的讲话》提道："现在工农兵面前的问题，是他们正在和敌人作残酷的流血斗争，而他们由于长时间的封建阶级和资产阶级的统治，不识字，无文化，所以他们迫切要求一个普遍的启蒙运动……对于他们，第一步需要还不是锦上添花，而是雪中送炭。"[1]

是啊，文艺作品不仅要高峰，也需要高原；不仅要顶天立地，也要铺天盖

---

[1] 《毛泽东选集》（第3卷），人民出版社，1991年版，第862页。

地。所谓的艺术性，是完全由所谓"点击率""收视率""票房收入"决定的吗？是完全由那些"专家""评委"决定的吗？不是。艺术性的多少，是由作品在最广大人民心中的口碑好坏决定的。人民喜欢听，喜欢传诵，就是好作品，就是有价值的作品。红色歌曲曲数之多，传唱之广，流传时间之久，就已经充分证明了它们有着丰富的艺术价值。

四、红色歌曲是阐发中国精神的高标

红色歌曲为什么会传唱至今，经久不衰？因为他们所书写的，所歌颂的，所赞扬的，始终与他们所处的时代以及民族利益密切相关。一个民族的精气神需要文化作品来培养，一个民族的自信心需要文化作品来锻造；一个国家的奋斗历程需要文化作品来书写，一个国家的发展成果需要文化作品来歌唱。在革命，建设以及改革的时代，我们并不缺乏这种激励人心，鼓舞士气，荡气回肠，感人肺腑的作品。

《大刀向鬼子们的头上砍去》《游击队歌》歌颂的是我们面对危机时奋起反抗的行动和丰富的革命乐观主义精神；《学习雷锋好榜样》《歌唱二小放牛郎》赞颂的是那些为主义而牺牲，无私奉献的英雄人物；《在希望的田野上》《春天的故事》歌颂的是在建设社会主义时我党我国取得的众多成就……

反观今天，荧屏上"抗日神剧"横行，"宫斗剧"中人们钩心斗角，"无脑呻吟"电影剧本泛滥……歌颂时代，赞美时代的作品，相对来说少之又少。

是当今时代没有可歌可泣的人物值得书写了吗？是当今时代我们的国家和民族没有任何危机和挑战了吗？是当今时代中国的发展停滞不前，没有什么成就值得歌颂了吗？

不是啊！

中华儿女从来都不缺可歌可泣的人物值得书写：南仁东，罗阳，林俊德，张超……多少中华民族的英雄儿女，为了祖国的发展事业殚精竭虑，奋战到生命的最后一刻。

美国悍然发起贸易战，以遏制中国的发展；海外中资公司遇袭，我国员工为了保卫公司财产想尽一切方法；边境反恐，扫毒，排雷，在无声中有许多中华好儿郎为保卫祖国牺牲……

中国从来就不缺少值得歌颂的发展成就："嫦娥""墨子"，复兴号高铁，量子计算机，5G 技术……这些世界领先级别的技术，必然将在不远的将来发挥出越来越大的作用；截至 2017 年末，我国贫困总人数累计减少 6853 万人，率先完成联合国千年发展目标，我国通公路，通电，通电话和安装有线电视的村分

别达到 99.3%，99.7%，99.5% 和 82.8%，近九成的村通宽带，超过九城的乡镇实现集中或部分集中供水；我国正继续全面加大高新制造业的投入，争取早日实现中国制造 2025……中国的发展趋势欣欣向荣，有目共睹。

伟大的民族必然有伟大的作品，民族想要复兴，首先文艺要复兴。

令人欣喜的是，当今时代，也出现了一些歌颂中国，歌颂时代，传递民族精神的文化作品，如印青先生创作的《强军战歌》，B 站上 UP 主的原创歌曲《念诗之王》，电影方面《流浪地球》《厉害了，我的国》《战狼 2》《红海行动》《湄公河行动》等作品，都取得了极为良好的社会反响和经济效益。但是，与近些年文艺作品创造的庞大基数相比，这些歌颂时代，歌颂伟大的文艺作品，占据的比例仍然很少。江泽民同志指出："我们党之所以赢得人民的拥护，是因为我们党在革命、建设、改革的各个历史时期，总是代表着中国先进生产力的发展要求，代表着中国先进文化的前进方向，代表着中国最广大人民的根本利益。"习近平总书记在《在文艺工作座谈会上的讲话》中提道："我们当代文艺要把爱国主义作为文艺创作的主旋律，引导人民树立和坚持正确的历史观，民族观，国家观，文化观。增强做中国人的骨气和底气。"文艺界工作者们不应该只注重经济效益而忽略了社会价值，应该两手抓，两手都要硬，红色歌曲就是这方面的示范。

有些作品人们忘不掉，因为舍不得；有些作品人们必须忘，因为不值得。"淘尽黄沙始得金"经过半个多世纪的时间洗礼，中华民族艺术百花园中的一朵奇葩——红色歌曲，没有随着时间的流逝，环境的变迁而默默无闻，"泯然众花矣"，而是在新的时代里生生不息，更是在今年的中央电视台春节联欢晚会上绽放出了新的光芒。在全面建成小康社会，加快推进中国特色社会主义现代化，夺取中国特色社会主义伟大胜利的今天，面对前进路上的艰难险阻，我们需要精神力量的指引。通过回顾红色歌曲，我们正可以补充精神力量，坚定理想信念，为建设一个富强民主文明和谐美丽的社会主义强国而不懈奋斗。

马克思主义学院 刘旭宸

井冈山精神与党的政治建设

习近平总书记在党的十九大报告中，把党的政治建设纳入新时代党的建设总体布局，并强调"以党的政治建设为统领""把党的政治建设摆在首位"，充分体现了党的政治建设是党的根本性建设。这个根本性建设包括了坚持党的领导、坚定政治理想、严肃党内政治生活、发展健康政治文化、加强党性教育与锻炼等内容。在思考如何以习近平新时代中国特色社会主义思想为指导，贯彻落实新时代党的建设总要求的过程中，笔者今年寒假期间赴井冈山参加了北京体育大学马克思主义学院组织的专题学习培训，通过对井冈山精神寻访、体验和深入学习，心灵一次次被震撼，精神一次次被洗礼，思想一次次得到升华，由此得到一种启示：井冈山精神与党的政治建设一脉相承、融会贯通。井冈山精神既是我们党各个时期加强政治建设的力量源泉，也为新时代全面推进党的政治建设提供丰富的营养和启示。

一、井冈山精神的时代内涵

井冈山精神作为原创性的民族精神，是在革命斗争时期中国共产党人把马克思主义基本原理与中国革命实际相结合，同时又受到中华民族优秀文化的积极影响而孕育形成的，它一直激励着我们党在为实现共产主义伟大事业的道路上勇往直前、求得胜利。历届党和国家领导人都特别重视井冈山精神的历史作用和独特价值，他们在不同时期提出、丰富、发展了井冈山精神的内涵，为井冈山精神的传承与弘扬做出了巨大贡献。

1965 年 5 月，毛泽东同志在视察井冈山时第一次提出"井冈山精神"这一概念。"井冈山精神"概念的提出为我们研究井冈山蕴藏的宝贵精神财富指明了方向。进入 21 世纪，江泽民在 2001 年考察井冈山时对井冈山精神做出过精辟论述："井冈山精神，最重要的方面就是坚定信念、艰苦奋斗，实事求是、敢闯新路，依靠群众、勇于胜利。"① 自此，24 字的井冈山精神嵌入中华大地，成为"人皆知、万口传"、影响深远的中国革命精神。习近平总书记对井冈山这座革命的山、红色的山、英雄的山也一直有着独特情感。2016 年 2 月 2 日，他第三次来到井冈山考察。期间，习近平总书记再次对井冈山和井冈山精神作了高度评价："井冈山是中国革命的摇篮。井冈山时期留给我们最为宝贵的精神财富，就是跨越时空的井冈山精神。"此外，他还着重阐述了井冈山精神在新时代的丰富内涵："我们要结合新的时代条件，坚持坚定执着追理想、实事求是闯新路、艰苦奋斗攻难关、依靠群众求胜利，让井冈山精神放射出新的时代光芒。"② 习近平总书记对井冈山精神做出的新概括、新总结既是对前人的继承，又结合新的实际做出创造性的发展。

新时代井冈山精神的内涵深刻体现了马克思主义的哲学思想，是理想信念建设新时代中国特色社会主义必不可少的，也是我们每个人都必须自觉树立和坚守的。习近平总书记把理想信念比作共产党人精神上的"钙"，他说，没有理想信念，理想信念不坚定，精神上就会"缺钙"，就会得"软骨病"③。"古之立大事者，不惟有超世之才，亦必有坚韧不拔之志"，谋大局、成大事，都离不开坚定的信念与信仰。井冈山斗争时期的红军战士有着坚定不移的理想信念，为中国革命保留火种并形成星火燎原之势做了保障。没有对理想信念的坚定执着，井冈山革命根据地的开辟会遇到更多更大的困难。因此，我们一刻也不能放弃对理想信念的坚守。习近平总书记对跨越时空的井冈山精神进行的高度概括是一个统一的有机整体，四个部分紧密联系、不可分割，有利于我们把握井冈山精神的实质，深入理解其内在联系。理想信念是先导，实事求是是精髓，艰苦奋斗是关键，依靠群众是保证。而只有坚定执着，方能追求崇高理想；只有实事求是，方能闯出条条新路；只有艰苦奋斗，方能攻破重重难关；只有依靠群众，方能求得更大胜利。作为"整体"的井冈山精神，其每一部分都有两个方面。既有对前人观点的继承，又有新的理论升华，并且做到了原理与方法的结合，深刻体现了马克思主义的哲学思想。我们在认识把握井冈山精神的内涵与实质时也要做到兼顾全局，每个部分的每个方面都不可偏废。

---

① 江泽民在江西考察工作时指出：《结合群众实践 加强党的建设 深入基层为百姓办实事好事》《人民日报》，2001 年 06 月 04 日。

② 《东风送暖入赣鄱———习近平总书记春节前夕在江西看望慰问干部群众纪实》《江西日报》，2016 年 02 月 04 日。

③ 习近平《建设一支宏大高素质干部队伍确保党始终成为坚强领导核心》《人民日报》，2013 年 06 月 30 日。

二、井冈山精神对党的政治建设的启示作用

信念坚定既是井冈山精神的灵魂，也是新时代全面推进党的政治建设的首要任务。革命理想高于天，中国共产党自成立以来，就把马克思主义写在旗帜上，把走社会主义道路作为奋斗目标，把实现共产主义作为伟大理想，把讲政治、顾大局、维护核心作为基本政治要求。理想信念是共产党人的精神支柱，是党的政治建设的首要任务。新时代全面推进党的政治建设，必须以坚定理想信念为根基，在思想上牢固树立"四个意识"，坚决维护习近平总书记党中央的核心、全党的核心地位，坚决维护党中央权威和集中统一领导，自觉在思想上政治上行动上同以习近平同志为核心的党中央保持高度一致，牢牢坚持党的基本路线、基本理论，牢记党的宗旨。

敢闯新路既是井冈山精神的核心，也是党的政治建设的基础。井冈山时期，毛泽东同志带领中国共产党人开辟了农村包围城市、武装夺取政权的革命道路，引导中国革命不断从胜利走向胜利，就是因为我们党有与时俱进的纲领，有开天辟地的勇气，有实事求是的法宝，有自我革新的担当。而党的政治建设就是一个不断自我净化、自我完善、自我革新、自我提高的过程，政治建设落脚在"建设"二字上，就是要闯要干。面对矛盾要敢于迎难而上，面对危机要敢于挺身而出，面对失误要敢于承担责任，面对歪风邪气要敢于与之斗争，干在实处、走在前列，实事求是，敢闯敢试，用行动诠释忠诚，用担当彰显信仰，为党分忧、为党尽职，才能不断推进党的建设新的伟大工程。

依靠群众既是井冈山精神的根本，也是新时代全面推进党的政治建设的着力点。人民是历史的创造者，是决定党和国家前途命运的根本力量。在艰苦卓绝的井冈山斗争中，中国共产党和工农红军同广大人民群众建立了鱼水相依的血肉关系。新时代全面推进党的政治建设，要树立马克思主义群众观点，坚持以人民为中心，践行党的群众路线，把赢得民心民意、汇集民智民力作为着力点，始终把人民放在心中最高位置，始终把实现好、维护好、发展好最广大人民的根本利益作为做决策、想问题、办事情的出发点和落脚点，一切为了群众，一切依靠群众，不忘初心，牢记使命。

纪律严明既是井冈山精神的法宝，也是新时代全面推进党的政治建设的标尺。纪律严明，是战斗力，是凝聚力，更是党的政治建设的标尺。在中国特色社会主义新时代，政治纪律又是党最重要、最根本、最关键的纪律。党员干部必须严明政治纪律和政治规矩，自觉形成崇尚党章、遵守党纪的良好习惯，以实际行动保证全党在政治上高度统一、行动上步调一致，坚决杜绝搞小山头、小圈子、小团伙，自觉抵制搞拉拢私人关系、培植个人势力等非组织活动。

实行民主既是井冈山精神的武器，也是新时代全面推进党的政治建设的制度保障。党的政治建设的重要制度保障，就是坚持民主集中制，提高党内民主质量。新时代全面推进党的政治建设，必须坚持民主基础上的集中和集中指导下的民主相结合，既充分发扬民主，又善于集中统一。坚持科学民主依法决策，增强全局观念和责任意识，维护班子团结，不能把分管工作、分管领域当作私人领地，要用实际行动来增强党内政治生活的政治性、时代性、原则性、战斗性。

三、党的政治建设的现实要求

进入新时代，党的建设必须要有新作为、新气象，要坚持把党的政治建设贯穿于党的建设全过程，不断达成党的政治建设新要求、开创新时代党建工作新局面。

（一）毫不动摇地坚持和维护中国共产党的领导

党政军民学，东西南北中，党是一切工作的领导核心。保证全党服从中央，坚决维护党中央权威和集中统一领导，既是党的政治建设的首要任务，又是党的政治建设的本质要求和应有之义。必须加强党的全面领导的制度保障，要深化党和国家机构改革，健全党中央全面领导各项工作的体制机制，构建系统科学的国家治理体系，扩大党中央和各级党组织在各项领域的覆盖面积；要严格执行和继续完善民主集中制度，规范不同党员之间、不同党组织之间、党员与党组织之间的关系，强化党对各级机关的科学领导，确保全党在思想和行动上的统一。广大党员要牢固树立"四个意识"，党的任何组织及个人，在任何领域、任何层级、任何单位，都要做到坚定政治信仰、坚守政治方向、坚持政治立场，始终做到从政治上分析问题和处理问题；都要做到自觉将工作放到党和国家的大局中去考虑，做到认识大局、服从大局、维护大局，在党言党、在党为党，确保党中央决策部署的全面贯彻落实；都要做到紧密地团结在以习近平同志为核心的党中央周围，在思想和行动上与党中央保持高度一致，坚决维护党在中国特色社会主义伟大事业中的核心领导地位；都要严格执行党的路线、方针、政策，向党的意志看齐、向党的要求看齐，及时纠正错误思想、改正错误行为。

（二）严肃党内政治生活，抵制不良风气，净化政治生态

习近平总书记指出："党的领导弱化、党的建设缺失、全面从严治党不力，

党的观念淡漠、组织涣散、纪律松弛，管党治党宽松软，归根结底在于党内政治生活不严肃、不健康。"加强党的政治建设必须首先从严肃党内政治生活开始着手。一方面，各级党组织和全体党员必须树立党章意识，尊重党章、遵守党章，全党必须牢记党章要求，按照党章规范自身思想和言行，保证做到政治信仰不变、政治立场不移、政治方向不偏。另一方面，要严格执行党内政治生活若干准则，使全党自觉按照政治生活的制度性、规范性、程序性要求开展积极健康的党内活动，防止商品交换原则对政治原则的侵蚀。全党要按照准则要求，严肃党的组织生活，如实开展批评与自我批评，自觉履行监督职责和接受监督，保持清正廉洁的政治本色。其次，加强党的政治建设必须培育健康向上的党内政治文化。建设健康的党内政治文化是杜绝不良风气、营造良好政治生态的有力抓手。党内政治文化通过影响广大党员的思想观念、行为作风，进而对全党的方方面面产生深远影响。一方面，要弘扬优秀政治文化，抵制庸俗恶劣倾向，要弘扬忠诚老实、公道正派、实事求是、清正廉洁等价值观，坚决防止和反对个人主义、分散注意、自由主义、本位主义、好人主义，坚决防止和反对宗派主义、圈子文化、码头文化。另一方面，要坚持把马克思主义理论基因、中华优秀传统文化、中国共产党革命文化、社会主义先进文化和时代精神相结合，培育充分彰显中国共产党党性的文化，共建广大党员的精神家园，不断增强政治实践活动的自觉性、原则性、坚定性。

（三）充分发挥党的建设总布局的系统作用，促进政治建设与其他方面建设的有机结合

党的十九大提出了新的党的建设总要求，形成了"5+2"党的建设新总体布局，即"全面推进党的政治建设、思想建设、组织建设、作风建设、纪律建设，把制度建设贯穿其中，深入推进反腐败斗争"。其中，党的政治建设与其他建设是辩证统一的，前者为后者引领根本方向，后者为前者提供厚植基础。没有其他建设，政治建设的"统领"作用便无从谈起。加强党的政治建设，必须要发挥党的其他方面建设的辅助作用。一是坚持用马克思列宁主义、毛泽东思想、中国特色社会主义理论体系武装全党，学会用辩证唯物主义的立场、观点、方法思考问题和解决问题。尤其要加强全体党员的理想信念教育，坚守共产主义远大理想和中国特色社会主义共同理想，始终保持并提升党的凝聚力、创造力、战斗力。二是要加强基层组织建设，集中解决某些基层党组织弱化、虚化、边缘化等问题，着力提高广大党员特别是党员干部的政治能力，坚持选拔"信念坚定、为民服务、勤劳务实、敢于担当、清正廉洁"的新时代干部人才，确

保为党的政治建设以及其他各方面决策部署的展开打下坚实根基。三是要加强党风廉政建设，清除腐败毒瘤，凝聚党心民心，保持同人民群众的血肉联系，坚持把人民的立场作为开展一切工作的出发点和落脚点，为党的自身建设赢得广泛稳定的群众基础；要严明铁的纪律，扎紧制度的笼子，使党的自我完善更加科学化、制度化。

四、结语

以党的政治建设统领党的建设各个方面，凸显了建设强大马克思主义政党的本质要求、时代诉求和现实需求，体现着党的事业兴旺发达的根本逻辑。要深入总结加强党的政治建设的历史经验，深入思考新时代新任务对党的政治建设的新要求，要坚定政治方向，把党建设成为始终走在时代前列、人民衷心拥护、勇于自我革命、经得起各种风浪考验的朝气蓬勃的马克思主义执政党。

马克思主义学院 刘政宇

井冈山精神与党的作风建设

中国共产党作为中国特色社会主义现代化建设的领导核心，始终站在时代前列，领导中国人民走进世界舞台的中央，带领中华民族实现伟大复兴。因此，党的自身建设必将随着时代的变化不断进行革新与前进，以适应新的变化。井冈山斗争时期，针对党内作风面临的诸多问题，以毛泽东为代表的中国共产党人通过加强党和军队思想政治教育等多种途径手段，提升了党的凝聚力和战斗力，该时期，是中共党内巡视制度发展中的一个重要探索阶段。深入认识井冈山精神，揭示其精神实质，对于延伸当代作风建设有着重要的理论意义和实践意义，为加强和改善党的领导具有重要的参考价值。

一、井冈山精神

井冈山精神作为中国革命过程中，结合自身时代背景与需求，孕育出来的伟大精神，经过了历史的检验，富有时代特色、中国特色和实践经验。其思想内涵对现今时代的党政建设依然具有指导意义。将其作为党的作风建设蓝本是对艰苦奋斗、实事求是等精神的传承，也是对中国共产党人依靠坚定的理想信念、实事求是的行为准则、密切联系群众的优良作风等品质的弘扬。总结近二十年国内学者对井冈山精神的探讨，可以基本概括江泽民所说的"坚定信念、艰苦奋斗，实事求是、敢闯新路，依靠群众、勇于胜利"。

（一）坚定信念、艰苦奋斗

在井冈山革命初期，国内正处于白色恐怖的笼罩之下。面对这一情况，很多人对于无产阶级的政权失去了信心，但星星之火可以燎原，无产阶级政党通过马克思主义理论武装全党，对全党人民进行了深入的考察与教育，促使他们提高了思想水平，对其信念进行了坚定。在艰苦的岁月当中，运用精神与无产阶级的价值观唤醒革命人的力量，产生了一批又一批理想信念坚定，甘愿为共产主义事业而奋斗终生的英雄们。

理想信念是支撑人们前进的动力，也是人们前进的方向。中国共产党的理想信念将指引我们走向共产主义，只有坚定理想信念才能消除阶级，实现中华民族伟大复兴和共产主义社会的梦想。而对此坚定不移的追求正是井冈山精神所焕发出来的生机与力量。而在艰苦奋斗中磨砺出的信念，正是井冈山精神所蕴含的品质。在井冈山斗争的"三月失败"和"八月失败"时，有人的思想产生了动摇，产生了"红旗到底打得多久"的疑问。正是毛泽东思考了马克思主义在中国的发展，探讨了中国的发展与未来，理智地写出了《中国的红色政权为什么能够存在?》正是这一理论专文，对人们的困惑给予了科学的回答，提出了科学论断。通过理论上的认知，坚定了政治上的信念。对于"全国政权"的提出，这一构想不单让我们看到毛泽东的先见性，更是他理想信念坚定的体现。井冈山时期坚定信念、矢志不移的精神，为我们坚定不移地走中国特色社会主义道路带来了深刻的启示意义。

（二）实事求是、敢闯新路

马克思主义的精髓和活的灵魂，就在于一切从实际出发，实事求是。在崎岖的井冈山山区，正是"敢为天下先"的气魄带领中国共产党人冲出了国民党反动派的白色恐怖。实事求是的目的是为了敢闯新路，敢闯新路是实事求是的前提。在实事求是的基础上探索新路，需要有"敢为天下先"的气概与胆识，需要有披荆斩棘的勇气与毅力。

在当时的社会环境之下，找寻适合中国国情的革命道路从井冈山出发。中国革命是沿着农村包围城市、武装夺取政权的道路取得胜利的。这条具有中国特色的革命新道路，是对马克思主义中国化的重要实践。这条道路是中国共产党人在大革命失败的白色恐怖中"闯"出来的。在白色恐怖的环境之下，千千万万名共产党人和革命者倒在血泊之中。以毛泽东为代表的中国共产党人根据八七会议的部署发动了湘赣边界秋收起义，但由于种种原因失败。面对失败与质疑，毛泽东和起义军将士没有一蹶不振，而是重整旗鼓，引兵井冈，正是这条道路的选择创出了我国第一块农村革命根据地，闯出了井冈山革命新方向。井冈山道路可以说是在中国革命低潮时期所做出的最好选择，也是依据实际经验所思考出了最为恰当的选择。

井冈山道路是同党内"左"倾错误的较量中"斗"出来的。同时，毛泽东也十分注重党的建设，从三湾改编将支部建在连上，确立党对军队绝对领导的原则，到七大纷争和古田会议批判红军党内的各种非无产阶级思想，确立无产阶级的建党路线和建军纲领，在此期间，他明确提出：要"执行党的正确路线"

"对党员作正确路线的教育""党的领导机关要有正确的指导路线"。这些思想主张在实事求是的基础上实现了对党的先进性、纯洁性建设的推进，对于当今中国特色社会主义的发展予以借鉴与启示，对建成小康社会、实现中华民族的伟大复兴而言，是必不可少的精神食粮。

（三）依靠群众、勇于胜利

依靠群众，是井冈山斗争的开端，也是中国革命创造全国政权的起点。马克思说："如果斗争只是在有极顺利的成功机会的条件下才着手进行，那么创造世界历史未免就太容易了。"① 而中国革命正是在经过长期的艰苦奋斗，在依靠群众的基础上才成功夺取全国政权获取伟大胜利的。正是在井冈山，在这样艰苦的环境之下，以毛泽东为代表的中国共产党人，与群众紧密联系在一起，秉持着不拿群众一颗红薯的坚持，战胜了一个又一个的难关。

毛泽东曾致信中共中央说，"吃饭大难"，红军经常是"打倒资本家，天天吃南瓜"。在这样的艰苦时期，吃饭是问题，穿衣是问题，伤员的救治更是问题，但也就是这样的情况下，出现了挑粮小道，出现了团结一致相互扶持的景象。正是依靠群众，通过组织建立起生产，恢复了农业生产，熬硝盐、铸银圆，解决了一个又一个难题。在这一时期，群众与部队的心连心是度过困苦时期的重要环节，大家拧成一股绳，成就了胜利的开端。回顾一座座陵园内的英雄的身影，他们是革命的奉献者，是马克思的践行者。

二、井冈山时期党的作风建设

（一）井冈山斗争时期党风建设的举措

首先，我们来看党的思想作风的建设。在井冈山时期，如何提升党员的思想觉悟，如何抵御白色恐怖引起的动摇，如何巩固理想信念成了首要任务。针对这些问题，开创了"思想党建"的原则，这一原则从基础出发，巩固思想，是党内的纯洁性与先进性建设的起点。一方面，通过"洗党"运动，加强对农民党员进行思想教育。另一方面，通过"古田会议决议"提出思想建党原则。通过这两方面的深入，开展党训班、团训班，广泛传播马克思主义知识，坚定理想信念，引导党员提高思想觉悟，增强革命自觉性和责任感，成为革命事业中的中坚力量。

其次，开创密切联系群众的工作作风。人民是历史的创造者，是中共创建

① 余伯流：《井冈山精神再解读》，中国《井冈山干部学院学报》，2010年第1期。

新中国伟大事业的坚定支持者。在井冈山时期，通过发动群众、开展群众工作，促使革命事业得以顺利开展。毛泽东在总结茶陵工作经验教训时把"宣传群众、组织群众、武装群众、帮助群众建立政权"定为革命军队的"三大任务"之一，还创造性地提出"分兵以发动群众，集中以应付敌人"同时，专门设立了"工农运动委员会""群众工作组"等群众组织，选派中共优秀干部从事工农运动，负责群众的各种工作。井冈山斗争时期，中共组织和领导农民开展土地革命和农业生产，在艰苦的革命斗争环境下，帮助农民废除债务，焚烧契约，秉持为人民服务的宗旨为民众谋利益。同时，倡导艰苦奋斗的生活作风。面对恶劣的生存环境，广大党员干部并没有退缩，他们自力更生，奋发图强，厉行节约。党员和战士们精神饱满，情绪高涨，热爱生活，践行党的艰苦奋斗的生活作风。

最后，开创反腐倡廉斗争。惩治腐败，是党风廉政建设的关键，是党的作风建设的重大任务。在井冈山斗争时期，面对出现的腐败问题，毛泽东在《井冈山斗争》中指出："对经费的滥用和贪污，对白色势力的畏避或斗争不坚决，到处发现。"① 为了从纪律和制度上进行反腐倡廉，毛泽东开创性地提出了"三大纪律"和"六项注意"的规定以及设立专门的纪律监督机构。这些举措的出台，有效防治了革命队伍的腐败，培育了良好风气，推动了党和红军的作风建设。

（二）井冈山斗争时期党风建设的成效

井冈山斗争初期，中共在井冈山革命根据地开展了富有成效的党风建设实践，教育了全体党员，取得了很好的历史成效。

首先，坚定了革命信念和理想。井冈山斗争时期，中共善于用马克思列宁主义对党员和士兵进行教育，并经常组织党员干部和红军军官学习马列主义，分析国内政治形势。通过学习无产阶级先进理念，教育了边界党员干部，提高了党的马克思主义理论水平，使广大党员牢固树立了坚定的革命信念和理想。

其次，促进了革命队伍团结。井冈山斗争时期，针对党内出现的极端民主化现象，中共经常开展各种民主生活会，关心基层党员的身心发展状况。再者，密切联系了人民群众。革命战争是民众之战，所以只有真正解决民众生活难题才能赢得人民群众的拥护和支持。井冈山斗争时期，中共十分重视加强与人民群众的联系。一方面，做群众工作，发动群众，争取广大群众踊跃参军作战。同时，还积极对群众进行思想政治教育，提高其觉悟和革命意识，吸纳优秀群众加入党组织，壮大党组织队伍；另一方面，切实维护群众的现实利益，开展土

---

① 《毛泽东选集》（第1卷）人民出版社，1991年版，第57页。

地革命运动，发展农业生产，为广大农民谋利益。

中共党员和红军官兵在革命战斗中及生活方面密切关心人民群众的根本利益，赢得民众的信任与支持，为中国革命注入了无限活力和生机。

三、启示

从新中国成立到现在改革开放的进程不断加快，我们必须坚定理想信念，弘扬艰苦奋斗的精神，为建设小康社会、实现中华民族的伟大复兴打下坚定的基础，为实现共产主义远大理想不懈努力。井冈山斗争时期，正是存在像朱德、何长工、萧克、徐彦刚这样有坚定信念、崇高品德、牢不可破的核心价值观共产党人，才能带领党和人民推动着党革命胜利的步伐。

党的作风建设，是现代政党建设的永恒课题，践行优良作风是凝聚党心民心的巨大力量源泉，有利于赢得民心，巩固党的执政地位，推进党建新的伟大工程. 加强党风建设在新时代具有更重要的意义加强党风建设，是新形势下管党治党的迫切要求，对于赢得民心、巩固党的执政地位和推进党的建设新的伟大工程具有重要意义。

中国正走进世界舞台的中央，当今世界的发展是机遇也是挑战，但只要我们坚定理想信念，那么不论面对何种挑战，我们也能够做到坚定执着追理想，矢志不渝谋发展。当全国人民拥有共同的信念时，实现中华民族的伟大复兴梦便只是时间问题。从作风建设出发，从内部出发，建设强而有力的领导团队。

马克思主义学院 朱奎闽

井冈山斗争时期的廉政建设

井冈山斗争时期是从 1927 年 10 月到 1930 年 2 月为止，毛泽东、朱德、彭德怀、陈毅、滕代远等老一辈无产阶级革命家带领中国工农红军在井冈山建立了第一个中国农村革命根据地。各位党的领导人根据井冈山革命根据地特征以及党内结构提出了多项建议，其中，井冈山时期的廉政建设是符合井冈山时期和中国革命道路的革命方案，廉政建设分别从多个方面入手，从制度创新、严明纪律、严惩腐化、强化教育、以身作则等诸多方面进行了有益的探索，使井冈山斗争时期成为我党最为廉洁的时期之一，为具有中国特色革命道路的成功探索奠定了基础。

一、三大制度

井冈山建设初期由于当时井冈山环境特殊，属于一块无人管辖的地方。而且当时山上还存在着袁文才和王佐两支未被收编的"军队"，环境、外界条件的艰苦、不熟悉地理位置等都为这支刚刚上山的军雪上加霜。可以说如果当时出现一个小小的错误决定这支军队就会立刻溃散，但历史上是没有如果的。在刚到井冈山之后毛泽东就立刻决定收编袁文才和王佐的部队，然后进行全体军队的整编。

（一）民主主义制度

民主主义制度是在 1927 年 9 月底部队在三湾改变时提出的，当时毛泽东站在一棵大槐树下为部队中的军官和士兵进行思想教育史称"三湾改编"。顾名思义，民主主义制度就是说部队的事情要变得以人民为主，所有事并不是在一个人说了算大家有意见都可以提出并上报。在此之前，部队中军阀气息十分的严重，军官在部队中的权力过大，一旦有士兵犯错没有经过任何的核实便会受到惩罚，而且惩罚也往往是由军官一人决定，时常会出现打骂士兵的情况，这也导致了部队内部军官和士兵之间十分的不团结，同样也严重影响到了部队的战斗能力。而且在日常生活条件下军官与士兵的待遇也被区分对待，导致了士兵内心极大的不平衡。为了遏制这种官兵待遇不等的情况，便建立了最初的民主主义制度，部队设立了士兵委员会，让普通的士兵也可以参与到军队的管理和建设中让大家感受到军队的归属感。士兵委员会设有经济委员会小组，主要负责管理军队日常的伙食方面，每个星期或每半个月经济委员会负责清算负责伙食管理员的账目并且公开，做到经济公开便于大家监督。同时官兵之间的待遇也一致对待，每日的伙食也全部统一化。民主主义制度的建立为解决了当时军队廉政建设的一大问题，在实施以后使军队变得异常的团结，士兵的基础利益得到了保障，士兵们对军队感受到了家的亲和力，革命斗争的积极主动性更加强烈。每个参与或间接参与的士兵都在部队里感受到了自己的生存价值，有了自己当家做主的感觉对部队的责任感也在不知不觉中增加了。实践证明民主主义制度的实施对于当时的廉政建设起到了奠基的作用，从根本上解决了军队内部日后的隐患问题。而且让外人也看到了这支部队的团结和强盛。

（二）党代表制度

我国早期其实就有过党代表制度，最早的党代表制度是在第一次国内革命斗争时期，吸收苏联红军和陆军学校的经验，以党建校，再以校建军，创立了中国国民党陆军军官学校又称"黄埔军校"。这是当时孙中山联合国共两党一同合作也是国共两党合作的一个成果。在井冈山时期施行的党代表制度与民主主义制度一样同样是从三湾改变开始。毛泽东同志提出将"把党的支部建设在连上"，在连以上都设有党代表，这一职务的职责和我们在电视剧里看到的"政委"一样都是专门去负责官兵群众的政治思想工作教育，并进行总结推陈出新，一旦有错误的思想出现便立刻纠正。

而中央的意见则是设立政治部，取消原来的党代表制度。可当时的红军领导人毛泽东等人认为设立政治部并不符合当时的情况，所以经过慎重考虑以后坚持实行党代表制度。党代表在日常生活中起到作用不仅仅是负责官兵思想教育工作那么简单，党代表制度建立在连级以上在平常的生活还可以为官兵们树立模范。毛泽东亲自起草了给中央的报告，报告中说："党代表制度，经验证明不能废除。特别是在连一级，因党的支部建设在连上，党代表更为重要。他要督促士兵委员会进行政治训练，指导民运工作，同时要担任党的支部书记。事实证明，哪一个连的党代表较好，哪一个连就较健全，而连长在政治上却不易有这样大的作用。"① 由此可见党代表起到的模范作用对于整个连队的建设都是

---

① 《毛泽东选集》（第 1 卷），人民出版社，1991 年版，第 64 页。

十分重要的。

二、遵守铁的纪律

在当时的情况下军队制度十分的混乱，并且刚刚收编了袁文才和王佐两支非正规部队。所以在军中经常会有一些不服从管教的人出现，因此军队也收到了许多老百姓的投诉。毛泽东同志也发现了这些问题，于是就有了"雷打石"宣布"三大纪律""六项注意"。也就是这最初的"三大纪律""六项注意"让百姓们看到这支部队的纪律如此严明不占百姓的一点便宜，最初红军的粮食补给十分的艰难而且加上长途跋涉许多官兵肚子实在是饥饿。所以经常会有官兵在行军过程中去身边的土地里偷摘红薯的事情发生，在收到百姓的投诉建议以后毛泽东同志下令以后每拿一个红薯都要在地上放上对应的钱绝对不会白占百姓一点便宜。可这样做仍然会对百姓的生活产生影响，于是毛泽东同志果断下令"不拿百姓一个红薯"这便是现在我们所说的"不拿百姓一针一线"的源头。在朱德带着南昌起义的部队行军的过程中也同样出现了部队纪律的问题，当时的部队减员十分严重而且士气低落、供给不足。部队在经过一座繁华的城镇以后也爆发了严重的纪律问题，当时给部队造成了极其恶劣的影响。朱德得知以后立刻严肃处理，整个部队的面貌焕然一新，上了井冈山以后两军会师后编为第二十八团，成为井冈山红军的主力团极其受到百姓的爱戴，并且为井冈山的斗争发展做出了重要的贡献。

三、防止腐败

一支强盛的部队不仅仅应该体现在能打仗，更应该体现出这支部队内部的规范。从古至今很多的公司、企业、政府、部队的失败不仅仅是内部决策出现问题，更多的是因为内部出现了蛀虫。正是这些蛀虫一点点将内部所蚕食最终导致了自己的灭亡，在共产党建立之初就深刻意识到了这个问题，所以从1926年4月中共广东区委成立监察委员会，中国共产党有了第一个地方纪律检查机关，到1927年4月中共五大第一次选举产生中央监察委员会，党中央第一次有了专门的纪律监督机构。中国共产党一直把内部的纯洁性放在重要的位置，对于内部的腐败问题更是严惩不贷。在上井冈山之后这支部队同样也受到了外界严重的干扰，有几位军官甚至离开队伍叛变投敌。在出现这钟叛变投敌的事情以后毛泽东同志立刻采取措施严查此事并且积极治理消除负面的影响并且提出红军的三项任务，一、打仗消灭敌人；二、打土豪筹款子；三、宣传群众、组织群众、武装群众、帮助群众建立革命政权。经过这一次反内部腐败的事件，让当地的人民群众看到了共产党和红军坚决严肃惩治腐败的决心，党内、军内和各级工农兵政府的廉洁自律蔚然成风。

四、领导身先士卒

毛泽东同志在自己的书中说道："什么人都是一样苦，从军长到伙夫，除粮食外一律吃五分钱的伙食。发零用钱，两角即一律两角，四角即一律四角。因此士兵也不怨恨什么人。"[1] 这句话强调了官兵平等的状态，当时红军整个部队十分注重平等精神而且绝对不搞两极分化，整个部队中官兵一致平等对待薪饷吃穿一样，起居生活相同。毛泽东等军官领导以自己为主首先严格要求自己，有苦同士兵们一起承受，据说当时群众百姓和敌兵俘虏在部队中看见部队中的大名鼎鼎的工农革命军第四军军长的时候竟然认不出来。当时军长穿的十分简陋，衣服上到处是补丁，穿的草鞋与士兵没有任何区别，军长的形象就和普通的士兵一样。而且当时的部队衣服十分紧缺，有新生产出来的衣服以后军队领导都先让给基层士兵穿自己还是穿着破旧的衣服。在这些方面经过毛泽东同志、朱德同志、陈毅同志的做法下级各级的领导人都积极学习身先士卒。

在井冈山斗争的后期上到部队领导，下到一兵一卒每个人的身上都透露着一种清正廉洁的风气。每一个官兵都以身作则严格要求自己，不论条件多么艰苦，都没有任何的抱怨，在打仗时都十分团结勇敢，保持着勇于奉献的精神。在这种艰苦的环境中，井冈山的这种清廉的精神被当时的每一位官兵淋漓尽致地表现出来。在后来传承到了各支部队，井冈山斗争时期的廉政建设告诉我们虽然现在我们有着极其丰富的物质条件，不像当时以后需要为了吃穿发愁也不用面临战争的疾苦。但同样也应该保持着自己的初心，戒骄戒躁、砥砺奋进。虽然我们不用再经历当年的艰苦奋斗，但如果没有那时的艰苦奋斗就不可能有现在的中国，我们应该更加的努力，保持着警惕，不忘当时的革命精神，以身作则为国家现在的发展尽一份微薄之力。

马克思主义学院　张铮

---

[1] 《毛泽东选集》（第1卷），人民出版社，1991年版，第65页。

井冈山斗争时期的统战工程

井冈山根据地是处于国共十年对抗时期，1927 年秋收起义之后中国工农革命军在湖南、江西两省边界罗霄山脉中段创建的第一个农村革命根据地。1927 年九月，时任中央特派员毛泽东于湘赣边界组织了"秋收起义"。在具备了一定的武装力量基础后，试图武力夺取中心城市，但依然受挫，当时以毛泽东领导的对敌委员会当机立断，转入敌方控制不足，武装力量薄弱的山区寻求立足之地。

为了重振革命力量，保留革命火种，如何快速组织起有限而零散的地区武装力量，建立应对敌人的防御阵地，甚至是如何解决乡民问题，都成了迫在眉睫的艰巨任务。建立革命统一战线，自然成了井冈山革命根据地建设过程中尤为重要的一环。下文将依据历史上的相关材料及史实来探究中国工农革命军在当时实践的斗争经验及政治手段。

一、军事战略——正确对待游民武装

在中国工农红军初上井冈山之前，井冈山地区已存在以王佐、袁文才为首的当地"绿林"武装。马日事变后，袁文才、王佐都成了赣西农民自卫军的副总指挥。袁文才带领一支部队驻在宁冈茅坪，王佐带领一支驻扎在茨坪大小五井一带。山上下相协作，以据守井冈山。

在上山前的 1927 年 8 月 7 日，为总结大革命失败的教训，确立往后的斗争方向，中共中央于汉口原俄租界三教街 41 号召开了"八七会议"。毛泽东就日后如何组织土地革命及武装革命进行了规划，对于如何处理游民武装的问题，毛泽东提出："对待游民土匪，不能只利用他们，而应该制定一个策略来引导他们。"

为什么要对袁王等游民武装进行思想改造与整编呢？因为袁、王绿林武装的成员，几乎都是来自贫苦受欺乡村的下层农民，他们不仅在经济上被剥削，在政治上也受压迫而丧失人权，他们的心里具有求解放、闹翻身的强烈革命愿望，还有反封建反土豪劣绅的强烈要求。同时他们受过大革命的影响，参加过革命活动。因此，对他们只能采取团结、争取、改造的方针。这样的观点毛泽东也在日后的《中国社会各阶级的分析》中写道："数量不小的游民无产者，为失去了土地的农民和失了工作机会的手工业工人。他们是人类生活中最不稳定者，他们在各地都有秘密组织……处理这一批人是中国困难的问题之一。这一批人很能勇敢奋斗，但有破坏性，如引导得法，可以变成一种革命力量。"

在 1927 年 10 月，在毛泽东率领湘赣边秋收起义部队到达永新县三湾村后面见了袁文才派来的代表，为了争取这支农民武装，在这之后毛泽东亲自面见了袁文才，向对方详细地介绍了当前的国家形式与革命愿望，后还赠予袁文才部队百余支枪，而袁文才也同样反赠一千块大洋作为回礼。增编袁文才的时候，毛泽东选择了实际性的互通友好的方式，给予对方极大的信任，以此让袁文才接受了革命接受了改编。

成功地收编袁、王的部队，使得中国工农红军真正意义上的挺进了井冈山，而建立与维护井冈山革命根据地期间，袁、王的帮助必不可少，包括在茅坪安营扎寨，建设医院，得到当地民众的认可，袁、王二人在井冈山建设根据地的途中发挥了不可磨灭的作用。再到日后，袁、王的部队也发展成红四军的主力部队之一，成了强力的革命力量。

二、斗争方式——发动土地革命

一个成熟稳固的工农联盟统一战线，其和绝大部分组成便是来自群众，如何赢取群众的支持？是建立统一战线的重要内容。

地主和农民是地主制经济下的两大对抗阶级。地主阶级在政治上压迫农民，生活上依靠繁重的赋税与徭役来持续压农民阶层。而基于封建社会遗留下的这种社会状态，导致了社会资源及生产资料单一地集中在仅仅占社会群众极小一部分的地主阶级手中，在豪绅地主的压迫下，社会的平衡性也遭受了破坏，受上层压迫的贫下中农，几乎不存在翻身的机会。

所以对于当时广大农民阶级来说，其最大的愿望就在于获得土地资源，在地位上翻身，打破受剥削压迫的阶级状态。而初入农村，试图以"农村包围城市"战略进行反攻的中国工农革命军，最需要的直接援助便是"广大农民的支持"，这就直接促成了"发动土地革命"，"获取农民信任"的斗争方式。

为此，中共中央为此次行动做出了明确的行动步骤：（1）调查土地和人口，划分阶级；（2）发动群众清理地主财产，焚毁田契、债约和账簿，把牲畜、房屋分给贫雇家，现金和金银器交公；（3）丈量土地，进行分配，公开宣布分配方案，插标定界，标签上写明田主、丘名、地名和面积。

通过土地革命，在经济上，重点解决了经济与生产上的不平衡，使农民分得了土地，获得了自主生产的能力，解决了基础温饱的问题；打压豪绅势力，使得其在政治上无法在对下层百姓施压，消除了其徭役，开设赋税的情况，使农民在政治上得到了自由。

由此而获得的收益，在于让工农红军得到了广大人民群众的信任与支持，据不完全统计，在湘鄂赣革命根据地，仅在土地革命开展的半年内，参加红军的翻身农民达3万多人。鄂豫皖革命根据地的黄安七里坪的一个招兵站，一天就招收800名农民入伍。这便是铸成统一战线的基础来源，由农民及工人组成的革命战线也变得愈加牢固。

三、利益维护——保护中小商人，拉拢中间阶级

处在大革命环境下的工商业，一定程度地都会受到影响，撇开大地主阶级，其中位于中间阶层的中间阶级（小资产阶级、富农、小商人）等由于经济上的受阻及不顺，对"革命"也是持有"不满意""不支持"的态度。而考虑到其对于下层农民及工人等多多少少会造成思想上的消极影响，消磨群众的革命热情，所以对于这些中间阶层的改造与拉拢便成了一项不可忽略的工作。

中间阶级的组成主要是农村中的小地主及富农，其性质上属于敌方的阵营，而伴随着如火如荼的土地革命等阶级运动，为了维护自身利益的中间阶级往往容易产生反叛。他们在革命情绪高涨的时候，他们投靠农民，但暗地里却依仗其社会上的地位来欺压农民，妨碍土地改革；到无可延宕时，即隐瞒土地实数，或自据肥田，把瘠田让人。如永兴县南乡，其中由于中间阶层的人数多，所以这样的情况也愈加严重。而在1927年4月12日蒋介石发动四一二政变后，白色恐怖席卷全国，白色区域内的中间阶级也几乎全部投入到地主豪绅之列。故为了进一步地巩固及发展壮大革命根据地，就要抓住所有能争取到的力量。

而面对这些小地主及资产家时，就要提到毛泽东提出的封资分化的理论：即在打击地主的时候，作为封建资产的那部分土地舍宅便全部收缴，并均分给下层农民；而有些中间阶层的地主豪绅也是经商的，故会让他们保留这些工商财产，强调的是打击地主剥削的那一部分资产，而作为糊口的工商业资产，红军是保护的，维护其原有的利益，发展新的利益。正是因为这样的措施，大多数地主也能接受处理。

争取中间阶级的支持，不仅一定程度上孤立了敌人，打破了敌人的经济封锁，保持在不妨害党的政害的条件下的政治的暂时联盟这一斗争策略，为我军

战胜敌人，以及在日后制定相关的政策等方面都起到了奠基作用。

四、优待俘虏，医治伤兵

起初，红军对待俘虏也是十分仇视的，因为其组成多为长期遭受反动派等压迫的贫下中农，对于反动派敌军的残忍暴行也怀恨在心，包括部分来自旧军队的军人依然保有虐待俘虏的旧习，故首要目标通过教育来切实地铲除这些旧习。

因此毛泽东提出了对待俘虏的基本方针，要求：不得虐待俘虏，除招致民愤的罪大恶极之人可处以死刑外，其余的俘虏不得遭受打骂，不得掏腰包，在生活上给予同工农革命军相等的待遇；如果愿意留下接受改编成为红军的，给予欢迎，如果选择回家的，也会发放路费，让他们回家。

正是这样地对俘政策，打破了反动派所谓"共匪见人就杀"的虚假宣传，从敌人之中逐步瓦解对方。在民间，也能逐步彰显共产党的政治影响力，展现了红军亲民，爱民的公众形象。而接受了军阀军队中对共反宣传的俘虏士兵，也真正认识到共产党及红军的真面目，很多人都渐渐地在精神上选择了相信共产党，在1928年的10月，湖南国民党第八军第三师阎仲儒部，在毕占云的率领下在桂东转投红军旗下，收编为红四军特务营；同一年10月份，驻守在樟树的赣军第八师下属一个营营长张威在党的教育改造下，率领部队在袁州起义，后投入红军队伍之中，全部接受改编。

优待俘虏政策，不仅仅是对敌人反宣传及恶意抹黑的有力还击，它也同时进一步强化了我军的战斗力，为我军争取到更多愿意为革命做出贡献的将士。

五、化解土客籍矛盾，增进两籍民众团结

湘赣边界的宁冈、永新、遂川、炎陵（原酃县）等县的民众，历来分为土客两籍，两籍之间曾经"存在着很大的界限，历史上的仇怨非常深，有时发生很激烈的斗争"。湘赣边界的土籍居民，为2000多年前北方数省在战乱期间迁到永新、泰和等地的；客籍民众，是指明末清初自广东嘉应州（今梅州地区）所属的兴宁、五华、和平和龙川几县以及福建泉州、莆田等地迁来的民众。

而土客籍之间存在的矛盾，主要表现在阶级矛盾之上。土籍居民多拥有大量肥沃的土地，产量颇丰，且乡镇间的农业经济和手工作坊都掌握在土籍豪绅手中。而客籍民众却缺少生产所必需的土地及产业，耕作只能依靠在山间开辟小型的梯田来种植水稻；依靠打猎获得的产品在圩场上进行售卖；但相对的，客籍民众即使生产水平低下，但仍被要求缴纳高额的"地盘税"。来自土籍地主

豪绅的经济压榨及政治上的压迫愈发严重，所谓来自"地主阶级"的阶级矛盾问题也显现出来。

为了化解这种长久以来的两籍矛盾，时任湘赣边界党委员毛泽东做出了非常多的努力。一是着重加强群众及党内外干部人员的思想教育。让民众认识到所谓的两籍矛盾的本质，便是地主豪绅及两籍人民之间的矛盾，是封建主义社会遗留下来的社会问题。且强调了这种状态下将产生的后果，因为如果继续涣散而无法团结，只会让敌人有机可乘。二是以切实的政策来解决实践问题。如打击地主豪绅时的财产分配，双方冲突产生的长期矛盾及误解，党中央还在宁冈县委内开办专门的训练班，着重解决党员干部对土客籍矛盾的思想认识。召开群众大会，广泛宣传，安定人心。三是促进两籍领导阶层及干部成员的交流及和解。在使用干部上不分土客籍，只要能力胜任，一视同仁地任用。表现两籍平等的意识，积极引导双方交流互通。

长时间以来的土客籍问题，在以毛泽东为领导的湘赣边界党的重视下，采取正确的指导思想，运用切合实际的处理措施，使土客籍矛盾和争端得到了最大限度的疏解，使土客籍的民众能够团结在"工农武装割据"的旗帜下。

综上所述，根据井冈山斗争时期的统一战线建立经验可得知。要把我国建设 为有中国特色的社会主义伟大强国，早日实现社会主义的"四个现代化"，就必 须坚持改革开放，团结全国各族人民，团结海内外一切团结的力量，加强国际间的联系，依靠群众，加强党的画结，加强党与人民群众的团结，那么我们的社会主义伟大事业就必定能取得更大的胜利。

马克思主义学院 卢达辉

井冈山红色政权巩固群众基础的
有效做法及对今有益启示

　　井冈山时期艰苦卓绝的斗争是马克思主义中国化的最初实践，红色政权存在的特殊性有其自身科学、严密之处，在群众基础上波浪式向前发展。马克思主义认为人民群众是推动历史前进的真正动力，是历史的主人，红色政权得以生存、成长离不开群众基础。群众对政权的支持源于政权在解放、保护、动员、组织、引导群众的路线、方针、政策正确及落实方法的有效。井冈山革命根据地对红色政权的建立起着不可或缺的旗帜作用，彭德怀曾写诗称赞"唯有润之工农军，跃上井冈旗帜新。"① 根据地位于罗霄山脉中段，包括了湘赣边界诸县，周围五百余里，鼎盛时期面积大约7200平方公里，人口50余万，井冈山斗争时期牺牲的人数达4.8万余人，根据地对红色政权的支持力度可见一斑。"星星之火，可以燎原"，井冈山红色政权建设更是推动着当时全国性革命浪潮的到来、促进着红色政权在更大范围、更多地区的建立。其中，井冈山红色政权在巩固群众基础方面的有效做法至今仍有启示。

一、致力解放群众，赋予群众政权主人翁地位

　　井冈山斗争时期的中国仍处于半殖民地、半封建社会，白色政权内部有着分歧、斗争，帝国主义、我国被买办豪绅阶级支持的各派军阀之间存在各种矛盾冲突，这为红色政权在白色政权的夹缝中的存在、成长、坚持、壮大提供了可能，而群众基础发挥了至关重要的作用。农民长期以来遭受压迫，农民们总被地主逼债，有些甚至被迫自杀，一年辛苦劳作，但交了租谷后便只剩野菜、薯干、泪煮。在1927年废债务、焚契约、没收土豪财务等打土豪、分浮财的一次年关革命便是一个通过有力措施对红色政权进行宣传的例子。众所周知，土地问题关乎着农民切身利益，边界地区农民手里仅有百分之四十以下土地，江

---

　　① 《彭德怀自述》解放军文艺出版社，2002年版，第78页。

西遂川农民甚至只有百分之二十左右土地。买办豪绅阶级之间的分裂为工农武装割据的存在和发展提供可能，随着红色政权的扩展，根据地土地实现重新分配，部分有延宕分田、隐瞒土地、占据肥田等行为的中间阶级被处理，土地革命逐渐深入。1928年，宁冈县获得了历史上最好的收成，粮食总产量比前一年增长20%，东源麻上的一位农民邱祖德在土地革命政策的推行中分到了十几亩土地，收了将近4000斤谷子！红军的军械处除修理武器外，更是经常帮助农民们修理农具，促进了农业生产。可见，红色政权下的农民不再是"奴隶"，群众得到一定程度的解放，打击了地主阶级特别是土豪劣绅、获得了土地所有权、苛捐逐渐废除、农民学校兴起，群众的生活环境逐渐得到了改善、群众政权主人翁地位逐渐确立。

红军在与敌人的交锋中不断摸索，得出单纯的流动、游击策略无法完成促进形成全国革命热潮的任务，拒绝流寇主义政治思想，要从历史上黄巢、李闯的错误和现实战斗所得经验中吸取教训，且不可盲目冒进的结论。探索出一条符合中国特殊国情的政权建设道路是当时关乎革命未来、"红旗能打多久"的重要问题，在共产党领导下，政权有根据地、有计划地建设，波浪式向前发展。敌军向井冈山根据地不断发起进剿、会剿以及向若干小块红色政权区域进行大大小小的进攻，在1928年南方统治势力较为稳定阶段，我方军力不足四个团，但红色政权区域依然在扩展、成长，红军、赤卫队和群众基础也在扩大。红军与雇佣军不同，是致力于群众解放的人民军队，除作战外，也宣传、组织、武装、帮助群众建设红色政权和党组织。不杀反水农民、保护民族工商业、土家人与客家人矛盾处理方法合理、军民同甘共苦、军纪严明等取得了民心，党群关系、军民关系十分密切，为红色政权的发展奠定良好基础。

二、维护群众利益，坚定群众参与政权活动的勇气

在白区与红区政权的激烈对抗中，中间阶级尤为摇摆不定，在红军力量、革命浪潮高涨之时遭受打击，妥协退让，当白色恐怖来临时便立刻反水，在反动派的唆使下肆意烧屋、抓人。在形式纷繁复杂之际，一些农民听信共产党要杀他们的谣言，追随反动派，但在共产党的积极宣传后，部分农民选择信任红军。相对稳定的根据地红色政权为群众提供了强有力的保护，使群众免除了对土豪劣绅、国民党政权的秋后算账，对反水农民也宽容对待，坚定了群众支持政权、参加革命的勇气。

"三大纪律，六项注意"的颁布和落实更是维护着老百姓的利益，形成了密切、友好的军民关系。红军待百姓如亲人一般，保护他们、时刻维护他们的利

益。根据地粮食丰收时，红军的小分队帮助农民秋收，且依然践行"不拿群众一个红薯"，全心全意为人民服务。毛委员更是身体力行，严格遵守革命军的规定，在身着单衣的寒冬里将棉衣送给房东谢槐福，在房东送来炭答谢时支付银圆，随后，毛委员仍没有烧木炭，将其送给孤寡老人魏殿娘，将破例收下的半篮鸡蛋又送至红军医院。在敌强我弱、战斗频繁的严峻形势下，军民从"有盐同咸，无盐同淡"到同心同德、鱼水情深。井冈山斗争中人民军队与广大群众形成的铜墙铁壁是从一件件温暖百姓的小事筑起的，是工农武装割据和红色政权存在的基础。红军对百姓的关怀，让许多群众投身革命，勇于参与政权建设。敌军对井冈山实行严格封锁后，食盐便极其昂贵、匮乏，军民一同从老房子的墙根挖旧土熬硝盐，勉强维持。1929 年 1 月，敌军组织了 18 个团进行第三次"会剿"，红五军被迫撤离井冈山，红三十二团转移至深山老林。那年的雪足足下了 40 天左右，退入深山的红军饥寒交迫，这时，聂槐妆接到指示后组织同志送盐上山，一开始许多方法被敌军识破，甚至牺牲了很多同志。随后，她通过棉衣藏盐得以进山，然而敌人依旧起了疑心，将其抓获、严刑拷打，但她始终严守秘密，被敌人杀害。在斗争时期，许多群众英勇献身，他们坚定执着的勇气、宁死不屈的骨气源于对红军、对党始终维护群众利益、关心百姓疾苦的铭记与感恩，源于群众对红色政权必将胜利的信念与希望。

三、动员广大群众，明确群众支持政权的方向

工农革命军想要在井冈山站稳脚跟、让红色政权生存下来，就必须唤醒民众的革命觉悟，就应该首先积极动员广大群众，让其明确党和红军一切为民的真心，激发其支持红色政权的斗争热情。刚开始，红军转战各地民众反应却十分冷清，有些村子更是几乎变为空村，百姓纷纷躲避，在目睹红军作风、听闻党的宣传后才安心，陆陆续续回村。毛泽东在《关心群众生活，注意工作方法》中谈及："我们现在的中心任务是动员广大群众参加革命战争，以革命战争打倒帝国主义和国民党，把革命发展到全国去……"①"依靠群众求胜利"必须先动员起广大群众，就要深入了解群众实际需求、真切愿望，并积极宣传，如此，才能扩大红色政权的政治影响力。千百年来被压榨、缺田地的贫苦农民在《井冈山土地法》这一中国共产党历史上第一部土地法的颁布后笑逐颜开，衷心支持红色政权、拥护党和红军。割据地区封建土地所有制被推翻，当白区反动派发动战争时，广大群众都期望保留土地革命的成果，自觉地将革命的目标与自

---

① 《毛泽东选集》（第 1 卷），人民出版社，1991 年版，第 136 页。

身当前利益有机结合起来，党组织一声号召，便立刻联合起来，有着强烈斗志。

白区对根据地的打击从未停止，为应对国民党对井冈山的经济封锁，解决根据地各类物资匮乏的情况，共产党决定开设红色圩场来繁荣经济、支援革命。筹建委员会发动群众合力建造，仅用了半个月时间便完工。圩场中买卖公平、价格合理，红色政权货币的信誉逐步提升，根据地经济活跃，老百姓的生活也得到了改善。在此期间，红军也格外保护商人利益，一些白区商人甚至冒着生命危险到根据地做生意。圩场的繁荣、红军的严守军纪都使广大农民和中小商人等更多的群众拥护共产党与人民军队，更加明确革命的蓝图与自身利益是密不可分的，红色政权是以人民利益为基础的。湖南炎陵县部分群众甚至不畏艰险，冲破敌人哨卡想方设法将药品、食盐等物资送上山，提供援助，为红色政权的维持献出己力。

四、有序组织群众，发挥群众在政权中的整体作用

根据地第一个工农兵政权是 1927 年 11 月的茶陵县工农兵政府，随后，1928 年 1 月遂川县工农兵政府开始筹建，包含政治、文化、军事、土地、生产生活等各个方面的《遂川县工农兵政府临时纲领》更是逐步成形，2 月工农革命军便根据前两地经验，迅速于宁冈县筹建工农兵政府，建立相对完整的红色政权体系。共产党不断制订与完善各级代表会组织法，落实民主集中制，有序组织群众，完善了政权。此外，为遏止单纯军事观点，根据地发动了群众政权机关对红军的批评，而且也不断地从群众中进行选择，培育更多骨干力量，地方政权机关可选择有经验的工农分子加入红军。共产党对群众组织的建立十分重视，不断地开展宣传工作来促进地方工农群众组织，为确保人民利益更是展开"洗党"行动，开设党团训练班，确保各级政权真正为民着想、科学有序组织群众。这些措施足见群众在红色政权巩固中的基石力量、整体作用不容忽视。

敌众我寡、武器不足的形势下，人民群众对保卫红色政权的力量不容忽视。组织起来的群众具有无穷的作用，在战场上与军队整合力量一次又一击退了敌军。反动派发动第四次"进剿"时，共产党有序组织群众，百姓们帮助红军运子弹、抬伤员、燃鞭炮、呐喊助威，支持红色政权，最终取得了这场战役的胜利。在面临第二次"会剿"时，永新县更是有由 3 万人以上组成的 23 个"赤暴团"，军民团结以游击方式日夜袭击，漫山遍野的群众制造的激烈枪声、环山喊声令敌军寝食难安，敌军 11 个团竟被围困近一个月。黄洋界保卫战更是彰显着人民群众对根据地的拥护，百姓自觉参与革命斗争，帮忙构筑工事、建造防线，提高了备战效率。军民同呼吸、共命运，在"敌军围困万千重"时同仇敌忾，

令其胆寒"宵遁",最终创造了以少胜多的奇迹,红旗依旧屹立山头,红色政权得到了巩固。

五、当代启示

习近平总书记 2016 年第三次到达井冈山时强调:"井冈山是中国革命的摇篮。井冈山时期留给我们最为宝贵的财富,就是跨越时空的井冈山精神。"井冈山是中华人民共和国的基石,井冈山革命根据地的红色政权建设为共产党的执政方略提供了经验、奠定了基础。井冈山斗争时期在党的正确引领下,进行制度创新,运用马克思主义理论走出独特革命道路,党内也在不断纠正一系列错误思想,同时,党和红军更是关心群众生活,时常给予帮助,使群众明白红军是真正的人民军队,党是一心为民和具有先进性、纯洁性的马克思列宁主义政党,也让红色政权更为深入民心,得到巩固。新时代中,要发扬井冈山精神,始终坚持党的核心领导作用,并加强党性教育,确保共产党人的政治灵魂的坚守,执政中更要坚持群众路线,保持政权组织的上下贯通,使群众利益与政权目标一致,才能确保政权对群众的引领。同时,也要明确"我们军队的根基在人民,血脉在人民,力量在人民"①,军队是党的军队、是人民的军队。

井冈山红色政权巩固群众基础的有效做法至今仍有许多有益启示,20 世纪,新民主主义革命的胜利是依靠群众,在新时代,巩固党的政权更是要始终维护最广大人民的根本利益,也要与社会发展变迁同行,推进制度创新、理论创新等,并落实于实践,让井冈山精神得以弘扬与传承。

马克思主义学院 李逸群

---

① 张泰城:《井冈山精神》,中共党史出版社,2016 年版,第 187 页。

井冈山斗争经验在国外的传播

一、井冈山斗争经验及井冈山精神发展始末

1928 年 4 月至 1934 年 10 月，是中国近代史上一个重要的历史时段，我们称之为井冈山革命斗争时期，是指秋收起义和南昌起义队伍在井冈山会师以后，到长征之前的时期。该时期建立井冈山革命根据地，开展工农割据武装斗争，既是马克思主义中国化使然，也是革命被迫的无奈之举。

为什么革命的火种在井冈山燃起呢？不外乎兵法中所讲的"天时地利人和"。1928 年 11 月 25 日，毛泽东在写给中共中央的报告《井冈山的斗争》一文中，对似乎山重水复疑无路的时局进行了概括分析，包括湘赣边界的割据和八月失败、割据地区现势、军事问题、土地问题、政权问题、党的组织问题、革命性质问题、割据地区问题等八个方面。

大革命失败后，国内政治局势急剧逆转，中国革命进入低潮。八七会议后，毛泽东作为中央特派员，开创井冈山革命根据地，这里离中心城市较远，交通不便，国民党统治力量薄弱；几次攻打城市的失败，国民党错误判断红色力量被消耗殆尽，从而放松了对山区革命根据地的围剿，给了革命力量休息之机。此为天时。

井冈山地处湘赣边界罗霄山脉中段，是湖南炎陵县和江西宁冈、遂川、永新四县之交；茨坪、大小五井等地都有水田和村庄，周围各县可供部队给养；崇山峻岭，地势险要，森林茂密，只有几条狭窄的小路通往山内，进可攻，退可守；简单来讲这是个"三不管"地带，此谓地利。

大革命时期，这几个县都建立了党的组织和农民自卫军，群众基础比较好。袁文才、王佐两支绿林式的农民武装，各有一百五六十人、六十支枪。王佐部驻在山上的茨坪和大小五井等处，袁文才部驻在井冈山北麓的宁冈茅坪，互相配合呼应。中国历史上"绿林"占山为王，割据一块地盘，我们是共产党领导的军队，队伍好，人才也多，还怕搞不了？当然这还是一种朴素的农民战争思

想，毛泽东"罗霄山脉中段政权"的理论则是大大提高了一步，"工农武装割据"的思想，使我们的认识有了新的飞跃。无论是革命根据地创立前或后，当地人的家园意识族群观念和工农武装力量的纪律保障，维持该地区稳定的自我保障系统逐步稳固，此为人和。

这些因素在1928年4月至1934年10月的峥嵘岁月中孕育了伟大的井冈山精神，丰富了井冈山斗争经验，成为中国近代史上具有深远意义的一笔。

二、从全球传播视角看井冈山精神

在传播学中，传播指的是社会信息的传递或社会信息系统的运行，其成立的前提是传受双方存在共通的意义空间，本质上来讲，是依托在一定社会关系中的信息共享活动。一个国家社会系统内部的传播称为国内传播，不同国家社会系统间的传播称为国际传播，将国内传播与国际传播融为一体，以整个世界为范围的传播则称为全球传播。

井冈山的斗争从开始之日起就已经在国内范围传播了，当时国民党政府对其描述定性不外乎"剿匪"之类的字眼，用报刊等媒介进行传播，1928年5月国民政府秘书处公文："奉委座发下朱主席培德电陈赣省历受共祸并进剿情形。请转饬湘粤会剿等情，函送查照，等由；当经电广东省政府及汉口程主席派兵会剿，并函复在案。兹准广东省政府马代电开往，函请第八路总指挥部派兵会剿等语，相应函达。"国民党的《中央日报》《民国时报》以及上海的《申报》、天津的《大公报》等报纸刊登国民党军队"围剿"井冈山革命根据地的报道均采用了这种语言形式。在革命根据地的传播策略更为多样，1928年1月23日是农历新年，获得翻身的遂川农民贴出了歌颂党、歌颂毛委员的春联，表达遂川人民翻身得解放的感激之情："翻身不忘共产党，幸福全靠毛委员。"毛泽东在他大井住房的大门框贴了一副春联："行州府，茨坪县，大小五井金銮殿；会打仗，会打圈，万夫莫开五大关。"用对联的形式歌颂了井冈山革命根据地的军民热爱家乡的豪情，高度概括了井冈山斗争初期的精髓，通俗易懂。反映井冈山革命根据地和谐生活、军民鱼水情的民歌也不少。如《欢迎红军哥》："哎呀哩……欢迎红军哥！背枪炮，穿草鞋，挑子弹，一箩箩，哎呀哩……哎哩笑哈哈！哎哩笑哈哈！亲爱的红军哥，打起仗来胆子大，消灭白狗子那样多，打土豪分田地，哎哩笑哈哈！哎哩笑哈哈！"又如《群众利益不损半毫分》："红军纪律真英明，行动听命令，爱护老百姓，到处受欢迎，遇事问群众，买卖讲公平，群众利益不损半毫分。"又如《挑粮歌》："朱德挑粮上坳，粮食绝对可靠，军民齐心协力，粉碎敌人会剿。我们打仗能爬山，我们运粮肩能挑，虽然山高路又险，挑着担儿也赛跑。"除此之外还有戏剧，宣传册，标语等各种融入本土化元素的传播活动，既是根据地军民优秀的精神食粮、文化大餐，也是刺向国民党反动派的投枪和匕首，它来源于生活，来自民间，具有顽强的生命力。井冈山斗争时期的红色文化依然历久弥新，传而播之，广而告之，渗透在我们的日常生活中。

而受传播媒介技术、意识形态、国内政治格局封锁等因素的影响，国际传播（international communication）则没有发挥其应有之用途，没能够在大世界大范围内争取正义和平力量对红色政权进行支持与援助，此时来华的有记者如斯诺等人，有医生如白求恩，他们是怀着对东方夹缝中存在的政权的好奇，打着人道主义援助的旗帜深入中国内地和革命根据地的，斯诺在书中对毛泽东等中央领导人评价道："有演讲和写作的才能，记忆力异乎常人，专心致志的能力不同寻常，个人习惯和外表落拓不羁，但是对于工作却事无巨细，一丝不苟。他精力过人，不知疲倦，是一个天才的军事和政治战略家。许多日本人都认为他是中国现有的最有才干的战略家，这是令人很感兴趣的事。"斯诺这段描述是延安时期的毛泽东，此时的他用十年的革命斗争经验给外国友人展示了中国的红色政权为什么可以存在？如何存在？而一切的源头来自井冈山革命斗争经验的积累与发展。通过斯诺等当时来华深入调查的记者的笔，井冈山斗争经验乃至中国革命发展经验以及一个友好和平的红色政权开始在国际上传播开来。一九三七年十月，埃德加斯诺的《红星照耀下的中国》（又译为《西行漫记》）问世。顿时，全世界为之轰动，许多评论家称之为"真正是有重要历史意义和政治意义的著作"。该书随之被一版再版，先后被译成法、俄、德、西、意、葡等近二十种文字，赢得亿万读者，成为当时世界上最畅销的书。世界开始了解中国的共产党，中国的解放区，中国的红军，中国无数个在斗争时期的革命根据地。而当时，所有关于中国红军、共产党的信息几乎是与世界隔绝的，加以国民党对外的歪曲宣传，所以赢得世界人民的理解与支持，在当时尤为重要。

这时的井冈山革命斗争经验在国际传播中的影响是由个人层面发出的，即那些在国际上拥有广泛影响的社会活动家，知名专家学者或舆论领袖。使得井冈山精神及斗争经验系统化理论化进行国际乃至全球传播则是在新中国成立对学科进行梳理以后了。

三、从传播效果层面分析井冈山精神的时代意义

在当时和现在，井冈山斗争经验，及井冈山精神有没有发挥其应有之义呢？从结果上来看是有的，达到了预期甚至超预期的传播效果。

翻开井冈山斗争时期毛泽东、朱德等上报给党中央的报告或发出的文告，我们会发现，它们与蒋介石国民政府的行文、报纸、电报的语言风格迥然不同。前者代表广大劳动人民的利益，语言简洁生动，通俗易懂，都是白话文；后者则代表大地主、大买办、大资产阶级的利益，语言烦琐艰涩，半文半白，以文言文为主。在传播学中，传受双方的地位问题存在许多学说，拉斯韦尔的"5W"分析法将传播活动中的各种复杂因素分为五个层面，以直线式传播为主要特征，这就将传受双方置于一个不对等的地位，传播者所代表的观点及政治倾向灌输给受传者，从而忽视了传受双方之间的信息交流与沟通，这种媒介超强效果可以视为国民政府的一厢情愿，并没有使得社会上对红色根据地产生抗触情绪，反而让有识之士认识到，国民党当局在欺骗民众，民众对政府的信任危机出现了。在革命根据地的传播策略及取得的传播效果与外界不同，在队伍刚进入井冈山地区时，受外界宣传及当地割据势力的影响也遇到一定程度的障碍，时任中央委员的毛泽东与当地民兵势力谈判做思想工作，井冈山革命根据地在这种情况下扎根发芽，立住了脚跟。共产党在井冈山革命根据地用当地群众喜闻乐见的方式进行革命宣传，倡导实践的大众化、通俗化的文风，让深奥的马克思主义的基本原理很快深入到人民中去，和老百姓融为一体，这是一般的政党难以做到的。正是这种传受双方对等的传播方式，使共产党与群众的信息交流有了反馈机制，在根据地的红色力量能够及时地听到群众的意见和声音，并及时对政策做出调整与修缮。

现在我们讲时代价值，即井冈山斗争经验井冈山精神在新时代，在全球范围内与和平动荡并存的大背景下能否发挥其应有之用。近年来，我国经济发展极为迅速，在国际上的影响力也开始日益显著，对西方发达国家的民众吸引力也显著增强。改革开放后，我国就以文化输出的形式进行红色文化传播，在国际上展现出井冈山精神精髓，很多国外游客对我国历史不够了解，尤其是革命斗争史方面。江西省，是我国首个推出红色旅游概念的省份，它拥有众多的旅游资源，其中代表性的就是井冈山，它不仅是我国革命之摇篮，更是红色旅游的首推地区。这种红色旅游的形式，不仅具有典型的旅游属性，同时还具有独特的中国特色。将相应的旅游宣传资料在全球范围内进行传播成一种重要的红色文化宣传载体，能够更好地向其他国家的群众展示我国的文化底蕴。

在艰苦卓绝的斗争岁月里培育并传播了以"坚定信念，艰苦奋斗；实事求是，敢闯新路；依靠群众，勇于胜利"为主要内容的井冈山精神①。这种精神闪耀着马克思主义的世界观、方法论和共产主义理想、信念的光辉。井冈山精神的继承与传播集中体现了中国共产党的性质和宗旨，体现了马克思主义的世界观和首创精神，是中国革命精神的重要源头，是中国共产党和中国人民极其宝贵的精神财富。

新闻传播学院 高嵩

---

① 江泽民：《结合群众实践加强党的建设，深入基层为百姓办实事好事》《人民日报》，2001 年 06 月 04 日。

二、遵义篇

遵义会议与毛泽东思想

　　遵义会议是中共党内最有历史意义的转变，是中共历史上一个生死攸关的转折点，它标志着中共在政治上开始走向成熟。遵义会议在我们党历史上之所以具有重大意义，首先在于这次会议确立了毛泽东同志在红军和党中央的领导地位，开始形成以毛泽东同志为核心的党的第一代中央领导集体。同时，遵义会议在毛泽东思想的形成过程中同样具有重要意义。习近平总书记强调："新形势下，我们要坚持和运用好毛泽东思想活的灵魂，把我们党建设好，把中国特色社会主义伟大事业继续推向前进。"① 我们要按照这个要求，深入研究和总结遵义会议的历史经验及启示，继承和发扬遵义会议的优良传统，为坚定全党的道路自信、理论自信、制度自信，坚定在中国特色社会主义道路上奋勇前进的信心和决心，提供理论支撑和精神动力。

一、遵义会议为毛泽东思想的最终形成奠定了坚实的政治基础

　　1935 年 1 月 15 日至 17 日，在遵义召开的中央政治局扩大会议，是党的历史上的一个生死攸关的转折点。在遵义会议期间，张闻天代替博古"负总的责任"，形成了以张闻天为核心的中央领导集体。毛泽东当选为政治局常委，进入党的核心领导层。遵义会议并没有确立毛泽东在红军和党中央的领导核心地位，但是毛泽东进入党的核心领导层，保证了毛泽东的正确思想和政策的实施，是毛泽东成为党的领导核心的开始。在政治上，当时党的主要负责人是张闻天。遵义会议后，博古已不适合继续担任党中央主要负责人。在军事上，当时党的主要负责人是周恩来。遵义会议期间，与会者一致推举周恩来为军委主席。周恩来被确定为"党内委托的对于军事上最后下决心的负责者"，毛泽东的任命则

---

　　① 　在纪念毛泽东同志诞辰 120 周年座谈会上的讲话【4】-理论-人民网 http：//theory. people. com. cn/n/2013/1227/c40531-23954508-4. html

是"恩来同志军事上指挥上的帮助者"。他在军事指挥上没有决定权,掌握决定权的是周恩来,他只有通过周恩来才能贯彻其作战思想。应该说,毛泽东有丰富的作战经验,是党的其他领导人所不能比的。他以军事领导人的角色进入中央最高领导层,获得了军队行动的最高参与权,对我军是极为有利的。因此,可以说,遵义会议对我们党、对毛泽东本人都是一个重大转折点。遵义会议调整了党的核心领导层,李德和博古失去了军事指挥权。毛泽东虽然既不是军委主席,也不是党的主要负责人,只是五个领导人之一,但是他获得了决定全党全军最重大行动的权力,有利于其正确政策和思想的实施。可以说,此时的毛泽东已经成为能领导党和军队走向胜利的最佳人选。从发展的角度来看,毛泽东的领导地位在遵义会议上得到确立,是有一定道理的。用李德的话来说就是,"遵义会议是毛泽东取得党和军队领导权的第一步,也是最重要的一步"。

从某种意义上说,中国共产党的历史就是推进马克思主义中国化的历史,而遵义会议无疑是这段历史的一个重大节点。十月革命一声炮响,给中国送来了马克思列宁主义。早期中国共产党人主要是以俄为师,走以城市为中心的革命道路。虽然有以毛泽东为代表的部分共产党人,尝试着把马克思主义基本原理与中国革命实践相结合,走农村包围城市的革命道路,但始终没有成为主流。直到第五次反"围剿"失败,党和红军被迫实行战略转移,长征在贵州期间,召开以遵义会议为代表的系列会议之后,肯定了毛泽东在党和红军中的正确地位,全党才开启了靠中国同志了解中国情况、取得中国革命胜利的新起点,逐渐形成了毛泽东思想,实现了马克思主义中国化的第一次理论飞跃。从这个意义上讲,遵义会议为毛泽东思想的最终形成奠定了坚实的政治基础,开启了马克思主义中国化的全新历程。

(一)遵义会议开启了毛泽东思想由个人思想到组织指导思想的历程

在遵义会议之前,以王明为代表的"左"倾错误思想在党内占据主导地位。由于毛泽东本人没有进入中共中央的最高决策层,导致他个人的思想只能在中国革命的局部地区发挥作用,而不可能成为整个党和红军的指导思想。而且,在"左"倾路线的统治下,毛泽东个人的思想还经常受到质疑、排斥甚至打击。遵义会议期间,毛泽东采取巧妙的斗争艺术,避开了大多数领导干部有不同意见的政治路线问题,集中阐述了当时亟待解决的牵涉党和红军生死存亡的马克思主义军事路线,正确阐述了中国革命战争的战略战术问题。毛泽东从当时中央领导同志觉悟程度的实际和战争环境的具体状况出发,先解决军事路线问题,批判了第五次反"围剿"以来作战的错误,得到周恩来、王稼祥、朱德、刘少奇等多数与会者的明确支持。会上，毛泽东被增选为中央政治局常委，从此进入中共中央最高决策层。随后，1935 年 2 月 5 日，在川滇黔交界的毕节市鸡鸣三省村召开的中央政治局常委分工会议上，明确了毛泽东作周恩来军事指挥上的帮助者。3 月 4 日，中革军委决定设立前敌司令部，委托毛泽东为前敌政治委员。3 月 12 日，在遵义市播州区枫香镇苟坝村召开的政治局扩大会议上，成立了中共中央政治局最高军事指挥机构的新"三人团"，由周恩来、毛泽东、王稼祥三人组成，完成了遵义会议改组党中央最高军事领导机构的任务，进一步确立了毛泽东在党和红军中的领导地位。在毛泽东的带领下，中央红军一反以前的行军方式，根据实际情况的变化，灵活机动地变换作战方向，四渡赤水河，巧渡金沙江，摆脱了几十万国民党军的围追堵截，取得了战略转移中具有决定意义的胜利，为长征胜利奠定了基础。这无疑进一步巩固了毛泽东在党内、军内的地位。随着毛泽东个人政治地位的不断变化、影响力的不断提升，毛泽东个人的思想也逐渐由个体到组织，由非主流到主流转化，并最终为全党所接受，在 1945 年党的七大上成为全党的指导思想。而回溯历史，启动这个转化的重大事件就是遵义会议。

（二）遵义会议开启了毛泽东思想由部分探索到系统形成的完善历程

在井冈山和中央苏区时期，毛泽东就对中国特色革命道路开始了局部的探索，并论述了这条道路的必要性和重要性。比如《中国的红色政权为什么能够存在?》《井冈山的斗争》《关于纠正党内的错误思想》《星星之火，可以燎原》等文章就是这种探索的理论表达。但这一时期毛泽东的探索仅限于局部地区，主要还是立足于党和红军在农村如何求生存、求发展的问题，关于中国革命道路的很多想法还处于萌芽甚至孕育状态，既不系统，也不完整。遵义会议后，毛泽东政治地位上的变化，为他从战略和全局的高度，系统、全面、完整地思考中国特色革命道路问题提供了可能性和现实性。也正是在遵义会议之后，及至抗日战争时期，毛泽东进一步论述了农村包围城市道路的基本经验，即统一战线、武装斗争和党的建设"三大法宝"。这"三大法宝"的提出，使中国革命道路理论具有了完整性，标志着中国共产党人对中国革命道路理论的认识走向成熟。延安时期，毛泽东思想的活的灵魂，即实事求是、群众路线和独立自主的思想也得到总结和提炼，毛泽东思想也才真正实现了系统化的理论表达。历史地看，毛泽东思想由部分探索到系统形成，经历了一个艰辛的过程，而这个过程中的节点也是遵义会议。遵义会议不仅是中共政治上走向成熟的标志，也极大地推动了毛泽东思想的成熟，并最终把党的指导思想由"左"倾教条主义转到了马克思列宁主义与中国实际相结合的科学轨道上。

二、遵义会议精神历史地呈现了毛泽东思想活的灵魂

中共中央在 1934 年 12 月至 1935 年 3 月间召开的一系列会议，使党在精神上经历了一次伟大的涅槃。以遵义会议为代表的系列会议不仅产生了伟大的政治成果，同时还产生了伟大的精神成果，我们把这种成果概括地表达为"遵义会议精神"。这种精神，是我们民族精神和时代精神在特定阶段的集中展示，是中国共产党理想、信念、宗旨的具体体现，是共产党人崇高品格、精神风范、思想境界的升华。这种精神，与党后来概括提炼出的毛泽东思想活的灵魂———实事求是、独立自主、群众路线，在逻辑上具有内在关联性。目前，尽管各界对遵义会议精神的阐述和概括不尽相同，但其基本内涵主要包括"坚定信念、不怕困难；实事求是、勇于反思；独立自主、勇闯新路；民主团结、敢于批评"等方面。

（一）遵义会议精神体现了实事求是的本质

毛泽东思想作为马克思列宁主义普遍原理同中国革命具体实践相结合的产物，它的出发点和根本点就是实事求是。1930 年 5 月，毛泽东在《反对本本主义》中不仅提出"没有调查，没有发言权"的名言，而且提出应"从斗争中创造新局面的思想路线"①。这就提出了从实际出发、实事求是、理论联系实际的基本思想。但是，毛泽东提出的这一正确的思想路线，当时并没有被全党普遍认识和接受。而正是在以遵义会议为代表的系列会议过程中，实事求是的思想路线在革命实践中得到了充分的运用和体现。在遵义会议前召开的通道会议、黎平会议、猴场会议上，毛泽东等根据当时的敌情变化，否定了博古和李德坚持到湘西去与红 2、红 6 军团会合的错误主张，为红军指明了前进的方向。遵义会议对"左"倾错误的军事领导和指挥进行了实事求是的分析，会上对博古和李德的严厉批评也是实事求是的，对他们既不是否定一切，也不是残酷斗争、无情打击。遵义会议是正确开展党内斗争、树立实事求是新风的典范。在遵义会议后召开的苟坝会议上，中央坚持实事求是，根据变化了的敌情否定了攻打打鼓新场的决定。正因为坚持实事求是的科学态度，才分清了长征以来的大是大非问题；正因为坚持实事求是的工作作风，才作出了正确的抉择，抓住了主要矛盾，解决了当时最突出、最迫切的组织问题和军事问题；正因为坚持实事求是的思想路线，才在土城战役不利的情况下，及时作出撤出战斗、西渡赤水

---

① 《毛泽东选集》第 1 卷，人民出版社，1991 年版，第 109、116 页。

的正确军事决策，才有了四渡赤水和后来长征的胜利。可以说，遵义会议为实事求是的思想路线奠定了实践基础，实事求是的思想路线是遵义会议给我们留下的宝贵精神财富。

（二）遵义会议精神体现了独立自主的气质

独立自主是马克思主义的一个重要原则，是毛泽东实事求是思想路线在党际、国际关系中的运用。从中共二大到 1943 年共产国际解散，党一直作为共产国际的一个支部，接受共产国际的组织领导。共产国际对中共有过不少正确的指导和帮助，但也犯了很多错误，主要的就是粗暴地干涉中共的内部事务和脱离中国实际的瞎指挥。同时，中共党内也存在着严重的教条主义，把共产国际指示和苏联经验神圣化，幻想沿用苏联的革命模式完成中国革命任务，把是否尊重和服从共产国际的决议、指示作为划分政治是非的标准，提出要"百分之百地绝对忠实于共产国际的列宁主义总路线"。共产国际的粗暴干涉同中共党内的教条主义结合起来，曾使中国革命几乎陷于绝境。沉痛的教训使中共逐渐认识到坚持独立自主的重要性。毛泽东曾谈道："从一九二一年党成立到一九三四年，我们就是吃了先生的亏，纲领由先生起草，中央全会的决议也由先生起草，特别是一九三四年，使我们遭到了很大的损失。从那之后，我们就懂得要自己想问题……真正懂得独立自主是从遵义会议开始的。"① 遵义会议的成果，是中共在同共产国际中断联系的情况下取得的。从客观来看，敌人破坏了党中央与共产国际进行通讯联系的电台，中共处于"同外界的完全隔绝"的状态；从主观来看，经过 14 年的艰难曲折，特别是第五次反"围剿"和长征初期的一系列挫折，以毛泽东为代表的马克思主义者已经从实践中深刻意识到，要夺取中国革命的胜利，必须走自己的路。而遵义会议正为贯彻独立自主思想提供了历史机遇。

三、在遵义会议精神的现实深化中释放毛泽东思想的时代价值

作为马克思列宁主义普遍原理与中国革命具体实际相结合的产物，毛泽东思想不仅具有伟大的历史价值，而且具有伟大的现实价值。它是第一代中国共产党人开辟中国革命道路的理论表达，是中华民族追求独立和解放过程中创造的中国话语、发出的中国声音。诚然，因为时代的变化和社会环境的变迁，毛泽东在有关论著中的一些具体表述已经丧失了时效性和现实针对性，但在其科学体系中涉及世界观与方法论的那部分内容，尤其是毛泽东思想活的灵魂，在

---

① 《毛泽东文集》第 8 卷，人民出版社，1999 年版，第 338—339 页。

当下仍具有不可忽视的时代价值，仍然是中国特色社会主义事业不断创新发展的重要理论指导。在当代彰显毛泽东思想的时代价值可以有很多方式，其中，对生动呈现了毛泽东思想活的灵魂的遵义会议精神做进一步的研究、阐释和弘扬，无疑是释放毛泽东思想时代价值不可或缺的重要路径之一。为此，必须强化遵义会议精神研究从革命精神到时代精神、从党内层面向社会层面、从中国地域向世界范围的拓展。

（一）强化遵义会议精神研究从革命精神到时代精神的拓展

遵义会议精神是中国革命精神完整序列中的一个重要节点。今天，基于改革开放和社会主义现代化建设事业的需要，有待把遵义会议精神这个重要的革命精神，拓展为中华民族伟大复兴所需要的时代精神。实现遵义会议精神从革命精神到时代精神的拓展，需要结合时代发展的客观需求，加强对遵义会议精神的专题研究，努力创作和打造出一批既体现遵义会议精神的科学内涵又服务于时代发展需要的理论精品，以此作为广大干部群众学习的范本，努力引导人们对遵义会议精神形成科学的认识；还需要以遵义会议精神的实物载体为平台，在遗址遗迹及历史纪念场馆等场所组织一系列围绕时代发展需要、体现时代发展精神的学习教育实践活动，实现遵义会议精神与时代精神的良性互动。

（二）强化遵义会议精神研究从党内层面向社会层面的拓展

遵义会议精神不仅是中国共产党人的精神，更是一种超越党派，上升至国家的大众精神。因此，实现遵义会议精神的大众化，促成遵义会议精神从党内层面向社会层面的拓展，是我们必须积极回应的时代课题。因此，贵州省近年来以建设全国文化旅游发展创新区为契机，加强以遵义会议会址为代表的革命遗址的保护和开发，创新宣传内容和宣传手段，打造出一批以遵义会议精神为代表的高端文化交流平台和一流旅游目的地，吸引到更多党外、省外的大众到贵州接受遵义会议精神的洗礼。

（三）强化遵义会议精神研究

从中国地域向世界范围的拓展宣传党领导各族人民开辟中国道路的伟大探索，向广大干部群众乃至全世界宣讲党领导人民创造的中国奇迹、书写的中国故事、发出的中国声音，是我们当代党史工作者义不容辞的责任。而遵义会议及其彰显出的革命精神，无疑就是这样的中国奇迹、中国故事。实现遵义会议精神元素从中国地域走向世界范围，是我们向世界发出中国声音的内在需要。这不仅需要我们进一步深化对遵义会议精神的解读和阐释，而且需要进一步拓宽宣传媒介，加大宣传力度，尤其要抢占互联网阵地，向世界人民宣传遵义会议精神中所具有的某种普遍意义。遵义会议精神拓展为一种时代精神、大众精神和世界精神的过程，无疑也是更多人深刻理解和领会毛泽东思想活的灵魂的过程，进而更是强力彰显毛泽东思想时代价值的过程。在对遵义会议精神的深入理解和弘扬过程中，必将有更多的人去学习、领会和掌握毛泽东思想活的灵魂。

马克思主义学院 王恒璇

遵义会议精神与中华民族伟大复兴

一个国家、一个民族，没有精神力量不行。一个前进的时代，总有一种奋发向上的精神；一个发展的民族，总有一种积极进取的意志。1935 年 1 月 15 日至 17 日，在贵州遵义召开的中共中央政治局扩大会议即遵义会议，是党第一次独立自主地运用马克思主义基本原理解决问题的重要会议，会议集中全力解决了当时具有决定意义的军事和组织问题，取消了"三人团"，结束了"左倾"冒险主义在中共中央的统治，确立了毛泽东在党和红军中的领导地位，在极其危急的情况下，挽救了党、挽救了红军、挽救了中国革命，是中国共产党历史上一个生死攸关的转折点，标志着中国共产党在政治上走向成熟，是人民军队走向胜利的重要里程碑。

一、遵义会议精神的提出及内涵

遵义会议精神实际是指遵义会议前后贯穿社会主义建设的那些精神，为什么说遵义会议精神指的是遵义会议前后贯穿的精神，因为遵义会议召开的很仓促，时间有限，会议上只是批判了犯错误同志的军事路线问题，并未来得及制定正确的思想和政治路线，也并未完全确立毛泽东的核心领导人地位，当时"左"倾思想的个别同志也没有完全认识到自己的错误，他们错误的思想，并不能在短短三天根除掉，毛泽东的核心领导地位，也并不能因为他最长的一次发言，而马上确立，实际上，遵义会议决议指出的中央负责人是周恩来，只不过那时周恩来、张闻天等大部分领导人，已经认可毛泽东的军事领导人风范，这为其他多数同志选举毛泽东为党和红军的领导排除了顾虑。会后，周恩来虽是军事上最终的决策者，但他从党的最高利益出发，主动作毛泽东的助手，尊重和维护毛泽东的正确意见，很多时候给以毛泽东军事上自主灵活的指挥权，使革命在集中的领导下顺利发展，避免由于前后方领导对敌情了解有差误，出现军委内部对作战方针和作战决策有分歧，导致无法或错误下达决议，影响毛泽东在前方的正确军事指挥的状况。周恩来的这一决策，为遵义会议成功召开开好了头。因此，我们应把遵义会议精神理解为，以毛泽东为代表的新的中央领导集体，自建党以来 14 余年中，对中国革命和实践的正确经验总结。遵义会议精神和长征精神、延安精神等一样，有着深厚的历史渊源和坚实的思想基础，都是中华民族精神的重要组成部分，都是值得后人永远纪念和学习的，它因为岁月的流逝，而超越了会议本身的决议和意义，成了永恒的揭示和反映事物本质规律的强大精神力量。

遵义会议精神的内涵可以高度概括为"实事求是、独立自主、民主集中制"，这样的概括具有鲜明的时代特征，因为这些精神一经与中国革命和社会主义实践相结合，就具有了丰富价值，是中国共产党路线、方针、政策的集中反映，是党宝贵的精神财富。

（一）实事求是在党内占主导地位的起点

遵义会议是以毛泽东为核心的中国共产党人把马列主义普遍真理与中国具体实际相结合的典范，它实事求是地总结第五次反围剿以来的经验教训，实事求是地处理了中国共产党和共产国际的关系，实事求是地批判了"左"倾错误路线，开展了批评与自我批评，实事求是地确立了以毛泽东为核心的正确的党中央领导集体。在紧急关头，党召开了遵义会议，会上，毛泽东凭借平时团结多数同志、"惩前毖后、治病救人"的策略，并根据前线作战的实践经验，提出了实事求是的正确军事路线，党中央多数领导干部，也不再一味附和，不顾实际，盲目迷信李德这个共产国际的"钦差大臣"，实事求是地批判了"左"倾错误路线，许多同志对博古、李德不满的情绪到达顶点，他们越来越认识到这是由于排斥毛泽东等同志的正确军事路线所导致的。要求改组领导，一向压制民主，擅于惩戒不服从自己意见的李德，此时也屈服于事实面前。遵义会议弘扬了马克思主义哲学实事求是的原理，是实事求是精神在党内占主导地位的起点，遵义会议从实际出发反对本本主义、教条主义，结束了王明"左"倾等人严重脱离实际、照抄国外经验的错误路线，这是遵义会议对中国革命作出的伟大贡献。

（二）独立自主解决重大组织问题的开端

中国共产党是在共产国际的帮助下成立的，党成立之初，在思想上、组织上、路线上都不成熟，完全依赖共产国际的集权指挥，这种集权指挥在开始是对党产生过很多帮助的，但随着中国共产党的日益成熟，共产国际派到中国来的代表，只懂马列教条主义，没有意识到中国的实际问题，仍盲目按照老一套处理党的一切问题，使中共中央遭受了许多不应有的损失，党的革命事业几乎陷入绝境。中国共产党陷入了战火纷乱的年代，电台炸毁，湘江惨败使得很多文件遗失，党中央失去了与共产国际的联系，从而使中国共产党在没有共产国际的干预下，更多依据中国实际情况，勇于突破陈规，战胜了重重困难，独立自主地解决自己的问题，决定自己的政策、方针、军事路线。中国共产党完全靠实际情况、独立自主地确定战略部署，为遵义会议的成功召开奠定了基础。

（三）民主集中制成功贯彻执行的先河

我们党是在对内没有民主对外没有民族独立、半殖民地半封建社会的思想影响下，按照马克思列宁主义建立起来的无产阶级政党，党一成立就加入激烈的斗争中去，加上党成立之初，党内有大批农民和小资产阶级分子，只有少数的无产阶级分子，他们知识成分不同，理论修养和准备都不够充分，看待问题的观点不同，因而党的民主集中制很不健全，引发了惩办主义、家长制、一言堂的错误作风，但在纠正这些错误的过程中，没有肃清根源，导致党的民主集中制得不到很好的贯彻。遵义会议上，坚持真理，修正错误，团结和争取一切可能的力量，民主地开展党内批评与自我批评，充分调动党员的积极性、主动性和创造性，切实保障各级党组织和党员的民主权利，解决了当时最迫切的军事指挥和组织领导问题，遵义会议根据少数服从多数的原则，取消了"左倾"领导人的权利，对待犯错误的同志，采取细致说教、耐心等待的态度，对待被错误处理的同志，重新任用，会上虽有言语激烈交锋，但不是人身攻击，会议宗旨就是鼓励大家多提不同意见，摆事实、讲道理，以理服人，会后，允许个别同志保留意见。遵义会议首次完善了民主集中制原则，从根本上改变了党内生活不正常的情况，实现了党内团结统一，这对社会主义民主政治生活提供了宝贵的历史经验和理论基础。

二、遵义会议精神的现实意义

遵义会议是在历史洪流中应运而生的伟大事件，体现了我党我军在真理面前敢于坚定信念、坚持真理，在错误面前敢于承认失败、修正错误，在困难面前敢于攻坚克难、团结奋斗，在问题面前敢于实事求是、务实担当的精神。中国共产党用坚定的理想信念、复兴中华的担当，临危不惧、处变不惊的定力，坚持真理、修正错误的勇气，顽强不屈、愈挫愈勇的斗志，独立自主、敢闯新路的气魄，尊重群众、崇尚民主的作风，团结一心、顾全大局的胸襟，深刻诠释了遵义会议精神的内涵，即坚定信念、实事求是、独立自主、敢闯新路、民主团结。历经81年岁月沧桑，遵义会议彰显的革命精神历久弥新、熠熠生辉，具有重要时代价值。

（一）实现"中国梦"的精神滋养

习近平总书记强调，"实现'中国梦'必须弘扬中国精神"，并号召"全国各族人民一定要弘扬伟大的民族精神和时代精神，不断增强团结一心的精神纽带、自强不息的精神动力，永远朝气蓬勃迈向未来"。遵义会议《决议》指出，中国苏维埃革命有着他雄厚的历史的泉源，他是不能消灭的，他是不能战胜的，并发出"胜利必然是我们的"豪迈壮语。正是凭着对崇高革命理想的矢志坚守，党中央和红军才得以转危为安，中国革命才得以化险为夷。大力弘扬遵义会议精神，构筑中华民族的精神高地，既有助于培育和践行社会主义核心价值观，又能为实现民族复兴的中国梦凝魂聚气，提供丰富的精神滋养，不断增强人们的道路自信、理论自信、制度自信、文化自信。

（二）树立"四个意识"的有力支撑

邓小平同志曾说，遵义会议以前，我们的党没有形成过一个成熟的党中央。我们党的领导集体，是从遵义会议开始逐步形成的，"第一代领导集体的核心是毛主席"。在遵义会议上，大家从大局出发，摆问题、摆事实、讲道理、树标杆，表现出坚持真理、修正错误的巨大政治勇气，在客观矛盾和现实困难面前，冷静清醒地总结第五次反"围剿"斗争失败的经验教训，刚毅果敢地与"左"倾教条主义做斗争，逐步确立了毛泽东同志的核心地位，从而开辟了中国革命的崭新境界。我们要大力弘扬遵义会议精神，秉承党的优良传统，切实增强政治意识、大局意识、核心意识、看齐意识，严守政治纪律和政治规矩，始终在思想上政治上行动上同以习近平同志为核心的党中央保持高度一致。贯彻落实新发展理念的精神动力。建党之初，年幼的中国共产党尚不能独立自主地解决自身面临的问题和困难。面对滚滚而来的革命洪流，党内很多同志遇到问题总是希望从经典作家的论断里寻找答案，总是希望从共产国际的指示里寻找依据。这就难免会犯这样或那样的错误，致使革命伟业步履维艰、困难重重。遵义会议上，中国共产党第一次在没有共产国际的指导和干预下，独立自主地运用马克思主义基本原理解决自身在路线、方针、政策上面临的突出问题。大家掏心见胆、揭短亮丑，以"敢为天下先"的勇气，创造性地在军事路线等方面进行调整，实行符合实际的战略策略，翻开了一切从实际出发、实事求是探索中国革命道路的新篇章。遵义会议彰显的独立自主的气魄和敢闯新路的果敢，为我们贯彻落实创新、协调、绿色、开放、共享新发展理念，推进供给侧结构性改革，实现全面建成小康社会，提供了强大精神动力和宝贵思想方法。

（三）深化"两学一做"学习教育的现实需要

习近平总书记指出："我们党作为一个有 8800 多万名党员、440 多万个党组织的党，作为一个在有着 13 亿多人口的大国长期执政的党，党的建设关系重大、牵动全局。党和人民事业发展到什么阶段，党的建设就要推进到什么阶段。""两学一做"学习教育是遵循党的建设基本规律，推进全面从严治党，不断把党的建设新的伟大工程推向前进的重大举措。遵义会议发生在血雨腥风的革命战争年代，与会同志充分发扬民主，提出不同意见，最后达成基本共识，按组织程序推选党和红军的领导人，体现出纯洁的党性和博大的胸怀。当前，我们要用遵义会议彰显的民主团结作风来抓"两学一做"学习教育，真正推动党内教育从"关键少数"向广大党员拓展、从集中性教育向经常性教育延伸。在"两学一做"学习教育中重温遵义会议精神，能够进一步推动我们学做同步，自觉锤炼忠诚品质，在知行统一、以知促行、以行促知上下功夫，夯实党的执政根基。

马克思主义学院　朱奎闽

遵义会议精神及当代价值

　　"遵义会议精神"，是一个特定的概念，有别于一般会议精神，不能局限于一般层面上的理解。遵义会议精神"超越了时空，也超越了遵义会议本身，不再局限于会议的内容和作出的决议及意义本身，而成为一种对社会发展规律的本质的揭示和反映，成为一种对当时、现在和将来都具有重要指导和启迪作用的永恒的精神"。①

　　遵义会议精神是对遵义会议取得成功的经验和历史影响以及文化价值的深刻认识与总结。遵义会议在极其危急的情况下挽救了红军，挽救了中国革命，使党在以毛泽东同志为代表的马克思主义正确路线指引下，战胜艰难险阻，一步步走向胜利。深刻认识遵义会议精神的价值，对于我们建设中国特色社会主义有着重要的教育意义。

一、遵义会议精神的内涵

　　我们党领导红军进行的长征，在我们党、军队和中华民族的发展史上都具有十分重大而深远的意义。红军长征进入贵州，实现了历史性的转折，转折点就是遵义会议。一直以来，史学研究尤其是党史文化中，遵义会议始终是突出的亮点。围绕这一亮点形成的遵义会议精神研究在长征精神、红军精神和中国精神研究中都具有极端重要性。习近平指出："从革命斗争的这种失误教训中，毛泽东同志深刻认识到，面对中国的特殊国情，面对压在中国人民头上的三座大山，中国革命将是一个长期过程，不能以教条主义的观点对待马克思列宁主义，必须从中国实际出发，实现马克思主义中国化。"习近平总书记的讲话为我们深入挖掘遵义会议精神指明了方向。今天，在实现中国梦的历史进程中，深入研究和弘扬遵义会议精神对坚持马克思主义中国化的正确道路、坚持中国特色社会主义、坚持中国共产党的领导，弘扬党的优良传统和作风，构建中华民

---

　　①　陈季君.《论遵义会议的精神财富与现实价值》《求索》，2005 第 10 期。

族精神高地具有独特的当代价值和现实意义。

（一）遵义会议是红军长征途中的标志性事件

遵义会议是命名遵义会议精神的标志性会议，但遵义会议精神则不是一次会议所能承载的。遵义会议就其定义而言，1935年1月15日在遵义老城召开的遵义会议是狭义的遵义会议。这次会议是决定性的会议，也是标志性的会议，这也是命名为遵义会议精神的直接原因；广义的遵义会议应该包括1934年12月12日召开的通道会议、12月18日召开的黎平会议、1935年1月1日召开的猴场会议、1月15日召开的遵义会议和2月5日召开的扎西会议。涵盖这些会议不仅能够较为全面地诠释遵义会议精神，而且能更为深刻地反映遵义会议精神的本质特征。实际上，红军长征以来召开的这些会议，仅仅是形成遵义会议精神的重要节点，从提炼遵义会议精神的视角看，讲遵义会议精神，必须涵盖红军长征在贵州整个时期的全部工作和斗争历程。只有把红军长征在贵州的全部工作和斗争实践，用点、线、面的方式融会贯通，才能做到深入探索、深化研究，才能充分展示遵义会议精神。

胡锦涛同志曾经说："红军长征从被动到主动、踏上胜利道路，转折点是遵义会议。"遵义会议既然是红军长征的转折点，那么，遵义会议精神就是长征精神的起点，这就是我们传承和弘扬遵义会议精神的基本要义。遵义会议是长征途中的标志性事件，他所承载的精神价值必然带有全局性和历史性，当然也支撑着长征精神。比如，中国共产党和中国工农红军在进入贵州之前和走出贵州之后，为什么能够发生根本性、历史性的变化；红军长征在贵州，中国共产党和中国工农红军如何完成了选择和转折，从被动转为主动；中国共产党和中国革命怎样历经了凤凰涅槃，开启了新生的路径。对这些问题的深刻回答和提炼，触及深层次的文化价值和政治取向，这就形成了遵义会议精神的核心要素，也是长征精神的重要组成部分。

（二）马克思主义中国化是中国革命的历史性课题

中国共产党伴随着马克思主义俄国化向马克思主义中国化转变的历史进程，从幼稚走向成熟。胡锦涛指出："一部包括红军长征在内的中国共产党的历史，就是一部坚持以马克思主义基本原理为指导、紧密结合中国具体实际进行理论创新的历史，就是一部不断推进马克思主义中国化的历史。"十月革命一声炮响，给中国送来了马克思列宁主义。马克思列宁主义不仅造就了中国新生的政治力量：中国共产党，也指明了中国革命前进的正确方向。但是，十月革命给中国送来了马克思列宁主义的同时，也不可避免地送来了马克思主义俄国化模式。

年轻的中国共产党在学习掌握马克思主义基本原理的同时，也深受马克思主义俄国化模式的影响。从陈独秀到王明时期的党中央，由于深受共产国际及其远东局的制约，对苏俄经验照搬照抄的现象不可避免。因而，马克思主义中国化的过程，从一开始就是艰难曲折的。一方面要在学习、借鉴苏俄经验的同时，跳出苏俄模式的局限，以利于准确把握、深刻汲取马克思主义的基本原理和精髓，一方面又要在反省、探索中国近代以来民族民主革命失败的惨痛教训及其规律的同时，带领亿万农民走出传统农民运动和农民革命的狭隘视野、挣脱西方资产阶级革命的误导，为推动马克思主义从俄国化向中国化的转变奠定基础、营造氛围。完成如此繁重的使命对于从半殖民地半封建社会土壤成长起来的、幼稚时期的中国共产党来说，是异常艰巨的困难。习近平指出："年轻的中国共产党，一度简单套用马克思列宁主义关于无产阶级革命的一般原理和照搬俄国十月革命城市武装起义的经验，中国革命遭受到严重挫折。"事实上，这一时期，由于苏联是唯一的社会主义国家，苏俄的成功经验和苏共的理论体系，不可避免地甚至是囫囵吞枣地被转化为中国共产党人的思维方式和行为方式。

从1921年中国共产党成立，到1934年临时中央在农村革命根据地的十多年间，简单化、模式化的马克思主义始终伴随着幼年中国共产党的成长，马克思主义俄国化逐步演变为照搬照抄、照搬照套的教条主义、本本主义。简单引用马克思列宁主义关于无产阶级革命的一般原理和照搬俄国十月革命城市武装起义经验的现象，不仅在党中央严重存在，在许多农村革命根据地也普遍存在。导致革命形势起伏跌宕、革命成果得而复失、革命前途一片迷雾。红军长征的胜利是遵义会议后，马克思主义中国化在全党取得的第一个伟大成果。可见，从马克思主义俄国化到马克思主义中国化转变问题必然成为决定中国共产党和中国革命前途命运的根本问题。

（三）马克思主义中国化是遵义会议精神的本质内涵

在中国革命进程中，对马克思主义俄国化"照搬照抄"的恶果，最终导致第五次反围剿的失败、中央革命根据地的丧失、中央红军被迫实行战略大转移。历史事实证明，中国革命遭受到的一系列严重挫折，从思想根源和理论依据上看，深层次的原因就是，尽管有毛泽东为主要代表的中国共产党人对马克思主义中国化的艰难探索，但党内马克思主义俄国化的氛围异常浓厚，以教条主义的观点对待马克思列宁主义，把苏俄经验奉为神明的状况依然严重。全党马克思主义中国化进程处于低水平徘徊阶段。

红军长征是从战略退却中的大转移开始的，这就从理论体系、思想路线、政治路线、组织路线和军事路线的各个层面，全面宣告了照搬照抄、照搬照套俄国化模式的彻底破产。

遵义会议是马克思主义俄国化向马克思主义中国化转变的转折点。红军长征在贵州实现了历史性转折，形成了遵义会议精神。因而，遵义会议精神的本质内涵就蕴含在这历史性转折之中。首先，毛泽东同志作为党的第一代领导核心，实现了其革命生涯的历史性转折。毛泽东同志从创建井冈山革命根据地以来，始终矢志不渝地探索马克思主义中国化的实现途径。历经三起三落，在遵义会议终于回归到党的领导核心地位。胡锦涛指出："遵义会议确立了毛泽东同志在红军和党中央的领导地位，开始确立了以毛泽东同志为代表的党中央的正确路线，使红军和党中央得以在极其危急的情况下保存下来，为我们党从挫折走向胜利提供了重要保证。这是我们党走向成熟的重要标志。以毛泽东同志为核心的党的第一代中央领导集体逐步形成，是我们党在领导中国革命的实践中、经过胜利和失败的长期比较作出的历史性选择。"其次，是中国共产党和中央红军实现了从战略被动到战略主动的转折。1934年10月中央红军8万6千多人从江西出发到12月进入贵州之前，损失5万多红军将士。再加上第五次反围剿以来的节节失利，党和红军几近崩溃的边缘。红军长征进入贵州以后，以毛泽东同志为主要代表的中国共产党人坚持把马克思列宁主义基本原理同中国革命具体实践相结合，正确解决了关乎党和红军前途命运的三个全局性问题，即引领红军向哪里去的战略方向问题，使党和红军摆脱被动局面的军事指挥问题，结束"左"倾教条主义错误在中央的统治问题，从思想上确保了红军长征胜利。第三，中国革命从旧民主主义革命开始走向新民主主义革命，根本标志就是从遵义会议开始，以毛泽东同志为核心的党的第一代中央领导集体逐步形成，党逐步成为领导全国各族人民进行伟大革命的核心力量。胡锦涛指出："从遵义会议开始，又经过10年努力，到党的七大，我们党总结了历史经验，为建立新民主主义的新中国制定了正确的理论和路线方针政策，使全党在思想上、政治上、组织上达到空前的统一和团结，党的领导更加成熟，党的力量成倍壮大，党成为领导全国各族人民进行伟大革命的核心力量。"

二、遵义会议精神的当代价值

遵义会议之后，党的历届领导人对遵义会议及遵义会议精神的历史地位进行了较充分阐释。特别是习近平总书记考察贵州时，强调："遵义会议在把马克思主义基本原理同中国具体实际相结合、坚持走独立自主道路、坚定正确的政治路线和政策策略、建设坚强成熟的中央领导集体等方面，留下宝贵经验和重要启示。"这对于理解遵义会议精神的新时代价值提供了重要遵循。

（一）坚定理想信念，不断强化中国特色社会主义共同理想

坚定理想信念，在新时代就是要不断强化共产主义远大理想和中国特色社会主义共同理想，这是社会主义事业健康发展的重要保障。中国特色社会主义新长征路上，当代中国仍面临诸多风险，考验着每个人的理想与信念。特别是随着经济全球化与政治多极化发展，世界各种力量交叉、交锋、交融。20 世纪世界社会主义运动的挫折给人们思想带来冲击，新中国成立 70 年来，特别是改革开放 40 多年来，某些错误、反动思潮扰乱人心，冲击着马克思主义的指导地位。理想信念是总开关，它的动摇是最危险的动摇。在新时代面临的各种风险考验面前，特别是对于广大党员干部而言，理应站在维护社会主义制度的政治高度，坚决抵制各种错误思潮，坚定中国特色社会主义共同理想不动摇。

（二）实事求是，不断开拓中国特色社会主义事业新局面

实事求是是马克思主义的精髓和灵魂。我们党是靠实事求是起家和兴旺发展起来的。正如邓小平同志强调："过去我们搞革命所取得的一切胜利，是靠实事求是；现在我们要实现四个现代化，同样要靠实事求是。"① 依靠实事求是，遵义会议成功解决了军事路线和组织问题，取得了长征胜利，开创了中国革命新局面。在实现中华民族伟大复兴的新时代，在新问题新挑战日益增多的情况下，更应该坚持实事求是的思想路线。特别是各级领导干部要努力作坚持实事求是的表率，筑牢马克思主义理论功底，加强党性修养，大兴求真务实之风，坚持解放思想，开拓进取。既不走墨守成规的老路，亦不走脱离国情的邪路，独立自主，改革创新，自觉把马克思主义中国化不断推向前进。

（三）独立自主，持续坚定中国特色社会主义"四个自信"

遵义会议初步改变了以前对共产国际、苏联经验的盲目依赖，中国共产党开始从中国国情出发，理论联系实际，走中国自己的道路。可以说，遵义会议在马克思主义中国化的过程中产生了里程碑的意义。新时代的中国特色社会主义，是前无古人的伟大事业，是中国人民结合历史和时代的正确选择，是实现人民美好生活的必由之路。在新时代新征程中，必须坚持中国特色社会主义理论、制度、道路、文化四个自信，保持政治定力，同各种歪曲否定这条道路的错误思想做斗争。走中国特色社会主义道路，建设社会主义强国，必须依靠中国人民自己的力量，解决中国的问题。坚持改革创新，独立自主，掌握关乎国

---

① 《邓小平文选》（第 2 卷），人民出版社，1994 年版，第 143 页。

家发展的核心技术，加快建设创新型国家。坚决同各种西化思潮做斗争，积极构建中国在国际社会上的话语体系。

（四）加强政治纪律建设，不断推进党的建设新的伟大工程

遵义会议精神揭示，思想上统一、政治上坚强、组织上巩固的无产阶级政党，党的领导下实现全党的高度统一和紧密团结，是党的建设的重要任务，也是党的战斗力发挥的重要保障。邓小平在《第三代领导集体的当务之急》中强调："遵义会议前，我们的党没有形成一个成熟的党中央……我们的领导集体，是从遵义会议开始逐步形成的。"① 如何保证团结，形成强有力的领导集体，毛泽东同志曾说过："加强纪律性，革命无不胜。"② 即是要加强政治纪律建设，不断推进和加强党的建设，以此形成成熟稳定的领导集体。其中最重要的就是要严守党的政治纪律，对新时代的共产党员而言，即是要树立"四个意识"，即政治意识、大局意识、核心意识、看齐意识，严守政治纪律和政治规矩，强化党的观念，增强党的意识，始终与党风雨同舟、同心同德。

马克思主义学院 赫婧媛

---

① 中共中央文献研究室.《改革开放三十年重要文献选编》（上册），中央文献出版社，2008 年版，第页。
② 《毛泽东文集》（第 5 卷）人民出版社，1996 年版。

长征精神在中国共产党革命精神
谱系中的地位和作用

红军长征创造了伟大史诗，破重围、经百战、行万里、历绝境的红色铁流将种种不可能化为可能。而从中淬炼出的长征精神更是人类精神丰碑，更是中国共产党革命精神谱系的宝贵财富。正是具备了这样的精神，中华儿女几经挫折而不断奋起，中国革命才得以充满希望、绝处逢生，中华民族才得以历经苦难而自强不息。中国共产党精神一脉相承，长征精神在中国共产党革命精神谱系的地位重、作用大。长征精神上承红船精神、井冈山精神、苏区精神等，下传延安精神、抗战精神、太行精神、沂蒙精神、西柏坡精神等。从艰苦卓绝的长征历程中、从长征淬炼的革命精神中我们都可以到感红色基因代代传承，中国共产党革命精神的组成部分蕴含其中。

一、红色铁流、人间奇迹——长征是革命的宝贵经验

红一、红二、红四方面军和红二十五军等都进行了艰苦卓绝的长征，总计行程 6.5 万余里，红军战士们在几十万敌军的围追堵截、物质条件匮乏、交通不便、气候恶劣、长途跋涉的处境中为革命奋不顾身、排除万难。各路红军出发时，总人数约 20 万人，最后到达陕北时仅不足 5 万人，创造了人间奇迹，更提供了革命的宝贵经验、留下了精神财富。

其中，红一方面军 1934 年 10 月江西瑞金出发时 8.6 万人，而到达陕北时已不足 7000 人。根据地随着第五次反"围剿"的失利而丢失，开始战略转移，而中央红军突破第四道封锁线时经湘江一战便锐减至 3 万余人。经遵义会议转折，"开始确立以毛泽东同志为主要代表的马克思主义正确路线在中共中央的领导地位"①，四渡赤水后红军强渡乌江，佯攻贵阳，待滇军被调出增援时便直指昆

① 中共中央党史研究室：《中国共产党的九十年》，中共党史出版社、党建读物出版社，2016 年版，第 158 页。

明，兵力吸引至昆明时，红军突然又向北巧渡金沙江。毛主席灵活机动的军事指挥策略使中央红军摆脱了几十万敌军的围追堵截，之后，红军需渡大渡河，突击队突破渡口后，主力部队和中央纵队到达渡口时只找到四条船，无奈之下新的渡河方案是一个破釜沉舟的决定，红一军团第一师和干部团由渡口渡河后需立即沿北岸至泸定接应，红一军团第二师和红五军团组成的左纵队需奔袭至泸定桥过河，沿两岸前进的部队必须在两天内完成艰难崎岖和敌情未知的一百六十公里山路，而红一军团第二师四团则必须完成一天之内一百二十公里的急行军，红军到达时，泸定桥铁索空悬，在没有任何可选择的出路情况下，战士们只能迎着枪林弹雨、凶猛火海强行冲过 13 根铁索，队伍会合后即将翻越夹金山，这对于已经过漫长征途的红军官兵来说比残酷的斗争更为艰难，然而 1935 年 6 月中央红军与红四方面军会和后混编为左、右两路军，由于张国焘不同意北上甚至在 10 月另立"中央"，右路军走过荒无人烟的水草地后，部分部队先行北上于陕北吴起会师，1936 年 10 月甘肃会宁大会师，宣告长征的胜利结束，也证明了国民党聚歼红军阴谋计划的破产。

二、精神丰碑，长征精神是中国共产党革命精神谱系的宝贵财富

百炼成钢，坚定革命理想信念是长征精神之魂、也是革命精神谱系之魂；检验真理，加强改善党的领导是长征精神之本、也是革命精神谱系之本；救国救民，宣传民众坚持抗战是长征精神之基、也是革命精神谱系之基。长征精神所展现的奋不顾身、坚韧不拔的艰苦奋斗精神是革命需具备的坚定信仰、百折不挠，实事求是、顾全大局的高度团结精神是革命需具备的坚持理论联系实际以及坚决维护党中央的领导，与人民患难与共、生死相依的赤子之心是革命所具备的发展之基。

（一）百炼成钢，坚定革命理想信念——奋不顾身、坚韧不拔的艰苦奋斗精神

当时红军指挥员平均年龄不足 25 岁，战斗员平均年龄只有 20 岁，14 至 18 岁的战士至少占 40%。这样年轻的队伍、装备简陋的队伍面对着几十架飞机侦察轰炸、几十万敌军围追堵截，面临着生存危机、简陋的医疗条件，不到两年的时间里与敌人进行了 600 余次战斗。百炼成钢，长征路上的苦难、挫折、死亡，证明了中国共产党人革命理想信念的坚不可摧，红军不怕牺牲，排除万难争取胜利，甚至可以做到在粮食紧缺情况下不分昼夜翻山越岭，然后投入激烈战斗。

长征中无数英烈血洒战场，也有数不尽的因气候、环境、医疗条件等的非战斗牺牲。同时，每场战役党团员伤亡数量常常占到总数的四分之一甚至二分之一。红军官兵一致，许多军官身先士卒、奋不顾身。例如，娄山关战役中，战斗最激烈时，第五师政委陈阿金牺牲，十二团政委钟赤兵接替。钟赤兵同志身负重伤却依然坚持在前线指挥战斗，因失血过多晕厥后才被战士抬下战场，子弹击中的骨头都扭碎了，战斗结束后在没有麻药、简陋的手术条件下半个月内忍受剧痛和巨大的心理压力截肢三次，之后更是义无反顾地坚持带伤踏上漫漫长途，为了避免扩大敌人追击目标，大多时候都自己拄拐前行，在雪山上更是独立攀爬。又例如，在庚家河战斗中，徐海东同志遭遇了参加红军以来第九次负伤，一颗子弹从他的左眼下射进，又从颈后射出。当时，他带领的红二十五军团是一支仅仅2000多人的队伍，平均年龄不超过20岁的红军部队，他们甚至没有像样的军装，与二十倍于几的追敌周旋且不断壮大。中央红军翻越夹金山时，连中央纵队的女红军也是一身单衣，红军战士们经受着路滑、寒冷、疲惫、剧烈喘息，贺子珍同志更是为了避免累死马，坚持攀爬，不肯骑马。

红军上下坚定跟党走，大小战役、跋涉路途都是一种意志与勇气的挑战，而红军满怀奋不顾身、坚韧不拔的艰苦奋斗精神，满怀正义事业必然胜利的向往。而这种经过大浪淘沙信仰坚定、意志顽强的品质是中国革命精神谱系的灵魂所在。

（二）检验真理，加强改善党的领导——实事求是、顾全大局的高度团结精神

长征中党中央不断加强、改善党的领导。中央红军刚离开苏区时，在接连残酷斗争、重大牺牲面前，部队的前进方向引起激烈争论，一系列的军事、组织问题在遵义会议的召开中全力解决，纠正党中央的"左倾"错误，"张闻天、毛泽东、王稼祥尖锐地批评了博古、李德在第五次反'围剿'中实行单纯防御、在战略转移中实行逃跑主义错误。"[①] 遵义会议挽救了红军、挽救了党、挽救了中国革命。同时，也指出党中央应从革命根本利益出发，将理论联系实际，表明了一个真正的马克思主义政党是一个可以及时改正错误、总结经验，带领部队追寻光明的政党。真理于实践中检验，只有将马克思列宁主义同中国革命具体实际结合起来，实事求是，独立自主解决中国革命的重大问题。

在红一、红四方面军会师后，从两河口会议开始张国焘便因意见不合与中

---

① 中共中央党史研究室：《中国共产党的九十年》，中共党史出版社、党建读物出版社，2016年版，第157页。

央闹别扭，了解到红一方面军的具体情况后，又产生了拥兵自重、野心膨胀的心理状态，他虽于会议上同意北上抗日计划，却无实际行动，借口拖延时间，在其掌握部队北上良机错失后公然拒绝党中央计划。党的纪律与党和红军的生命力息息相关，张国焘的错误路线、分裂主义造成了红四方面军的重大损失，部分队伍甚至被迫三过草地。在南下计划受阻、牺牲重大后，红四方面军终于转而北上。由此可见，实事求是、顾全大局的重要性，红军内部紧密团结、高度统一、目标一致才可以形成强大力量，实现党对军队的绝对领导，队伍才有前途和希望。红军长征中经历红二、六军团木黄会师，红七、红十军团重溪会师，红一、四方面军懋功会师，红二十五军和陕甘红军永坪会师，陕甘支队和红二十五军团甘泉会师，红二、六军团与红四方面军甘孜会师，红一、四方面军会宁会师，红一、二方面军将台堡会师等多次重要会师。可见，只有汇合力量、目标一致才可以力克敌军，才可以建设出一块稳定的根据地。

实践证明，红军置于党中央的绝对领导之下同甘共苦、互相支持、密切配合、协同作战，才可形成有力拳头。以科学理论为指引并联系实际、坚决拥护党中央的领导、严格遵守党的纪律、坚持党指挥枪、加强团结意识等对于中国革命的前途至关重要，而这也是中国革命精神谱系的根本所在。

（三）救国救民，宣传群众坚持抗战——与人民患难与共、生死相依的赤子之心

长征途中，中国共产党始终联系群众、宣传群众、武装群众、团结群众、依靠群众，做好群众工作，也卓有成效地进行着民族团结工作。长征唤醒了民众，"给予了他们世代从未有过的向往和希望——自世界近代文明的潮流猛烈地冲击了这个东方大国之后，生活在中国社会最底层的赤贫的农民、手工业者，失业的产业工人从共产党人的宣传中懂得了人可以掌握自己的命运，世间可以有没有剥削和压迫的社会。"① 一位东北军被俘军官曾对红军中的妇女、儿童以及老人表示惊叹和钦佩，这正是取决于党和军队与人民群众有着密不可分血肉联系。红军严格遵循"三大纪律八项注意"，坚决维护群众利益。在少数民族地区，党和红军坚持民族平等、民族团结的政策，尊重当地的风俗习惯、宗教信仰。"彝海结盟"便是一个生动的体现，这为后来的民族政策和民族区域自治制度打下了坚实基础。在彝海，红军坚决不向受苦的彝族同胞开枪，还建立了第一只少数民族地方红色武装，一系列举措使的红军迅速借道大凉山，保护了革命力量。

---

① 王树增：《长征》，人民文学出版社，2016年版，第4页。

国难当头，为保护国防实力，党中央始终主张结束内战、一致对外，北上抗日，救国家于危难、救人民群众于水火。党的大本营转移至西北地区，推动了全国抗日救国高潮的到来。从 1931 年 9 月，《中央关于日本帝国主义强占满洲事变的决议》，到 1932 年 2 月中共临时中央发表为取得上海战争胜利告全国民众宣言且提出成立革命军事委员会领导抗日民族革命战争，再到 1934 年 4 月《中国人民对日作战基本纲领》、1935 年 9 月《为抗日救国告全体同胞书》和 11 月《为日本帝国主义并吞华北以及蒋介石出卖华北出卖中国宣言》、1936 年 2 月《停战议和一致抗日通电》等等都表明了中国共产党和红军抗日救国的决心。

红军打胜仗，人民是靠山。正是救国救民、坚持革命的信念和始终与人民患难与共、生死相依的赤子之心才有了中国革命的立足基础、支持基础、壮大基础，这也是中国共产党革命精神谱系的发展基础。

分散在各个区域的红军历经痛苦和牺牲、战胜极端困难、自力更生，转战大半个中国，长征胜利实现了战略转移，经过严酷考验和洗礼的红军将士都是党极为宝贵的精华。虽然党和红军遭受巨大损失，但核心力量的保存以及胜利结果表明党更加坚强、正确，从思想上、政治上、组织上成熟起来，红军也更加坚定、团结。长征留下了宝贵经验和重要启示，长征精神无限内涵更是中国共产党革命精神的重要组成部分，是坚定信仰的象征、是不朽的精神丰碑。

马克思主义学院 李逸群

长征精神的历史意义和当代价值

一、长征和长征精神

1934 年 10 月，在红军第五次反"围剿"失败后，中央红军为摆脱国民党人的追击，实行了战略转移。中央红军退出中央革命根据地，开始了长征。中国工农红军第一、二、四方面在极其恶劣的自然条件下完成了这次战略大转移。在此期间，工农红军翻雪山、过草地，行程约二万五千里，与 1935 年 10 月到达陕北，与陕北红军胜利会师。次年十月，红二、四方面军到达甘肃会宁地区，与红一方面军会师。红军三大主力军会师完毕，标志着长征的胜利结束。红军将士们战胜千辛万苦，付出了巨大的牺牲，实现了中国共产党和中国革命事业从挫折走向胜利的伟大转折。

毛泽东在 1935 年红军第一方面军长征结束后曾经说："讲到长征，请问有什么意义呢？我们说，长征是历史记录上的第一次，长征是宣言书，长征是宣传队，长征是播种机。"① 习近平在纪念长征胜利 80 周年大会上指出："长征是一次理想信念的伟大远征，长征是检验真理的伟大远征，长征是唤起民众的伟大远征，长征是开创新局的伟大远征。"② 在长征的过程中，红军将士们战胜艰难险阻，最终取得了长征的伟大胜利。而在长征过程中形成的长征精神也激励着一代又一代马克思主义者不断前进。

在纪念红军长征胜利 80 周年大会上，习近平指出："伟大长征精神，就是把全国人民和中华民族的根本利益看得高于一切，坚定革命的理想和信念，坚定正义事业必然胜利的精神；就是为了救国救民，不怕任何艰难险阻，不惜付出一切牺牲的精神；就是坚持独立自主、实事求是，一切从实际出发的精神；

---

① 《毛泽东选集》（第 1 卷），人民出版社，2018 年版，第 149–150 页。
② 习近平：《在纪念红军长征胜利 80 周年大会上的讲话》《人民日报》，2016 年 10 月 22 日。

就是顾全大局、严守纪律、紧密团结的精神；就是仅仅依靠人民群众，同人民群众生死相依、患难与共、艰苦奋斗的精神。伟大长征精神，是中国共产党人及其领导的人民军队革命风范的生动反映，是中华民族自强不息的民族品格的集中展示，是以爱国主义为核心的民族精神的最高体现。"① 长征精神的"红色基因不会过时"，在中华民族继续探索民族复兴的道路上，长征精神依然具有巨大的精神感召力。

二、长征精神的历史意义

（一）长征拨正了红军的前进方向，开创了革命道路

长征是一次开创新局的伟大远征。在长征途中，中国共产党人不断探索实践，成功地把解决生存危机同拯救民族危亡联系在一起，把长征的大方向同建立抗日民族统一战线联系在一起，吹响了全民族觉醒的号角，推动了抗日民族统一战线的形成，实现了国内的革命战争向抗日民族战争及世界反法西斯战争的转变，为夺取中国人民抗日战争的胜利、进而夺取抗日新民主主义革命的胜利打下了坚实的基础。长征的这条道路，不仅是战胜敌人、赢得战争的胜利、实现战略转移目标的过程，也是联系中国实际、创新革命理论、探索革命道路和前进方向的过程。

（二）长征唤醒了劳苦大众，壮大了革命力量

长征是一次唤醒劳苦大众的伟大远征。面对正义与邪恶两种力量的交锋、光明与黑暗两种道路的抉择，中国共产党始终以自己的模范行动，联系群众、宣传群众、武装群众、团结群众、依靠群众。展示出中国共产党人的宗旨和信仰的力量，显示出中国共产党必须在群众中间生根开花，证明了中国共产党必须紧紧依靠群众来克服困难、赢得胜利。

长征不仅保存和发展了革命力量，而且使我党找到了中国革命力量生存发展的新的落脚点，找到了中国革命事业继续前进的新的出发点，开创了人类历史进步的新的发展方式。赢得了广大群众的真心拥护和支持，不断壮大了革命力量。

（三）长征坚定了民族理想，践行了革命理想

长征是一次理想信念的伟大远征。崇高的理想、坚定的信念，永远是中国

---

① 习近平：《在纪念红军长征胜利 80 周年大会上的讲话》《人民日报》，2016 年 10 月 22 日。

共产党人的政治灵魂。中国共产党人始终把实现共产主义确立为伟大理想，始终团结带领全国人民朝着这种远大理想坚定执着地追求着。靠着这样的理想与信念，红军战士们在风雨如磐的红军路上披荆斩棘、一往无前，用苦难、死亡、曲折，检验了自己的理想信念是坚不可摧的，实现了中国共产党和中国革命事业从挫折走向胜利的伟大转折。毛泽东说过："长征是历史记录上的第一次，长征是宣言书，长征是宣传队，长征是播种机。"长征是中国革命的宣传书，他向全世界庄严宣告，中国共产党及其领导的人民军队，是用马克思主义武装的、以共产主义为崇高理想和坚定信念的。长征的胜利，是坚定理想信念的胜利。

（四）长征明确了党的指导思想，检验了革命真理

长征途中，马克思主义理论得到了宣传，我党的主张、现代的进步思想都得到了极大的宣传，党和红军的影响扩大。在遵义会议后，中国共产党确立了在红军和党中央的领导地位，从而扭转了局面，实现了历史性的转折，达到了在追求真理、坚持真理的基础上党和红军的空前团结，在中国革命的探索与实践中，找到了中国红军的正确道路、正确的理论指导和指导思想。只有把马克思列宁主义同中国革命的具体实际相结合起来，独立自主地解决中国革命的重大问题，才能把革命事业引向胜利。这是在血的教训中，经过了革命实践检验了的颠扑不破的真理。

三、长征精神的当代价值

（一）坚定理想信念增强中国特色社会主义凝聚力

习近平在纪念长征胜利80周年大会上说："早在新中国成立前夕，毛泽东同志就告诫我们：'夺取全国胜利，这只是万里长征走完了第一步。'新中国成立后，经过艰苦摸索和曲折探索，我们开启了改革开放新时代，迈向了建设社会主义新长征之路。"① 当前我们还处在社会主义初级阶段，人民日益增长的物质文化需要同落后的社会生产之间的矛盾是社会的主要矛盾，在当前时期我们的任务还非常艰巨，长征精神不能忘，要更加坚定自己的理想信念，坚持共产主义一定会实现。习近平曾说，共产党员要'把理想信念时时处处体现为行动的力量，树立起让人看得见、感受得到的理想信念的标杆'。"坚定理想信念也是长征精神最基本的内涵之一。

---

① 习近平：《在纪念红军长征胜利80周年大会上的讲话》《人民日报》，2016年10月22日。

　　我国的社会主义建设道路是一条独特的发展道路，它立足于中国的实际国情，虽然没有可以借鉴的模板，但是只要坚持社会主义道路，坚持人民民主专政，坚持中国共产党的领导，坚持马克思列宁主义、毛泽东思想这四项基本原则，我们的社会主义道路就不会出现偏差，如今的中国特色社会主义道路就是对马克思主义理论的发展。随着经济的不断发展，许多人对于长征的记忆逐渐模糊，对于社会主义和共产主义一定会实现的理想信念淡漠了，但是实践证明，长征依旧有它的当代价值。社会主义发展的道路并不是一帆风顺的，在探索实践的途中会有很多意想不到的困难。这就需要我们发扬长征精神，敢于直面困难并且解决困难，坚定自己的理想信念，团结一致，共同建成小康社会。

　　（二）坚定文化自信，使中国特色社会主义事业充满生机活力

　　"红军之所以能够创造出惊天动地的伟业，是因为红军有强大的精神力量。这种精神就是长征精神，即革命的英雄主义精神，不畏艰难、百折不挠的艰苦奋斗精神和全心全意为人民利益献身的精神。红军有了这种精神，才压倒了一切敌人，战胜了一切困难取得了长征的胜利"，"我们的国家还不发达，'贫穷'和'落后'还时常困扰着我们，要改变这种状况，就必须发扬艰苦奋斗的精神。"① 从某种意义上来说，我们现在说进行的中国特色社会主义建设就是新时期的长征，在新的长征路上我们依然面临很多的困难，表现于政治、经济、文化各个方面，这些困难虽然不同于长征时期，但是在面对这些困难时，我们都需要有战胜艰苦苦难的决心。

　　习近平在庆祝中国共产党成立 95 周年大会上的讲话中明确指出："坚持不忘初心、继续前进，就要坚持中国特色社会主义道路自信、理论自信、制度自信、文化自信，坚持党的基本路线不动摇，不断把中国特色社会主义伟大事业推向前进。"这四个自信归结起来就是社会主义的自信，坚持"四个自信"是不断把中国特色社会主义推向前进的内在动力，也是全面建成小康社会和实现中华民族伟大复兴中国梦的根本保障。

　　如今我们正在新的长征路上，面对困难，我们不会退缩，我们需要弘扬长征精神，用顽强的斗志和必胜的决心，不断夺取新长征的伟大胜利。

　　（三）发扬永不言败的精神，为实现民族复兴的中国梦贡献力量

　　长征精神中的永不言败、无私奉献精神，在中国新民主主义革命和社会主

---

　　①　任培秦：《红军长征胜利的历史意义和现实意义》西安交通大学学报（社会科学版），1999 年第 2 期。

义建设时期为全国人民带来了强大的精神动力。在"文革"刚刚结束后，中国的经济萧条、文化崩溃，社会处于混乱时期，这时邓小平同时顶着巨大的压力，扛起了拯救中国的重任，改革开放后，中国的经济水平、文化水平、政治地位都取得了巨大的进步，但是我们依然面临着很多的问题。虽然没有了雪山草地，但是新的历史时期会出现新的问题，如贫富差距、协调发展等等问题，面对这些困难，我们更应该发扬长征精神，永不言败。在今天，我们这一代的长征，就是要实现"两个一百年"的奋斗目标、实现中华民族复兴的伟大中国梦，无论是过去还是现在，无论我们取得了多么大的成就，我们都应该牢记长征精神，发扬长征精神，为实现伟大的中国梦贡献自己的力量和智慧。

长征永远在路上。习近平强调："伟大长征精神，作为中国共产党人红色基因和精神族谱的重要组成部分，已经深深融入中华民族的血脉和灵魂，成为社会主义核心价值观的丰富滋养，成为鼓励和激励中国人民不断攻坚克难、从胜利走向胜利的强大精神动力。"总之，新时期的我们需要从长征中汲取价值养分，铭记历史，不忘初心，勇于在艰苦环境中砥砺品质、锤炼作风、增长才干，用勤劳的双手创造中华民族复兴的丰功伟绩，书写自己的精彩人生，这是时代赋予我们的历史使命，也是进行中华民族伟大复兴的新长征的迫切需要。

马克思主义学院 张非凡

红军长征精神及其当代价值

一、红军长征的基本内涵

（一）长征的概念

长征毫无疑问，是以中央红军的长征作为历史起点的。但是，整个红军的长征是"3 +1"的长征。即红一、二、四方面军的长征，再加红 25 军的长征。其中红一方面军行程为二万五千里，因此长征又被常称为二万五千里长征，国民党称之为"流窜"。红军长征的时间，以 1934 年 1 月中央红军离开中央苏区算起；长征结束以三大主力红军（红 25 军于 1935 年 11 月并入红一方面军系列）于 1936 年 10 月在甘肃会宁和今属宁夏的将台堡会师为标志。

红军长征中的"长征"一词并不是一开始即出现的，当时部队行军转移所使用名称是"长途行军与战斗""远征""转移"或"战略突围""西征""突围"。中央红军转战黔北期间发布文告中使用了"长征"。1935 年 2 月 23 日，中央军委原总政治部发布了文告《中国工农红军总政治部告黔北工农劳苦群众书》，其中提到"我工农红军从西转移作战地区，长征到川贵边地域"为目前为止红军文献中最早使用"长征"一词。

（二）长征的原因

对于红军长征的原因，需要将战略转移的原因和做出转移决定的原因区分开来。就被迫战略转移方面，从党的指导方面言，主要是在中共中央占据统治地位的"左"倾教条主义推行错误的政治和军事路线的结果。面对国民党反动集团调集 50 万兵力发动的空前规模的第五次"围剿"，由博古负总责的中央领导，不仅排斥毛泽东在党政军的领导地位，更抛弃前四次反"围剿"所获得的成功经验，盲目听信共产国际派来的军事顾问李德的错误判断和指挥，历经一年的消耗，中央红军遭受重创，中央苏区愈益缩小，财力、人力资源严重枯竭，最后不得不实行战略转移。这里需要注意的是，要将进行战略转移的原因同作出战略转移的决策加以区别开来，第五次反"围剿"失败后，中共苏区面临着两条路线择：一是继续死守，与中央苏区共存亡；二是撤出中央苏区，进行战略转移，而正是因为正确地选择了后者，中共的力量才得以保存。

（三）红军长征的阻力和进程

红军在长征那个过程中主要面对来自三个方面的阻力。首先，红军需要面对国民党中央军及地方军阀部队构成的强大敌人。中央红军以湘江战役、四渡赤水和强渡大渡河、飞夺泸定桥最为惊心动魄。红四方面军以嘉陵江战役、名山百丈关战役和甘南的"岷（县）、临（潭）、舟（曲）战役"最为激烈。红二、六军团包括后来的红二方面军的战斗则以在云贵高原转战乌蒙山的大迂回作战和在陇南的"成（县）、徽（县）、两（当）、康（县）战役"最为著名。第二个方面的阻力主要来自西部严酷地自然环境，其中以过雪山草地最为艰难。红一方面军以翻越夹金山，红四方面军以翻越党岭山，红二方面军以翻越从中甸至乡城的系列雪山，而过草地则是长征途中的最大的阻碍。第三个方面的阻力来自红军内部的错误思想。一方面存在博古、李德的"左"倾冒险主义的斗争，另一方面又存在与张国焘分裂主义的斗争。

红军长征中召开了多次重要会议，包括：通道会议、黎平会议、猴场会议、遵义会议、扎西会议、苟坝会议、会理会议、两河口会议；经历了多次重要战役，包括：湘江战役、四渡赤水战役、强渡大渡河、飞夺泸定桥、包座大捷、腊子口战役、苦战百丈关、乌蒙山回旋战，经历了8次重要会师，各路红军的会师，特别是红军三大主力的会师，是红军长征史的重大事件，是革命力量的会合与团聚，实现了从东南至西北的战略大转移，红军战略转移的胜利，宣告了国民党军围追堵截、聚歼红军阴谋的破产，是中国共产党和中国革命从挫折走向胜利的伟大转折点。

二、红军长征精神的具体内涵

（一）坚定的理想信念是长征精神的内在实质

崇高的理想，坚定的信念，永远是中国共产党人的政治灵魂。中国共产党从成立之日起，就把共产主义确立为远大理想，始终团结带领中国人民朝着这个伟大理想前行。

红军长征，是革命与反革命两种力量的搏斗，既要同围追堵截的国民党大军奋战，又要与党内的错误思想展开斗争，还要克服无数天然屏障的阻隔困厄，靠的就是对革命的无限忠诚和对党的坚定信念，长征路上的苦难、曲折、死亡，检验了中国共产党人的理想信念，向世人证明了中国共产党人的理想信念是坚不可摧的。长征的胜利，是中国共产党人理想的胜利，是中国共产党人信念的胜利。而坚定的理想信念正是长征精神的内在实质，它指引着中国工农红军朝着正确的、胜利的方向迈进。

（二）顾全大局、严守纪律、紧密团结、互助友爱的高尚品德，是长征精神的具体表现

红军是无产阶级政党领导的革命军队。有严格的组织纪律性，能够顾全大局，服从整体利益，紧密团结，互助友爱。具有强大的凝聚力，全军风雨同舟，发挥军队组织的结构作用，全军上下相互关心，相互努力，共同团结，在极其恶劣的自然环境比如过雪山草地的过程中，红军战士这种团结互助、为了援救同志宁可牺牲自己的崇高品德，使红军内部产生巨大的凝聚力和向心力，最终克服困难，取得了长征的胜利。

（三）不畏险阻，吃苦耐劳是长征精神的集中体现

红军在长期革命斗争中基于理想信念形成了革命英雄主义气概和英勇顽强的战斗作风，没有这种精神状态，长征不可能取得胜利。历时两年的长征中，四支红军的长征路历经 14 个省，长征的实际总里程为 6.5 万多里，其中的艰难困苦不言而喻，这要求红军战士必须具备吃苦耐劳顽强拼搏的精神，也正是这种精神不断鼓励中国工农红军向前迈进、攻坚克难，取得长征的胜利。

（四）实事求是的思想路线和机动灵活的战略，是红军长征精神得以发挥的正确指南

红军长征中面临这博古李德等人的错误领导，能够及时改正，正确地确立毛泽东在党中央和红军的实际核心领导地位，才使得从而红军长征才有了一套正确的思想路线、军事路线和战略战术，变被动为主动，取得长征胜利，这使我们党进一步认识到，只有把马克思列宁主义基本原理同中国革命具体实际结合起来，独立自主解决中国革命的重大问题，才能把革命事业引向胜利。

（五）依靠人民群众，获得人民群众的帮助是红军长征精神形成的外部条件

红军打胜仗，人民是靠山。红军是人民的军队，红军脱离了人民就无法生存。一方面，红军在离开中央苏区踏上漫漫的长征旅途时，苏区人民给予红军以巨大的支援，另一方面，红军在行军过程中，很好地执行了民族政策和军队纪律，不拿百姓的一针一线，不做有损害群众利益的事，用自己的实际行动赢得了百姓的拥护和支持，以实际行动帮助群众解决生活中的困难，使得我国工

农红军在所经过的地区深得民心，也使当地人民愿意送他们孩子加入红军队伍，壮大红军的队伍。长征主要经过少数民族地区，敌军不断诋毁红军形象，散布谣言，使得当地群众对红军具有抵触和害怕心理。红军细心地做当地群众工作，耐心积极地向他们宣传、讲授我党的方针政策，树立了良好的形象，以自己的模范行动，赢得人民群众真心拥护和支持，这也成为长征胜利的重要保证。

三、长征精神的当代价值

（一）发扬新时代长征精神，必须坚定共产主义远大理想和中国特色社会主义共同理想，为崇高理想信念而矢志奋斗

长征胜利启示我们：心中有信仰，脚下有力量，崇高的理想信念是人在迷失中的指南针，是人前进的重要的精神动力。我们必须坚定中国特色社会主义道路自信、理论自信、制度自信、文化自信，坚定马克思主义和共产主义的信念，坚持马克思主义基本原理同中国具体实际相结合，坚定不移走符合中国国情的革命、建设、改革道路，夺取中国特色社会主义伟大事业新胜利。

（二）发扬新时代长征精神，必须树立开拓进取，担当责任的意识

长征精神的熠熠光辉照耀着我国不断向前迈进，为中华民族伟大复兴提供了强大的精神动力。当前国家正处于经济迅速腾飞时代，正需要发挥长征精神中开拓进取，敢打敢闯的精神，发扬长征精神中积极开创、积极进取、奋发突进的精神。这是时代的要求，也是自我成长、完善的内在需要，更是实现"每个人自由发展"的现实需要。同时，红军战士在长征行军途中也集中展现了责任当担精神，他们各自负责、承担自我应承担的责任，积极帮助需要帮助的战士。新时代，中国依然处于改革的攻坚期与深水区，面临多重的挑战与发展难题，我们更应该发挥责任担当精神，积极主动承担社会责任。

（三）发扬新时代长征精神，必须培养吃苦耐劳，勇于奉献精神

红军长征路途险阻，困难重重，而艰苦奋斗、吃苦耐劳、勇于奉献正是其精神特征的生动体现，在新时代的建设中，社会竞争愈发激烈，每个人都应该发扬艰苦奋斗、顽强拼搏的精神，提高自己面对困难挫折的应变能力，具备极其坚强的心理素质，面对挑战，从不畏惧，敢于挑战自我，实现自我，积极投身于社会建设之中，排除万难求发展，成为新一代的祖国建设者。

（四）发扬新时代长征精神，必须深化团结协作精神，增强集体主义意识

红军在长征过程中始终坚持发扬团结协作、互助友爱、顾全集体的可贵精

神，而在当今社会，团结协作已然是时代之精神的表现，不管是科学研究、创业都要求具备团队协作精神。长征精神中强调的互帮互助则显得尤为可贵，团队协作精神是长征胜利的重要保证，也是新时代培育团队协作精神的鲜活教材。

四、结语

红军长征已成历史，但红军长征精神永存。红军长征精神是中国共产党人先进性之魂的集中反映，是中华民族精神之魂的体现，因而也是中国共产党和人民取之不竭的宝贵的精神资源。无论是在当时还是现在，都是一种极其宝贵的精神财富，这种精神始终需要被发扬光大。建设中国特色社会主义事业，是正在进行的新长征，在这条新长征路上，还需要长征精神做新时代的领路人。

马克思主义学院 丁雪晨

新时代红色旅游的价值意蕴

红色是鲜血的颜色，是中国的颜色，代表着中国人民浴血奋战的艰难革命岁月。红色旅游是以中国共产党领导人民群众在革命战争时期建树丰功伟绩所形成的纪念地、标志物为载体，以其所承载的革命历史、革命事迹和革命精神为内涵，组织接待旅游者开展缅怀学习、传承精神、参观游览的旅游活动。中国共产党人的革命足迹遍布大江南北，用红色旅游的方式去翻开这幅岁月的画卷，在社会主义核心价值观的引领下，积极传承红色基因，坚定文化自信。

一、红色旅游的政治价值

红色旅游是"红色"和"旅游"的结合，"旅游"是形式，"红色"是本质。中国革命的历史，蕴含丰富的政治智慧、爱国信仰和道德滋养。红色旅游正是以一种生活化的方式，切实可行的内容与形式，通过对中国革命史及优秀代表人物精神和人格力量等资源的发掘、阐释、宣扬来进行爱国主义和理想信念教育，增强人们对中国共产党领导人民建立新中国的艰辛奋斗历程的价值认同。习近平指出："对我们共产党人来说，中国革命历史是最好的营养剂。"①红色旅游作为一项政治工程，必须突出强调其在加快构建社会主义核心价值体系中的重要作用，教育和引导广大干部群众充分认识到，是历史和人民选择了中国共产党，选择了社会主义制度，选择了改革开放道路，从而进一步坚定对党的信任、对中国特色社会主义的信念、对改革开放的信心，进一步巩固全党全国各族人民团结奋斗的共同思想基础。

中国共产党之所以能够不断发展壮大，是因为其内在的红色基因。这就是党在长期奋斗中淬炼的先进本质、思想路线、光荣传统和优良作风。红色资源是中国共产党人精神与文化的象征，是红色基因的有机载体。习近平指出："无

---

① 《党面临的"赶考"远未结束——习近平总书记再访西柏坡侧记》，《人民日报》，2013年7月14日。

数革命先烈留下的优良传统是永远激励我们前进的宝贵财富，任何时候都不能丢。"① 中国共产党在长期的革命斗争和社会主义建设过程中，形成了清风正气以及红色底色，并在不断焕发出新的红色能量。但是，不可否认的是，在少数地方，包括某些红色教育基地，出现了浮华奢靡等不正之风，渗透了拜金主义等杂色乱彩，使得革命传统和爱国主义精神变了味，影响了社会风气以及红色基因的传承。这就要求各级各地各有关部门，特别是基层党组织要提高认识，加强引导，不断强化党的领导，深入开展"两学一做"学习教育，让党的历史和革命传统回归本色、擦亮底色，发挥好革命传统和爱国主义教育基地成风化人、凝心聚力的积极作用。

二、红色旅游的经济价值

红色旅游对于推动革命老区经济发展、促进新农村建设具有重要意义。红色旅游景区景点大多处在革命老区，位置偏远，经济发展水平普遍不高，贫困人口也多。这些革命老区自然资源条件比较差，而红色旅游资源比较好，通过发展红色旅游实现旅游扶贫是一条有效途径，红色旅游在精准扶贫中可以发挥更大的作用。红色旅游发展给革命老区带来了人流、资金流和信息流。老区人民通过发展旅游产业，增加了收入，使大批当地群众脱贫致富。自 2004 年中央号召发展红色旅游以来，国内红色文化旅游快速兴起并逐渐成为观光旅游业的热点，目前在全国已呈现出星火燎原、方兴未艾之势。《2011-2015 年全国红色旅游发展规划纲要》提出要大力推动红色旅游发展和革命老区经济发展相结合，充分发动广大革命老区干部群众共同参与红色旅游发展，结合新农村建设，整合利用各方面资源，提供红色旅游餐饮、住宿等经营服务，延长红色旅游产业链，进一步带动革命老区经济社会发展。如今，红色旅游也已经成为引领老区社会经济发展的新增长点，并正在对我国革命老区的经济发展发挥着反哺作用。据有关调查显示，2018 年上半年红色旅游信息报送系统中 18 个红色旅游信息报送重点城市和填报数据的 436 家红色旅游经典景区共接待游客 4.84 亿人次，按可比口径同比增长 4.83%，相当于国内旅游人数的 17.13%，实现旅游收入2524.98 亿元。2018 年国内红色旅游的主要客群年龄层已经从 60 后、70 后向 80后、90 后转移。年轻游客成为红色旅游主力军，游客性别差异正在减弱。按照中国《2016-2020 年全国红色旅游发展规划纲要》中提出的目标，到 2020 年，中国红色旅游年接待人数要突破 15 亿人次。红色旅游市场发展空间广阔。

①　《让红色资源成为发展支撑》，《人民日报》，2015 年 10 月 09 日。

红色旅游在帮助老区脱贫发展、深化产业链发展方面发挥着重要作用。河北石家庄以全域旅游示范区的创建为主线，精心培育"红色西柏坡、多彩石家庄"城市旅游品牌，坚持"一抹红带七彩"，实现了旅游脱贫、旅游富民。湖南韶山以乡村田园风貌为生态基底，以韶山红色文化为核心特色，拉动贫困乡镇经济发展，打造了集红色文化体验、爱国主义教育、艺术农创民俗体验、田园休闲度假为一体的田园综合旅游小镇。但同时我们也应该看到，我国红色旅游在建设与发展中还存在一些不容忽视的问题，特别是在投资开发与建设上"追求高大全，搞得很洋气、很现代化，花很多钱"，而忽视了精神上的教育引导作用。2016 年 7 月 18 日，习近平在参观将台堡三军会师纪念馆时指出："革命传统和爱国主义教育基地建设一定不要追求高大全，搞得很洋气、很现代化，花很多钱，那就不是革命传统了，革命传统就变味了。"① 红色旅游的亮点和灵魂，是其本身丰厚的文化底蕴和承载的革命精神，而不是规模和形式。不能只追求外在形式而忽略其精神内涵。有的地方由于强调政绩工程、面子工程，在景区建设上不切实际，贪大求洋，在红色旅游景区开发和配套设施建设上，存在过分追求"高大上"倾向。有的以新代旧、盲目新建；有的超规模建设，与弘扬红色文化的主旨相背离；有的盲目营造人造景观，仿建、移建遗迹。与红色旅游所反映的本质内容不协调，甚至变了味。要在景区的设计和建设上，努力保持原汁原味，突出地方特色。各地区旅游部门要严格按照全国红色旅游发展规划纲要要求，集中力量完成规划内红色旅游经典景区建设任务，不得擅自变更国家核定的建设内容、规模和标准。

三、红色旅游的文化价值

以红色旅游自身为背景所以创造出的系列红色文化作品，既丰富了红色文化，又丰富了社会主义先进文化和中华民族的文化大家园。革命文化是文化自信之"本"，必须不忘初心、忠贞不移。革命文化，是由中国共产党人、先进分子和人民群众共同创造形成的以革命理论、革命经验和革命精神为核心的具有中国特色的先进文化。坚定文化自信，必须正确对待在党和人民伟大斗争中孕育的革命文化。20 世纪前期中国历史的演进一直与革命相伴而行。以马克思主义为基础形成的独特的中国革命道路、革命理念和革命文化，是 20 世纪中国文化最为夺目的文化景观之一。正是因为革命文化所迸发出的文化动力，鼓舞党

---

① 习近平：《缅怀先烈、不忘初心，走好新的长征路》，新华网，http：//www. xinhuanet. com//politics/2016-07/19/c_ 1119239676. htm

带领人民战胜千难万险取得革命、建设和改革的一个又一个伟大胜利。红色旅游打造的红色旅游线路和经典景区，既是观光盛景，又是了解革命历史、增长革命知识、学习革命精神，培育时代精神的活教材。红色旅游区应当精心设计红色旅游产品，让其更有内涵、更有诗意。红色旅游要与文化有机结合，贯穿文化元素，体现红色精神。很多红色旅游景区根据当年革命历史深挖红色文化基因，创作了大批革命历史题材文艺和文学作品，涌现了大批群众喜闻乐道的红色影视、红色舞台剧、红色歌曲、红色出版物等，营造出健康浓厚的红色文化氛围，成为中华大地一道亮丽的风景线。

红色旅游具有不可比拟的教育宣传功能，担负着弘扬和培育民族精神的使命。中国共产党成立以来，在革命、建设、改革的各个历史时期，带领全国各族人民艰苦奋斗、开拓进取，孕育了极其宝贵的红色精神。在革命战争时期，形成了井冈山精神、长征精神、延安精神、太行精神、红岩精神、西柏坡精神等；在社会主义建设时期，形成了"两弹一星"精神、雷锋精神、铁人精神、焦裕禄精神；在改革开放时期，形成了以改革创新为核心的时代精神。这些精神都是伟大的民族精神在一定历史时期的锤炼和升华，是党的光荣传统和优良作风的时代体现，是我们中华民族极其宝贵的精神财富。红色旅游寓教于游、寓游于教，是革命传统教育方式的创新，是红色精神教育的大课堂。

今天，红色旅游正在成为越来越多游客的出游选择；同时，各地红色旅游也面临着文化内涵挖掘不够深入、形式单一枯燥、精品意识不强等问题。如何讲好红色故事、增强文化内涵，如何创新发展形式、促进业态融合，成为推动红色旅游高质量发展的关键所在。发展红色旅游，要注重讲好红色故事，在细微之处引起情感共鸣，才能在游客内心留下深刻烙印。"互联网+旅游"的兴起为红色景区的旅游产业带来新思路，各地的博物馆、纪念馆等开始注重引入互联网、VR、全息投影等新技术，在技术的辅助下更直观生动地呈现历史事件和场景，让红色历史"活"起来。游客可以通过沉浸式体验获得内心的震撼，从"旁观者"变成"参与者"。

四、红色旅游的生态价值

中共十九大报告提出了乡村振兴战略的总要求："产业兴旺、生态宜居、乡风文明、治理有效、生活富裕。"[①] "开发红色文化资源有助于把乡村建设成生

[①] 习近平：《决胜全面建成小康社会夺取新时代中国特色社会主义伟大胜利——在中国共产党第十九次全国代表大会上的报告》人民出版社，2017年版，第32页。

态宜居之地。"① 产业兴旺是乡村振兴战略的重要支柱，开发红色文化资源有利于促进乡村产业兴旺。只有依靠产业振兴，吸纳农村劳动力就业，解决村民就业问题，帮助乡村脱贫致富，才能夯实乡村振兴的基础。生态宜居是乡村振兴的关键，开发红色文化资源有助于把乡村建设成生态宜居之地。具备良好的生态环境和宜居环境是乡村振兴的重要条件。缺乏这一条件，即便村民人均 GDP 再高、再富裕，住宅再大、再豪华，也难有获得感、幸福感。治理有效是乡村振兴的基础，开发红色文化资源有利于推进乡村有效治理。

在全域旅游发展的趋势下，红色旅游也开始从"观光式"旅游向"体验式"旅游转变。不少红色旅游景区有良好的生态环境，红色旅游与生态旅游融合成为各地探索实践的重要思路。同时，一些区域间红色景点具有很强的关联性，将这些红色景点串联起来的红色主题线路，可以为游客更完整、全面地呈现一段红色历史，通过延长红色旅游 IP 价值链，打造红色旅游精品，可以让游客的红色之旅更加难忘。

马克思主义学院 吕思思

---

① 黄三生，凡宇，熊火根.《乡村振兴战略视域下红色文化资源开发路径探析》价格月刊，2018 年第 9 期。

三、延安篇

简论延安精神

一、延安精神的基本内涵

延安精神一般认为主要包括实事求是、理论联系实际的精神，全心全意为人民服务的精神和自力更生艰苦奋斗的精神。延安精神的本质内容是解放思想、实事求是。我们党坚持一切从中国的实际出发，把马克思主义普遍原理同中国革命的实际结合起来，开拓创新，在所从事的新民主主义革命这项全新事业中，开创了有中国特色的农村包围城市的革命道路，创立了最广泛的爱国统一战线等等，都是这一精神的具体体现。

延安精神是自力更生、艰苦奋斗的创业精神。中国共产党是靠艰苦奋斗起家的，中国共产党和人民的事业是靠艰苦奋斗不断发展壮大的。延安精神，是全心全意为人民服务的精神。延安时期是中国共产党在中国局部地区建立人民政权并不断扩大执政区域的重要时期。中国共产党历来把为中国广大人民谋利益作为自己的根本宗旨，在延安时期又响亮地提出了"为人民服务"的口号并在全党认真实践。延安精神，是理论联系实际、不断开拓创新的精神。延安时期是我们党科学总结正反两方面经验，成功地推进马克思主义中国化、在理论上实现第一次历史性飞跃的时期。毛泽东同志的许多重要著作，如《中国革命战争的战略问题》《实践论》《矛盾论》《论持久战》《新民主主义论》《论联合政府》等，都是在延安时期完成的。毛泽东思想正是在延安时期逐步成熟并正式写到了党的旗帜上。可以说，没有开拓创新，既不会有延安精神，也不会有毛泽东思想。今天我们要在新形势下弘扬延安精神，仍然要坚持与时俱进、开拓创新。延安精神，实事求是的思想路线。用实事求是来概括中国共产党的思想路线，也是在延安时期。实践表明，只有解放思想，才能达到实事求是；只有实事求是，才是真正地解放思想。

二、延安精神的发展脉络

延安精神作为中华人民最为宝贵的精神财富之一，若以中国共产党在延安建设的十三年进行分析，延安精神有一个连贯的发展脉络，它是在探索中不断发展和完善的。

从 1935 年 10 月到 1938 年 9 月的 3 年间，是延安精神的孕育期。以党倡导的抗大精神和白求恩精神以及提出的"马克思主义中国化"重大任务为主要标志。1936 年 6 月 1 日，中国人民抗日红军大学（简称"红大"，"抗大"的前身）在陕北安定县瓦窑堡创立。抗大办校近十年，以"坚定正确的政治方向，艰苦奋斗的工作作风，灵活机动的战略战术"为教育方针和"团结、紧张、严肃、活泼"为校训，培养德才兼备的军政干部达 10 多万人，逐步形成了以坚定正确的政治方向和艰苦奋斗的政治本色为主要内容的抗大精神。1938 年 3 月，加拿大共产党党员、著名医生诺尔曼·白求恩率领加拿大美国医疗队抵达延安，冒着枪林弹雨，抢救了成千上万的伤病员。在抗日前线涞源摩天岭抢救伤员时，手指感染中毒医治无效，于 1939 年 11 月 12 日不幸逝世。12 月 1 日，延安各界举行追悼大会，追悼国际共产主义战士白求恩。毛泽东同志于 12 月 21 日亲笔写下了著名的《纪念白求恩》一文，高度赞扬白求恩同志的国际主义精神、毫不利己专门利人的精神和对技术精益求精的精神，并号召全党向白求恩同志学习。1938 年 9 月 29 日至 11 月 6 日，党在延安举行扩大的六届六中全会。毛泽东同志在《论新阶段》的政治报告中，第一次明确提出了"把马克思主义中国化"的任务。一言以蔽之，马克思主义中国化，就是将马克思主义的基本原理和中国革命与建设的实际情况相结合，从而得出适合中国国情的社会主义革命和建设道路。"马克思主义中国化"这一命题，成为当时中央主要领导集体的共识，经过延安整风运动，更成为全党的基本理念。这是毛泽东同志对中国革命最重要的贡献之一，对推进党的理论创新、对延安精神的形成具有决定性意义。

从 1938 年 9 月到 1945 年 6 月的 7 年间，是延安精神的形成期。以开展的大生产运动和延安整风运动为主要标志。1939 年 2 月 2 日，党在延安召开生产动员大会，毛泽东同志发出了"自己动手，自力更生，艰苦奋斗，克服困难"的号召。通过大生产运动，繁荣了经济，改善了军民生活，减轻了人民群众的负担，提高了部队战斗力，密切了军政、军民和上下级之间的关系，巩固和发展了抗日根据地，为夺取抗日战争胜利奠定了基础。延安整风运动是党历史上第一次大规模的整风运动，是党的建设史上的伟大创举。以 1941 年 5 月 19 日毛泽东同志在延安高级干部会议上做《改造我们的学习》报告为标志开始，至 1945

年 4 月 20 日六届七中全会通过《关于若干历史问题的决议》为止。通过延安整风，实现了全党的新的团结和统一，并形成了实事求是、理论联系实际的延安整风精神。

从 1945 年 6 月到 1948 年 3 月的 3 年间，是延安精神的成熟期。以党的七大确立毛泽东思想在全党的指导地位为主要标志。1945 年 4 月 23 日至 6 月 11 日，在延安胜利召开的党的七大，第一次明确地把毛泽东思想确立为全党的指导思想，并庄严地写入党章。毛泽东思想和理论被全党所认同和接受也经历了一个过程。1941 年 3 月，党的理论工作者张如心在《共产党人》杂志上发表的《论布尔什维克的教育家》一文中正式使用了"毛泽东同志的思想"的提法；1942 年 7 月 1 日，中共中央晋察冀边区机关报《晋察冀日报》发表了由主编邓拓撰写的社论《全党学习和掌握毛泽东主义》；1943 年 7 月 6 日，刘少奇发表的《清算党内的孟什维主义思想》文章，明确提出了"毛泽东同志的思想"和"毛泽东同志的思想体系"命题；1943 年 7 月 5 日，王稼祥撰写的《中国共产党与中国民族解放的道路》文章首次提出了"毛泽东思想"这一科学概念。之后，"毛泽东思想"这一概念很快就得到了全党同志的接受和赞同。党的会议首次提出"毛泽东思想"这一概念是 1945 年 4 月 20 日召开的党的六届七中全会。这次会议对毛泽东思想重要地位的概括为中共七大正式确立毛泽东思想在全党的指导地位奠定了基础。毛泽东同志在七大上总结的党的优良作风，即理论与实际相结合的作风、和人民群众密切联系在一起的作风、批评和自我批评的作风，从一定意义上讲，是对延安精神的理论概括，标志着延安精神的成熟。随后，延安精神始终随着时代和实践的发展不断得到新的丰富和发展。

三、延安精神的时代意义

延安精神是我党的优良传统，是激励人民为实现民族振兴而奋斗的精神力量。"尽管在不同历史条件下延安精神表现为不同的时代特征，但这一宝贵的精神财富始终是我党不断取得事业胜利的思想保证。"

弘扬延安精神的信念价值，建设社会主义核心价值体系。延安精神中蕴含的坚定政治方向是现代化建设的思想先导，我党始终坚持以马克思主义为理论指导，坚定社会主义信念，并为实现共产主义而努力奋斗。随着国际环境和社会环境的发展变化，在经济全球化的影响下，主流意识受到诸多外来思想的影响，尤其是遭遇西方资本主义意识形态的攻击。在这种情况下，我们必须弘扬延安精神，坚定政治方向和社会主义信念，提高社会意识形态的抵制力，建设社会主义核心价值体系。

弘扬延安精神的人本价值，全心全意为人民服务。社会主义现代化进程的不断加快，暴露出了一些社会问题。人们最关心的，诸如医疗、教育、三农等问题依然没有解决。我党必须弘扬延安精神，树立一切为了人民，以人为本的宗旨观。坚持以人为本有助于民生问题的解决。我党应始终坚持以人民的利益为出发点，时刻为人民着想，帮助解决人民最关切的问题。

弘扬延安精神的求实价值，探寻实现中国梦的发展道路。延安精神的理论基础在于实事求是，这一思想路线为革命胜利奠定了基础。纵观我党社会主义建设的发展历程，取得成绩的关键在于坚持一切从实际出发，深入研究新情况与新问题。弘扬延安精神，坚持实事求是原则，深刻了解党情、国情、民情，有助于解决"中国梦"道路上的问题与挑战，带领人民群众努力实现"中国梦"。

弘扬延安精神的勤俭价值，推进社会主义精神文明建设。一方面，"弘扬节约精神有助于克服拜金主义。"社会主义市场经济条件下，人们更加追求物质利益的最大化，容易滋生拜金主义。新时期我们在承认人们对物质利益追求的同时，还应提高警觉，坚决反对专门利己的自私主义思想。另一方面，弘扬节约精神有助于克服享乐主义。人们的生活水平不断提高，勤俭节约的传统美德却日益被抛在脑后。铺张浪费，奢靡之风盛行。弘扬延安精神有助于抵制享乐主义，艰苦奋斗、顽强拼搏、厉行节约在新时期依然适用，且不可或缺。

弘扬延安精神的拓新价值，提高国际竞争力。延安精神产生于民主革命时期，由于我党不断创新，开拓了一条社会主义建设的新道路，也正是这种锐意创新的精神推动自身不断进步。社会主义现代化建设正是需要这种勇于创新，敢于迎接挑战，突破自我的精神力量。国际社会的竞争更多体现在科技方面的竞争，科技的竞争源于创新人才的竞争。培养更多的创新型人才，为社会发展和民族进步以及提高国际竞争力提供动力支持。

马克思主义学院 贺凤凯

南泥湾精神及其当代价值

南泥湾精神，是以八路军第三五九旅为代表的在抗日战争时期军民在南泥湾大生产运动中创造的，是中国共产党及其领导下的人民军队在困境中奋起，在艰苦奋斗中发展的强大精神力量。南泥湾精神，是中华民族精神在特定历史条件下的具体体现，是激励无数仁人志士前赴后继、拯救人民于水火的精神源泉，是中国共产党和中华民族的宝贵财富和建设社会主义和谐社会的重要支柱，对全面建设小康社会起重要借鉴作用，在中国革命、建设和改革的过程中发挥了不可替代的重要作用，南泥湾精神具有重要的时代价值。

一、南泥湾精神产生的背景

1940 年，八路军逐渐壮大，所显示的实力让日军和国民党对共产党的警惕性变强，日军对八路军打击力度变大、国民党对八路军的封锁更加不遗余力。国民党军队向共产党八路军抗日根据地发动大规模扫荡，并调集军队包围陕甘宁边区，实行严密的军事包围和经济封锁。当时，边区地广人稀，土地贫瘠，仅有 140 万群众，要担负起几万干部、战士和学生的吃穿用，实在是一件难事。正如毛泽东说的那样"我们曾经弄到几乎没有衣穿，没有油吃、没有纸、没有菜、战士没有鞋袜，工作人员在冬天没有被盖……我们的困难真是大极了"。面对日益困难的经济形势，毛泽东在延安发动了大生产运动：他率先垂范，在杨家岭的办公楼下亲手开辟了一片荒地，种上辣椒、西红柿等蔬菜；朱德背着箩筐到处拾粪积肥；周恩来迅速成了纺线能手。同是 1940 年，朱德总司令根据中共中央关于开展大生产运动的指示精神亲赴南泥湾踏勘调查，决定在此屯垦自给。1941 年春，八路军一二零师三五九旅长兼政委王震的率领下，奉命开进南泥湾，披荆斩棘，开荒种地，风餐露宿，战胜重重困难，量的物质财富。1942年，生产自给率达到 61.55%；1943 年，生产自给率达到 100%，到 1944 年，三五九旅共开荒种地 26.1 万亩，收获粮食 3.7 万石，养猪 5624 头，上缴公粮 1 万石，达到了"耕一余一"。广大官兵用自己的双手和汗水，将荒无人烟的南泥湾变成了"平川稻谷香，肥鸭遍池塘。到处是庄稼，遍地是牛羊"的陕北好江南。三五九旅就是生产自救的典型，歌曲《南泥湾》就是歌颂三五九旅先进事迹的歌曲

二、南泥湾精神主义内容

（一）自力更生、艰苦奋斗的革命精神

南泥湾精神的核心和本质就是艰苦奋斗、自力更生。1938年10月日本军队占领武汉后，改变其侵华政策，逐步将主要军事力量转向中国共产党领导下的抗日根据地，实行灭绝人性的"三光"政策。国民党在日本帝国主义诱降面前，消极抗日，积极反共，破坏抗日统一战线，包围封锁陕甘宁边区及各抗日根据地，停发八路军、新四军经费，加之华北等地连年遭受自然灾荒，致使整个抗日根据地财政经济发生极大困难，军队供给濒于断绝，陷入没粮吃、没衣穿、没被盖、没经费的困境。在这严峻的历史关头，党中央、毛泽东及时地提出了"发展经济、保障供给"的总方针和"自己动手、丰衣足食"的号召，动员广大军民开展大生产运动。1941年3月，遵照毛主席"一把镢头一支枪，生产自救保卫党中央"的指示，八路军三五九旅进驻了作为陕甘宁边区南大门的南泥湾，一边练兵，一边屯田垦荒。正是在开荒过程中，培育和形成了以艰苦奋斗、自力更生为核心的南泥湾精神。三五九旅刚开进南泥湾的时候，南泥湾还是一个梢林满山，荆棘遍野，野兽出没，人烟稀少的地方。条件艰苦可想而知，但广大指战员说："干革命需要艰苦奋斗，艰苦奋斗才能干好革命。"广大指战员积极发扬自力更生、艰苦奋斗的革命精神，克服困难，创造辉煌。没有房子住，战士们先是露营，在用树枝搭起的简陋帐篷里住，遇到雨天衣服被子被淋湿，就烧火取暖，后搭草棚、打窑洞，解决了住的问题；粮食不够吃，就在饭里掺黑豆和榆树钱，旅团首长带头，冒着风雪严寒，到百里以外的延长等地去背粮；没有菜吃，战士们到山里挖野菜，找榆树皮，收野鸡蛋，打猎，下河摸鱼；穿的很困难，每个战士一年只发一套军衣，平时就缝缝补补，夏天光着膀子开荒、种地、打场，长裤改短裤，短裤改裤衩，绝不浪费。部队在困难的时候，节衣缩食，在生产自给有余的时候，仍然勤俭节约，艰苦奋斗。旅首长曾向全旅发出号召："生产要多，消费要省。"1942年以后，部队已经达到了粮食自给，还是将瓜菜、红薯、山药蛋等掺和在粮食里做"八宝饭"吃，而且每天仍然坚持吃两干一稀。总之，在短短的三年内，三五九旅发扬"自力更生，艰苦奋斗"的革命精神，把荆棘遍野、荒无人烟的南泥湾变成了"处处是庄稼，遍地是牛

羊"的陕北好江南。南泥湾由此成为大生产运动的一面旗帜。

（二）调查研究、实事求是的工作方法

南泥湾精神不只是自力更生、艰苦奋斗的革命精神，而且是一种调查研究、实事求是的工作方法。三五九旅之所以会到南泥湾开荒生产，不是某个人一时的心血来潮，而是建立在以朱德等做了大量切实有效的调查研究工作为前提的党中央的"南泥湾政策"科学基础之上的。1940 年 5 月，朱德从前线返抵延安。战争的景象，使他注意到了在这场持久战中，粮食和各类物资将成为决定胜败的重要条件。他提出了以部队强壮、众多的劳动力投入生产运动，以减轻人民负担，密切军民关系，同时，帮助边区建设，改善部队本身生活的主张。9 月，朱德、董必武、徐特立、张鼎丞和王首道等亲临南泥湾和临镇等地实地考察。11 月中旬，朱德正式提出军垦屯田的设想，指示部队在不影响战斗、训练的情况下，实行垦荒屯田。这种主张得到毛泽东和三五九旅旅长王震的赞同。为了了解南泥湾的真实情况，为军队垦荒屯田做好准备，1941 年春，朱德率中共中央直属财经处处长邓洁、三五九旅七一八团政委左齐以及技术人员，再次来到南泥湾，对南泥湾的开垦做了详细的调查研究。朱德一行在踏勘时，白天披荆斩棘，跋山涉水，观察地形，研究措施；晚上简单地搭个窝棚，歇宿荒郊。在踏勘时，朱德访问了当地一位姓唐的老乡。朱德通过谈话，了解了南泥湾的山、水、林、路各方面具体情况。对南泥湾哪里荒地多，哪里土地肥，四时八节种什么农作物好，农作物的生长情况怎样都进行了详细的了解。后来，这位唐姓老乡在开发南湾过程中成了开垦部队的编外"顾问"。经过几天踏勘，朱德对南泥湾的实际情形做到了胸中有数。传说这里的水有毒，不能喝；他们来时自己带了水。临走时，他又取走当地的水样和土样。由于延安化验条件差，就把水样、土样送到重庆周恩来处，请他找人化验。最后，弄清当地有些水由于长年经过腐化烂叶的浸泡，喝了有害健康，采取适当措施就可以解决。这就为不久后开垦大军的前来创造了条件。可见，南泥湾军垦屯田，开荒生产体现了中国共产党一贯注重调查研究、实事求是的优良传统和工作作风，这也成为南泥湾精神的重要组成部分。

（三）上下一致、共克时艰的优良作风

三五九旅是在非常艰难的情况下进行南泥湾开荒生产运动的，但充满革命乐观与英雄主义精神的中国共产党及其领导下的人民军队是不会被任何困难吓倒的。三五九旅在大生产运动中，上自旅长，下至勤务员和炊事员，一律编入生产小组，同甘共苦，战胜困难。由王震带头，各级干部都战斗在开荒第一线，担负和战士一样的生产任务。不同的是，凡出现困难的地方，干部总是冲在前面，真正做到了领导生产"不是指手画脚，而是动手动脚"。由于组织领导全旅生产取得优异成绩，王震被评为边区大生产运动的劳动英雄，一位到边区采访的外国记者由衷地赞叹道："王旅长的双手像他的部下一样，由于劳动而生满了老茧。"副旅长苏进、副政委王恩茂，也都上山开荒下田种地。营连干部，更是与战士们一同劳动、生产和学习。正因为军官与战士同甘苦，战士们才与军官同舟共济，甚至在关键时刻献出自己的生命。也正因为领导干部的一身作则、率先垂范，极大地鼓舞了士气，振奋了精神，直接转化为凝聚力和战斗力。凭着官兵平等、上下一致、共克时艰的优良作风，南泥湾这块无人问津的"处女地"终于在三五九旅手中焕发了生机，三五九旅在为中国革命作出重大贡献的同时，也培育了永放光芒、历久弥新的南泥湾精神。

（四）勇于创造、敢为人先的进取精神

自力更生、艰苦奋斗的南泥湾精神，不只是一种迎难而上、勇往直前、以苦为乐、埋头苦干的奋斗精神，而且也是一种勇于创造、敢为人先的拼搏进取精神。中国历史上有军垦民屯的传统，但在中国共产党的历史上还没有先例，朱德总司令提出实行垦荒屯田，这个主张本身就体现了一种在艰难困苦之中，勇于创造、积极变革、不墨守成规、敢为人先的积极进取精神。这种精神是中国共产党人发展、壮大的重要精神根源，也是南泥湾精神的重要内涵。当时，南泥湾人烟稀少，更没人种过水稻。三五九旅的战士有很大部分来自江西、湖南，他们发现南泥湾水源充足、地理、气候与陕北其他地方不同，于是就打破陕北只种旱地的传统与常规，把南方耕种水稻的经验同南泥湾的生态结合起来，试种水稻、开辟稻田获得成功。在开荒种地解决粮食和蔬菜供给的同时，战士们又搞畜牧饲养业，养了牛、羊、猪、鸡、鸭等家畜家禽，满足了大家吃肉的需要。所以，毛泽东当年对王震旅长题词"有创造精神"，正是对三五九旅这种勇于创造、敢为人先创造进取精神的赞誉与肯定。

三、南泥湾精神的当代价值

南泥湾精神，是中国共产党在革命战争年代培育起来的一笔宝贵的精神财富。它的影响和作用，在空间上，已经远远超出南泥湾和三五九旅的范围，而扩大到全军，全党和全国；在时间上，也跨越了抗日战争时期，而不断延展到解放战争时期，社会主义建设时期以及现在，并将继续延展到遥远的将来。继承和发扬南泥湾精神，对于我们当前建设有中国特色的社会主义伟大革命事业，具有重要的现实意义。

（一）我国正处在社会主义初级阶段，这一基本国情决定了我们必须继承和发扬自力更生、艰苦奋斗的南泥湾精神

自力更生，艰苦创业的南泥湾精神，是符合我国社会主义初级阶段的基本国情的，也是符合走中国特色社会主义道路的基本要求的。在当发扬和提倡南泥湾精神，对于建设中国特色社会主义，建设富强、民主、和谐、美丽的社会主义现代化强国，将会起到积极的作用。

（二）弘扬艰苦奋斗的南泥湾精神是加强社会主义精神文明建设，增强中华民族文化"软实力"的客观需要

改革开放和社会主义市场经济的建立，极大地解放了我国生产力，促进了经济社会快速发展。但是，应当看到，对外开放会带来一些资本主义的腐朽东西和消极影响，市场也有其自身的弱点和消极方面，容易助长或诱发不择手段地走私犯、制造或出售假冒伪劣商品、偷税漏税、贪污受贿等违法乱纪的现象。目前，我国社会拜金主义、享乐主义的思潮有所泛滥，解放初期已经绝迹的黄、赌、毒丑恶现象和封建迷信思想又有死灰复燃的趋势。如果任凭这些思想、现象蔓延和发展，势必败坏社会风气，腐蚀人民群众奋斗意志，损害中华民族的文化"软实力"，而文化却越来越成为民族凝聚力和创造力的源泉、越来越成为综合国力竞争的重要因素。在今天新的历史条件下，我们继承和发扬南泥湾精神，对广大党员干部和人民群众，特别是向青少年进行艰苦奋斗优良传统教育，就能够促进社会主义精神文明建设，增强中华民族的文化"软实力"。也只有这样才能把亿万人民群众中蕴藏的积极性、创造力和劳动热情充分调动起来，克服前进道路上的种种艰难险阻，实现全面建设小康社会的目标，把我国建设成富强、民主、和谐、文明、美丽的社会主义现代化强国。

（三）弘扬艰苦奋斗的南泥湾精神是在新的历史方位下，加强执政党作风建设，保持党的先进性的迫切需要

艰苦奋斗精神属于党的作风问题，但却与党的先进性息息相关。党的工人阶级先锋队性质，决定了我们党和党的各级干部必须自觉弘扬艰苦奋斗精神，忠诚实践党全心全意为人民服务的根本宗旨。今天，我们党是实现中华民族伟大复兴的道路上的掌舵者，这种历史方位容易使一些党员尤其是党员领导干部产生脱离人民群众的官僚主义和各种腐化堕落现象，从而损害党的先进性。为此，加强党的作风建设，就成为新时期党的建设的重大课题。

大力弘扬艰苦奋斗精神，有利于我们党密切与人民的血肉关系，更好地实

现和维护最广大人民群众的根本利益。从建党之日起，我们党就把艰苦奋斗看作是密切联系群众的纽带和全心全意为人民服务的不竭动力。在新的形势下，我们党只有坚持艰苦奋斗，与人民群众同患难共甘苦，才能增强拒腐防变和抵御风险的能力，才能保持同人民群众的密切联系，代表人民群众的根本利益，获得无穷的力量，才能不断与时俱进、开拓创新，永葆党的先进性。

南泥湾精神是民族精神与时代精神的融合，南泥湾精神中自力更生、艰苦奋斗的革命精神已经成为民族精神的一部分，这种精神实际上已经成为中华民族强大的精神支柱。正是靠这种精神，无数仁人志士前仆后继，找到了中华民族自由解放之路。将永远激励着中华民族的优秀儿女为全面建设小康社会而努力，为实现中华民族伟大复兴而奋斗。

马克思主义学院 阿苦医生

陕北民歌《南泥湾》及南泥湾精神

一、陕北民歌概述

民歌实质上是人们在社会生活中，对社会生活的一种反映和表达的方式，这种反映和表达方式既包括了对人们现实生活的一种反映，又包括对传统生活的提升，还包括了对未来美好生活的一种向往和渴求。陕北民歌是陕北人对于与之生活密切关联的陕北社会生活现状的一种反映，所体现出来的是陕北地区特有的文化特征，本文主要从陕北民歌所体现出的地域性、人文性、民俗性以及情感性的特征来进行分析说明。陕北民歌是民歌中的一种典型代表。从产生的区域来看，主要指集中于陕北地区黄土高原的民间歌曲，是产生于黄土地的人民的一种渴求和愿望的一种表达；从表现形式上来看，包括劳动号子、信天游以及小调等方式，而每一种表现方式又都可以分为若干个不同的具体表现形式，例如在劳动号子中，就具有采石歌、打夯歌以及打场歌等不同的类型，在信天游中又可以分为高腔和平腔等方式，不同的表现形式适用于不同的社会文化情境；从表现内容上来看，它是对陕北地区人们生活的一种反映；从蕴含的社会心态角度来看，陕北民歌是对陕北地区不同时期陕北人的社会心态和社会情感的一种反映。正是因为陕北民歌是陕北地区人们社会生活的一种反映，是人们对社会文化的一种表现。

二、歌曲《南泥湾》

抗日战争进入相持阶段后，由于日本侵略者的残酷"扫荡"和国民党顽固派的军事进攻和经济封锁，加之陕北、华北等地区连年遭受自然灾害的侵袭，陕甘宁边区和华北各抗日根据地军民面临着严重的财政经济困难。为了克服严重的经济困难，夺取抗日战争的胜利，中国共产党领导解放区军民展开了大生产运动。大生产运动中垦荒南泥湾，是一个悲壮又令人产生革命浪漫情怀从而振奋的故事。1940 年 5 月，朱德从前线回延安后，面临敌人要"困死、饿死八路军"的边区封锁和严重的经济困难，去了一趟城东南近百里外的荒山野岭。破茅屋前逃难过来的老汉告诉他说："这儿叫南（烂）泥湾。"因为土地太肥沃，野篙居然长到一人多高。朱德带人经过土壤、水质、森林资源的勘察，向毛泽东汇报了开垦南泥湾以增产粮食并建议调三五九旅屯垦的打算。毛泽东连声称赞，并补充说，延安的中央机关、军委机关、学校和留守部队都要抽人进去，还可以动员逃难到边区的外地农民也进去，在那里开荒种地，安家落户。毛泽东回忆那时的情景说，我们曾经没有衣穿，没有油吃，没有纸，没有菜，战士没有鞋袜，工作人员冬天没有被子盖，我们的困难真是大极了。"我们要么就散伙，各自活命去，要么就靠一双手自己救自己。"王震的三五九旅开进了南泥湾，垦荒屯田，生产自救。他们风餐露宿，挖窑洞，吃野菜，喝苦水，第一年开荒万余亩，收粮千余石。1943 年时，他们又养猪养羊，织布纺纱，烧炭熬盐，初步做到不要政府一粒米、一寸布、一分钱，粮食和经费完全自给。到1944 年，开荒20 多万亩，产粮近4 万石，真正做到了"耕二余一"。"到处是庄稼，遍地是牛羊"，昔日的"烂泥湾"变成了陕北的好江南。人们最终实现了自给自足的愿望。唤醒了沉睡的土地，这里不仅收获了粮食和物质产品，更是培育了自力更生、艰苦奋斗、富于创造的精神。有了收获的南泥湾，从南方长征走来的饥饿的红色革命才从低潮走向了胜利，并把屯垦精神的火种，撒遍辽阔的边疆大地。

歌曲《南泥湾》最初出现在 1943 年春节，延安"鲁艺"的秧歌队去慰问南泥湾三五九旅的劳动英雄们时演出秧歌舞《挑花篮》中的一段，其曲作者是马可、词作者是贺敬之。后经著名歌唱家郭兰英在大型歌舞剧《东方红》中正式演出之后，这首歌就在群众当中不胫而走、广为传唱。虽然它只是一首民间的小民歌，但了解了这首歌，就会知道它包含一个多么悲壮的革命故事，而这个革命故事又是那么让人振奋。这是一首非常有教育意义的歌。

三、陕北民歌《南泥湾》的作品分析

这首民歌以复式乐段的结构写成。它的前半段一共十二个小节，是由两个乐句构成的方整性乐段。前半段是用五声音阶写成的，这两个乐句婉转、优美、秀丽、舒展，陈述了作者所看到南泥湾过去、现在的景色。它以一字一音，一字多音的结合，使曲调有字有腔，韵味十足。它的后半段是前半段音乐素材的重复，但在节奏上和情绪上有很大的改变。它对第一段进行了紧缩，所以后半段从节奏到情绪，和前半段都有鲜明的变化和对比。节奏上比前半段欢快，是对作者情绪的一种进一步抒发，表达了作者看到南泥湾现在壮观的景色激动和

感慨的心情，很具感染力。它的最后一句（"遍地是牛羊"）仍是头一个长乐句中的第二个分节的翻高八度，但却成了一个很有特色的甩腔"5-1-5"显得格外新颖、明快、亲切、朴实。最后的结束句（"鲜花送模范"）进行了重复，变化重复把作者对的劳动模范的感激之情表达得淋漓尽致。这首歌一经演出，立即在陕北各地传唱，中国著名歌唱家郭兰英老师把这首歌唱得字正腔圆，声情并茂，特别在音乐舞蹈史诗《东方红》中演唱以后，使它更加脍炙人口，成为几代人传唱的名曲。但"篮"字的韵母是"na"，口形相对就扁一点，如果一味按照美声唱法的圆口形来唱，"na"字就不能表达清楚，也没有民歌的味道了。因此演唱时，一定要注意语感，唱出民歌的特点来，如果还像美声唱法那样一味注意圆的口形，这样就不能把字咬清楚，民歌的特点就没有了。中文字的口形变化很大，口腔要做适当的调节、控制，这样才能把字咬清楚。才能体现出来中国民歌的语言特点。全曲都应该遵循这样的咬字特点来演唱。第一段以中速来演唱，前半段要唱的委婉舒展，后半段要唱的欢快稍带跳跃的感觉，要有身处这片景色之中的感觉。把作者想到南泥湾大生产通过人们的辛勤劳动而换来了南泥湾如今的好景象的愉悦之情唱出来。歌曲进入第二段，是作者回忆起南泥湾大生产之前一片荒凉时悲痛的心情，在演唱速度上第二大段的第一句要慢下来，把"往年的南泥湾，处处是荒山"悲痛的心情表达出来，唱到第二句"如今的南泥湾，与往年不一般"再把速度加快，这样更能烘托出看到如今南泥湾的变化的激动心情。第三段一开始第一句"陕北的好江南，鲜花开满山"，"南"字挑起来唱成由前面的高音"1"，划到中音"3"，也就是原来的3.2，变成此.2，这一段是作者在想到南泥湾一片忙碌时由心里产生的高兴、激动的心情，通过这一句最能表达出来，这样也把歌曲推向了高潮。歌曲中还有一个特点就是衬字的使用，如："唱一（呀）唱""没（呀）人烟""开（呀）满山""如（呀）今的南泥湾""好地方（来）好风光"……衬字"呀"和"来"在句中的位置是不一样的，在演唱时一定要把握好衬字的位置。还要注意每一段结尾的"甩腔"和"托腔"的应用，歌曲每一段的结尾"5-1-5"要甩上去，同时最后一个"5"要延长、托长，用戏曲中"顿腔"的感觉来唱"1-5"并托长。整首歌曲，气息要用的富有弹性，不要用太多的气息，气息用的相对少一点，与咬字发声紧密配合，呼吸支点略靠上，这样才符合此歌曲的风格特点。否则会失去此歌曲的民歌味道。其次要以情带声，声音要甜润清亮、淳朴柔和，声音要连贯顺畅，把作曲家要描述的南泥湾，要赞扬的劳动模范精神从歌声中表达出来，这样才能够感染听众①。

四、南泥湾精神的主要内容

歌曲《南泥湾》歌颂了三五九旅将士的伟大壮举，演绎了南泥湾大生产运动的蓝图。南泥湾精神是以八路军第三五九旅为代表的抗日军民在南泥湾大生产运动中创造的，是中国共产党及其领导下的人民军队在困境中奋起，在艰苦中发展的强大精神力量，南泥湾精神是民族精神在特定历史条件下的具体体现，是激励无数仁人志士前赴后继，救民于水火的精神源泉，是中国共产党和中华民族的宝贵财富和社会主义精神文明建设的重要支柱，在中国革命、建设和改革的过程中发挥了不可替代的重要作用，南泥湾精神具有重要的时代价值。

（一）自力更生、艰苦奋斗的革命精神

南泥湾精神的核心和本质就是艰苦奋斗、自力更生。1938 年 10 月日本军队占领武汉后，改变其侵华政策，逐步将主要军事力量转向中国共产党领导下的抗日根据地，实行灭绝人性的"三光"政策，国民党在日本帝国主义诱降面前，消极抗日，积极反共，破坏抗日统一战线，包围封锁陕甘宁边区及各抗日根据地，停发八路军、新四军经费，加之华北等地连年遭受自然灾荒，致使整个抗日根据地财政经济发生极大困难！军队供给濒于断绝，陷入没粮吃、没衣穿、没被盖、没经费的困境。在这严峻的历史关头，党中央，毛泽东及时地提出了"发展经济、保障供给"的总方针和"自己动手、丰衣足食"的号召，动员广大军民开展大生产运动。1941 年 3 月，遵照毛主席"一把镢头一支枪，生产自救保卫党中央"的指示，八路军三五九旅进驻了作为陕甘宁边区南大门的南泥湾，一边练兵，一边屯田垦荒。正是在开荒过程中，培育和形成了以艰苦奋斗、自力更生为核心的南泥湾精神。

（二）调查研究、实事求是的工作方法

南泥湾精神不只是自力更生、艰苦奋斗的革命精神，而且是一种调查研究实事求是的工作方法，三五九旅和其他机关单位之所以会到南泥湾开荒生产，不是某个人一时的心血来潮，而是建立在以朱德等做了大量切实有效的调查研究工作作为前提的党中央的"南泥湾政策"科学基础之上的。

（三）上下一致、共克时艰的优良作风

如前所述，三五九旅是在非常艰难的情况下进行南泥湾开荒生产运动的，

---

① 苏晓燕.《陕北民歌〈南泥湾〉作品分析及演唱风格》,《大众文艺》, 2014 年第 07 期。

但充满革命乐观与英雄主义精神的中国共产党及其领导下的人民军队是不会被任何困难吓倒的。在大生产运动中体现出的"军民团结如一人，试看天下谁能敌"，同心同德，群策群力，官兵平等，上下一致，共渡难关的优良作风同样是南泥湾精神的重要内容。

（四）勇于创造、敢为人先的进取精神

自力更生、艰苦奋斗的南泥湾精神，不只是一种迎难而上、勇往直前、以苦为乐、埋头苦干的奋斗精神，也是一种勇于创造、敢为人先的拼搏进取精神①。

三五九旅初到南泥湾时，无论是在生产，还是在生活上都面临着极大的困难，如果没有勇于创造、善于创新、敢为人先的积极进取精神，那就连立足生存都可能成问题，更不用说在短短的两三年时间取得如此巨大成绩了。当时，南泥湾人烟稀少，更没人种过水稻。三五九旅的战士有很大部分来自江西，湖南，他们发现南泥湾水源充足，地理，气候与陕北其他地方不同，于是就打破陕北只种旱地的传统与常规，把南方耕种水稻的经验同南泥湾的生态结合起来，试种水稻，开辟稻田获得成功。当时，条件艰苦，生产工具不够，在三五九旅没有专业技术人员的情况下，他们就用废铜烂铁打造工具。这些工具，今天看起来，很简单、很简陋、但在当时是从无到有、由旧到新、白手起家。在开荒生产中，战士们还根据山地和平地的不同情况，创造发明了不同的开荒方式，如在山地上开荒时，从最上面和最下面同时开垦。在平地上开荒时，选择中心地带突破的方式，极大地提高了开荒效率。在开荒种地解决粮食和蔬菜供给的同时，战士们又搞畜牧饲养业，养了牛、羊、鸡、鸭等家畜家禽，满足了大家吃肉的需要。后来他们还开商店，办合作社、搞多种经营、坚持农工商并举，解决了部队其他生活用品的供给问题。所以，毛泽东当年对王震旅长题词：有创造精神。这是对三五九旅勇于创造，敢为人先创造进取精神的赞誉与肯定。

三五九旅南泥湾军垦屯田孕育了南泥湾精神，通过这种精神的发扬，使中国共产党及其领导下的人民军队渡过了难关，取得了新民主主义革命的胜利，也使南泥湾精神能够穿越时空，永放光芒，具有非常重要的时代价值。

教育学院　曾志佳

---

① 崔艳.《南泥湾精神及其时代价值探析》，《延安职业技术学院学报》，2012 年第 04 期。

论延安精神对当代大学生成长的启示

延安是中国共产党和中国革命的圣地，抗战时期，以毛泽东为代表的中国共产党人与国民党合作，团结各阶层人民，召开瓦窑堡会议、洛川会议、中共七大等会议，为中国革命指明了方向，为中国革命赢得了最终的胜利。正所谓"伟大的实践孕育伟大的精神"，延安精神不仅是中国革命取得胜利的精神法宝，也对当代大学生的成长起着重要的启示作用。

一、延安精神的内涵

（一）延安精神的内容

延安精神形成于 20 世纪 40 年代，当时中国抗日战争进入到极端困难的时期。为了争取民族的解放，中国共产党人积极探索科学理论的指导，把马克思主义原理与当时中国的具体实际相结合，开创了有中国特色的农村包围城市的革命道路，开展轰轰烈烈的大生产运动和整风运动，创立了最广泛的爱国统一战线。伟大的实践孕育伟大的精神，长期的革命斗争与中华民族的优秀传统文化相结合，形成了一整套具有中国特色和时代特色的优良传统和作风。

延安精神引导中国共产党人坚持马克思主义的世界观和方法论，树立全心全意为人民服务的宗旨，激励着一代又一代的中国人为实现民族独立、人民解放和共产主义远大理想而前仆后继，英勇奋斗。延安精神哺育了中国人民自力更生、艰苦奋斗的创业精神，使革命力量由小到大，由弱到强。延安精神把共产党人和革命者融入广大人民群众之中，官兵一致，军民一致，水乳交融，使我们党获得了最广大人民群众的拥护和支持。延安精神所蕴含的这些都是中华民族克服千难万险，最终战胜敌人的锐利思想武器。

（二）延安精神的显著特征

坚定的理想信念。在延安时期，无数的中华儿女背井离乡、投身革命，就是因为革命的目的是要打倒军阀、赶走帝国主义、建设国内和平，中国人民看到了中华民族获得独立、自由和富强的希望。尽管国民党曾大肆围剿共产党人，中国共产党却始终以民族大业为重，不计前嫌，主动要求与国民党合作建立抗日民族统一战线。国共合作期间，中国共产党一直求同存异，保持自己的政治立场不变，坚定抗战救国的和争取民族独立的理想信念。

坚持实事求是。抗日战争时期出现的教条主义错误直接导致了战争失败，面对这种情况，中国共产党在延安开展了大规模的整风运动，毛泽东做了报告《改造我们的学习》，纠正党内的各种错误思想，强调马克思主义不受书本上个别字句的束缚，照搬照抄不是真正的马克思主义，引导具体问题具体分析，开展批评与自我批评，让马克思主义基本原理同中国革命的具体实践相结合。通过这些学习和讨论，大家端正了思想方法，更好地认识了重大路线的是非问题，从而使党在政治上、思想上、组织上达到了空前的统一，为夺取战争的最终胜利奠定了基础。由此可见，延安精神具有实事求是的典型特征。

走群众路线。全面抗战爆发后，国民党军在正面战场浴血奋战，却连年失利，敌后战场只有4万多人的八路军，敌我兵力悬殊，武器弹药等物资供应困难。毛泽东经过再三思量，提出抗日战争必须发动广大人民群众，推行独立自主、分散进行的山地游击战。国共合作，国民党主要战线牵制日军大部分主力，共产党深入敌后，开展敌后武装力量，既有效打乱了敌人的部署，又壮大了自己的力量，赢得广大人民群众的信赖和拥护。

发扬艰苦奋斗的优良传统。1938年，由于日伪的扫荡和蒋介石的包围封锁，加上连年自然灾害，军队供给濒于断绝，陷入没粮吃、没衣穿、没被盖、没经费的困境。以毛泽东为代表的中国共产党人领导延安军民开展了轰轰烈烈的大生产运动，他们积极开发边区资源，发展以纺织业和盐业为中心的工业生产，在南泥湾实行垦荒屯田，开展劳动竞赛，逐步实现了丰衣足食、兵强马壮。大生产运动中，广大军民表现出不畏困难、勇往直前、以苦为乐、甘愿奉献、勇于创新的精神，中华民族自力更生、艰苦奋斗的优良传统得到进一步弘扬，系统形成了延安精神。只有自力更生，才能让自身变得强大和独立，才能不被外部的困难所缠绕，才能安心打击敌人。只有艰苦奋斗，才能在艰难险阻中磨炼意志、积累经验、增长才干，才能增强革命必胜的信念。中国共产党领导下的革命胜利，实质上也是自力更生、艰苦奋斗精神的胜利。

二、延安精神对当代大学生的启示

随着社会主义市场经济的不断发展和西方资本主义意识形态的渗透侵蚀，各种思想相互碰撞，当代大学生的生活方式、思想观念呈现出多样性的特点。

大学生思想单纯、思维活跃、大量外界信息的诱惑很容易扭曲他们的价值观和人生观，共产主义理想和社会主义社会的思想、道德、文化受到严重的冲击和挑战。部分大学生表现出缺乏社会公德意识，生活懒散，心理承受能力差，依赖性强，不能吃苦，贪图眼前享乐，对集体利益漠不关心，学习目标不明确，缺乏刻苦钻研精神等。在新形势下，延安精神所具有的实事求是、艰苦奋斗、为人民服务这些思想内核仍然是宝贵的精神财富，是社会主义精神文明建设的生动教材，它能陶冶人的情操，给人巨大的鼓舞和鞭策，帮助大学生自觉抵制各种错误思潮。

走中国特色社会主义道路，以共产主义为最高理想和目标，是符合广大人民根本利益的。延安军民之所以能在艰苦卓绝的环境中取得胜利，就是因为有共产主义理想信念和爱国主义情怀的支撑。延安精神有利于当代大学生坚定正确的理想信念，引导他们以饱满的热情积极献身于社会主义现代化事业。

延安革命时期涌现出无数默默奉献的模范人物，他们为民族事业抛头颅、洒热血，毫不畏惧。这种无所畏惧、奉献牺牲、自强不息的思想品格可以感染当今的大学生，提高他们的思想道德水平。大学生如果只是才华横溢，只想为个人谋取名利，却没有为国家和人民奉献拼搏的精神，那就无法成为社会主义事业的合格建设者和接班人。培养全心全意为人民服务的意识，不仅是大学生个人发展进步的需要，也是民族复兴的需要。延安精神中蕴含的为人民服务的宗旨有助于大学生形成正确的人生价值取向。

当代大学生都成长在安逸舒适的环境中，没有经历大风大浪，抗挫折能力和吃苦精神方面明显不足。延安精神有助于当代大学生明白只有辛勤的劳动才能换取美好的生活，从而帮助他们形成踏实肯干的优良作风，发扬自强不息的拼搏精神，激励大学生自觉学习知识、增长本领。

三、借鉴延安精神以提高当代大学生的整体素质途径

延安精神所蕴含的特征之一就是实事求是和具体问题具体分析，借鉴延安精神以提高当代大学生的整体素质，首先应注重从大学生的特点出发，结合大学校园的实际情况，从而增强工作的针对性、时代性和实效性。

（一）大力宣传延安精神

利用宣传栏、橱窗、网络、多媒体等，把具有时代特征的延安精神教育素材凸现出来，并加以正确引导，诠释延安精神的意义。与校风学风相结合，将延安精神渗透在学校党团课教学中，讲解延安时期波澜壮阔的革命斗争历史和涌现出来的英雄人物事迹，通过讲学互动，让学生感悟延安精神的内在本质，汲取其巨大的精神力量。挑选一些有关延安精神的历史题材影片进行播放，组织大学生参观革命遗址，聆听历史的声音，用真实生动的历史情景再现来感染人、影响人。

（二）发挥学生党员在传承延安精神中的先锋模范作用

学生党员通常是学生中的相对优秀的成员，是学生工作的骨干，是思想进步的人群。大学生从身边人物身上得到的启发一般是最直接的，朋辈影响也一般是最有效的。学习和传承延安精神活动可以"以点带面"的方式开展。因此，在学生党员中树立典型，利用榜样的力量激励其他同学坚定理想信念，认真学习，积极工作，也可以有效地影响他人，使延安精神得到更广泛的传承。

（三）开展丰富多彩的社会实践活动

坚持实践育人，开展形式多样的"受教育、长才干、做贡献"青年志愿者活动，组织大学生参加"科技、文化、卫生"三下乡活动，使学生在社会的大熔炉中成长成才，注重学生的创新能力培养和个性发展，培养学生吃苦耐劳和乐于奉献的精神。将延安精神与大学生的社会实践相结合，鼓励大学生主动宣讲社会实践的感悟，将延安精神与大学生的学习提升相结合，引导大学生自觉把自力更生、艰苦奋斗的优良传统转化为自身的内在素质。开展"我的中国梦"演讲比赛、"红歌汇""红色话剧大赛"等体验式学习活动，强化宗旨意识教育，让大学生懂得急他人之所急，想他人之所想，增强为人民服务的本领，逐渐完善自己的人格。

马克思主义学院　涂先强

延安精神对北体学生思想政治教育的启示

　　延安精神是延安时期在中国共产党及其领导的革命根据地军民实践中逐步形成的优良传统和革命精神。加强当代大学生的延安精神教育，对他们的日常学习生活具有重要意义。教育的途径有：把思想政治理论课作为延安精神教育的主要阵地；加强校园文化建设，为延安精神教育提供良好的校园文化氛围；开展丰富多样的社会实践活动，在实践中学习和弘扬延安精神；充分利用网络，开拓延安精神教育的新载体。延安是中国革命圣地，作为抗日根据地的核心，在这里产生了中国共产党历史上最重要的思想成果——延安精神。延安精神是延安时期中国共产党及其领导的革命根据地军民在实践中逐步形成的优良传统和革命精神，它是中国共产党和全国各族人民的精神财富。2004 年，胡锦涛在陕西考察工作时强调："延安精神是我们党的优良传统和宝贵财富，过去是，今天仍然是我们战胜困难，取得胜利的法宝。"[1] 延安精神不仅在当时产生了巨大的作用，而且在今天仍然发挥着不可忽视的重要作用，对当代大学生具有重要的教育意义。

　　2018 年 7 月 14 日，由北京体育大学马克思主义学院主办，延安大学泽东干部学院承办的"不忘初心 牢记使命 延安精神薪火相传"教育教学社会实践活动正式启动。

　　北京体育大学马克思主义学院执行院长李庚全、原理教研室教师兼研究生辅导员贾桠钊、纲要教研室教师刘玲、教务员陈小侠带领马克思主义学院研究生、本科生及部分思政课学生代表共 80 人共赴革命老区——延安革命根据地，开展为期一周的社会实践活动。

　　在延安学习的一周，虽然条件并不是太好，但是我们北体人发扬追求卓越的精神，无论是在炎热的酷暑还是在滂沱的大雨下，都没有停下发掘延安精神

---

　　①　中共中央宣传部：《毛泽东邓小平江泽民论弘扬和培育民族精神》，学习出版社，2003 年版。

的脚步。

党中央在延安十三年、王家坪旧址和延安革命纪念馆、延安大学校史馆、学唱《东方红》《保卫黄河》《南泥湾》等革命歌曲、吴起县胜利山脚下的红军长征胜利纪念馆、红都保安旧址、刘志丹烈士陵园、宝塔山、杨家岭革命旧址、延安大学学术报告厅《延安精神及其新时代价值》、梁家河、《知青情·知青理·知青魂》、文安驿古镇文化园、延安大学路遥文化馆、延安北京知青文化馆、中共中央西北局革命纪念馆、南泥湾大生产展览馆、《大生产运动与南泥湾精神》《走进陕北——陕北历史文化漫谈》、枣园革命旧址、《白求恩精神》……我们在延安走过的一切足迹，学到的一切知识，都深深地把延安精神镌刻了在我们北体人的脑海中，就此，延安精神也离我们越发越近，不再那么神秘和遥远，它就在我们的身边。

一、延安精神的内涵

对延安精神的内涵，社会各界一直有着不同的理解。中国延安精神研究会会长马文瑞认为延安精神的内涵主要是：坚定正确的政治方向，共产主义的理想信念，全心全意为人民服务的宗旨，优良的思想方法和工作作风，即实事求是、理论联系实际、密切联系群众、批评与自我批评，自力更生、艰苦奋斗等。《中国教育报》2001 年 7 月 1 日刊登的"对延安精神的介绍"：延安精神，就是以党的理论联系实际、密切联系群众、批评和自我批评的三大作风为核心的革命精神。一些学者认为：延安精神是积极负责，实事求是，完全和群众打成一片，艰苦奋斗，清正廉明。江泽民同志于 2002 年 4 月 1 日在西安主持召开西部大开发工作座谈会时的讲话中提出：坚定正确的政治方向，解放思想、实事求是的思想路线，全心全意为人民服务的根本宗旨，自力更生、艰苦奋斗的创业精神，是延安精神的主要内容①。还有一些学者认为：延安精神是全心全意为人民服务的精神，实事求是一切从实际出发的精神，独立自主、自力更生的精神，艰苦奋斗、勤俭创业的精神。

综上所述，延安精神的内涵是：以毛泽东同志为代表的中国共产党人在抗日战争和解放战争时期形成的坚定正确的政治方向，解放思想、实事求是的思想路线，全心全意为人民服务的根本宗旨，以自力更生、艰苦奋斗的创业精神和理论联系实际、密切联系群众、批评和自我批评的三大作风为核心的革命

---

① 江泽民：《论有中国特色社会主义》（专题编载），中央文献出版社，2002 年版，第 700 页。

精神。

而对于我们北体学生，延安精神的内涵在于努力发展和推广体育运动，增强体魄，以实事求是和一切从实际出发的态度，帮助和推广群众体育，发展学校和社区体育；以自力更生、艰苦奋斗的精神，发展竞技体育，实现体育强国梦。

二、对大学生加强延安精神教育的意义

邓小平说，我们一定要宣传、恢复和发扬延安精神。我们还要大声疾呼和以身作则地把这种精神推广到全体人民、全体青少年中间去，使之成为中华人民共和国的精神文明的主要支柱①。对当代大学生加强延安精神教育有助于塑造大学生的优良品质，促进大学生全面发展。

（一）有利于大学生树立坚定正确的政治方向

为共产主义理想而奋斗是延安精神的出发点和归宿。当代大学生是社会主义事业的接班人，承担着建设社会主义和谐社会的任务。为共产主义理想而奋斗应是每一个大学生具备的政治方向。崇高的革命理想和坚定的革命信念是延安精神的灵魂，只有坚持中国共产党的领导，坚持正确的政治方向，大学生才能不断地实现自我超越，完成时代所赋予的任务和挑战。中国现在正处在社会主义初级阶段，各种矛盾比较突出，当代大学生一定要保持坚定正确的政治方向，坚持中国共产党的领导，团结在以胡锦涛同志为总书记的党中央周围，以建设社会主义事业为己任，为中国走向世界强国，实现中华民族的伟大复兴贡献自己的力量。

北体学生在体育运动方面知识技能丰富，被广大社会群众和体育类公司广泛认可，因此，我校学生也经常在校外进行体育代课，利用课余时间兼职挣钱，减轻家庭负担，这就是延安精神艰苦奋斗的表现。然而在兼职挣钱的过程中，我们要坚定自己的政治方向，坚持走中国特色社会主义道路，为共产主义理想而努力奋斗，不能在兼职道路上被金钱迷失了双眼，唯利是图，甚至逃课旷课为了去挣钱，成了金钱的奴隶，走上了资本主义道路。所以，在面对外来金钱的诱惑时，我们一定坚定正确的政治方向和共产主义的理想信念，不能因为贪图眼前的利益而迷失了方向。

（二）有利于大学生理解、贯彻党的路线、方针和政策

延安精神与马克思列宁主义、毛泽东思想、邓小平理论、"三个代表"重要

---

① 邓小平：《邓小平选集》（第2卷），人民出版社，1994年版，第369页。

思想和科学发展观是一脉相承的。作为社会主义事业的建设者和接班人，大学生只有深刻理解党的路线、方针和政策，才能完成时代所赋予的责任和使命。中国共产党是政治、思想和组织的领导者，党通过民主科学的决策，结合时代发展的特征，在坚持解放思想、实事求是的方法的基础上，制定了一系列正确的路线、方针和政策。当代大学生要紧跟时代步伐，认真理解、贯彻党在新时期的路线、方针和政策，并在这一过程中不断提高自己的思想政治素质。只有坚持解放思想、实事求是，才能正确分析中国当前的政治、经济、社会状况，全面认识社会发展的新形势，正确制定符合时代要求和服务人民的就业规划，全面投入到中国特色社会主义事业建设当中。

北体学生在延安的实践学习中，认真学习党中央在延安十三年的光辉历史，了解到党中央在延安时期生活的不易，在恶劣的环境下仍然坚持着伟大的革命信念不放弃，为了全中国人民的解放而努力奋斗，千千万万的共产党员用汗水和鲜血给我们铺开了一条通往幸福小康的道路。这种体会在现在的生活条件下也许很难体会到，但我们北体学子经过了延安红色学习的洗礼，能够深刻意识到党中央的重要，我们只有深刻理解党的路线、方针和政策，矢志不渝坚定方向跟着党走才能完成时代所赋予的责任和使命。

（三）有利于大学生树立正确的世界观、人生观和价值观

全心全意为人民服务是延安精神的核心，为共产主义事业而奋斗是延安精神的最终目标，大学生只有全心全意为人民服务，树立坚定的共产主义信念，才能产生巨大的精神动力，焕发出高度的积极性和创造性，才能在面对重重困难的时候仍然坚持自己的信仰和事业，坚定地为共产主义事业奋斗终身。延安精神所包含的全心全意为人民服务、勤俭节约、艰苦朴素的内容，正是正确的世界观、人生观和价值观的重要体现。新时期的大学生要在马克思主义世界观的指导下，坚持以辩证唯物主义和历史唯物主义的立场和观点看待人生，把无产阶级和广大人民群众的利益视为最高利益，把全心全意为人民服务视为人生的最大价值，用实事求是的思想来武装自己的头脑，培养自力更生、艰苦奋斗的品质，发扬勤俭节约、艰苦奋斗的作风，把为实现共产主义的伟大理想而奋斗作为人生的最高目标。

在延安实践学习的七天里，北体学子参观了习近平总书记青年时期插队的梁家河，体会了习近平总书记当年插队生活的不易，而正是那样艰苦的环境下，更能磨炼共产党人的意志，能使我们理解什么是勤俭节约，什么是艰苦朴素，体会到现在生活的不易，要树立正确的价值观，珍惜现在的生活。

（四）有利于大学生形成自力更生和艰苦奋斗的创业精神

延安时期，老一辈革命家坚持自力更生、艰苦奋斗，在艰难困苦的环境中领导人民取得了革命的胜利。当前我国仍处在社会主义初级阶段，要开创中国特色社会主义事业发展的新局面，依然需要继承和弘扬自力更生、艰苦奋斗的延安精神。当代大学生是祖国的未来、民族的希望，应该始终坚持自力更生、艰苦奋斗的精神。当前大学生就业形势严峻，这就要求大学生改进就业观念，走向基层、走进农村、自主创业、自谋职业，而这正是自力更生、艰苦奋斗的表现。大学生要继续发扬自力更生、艰苦奋斗的精神，积极投身到中国特色社会主义事业建设中去，通过自己的不懈努力把中国建设成为社会主义现代化强国，实现中华民族的伟大复兴，完成时代所赋予的崇高使命。

北体学子秉承追求卓越的优良传统，发扬先农坛体育精神，自力更生艰苦奋斗，在体育领域有很高的造诣。发掘各种体育项目，体育科学研究，运动康复，体育管理等等，以此创新创业，在北体已经不足为奇，各种体育类公司在北体人的带领下林立在全国各地，"北体强，体育强；体育强，中国强"的口号不单单只是一个口号，更是我们北体人卓越与自信的体现。

三、对当代大学生加强延安精神教育的有效途径

（一）把思想政治理论课作为延安精神教育的主要阵地

课堂教学是思想政治教育的主要渠道，也是宣传和弘扬延安精神的主要阵地。要重视挖掘和利用延安精神这一红色教育资源，使延安精神进课堂、进课本；通过讲解党在延安时期波澜壮阔的革命斗争历程，帮助大学生了解并领悟延安精神的重要内涵；通过播放有关延安时期的影像、影视资料，使教学更加生动，使学生领会更加直接和深刻。要充分挖掘《毛泽东思想和中国特色社会主义理论体系》《思想品德修养》等教材中的有关延安精神的红色资源，从而更全面地系统地向当代大学生宣传延安精神。也要充分挖掘其他课程教学中有关延安精神的内容，对学生进行隐性教育，从而强化教学效果，使当代大学生在潜移默化中理解并掌握延安精神的实质和内涵。

北体人在延安期间的各种红色实践学习，不仅让我们对老一辈的红色知识更加地了解，也让我们在实地学习中对延安精神的理解更加的深刻。

（二）加强校园文化建设，为延安精神教育提供良好的校园文化氛围

对大学生进行延安精神教育，必须营造良好的文化氛围，将校园文化与延安精神结合起来，使延安精神融入校园文化之中。学校应该根据学生的特点，开

展各种各样为大学生所喜爱的校园文化活动，使大学生能在轻松的氛围中得到教育和成长。如举办以延安精神为主题的人文知识讲座，使大学生更加深刻的了解什么是延安精神；成立研究延安精神的学生社团和组织，大学生通过进行自我教育、自我学习，不断地将延安精神内化为自己的思想，并不断付诸实践，外化为自己的行为，更好地继承和弘扬延安精神；定期举办以学习延安精神为主题的演讲比赛、朗诵比赛、辩论赛、征文比赛等系列活动，使大学生在活动中相互交流、相互启发、相互学习。将延安精神植根于校园文化之中，有利于联系大学生的思想实际，促进他们的积极性、主动性不断提高。

（三）开展丰富多样的社会实践活动，在实践中学习和弘扬延安精神

理论教育和实践教育是相辅相成不可分割的，除利用课堂向学生传授理论知识外，开展丰富多样的实践活动也是十分必要的。学校应积极开展以延安精神教育为主题的社会实践活动，利用寒暑假以及节假日时间，组织学生参观纪念馆、博物馆等，使学生较深刻地理解延安精神的实质。利用"三下乡"活动的机会，组织开展有关延安精神的参观考察、调查采访活动，使大学生亲眼看见革命遗迹，真实而客观地了解中国共产党在延安时期的感人事迹，更好地接受革命传统的教育。通过听取老红军、老延安讲述的真实故事，让大学生真正体会到在艰难困苦的革命岁月中，中国共产党人的崇高精神和奉献情怀。这些丰富多样的社会实践活动，能使大学生在思考和实践中更深刻地感悟延安精神的本质，吸取其强大的精神力量。

2018年7月14日，由北京体育大学马克思主义学院主办，延安大学泽东干部学院承办的"不忘初心 牢记使命 延安精神薪火相传"教育教学社会实践活动正是一个很好的实例，希望北体也越来越多的开展此类活动，让更多的北体学子认识了解到深刻理解延安精神。

（四）充分利用网络，开拓延安精神教育的新载体

随着社会的不断进步与发展，网络在大学生日常生活和学习中发挥着越来越重要的作用。现在网络已经成为大学生获取信息和知识，进行自我学习的重要途径。学校应加大对网络建设的投入力度，加强校园网络建设，特别要加强具有重要教育意义的文化资源的网页的建设。如建设有关延安精神的网页，将较为典型具有教育意义的教育素材体现在延安精神的教育网页之中。同时还要在主体网站上进行宣传，对大学生进行正确引导，通过网络这种新的教育载体来宣传和弘扬延安精神，从而使延安精神更加贴近大学生的生活、学习实际。这种为当代大学生所喜欢的教育形式，能起到充分发挥其思想政治教育新载体

的作用。

　　在延安实践学习的七日，北体学子每日记录当天的所见所想，思考延安精神，马克思主义学院也在不停地总结当日的实践学习，利用新时代网络新媒体，微信公众号平台，更好地推广宣扬北体人在延安实践学习的成果，惠及更多的同学，这也是扩大延安精神对北体学生思想政治教育的启示的一种新途径。

体育休闲与旅游学院 张威

从发展的角度看延安整风运动与
"两学一做"学习教育

一、延安整风运动与"两学一做"学习教育的意义

党建一直是我党高度重视的一项工作，它将马克思主义建设同党的建设实践地统一起来，是马克思主义学说在党的应用。延安整风与"两学一做"学习教育是我党两个具有重要意义的举措，它们对于整顿党的作风方面有着类似的作用，但由于诸多因素的影响，"两学一做"学习教育相对于延安整风又有着一定的进步与发展。清楚地认识到有哪些进步哪些发展，是什么样的原因导致了这些变化，对于我们更加清晰的认识延安整风运动与"两学一做"学习教育的现实意义有着重要的帮助。

70 年前的延安整风运动不仅是一次党内的教育活动，更是一个从 20 世纪30 年代后半期一直延续到 40 年代前半期的党的思想建设的过程性事件。它表现了党对党的建设上规律的把握，同时用创造性思维将科学精神植入到党的建设中，将思想建设、组织建设、作风建设融为一体，使党的建设更充分的体现。

"两学一做"学习教育是继党的群众教育路线、教育实践活动、"三严三实"专题教育之后的又一次重要实践。它是决胜全面建成小康社会的重要保障，是全面"从严治党"的新举措，是群众教育路线教育实践活动和"三严三实"专题教育的进一步发展。这表明，我党对中国共产党执政规律的把握越来越深刻，越来越从容。

二、从发展的角度看延安整风运动与"两学一做"学习教育

（一）"两学一做"学习教育的特征有进一步发展

第一，延安整风运动强调学习的普遍性。延安整风运动率先在党的高级干部中展开，随后推及至一般党员，最后普及到全党范围内。党的中央领导集体

稳步将整风工作在全党推进，这体现了延安整风运动的普遍性。最后整风运动取得了良好的效果，它破解了主观主义和教条主义对党员的思想禁锢，确立了实事求是的思想地位，确立了马克思主义中国化的原则，是全党在思想上空前统一。这些都得益于整风运动被推广到全党范围，每一个党员都了解了我党当时的思想路线，并且接受这种思想的领导，才使得整风运动取得非常积极的效果，并且圆满结束。

第二，"两学一做"学习教育强调从集中性教育转向经常性教育。相对于延安整风运动，"两学一做"学习教育同样拥有普遍性。但是在普遍性的基础上，"两学一做"学习教育又有着自己的进步性，即强调教育要从集中性向经常性转变。"两学一做"学习教育不是一次活动，而是突出正常教育，区分层次，有针对性地解决问题，用心用力，抓细抓实，真正把党的思想政治建设抓在日常、严在经常①。这意味着，"两学一做"学习教育将会是持久的，不会在短时间内就结束。这也预示着，此次学习教育影响的深度和远度将远超之前的绝大多数的党建活动。

（二）"两学一做"学习教育的学习内容更具延伸性

第一，延安整风运动多从历史史实中寻求经验。整风运动往往经历三个阶段，从认真学习到开展批评自我批评，最后到整顿提高。在认真学习阶段，延安整风运动学习的内容为：研习马克思主义经典著作；中国共产党党史；古今中外历史；时事政治和业务知识。可以看出，历史史实及经典著作是当时学习内容的主要部分。从最后的结果来看，通过研究历史史实，不断总结经验是一个极为有效的方法。并且，我党并不是单纯的只是研究历史，而是将马克思主义历史的观点融入其中，进行分析与思考。使广大党员干部对世界有了一个比较全面的认识，开阔了他们的眼界，提高了他们认识问题、分析问题以及处理问题的能力。

第二，"两学一做"学习教育的学习内容大多具有延续性。与延安整风运动不同，"两学一做"学习教育的学习内容是"学习共产党党章党规，学习习近平总书记系列重要讲话精神"。党章党规定期都有所调整，习近平总书记的讲话是一系列的，传达的精神是连贯的，有连续性的。因此，相对于延安整风运动学习内容的相对固定不变，"两学一做"学习教育的学习内容更具有延续性。这种延续性让学习的内容可以不断地更新，但又彼此间有很大的相关性，使学习教

---

① 劳宏伟：《从延安整风到"两学一做"学习教育》，《山东人力资源和社会保障》，2016年，第52期。

育能长久坚持下去，不至于因为内容的缺失而停止。

（三）国际与国内环境大有不同

第一，延安整风时期党内危机重重且与共产国际意见分歧严重。如果党内没有产生尖锐的矛盾，没有思想上的不同意，我党是不会开展整风运动的，而之所以要进行整风运动，就是因为我党当时不仅党内危机严重，而且与共产国际也有这严重的意见分歧。整风前期正直国民党掀起反共高潮，同时陕甘宁边区的自然灾害严重，日军大规模扫荡对根据地进行破坏，共产国际对我国的错误领导，党内的"左"倾现象严重，诸多因素导致我党党内思想动乱。如果不能从根本上找出错误根源，就会危及当时国内的政局以及抗日的大局。因此，我党迫切地需要一场整风运动，肃清错误思想。

第二，"两学一做"学习活动期间党内不正之风亟须肃清。至今为止，新中国成立67周年，国内经济、政治已经步入正轨，人民生活日渐安逸。党内的一些干部逐渐放松了对自己的要求，放松了对自己欲望的控制，利用自己手中的权力为自己谋取私利。长此以往，革命先烈用鲜血换来的幸福生活将会被破坏的不忍直视。这种不正之风亟须被整治。党员的素质提升、廉洁教育的开展迫在眉睫。"两学一做"学习教育正是党中央为了彻底贯彻全面从严治党的思想而采取的有力措施。贪污腐败现象要从源头予以制止，提升党员的内在素质，让党员意识到在党忧党、在党为民、为民尽责是党员应有的素质。

（四）"两学一做"学习教育相对延安整风更有后续保障

延安整风期间出现大量冤假错案。延安整风在取得了巨大的成功的同时，又有他的弊端存在。延安整风运动在短期内出现了大量的冤假错案，即"拯救失足者运动"过程中由于野心家、阴谋家、两面派康生窃取了党的保卫机关的领导权，将苏联错误的肃反经验带回国来，造成了极为反动的结果虽然这些冤假错案大部分在日后得以平反，但不可否认的是，这在当时造成了极为不好的影响。究其原因，一是当时的国内环境非常复杂，两党之间的斗争激烈；二是当时康生的错误思想影响，没有正确看待苏联的错误模式，反而将其引入国内，造成了巨大损失。

"两学一做"学习教育期间拥有较为完备的法律体系。新中国发展至今已经有60多个年头，在这期间，我国在各个方面不断发展壮大。我们已经拥有了较为完备的法律体系，并且国内环境并没有延安整风时期复杂。因此，对待已经犯错的党员同志，能够较为公正地从法律角度予以惩罚。虽有严惩以示众人，但不会出现没有欲加之罪何患无辞的现象。这是我国发展到目前状态所能做到的。

三、发展是事物的必然趋势

从以上对延安整风运动和"两学一做"学习教育的比较中可以发现，"两学一做"学习教育在延安整风运动的基础上有所发展，没有一成不变。发展是事物的必然趋势，只有不断地自我发展，才能跟得上时代的脚步。所以从逻辑分析的角度来看，发展是必然趋势，只是我们要善于寻找发展的地方，善于总结。

"两学一做"学习教育相对延安整风运动在特征和内容上有了长足的进步，同时因为外部环境不同，现今的法制程度不同，所以导致了不同的结果。

马克思主义学院 王馨莹

延安时期边区大生产运动经验探究

——以南泥湾为例

大生产运动，指抗日战争时期中国共产党在其控制区域内发动的一场军队屯田和鼓励生产的群众性运动，主要开展农业生产，兼办工业、手工业、运输业、畜牧业和商业，党政机关、军队、学校普遍参加生产运动，逐步达到粮食、经费自给、半自给或部分自给。同时，实行公私兼顾，军民兼顾，组织劳动互助，发展经济，以改善生活和保障供给。通过这场以自给为目标的大规模生产自救运动，中共控制区域基本实现了经济自给自足。

从 1927 年创建井冈山根据地起，中国共产党和根据地人民政府就把增加生产，进行可能而必需的经济建设，以建立足够给养的经济力，作为建设巩固的根据地的基本环节。1942 年，毛泽东同志针对日本帝国主义者的侵略和国民党政府的经济封锁给根据地造成极为严重的物质困难的现象，并为了纠正一部分同志企图从收缩必不可少的财政开支去解决财政困难的保守观点以及单纯向人民要东西而不帮助他们发展生产的错误思想，总结历史经验，提出"发展经济，保障供给，是我们的经济工作和财政工作的总方针"①。发展经济的目的在于保障供给。供给，在当时的情况下从财政上说就是军队和工作人员的生活费和事业费，即革命战争经费的供给。在战火连天的情况下，为了抗日救国，人民需要也愿意承受一定的负担，但有个限度。在抗日战争最困难的时期，政府规定救国公粮征收额平均不能超过农业收入的 20%，脱离生产的人员不能超过该根据地人口的 5%。最重要的是，要采取适当的步骤和办法，发展生产和流通，鼓励农民发家致富，使他们的所得大于负担。

党在陕甘宁边区可谓是夹缝中生存，面对内忧外患，我们年轻的党和人民政府，通过一步步地经验总结，最终探索出了保障边区人民生存甚至带领人民改善生活、走向富足的经济建设经验，下文主要以南泥湾经济建设经验为例，

---

① 《毛泽东选集》（第 3 卷），1991 年版，第 846 页。

探究边区建设的历史渊源和经济建设经验。

一、国民党的经济封锁和边区的艰苦条件

抗战初期，陕甘宁边区和八路军、新四军的财政开支，大部分来源于国民政府调拨以及华侨、国际友人的捐赠。1938 年，外援占边区经济总收入的51.6%。抗战进入相持阶段后，特别是从 1940 年起，国民政府不仅完全停发军饷，而且对陕甘宁边区实行军事包围和经济封锁，断绝边区的一切外援，陕甘宁边区的财政难以维持，自 1941 年皖南事变后，国民党更是对边区全面封锁，国民党的封锁对边区造成了严重的困难。为了革命理想，大量战士、学生涌入边区，非生产人口的增加是造成边区财政困难的主要原因之一。因非生产人员增加，购粮款大幅度增长，一度占年财政收入 18.86%，边区政府连年赤字，医疗、生产等所需物品严重困乏。当时，边区地广人稀，土地贫瘠，仅有 140 万群众，要担负起几万干部、战士和学生的吃穿用，实在是一件难事。1942 年 12月，毛泽东在陕甘宁边区高级干部会议上这样形容延安的经济困境："我们曾经弄到几乎没有衣穿，没有油吃、没有纸、没有菜、战士没有鞋袜，工作人员在冬天没有被盖……我们的困难真是大极了"。为了对边区实行经济封锁，国民党政府在进出边区的大小路口，设立哨卡，严密监控，切断了边区同外界的一切联系，并采取各种办法干扰和破坏边区的财政经济。他们不准边区的农副产品向外输出；又以法令禁止国统区的物资，特别是棉花、布匹、粮食、药品、火柴、电讯器材等物资进入边区，为者以"走私"论罪，物资没收，货主法办。他们还在边区附近组织边币与法币兑换的黑市，利用兑换差价影响边区的物价，引诱走私，扰乱金融市场，破坏边区财政。面对日益困难的经济形势，为应对国民党的封锁，保障供给，边区只能自给自足，自力更生进行经济建设，毛泽东在延安发动了大生产运动：领导人们以身作则，毛泽东在杨家岭的办公楼下亲手开辟了一片荒地，种上辣椒、西红柿等蔬菜；朱德背着箩筐到处拾粪积肥；周恩来迅速成了纺线能手，极大地动员了战士们帮助生产的积极性。

二、进驻南泥湾的历史因素和地理条件

南泥湾位于陕西省延安城东南 45 公里处，到延安的必经之路，是延安的南大门。百年前，这里人烟稠密，水源充足，土地肥沃，生产和经济都十分繁荣。到了清朝中期，清统治者挑起回汉民族纠纷，他们互相残杀，使这里变成野草丛生、荆棘遍野，人迹稀少，野兽出没的荒凉之地。这里森林茂密，荒无人烟，野兽出没，是土匪理想的生存地，他们和国民党的顽兵游勇经常来骚扰边区百姓和打劫

过往商旅。为了确保党中央和边区人民生命和财产安全，需要一支部队来长期驻守，这时的三五九旅进驻南泥湾的历史使命就是保卫延安的南大门，保卫党中央。

南泥湾流域面积365平方公里，系丘陵沟壑区，土壤为黄绵土、水稻土，林草覆盖率83%，为汾川河发源地。南泥湾地区年平均气温8.1摄氏度，年降雨量530~600毫米，无霜期120~140天，是发展农、林、牧渔的理想地区。因此三五九旅进驻南泥湾另一个历史使命，就是率先实现党中央毛主席"自己动手，丰衣足食"的伟大号召，开荒屯田，发展大生产。

三、三五九旅因地制宜、众志成城开发南泥湾

1940年，朱德总司令根据中共中央关于开展大生产运动的指示精神亲赴南泥湾踏勘调查，决定在此屯垦自给。1941年春，八路军一二零师三五九旅在旅长兼政委王震的率领下，奉命开进南泥湾，披荆斩棘，开荒种地餐露宿，战胜重重困难，创造了大量的物质财富。在"一把镢头一支枪，生产自给保卫党中央"的口号下，全旅指战员立志将荒凉的南泥湾变成牛羊满川、麦浪起伏的陕北江南。1942年，生产自给率达到61.55%；1943年，生产自给率达到100%，到1944年，三五九旅共开荒种地26.1万亩，收获粮食3.7万石，养猪5624头，上缴公粮1万石，达到了"耕一余一"。广大官兵用自己的双手和汗水，将荒无人烟的南泥湾变成了"平川稻谷香，肥鸭遍池塘。到处是庄稼，遍地是牛羊"的陕北好江南。全旅吃、穿、用完全自给，并每年向政府交纳1万石公粮，创造了古今中外建军史上的奇迹。1943年9月，毛泽东到南泥湾视察时看到他们取得的成绩，非常兴奋，他说，困难并不是不可克服的怪物，大家动手征服它，它就低头，大家自力更生，吃的、穿的、用的都有了。那时，他们没有外援，完全依靠当地军民自给自足。

当时生产自给运动的指导思想是：统一管理，分散经营，大家动手，各尽所能；经营方针是：以农业第一，工业和运输业次之，商业第三，其他如副业和小型手工业等，只要条件允许也不放弃。

三五九旅大生产的口号是"不让一个人站在生产线之外"，上自旅首长，下至炊事员，饲养员一律参加生产。并强调干部要以身作则，在生产中不是指手画脚，而要动手动脚。在组织领导上以旅首长，供给部长，各团首长组成旅生产委员会，负责领导全旅生产自给运动，团营连各级安排人员，成立领导本单位生产的组织。在生产时间上，除每个连队挑选有经验和愿意长期搞生产的同志组成十到十四人的生产组外，其余同志一律以八个月的时间进行训练，两个月至三个月的时间参加生产，留一个月时间为机动时间，用来保证完成生产任

务和帮助当地的老百姓的农业生产。

为了更好完成生产任务,三五九旅规定各级部门设立专职生产干部,聘请劳动英雄为生产副官指导大生产运动,所有的战士都怀着认真的态度虚心聆听生产英雄的经验;结合南泥湾的实际情况,开挖排水,平整土地,山沟打坝成功改良沼泽地为水稻地,阳面山上造梯田,种植玉米和小米,高粱。营房周边种蔬菜,洋芋,南瓜;三五九旅的工作也离不开联系群众,为了配合三五九旅南泥湾开荒种田,老百姓出粮出物出力,军民如一家,老百姓手把手教战士纺线,打铁,缝补衣服等。老百姓各尽所能,竭尽全力,并且积极参与到三五九旅在旅部金盆湾村开设的工厂、商店、合作社中献计献策,军爱民,民拥军,三五九旅拥政爱民的群众路线使南泥湾地区军队和老百姓衣、食、住、行完全的自给自足,军民鱼水深情成为边区根据地的表率。

四、大生产运动的繁荣景象

在大生产运动中涌现出了许多先进的团体和个人,而不仅仅是三五九旅所在的南泥湾,这些积极进行经济和大生产建设的优秀共产党人,为陕甘宁边区自力更生、自给自足的搞经济建设则做出了卓越的贡献。史料显示,"解放区军民发扬自力更生,艰苦奋斗的精神,掀起热火朝天的大生产运动。毛泽东、周恩来、任弼时等中央领导同志亲自动手开荒种菜,学习纺纱,更加激励了解放区军民生产的热忱。1943 年春,延安劳动竞赛中,中央警卫团的战士杜林森在一次开荒比赛中,创造了一天开荒 6.3 亩的好成绩,毛主席接见他时说:'你的功劳很大,一天开荒六亩多地,称得起劳动英雄。大家都叫你"气死牛",我看你还是气死人,气死蒋介石。'"1943 年,大生产运动取得了巨大成绩,仅晋绥、北岳、胶东、太行、太岳、皖中等六区就扩大耕地 600 万亩以上,陕甘宁边区机关和部队需细粮 3900 万公斤,自己生产达 1500 万公斤。边区许多部队粮食、经费全部达到自给,实现了"自己动手、丰衣足食"的目标。陕甘宁边区已建有公营工厂 82 个,合作工厂 200 多个,公营工业职工达万人,并能炼铁、炼油、修理机械、制造某些军火。农业得到了大发展,1943 年有 80%的劳动力参加了互助合作组织,粮食产量为 181 万石,除总消费量 162 石,可余 22 万石;棉花生产自给率达 50%。这让缺衣少食的边区呈现出一派丰衣足食的景象。

五、边区经济建设的现实启迪

（一）要坚持自力更生、艰苦奋斗

陕甘宁边区的经济是在重重封锁线的硕果,当时边区的条件十分艰苦,战士们风餐露宿，跟当地的老乡学打窑洞、生产经验，一面还要抵御外敌入侵，一柄锄头、一杆枪的搞经济建设，付出了极大的辛苦和努力，甚至有了"生产建设不准早到、不准迟退"的条例，也正应如此，才能实现边区军民的自给自足。时至今日，我们仍然时常赞扬革命前辈们自力更生、艰苦创业的精神，但这些讴歌往往只停留在表面，不论是发展经济还是实现中华民族伟大复兴的历史使命，都需要我们的党和人民沉心静气，埋头苦干。

（二）发展经济不能脱离群众

陕甘宁边区民众对于共产党进驻，由于天灾人祸曾经有一时的抵触，但是在八路军战士们勤恳开垦、帮助群众，了解群众诉求，为人民服务，带领陕甘宁边区的群众富起来，最终在军民中形成良好的互助氛围重在边区大生产运动中，军民是相互成就的。没有人民群众的理解支持，生产也不能得到如此迅速的发展。新中国成立以后，几个五年计划的顺利实施也有赖于群众的大力支持，人民群众是国家的根本，发展一定要顺应人民的诉求，了解人民的需要，发展为了人民，发展依靠人民，一切发展成果由人民共享。

（三）经济建设要立足实际、勇于创新

陕甘宁边区的经济建设，是在充分考察了边区的地质地貌等条件下，因地制宜地进行生产活动，同时又极其富有创新精神的在边区土地上进行了创造性的生产实践，如水稻种植，在本不适合开发水稻的黄土地上大面积种植水稻成功的创举，也引起了国内外广泛的关注。人才和创新是当今时代经济发展的核心竞争力，仍然要发扬这一优良传统。

陕甘宁边区的经济建设及生产经验，是我党我军自力更生、艰苦奋斗的一次伟大实践，通过这次实践不仅实现了军队的自给自足，而且帮助边区人民改善了恶劣的生存条件，实现了军民一家，为人民服务的崇高理想。直至今日，我们仍然称颂这一壮举，而这一次生产运动中涌现出来的英雄人物和先进团体，他们身上所体现的精神风貌，仍具有重要意义，这些艰苦奋斗、自力更生、勇于实践和创新的精神和行为，也十分值得我们在经济建设中学习和借鉴。

马克思主义学院 刘书越

延安时期的学校教育

延安时期具体指的是自 1935 年 10 月 19 日，中共中央率领红军长征到达陕北吴起镇，落户陕北到 1948 年 3 月 23 日毛泽东、周恩来、任弼时在陕北吴堡县东渡黄河，迎接革命胜利为止这近 13 年的时间。在延安的这 13 年，是中国共产党由弱到强，转败为胜的十三年；是毛泽东思想日益成熟，丰富发展的十三年；也是延安精神孕育形成，发扬光大的十三年。在这十三年的岁月里，党在延安进行了政治、经济、文教、军事、外交等方面的建设，在这些方面中兴办教育是不可或缺的部分。

一、1935 年前延安情况简介

在党中央到达之前，陕北地区非常落后：经济困顿、民生凋敝，封建迷信思想充斥着人们的头脑；文化教育方面更是落后不堪，学校稀少、文盲遍布；陕北本地的知识分子以及从各地陆续涌入延安的爱国青年也都不同程度地存在着政治思想等方面的问题。

（一）陕北地区学校状况

陕北地区学校教育起步较晚，数量稀少且水平不高。陕北地区当时的文化教育状况便是一县之内，仅有两三人识字，还是中下水平。平均下来，每县识字人数仅有百分之一。并且，陕北地区学校也很少，基本上几十公里才能有一所学校。而在陕北苏维埃政府成立后，也是有积极地建设学校。但由于当时正处于游击战的环境中，有缺乏相关政策指导，文教事业依然发展受限。总而言之，在中共到来之前文教事业仍处于滞后状态。

（二）陕北学校落后原因

综合分析历史书籍，从自然环境以及历史因素来看，一是由于陕北地处黄土高坡，地形破碎，没有良好的办学条件以及居民长期分隔而居，以闭塞的小农经济为主，自给自足。难以与外界交流，致使经济落后。家中儿女更多的是去放牛放羊。同时，封建迷信思想盛行，封建礼教和奴化观念禁锢人心。陕北地区，赌博、吸食鸦片、不讲卫生者随处可见。便阻碍了文化教育事业的正常发展。

二、中共在延安办学的重要性

（一）内外局面严峻

从 20 世纪 30 年代起，中国一直处于外忧内患的局面中，日本方面为发展帝国主义势力，以减缓国内经济危机，不惜发动侵华战争，推行所谓的"大陆政策"妄图将中国变为其殖民地。使得中日矛盾成为我国主要矛盾。而国民党又在背后围追堵截，打着"攘外必先安内"的大旗不断围剿共产党人。在这种严峻情况下我党面临形势严峻。且缺少优秀的能贯行马列主义的基础力量带领人民前进。因此人才的急需要求我党必须建设教育机构培养后备力量。

（二）爱国知识青年急需教育

在中共中央到达延安后，大量爱国知识青年争先恐后到延安去，追寻党的光芒。虽然他们的出发点是好的，却由于大部分来源于国统区，或接受教育程度有限，难以正确地认识理解马列主义，部分还处于资产阶级和小资产阶级，急需机构对他们进行培养。同时，在经历艰难的长征之后，部队大量减员。剩下的同志虽是坚定的马克思主义信仰者。但不能满足革命战争对于人才的需要，组织急需大量新鲜血液的进入。办学已势在必行。

三、办学方法（初、中、高等学校）

中国共产党在兴办小学教育之前，首先分析了入学儿童稀少的原因，主要有"……一方面有许多学龄儿童被人雇去放牛羊，不再来入学；一方面因落后的心理，某些人认为儿童一入学就变成公家的人了，所以他们宁肯让儿童在家里玩耍，也不愿送进学校……"。因此，决定采用更多的法律手段要求送学生入学。例如，在 1937 年发布了《小学教育制度暂行条例草案》说道：一切儿童不分男女成分施以同等免费的教育，而且包括历史上被排除在教育外的女儿（童）和贫农子弟。在这样的规定指导下，陕北地区大力开展了动员适龄儿童入学活动。取得不菲效果。

（一）初等教育发展

在小学的建设中，以法律条例为基础在 1937 年，1940 年分别颁布了《小学教育制度暂行条例草案》和《陕甘宁边区实施普及教育暂行条例》。在 1940 年的《陕甘宁边区实施普及教育暂行条例》中规定《条例》中规定：七岁至十三岁未入学之学龄儿童，不分性别、成分，均应一律就学，读毕小学学程①。在这些文件中都要求到了几乎所有的适龄儿童都要到学校接受教育，再加上各地区组织的宣传，便会有更多的学生入学。

同时，中国共产党还大力发展少数民族教育，在当地建立了伊斯兰小学。培养更多少数民族学生。

同时，结合当地地形地貌，通过"因陋就简"的方法，建立不同小学。还结合实际，在发展公办小学的基础上，允许当地建立民办学校。在办学规模上，分为初级小学、模范小学、中心小学等。各级各类小学按规模、人数、师资力量等相区分。不同规模的小学相互帮助，共同加强教学质量。

（二）中等教育发展

陕北地区的中等教育发展也极为低下，在中央到达陕北之时，陕北地区仅有三处旧式的中等学校，为延安陕西省立第四中学、米脂中学和绥德陕西省立第四师范，而且当时教授的还是刻板的、封建的内容，不利于形势下的培养。于是，在1937年3月，建立了第一所新式中学——鲁艺师范学校，培养更多新式学生，为党和革命培养后备军。还建立了干部学校，培养干部学生学习更多的马列主义思想。

在陕北的中等学校建设中，虽然有教育之名，但更多的是对于干部的短期培训。学生上学时间仅为三至六个月，带有很大的流动性，课程不固定，规模较小。

在1940年以后，对于中小学的建设就转向了巩固及发展教学质量，改进教育方针，提高教学质量改进教学管理方法；加速培养教员，提高他们的生活待遇与社会地位这些方面。通过层级影响逐渐扩大教育范围。建设与党的事业相合的教育。

（三）高等教育发展

高等院校的发展经历了由培训班到专业的性质规范的正规大学的转变过程。在1935年12月，中国共产党在瓦窑堡恢复重建了中央党校，首先加强对党员干部的培养及教育。随后，于1937年9月成立陕北公学。并且在1940年还在陕北公学成立了少数民族部，招收蒙、回、藏、苗、夷、满、汉七个民族的学

---

① 陕西省档案馆、陕西省社会科学院合编：《陕甘宁边区政府文件选编》.（第2辑），档案出版社，1987年版，第117页。

生。在 1937 年"红军大学"改名中国人民抗日军政大学（简称"抗大"），1941 年 9 月，陕北公学、中国女子大学、泽东青年干部学校合并成立延安大学。在这光辉的延安大学办学史上，最为引人注目的要数各大学的思想政治教育课程。

党把这些学校中的思想道德建设作为具有战略意义的大事来抓，采取各种措施加强对青年的思想政治教育。思想政治课的安排通常与形势变化和学员的具体情况而定。在内容上有肯定的无产阶级倾向。以马克思、列宁主义知识教育学员。

通过三条方法教育引导学员：第一，配合时事教育，约请中央领导和各抗日前线的军政领导到学校做报告。第二，参加生产劳动和社会实践活动。第三，重视营造团结紧张严肃活泼的学习环境。通过这些方法，使得到延安的青年一扫过去艰难苦闷的情绪，转而积极向上的学习政治、军事、文化知识，以期报效祖国。

而在其他方面，各个高校也在竭力建设更好的教育教学环境。在解放战争时期，高等院校开始规范和完善管理体制和教学模式，采取了确定学制、甄别学生、增聘教授、改进教学、充实设备、精简编制、加强领导等一系列的重大措施。为新中国成立后的各个方面的建设做出了巨大贡献。

四、教育建设总结

延安时期中国共产党在陕北地区的大力建设学校教育的举措取得了重大的成就。

（一）教育规模建设

对于初等教育，到 1946 年，陕北地区有普通小学 295 所，民办小学 1038 所，完全小学 62 所学生近 30 万人。

对于中等教育：到 1942 年，陕北地区已经建立起 8 所中等学校，分别为：边区师范、三边师范、绥德师范、鄜县（今富县）师范、米脂中学、边区医药学校、新文字干部学校、边区职业中学。包括 1 所普通学校，3 所中等职业学校、4 所师范学校。共收学员 2000 余人。到抗战结束的时候，这些学校共培养和输送 3000 多名干部。

关于高等教育，在延安时期，为了培养各类人才，中共中央和边区政府先后创办了二三十所"窑洞大学"，其中主要有抗日军政大学、陕北公学、延安鲁迅艺术文学院、中国女子大学、马列学院、军事学院、行政学院、新文字干部学校、社会科学院、自然科学院、行政学院、医科大学、中央党校、民族学院、延安大学等院校。包括政治、军事、文化、科学工程、医疗卫生、妇女青年工作等方面。为促进抗战的胜利以及解放战争的胜利，党和政府坚持展开全面的素质教育，培养了成千上万的热血青年奔赴前线，取得共同了胜利。

（二）在延安发展教育的作用

第一，历史意义。

一、为抗日战争的胜利和新中国成立后各项事业建设培养了大批的人才，扩大了党的队伍

二、抵制了日寇的奴化政策，唤起了民众的救国热忱

三、提高了陕北地区人民群众的知识水平和文化素质

四、促进了陕北地区的民主政治和经济建设

五、提高了中国共产党的执政水平及领导干部的业务能力

第二，现实意义。

一、为当今学校教育树立"模板"，极大地推进了陕北地区的现代化进程

在延安时期对于教育事业的各项探索的政策，在新中国成立后为正式的教育政策的实施提供了经验的帮助，甚至至今仍可看到当时教育的政策缩影。

二、为当今部分学校奠定雏形

例如沈阳医科大学的前身是延安时期的中国医科大学、陕北公学在联合其他大学之后与1950年在北京组成的。中国人民大学、鲁迅艺术学院合并成立了今天的延安大学等。为我国新中国成立后教育事业的迅速发展创造了良好的基础。

五、总结

延安时期是中国共产党由弱到强，转败为胜的关键时期，党在这里指挥了抗日战争和解放斗争，取得了伟大胜利。党和边区政府对于陕北地区的教育建设在这中间做出了重大的贡献。初、中、高三级学校教育系统合力为党和国家培养了大量不同岗位、不同职业的人才。正是这样的培养机制，才让党和政府在最艰难困苦的时候能走出困境，并且走向胜利。同时，教育事业的各项政策的实践与改善，也为新中国成立后教育事业的不断发展提供了巨大的经验，为建设适合我国国情的教育体系，教育改革提供了极大的帮助，是我们永久的精神财富。

教育学院　王晓阳

延安时期的妇女教育

延安时期，为动员广大妇女参与抗战、保卫边区，中国共产党对妇女进行了广泛深入的教育。为了配合革命战争的需要，我党把妇女工作推上了一个新的台阶，在中国妇女运动史上写下了光辉的一页。它不仅为中国革命胜利和妇女自身解放事业做出了重要贡献，而且还为新中国成立后妇女工作的进一步开展，留下了诸多有益的经验和启示。为什么要开展妇女教育工作，怎样做好妇女教育，这些是直到今天都应该铭记的宝贵经验。

一、延安时期妇女教育的必要性

（一）妇女迫害程度深

在中国长期的封建礼教和"男尊女卑"的压迫下，妇女们被"三从四德"和"女子无才便是德"的思想所深深束缚。女性在成长中没有普遍享受教育的权利，失去了人格与自由，社会地位低下，受压迫程度非常深。"日常琐事的烦恼、长期家务的操持、眼光心胸的局限，使得她们的青春、美丽、温柔与智慧都销蚀在生活的琐碎中，经受着苦与痛的折磨。边区的女子处于封建残余更为严重的地区，受压迫的情况相较更为突出与严重。"[1] 妇女这种悲惨的生活境地也使得展开相关的教育如箭在弦上，不得不发。

（二）妇女解放的基础

"毛泽东认为，妇女只有学习读书写字，接受教育，才能用知识智慧谋求生计，消灭封建残余思想，实现男女平等。早在五四时期，他对女子教育经费少于男子教育经费的问题就感叹道：'有 1500 万的湖南，没有一个女子中学'"[2]

妇女问题乃至今天都是一个困扰了社会很久的问题，而在延安时期的妇

---

[1]　李敏昌，阮金娥，李芊：《论毛泽东延安时期的妇女解放思想及影响》，《湖北民族学院学报（哲学社会科学版）》，2014 年第 32 期。

[2]　同上。

解放思潮中更是备受重视。而实现妇女权利的保障就是要让妇女参政。毛泽东也认为要赋予妇女参加政治的权利，就要积极引导妇女参与国家政治生活。但是因为自中国古代以来长期的封建王朝的专制下，中国女性罕有进入政治领域的权利，基本的受教育权都是被剥夺的。所以若想在根本上扭转这种局面，提高妇女的参政意识，首先就要普及妇女教育，这也是促进妇女解放的基础。

（三）适应抗战的需求

"抗战爆发之后，中国人民奋起反抗，全民抗战的洪流席卷大江南北，全国各地的众多妇女和男子们一起投入到抗战洪流之中去。和男子相比较起来，边区妇女虽然投入到抗战之中，但是由于思想认识上的问题，部分妇女的思想还未解放开化，认为抗战是男人们的事情，和妇女无关，女人的责任义务就是持好家。"① 这种状态是不利于建立抗日民族统一战线的，妇女的力量在抗战中也极为重要。妇女是推动社会变革和思想进步的重要力量，为了打破妇女们思想上的这些禁锢，让广大妇女同胞们也能积极投身参与到抗战之中，延安时期中共为了适应抗战的需要，而加强了对妇女的教育。

二、延安时期中共对妇女的教育领域

（一）文化教育

"学校教育是延安时期中共对妇女开展文化教育的重要方式。边区于1939年推行免费的儿童教育，家庭提供孩子上学的衣物和其他相关实物之外，其他的任何费用均由学校提供，边区孩子不分男女，均必须接受义务教育，这为女童参加义务教育、提高妇女总体素质提供了制度保障。为了鼓励女童参加义务教育，边区还成立了不少女子小学，对提高女童入学率产生积极作用。为提高女子到中等教育学校学习的积极性，延安时期中共强化了女子入学思想教育，制定了《陕甘宁边区升入师范学校女生奖励办法》，对到师范学习的女生予以奖励。"② 通过展开上述学校教育，妇女总体素质得到了较快提升。

除此之外，中共还对妇女展开了识字教育。"识字教育主要针对那些不能适应学校教育的女生和没有机会到学校接受教育的女生开展，在学校教育中对女生开展正常的文化教育活动，而对不能到学校接受教育的女生也想方设法、创新方式开展识字教育。"③ 而且识字教育也不局限于识字阶段，它将识字和生产

---

① 张小梨：《延安时期中共对妇女的教育及其成效探讨》，《兰台世界》，2015年第28期。
② 同上。
③ 张小梨：《延安时期中共对妇女的教育及其成效探讨》，《兰台世界》，2015年第28期。

生活相结合，同时带动了边区的生产发展，为当时的妇女运动注入了新鲜的生命力，形成了良好的社会风气。

（二）婚姻教育

延安时期的边区妇女很少自由恋爱，大多是父母包办婚姻，这就导致了很多爱情悲剧。除此之外，边区妇女早婚的现象也极为普遍，童养媳层出不穷，纳妾、贩卖妇女的违法活动也经常发生。"延安时期边区妇女中的这些问题对妇女身心健康成长造成了极大的损害。1939 年边区颁行《陕甘宁边区婚姻法条例》规定了'一夫一妻'制，并规定女子和男子应该自由恋爱，规定不准买卖婚姻，必须杜绝童养媳。《陕甘宁边区婚姻法条例》的颁行和执行，对妇女权益提供了法律保障。"① 这些种种举措都对那时妇女的婚姻自主权起到了极大保证。

（三）卫生教育

边区部分地区妇女健康意识弱，生病时也不及时就医，而是选择求神拜佛，缺乏基本的科学素养。边区的卫生医疗设施也非常落后，此外还存在妇女缠足的陋习现象，这些都对妇女身体健康有消极作用。"1937 年 7 月边区发布了禁止边区妇女缠足的布告，逐步掀起了边区妇女的'放足运动'，成为边区妇女保健运动之中的亮点。延安时期，中共发挥妇联等组织的作用。积极组织开展妇女生活展、卫生保健教育讲座等，让更多的妇女懂得了科学的女性保健知识、育儿知识技能。在物资极为紧缺的条件下，边区于 1942 年颁行《儿童妇女待遇办法》，尽量保障妇女儿童的物资供应。1938 年延安市托儿所成立，同年 7 月还成立了战时儿童保育所，这些机构认真组织开展妇幼保健教育，取得良好成效。"②

（四）政治教育

妇女干部。"毛泽东的妇女教育思想不仅仅针对广大农村妇女接受的社会教育，对于中国共产党当时急需的妇女干部他同样重视教育。"③ 在此之后，随着边区妇女政治意识的提高，出现了专门的妇女干部的学校，培养了优秀的妇女人才，为抗战胜利带来了重大贡献。"随着各级妇女组织的成立和妇女运动的发展，越来越多的妇女投身革命，各级党政机关迫切需要大批妇女干部。1939 年

---

① 同上。
② 同上。
③ 范子谦：《论延安时期毛泽东的妇女解放思想》，《现代妇女（下旬）》，2013 年第 9 期。

6月，中国女子大学成立并开始招生，这是中国共产党创办的第一所专门培养妇女干部的学校。自创办到1941年秋季并入延安大学，女子大学开办了两个学期，先后培养了近2000名妇女干部。第一学期开设8个班，包括5个普通班、1个培养政治文化水平较高干部的高级班、1个培养长征来的妇女干部的特殊班、1个培养陕北地方妇女干部的陕甘班；第二学期增加到12个班，学生也增加到1000多人。"①

（五）党性教育

延安整风运动之前，党内长期存在"左"和"右"的错误思想。为纠正这股错误思想，提高党在思想上的先进性，首先就要对广大群众进行党性教育。是故"1941年，党中央根据自身建设需要，开始进行整风运动。广大革命妇女作为革命运动中一支重要力量积极投入这场学习运动，学习马列主义，用真正的马列主义思想武装头脑。第一个'四三指示'发出后，中央先后规定了22个整风必读文献，参加整风运动的广大妇女在女干部的帮助指导下对中央规定的文献认真研读，以漫谈会、讨论会等形式交流文献的精神实质，积极进行自我批评、自我检查、自我教育。通过理论学习与实践，不仅边区妇女群众初步提高了理论水平和政治觉悟，同时也加强了边区女干部的党性修养。参加整风运动学习的延安各界妇女中世界观改造成功的案例很多，在党的思想文化建设过程中，广大妇女抛弃主观主义和教条主义，确立了实事求是的马列主义作风，成为合格的革命人才，真正发挥妇女在整个革命运动中的重大作用"②。

三、延安时期妇女教育的意义

党在延安时期妇女工作的基本经验，为此后的解放战争时期、新中国成立后党制定和完善妇女方面的政策和法规提供了坚实的理论保证，打下了良好的实践基础，极大地鼓舞了妇女投身生产和革命的热情。

（一）促进思想解放

延安时期，我党非常重视对妇女的教育工作，延安时期的妇女教育，将她们从陈旧的观念之中解放了出来，使得不少妇女重获新生。让她们重新认识到自身的定位和使命，开始更多关注到国家大事中，积极融入社会的大家庭之中。推动了民族解放运动和自我解放意识的发展，营造出一片欣欣向荣的社会风气，

---

① 强蓓，贾婷：《浅谈延安时期党的妇女教育工作》，《福建党史月刊》，2015年第8期。
② 同上。

也为新中国成立后相关的妇女工作和思想解放带去了春风。

（二）激发参政热情

抗日战争爆发后，中华民族陷入水深火热，通过中共加强对妇女的教育。促使了更多的妇女客观准确地认清抗战形势，让更多的妇女认识到中国共产党是为人民服务的政党。抗日战争时期，党争取边区妇女群众参加抗战的动员工作之所以顺利完成，与卓有成效的妇女思想政治教育是分不开的。从前，妇女们是意识不到其实自己在抗战中也有着极大作用，抗战不只是男人们的事，这种强烈的社会责任感和历史使命感和自己是紧密相连的。

（三）提高综合素质

边区通过学校教育和识字教育等方式卓有成效地开展了妇女教育。在这之前，许多妇女根本没有上过学识过字，而延安时期的妇女教育就为当地的人民带来了焕然一新的生活。通过学习，她们在各个方面都有所提升。不论是普及科学文化教育，打破封建迷信，还是提高自己的健康卫生意识，降低相应的疾病发生率，边区妇女的综合素质都得到了极大提高。边区妇女教育的覆盖面极广，全体妇女一律平等地享有受教育权利。她们不仅增强了文化水平，在经济政治地位上也得到了尊重。

马克思主义学院 曹雨晨

延安时期中国的新闻传播事业

二十世纪上半叶，延安在中华民族历史上写下了辉煌的一页。民族英雄刘志丹、谢子长创立的陕北革命根据地，成为中央红军长途征战的落脚点。从1935年到1948年，延安是中共中央的所在地，是中国人民解放斗争的总后方，十三年间，这里经历了抗日战争、解放战争和整风运动、大生产运动、中共七大等一系列影响和改变中国历史进程的重大事件。特别是毛泽东等老一辈革命家亲手培育的自力更生、艰苦奋斗、实事求是、全心全意为人民服务的延安精神，是中华民族精神宝库中的珍贵财富。延安十三年，也是中国共产党的新闻传播事业最为辉煌的十三年。十三年的积淀，我国新闻传播事业愈发的成熟。

一、中国"新闻山"——延安清凉山

清凉山是新中国的新闻广播、出版事业的发祥地。党中央和毛泽东在延安时期，这里曾是中共新华通讯社、延安新华广播电台、《解放日报》社、《边区群众报》社、中央出版发行部、中央印刷厂、新华书店所在地。其山脚建有"延安清凉山新闻出版革命纪念馆"一座，馆前矗立一座象征着新闻、广播、印刷出版的三人汉白玉雕像，旁有石碑，上面镌刻毛泽东题词："深入群众、不尚空谈"。馆名为陆定一题字，这是我国唯一的一座新闻出版专业博物馆。"百年积弱叹华夏，八载干戈仗延安。试问九州谁做主？万众瞩目清凉山"，这是中华人民共和国十大元帅之一的陈毅同志在"七大"胜利闭幕时所写的诗。清凉山是当之不愧的中国新闻传播事业的摇篮。

（一）中共中央落脚陕北的原因

第五次反围剿失败后，中共中央被迫进行战略转移。1935年，中央红军进入甘南哈达铺之后，初步确定将长征的落脚点放在陕北。据一些参与长征的老同志回忆，促成这一决定的一个重要因素是在哈达铺发现了报道陕北红军（刘志丹等率领）消息的红军报纸。史学界由三种观点：一种观点认为是《大公报》；另一种观点认为是山西的地方报纸，主要是《山西日报》和《晋阳日报》；还一种观点认为是《大公报》《山西日报》以及《晋阳日报》等多种报纸。中共中央和红军领导人通过不同途径得到这些报纸，并了解到了如下一些内容：陕北红军人数、活动范围、根据地的情况，红二十五军的行军路线和去向，国民党中央军、晋军和东北军"围剿"陕北红军的情况，阎锡山对于陕北红军的担忧和防范措施等。当知道在陕甘宁有一支红色革命队伍时，党中央领导人当即决定前往陕甘宁，于 9 月 26 日党中央在榜罗镇举行会议，最终做出了进入陕北的战略转移。1935 年 10 月，中央红军长征到达陕北，这便是"陕北成为落脚点""中共延安十三年"的开始。

（二）中共党报系统的重建

中共党报系统的重建，是党的传播事业在抗战中走向成熟的一个重要标志。1921 年，中国共产党的成立，开创了中国革命的新局面。在中国共产党在江西瑞金建立了苏维埃政权以后，共产党的事业同亿万人民的翻身解放事业紧紧连在了一起。从此，中国大地上两股政治势力和两个政权共存，中国的新闻业也分成两条发展线路：一条是中国国民党执掌政权的政府及民间的新闻活动，一条是中国共产党及其领导的革命根据地党政军民的新闻活动①。

1922 年 9 月，中共中央出版了自己的第一个机关刊物——《向导》（由蔡和森主编）。1925 年 6 月，中共的第一份机关报《热血日报》（由瞿秋白主编）在上海主编。陕甘宁边区首府延安，作为中共中央所在地，是党的新闻传播事业的中心。1937 年，为了团结抗日，中共中央决定将中华苏维埃中央政府机关报《红色中华》改名为《新中华报》。1937 年 4 月，中共中央党报委员会主办的《解放》创刊，初为周刊，后改为半月刊，曾在上海、西安、汉口设立分销处，翻印发行。该刊积极宣传党的抗日民族统一战线，并把争取民主作为自己的宣传中心。进入 1939 年后，中共中央决定在延安创办一个以中共中央机关报为中心的报刊系统。2 月 7 日，《新中华报》被改组为中共中央机关报，同时兼为陕甘宁边区政府机关报②。

围绕着《新中华报》这一中心，《八路军军政杂志》《中国青年》《中国妇女》《共产党人》《中国工人》《中国文化》《边区群众报》等一批报刊先后出版。1941 年后，抗日战争在经济上进入了最为艰难困苦的时期，以延安为中心的陕甘宁地区物资急缺，为了加强和改进党的宣传工作，中共中央决定将《新

---

① 郑保卫：《新闻理论新编》，中国人民大学出版社，2015 年版，第 10 页。

② 方汉奇：《中国新闻传播史》，中国人民大学出版社，2014 年版，第 6 页。

中华报》与《今日新闻》合并，改出对开大报《解放日报》，博古（秦邦宪）任社长，杨松任总编辑（病逝后由陆定一担任）。

（三）新华通讯社的独立发展与人民广播事业的创建

新华通讯社走上独立发展的道路和人民广播事业的创建，是中国共产党新闻传播事业走向成熟的另一个重要标志。

1931年11月7日，在中华苏维埃共和国中央临时政府宣布成立的当天，中央苏区的通讯机构——红色中华通讯社在瑞金叶坪的一间土屋里发出了第一条电讯。一个月后，苏区政府的机关报《红色中华》也开始出版。这两个机构后来在延安发展为新华通讯社（1937年更名）和《新中华报》（1939年更名），成为中国共产党重要的宣传机构。1939年初，中共中央决定将新华社与《新中华报》分开，各自成为独立的编辑机构，同属中国党报委员会统一领导，结束了报、社一家的历史。新华通讯社的独立发展，标志着党的新闻事业走向成熟。

1940年年底，延安新华广播电台的创建，标志着中国无产阶级广播事业的诞生。当时，延安无线电器材十分缺乏，当地条件极为艰苦。"没有发电的动力，他们就将一部破旧的汽车头改装成发动机，带动发电机发电；没有汽油，他们就自己动手烧木炭，用木炭生产煤气，用煤气代替汽油作燃料；没有发射用的铁塔，他们就将几根大木杆子连接起来，竖立在山顶上，用来代替铁塔，架上天线，保证无线电波的传送。为防止日寇的轰炸及敌人特务的破坏，电台的台址设在距延安西北19公里外的偏僻小山村——王皮湾村，播音室就设在一孔土窑洞内，机房设在半山腰的两孔石窑洞内。"① 该构造在被称为"我国唯一的一座新闻出版专业博物馆"的延安新闻纪念馆里有复原模型：看着只有一点点火光摇曳的土窑洞里，工作人员们正在伏案工作。博物馆里还陈列着当时广播所用的一些仪器，是相当的简陋。当时的情况下，延安广播电台在创建后时播时停。1943年因仪器损坏而停播了。直至1945年抗战胜利后才恢复播音。

（四）延安时期中共新闻理论的发展

自1942年春起，中国共产党在全党范围内开展了一次整风运动，即反对主观主义以整顿学风、反对宗教主义以整顿党风、反对党八股以整顿文风，核心是反对主观主义，旨在从思想上清算中国共产党成立二十多年来在党内发生的历次"左"、右倾错误路线及其流毒，在全党范围内开展一次马列主义教育运动。

---

① 方汉奇：《中国新闻传播史》，中国人民大学出版社，2014年版，第6页。

1942年2月初，毛泽东在延安先后做了关于整风运动的重要报告，揭开了该运动的序幕。以《解放日报》为先锋，该报在改版前，受党八股和王明教条主义错误路线影响很深，严重脱离了解放区的斗争实际和党的中心工作实际。当时的《解放日报》版面安排几乎一个公式：一国际、二国内、三边区、四本地（延安），这样就使得当地的事件报道效率有所降低。改版后，该报开始以抗日民主根据地的新闻报道为主，密切联系群众和工作实际。1943年9月1日陆定一在《解放日报》上发表的《我们对于新闻学的基本观点》一文，用辩证唯物主义的观点、方法，阐述了无产阶级新闻学的相关的基本问题，也批判了资产阶级唯心主义的新闻学观点。在该文章中，提出了新闻的定义，就是新近发生的事实报道。并且还论述了"新闻如何能真实"的问题，一是指出资产阶级新闻学中新闻必须具备"五要素"（即时间、地点、人名、事实的过程与结果）之外，还必须把尊重事实与革命立场结合起来，密切联系群众、联系实际，才能写出真实的新闻。二是确定了"全党办报"的思想。三是加强新闻工作者的党性修养，确立"人民公仆"的思想。四是坚持"政治第一，技术第二"的原则。五是反对党八股，树立生动活泼的马列主义文风。六是发扬党报理论和实践相结合、和人民群众紧密地联系在一起以及自我批评的三大作风。

二、延安时期新闻传播事业对中国新闻史的意义

在中国新闻事业发展的历史大幕上，以"大历史眼光"观，延安时期新闻事业具有铸写历史的非凡意义，直接影响了中国新闻事业发展模式。延安时期新闻事业与其他模式相异，其建立了它和社会、国家、个体于一身的代表根本民意的新闻报告模式。它反对与取缔个人解放的做法，反对"有闻必录"的无灵魂与无良知之做法，反对纯抽象理论的大炫耀，而是将个体的追寻与阶级抗争、经济的对抗联系起来。放大眼光与扩大分析、批判的界域为新闻事业建立了唯物的批判姿态①。

延安在抗日战争时期是中国共产党新闻事业的中心。延安报刊在宣传抗日战争时期中国共产党的路线、方针、政策，传播马克思列宁主义、毛泽东思想，指导和反映陕甘宁边区及敌后各个抗日民主根据地的抗战与建设等方面，发挥了重大作用。在新闻业务的改革方面，也为全国其他抗日民主根据地的报刊作出了表率。它是当时全国人民革命的指南和革命报刊的楷模，习近平总书记在党的新闻舆论工作座谈会上强调，把党的理论和路线方针政策变成人民群众的

① 王春泉：《延安时期新闻事业对中国新闻史的意义》，《报刊之友》，1997年第10期。

自觉行动，及时把人民群众创造的经验和面临的实际情况反映出来，丰富人民精神世界，增强人民精神力量。谆谆的教诲与告诫让当代新闻人受益匪浅，解放军报记者李鹏说："作为党的新闻舆论工作者，只有深入群众生活，挽起袖子调查，脚粘泥土采访，心无旁骛思考，笔端才能蘸上情感，镜头才能捕捉真实，作品才能彰显价值。"对于现如今的新闻职业人员来说，"用事实说话"是永不变的从业原则。

新闻与传播学院 许冰镔

延安时期的群众体育对全民健身的启示

随着我国社会经济的快速发展，人民的生活水平得到了极大程度的改善，体育事业也随着我国国力增强取得了飞跃式的发展，特别是竞技体育领域，很多项目已经成为世界领跑者，但是群众体育方面，我国的全民健身工作还不健全，其中还存在很多问题，尚不能满足社会主义现代化建设的需要。延安时期的群众体育开展得十分火热，群众积极性极高，有效地提高了国民身体素质和军事技能，丰富改善了延安的文化生活，还培养了英勇顽强的革命意识，增强了民族凝聚力。为了更好地开展全民健身工作，我们有必要清楚地了解延安时期的群众体育并从中吸取经验。

一、延安时期的群众体育

（一）群众体育开展的目的

毛泽东在1937年边区的"八一"运动会开幕式上明确指出："我们现在只有一个方针，这个方针就是坚决打击日本！""我们今天这个抗战动员运动大会，不仅是运动竞赛，而且要为抗战而动员起来。"我们可以看出当时体育活动的目的和任务是为练好身体，以强健的身体服务于战争，带有浓密厚的政治色彩。旧中国积贫积弱，军民的体质弱于日本，而抗战的使命又要求我国军民的体质不能落后于日本，为了与敌人进行全民族全方位的"竞争"，边区将"中国化""大众化""军事化"作为体育运动的发展方向，以实现全民皆兵，共同参与抗战，赢得这场艰苦奋战的最终胜利。

（二）群众体育的口号与方针

这个时期的体育主要是以抗日大局为重，倡导勤俭办体育的方针。1937年8月1日，毛泽东在运动会开幕式上提出"学习军事体育来武装我们的手足"。1942年9月，贺龙为"九一"扩大运动会题词"体育运动军事化"。同时，朱德提出"运动要经常化"，"运动要经常"，延安体育会提出"大家要运动，运动要经常"。1942 年 9 月 9 日，毛泽东为中国首届"体育节"题词"锻炼体魄，好打日本"。营造浓厚的体育氛围，掀起体育锻炼的热潮。

（三）主要的体育组织、实践及状况

为了带动更多百姓参加体育运动，延安成立了很多专门的体育组织机构。群众性体育组织主要有俱乐部、列宁室、救亡室等。这些组织经常举行比赛，极大地推动了群众参加体育锻炼的积极性。1937 年 7 至 8 月间，中共中央青年工作委员会在延安设立了青年俱乐部，其职责是组织全市性的比赛。1940 年五四青年节成立了第一个群众性的体育组织——延安体育会，主要任务是积极组织和推动各机关、部队、学校和工厂的群众体育活动，增强体质，提高工作、生产和学习效率，使体育更有效地为抗战服务。1941 年创办了中国共产党的第一个高等学府——延安大学体育系。同年还成立了延安民众教育馆。1942 年 1 月 25 日，朱德、吴玉章、洛甫（张闻天）、邓发、李富春等倡议成立了"延安新体育学会"，该学会提出编辑体育教材，培养业余体育干部，开展体育理论研究等，配合延安体育会广泛开展各项体育活动，使体育逐步走上正规化道路。抗战期间的延安，几乎每个星期天都由延安体育会组织体育比赛，每逢"三八""五一""五四""八一"等节日，都安排大型运动会，其中以 1942 年举行的"九一"运动会规模最大。在边区，不论是城市、机关学校、工厂、团体，都能在俱乐部领导下开展经常性的体育活动，广大群众也都积极支持体育会工作，使体育会工作和各单位开展群众体育工作有机地结合起来，活动举办过程顺利，效果明显。

在当时，中央领导、机关干部、厂矿、企业、学校、商人、农民都成立了自己的代表队，相互之间经常进行各类比赛，另外，还将体育活动与传统节令体育、传统习武体育、传统游戏体育相结合。传统节令体育，将音乐、舞蹈、体育、杂耍融为一体，因不受场地限制、人员限制，为广大人民群众喜闻乐见，久传不衰。延安时期节令民间传统体育迅猛发展，内容丰富，形式多样，有打社火、踩高跷、跑旱船、扭秧歌、打秋千、放风筝、拔河、打腰鼓、赛马、武术、游戏等，当时每逢节令和重要日子都可以看到民间体育活动。习武性民间传统体育在抗日战争期间，在继承古老程式的基础上，与当时的战争形势结合，加入了军事体育元素，有了新的发展，如武术、角力、举石、狩猎以及骑兵打仗、抬飞机、抓特务、过敌人封锁线、夜间放哨等习武性游戏。还有游戏性民间传统体育当时在延安也非常盛行，其内容丰富多彩，如打缸球、击木、乡土棋、踢毽子、打瓦、打毛球、传手帕、狼吃娃、补裤裆、打水枪、打雪仗等，对增强广大群众健康有很大作用。

为了抗战这个特殊的任务，中共中央在 1938 年公布的"抗日救国十大纲领"中宣布，要"改变旧的教育制度，旧课程，实行以抗日战争为目标的新制度，新课程。实行全国学生的武装训练。"体育成为学生的必修课。当时很多学校增加了体育课的时间，体育课时仅次于国语、常识的课时，除了让孩子们学习普通的体育知识，军事训练也是当时体育的主要内容之一，很多学校在体育课堂上开展军事项目的锻炼。《边区的国防教育实施办法》中明确规定："为适应战时环境的需要，中等以上学校实行军事训练，小学应实行半军事化的组织，使学生在必要时直接参加抗战。"通过训练，广大军民的身体素质和军事素质都有了很大的提高，为抗战胜利奠定了坚实的群众基础。

延安时期无时不在战火纷飞、军事包围的困难环境中，经济十分困难，物资条件十分匮乏。在这种恶劣的条件下，加之没有正规的体育设施，开展体育运动是非常困难的，但是广大干部、战士、学员从实际出发，本着勤俭节约办体育的方针，坚持因地制宜，因陋就简，自己动手，发动群众，不花钱或少花钱，积极开展多种形式的体育。在体育活动所需的场地器材上，边区人民发扬"自己动手，丰衣足食"的革命精神，自己制作了"土体育器材"，如自制的冰刀、冰球器材；象棋、跳棋都是用石头磨成的；篮球架、排球架、足球门、单双杠等都是用木工制作的。延安的体育活动一年四季不断，春、秋举办球类比赛，夏天利用延河天然游泳池，举行游泳、水球比赛以及跳水表演赛，冬天，搞滑冰、花样滑冰、冰球以及打猎等活动。艰苦的条件、困难的物质条件使边区的体育设施异常简陋，但丝毫不影响人们参加体育运动的热情。在活动项目的设置上，更多地提倡开展适合于大众健身的体育项目，不管男女老少，都能根据自身的特点，创造性地开展多种多样的，因地制宜的，因人制宜的体育项目。当时的体育是"土洋结合，以土为主，大力提倡中华民族的传统体育。""要尽量改进和采用中国原有的运动技术"，根据战争年代的具体情况提出了便于广泛进行的运动项目和更多运动方式，把群众体育活动与军事训练、劳动相结合，丝毫没有因艰苦的条件而放弃体育锻炼。体育锻炼开展得如火如荼，不仅配合了军事斗争，丰富和活跃了延安文化生活，还推动了延安体育事业的发展，而且为中国体育事业的发展提供了宝贵的实践经验、优良的革命传统和丰富的科学理论。

（四）延安时期群众体育的主要特征

延安时期的群众体育具有与革命斗争相结合、与时代紧密联系，体育活动的经常性和广泛的群众性、参与的平等性和因地制宜、因人制宜、土洋结合等方面的特征。

二、我国全民健身的现状

随着普通老百姓越来越重视提高自身的身体素质，从而广泛的参与到各种类型的体育锻炼中，为了让广大人民群众参与体育锻炼的权利得到切实的保障，国务院在 20 世纪就颁布了《全民健身计划纲要》。随着《纲要》的颁布，全国各个居民小区都陆陆续续地兴办了各种形式的群众体育健身站。我国国家体育总局于 2000 年颁布的《体育改革与发展纲要》，该纲要首次明确了要科学的建立全年的健身系统，建立一个"利民、亲民、便民"的体育健身体系。随着我国对全民健身的逐渐重视，我国已经有大量的学者对全民健身进行了多维度，多系统，多角度的分析研究，并且我国目前的全民健身工作的前期理论架构已经基本完成，但是实践应用方面还有所不足，其具体表现为以下几个方面：首先，我国现阶段全民健身发展过程中缺少有效的监督机制和实施途径，体制调研及测评制度还未建立完善。其次，全民参与体育活动意识依旧比较薄弱，很多地区尤其是经济欠发达地区对于全民健身运动的宣传力度不足，民众对于全民健身基本知识了解不多，并没有能够调动起广大群众参与体育健身运动的主动性。此外，健身设施不全面，健身组织机构缺失等也造成了全民健身运动的推广缓慢。鉴于此，我们需要想方设法加大全民健身服务体系理论和运行机制的系统研究力度，这不仅是时代发展和社会进步的必备要素，同时也是人类文明进步的必然需求。

三、延安时期的群众体育对全民健身的启示

加强对全民健身运动的宣传，培养的科学健身意识。应该加强舆论引导，体育宣传，尤其是偏远和经济落后区域，需要在群众的脑海中种下这样的种子，未来才能成长。

带动群众积极性固然重要，硬件设施也需要完善。我国的体育场地和设施不够完善，检测管理体制还不是很先进，相关的一些法律制度等也还不是很完善，这需要政府各部门重视尽快完善，保障全民健身工作的顺利进行。

真正落实政策，带领群众参与运动。延安时期的中央机关领导和各机关团体都十分重视群众性体育活动且参与体育活动的积极性也非常的高昂，领导的带头作用对群众的鼓舞是十分有效的，口号一定要有，但只有口号和呼吁不足以调动群众积极性，需要有一些事件来刺激群众，还需要有人带领群众真正地

参与到体育锻炼中，重在落实，贵在坚持，让体育锻炼真正地融入大多数人的生活当中，形成一种良好的社会氛围。这样的氛围又会带动更多人主动参与进来，形成一个良性循环，这样一种良好的社会氛围可能需要几年，几十年还有很多的人的努力，但我们有必要为此付出时间和精力去实现这一天的到来。

在群众中推广军事体育。延安时期的群众体育紧紧围绕战争并且服务于战争，体育与革命斗争密不可分，广大机关干部，战士，学生把体育运动当作一项重要的革命工作来做，军事体育是群众体育中很重要的一部分。今天我们也可以模仿借鉴，将军事体育加入学校体育教学中、小学，中学以简单的军事基本技能为主，大学可以与军事理论课结合进行，这样可以丰富课堂内容形式，激发同学们的学习兴趣，让同学们牢记历史，培养他们艰苦奋斗和爱国的意识，增强民族凝聚力。学校体育比较容易介入，在其他人群中推广，可以依赖比赛和单位组织的一些体育活动和拓展活动。

延安时期的群众体育活动结合了各种当地节令民间传统体育、习武性民间传统体育和游戏性民间传统体育，因地制宜，因人制宜，因陋就简。放到今天也十分值得我们借鉴。体育活动不该局限于在健身房，体育馆等场所进行的运动，不是一定要有专门的体育器材和场所才能进行锻炼，我们要让群众意识到体育活动是可以随时随处进行的。推广民间传统体育，加入民族特色还可以使这些带有中国韵味的活动得到保护和传承，使中国百姓的体育带有浓浓的中国味儿。

四、结语

延安时期的体育事业与抗日战争这一背景相结合，在环境、经济等各方面都很艰苦的条件下得到了极大的发展与提高。这一时期的体育事业对于抗战胜利有着很大的积极作用，积累了丰富的体育实践经验，对以后体育事业的发展有着很大的影响和帮助。在我国社会主义经济快速稳定发展、国际交流日益频繁的时代，我国政府对体育事业的发展也倍加重视，加之延安时期的群众体育事业积累的经验知识，我们相信全民健身一定会以"健康、快乐、和谐、多元化"的模式去发展，让中国人民的身体素质有质的飞跃。

运动人体科学学院 何双庆

延安时期毛泽东的体育思想

1917 年 4 月,《新青年》第三卷第二号刊登了毛泽东同志署名的为"二十八画生"的文章——《体育之研究》。在该文中,毛泽东同志对"国力恭弱,武风不振,民族之体质日趋轻细"的现状深感担忧。同时,毛泽东也看到了体育对增强民族体质,挽救民族危亡的重要作用,他在文中阐述了体育"强筋骨、增知识、调感情、强意志"的四大功能。早期毛泽东同志发表了《体育之研究》一文,直到后来新中国建立初期,他又提出了"发展体育运动,增强人民体质"的代表性口号。这些都极大地反映出在当时艰难的延安时期(1935 年 10 月到1948 年 3 月)的十三年间,广大人民群众参与体育运动的积极热情和毛泽东体育思想的广泛传播。

一、"毛泽东体育思想"的提出

延安时期的十三年间,我们国家陕北地区的生活条件极其贫困,广大人民群众的吃饭问题是当时艰苦条件下最该解决的主要难题之一。为了提高民众的战斗力,毛泽东等一代党中央领导同志号召广大人民群众,积极参与到各项体育锻炼中,拥有一个良好的身体,好一举消灭敌人。1957 年,毛泽东同志又在《关于正确处理人民内部矛盾的问题》中明确提出:"我们的教育方针,应该使受教育者在德育、智育、体育等几方面都得到全面发展,成为有社会主义觉悟和有文化的劳动者"。毛泽东同志充分表明了,在当时的延安革命时期,体育在全面发展的教育中的辩证关系和重视受教育者全面发展的重要性。

二、延安时期"毛泽东体育思想"的内涵

在艰苦的战争年代,以毛泽东为首的党中央在延安进行一系列政治、经济、军事、文化建设的同时,也注重开展体育运动,延安时期伟大斗争实践是毛泽东体育思想形成的基础,他提出了"锻炼体魄,好打日本"的思想,寓体育于军事斗争中,通过体育活动的开展,既锻炼了军民身体,又增强了作战能力。

1941 年，毛泽东为《解放日报》体育专刊题词："开展体育运动，提高人民体质"。体育"为人民服务"、广泛的群众性，为当时的体育事业指出了方向，明确了任务，成为最重要、最根本的体育指导思想，其他的指导思想都是从这里派生出来的。"锻炼体魄，好打日本""开展体育运动，提高人民体质"这两条方针是延安时期毛泽东体育思想的精髓和活的灵魂，贯穿于延安时期体育实践与理论创造的全过程。在延安，毛泽东为其体育思想的实践找到了肥沃土壤，开辟了新中国体育建设的试验田。由于特殊的身份与地位，毛泽东关于加强体育工作的精神能够迅速地转化为党和政府的决策，并在实践中得到坚决有力的贯彻。在他的体育思想指引下，先后产生了体育运动与军事训练相结合、体育运动与生产劳动相结合、体育为人民、土体育与洋体育相结合、学校体育与军事训练相结合、重视女子体育等思想，诞生了延安体育精神，创办了中国共产党领导下的第一个体育系，在艰苦的条件下多次举办大规模的运动大会，这一切都为新中国成立后社会主义体育事业的开拓创造了有利条件。

三、毛泽东在延安时期体育思想的发展历程

（一）毛泽东在延安时期的军事体育思想

延安时期的十三年间，中国共产党人毛泽东领导全国人民进行了艰苦卓绝的斗争，把新民主主义革命推向了新的历史阶段，为中华人民共和国的建立奠定了坚实的基础。在这一时期，以延安为中心，以工农劳苦大众为主体的新式人民大众体育运动兴起了。在毛泽东体育思想的影响下，劳苦大众普遍认为体育是革命斗争不可或缺的武器，是保证旺盛战斗力的源泉。提倡并积极开展士兵军事体育训练，达到锻炼身体的目的。战斗之余开展各种体育赛事，来激发士兵锻炼身体的兴趣。

（二）毛泽东在延安时期的学校体育教育思想

据相关数据统计显示，延安时期的十三年间，陕北地区的文化教育十分落后，文盲率高达 90% 以上。除各别城镇外，大多数的农村连小学都没有。在当时作为一代领袖的毛泽东同志十分重视陕北地区文化教育事业，把生产与教育列为地区建设的两大任务。他号召广大干部群众因地制宜采取措施，努力提高人民群众的文化素质。同时在延安和边区创办各级各类干部学校，来发展当地民众的政治文化素质，培养他们在艰难条件下顽强生存的优良品质。

四、延安时期毛泽东体育思想的主要特点

延安时期毛泽东的体育思想是适应革命战争需要、增强战斗力而提出的，

带有鲜明的时代烙印，具有革命性、实践性、普及性、创新性、教育性、等特征。

（一）革命性

体育运动与军事训练相结合毛泽东历来非常重视体育锻炼在革命战争中的作用。早在中央苏区时期，他提出"锻炼工农阶级铁的筋骨，战胜一切敌人"的体育方针。20世纪30年代，在日本加剧侵华、民族危亡之时，党多次号召边区军民同"武装到牙齿的法西斯猛兽作残酷的搏斗"，"非有钢铁一般的身体和艰苦卓绝的精神不能得到最后胜利！"1937年毛泽东在全边区"八一"运动会开幕式上明确指出："我们现在只有一个方针，这个方针就是坚决打击日本！"、"我们今天这个抗战动员运动大会，不仅是运动竞赛，而且要为抗战而动员起来。"由此，可以看出当时体育活动的目的和任务也就是"锻炼体魄，好打日本"。在抗击日本帝国主义侵略的历史背景下，体育是为了练好身体，以强健的体魄服务于民族解放战争。

（二）实践性：体育运动与生产劳动相结合

在国民党反动派对陕北实行经济封锁、军事"围剿"的形势下，延安曾一度面临"冻死""饿死""解散"的困境。毛泽东提出了"自己动手，丰衣足食"的口号，向陕北人学习，开荒种地、打土窑洞、自己纺线，解决吃穿、住宿问题，开展了轰轰烈烈的大生产运动。八路军三五九旅的指战员在王震旅长的领导下进驻南泥湾，一面参加生产劳动，一面开展军事体育训练。他们组织体育训练班，培养体育积极分子，士兵们有计划、有目的进行军事体育训练，把体育活动与军事训练有机地结合起来，使不少新战士经过较短时期的军事体育训练，在生产的同时开展了大规模的练兵运动，农闲时贯彻"农忙时小训练、农闲时大训练、突击生产不训练，成英勇顽强、技术熟练的神枪手、投弹手。"农闲时一有空，战士们就平操场、搞操练，特别是冬季大练兵时，操场上更是活跃，有的练田径，有的练刺杀，有的投弹射击。毛泽东适应当时的形势，提出的这一思想促进了延安的经济发展，增强了军民体质，真正达到"兵强马壮，人财两旺"的目标。

（三）普及性：体育为人民

在国民党统治下体育只是少数人的特权，而在延安，在党中央的重视下，体育活动开展得生机勃勃，参与者不仅有中央首长还有普通老百姓，包括工人、农民、军人、学生、市民、商人，男女老少和各民族的人，不论平时还是节假日，体育体现了广泛的群众基础。延安时期毛泽东就提出："开展体育运动，提高人民体质"。在这种体育为人民的思想指引下，抗战期间的延安，几乎每个星期天都由延安体育会组织体育比赛，每逢节日，都安排大型运动会。在1942年延安"九一"扩大运动会上，第一次有工人参加，工人代表江琳深有感触地说："在延安，甚至在全中国，工人有资格参加运动会，这还是第一次啊！"1946年的"九一"运动会上不仅有小贩组织篮球队参赛，还有贩马商人参加赛马比赛。作为人民领袖，毛泽东时刻把人民的健康挂在心上，对群众体育非常重视。在以毛泽东为首的中央领导的重视和倡导下，群众体育蓬勃开展起来。仅在1937—1943年期间就举行了近20次运动会，体育"为人民服务"、广泛的群众性，为当时体育事业发展指出了方向，明确了任务，成为全国体育工作中最重要、最根本的指导思想。

（四）创新性：土体育与洋体育相结合

毛泽东强调文化的民族性，但并不排外。他提出："中国应当大量吸收外国的进步文化，作为自己文化食粮的材料"；中国文化应"同一切别的民族的社会主义文化和新民主主义文化相联合，建立互相吸收和互相发展的关系，共同形成世界的新文化"。体育作为一种亚文化现象，当然也不例外。"在战争中特别需要健康的国民……不仅要学习苏联人民讲究体育的风气，而且要学习敌人的武士道作风和德国人民的尚武精神，视体育为改造现代文弱国民之基础，除弃东亚病夫的侮辱。"①延安时期的体育贯彻中外体育文化相结合的道路，吸收各国体育文明的成果来发展新民主主义体育文化，着力建设有民族特色的体育文化，使延安成为中国近代体育史上土洋体育的大熔炉。

（五）教育性：学校体育与军事训练相结合

毛泽东同志在《论政策》一文中指出：关于文化教育政策，"应以提高和普及人民大众的抗日的知识技能和民族自尊心为中心"。为了培养大批战时革命人才，毛泽东同志提出，苏维埃教育的总方针是"使文化教育为革命战争与阶级斗争服务"，1937年他在《反对日本进攻的方针、办法和前途》中指出，要办"国防教育"，"根本改革过去的教育方针和教育体制，不急之务和不合理的办法，一概废弃"。延安时期的新民主主义文化主要是为战争服务的，体育也不例外。边区政府创办了各种规格的学校，有幼儿学校、初高级小学、初高级中学、中等专业学校和高等学校。在这些学校中都设置了体育课程，从教学内容、组织形式都与战争结合，形成一套对敌斗争的战时教育体制。

---

① 羊芳，杜学工：《毛泽东在延安时期的体育思想》，《延安大学体育学院》，2016年，第20期。

五、毛泽东在延安时期的体育思想的意义

毛泽东在延安时期体育思想的传播，推动了当今时代陕北地区体育教育、体育经济产业和体育文化事业的迅速发展与普及，使得越来越多的民众重视体育、支持体育和参与到体育锻炼中。毛泽东体育思想的出现，对当今社会体育事业的发展具有重要的现实指导意义和深刻的影响，它有助于体育事业的快速发展。

六、结论

延安时期毛泽东的体育思想与实践为新中国的体育事业明确了方向，使延安体育成为中国体育发展史上一个里程碑，具有辉煌的历史地位和无法估量的历史价值。我国现今的很多体育方针政策都可以从毛泽东体育思想中找到依据。延安时期毛泽东的体育思想与实践广泛而深远地影响了新中国体育事业的发展，给今天的体育事业有两点启示：体育事业的发展必须要有党和政府的高度重视、支持和参与，在毛泽东的影响下，我国历代领导人始终高度关注与重视体育事业，使我国由一个体育弱国一跃成为世界体育强国；要坚持体育为人民的思想，坚持把普及与提高有机结合起来，这是我国体育工作中最重要、最根本的指导思想，也是新中国成立至今我国群众体育的基本特征之一。毛泽东体育思想与实践是那个特定年代体育的代表，研究、探讨它的发展特征和真谛，有助于把握体育的发展规律，对于推动当今体育事业、教育事业的改革和发展以及社会主义和谐社会的建设，具有重大的现实意义和深远的历史意义。

马克思主义学院 何旭

延安时期体育运动迅速发展的原因与启示

在艰苦的战争年代，广大军民内部条件十分艰苦、外部压力也非常大，在党的正确领导下，将理论和实际有机地结合起来，通过不断地开拓创新，以毛泽东为首的党中央在延安进行一系列政治、经济、文化、社会建设的同时，也注重开展体育运动。延安时期伟大斗争实践是毛泽东体育思想形成的基础，他提出了"锻炼体魄，好打日本"的思想，寓体育于军事斗争中，通过体育活动的开展，既锻炼了军民身体，又增强了作战能力。

一、延安时期体育发展原因及特点

延安时期，各种体育运动广泛开展，形式多样，内容丰富。延安时代经常举办各种体育竞赛活动，一般在重大节庆日或闲暇之余，各种类型的比赛层出不穷。仅以陕甘宁为例，举办的规模较大的比赛就有 1937 年的"五一运动大会""八一运动大会"，1939 年的延安首届青年运动大会，1940 年延安的"三八"运动大会以及 1942 年的延安"九一"运动大会等等，一些部队、机关、学校经常性地举行各种体育比赛。在延安，夏天有游泳比赛，冬天有滑冰比赛，各种球类比赛更是经常进行。

（一）军事体育

毛泽东历来非常重视体育锻炼在革命战争中的作用。在抗战时期十分严峻的形势下，党中央和政府仍然没有放松体育事业，而是把体育作为军事的重要组成部分。1937 年毛泽东在全边区"八一"运动会开幕式上明确指出："我们现在只有一个方针，这个方针就是坚决打击日本！""我们今天这个抗战动员运动大会，不仅是运动竞赛，而且要为抗战而动员起来。"① 由此，可以看出当时体育活动的目的和任务也就是"锻炼体魄，好打日本"。

在抗击日本帝国主义侵略的历史背景下，体育是为了练好身体，以强健的

---

① 《毛主席演词》，《新中华报》，1937 年 08 月 02 日。

体魄服务于民族解放战争。体力是军民战斗的重要组成部分。毛泽东曾经指出："体不坚实，见兵畏之。"① 没有强健的体魄，是无法战胜敌人的。朱德同志就曾一针见血地指出：我军在华北战役中体力明显不如日本，如果我们再不重视体育，在今后战役中是要吃大亏的。改进军事体力、普及体育运动迫在眉睫②。

我们的党清醒地认识到，只有从思想上高度重视体育，对战士进行严格的体育训练，强壮其体魄，才能最终战胜敌人。夺取武装斗争的胜利，不仅需要坚强的革命意志和顽强作战的战斗作风，更需要以强健的体魄为基础。一支体力衰弱的队伍，是不可能打胜仗的。

1943 年 10 月毛泽东在陕西甘宁边区高级干部会议上，向全军发出了开展练兵运动的号召，会后贺龙根据毛泽东的指示，制定了"人人参加，个个都练，以技术训练为主"的冬季练兵方针。1944 年 9 月抗日战争前夕，延安举行了一次规模盛大的军事体育运动会，毛主席在贺龙的陪同下观看了运动员的投弹、射击、刺杀、体操和马术表演以后，高兴地说："三五九旅的大练兵经验应该好好总结一下。部队的训练一定要走群众路线，实行三大民主，开展官教兵，兵教官活动。"③

在体育大众化、军事化的口号下，"在延安，无论城市乡镇，机关学校，工厂兵团都有其经常的体育工作与普遍活动，参加者上自朱总司令下至勤务伙夫，无不包括在内"④。军队体育主要是利用业余时间，主要内容有篮球、排球、乒乓球、足球、网球等。大家都是一面战斗，一面开展体育活动，行军时队员除了背包、干粮、枪支外，还要背负体育器材，到了宿营地，不论寒暑，坚持训练。体育成为人们的一种自觉意识和现实的追求。体育活动的广泛开展有力地配合了军事斗争，对抗日战争和解放战争的胜利起到了积极作用。

（二）学校体育

延安时期党对高等学校教育非常重视，培养具有较高的政治思想的革命战士是党发展壮大的前提。体育课已成为各类各级学校的必修课。小学每周三课时，主要开展走、跑等游戏活动，另外还开展爬山、跳远、长跑以及常识性的军事练习。延安市高校篮球比赛盛极一时，篮球队就有党校队、东干队、抗大队，中央党校与延安大学举行的篮球、排球对抗赛各派出二十多个队，比赛激

---

①　《毛泽东早期文稿》，湖南人民出版社，1990 年版，第 65 页。

②　朱德：《祝九月运动大会》，《解放日报》，1972 年 9 月 2 日第版。

③　王增明：《贺龙抗战时期体育思想初探》，《西安体育学院学报》，1986 年第 3 期。

④　齐群：《发展着的延安体育活动》，《新华日报》，1942 年 9 月 9 日第 4 版。

烈地进行了两个月之久。齐群在回忆延安时期体育活动时说："中央党校参加对外比赛时，给我的印象最深刻。党校队员对待其他单位队员像对待自己亲兄弟一样。带吃的让对方吃，带水让对方喝，真像一家人那样亲热。"①

当时的学校体育搞得最好的是泽东青年干部体育训练班和体育系，后来几所大学合并成立延安大学后，各组成学校原来的体育培训班变成了体育系。毛泽东在陕北公学提出："这种先锋分子是胸怀坦荡的、忠诚的、积极的与正直的，他们不谋私利，唯一的愿望是民族与社会的解放；他们不怕困难，在困难面前总是坚定的、勇敢向前的；这些人不是狂妄分子，也不是风头主义者，而是脚踏实地忠于实际精神的人们，中国要有一大群这样的先锋分子，中国革命的任务就能够顺利解决。"②

延安时期的体育文化在不断创新传统体育的基础上，引进国外优秀的运动项目。毛泽东强调文化的民族性，但并不排外。他提出："中国应当大量吸收外国的进步文化，作为自己文化食粮的材料"；中国文化应"同一切别的民族的社会主义文化和新民主主义文化相联合，建立互相吸收和互相发展的关系，共同形成世界的新文化"③。在高校师生的不断努力下，传统体育与外来体育运动项目在延安开展得尤为精彩激烈。在延安"九一"扩大运动会上竞赛表演项目形式多样，能形成如此大规模的运动会可见延安高校师生及群众喜欢体育运动，使运动项目得到了广泛传播。如鲁迅艺术学校的武术表演、骑术表演以及民族学院的摔跤比赛都给人民群众带来精彩的表演。延安时期的体育贯彻中外体育文化相结合的道路，吸收各国体育文明的成果来发展新民主主义体育文化，着力建设有民族特色的体育文化，使延安成为中国近代体育史上土洋体育的大熔炉。

（三）群众体育

延安时代，战争频繁，物质条件异常艰苦。中国共产党在领导人民进行残酷的军事斗争和致力于根据地建设的同时，发扬艰苦奋斗、自力更生的精神，广泛开展各种体育运动。没有运动场地，就自己动手修建，没有体育器材，就因地制宜，因陋就简，自己制作。环境条件的艰苦丝毫没有影响军民从事体育运动的热情。在党的重视和领导下，干部身先士卒，群众积极响应，形成了上下一致、军民一家、同娱同乐的良好氛围，党群关系异常融洽，各种各样体育

---

① 马海德：《忆延安时期体育生活》，《新体育》，1980 年第 8 期。
② 陈情：《毛泽东与体育运动》，《文史月刊》，2006 年第 1 期。
③ 《毛泽东选集》（第二卷），人民出版社，1991 年版，第 706-707、726 页。

活动你方唱罢我登场，各种比赛蓬勃地开展了起来。坚持少花钱，多办事，勤俭办体育。

二、延安时期对体育的创新成就

延安时期政通人和，民主开放，中外体育文化的精粹，经过碰撞、沟通、融合而创造出具有鲜明时代特色和浓郁民族风格的体育文化。

（一）体育项目

洋体育与民间的体育创造性地结合，出现了兴旺局面。民间体育活动项目繁多且大众化，主要有耍狮子、龙灯、扭秧歌、拔河、秋千、跳绳等，简单运动场地随处可见。中共到达陕北后很快改革推广了陕北大秧歌、腰鼓（在此仅列举秧歌，腰鼓作为参考）。边区各县农村几乎都有自己的秧歌队、社火队，每逢节日或庆典活动，秧歌队都要扭秧歌，打腰鼓①。

不仅如此，还剔除了祭神、祈雨、求安等封建迷信色彩，使腰鼓成为人民健身娱乐，鼓舞军民斗志的传统活动。每当人们在欢度节日或庆祝胜利时总要打腰鼓，党中央领导和毛主席曾多次观看腰鼓表演②。从与封建迷信祭祀活动密切相关的形式到革命秧歌、胜利腰鼓，民间体育得到创新发展，具有动员、组织民众革命战斗的功能，成为亿万军民欢庆胜利、庆祝解放的一种象征，遍及中华大地，载入革命体育文化的光辉史册。

（二）体育器材及场地

在当时延安战火纷飞、军事包围的困难环境和艰苦的条件下要开展体育运动而又没有正规的体育设施，于是广大干部、战士和学员从实际出发，本着勤俭节约办体育的方针，坚持因地制宜，因陋就简，自己动手，发动群众，不花钱或少花钱，积极开展多种形式的体育。

人们靠着自己的双手，制作了"土体育器材"，修建了体育场地——师生们一起动手在延河边宽阔的沙滩上修建了田径场；在清凉山下开辟了篮、排球场，安置了简易的体操体械。自己用线编织篮球网、排球网，拉绳跳高架，口袋木马，用木桩制成单双杠器材，自制冰刀、冰球器材等；延安大学的学生在延河河滩上开辟了田径场，夏天在延河里挖了游泳池，冬天又把延河当作天然滑

---

① 黄正林：《抗战时期陕甘宁边区的体育事业》，《甘肃高师学报》，2002 年第 7 期。
② 郗杰：《陕甘宁边区民间体育活动的内容和特点》，《体育文史》，1992 年第 5 期。

冰场①。

（三）体育观念与精神

在延安时期体育建设的实践中，体育工作者不断研究新情况，解决新问题，体育思想观念得到了进一步创新发展，在中国近代体育史上首次提出了"普及与提高""发展体育运动，提高人民体质"②，注重体育道德和战斗精神的培养，发挥体育的统战功能。

"战斗队"曾提出了著名的"五比"，即比团结、比革命友谊、比体育道德、比战斗作风和意志、比技术与战术。"战斗队"经常与国民党的军队进行体育活动。当时在晋西北根据地周围，驻有国民党阎锡山的部队。国民党军官受过较多反共欺骗宣传，把所属部队严格管束，轻易不许和八路军接近。师首长以"战斗篮球队"为"开路先锋"，邀请他们一道进行体育活动，逐步开展友好交往。人民军队团结合作、友好谦逊的作风，使国民党军队深为感动，以后其他方面的交往也逐渐多起来③。

延安时期，在学校体育和体育人才培训两个方面，非常重视对近代先进教育方法的采用，并在此基础上创新出切合实际的教学方法，比如麦克乐教授法和"延安市杨家湾式"教学法④。麦克勒教授法对具有运动专长的学生进行特殊的训练，然后让他们去教其他学生，这样既不会耽误体育活动的开展，又在很大程度上弥补了当时体育师资的不足。"延安市杨家湾式"⑤ 则是把游戏与学习有机结合起来，并充分考虑学生的现实情况，利用游戏的方式来教学，培养学生的主动学习能力。儿童在游戏中受到教育，其坚韧、勇敢的品质在训练比赛过程得到培养，同时也使他们变得更加敏捷。

而且，在毛泽东男女平等的体育思想指引下，延安女子体育以非常广泛的活动范围、极其丰富的活动内容、紧张激烈的竞技特点在我国近代体育史上占有重要的地位，1940 年在文化沟青年运动场举办的集体舞晚会上，地方民兵、妇女也表演大刀操、红缨枪舞等，博得热烈的掌声⑥。女子体育活动的广泛开

---

① 党挺，虞重干：《延安时期体育文化创新的实践及启示》，《上海体育学院学报》，2009 年第 4 期。

② 李富春：《开展体育运动》，《新华日报》，1942 年 9 月 9 日第 4 版。

③ 刘卓甫，栗树彬：《戎马倥偬显雄风——忆战斗篮球队》，《体育文化导刊》，1986 年第 5 期。

④ 谭华：《"普及与提高相结合"方针的由来与发展》，《体育文化导刊》，1992 年第 1 期。

⑤ 杨烈：《忆延安保育院的体育活动》，《体育文史》，1989 年第 1 期。

⑥ 杨烈：《延安中国女子大学的体育活动》，《广州体育学院学报》，1985 年第 1 期。

展，不仅推动了延安体育事业的发展，促进了各项民主建设事业，而且有力配合了军事斗争，为新中国成立后培养了大批德才兼备的女干部。

三、延安时期体育运动的发展对我国体育发展的启示

延安时代体育运动的蓬勃发展，丰富了根据地军民的文化生活，提高了军民的身体素质和军事技能，有力地配合了当时的军事斗争，推动了根据地的各项建设事业的发展，也为今天的体育工作提供了有益的借鉴和重要的启示。

延安时期毛泽东的体育思想与实践广泛而深远地影响了新中国体育事业的发展，给今天的体育事业有两点启示①：体育事业的发展必须要有党和政府的高度重视、支持和参与，在毛泽东的影响下，我国历代领导始终高度关注与重视体育事业，使我国由一个体育弱国一跃成为世界体育强国；要坚持体育为人民的思想，坚持把普及与提高有机结合起来，这是我国体育工作中最重要、最根本的指导思想，也是新中国成立至今我国群众体育的基本特征之一②。

发展体育运动，增强人民体质，是体育运动的本质要求，良好的身体素质是从事其他工作的前提条件，必须高度重视和发展体育运动。延安时代，尽管处于艰苦的战争环境，物质条件非常艰苦，但广大军民仍然排除万难，坚持开展各种体育运动，呈现出朝气蓬勃的新气象③。今天，我们更应该继承和发扬延安时代的光荣传统，把体育工作摆在重要的位置，更加扎实地搞好体育工作。

在学校体育方面，高校体育教学应从实际出发，因地制宜，整合开发传统体育运动。体育教学内容应是学生喜欢的，主要培养运动兴趣。教学过程中，注重学生的过程体验（玩中学，学中乐），在运动过程中得到锻炼④。增加体育健康知识课堂，理论实践相结合。学校体育教学应给学生更多的选择项目及合理的上课时间，让学生真正爱上体育课堂，而不是体育课。要以学生为本，处处把学生的切身利益放在教学的首位，因材施教，从学生的角度和视觉出发去开展工作。在正常的体育教学中关心学生的发展需要，在教学过程中注重培养学生的学习意识，增强课堂体验式教学，而不是注重结果。让学生掌握体育运动的基本规律、健康保健知识以指导其高效地开展体育锻炼。培养终身锻炼身

---

① 党挺：《体育强国背景下对延安体育精神时代价值的思考》，《西安体育学院学报》，2010 年第 5 期。

② 《毛泽东早期文稿》，湖南人民出版社，1990 年版，第 65 页。

③ 伍绍祖：《中华人民共和国体育史（1949-1998）》，中国书籍出版社，1999 年版，第 11-13 页。

④ 王亚凡：《这是第一次》，《解放日报》，1942 年 9 月 19 日第 4 版。

体的习惯，为其他素质教育做好铺垫①。

我国体育要取得长促发展，也必须认真贯彻为人民服务的宗旨，充分调动人民群众的积极性和创造性，增强其主人翁责任感，以满腔的热情投入到我国体育发展之中②。人民群众中孕育着巨大的体育热情和投身体育运动的积极性，要积极地鼓励和引导广大人民群众以更加饱满的热情从事体育运动，进一步提高人民的身体素质，丰富老百姓的文化生活，展示中国人民朝气蓬勃、积极向上的生活状态。

我们要运用马克思主义的基本观点，在整理、传递和保存传统体育文化的过程中进行选择、过滤、吸收、认同、融合世界先进体育文化。中国传统体育文化是一个极其复杂、精华与糟粕并存的混合体③，要实现民族文化向现代化的转换，就要面向世界，以广博的胸怀和时代的远见吸收各国先进文化，有利于中国体育现代化建设，建构具有中国特色的社会主义先进体育文化体系。

我国体育事业是一项伟大的事业。要在我国这样一个人口多、底子薄、处于社会主义初级阶段的发展中国家，建设社会主义体育，尤其需要我国体育健儿大力发扬顽强拼搏、艰苦奋斗、自强不息、为国争光的精神。尤其需要大批优秀体育科研人才发扬实事求是、理论联系实际、奋发进取、不断开拓创新的精神攀登体育高峰④。我们要在新形势下建设有中国特色的社会主义体育，仍然要坚持与时俱进、开拓创新、实事求是、勇于创新的精神，同时发挥延安体育精神在社会主义精神文明建设的重要作用，以新思路、新办法、新举措不断推进体育事业的改革和发展。

马克思主义学院 刘佳钰

---

① 张远：《开展体育运动》，《解放日报》，1942 年 2 月 20 日第 3 版。

② 《健全国民体格新体育学会成立》，《解放日报》，1942 年 1 月日 28 月日第 4 版。

③ 李跃进，张学刚，王庆伟：《新中国 50 年变迁与中国体育功能的演进》，《西安体育学院学报》，2002 年第 4 期。

④ 谢武申：《共和国体育元勋》，人民体育出版社，1990 年，第 21 页。

感知新时代的延安温度

在历史的长河中，似乎没有任何一个时期比得过 1935 年至 1948 年的延安，她像一块巨大的磁石吸引着中国大地上最为伟大的队伍，感召着千千万万的青年拼死奔赴。中国共产党在此从一个胜利走向另一个胜利，革命队伍与广大劳动人民一道给这座城留下来宝贵的延安精神。不知以往，何以赴将来？而今，中国人民已经告别艰苦卓绝的革命年代，重新走进延安，使我们切身地读到历史，也使我们更加清晰地看到中国的前进方向。被奉为"中国革命圣地"的延安城在历史上的地位举足轻重，在新时代，延安精神历久弥新，这座宝塔山下的延安城愈将焕发出新的光彩！

一、陕北与陕北革命

陕北是华夏文明的发源地，陕北文化是游牧文明与农耕文明交融的体现，陕北历史是和平安宁与战争动荡的交织形成的。千年来的历史文化底蕴奠定了这片黄土地和黄土地上人民大爱、包容的性格，追崇平等、自由的愿景。1935 年 10 月 19 日，中央红军抵达陕北，从此开始了中国共产党在延安的十三年岁月。中国共产党人抵达陕北后，通过土地革命，使得千百年来中国农村的首要矛盾，人与土地的矛盾得到了解决，将人与土地联系在了一起，并且成功地发动农民成为革命者，正是印证了"谁能赢得农民就能赢得中国"。毛泽东同志曾说过，延安，山好、水好、人好。延安处于黄土高原地带，位于中国大地上最为贫瘠的土地，毛主席所说的山好水好实则是为了映衬"人好"一词。陕北的老百姓能够接纳革命队伍，甚而可以做到用自己的生命维护这些与他们无亲无故的革命战士，这是一种生命与情感的拥抱，它散发着温暖的热力，展现出伟大的情怀，这种热力和情怀让共产党人和老百姓水乳交融。而这些不仅仅得益于陕北百姓淳朴善良的民风，更重要的是，中国共产党人能够真正地将百姓视为衣食父母，真正地做到为人民服务。干部和群众只是职务上不同，抛开职务，干部也只是普通的老百姓。这样一种相濡以沫的情感，使得今天的我们更好地去认识"从群众中来到群众中去"的内涵。《孟子》一书中说：乐民之乐者，民亦乐其乐，忧民之忧者，民亦忧其忧。每一个革命战士都做人民的勤务员，各个阶层，都接受群众的监督，走在群众中间，不脱离群众。如今的我们已经很难想象在当时生产、生活条件极度匮乏的情况下，延安城展现出来的是怎样的清明贫苦，却又是阳光灿烂。相濡以沫的党群关系出现在当时的延安；艰苦奋斗、实事求是的处事作风出现在延安；中国大地上最伟大的精神家园在延安；著名爱国华侨领袖口中的中国的希望在延安。

但是，从根本上来讲，陕北是中国最为贫瘠的地区之一。如何解决广大人民最为迫切需要解决的——生存问题，在很大程度上考验了共产党人。中国共产党的队伍抵达陕北，受到了陕北广大农民接纳和帮助，因此得以发展、壮大。然而，面对饥寒交迫的生活环境，以及逐渐走向低谷的群众关系，共产党人能否正确地回答"依靠谁？为了谁"这个问题。1939 年 2 月党中央、毛泽东在陕北百姓苦受天灾导致的食物短缺以及征粮税的迫害，苦不堪言之际，提出解散还是自己生产的讨论。讨论结果毋庸置疑，边区政府提出了"发展经济、保障供给"的总方针和"自己动手""丰衣足食"的号召，动员广大军民开展大生产运动。1940 年，朱德总司令根据中共中央关于开展大生产运动的指示精神亲赴南泥湾探勘调查。1941 年春，在八路军一二零师三五九旅旅长兼政委王震的率领下，三五九旅奉命开进南泥湾，风餐露宿，披荆斩棘，开垦田地，战胜重重困难，为抗日战争的胜利奠定了坚实的物质基础。1942 年，生产自给率达到 61.55%，1943 年，生产自给率达到 100%。南泥湾的大生产运动不仅满足了当时的生产生活需要，同时也给人民留下了宝贵的南泥湾精神：独立自主、自力更生。在当时，不管是平民百姓，还是领导干部，都需要完成生产指标，无一例外。正是这种军民一家，群策群力搞生产的干劲和实践造就了南泥湾"塞北好江南"的好风光，也是在极大程度上及时巩固了党群关系。

二、圣地延安

在革命岁月，延安是硝尘烽烟的革命年代中普照万方的圣地，是"十个没有"社会现象的集中体现地区，是革命岁月中法制、生产、文艺、思想的高地。现如今，我们感叹延安的历史壮举，感叹她无尽的生命力与创造力，是为了鉴往知来，做到薪火相传，使延安这座具有深厚历史文化底蕴的城市焕发新的光彩。泽东青年干校的校训：坚定的意志、艰苦的作风、虚心的学习、民主的作风、互助的精神、活泼的生活，实则为当时延安城的一个缩影。在当时艰苦卓绝的环境条件之下，无数"以天下为己任"的有志青年以延安城为精神支柱，正是他们心中坚定的意志、艰苦的工作作风锻造了"十个没有"的社会风气，造就了"南泥湾大生产"的壮举，更是形成了最为理想的党群关系，红色队伍在这里发动了农民，改造了农村，赢得了全中国。延安精神的涵盖面很广，包括独立自主、自力更生的南泥湾精神，实事求是的工作作风，走在群众中间，不做老爷不做官的清明政治等等。以历史的眼光看待中国共产党在延安时期取得的成就，正是奉行了自己的初心：以百姓心为心，想群众之所想，念群众之所念，为天下百姓谋福祉。中国千百年来的历史演变，朝代更迭都离不开一句话：得民心者得天下。能否站在广大人民中间，勤勉工作是革命年代取胜的关键，也是和平岁月，政权长治久安的必要保证，是每个时代的执政者理应继承的传统。

中共中央在延安的十三年是中国共产党由弱到强的十三年，是毛泽东思想日益成熟的十三年，是延安精神孕育形成的十三年。可以说，没有延安，就没有新中国。中国共产党人在延安从一个胜利走向另一个胜利，中国共产党人为陕北带来了为人类解放事业添砖加瓦的马克思列宁主义、毛泽东思想和延安精神这条红飘带，并且，在这片黄土地上，用这条红飘带换取了整个中国结。

三、延安城的知青情怀

习近平总书记说过，对他影响深远的，一是老一辈的革命家们，二是梁家河的群众。艰难困苦，玉汝于成。正是他在梁家河的七年知青岁月坚定了他的人生志向：为老百姓办好事、办实事。北京知青们在延安参观学习的日子里，正是这座在中国革命史上闪耀的熠熠红星给了知青们思考与成长。以老红军、老干部、贫下中农为老师，进行了一次丰富、生动、深刻的革命传统教育，想一想党经历的革命奋斗史，看一看自己的思想觉悟高不高；想一想抗大的优良作风，看一看自己的组织性强不强；想一想延安青年运动的光荣传统，看一看自己扎根农村干革命的思想牢不牢。习近平总书记在延安北京知青纪念馆题字：广阔天地 终生难忘。我相信这是大多数真正走进农村、扎根农村，走进群众、关怀群众的知识青年的共同心声。艰苦的生活培养了他们朴素的品格，人民群众的关怀造就了他们心中有群众的本心。知青们带头移风易俗，改变农村医疗卫生的落后状态，传播城市文明，促进农村文化教育的发展；他们引良种、搞实验，在科学种田方面进行了积极探索；他们修渠坝、平土地，积极投身农田基本建设，为粮食增产奠定了基础。在和老百姓的朝夕相处中，知青们也深切地了解到了什么是中国的农村、什么是中国的基本国情，懂得了老百姓最需要的是什么。在梁家河的一面墙壁上面写着"从群众中来到群众中去"的标语。

或许，在有的人眼中仅仅是一句普通的政治口号。但是，对于真正用心接触群众，走在群众中间的人们来说。对于这句话的理解是自然而然的。当地人民热情淳朴的精神也深深影响着这些知识青年，父老乡亲们像父兄那样教知青们干农活，像对待自家孩子一样悉心爱护着他们。而正如习近平总书记所言，他们想着的就仅仅是为老百姓办好事、办实事。他们相互之间是无所求的，心中有彼此的情感是最为真实的流露。以情共情，以心交心的情感纽带正是人与人相处之间最为本质、淳朴却又最为深情、宝贵的。

"有了知青经历的人，无惧豺狼虎豹；有了知青经历的人，任凭他狂风暴雨。"延安城用她一贯宽广的胸怀接纳了知识青年们，对于知青们来说，正是这片有着深厚革命情谊、朴素人民情怀的土地奠定了他们人生理想信念的基石，是他们人生路上宝贵的转折点。"陕西是根，延安是魂，延川是我的第二故乡。"这不仅是习近平总书记的心声，更是千千万万以革命思想、奋斗精神武装自己的人们对于陕北地区在历史上贡献的肯定，对于"先天下之忧而忧，后天下之乐而乐"政治抱负的坚守，对于践行"为人民服务"一词时最为深情的内心独白。

四、延安的时代价值

现如今，新中国已经走过 69 个春秋，改革开放也已 40 周年。历史上的事件、人物在时间的冲蚀下被人们淡忘地似乎显得理所应当。有的人在提及革命圣地——延安之时竟多有不以为然之意。在革命岁月，实事求是、艰苦奋斗、为人民谋福祉的延安精神把握了旧中国的脉搏，更是作为制胜的法宝夺取了新中国的胜利；延安城更是以包容开放的胸襟培养了无数为中国社会发展做出卓越贡献的人才。我们并不能忘记延安，出于延安精神的意义并不局限于革命年代：实事求是的处事原则，艰苦奋斗的生活作风，为人民服务的理想意念是每一个时期，社会发展的必要保证，同时这样的精神品质对于一个人的成长也是起到至关重要的作用。而一个民族在面对它的历史和文化之时，忘却，是最为可悲的形式。正如尼克松在《1999，不战而胜》一书中写道：当中国人的下一代忘记自己文化的那一天，就是我们进攻这个民族的时候。延安城作为中国革命史上不容替代的革命圣地，值得越来越多的人奔赴这里，用心探访历史，用心感知历史，用心学习历史，用心运用历史，以继承前辈浴血奋战、拼死以赴而追求的"谋天下利"的革命理想。

的确，历史应该铭记他们，文化应该弘扬毫无自私自利之心的精神。但是，如今竟有侮辱革命烈士，蔑视延安时期成就的言论泛滥。如若任由这样的言论泛滥，在将来，主流的历史观就会被片面、局限、不基于历史事实的思潮取代。根本固守而枝繁叶茂，一个国家没有历史和文化，未来的路就很难走下去，这样是愧对未来与过去的。

　　在新时代，我们重读《纪念白求恩》，重读《为人民服务》，重新走进延安，走进历史，重新感知延安的温度，是为了运用历史"鉴往知来"的作用，为了再一次把握中国社会的脉搏，使得光辉的延安革命、宝贵的延安精神在新时代焕发新的光彩。

运动医学与康复学院　王子玲

中国共产党在抗日战争中的贡献

一、中国共产党是抗日战争中最坚决的抗击者

日本于 1931 年发动九一八事变开始正式打响中日战争，对待日本侵略者的态度决定着是否能够取得民众的支持。要想获得战争的胜利就必须发动人民群众，取得人民的支持。这时的抗日战争只是局部的，但是中国共产党依然选择了开展了艰苦的抗日游击战争。在当事的历史背景下，虽然中国的武装力量非常弱小，甚至没有合法的地位，也没有获得国民党政府的认可。但是由于中国共产党有着对国家和民族的责任，毅然选择做抗日战争最坚决的抗击者。

在当时中国共产党积极组织开展了东北地区的抗日战争，并且发动人民群众组织，各个阶级的武装人员一起抗日。中国共产党也积极地参与国民党内部的抗日派进行局部抵抗，著名的事件有国民党将领冯玉祥与中国共产党的 300 多名党员配合作战，其中涌现出了著名的抗日英雄吉鸿昌。绥远战役中国共产党给予了巨大的援助，从这些都能看出中国共产党在抗日战争展现出来的坚决性与历史责任感。

二、中国共产党是凝聚全民战斗力的组织者

抗日战争的胜利依靠全国人民的共同努力，所以凝聚全国人民的力量是成败的关键。中国共产党在凝聚民族战斗力的过程中起到了巨大的作用。在 1935 年北华事变出现后，在民族存亡的危急关头，中国共产党把国家放在首位。顺应了人民的要求，统一了战线。中国共产党为了统一战线，将民族的责任扛在肩上。1936 年从抗日反蒋介，变成可逼蒋抗日的决策。12 月 12 日西安事变的和平解决标志着我国十年的内战结束，其中共产党做出了巨大的贡献。历史证明国共两党合作共同抗日是历史的必然趋势。中国共产党为了将抗日战线统一，不计前嫌。1937 年国共第二次合作正式形成，这为以后的抗日战争胜利提供了基本的条件。

中国共产党认为，在中日民族矛盾占主要地位条件下，必须把联合抗日放在首位，同时认清社会中存在阶级斗争的事实。在统一战线的前提下，又要保证共产党内思想的独立性。首先要保证的是守住自己的阵地，如果丧失我们的阵地就使得我们就无法进行斗争了。在守住阵地的前提下，发展人民群众的武装力量，动员千万个中国人民与日本侵略者斗争。按照独立自主的原则，党内在统一战线的过程当中，发展了进步势力，争取了中间势力，扼杀了顽固势力。这里的进步势力指的是工人、农民以及小资产阶级，他们是统一战线的基本保障。抗日主要依靠这些进步势力。为了获得抗战的胜利，中国共产党摆脱国民党的束缚，广泛的发动人民群众，扩大了抗日根据地。这样为坚持抗战，取得革命的胜利做了充分的准备。同时也防止了国民党再次进行分裂和投降的举动。中间势力是指民族资产阶级、开明绅士和当地的一些实力派。顽固势力是指一些大资产阶级的抗日派，他们采取两面政策，一方面主张共同抗日，另一方面又摧残共产党员。共产党为了抗日能够取得胜利，针对国民党的消极态度，对国民党进行了极大的劝说，提出了"坚持抗战、反对妥协"的口号。对于顽固派可能对共产党造成的迫害，时刻做好思想准备。在抗日期间，顽固派发动过三次反共的浪潮。每一次都有可能造成国共关系破裂的风险。但是共产党为了大局，采用有效的措施打破了这次高潮，同时维护了国共两党的关系。

在统一战线之后，中国共产党又在为战线的和平和团结做努力。如果不能真正做到团结就会使得抗战出现倒退的结果。也有可能重演历史失败的悲剧。共产党从国家和民族的根本利益出发，把抗日作为首要的任务。在抗日的防御战争后，国共两党在合作的下对日军进行了有效的打击，打消了日本的嚣张气焰。当抗日出现相持的阶段时，日本政府采取向国民党诱降的战略，中国共产党发展的势力快让国民党产生畏惧，抗日战争几乎出现逆转的局面①。但是在中国共产党的始终努力下，反对妥协、坚持团结、反对倒退的信念坚持到了最后。中国共产党详细制定了关于抗战的方针，将国共合作的关系维持到了最后，克服了多重困难，防止了分裂，最终领导人民走向了抗战的胜利。从这能够体现出中国共产党是中国抗日战争的核心。

三、中国共产党是抗日战争正确的领导者

在当时的社会环境，中国的经济、政治和军事力量都很薄弱。要想在抗日战争取得胜利，就要遵循正确的方针。从整个民族抗日战争开始，中国共产党

---

① 李景田：《中国共产党和中国人民抗日战争》，《中共党史研究》，2005 年第 5 期。

就开始对全国人民做动员，对群众做武装。1937 年毛泽东发表《反对进攻的方法、办法和前途》，在坚持抗战的策略下，必须对全国军队和人民进行革新和发展一套办法。同年代的八月份中央领导人制定出了《中国共产党抗日救国十大纲领》。中国共产党的抗战路线将人民民主与改善人民生活联系起来，正确处理好了民族矛盾与阶级矛盾。对当前的抗日形势做出争取的分析，为中国抗战胜利指明了前进的方向。与国民党不同的是，国民党只是依靠军队和政府的力量进行抗战。这两种抗战的方式必然造成人民的命运不同。按照中国共产党的领导，历史的发展使得中国最终取得战争的胜利，日本必然投降。这场胜利是人民的胜利，代表着人们反抗压迫。如果按照国民党的抗战方式，最终必然会失败。由于共产党的不断斗争和坚持不懈的努力，人民最终选择了共产党这种正确的抗战方式。

共产党提出抗战要打持久仗，1938 年毛泽东撰写了《论持久战》，在这本书中毛泽东深入地分析了中日双方持久战的特点，也说明了中日战争的发展规律。重点提出了中日之间为什么要打持久战、怎样获得持久战的胜利以及为什么胜利属于中国等一系列观点。持久战对我国抗战胜利产生了重要的影响，也坚定了中国人民取得胜利的决心。

中国共产党提出了游击战的策略，中国抗日战争的游击战策略是根据中国的地理位置以及国情决定的。1937 年 8 月 1 日毛泽东、周恩来等人指挥士兵进行独立分散的作战。毛泽东在洛川会议上指出，要分散地发动群众，集中消灭敌人，与敌人周旋，但是不能太恋战等策略。由于我国军队力量较日本薄弱和战争的残酷性，使得抗日游击战主要不是在内线，在战役中配合正规战，而是在外线诱敌之后独立作战，配合友军进行战斗。

四、中国共产党领导的人民武装成为战争的主要力量

由于国共两党的武装力量不同，抗战的路线和战略方针就不同。中国的抗日战争是世界反法西斯的东方主战场，自从七七事变之后，中国共产党开始在敌后进行武装力量，先后开辟了华北、华中和华南等敌后战场①，创建了多达 19 个抗日根据地。

中国共产党领导的抗日民主根据地是根据游击战争执行战略任务，来达到保存和发展自己、消灭和驱逐敌人的目的。这些根据地不仅成为我国武装力量

---

① 何克祥：《中国共产党是中国人民抗日战争的中流砥柱》，《中共南昌市委党校学报》，2015 年第 6 期。

的立足点，同时也对牵制敌人起到了巨大的作用①。这些根据地不是从国民党政府中规划而来的，而是从日本侵略者中夺回来的。在抗日根据地内，中国共产党把实现民主和坚持抗战统一起来，加强民主建设和政治建设。抗日根据地不仅能够成为全国抗战的堡垒，也成为抗日民主建设的典范。这与国民党的统治区产生了较大的反差。

在建立敌后抗日根据地的过程当中，中国共产党领导的人民武装成为抗日战争的核心力量。在进行防御战争的过程中，日军的逐渐深入和国民党军队的败退，共产党的八路军和新四军开展了游击战争②。配合着前方的友军作战，成为遏制日军的主要力量。抗日战争进入相持阶段，中国共产党抗日战争普遍展开。根据地逐渐扩大，对日军的进攻产生了巨大的伤害。后来在日军侵华总司令冈村宁次的回忆录中指出，八路军的作战较为勇敢和坚韧，只是武器较为落后。

五、中国共产党对抗日做出了巨大的牺牲

抗日战争长达十几年之久，考验的不只是人的耐力，更需要人们有着更坚强的意志。在抗日战争期间，为了能够摧残中国人民的精神使用了各种惨无人道的手段。包括使用人体实验，残忍的杀害妇女儿童，甚至出现了震惊世界的南京大屠杀，把中国变成人间地狱。但是面对日本军队的种种行为，中国共产党并没有放弃抵抗的决心。中国共产党反而以高昂的斗志，不怕牺牲的精神来激励着中国人民。毛泽东曾经发表过演讲："中华民族不是一群任人宰割的绵羊，中华民族是富有自尊心与正义感的民族，为了能够解放人民，使中国人能够实现民主和自强，中国共产党坚决与日军斗争到最后。"③

中国共产党领导的游击战，在世界战争历史上都被称作是艰苦卓绝的斗争，成为后人称赞的典范。虽然中国军队的装备落后，兵力较弱，但是面对敌人的疯狂扫荡。中国共产党在建设抗日根据地的地点大多数都是在物资极度匮乏的环境下依然英勇杀敌，消灭了大量的敌人。

---

① 刘守华：《论中国共产党是抗日战争中的中流砥柱》，见《北京中国抗日战争史研究会建会20周年学术论文集》，2011年版。
② 曲青山：《中国共产党在抗日战争中的中流砥柱作用》，《紫光阁》，2015年第8期。
③ 李金河：《论中国共产党在抗日战争中的中流砥柱作用》，《中央社会主义学院学报》，2015年第4期。

六、结束语

中国之所以能在抗日战争中获得胜利，是因为国家近百年来都在与反帝国主义进行斗争，使得民族开始觉醒。其中中国共产党的领导是获胜的关键①。在抗战时期，中国共产党坚持正确的方针，与国民党团结协作，促使国民党建立抗战的决心，为民族不受压迫做出了巨大的贡献。中国共产党是抗日战争中的核心力量，在中国发展的历史中的作用被公认。相信在日益发展的今天，在中国共产党的领导下，人民的生活将会变得越来越好，国家会变得越来越富强②。

马克思主义学院　丛铭

---

① 刘明光：《中国共产党是全民族抗战的中流砥柱》，《求是》，2015 年第 17 期。

② 杜吉明：《中国共产党是中国人民抗日战争的中流砥柱》，《奋斗》，2015 年第 5 期。

四、西柏坡篇

西柏坡精神与中国共产党革命精神研究

西柏坡时期是从胜利走向更伟大胜利的历史转折时期，中国由战争向和平转变，新中国从西柏坡走来。在西柏坡，毛泽东同志和老一辈革命家领导了解放区土地改革，指挥了三大战役，召开了七届二中全会……西柏坡时期，中国共产党面临的课题是如何与国民党反军队进行战略决战、如何实现工作重心由农村向城市的转移以及需要积极面对的一系列执政考验。西柏坡精神是红色革命文化的一部分，也是党内政治文化的一部分，更在中国共产党革命精神谱系中具有重要地位和价值。西柏坡精神与红船精神、井冈山精神、苏区精神、长征精神、延安精神、抗战精神、太行精神、沂蒙精神等中国共产党革命精神一脉相承。从《星星之火，可以燎原》到《论持久战》，再到《将革命进行到底》，无论境遇如何，中国共产党人始终满怀理想信念，历经千难万险始终不忘初心、不畏艰难，勇克时艰、积极进取，从严治党、执政为民，艰苦奋斗、谦虚谨慎，为正义而战，为着民族的解放和和平而战。

一、西柏坡精神的历史形成基础

西柏坡地形较好、交通方便、土地肥沃、物产丰富、群众基础好，为这里成为党中央驻地提供了优越条件。抗日战争胜利后，中国亟须一个稳定的环境休养生息，饱受苦难的中国人民更是渴望和平安宁的生活。中国共产党顾全大局，试图通过民主、团结的方式来防止内战的发生，始终争取和平与民主。然而，国民党政府违反广大人民要求和平、民主的愿望，一部分官员已被胜利庆贺声熏得发晕，坚持实行独裁、内战政策，迅速失去了人心。经过双方艰难的谈判，中共代表与国民党代表在重庆于1945年10月10日签订了《政府与中共代表会谈纲要》。尽管中国共产党在"双十协定"的签订中作出了许多让步，却并未削减内战的危险，此后不久国民党公然撕毁协议，发动内战。"从1945年8月15日日本无条件投降，到1949年4月23日国民党政府覆灭，是中国两种命运、两个前途决战的历史时期。这一时期斗争的焦点是建立一个无产阶级领导的人民大众的新民主主义的国家，还是建立一个大地主大资产阶级专政的半殖民地半封建的国家？"① 中国共产党始终为争取和平民主、建立新中国而努力。然而，国民党却在西方势力的支持下坚持独裁专制、一意孤行，在 1946 年 1 月悍然发动全面内战。同时，"劫收"、伪国民大会、伪宪法、"多党政府"等都充分暴露了国民党的虚伪态度以及破坏国内和平民主、坚持内战独裁的面目，对于蒋介石发动战争，著名民主人士马叙伦在 1946 年 5 月发表的《内战还不停止吗？》也有所预测。国民党疯狂进行的内战使得军费激增，财政上入不敷出，为了弥补巨大的财政赤字滥发钞票，又引起恶性通货膨胀，产生了严重的财政金融危机。虽然在 1948 年 8 月国民党政府进行了"币制改革"，发行金圆券，但反而使通货膨胀更加恶化，甚至买一粒米就需要金圆券 130 余元，最终导致国民党统治区经济的总崩溃，更造成人民群众对其事业的彻底失望。

战争是政治的延续，国民党始终认为自身拥有的新式配备等军力支持和经济力支持是由明显优势的，但是军力和经济力是通过人来掌握的，国民党统治集团代表的是大地主大资产阶级反动独裁统治的私利，在政治上失去了民心，在军事上遭到失败是在所难免的。同时，人民群众也越来越清晰认识到中国共产党的真诚与国民党的虚伪，双方态度、追求的对比使越来越多的人理解和支持中国共产党领导的人民解放战争。在西柏坡的收尾阶段，中国共产党坚持将新民主主义革命进行到底。"西柏坡是毛主席和党中央进入北平，解放全中国的最后一个农村指挥所，指挥三大战役在此，开展七届二中全会在此。"② 三年内战的结果也使蒋介石意识到民心丧失的危害，承认国民党腐败造成的灾难。西柏坡时期，"三大战役"消灭了国民党的有生力量，奠定了从革命党向执政党转变的军事基础，体现勇克时艰、积极进取的大无畏精神；"七届二中全会"，奠定了从革命党向执政党转变的思想基础、政治基础，体现从严治党的执政理念、执政为民的公仆精神；精心准备建国大业，奠定了从革命党向执政党转变政治基础，体现艰苦奋斗、谦虚谨慎的"赶考"精神。

二、西柏坡精神是中国共产党革命精神谱系的宝贵财富

西柏坡是一片红土、一片热土，衔接历史与未来，充满光荣与梦想。西柏

---

① 当代中国研究所：《中华人民共和国史稿》（序卷），人民出版社、当代中国出版社，2012 年版，第 188 页。

② 西柏坡纪念馆：《西柏坡——新中国从这里走来》，人民出版社，2005 年版，第 137 页。

坡精神是红色革命文化的一部分，在两个政治力量斗争下产生，是中国共产党艰苦奋斗、永葆初心的证明，在中国共产党革命精神谱系中具有重要地位和价值。

（一）勇克时艰、积极进取的大无畏精神

中国共产党及其领导的人民军队敢打必胜，敢于接受挑战，指出"一切反动派都是纸老虎"，有着坚定的信念和目标，具有勇克时艰、积极进取的大无畏精神。1946年6月至1947年6月人民解放军执行战略防御方针，在各解放区着力打好运动战，集中优势兵力，各个击破，消灭敌人有生力量。1947年7月到1948年6月转入战略进攻，西柏坡则是中国共产党由战略防御转为战略进攻直至之后顺利"进京赶考"的关键。中国共产党不妥协、不激进，为了继续推进革命斗争、实现彻底胜利转至西柏坡，敢于斗争。1948年党中央、毛主席移驻西柏坡，在这里指挥了震惊中外的"三大战役"，"三大战役"摧枯拉朽，中国共产党将战略和战术结合，具体情况具体分析，采取科学得当的斗争形势。在西柏坡的中央大院里，一部电话、两张地图、三套桌椅，在有限的条件、艰苦的环境中运筹帷幄，从小村庄发出的408封电报决胜于千里之外，左右着战局，一个胜利接着一个胜利地向前发展，决定着中国命运走向。电报往来如雪片，部署兵力、战略战术等问题都清晰详细地呈现在电报中，要想在战场上制敌就得保证军事机密不泄密、电报不被敌人破译。共产党的密码在不断地、定期地、反复地更换，没有任何规律，整个解放战争期间军委总部发给各大野战军的关于作战的电报国民党没有破译。然而，国民党的电报由于一直都以《康熙字典》为参照，虽然会改变汉字的古韵排列顺序，但是无论他们的加密技术如何变化都万变不离其宗，因此，在负责破译的同志的深入研究和大量潜伏的谍报人员对破译密码的辅助中，国民党的电报可以被共产党轻易破译。1948年9月到1949年4月是战略决战阶段，辽沈战役、淮海战役、平津战役持续四个多月，摧毁了国民党反动统治的主要军事力量，为新中国的顺利建立奠定了基础。随着局势的变化，许多人出现了将革命进行到底还是半途而废的问题，毛泽东在《将革命进行到底》的新年献词中明确指出："必须用革命的方法，坚决彻底干净全部地消灭一切反动势力，不动摇地坚持打倒帝国主义，打倒封建主义，打倒官僚资本主义，在全国范围内推翻国民党反动统治，在全国范围内建立无产阶级领导的以工农联盟为主体的人民民主专政的共和国。"① 中国共产党及其领导的人民军队有着将革命进行到底的勇气与决心、善于建设新世界的革新精神，

---

① 《毛泽东选集》（第四卷），人民出版社，1991年版，第1375页。

付出牺牲、创造美好，结束了一个旧时代、开启了一个新时代，擘画和孕育了新中国。近代中国经历漫漫长夜在这里终于破晓，走向黎明。

（二）从严治党的执政理念、执政为民的公仆精神

历史和人民之所以选择中国共产党，是因为中国共产党首先选择了历史和人民，站在受尽苦难的人民的一边，站在了历史发展的客观规律的一边，站在了信仰的一边，最终站在了胜利的一边。中国共产党正确对待胜利，居安思危，具有忧患意识，其历史任务由革命向建设转变，面对执政考验时有着决心与有效举措。"两个务必"和"六条规定"在党内敲响警钟，坚持清除脱离群众的"四风"现象，要求全体党员做到谦虚谨慎、戒骄戒躁、艰苦奋斗、为民创业，这些对保持政党的先进性、纯洁性具有重要意义。一个人目无法纪的行为断送的是自己的前途，而一支部队在战场上不能完成军令断送的将可能是整个战局。因此，整顿军队纪律，增强团结性和纪律性，提高广大指战员的思想认识与政治觉悟是十分重要的。《三大纪律八项注意》《关于整顿全军纪律的训令》的颁布更加规范了军纪。同时，在西柏坡时期，中共中央为严肃党内政治生活，加强纪律建设、作风建设，强化党内思想政治建设，对山头主义、贪图享乐情绪、革命到头思想进行批判，严防"糖衣炮弹"，重视"立规矩"，例如：建立请示报告制度、健全党委制、规范各部门工作制度、制定"不乱讲、不乱跑、不乱动手、不乱收人"等入城纪律。尤其是"两个务必"的创业精神为巩固人民民主专政奠定思想和作风基础。2013 年 7 月，习近平总书记在西柏坡调研时指出："这里是立规矩的地方。党的规矩、制度的建立和执行，有力推动了党的作风和纪律建设。"中国共产党对自身的建设进行了多方位的探索，从严治党、拒贪防变，不断提高执政能力，使这一时期始终保持全党在思想上、组织上、行动上紧密团结、高度统一。

长期形成的严格执行纪律形成了作风建设的基础，这种外在表征和内在本质均区别于军阀的纪律与作风获得了人民群众的支持，军民关系自然而然也紧密起来。同时，中国共产党有着执政为民的理念，有着依靠群众的团结精神和服务人民的奉献精神，才有了《西柏坡拥军小唱》中的感动，获得了广大人民群众的鼎力支持。全面内战开始时，国共两党力量对比悬殊，人民解放军武器装备还停留在"小米加步枪"的阶段，也没有军事外援，而国民党则拥有大量美国援助的先进武器装备。毛泽东同志高瞻远瞩，他深知人心向背决定着战争胜负，人民解放军热爱祖国、向往和平、为民奉献的高尚情怀和共产党执政为民的理念受到了全国人民的拥护。在解放区军民迎战国民党军事进攻时，国统

区以学生运动为主导的人民运动形成了配合解放战争的第二条战线。学生运动受到社会各界人士的同情、支持，促进着反对国民党统治的人民运动。同时，中国共产党始终致力于解决农民的土地问题，从《目前农民运动的总策略》到《井冈山土地法》到《关于清算减租及土地问题的指示》，再到于西柏坡通过的《中国土地法大纲》便可体现。在解放战争转入战略进攻时，解放区开展了土地改革，废除封建土地制度，调动了农民积极性，这也为之后的战略决战提供了有力支援。陈毅元帅曾说："淮海战役的胜利是老百姓用独轮车推出来的。"人民力量是伟大而无穷的，推动着社会发展、时代变迁，一路走来，人民的支持是中国共产党制胜基础之一。

（三）艰苦奋斗、谦虚谨慎的"赶考"精神

从革命党到执政党，广大人民群众是阅卷人，中国共产党实事求是、破旧立新，具有艰苦奋斗、谦虚谨慎的"赶考"精神。在七届二中全会上，毛泽东指出："我们不但善于破坏一个旧世界，我们还将善于建设一个新世界。"① 西柏坡时期，中国共产党构建了国家的政权体系，正确处理政府组织层级之间的关系，基本确立了人民代表大会制度和三级政府组织层级制度，初步建立了民主协商制度。正确处理中国共产党与各民主党派的关系是政治生活的重要方面。中国共产党十分重视党外民主，具有团结统一的民主精神，坚持民主协商原则，推动政治协商、团结合作。1948 年的"五一口号"旗帜鲜明地提出了未来新中国多党合作的政治理念，使各民主党派真正愿意接受共产党的领导。中国共产党号召全国人民、各民主党派、各人民团体通力合作，推翻国民党反动统治，建立起人民民主专政的共和国。中国共产党民主团结、海纳百川的襟怀，将全国人民紧密联合在一起，形成了势不可挡、无坚不摧的革命洪流。

中国共产党的历史任务逐渐由革命向建设转变，着力建设社会主义、巩固新生政权。七届二中全会和毛泽东同志《论人民民主专政》这篇文章是新中国初期起到临时宪法作用的《中国人民政治协商会议共同纲领》的基础。1949 年3 月 5 日至 13 日，七届二中全会，决定了党在全国胜利后的一系列基本政策，也明确指出："随着革命形势的发展，用乡村包围城市的时期已经完结，从现在起，进入由城市到农村并由城市领导农村的新时期。"② 尤其在经济领域，分析和确立了新中国成立后新民主主义经济成分的构成，规划了新民主主义经济建

---

① 《毛泽东选集》（第四卷），人民出版社，1991 年版，第 1438 页。

② 中共中央党史研究室：《中国共产党历史》第一卷（1921-1949），中共党史出版社，2011 年版，第 808 页。

设发展的步骤，实行新民主主义三大经济纲领。西柏坡时期，中央也建构了符合中国国情国体、政体、经济制度、外交政策等一系列执政体系，为新中国建立后的执政提供了条件。新的治理框架、新的政治关系、新的政治秩序逐渐形成，推动着中国社会进步，体现着中国共产党对自由、平等、公正和法治的社会秩序的维护。

三、西柏坡精神的当代价值

"奢靡之始，危亡之渐"，守纪律、讲规矩是中国共产党的优良传统。西柏坡精神体现了中国共产党对社会主义理想的坚守，蕴含着政治情怀和执政理念，弘扬西柏坡精神有助于树立党内正确的价值观。"两个务必"是每个中国共产党人应保持的政治本色，西柏坡时期党建方面的历史经验为从严治党提供了重要启示，应发扬西柏坡时期党的纪律建设优良传统。马克思主义信仰是中国共产党人的理想信念，是马克思主义政党的灵魂。

中国共产党是一心为民和具有先进性、纯洁性的马克思列宁主义政党。密切党群关系离不开全面从严治党，离不开长期有效地同淡化弱化党的领导的现象、违反党内政治生活原则的现象、违背党的政治纪律和政治规矩的现象、庸俗腐朽的政治文化、特权思想和特权现象和不担当现象、腐败现象等斗争，把规矩和纪律挺在前面。党的作风是党的形象，加强政治作风建设是落实党内政治文化的关键。立党为公、执政为民是由党的性质和宗旨决定的，这也是党作风建设需要实现的目标。党执政能力的科学性和先进性不仅体现在党的理论、路线、方针、政策上，也体现在党员的作风状况上。依规治党、制度建党有利于阻止"破窗效应"和"稻草人"现象，有助于真正做到把严纪律、管住权力，应持续深入推进作风建设需建立长效制度机制，立足于顶层设计，健全组织领导机制；健全教育引导机制，提升干部自我约束能力；健全监督机制，创造他力约束条件；健全权力运行机制，把权力关进制度的笼子。坚决反对形式主义、官僚主义、享乐主义、奢靡之风……在加强和改进党的建设中，作风建设是一个长期的实践落实过程，要抓常、抓细、抓长，坚决反对关系网、说情风、利益链现象。抓常是要求将作风建设常态化，融入日常工作的每一个环节、每一个步骤，也要坚持发挥监督体系作用，加强监督工作信息化建设。抓细是要求将作风建设深入化，一个细节便是一次作风的微展现，一张对人民群众事务的冷脸、一次不太奢华的吃请、一次金额不大的受贿都是作风问题。要从细节入手、从基层抓起作风建设，真正做到惠民、利民、爱民。抓长是要求不能追求作风建设一蹴而就，要明确这是一个细水长流的过程，只有不断地改进作风建设，才能培养出廉洁奉公、服务人民、工作能力强的干部队伍从而有效反腐倡廉，才能维护党内政治文化、维护精神力量。依规治党与以德治党是相辅相成的，条例准则等是强制规范性和道德自律性相统一。党员干部应将党内法规内化于理想信念、思想准则，外化于言行考量、实际践行，维护着党的纯洁性。中国特色社会主义新时代，党中央曾多次就加强党内政治文化建设作出安排部署，要求全面净化党内政治生态，坚决纠正各种不正之风，也标志着党对管党治党的规律性认识进一步深化。

中国共产党是为民族、为人民谋利益的政党，始终密切联系群众，接受人民监督、为人民服务，在群众之中而不凌驾于群众之上。我国也在逐渐完善反腐倡廉监督体系，力求更加系统化、立体化、全方位，体现了中国特色社会主义政治文化。社会监督是监督体系中十分重要的部分，是最广泛、最直接的监督，是党外监督和基层监督的主要渠道、党内监督的重要补充，畅通人民群众建言献策、批评监督的渠道尤为重要。社会监督进行着普遍性社会监督、社会群团监督、社会舆论监督。《孟子·离娄上》曾言："得天下有道：得其民，斯得天下矣。得其民有道：得其心，斯得其民矣。"群众监督是一切监督的"原点"，依靠人民，让人民来监督是由人民群众的历史作用和地位所决定。

西柏坡精神包含勇克时艰、积极进取的大无畏精神，从严治党的执政理念、执政为民的公仆精神，艰苦奋斗、谦虚谨慎的"赶考"精神，是中国共产党革命精神的有机组成。一个政党的发展成长离不开政治文化的支撑，党内优良政治文化是经过长期积淀而形成的，其顺应时代潮流、满足民族发展需求，具有科学性。西柏坡精神是红色革命文化的一部分，也是党内政治文化的一部分。未来挑战与机遇并存，在新时代的"赶考"征程上，更要弘扬西柏坡精神，勇于克服和战胜各种困难。中国共产党把握着西柏坡精神的当代价值，坚守初心，坚定不移地朝着实现中华民族伟大复兴的中国梦不断奋斗、不断前进。

马克思主义学院　李逸群

西柏坡精神中蕴含的中国共产党建设经验研究

西柏坡精神相比于井冈山精神、长征精神、延安精神等，研究较为较弱，研究成果也较少。然而西柏坡精神作为在长期的革命斗争和建设实践中锻造和积累起来的宝贵精神财富，其内容观点对于当前新形势下党的自身建设，以及党采取措施应对四大考验和四大危机都有重要的借鉴意义和指导价值。必须始终坚持弘扬西柏坡精神，学习和研究西柏坡精神中蕴含的中国共产党建设经验。

一、西柏坡精神的时代背景

西柏坡精神产生时，中国正处于战略决战的殊死搏斗与夺取全国胜利的前夜，正处于革命的重要历史转折时期，正处于新旧机遇与挑战的交替与并存时期。这时候的党的思想和决定都深深影响着中国革命的前途与命运，对当时与后世都具有重要意义。

西柏坡是中国共产党最后一个农村指挥所，在这世界上最小的指挥所里，五大书记指挥了最大的人民解放战争。1947 年对于国共两党都是极为关键的转折点，是中国时局发展的一个新的阶段。1947 年 5 月中央工委决定驻在西柏坡，到了 1947 年年底，毛泽东指出，西柏坡时期处在历史转折点，也将是国民党二十年反动统治由发展到消灭的转折点。在西柏坡这间 35 平方米的小平房里，党中央运筹帷幄之中，决胜千里之外，不发人、不发枪、不发粮，用一封封电报指挥了 24 场战役，包括著名的三大战役，消灭了 200 多万国民党军队，实现了中国社会从农村到城市、从战争到和平、从革命到建设的历史转折，奠定了新中国诞生的基础，取得了中国共产党历史上前所未有的成就。然而在离新中国建立空前接近的时刻，中国共产党也面临着新的考验和难题。在革命胜利前夕如何保持优势，克服困难，继续夺取全国的最后胜利？在中国共产党地位发生变化的同时，如何使党的建设和工作适应新的形势和挑战？

基于对历史的总结和对未来的思考，党中央在西柏坡顺利召开了中共七届二中全会，对党的各方面工作都进行了部署和总结，并首次提出了西柏坡精神，使伟大的革命实践凝结成党的宝贵精神财富。

二、西柏坡精神的基本内涵

西柏坡精神的基本内涵主要包括"两个务必""两个坚持""两个敢于""两个善于"四个方面。

"两个务必"是西柏坡精神的核心，即务必继续保持谦虚、谨慎、不骄、不躁的作风，务必继续保持艰苦奋斗的作风；"两个坚持"是西柏坡精神的宗旨与目标，即依靠群众、坚持人民参政，坚持和发扬为人民服务的公仆精神，把维护好、实现好、发展好最广大人民的根本利益作为党工作的出发点和落脚点。"两个敢于"是西柏坡精神的本质特征，即敢于斗争、敢于胜利，要求中国共产党必须敢打敢拼、攻坚克难、永不停步，以敢于全胜的精神号召全党、全军和全国人民，将革命进行到底；"两个善于"是西柏坡精神的内在要求是，即善于破坏一个旧世界、善于建设一个新世界，即中国共产党必须在成为执政的伟大转折时期，兼顾好与国民党军队的决战和团结各界力量建设新中国两大任务。

除此之外，西柏坡精神还具有严守纪律，团结一致，加强党的集中统一；实事求是，科学决策；不畏艰险，迎难而上等内涵。

三、西柏坡精神的党建经验

（一）党的思想建设

1948 年毛泽东在西柏坡时强调，任何能够领导工人阶级和广大人民群众战胜帝国主义及其走狗的革命党都必须具备马克思列宁主义的革命理论和革命风格。

加强党的思想建设，以毛泽东为首的中共中央在西柏坡时期坚定共产主义的理想信念，以小胜积累大胜，将革命坚持到底。中国共产党是一个具有崇高理想和坚定信念的马克思主义政党，理想信念为中国共产党指明了前进的根本方向、提供了勇往直前的精神动力，中国共产党人必须时刻坚定马克思主义真理信仰和共产主义远大理想，敢于斗争，敢于胜利，不断推进革命的全国胜利，推进完成新民主主义革命的胜利，并为接下来实现社会主义与共产主义而继续奋斗。

加强党的思想建设，以毛泽东为首的中共中央在西柏坡时期多次要求全党认真研读马列著作，学习马克思主义理论。在中共七届二中全会上，中共中央也特别强调了党员干部对马克思主义理论的研读和学习，规定了十二本马列主义著作作为"干部必读",并在很长时间里成为干部学习马列主义的基本教材。

加强党的思想建设,以毛泽东为首的中共中央在西柏坡时期创办了中央马列学院。中央马列学院作为中国共产党在西柏坡时期的高级党校,要求"比较系统地培养具有理论的党的领导干部和宣传干部",着重教导学生学习马克思主义理论知识,以理论武装全党,从而克服党内的经验主义倾向。

(二)党的组织建设

党的组织建设,包括党的组织制度、中央组织、地方组织、基层组织、干部、纪律等,在各个历史时期都必须摆在突出位置。西柏坡时期,面对中国共产党即将成为执政党和领导者的地位变化,以毛泽东为首的中央领导人都更加重视党的组织变化和建设。

加强党的组织建设,要处理好中央和地方的关系。西柏坡时期,随着历史转折时期局势的新变化,具体国情和党的地位发生的变化,为了发挥地方党组织和军队抗击敌人的主动性和积极性,中央采取的给予地方极大自治权的措施也不再可行,必须重新审定地方与中央的关系,采取新措施,加强党的统一领导,克服地方主义和游击主义,结束地方的无政府和无纪律的状态。1948年毛泽东起草了《关于建立报告制度》,要求在各中央局和中央分局建立严格的报告制度,由书记负责,报告内容应当包括政治、经济、文化、军事、外交等各个方面,报告人员涵括每个中央委员和中央候补委员。1948年4月,毛泽东指出要将全国一切可能和必须统一的权力统一于中央,并进一步指出要在政治政策、军事战略和经济、行政等方面实现统一,加强党的统一领导。

加强党的组织建设,要处理好人民民主和党的领导的关系。党的七届二中全会上,毛泽东提出将民主集中制作为基本组织原则,采取党委会的工作方法,既保证人民民主和人民的根本利益,也发挥集中高效的优势,由此体现了人民当家作主与党的领导之间并非对立和矛盾的关系,而是相互补充、相互依赖的辩证统一关系。

(三)党的作风建设

1949年党的七届二中全会在西柏坡召开,会议上毛泽东提出了"两个务必"重要思想,要求从思想作风上从严治党,警示中国共产党人要始终保持谦虚谨慎,戒骄戒躁的精神状态,始终保持勤政廉政和艰苦奋斗的优良传统,全心全意为人民服务。这是党在面临由局部执政走向全面执政的地位变化时,为了防止党内出现骄傲自满情绪和腐败堕落思想,毛泽东对全党的告诫,最终目标是带领全党全国人民排除干扰,将革命事业不断向前推进,直到取得全国胜利。

加强作风建设必须坚持艰苦奋斗、勤俭节约的精神品质。西柏坡时期，毛泽东将大家为他准备的最大的房屋让给了年龄最大的朱德，自己住进了普通民房，坚持睡和普通士兵一样的硬板床，用一样的绿军被和土床单，坚持穿旧鞋；刘少奇常说："我们花的钱都是人民群众勒紧腰带节省出来的，是人民的血汗。"① 因此在生活中十分勤俭节约，举办的婚礼都十分简朴；周恩来生活一向朴素，没有坏的物品一直使用，有损坏的物品也不会轻易丢掉，在西柏坡时曾用一个小碟子用作茶缸盖，也不愿意再换新的茶缸。中国共产党领导人率先垂范，以身作则，他们的言行举止都体现出了中国共产党人艰苦奋斗、勤俭节约的西柏坡精神，为其他人作出表率与榜样。

加强作风建设必须坚持依靠群众、服务群众的群众作风。西柏坡时期，中国共产党延续了井冈山时期的三大纪律、八项注意，发布了《中国人民解放总部关于重新颁布三大纪律八项注意的调令》，规定了军民关系，使解放军队人民秋毫无犯，从根本上维护了当地人民的利益，也为解放军的胜利提供了群众基础和稳固保障；西柏坡时期，中央具体提出了"不做寿，不送礼，少敬酒，少拍掌，不以人名作地名，不要把中国同志同马恩列斯平列"的"六条规定"，党员干部必须不忘为人民服务的初心，一切为了人民群众，一切依靠人民群众，警惕历史周期律重蹈覆辙引起社会动荡与人民生活困苦；西柏坡时期，中共领导人高度重视群众工作与群众路线的贯彻执行，许多重要领导人都关于群众路线发表过讲话，1947 年朱德结合军事部队工作发表了《部队工作要走群众路线》，1947 年董必武结合经济财政工作发表了《关于我们的财经任务与群众路线》的讲话，1947 年刘少奇面对党的工作重心即将由农村转移到城市的新局面，发表了《关于城市群众工作问题》的讲话，要求中国共产党必须坚决维护人民的根本利益，任何时候都不能脱离人民群众。

加强作风建设必须坚持批评和自我批评的优良传统和作风。批评与自我批评体现出西柏坡精神的科学性，督促中国共产党人在工作时必须坚持做到一切从实际出发，坚持实事求是，党的领导机关及领导干部应当听取不同意见和批评，从谏如流，也敢于自我反思，最终实现科学决策。西柏坡时期，毛泽东高度重视批评与自我批评的作风，通过对党员干部行为的规范，防止党员懒政怠政和干部腐败，保持党的纯洁性和先进性，是党强身治病、保持肌体健康的锐利武器，为防止全国胜利后部分党员干部出现骄傲自满情绪拉起警戒线。

---

① 本社编：《怀念刘少奇同志》，湖南人民出版社，1980 年版，第 281 页。

四、西柏坡精神中党建经验的现实意义

西柏坡时期是即将实现全国解放的胜利前夕，比近代以来任何时候都接近完成反帝反封建的历史任务。而如今，崭新的 20 世纪 20 年代铺陈开，处于新时代的中国步入全面小康社会的阶段，也比近代以来任何时候都接近实现中华民族伟大复兴的中国梦。如今的中国又处于一个阶段性目标即将实现的胜利前夕，如何继续发扬党的优良传统和作风，推进胜利的最终实现，如何使中国共产党人重整心态，继续向新的目标奋勇前进，西柏坡精神留给我们的经验具有重要意义。

中国共产党成立近百年来，带领中国人民赢得一个又一个阶段性胜利，只有中国共产党，才具有西方政党不具备的团结统一和目标如一的优点，能够始终坚持共产主义的理想信念，为自身设立一个个小目标，再积累成大目标，最终都是为了实现共产主义而奋斗不止；而新时代下，中国共产党正面临着四大考验和四大危机，学习和发扬西柏坡精神对中国共产党完成考验和克服危机具有重要意义，必须坚持西柏坡精神中"两个务必"和"进京赶考"的精神，赓续艰苦奋斗、勤俭节约的优良作风，始终坚持为人民服务的宗旨，通过加强党的自身建设，推动中国共产党带领全国人民夺取最后胜利。

革命和建设道路上的任何成绩都不能使中国共产党人忘记初心，不能因为走得远了，就忘记来时的路。无论是过去还是现在，我们都还在实现共产主义伟大理想和不断提升人民生活水平的道路上。因此，中国共产党人必须继续保持和发扬西柏坡精神中的公仆精神，不断学习十八大以来党中央开展的"三严三实""两学一做""不忘初心、牢记使命"的主题教育，紧密联系群众，依靠群众，全心全意为人民服务，倾听群众呼声，关心群众疾苦，时刻把人民群众的安危冷暖挂在心上，真正做到权为民所用、情为民所系、利为民所谋；中国共产党人必须继续保持艰苦奋斗的清廉性，以身作则，永葆共产党员的先进性，排除干扰，不断提升中国共产党的执政能力，完善党的自身建设，才能有效巩固党的执政地位，拒腐防变。

马克思主义学院 沈思雨

西柏坡精神与全面从严治党研究

一、红色精神与伟大工程

（一）从革命历程中汲取红色精神养分

人无精神则不立，国无精神则不强。精神是一个民族赖以长久生存的灵魂①。中国人民在几千年的历史中形成了伟大的民族精神，激励着中华民族历久弥新、屹立在世界东方、创造出辉煌的古代文明。我们党在社会主义革命时期形成的优良革命传统和红色精神，是一笔宝贵的精神财富和丰厚的政治资源，学习红色历史、瞻仰先烈英魂有助于党内革命精神代际沿袭与发展。

自党的十八大以来，以习近平同志为核心的党中央领导集体，就不断到红色革命圣地进行考察学习，在红色足迹中汲取治国理政的智慧，反复强调让红色精神放射出新的时代光芒。同时在党内开展"不忘初心、牢记使命"的革命主题教育活动，加强党性教育，借以激励当代共产党人"永远保持建党时中国共产党人的奋斗精神，永远保持对人民的赤子之心"②。

（二）中国共产党的初心和使命

中国共产党诞生于国家危难之际，是近代社会进步和革命形势发展的产物。中国共产党想要夺取政权和实现长期执政，必须要对人民和其他政党的考问进行回应。中国共产党是一个什么性质的政党？它所依靠和代表的是哪一阶级？它的政治目的又是什么？回溯中国共产党走过的百年历史，就能找到确切的答案。从一大的红船上的"为共产主义、社会主义而奋斗"到写进十九大报告中

---

① 习近平：《在纪念红军长征胜利 80 周年大会上的讲话》，党建网，http：//www. dangjian. cn/djw2016sy/djw2016syyw/201706/t20170629 _ 4318055. shtml？from = singlemessage & isappinstalled＝1

② 习近平：《在庆祝中国共产党成立 95 周年上的讲话》，党建网，http：//www. dangjian. cn/djw2016sy/djw2016syyw/201706/t20170629 _ 4318055. shtml？from = singlemessage & isappinstalled＝1

的"为中国人民谋幸福，为中华民族谋复兴"。中国共产党能区别于其他政党解决中国的革命困境，尽管遭受了重大挫折和损失，最终取得新民主主义革命和社会主义革命的胜利，最重要的原因就是依靠和发动了广大的人民群众。新时代的初心和使命回答的就是为什么人、靠什么人的问题。以百姓心为心，与人民同呼吸、共命运、心连心，是党的初心，也是党的恒心①。维护最广大人民的利益，增进民生福祉，是共产党执政的基本理念。

（三）新时代的革命征程

在西柏坡召开的党的七届二中全会，是在解放战争局势已定，即将入驻北平，全国革命胜利前夜召开的。会上毛泽东却警示大家："夺取全国胜利，这只是万里长征走完了第一步。在过了几十年之后来看中国人民民主革命的胜利，就会使人们感觉那好像只是一出长剧的一个短小的序幕。剧是必须从序幕开始的，但序幕还不是高潮。中国的革命是伟大的，但革命以后的路程更长，工作更伟大，更艰苦。"②

社会主义制度在中国的发展历程是充满艰辛与曲折的，中国共产党由于没有经验，在社会主义革命和建设时期始终是摸着石头过河的状态，遭遇了不断的挫折与磨难才探索出自己的发展道路——将马克思主义基本原理同中国的具体实际结合起来，走具有中国特色的社会主义发展道路。中国特色社会主义制度在中国显示出巨大的优越性和强大的生命力，中国取得了改革开放和社会主义现代化建设的历史性成就。但党面临的"赶考"远未结束，千万不能沉浸在已取得的成就中骄傲自满、丧失革命精神和斗志，逐渐陷入安于现状、无所作为、贪图享乐的状态。中国共产党能否始终担当起领导建设国家的重任、经受来自国内国际两方面的执政考验而跳出王朝兴衰的"历史周期律"？中国正处于并将长期处于社会主义初级阶段，距离实现共产主义伟大理想还有许多未知。历史总是一直向前进的，从不等待一切犹豫者、观望者、懈怠者、软弱者。提倡学习《甲申三百年祭》，与黄炎培的"窑洞对"，与周恩来关于"进京赶考"的对话，都是毛泽东围绕如何在取得胜利后始终保持党的初心的深刻思考。

要想实现中华民族的伟大复兴，作为领导核心的中国共产党在新的历史条件下必须加强和完善自身队伍建设，同新的历史环境中产生的新矛盾进行斗争，

---

① 习近平：《在中共中央政治局"不忘初心、牢记使命"专题民主生活会上的讲话》，新华网，http://www.xinhuanet.com/2019-12/27/c_1125397179.htm

② 毛泽东：《在中国共产党第七届中央委员会第二次全体会议上的报告（节选）》，《人民论坛》，1995 年第 7 期。

以推进中国特色社会主义事业稳步前进。任何贪图享乐、怕作为、不作为的思想和行为都是错误的。中国有句俗语"行百里者半九十"，近代中国盲目自大，闭关锁国，逐步落后于世界潮流，被迫承受挨打的屈辱。当前中国正处于并将长期处于社会主义初级阶段、中国是世界上最大的发展中国家的身份没有改变，更要不断追赶，弥补历史差距。中国永远在发展路上，中国共产党永远在赶考路上，不负时代嘱托，勇挑重任，严于律己，提升自身的政治素质和处理社会事务的能力，努力交出优异的答卷。

二、西柏坡会议中关于党建部分的相关论述

1948 年 9 月会议上，中共中央不仅制定了夺取全国政权的战略任务，还发布命令严肃当时党内出现的纪律问题。通过了关于执行请示报告制度并健全了党委制，要求各地建立健全党委会议制度，集体领导、个人负责。提出依章依规定期举行代表大会。可以看出中国共产党始终坚持以制度治党、依法治党、依规治党。不断加强党的组织性、纪律性与战斗力。

在七届二中全会的决议中，可以看到以毛泽东为代表的中共领导集体对自身身份的转变有着清晰而明确的认知。从革命者到管理者，从管理一支军队到管理整个国家，从革命的征兵打战到和平社会主义的建设。打败敌人容易，建设国家难。这一切形势的变化对共产党员的能力和素养提出了更高的要求。但此时胜利的掌声让一部分共产党员迷失方向，党内滋生了以革命功臣自居，革命已经成功的情绪。不被封建军阀和帝国主义所打倒的英雄却被资本主义裹挟的糖衣炮弹所打败。改革开放后市场经济的建立，资本主义追求财富的风气对当前执政带来的严峻考验也正是如此。

会议上毛泽东提出了著名的"两个务必"，即务必使同志们继续地保持谦虚、谨慎、不骄、不躁的作风，务必使同志们继续地保持艰苦奋斗的作风。这是保持党的先进性、纯洁性的要求，体现的是中国共产党艰苦卓绝的革命历程与不忘革命初心的优良政治传统。会议还作出了"六条规矩"等重要规定。这些都有效规范了党员的政治生活，规避了中国传统人情社会对政治生活的影响和不良政治风气的形成，对共产党成功迁往北平，接管工作做了组织上的准备。

三、从西柏坡精神出发，思考新时代全面从严治党

（一）新时代党内出现的问题

改革开放以来，随着私有制经济的发展，裹挟着资本主义思想的糖衣炮弹开始影响渗透中国的意识形态。党内涌现出思想路线与组织偏离的突出问题。个别党员干部出现了骄傲自满、贪图享乐等不良情绪，产生了形式主义、官僚主义、享乐主义，更有甚者，违反党的政治纪律和政治规矩，拉帮结派在党内搞自己的小集体与组织对抗。党内出现的问题可以从"自身"和"外因"两个层面进行探讨。从个人主观意识来看，是一些同志的三观问题发生偏离，贪图个人享乐、丢失人民公仆精神。从客观的制度上说是党的管理方针和政策在有些地方没有落到实处，在一些方面存在缺失和漏洞。

中国共产党是有着九千多万的党员的世界最大政党。面对如此庞大的党员队伍，在新时代的执政条件下如何防止党员干部腐化变质，永葆革命者本色，始终发挥先锋模范作用。这对中国共产党的自身队伍建设提出了更高的纪律和组织上的要求。

（二）西柏坡精神与新时代党建的共通之处

西柏坡是一座标志着革命胜利的城市，较之井冈山的开辟新路，遵义的伟大转折，有人会抱有这样的偏见，"只有革命陷入困境，才能更能考验革命者的毅力和对主义的忠诚。"但我们必须要认识到，身处于和平发展的时代，共产党员不用再穿梭于枪林弹雨中流血牺牲，为主义流尽自己最后一滴鲜血。却面临着更大的蜜糖考验。

西柏坡精神诞生于全国革命胜利的前夕，新时代的党建工作正处于实现两个"百年目标"，夺取中国特色社会主义伟大胜利的关键期。两个不同的历史时期巧妙重叠，探讨的都是在即将走向胜利，执政党如何保持自己的先进性和纯洁性的问题。西柏坡精神中的"两个务必"中蕴含着党保持谦虚谨慎的科学态度和艰苦奋斗的生活作风，对永葆革命本色的追求永远不会过时。

（三）新时代全面从严治党取得的成就

自中国共产党成立以来，就重视对自我权力的监督和制约，重视对党员干部纯洁性和革命性的管理。

1927年"五大"就设立了中央监察委员会，延安时期整风运动，新中国成立后党发起"三反""五反"运动，开展整风、整党运动，加强党内思想建设、组织建设和作风建设；十四大首次将"从严治党"写入党章，"从严治党"正

式成为管党治党的根本原则；2014 年习近平提出"全面从严治党"，将其提升到新的战略高度，划入了中国特色社会主义事业中的"四个全面"战略布局之中。

新时代党的建设从制度和个人两个层面着手开展党建工作。制度层面上加强对党员权力的制约与监督，防止权力的滥用。个人层面上加强党员对马列主义理论的学习，坚定社会主义和共产主义远大理想和信念。坚持思想建党和制度治党相统一。

全国查处违反中央八项规定精神问题统计表

时期	项目	总计	省部级	地厅级	县处级	乡科级及以下	形式主义、官僚主义问题					享乐主义、奢靡之风问题							
							贯彻党中央重大决策部署打折扣等	在履职尽责、服务经济社会发展等	在联系服务群众中消极应付等	文山会海反弹回潮、大兴检查考核等	其他	违规收送名贵特产和礼品	违规吃喝	违规操办婚丧喜庆	违规发放津补贴或福利	违规配备使用公车等	公款旅游、接受服务对象旅游活动安排	其他	
2020年1月	查处问题数	8228	0	38	631	7559	83	3125	223	56	413	80	1191	519	232	251	1170	233	652
	处理人数	11389	0	39	755	10595	107	4424	284	69	539	96	1436	774	348	278	1803	418	813
	党纪政务处分人数	8067	0	34	569	7464	61	3017	190	27	272	59	1194	557	232	232	1325	326	535
2020年以来	查处问题数	8228	0	38	631	7559	83	3125	223	56	413	80	1191	519	232	251	1170	233	652
	处理人数	11389	0	39	755	10595	107	4424	284	69	539	96	1436	774	348	278	1803	418	813
	党纪政务处分人数	8067	0	34	569	7464	61	3017	190	27	272	59	1194	557	272	232	1325	326	535

备注：享乐主义、奢靡之风"其他"问题包括：违规配备和使用公车、接受旅所问题、提供或接受超标准旅游、超规或参加用公款支付的高消费娱乐健身等活动、接受或提供可能影响公正执行公务的健身旅等活动、违规出入私人会所、领导干部违规经商等。

注：不含港澳台数据

数据来源：中央纪委国家监委党风政风监督室　　　　　　　中央纪委国家监委网站 杨雅玲 制作

图 1　2020 年全国查处违反中央八项规定精神问题统计表

可以看到在新时代的中国，反腐败斗争已经取得了显著成效。面对腐败这一世界难题，中国共产党正在以极大的政治勇气和改革的魄力，狠抓落实从严治党的要求，把权力限制在宪法和法律的框架之内。反腐败的态势已经形成。

（四）西柏坡精神对新时代开展党建工作的启示

走好"新时期"的赶考路，要把党的政治建设放在首位，正是共产主义远大理想的坚定信念使得共产党员得以区别于其他政党，正是坚定的理想信念的支持，才支撑着党渡过被围剿的危急关头，支撑着党走过最为艰险的革命困境。理性信念坚定了，党员就有了抵御各种诱惑的能力。党员要坚持解放思想、实事求是，不被教条主义所束缚，勇于追求真理，加强对马列理论的学习以改造自身，广泛开展党内批评和自我批评，抵御不良风气的影响。不要被一时的胜利所沾沾自喜，而要看到建设中国特色社会主义的道路还很漫长，我们仍处于万里长征的第一步。

西柏坡作为"进入北平解放全中国的最后一个农村指挥所"，正是人民的支持，一封封电报才从这里发出，指挥着三大战役，赢得最后决战性的胜利。无论如何都不要忘记人民，人民的满意度是衡量一切工作的根本标准。一枝一叶总关情，党员干部要想民生之疾苦、做利民之事、便民生之宜。完成好祖国和人民交付的任务。

在西柏坡，三大战役取得胜利，近代中国经过漫漫长夜，终于在这里走向光明。中国共产党人要敢于胜利、勇于胜利。今年是全面建成小康社会和十三五规划收官之年。共产党人要汲取西柏坡敢于斗争、勇于胜利精神，打好脱贫攻坚战、走好"最后一公里"，为开辟新的现代化革命征程奠定良好基础。

党面临的执政考验是长期的、复杂的、严峻的，党风廉政建设和反腐败斗争永远在路上。我们党要把正在经受和将要经受各种考验的"考试"考好，使我们的党永远不变质、我们的红色江山永远不变色①。

马克思主义学院　蒋倩

---

① 习近平：《中国共产党人的精神谱系——西柏坡精神》，《人民日报》2019 年 01 月 31 日 09 版

西柏坡精神与大学生理想信念教育

一、西柏坡精神的产生与发展

（一）西柏坡时期的中国共产党

1946 年 6 月 26 日，蒋介石单方面背弃"双十协定"，国民党军队向共产党所在的中原解放区发起攻势，国共大规模内战全面爆发。1948 年，党中央军队和毛主席开进西柏坡并驻扎下来，打了四次规模较大的胜仗，彻底消灭的敌军人数达到 6.2 万余人。解放战争后期，中国共产党在西柏坡指导的辽沈、淮海、平津三大战役中，中国共产党成功击败国民党军队，国民党军队之中能够发挥作用的部分已经受到深度打击，三大战役为赢得解放战争的最终胜利、中国能够不受国民党政权统治的影响而自主地存在打下了良好的根基。在西柏坡这个平凡而又不平凡的小山村，全党还举办了七届二中全会和全国土地会议，为消灭国民党残余力量，实现全国解放，迎接全国胜利，成立和建设新中国奠定重要基础。1949 年 3 月 23 日，中国共产党离开西柏坡，进驻北平，从此中国革命进入了一个前所未有的历史阶段，在夺取全国胜利的前夕，着手进行社会主义革命和建设。西柏坡时期也是中国共产党和中华民族面临的重要转折时期，中国共产党所有工作中最为重点的部分从前在农村，从此以后便开始向城市进军，并且即将迎来工作状态的巨大改变：将从前与敌军激烈斗争、硬碰硬的状态工作转变为国家的建设工作。全体共产党员勠力同心、迎难而上，为取得最终胜利奠定了坚实基础，在此基础上形成影响深远的西柏坡精神。

（二）西柏坡精神的产生

中国共产党在不同历史时期形成了丰富且各不相同的革命精神，在特定时期革命精神的支持下，在共产主义信仰的指引下，在全党全军和全国人民的共同努力下，完成了一个又一个革命任务、实现了一个又一个的胜利、创造了一次又一次的奇迹。在党的七届二中全会上，在共产党即将夺取胜利的背景下，中共中央制定了在转折时期符合中国国情的一系列政策，对于新中国的政治、经济、外交各方面构建蓝图，提出了党的建设方面的一系列要求。西柏坡精神也以此为标志，在革命斗争实践中正式诞生。和井冈山精神、长征精神、延安精神相同，作为中华民族优秀革命精神的西柏坡精神如同马克思所说，是"先驱者传给它而它便由此出发的特定的思想材料作为前提"①。西柏坡精神继承和发展了红色革命精神和中华传统文化。西柏坡精神的丰富内涵，在中国历史重要转折关头形成发展并开始发挥重要作用。此时，党的工作中心逐步由农村包围城市，武装夺取政权转移，当前全党面临的任务首先是集中力量突破各种障碍取得最终胜利，并迎接新的挑战，逐步担当起新中国的成立和建设大任。

（三）传承与弘扬西柏坡精神的价值意义

大力发扬西柏坡时期老一代共产党员为国家为民族孜孜不倦谋求胜利的革命探索和献身精神革命精神受到我国历代领导人的高度重视。西柏坡精神是中国人民共同的、来之不易的、无形的宝贵财富，应当在人人心中时刻守护。体现党敢于破坏旧世界，建设新世界的创新精神，和面对困难时无所畏惧的信念，以及以人民利益为中心的理念，艰苦奋斗的优良作风。邓小平同志也曾多次通过西柏坡精神与赶考精神解释各种现象、问题或行为，在实践中实践能力教育全党，在新的环境下同样也会经受重重磨炼，在新的事件中经历检验，也一定要传承"赶考精神"，实现"考试合格"；习近平同志也多次前往西柏坡进行调研指导，着重提出党依然面临着重重考验，"赶考"仍在进行时。大学生作为新时代新青年，深刻领会并贯彻西柏坡精神，学习领悟党的十九大精神，在新时代继续继承革命先辈优良传统，继续攻坚克难，为全面建成小康社会社会主义现代化强国的建设贡献力量。

二、西柏坡精神的内涵

（一）破坏旧世界，建设新世界

善于破坏旧世界，善于建设新世界，中国共产党在革命斗争实践中，特别是在西柏坡时期，在国民党反动派即将被打倒，新中国即将成立的特殊历史时期，有着开拓创新的精神，带领全国人民顺利实现从战争年代到和平年代的转变，将工作重心转移到新中国的政治、经济建设上去。毛泽东在党的七届二中全会的报告中说："我们不但善于破坏一个旧世界，我们还将善于建设一个新世

---

① 《马克思恩格斯全集》（第4卷），人民出版社，1972年版，第501页。

界。中国人民不但可以不要向帝国主义者讨乞也能活下去，而且还将活得比帝国主义国家要好些。"① 我国的社会主义事业是以马克思主义科学理论作为指导，坚持卓越杰出的理想信念，既有科学理论的支撑，又有支撑人们不断前进的精神力量，社会主义事业的不断前进显示出了革命精神的巨大动力，这也是当代大学生应当秉承并传承发扬的优秀行为和作风。

（二）敢于斗争，敢于胜利

"敢于斗争，敢于胜利"的精神是在中国共产党长期革命斗争实践中传承和发扬的优秀精神品质。党的军队能够敢为人先、敢于战斗、能打胜仗，才能在每一次的革命中获得胜利。从建立井冈山革命根据地到红军二万五千里长征，从抗日战争顽强抗争到全面内战的爆发，敢于斗争、敢于胜利的精神一直在每一位共产党员的血脉里流淌。1946 年 6 月 26 日，蒋介石单方面背弃"双十协定"，国民党军队向共产党所在的中原解放区发起攻势，国共大规模内战全面爆发。对于处于劣势的中国共产党领导的人民军队能否打败国民党的进攻，许多人存在怀疑和顾虑。毛泽东提出"一切反动派都是纸老虎"，坚决以自卫战争反对国民党的全面进攻。1948 年夏，"为着继续大量地歼灭敌人，从根本上打倒国民党反动政府，人民解放军就必须攻击敌人坚固设防的大城市，必须同国民党强大机动兵团作战。因此，敢不敢打我军从来没有打过的大仗，敢不敢攻克敌人的大城市，敢不敢歼灭敌军的强大集团，敢不敢夺取更大的胜利、已经成为我军当时战略决策上的重大问题"②。党中央基于局部战场的优势，发动辽沈、淮海、平津三大战役奠定了全国胜利的基础。又一举出击，取得渡江战役的胜利，最终解放全中国。

（三）一切为了人民，一切依靠人民

中国共产党以人民的利益为工作重心，积极解决人民群众的切身问题。1947 年 7 月至 9 月，全国土地会议在西柏坡召开。会议通过了《中国土地法大纲（草案）》，其中规定"乡村农民大会及其选出的委员会，乡村无地少地的农民所组织的贫农团大会及其选出的委员会，区、县、省等级农民代表大会及其选出的委员会为改革土地制度的合法执行机关"③。所谓"得民心者得天下"，在保护人民利益的同时，积极发动人民群众为革命斗争贡献力量，有了人民的

---

① 《毛泽东选集》（第 4 卷），人民出版社，1991 年版，第 143 页。
② 《叶剑英军事文选》，解放军出版社，1997 年版，第 458 页。
③ 《建党以来重要文献选编》（1921-1949）（第 24 册），中央文献出版社，2011 年版，第 417 页。

支持，才能获得战争的胜利。

（四）"两个务必"

"两个务必"，即"务必保持谦虚谨慎、不骄不躁的精神，务必保持艰苦奋斗的精神"，这是西柏坡精神中的主导性和关键性因素。中华人民共和国成立伊始，在毛泽东、周恩来、朱德提倡和指导全党全国人民，并带头做出榜样或典范，使中国社会广泛遍及了艰苦奋斗精神的意志品质。

在改革开放以后，人们享受物质生活、文化生活的程度不断提高，但我们仍然需要提倡和发展中国共产党在艰苦创业过程中的优良作风和传统，时刻保持谦虚谨慎的精神。这对当前大学生的思想政治教育具有重大意义。大学生应当要牢记"两个务必"，坚持"权为民所用、情为民所系、利为民所谋"，时刻牢记中国共产党立党为公执政为民的意志品质，牢记中国共产党始终为最广大人民的利益而奋斗。我们不能忘记初衷，应当时刻牢记使命，时刻努力向上，在历史的人民的一次次考验中经受住磨炼和挑战，努力把新的更加令人满意的答卷交给历史和人民。

三、西柏坡精神与大学生理想信念教育

（一）大学生对西柏坡精神学习现状

当今时代的大学生与之前相比拥有者更加鲜明的特点，大学生群体普遍呈现出喜爱追求新鲜事物，适应并接受新事物的能力较强的特点，同时也充满着追求个人理想的热情。但是当前在大学生内部也存在着一定的问题，有少数大学生在社会中对其他人的伦理关怀和义务有所欠缺，不能很好地秉承传统革命精神中有着深刻体现的不求回报的付出和全身心的爱的精神。多数大学生优渥的在物质条件中成长，在大部分大学生的成长经历中都不曾有过物质条件差、艰苦奋战的岁月，甚至对于中国社会日新月异的进步也没有深刻体会，因此无法感同身受地理解在中国的近现代历史中，国家得到解放、人民翻身做主人、生活水平得到巨大提升的来之不易的巨大变化。这既是国家富强物质水平提高的正面影响，又容易让青年人在舒适环境中迷失自己的理想信念，受到各种文化思潮、价值观念的冲击，失去自己的方向更有少部分大学生只顾追求自己的生活，却对国家政治形势不闻不问。西柏坡精神的核心是"两个务必"，将西柏坡精神的深刻内涵和重要思想与广大大学生青年学子的思想政治教育的建设相结合，对大学生进行爱党爱国教育，让他们拥有坚定的理想信念，真挚的爱国情怀和爱党情感，承接先代传统精神，保持戒骄戒躁、艰苦奋斗，在新时代继

续为社会主义建设贡献力量。

（二）西柏坡精神对大学生理想信念教育的意义

大学生作为高素质人才，在不久的将来将成为中国特色社会主义事业建设和国家发展的重要力量，而涉世未深的大学生往往在道德思想上没有足够的认识，在行为上也不够成熟，对大学生进行理想信念教育的工作，一方面可以增强大学生的政治思想素养水平；另一方面，可以提升大学生道德修养水平，让大学生可以充分发挥个人才华，在新的道德层面和素质水平中发挥自身优势，全面和谐健康发展。当代大学生应当做到以"两个务必"为自己的道德标准，务必保持谦虚谨慎、不骄不躁的作风，务必保持艰苦奋斗的作风。对自己有清醒充分的认识，不能过度骄傲自满，同时也不能自卑自馁。我们不要忘记习近平总书记对我们的谆谆告诫："广大青年一定要矢志艰苦奋斗。'宝剑锋从磨砺出，梅花香自苦寒来。'人类的美好理想，都不可能唾手可得，都离不开筚路蓝缕、手胼足胝的艰苦奋斗。"① 1985 年 3 月，邓小平同志在全国科技工作会议上指出："为什么我们过去能在非常困难的情况下奋斗出来，战胜千难万险使革命胜利呢？就是因为我们有理想，有马克思主义信念，有共产主义信念"。理想信念是对于未来的希望和向往，是使得战士们受到鼓舞不断前进，克服面前道路的种种困难的荆棘、勇于对抗和消灭敌人、追求卓越的在思想上获得明确认识而产生的动力，更是他们坚持自我承受住各种严峻磨炼的信仰和寄托所在。由此可见，西柏坡精神是大学生进行理想信念教育的重要参考。

（三）传承与弘扬西柏坡精神与坚定大学生理想信念的有效途径

首先，对于大学生理想信念教育的工作应当针对当代大学生的特点，提高大学生对学习贯彻传统革命精神的接受度和积极性，若只一味死记硬背反而适得其反。比如，开展红色革命精神教育实践活动，身临红色土地，听取革命先辈们激动人心的革命故事，感受在共产主义信仰的指引下，他们克服重重艰难险阻，抛头颅洒热血的精神品质，让大学生能够身临其境感受革命岁月的艰辛和最终取得胜利的来之不易，在实践中实现自我教育，坚定共产主义理想信念。其次，还可以以学校为单位开展传承红色基因的其他活动，是大学生对西柏坡精神有更加深刻的、系统性认识，例如，可以举行革命时期重要人物事件的交流分享会或知识竞赛，在传承和弘扬西柏坡精神的同时，帮助学生深入了解、

---

① 《习近平同各界优秀青年代表座谈时的讲话》，新华网，http://www.xinhuanet.com//politics/2013-05/04/c_ 115639203. htm。

深刻记取。此外，对于传统革命精神的学习，还要帮助大学生树立正确的认识，注意取其精华、去其糟粕，结合时代发展和自身实际需要来学习和传承西柏坡精神中的艰苦奋斗和实事求是，为投身中国特色社会主义建设和中华民族伟大复兴贡献自己的力量。

马克思主义学院 陈琪然

西柏坡精神的历史地位、当代意义
和时代内涵研究

一、西柏坡精神形成背景

1947年中国革命战争出现了一个新的转折点，由战略防御转向了战略反攻。人民解放军在战场上击败了国民党军队，国民党被迫转向防守；在共产党的领导下人民军队开始进行反攻，扭转了战争的局势。随着局势的转变，中共在西柏坡取得了三大战役的成功，为解放全国做了准备，平津战役的胜利不仅解放了北平，而且大体上还结束了华北地区的战争。西柏坡是中国革命的转折点，党的工作方针也转变为战略反攻，由此奠定了解放全中国的基础。敢于斗争、敢于胜利的进取精神在这伟大的革命实践中诞生。

毛泽东在中共七大口头政治报告上指出："真正的马克思主义者当需要在农村时，就在农村；当需要在城市时，就在城市。"1945年，毛泽东提出工作重点由农村转向城市，注重城市的恢复与建设。西柏坡时期，毛泽东再次提出了将工作重心转移到城市。当时国内局势已经发生改变，人民的任务也从谋和平到追发展，建设城市和社会。同时党的工作任务也从战争转移到国家建设。经历了长期的战争，国内的政治、经济、文化被破坏得面目全非，中国百废待兴。因此在七届二中全会上毛泽东强调把工作重点转移到城市，由农业国家转变为工业国家。在此次全会上，毛泽东严肃地告诫全党：夺取全国胜利只是万里长征的第一步，我们不但善于破坏一个旧世界，我们还将善于建设一个新世界。同时号召全党同志在胜利面前，必须警惕骄傲自满情绪，必须警惕资产阶级"糖衣炮弹"的进攻。全党务必继续地保持谦虚、谨慎、不骄、不躁的作风，务必继续地保持艰苦奋斗的作风。西柏坡精神之一的"两个务必"精神也得以确立。

中国革命的胜利，党在西柏坡的任务从领导革命到国家建设。中国共产党作为执政党，肩负了全民族的幸福与安康、实现中华民族伟大复兴责任和使命。

恢复生产和开展社会建设是战争胜利后的亟须解决的问题。毛泽东关心人民群众，强调恢复生产工作，恢复城市的建设与发展，改善人民的生活条件。也只有人民过上了稳定的生活，党才能得到人民的认同和支持，同时也能稳固新生的政权。毛泽东指出，夺取政权容易但是巩固这个新生的政权需要耗费很大的时间和力气，因此稳固新生政权需要紧紧地联系群众，与人民建立良好的关系。党与人民群众紧密的关系以及党员强烈的人民公仆的意识在西柏坡逐渐形成了一切为了群众、一切依靠群众的民本精神。

西柏坡在中国具有重要的意义，西柏坡时期形诞生了许多优秀的精神：敢于斗争，谦虚谨慎，依靠群众等精神汇集成了西柏坡精神。

二、西柏坡精神的历史地位

西柏坡精神形成于中国革命的转折时期，在中国革命精神上具有里程碑意义，是中国革命实践与理论结合的产物。西柏坡精神是毛泽东思想的巅峰。大革命时期，毛泽东根据中国国情并依据实际结果，分析了不同阶级在革命中发挥的作用。第一次国内革命战争的失败，使党受到了重创。党吸收了大革命失败的教训，总结经验，领导了三大武装起义。毛泽东在南昌起义期间回答了对无产阶级建设的问题，对如何开展土地革命以及对人民军队的建设做出了解释。这些思想理论，为西柏坡精神打下了夯实的理论基础，也标志了毛泽东思想的成熟。

遵义会议的召开确立了毛泽东在全党的领导地位。在随后的抗日战争中，毛泽东更加深入地研究建设党的理论。毛泽东编著书籍的过程中，对过去革命中存在的重要理论问题进行了解释说明，并通过总结经验的方式，形成了较为全面的系统的作战思想，对军队作战具有重要的指挥作用。新民主主义革命的基本理论、路线和纲领充分证明了党的政策的正确性，体现了毛泽东成熟的思想。

中共进入西柏坡，是党从革命到执政的转折，也象征着中国革命进入了"坡顶"。"行军是艰苦的，可前途是光明的。翻过太行山这个最高山坳，我们在全国也将是度过了最困难的时期，以后就越来越好了，全国的胜利很快就要到来。"这是毛泽东在动员大会上对同志们的鼓励和号召，同时也客观分析了中国革命的形势。由此可以推断出，西柏坡时期是中国革命史上的一个关键点，这是中国革命和毛泽东最辉煌时期。经过井冈山精神、长征精神、延安精神的洗礼，西柏坡精神更加丰富和全面，从而进一步发展和丰富了毛泽东思想，使得毛泽东的革命思想到达了顶峰。

三、西柏坡精神的当代意义

以"两个务必"为核心的西柏坡精神是中国共产党在长期的革命斗争中为实现中国的独立、民族解放孕育形成的。无论革命条件是好是坏，中国共产党人都始终坚持着"两个务必"精神。在中国革命事业的转折时期，"两个务必"精神是对全党以及全国人民的告诫，具有很强的现实意义。1929年，毛泽东指出党内存在"打胜仗就骄傲，打败仗就消极"① 的现象，要求通过教育的方式予以改正。1936年毛泽东又提醒党内："不要满足于已得的胜利，轻视敌人，放松对于敌人的进攻，或者畏缩不前，错失消灭敌人的时机，招致革命的失败。"② 以此提醒党内要时刻保持优良作风。在西柏坡时期，毛泽东再次指出，"因为胜利，党内的骄傲情绪，以功臣自居的情绪，停顿起来不求进步的情绪，贪图享乐不愿再过艰苦生活的情绪，可能生长。"③ 于是"两个务必"应运而生，用以提醒党员不要因为暂时的胜利而停止了前进的步伐，而是继续投入到为巩固革命成果的建设中。为取得更大的胜利，就要继续保持着谦虚谨慎的优良作风，不要被暂时的成功冲昏了头脑，要为长远的胜利而不懈奋斗。

在革命即将取得胜利之时，中国共产党深刻地认识到中国革命的胜利只是万里长征的开始，革命之后的道路更艰难。取得革命胜利后，在建设社会主义新中国的同时还得防止党内出现不良的风气。毛泽东为防止党内出现贪污腐败，滋生骄傲自满，对党内提出了"一不做寿；二不送礼；三少敬酒；四少拍掌；五不以人名作地名；六不要把中国同志同马恩列斯平列"④ 的要求。从西柏坡前往北京时，毛泽东把这次进京比作"赶考"，党员们就是"赶考人"。毛泽东提出"我们决不当李自成，我们都希望考个好成绩"⑤，要求共产党人时刻保持初心，不要因为"环境渐渐好转了，精神也就渐渐放下了"⑥。不能在糖衣炮弹前禁不住诱惑，放弃了理想信念，生活堕落腐化。即使是在社会主义建设中，仍然要时刻保持着"两个务必"精神。

三十年后，又一伟大的历史性转折在中国发生了，我们迎来了改革开放的

---

① 《毛泽东选集》（第1卷），人民出版社，1991年版，第87页。
② 《毛泽东选集》（第1卷），人民出版社，1991年版，第199页。
③ 《毛泽东选集》（第4卷），人民出版社，1991年版，第1438页。
④ 西柏坡纪念馆：《西柏坡—新中国从这里走来》，人民出版社，2005年版，第43页。
⑤ 中共中央文献研究室：《毛泽东年谱（1893-1949）（修订本）》（下册），中央文献出版社. 2013年版，第470页。
⑥ 黄炎培：《八十年来》，文史资料出版社，1982年版，第157页。

春风,打开了对外开放的大门。这对刚经历"文革"的中国来说既是一个机遇又是一个严峻的挑战和考验。对内,我国的政治、经济、文化因受"文革"的影响正处在恢复期;对外,我国在高速发展经济的同时,我国还面临着国际敌对势力对我国现代化进程的干扰,如何处理这一艰难的局势成为党在发展中长期面临的难题。西柏坡精神并没有因为时代的改变而过时,相反它对处理这一难题仍有作用。邓小平在党的讲话中强调:"我们一定要恢复和发扬毛主席为我们树立的谦虚谨慎、戒骄戒躁、艰苦奋斗的优良传统和作风。""牢记两个务必,建设有中国特色的社会主义"是江泽民 1991 年在参观西柏坡时发出的倡议。时隔两年,江泽民又一次号召全党要继承、发扬、深化和发展"两个务必"的"64 字创业精神"。由此可见,"两个务必"是中国在又一伟大的历史性转折中的强大思想武器。

中国特色社会主义新时代,"两个务必"仍然适用于建设社会主义现代化强国,使党在前进的步伐中不忘初心、牢记使命,砥砺前行。自新中国成立起,在党的领导下,我国完成了对社会的改造,进入了全面建设社会主义时期,并在总结前人经验的基础上,开创了中国特色社会主义事业。党的十八大以来,虽然国家事业取得了显著的成就,但是国际局势却诡谲多变。国内仍在一个艰难的处境,因此我们切记不要骄傲自满,不思进取。在十九大报告上,习近平总书记对全体同志讲道:"一定要忠于党、忠于祖国、忠于人民,一定要心怀忧患、勇于担当、甘于奉献,一定要谦虚谨慎、不骄不躁、艰苦奋斗,全身心投入党和人民事业。"习总书记的这番讲话,重温了"两个务必"精神,同时也是对党内同志的要求。70 年前,以毛泽东为首的"赶考人"在"赶考"路上,他希望大家都能取个好成绩;70 年后,党在"赶考"中交出了一份优异的答卷。

四、西柏坡精神的时代内涵

不论在什么时候,西柏坡精神都是全党和全国人民的精神动力,激励着一代又一代的共产党人为祖国的建设贡献自己的力量。西柏坡精神为中华文化注入了"红色基因",增强了民族文化的自信心。西柏坡精神是对中华传统优秀文化的继承和弘扬,也体现了中华人民的伟大创造力。西柏坡时期的思想理论是党中央为我们留下的宝贵财富,在新时期重新学习西柏坡精神,对党坚持正确的发展方向有指导作用,使得公民与党在思想上保持高度一致,听党指挥。对于公民坚定"四个意识"具有重要作用。

西柏坡精神是中华民族勤劳勇敢、自强不息、艰苦奋斗、自力更生的体现,与中华民族优秀文化一脉相承,也是国家和民族前进的内在动力。继承、弘扬和发展西柏坡精神在社会主义新时代仍具有重要意义。西柏坡精神是复兴中华民族的强大动力，是民族振兴、国泰民安、社会进步的强大精神支柱。

西柏坡精神丰富了民族精神，体现了时代精神的诉求，丰富和发展了中国精神。西柏坡精神是中国优秀的民族精神，它能为中国革命的过去、现在和未来提供宝贵的精神财富和指导。始终保持"两个务必"精神，中国共产党人要不忘初心，保持党的先进性和纯洁性，坚持艰苦奋斗的优良传统，为实现中华民族的伟大复兴提供精神支柱。加强革命精神教育，让后辈们了解西柏坡时期革命党人艰苦历史，感知西柏坡精神的真正内涵，使西柏坡精神代代相传。西柏坡精神不仅仅是党应永远保持的高贵精神，而且还应当成为全国人民永远学习的精神旗帜。

国际体育组织学院 蒋玉澳

西柏坡精神传播研究

1948 年 5 月，中共中央移驻西柏坡，并在此指挥了举世闻名的三大战役，召开了七届二中全会和土地会议，解放了全中国，同时形成了具有丰富历史内涵与现实意义的西柏坡精神。对西柏坡精神传播的研究，有助于更好地理解其传播的内在原理，从而增强传播效果，更好地传承西柏坡精神。本文将逐一分析西柏坡精神传播的意义、现状，以及影响西柏坡精神传播效果，并提出对西柏坡精神传播的建议。

一、西柏坡精神传播的意义

西柏坡精神实质上是无产阶级的革命精神，本质特征是两个"敢于"、两个"务必"，即敢于斗争、敢于胜利的革命精神与务必保持谦虚谨慎的作风，务必保持艰苦奋斗的作风的创业精神。中央迁驻西柏坡后，在总体敌强我弱的情况下，深得人心的中共发出了两个"敢于"的号召，毅然选择与国民党殊死搏斗。三大战役胜利后，面对已成定局的战况，中共提出两个"务必"，勉励军民不骄不躁，积极进取，将革命进行到底。西柏坡精神诞生于夺取全国胜利的大决战前后，诞生于反抗政权最后一击的重重压力和困难，诞生于党一路走来累积的种种经验，与优良传统、作风的升华。具有特殊的历史意义。

此外，在以和平与发展为主题的今日，西柏坡精神仍有着历久弥新的现实意义，是中华民族的宝贵精神财富。例如"艰苦朴素、谦虚谨慎、不骄不躁"等形成并反映着我国的传统美德，"坚定信念、敢打必胜、求真务实、艰苦奋斗、服从大局、联系群众"等在长期革命斗争中形成的精神已然成为指导中共中央治国理政理论的一部分，对推动改革开放和实行市场经济体制乃至如今重大决策部署等都有着重要的意义。

即使在我国各方面发展日渐转好的今日，西柏坡精神丰富的历史意义与现实意义依然需要中华民族一代又一代血脉的继承与发扬，艰难但光辉的历史依然需要铭记，艰苦奋斗、谦虚谨慎的思想作风依然需要传承，只有这样，中华民族的优秀传统才得以更好地延续，党和国家才得以保持清醒不变质，才得以早日实现中华民族的伟大复兴。而大多当代人并未经历过这段历史的风云，需要通过某些渠道来了解西柏坡精神背后的历史故事与深刻内涵，因此在当代更好地传播西柏坡精神就显得尤为重要。

二、西柏坡精神传播的现状

西柏坡精神在当代的主要传播的主要渠道和载体大致分为三类，即文艺作品、红色旅游以及红色教育。

（一）文艺作品

在书籍、影音、话剧、舞蹈、美术等众多表现载体中，有许多作品以各色各样的形式讲述了西柏坡故事，反映了西柏坡精神。

在文学领域里，有将西柏坡精神蕴藏在党在西柏坡时期故事中的党史著作，如《读·党史》第10辑《走近西柏坡》；有系统详细阐述西柏坡精神的科学内涵，总结党的发展建设经验并分析其时代意义的社科文献，如周振国先生的《西柏坡精神学习读本》，也有联系习近平总书记在西柏坡的讲话与西柏坡的历史经验，将西柏坡精神内核与"中国梦"融会贯通的指导教材，比如《西柏坡精神永放光芒》。在中国国家图书馆文津搜索中的输入关键词"西柏坡"，可以检索出《毛泽东在西柏坡的日子里》《从西柏坡到中南海》等大约24000个相关结果，其中图书150本，论文约9300篇，其余的则是一些词条与多媒体作品。这部分作品在党内与思政学者群体中阅读情况相对可观，但由于作品大多有着密集文字、需要一定理论基础等偏高的阅读门槛，部分群众并不能很好的接受。此外，宣传范围及力度的局限，也在一定程度上造成了阅读受众数量的局限。

作为直观反映、记录历史、与普罗大众产生共鸣的重要传播载体，影音、话剧等艺术领域的作品也有不少与西柏坡精神相关。据统计（见图表1），反映西柏坡精神的影视作品种类十分多样，有电视纪录片、电影纪录片，电视剧、动画电影、戏剧戏曲等多种形式。其中，纪录片占比最大，且大部分作品都着眼于国共之间较量的宏观叙事，如纪录片《新中国从这里走来》叙述了从中央选址西柏坡到"进京赶考"，与国民党斗争的重重困难与种种历史必然，故事片《谁主沉浮》通过刻画毛泽东与蒋介石两个主要任务的心理争斗，反映国共之争的历史故事等等。此外，也有少数主要讲述历史大背景下小人物的故事，再将其与宏观叙事相结合的优秀作品，如上海电影制片厂出品的剧情篇《走出西柏坡》等。一部分优秀的影视作品，常常会在中央电视台循环播出，具有较好的传播效果，但受众主要集中于中老年人，和一部分热爱历史的年轻人。除此之外，偶尔会有一些反应西柏坡历史故事和精神的话剧及歌舞剧在地方演出，如话剧作品《毛泽东在西柏坡的畅想》和红色歌舞剧《新中国从这里走来》以及河北师范大学自制音乐舞蹈《西柏坡》等等。这样的作品往往具有较好的张力，能较小范围产生较好的传播效果。

（二）红色旅游

西柏坡坐落于河北省石家庄市屏山县中部，占地总面积 16440 平方米，是全国重点文物保护单位、国家 AAAAA 级旅游景区，2017 年 1 月入选《中国红色旅游经典景区名录》。

西柏坡景区内有西柏坡中共中央旧址、西柏坡陈列馆、西柏坡纪念碑、五位领导人铜铸像、西柏坡青少年文明园、国家安全教育展览馆等多处景点可供参观游览。据统计，每年到这里的客游高达 50 万人次。目前开放的中国中央旧址主要有毛泽东、朱德、刘少奇、周恩来、任弼时、董必武旧居、军委作战室、中国共产党七届二中全会会址、九月会议会址、中共中央接见苏共中央和上海人民和平代表团代表旧址、防空洞和中央机关小学旧址等等。西柏坡纪念馆占地 3344 平方米，馆内藏有革命文物 2000 余件，其中一级品 8 类 15 件。

西柏坡景区作为红色旅游胜地，做的不是照本宣科式的宣传教育，而是着眼于增强游客感受，将红色注入游客心底的过程不那么高深乏味。游客西柏坡景区展馆借助丰富的历史藏品、雕塑艺术与光柱成像等科技手段，让游客尽可能地了解历史，感受西柏坡的精神文化。与此同时，大面积的旧址复原，也能够让游客尽可能地感受到历史时代中央在西柏坡的工作与生活环境，易于使游客产生共鸣。此外，西柏坡作为以历史文化为主的人文景区，其地理位置与园林布局却为景区增添了不少自然风光。西柏坡三面环山，一面环水，站在纪念馆门前，就能看到不远处碧波荡漾的岗南水库，而园林设计依据西柏坡稍有斜度的地势特征，布置的错落有致，十分美观。但由于宣传过于注重红色精神与红色文化，这样吸引游客以扩大西柏坡精神传播范围的优势并没有被发挥到极致。

（三）红色教育

广义上的红色教育理应包含前文所提到的文艺作品与红色旅游，而这部分主要将狭义上的红色教育单独拿出来讨论，即讨论学校教育或工作单位组织的教育。现如今，大部分的学校和工作单位都会定期开展红色教育，例如举办主题讲座、共同观看影视资料、红色旅游等等，其中的选题与选址均不乏西柏坡精神与西柏坡。其主要参与对象为党员、入党积极分子、共青团学生干部、马克思主义学院学生，以及少部分上进、积极向党组织靠拢的优秀学生等。

作为我国重要的红色教育基地，西柏坡本身的红色教育体系较为完善，在百度搜索"西柏坡红色教育"，能够检索出多个一站式服务的培训机构，方案各具特色，可供组织者挑选。例如，其中西柏坡纪念馆讲解员艺术团的歌唱教育，就通过讲解西柏坡相关歌曲的历史背景、带领听众共同学习歌曲等方式，十分有趣且有效地加深了听众对西柏坡革命故事与革命精神的认识与理解。

三、影响西柏坡精神传播效果的因素

安徽工业大学张高桢的硕士论文《传播学视域下的思想政治教育过程及实效性研究》，提到了传播学视角下影响思想政治教育实效性的原因的五个因素，即"传播主体与传播对象因素""传播内容因素""传播渠道与媒介因素""传播环境因素"与"传播技巧因素"。将上述内容类比运用于影响西柏坡精神传播效果的分析中，可以总结出如下几点：

第一，传播主体的说服力影响了传播对象对传播内容的接受程度。更权威、专业的传播主体可以使更多人信服。西柏坡景区作为历史原址的复原自身便具有较强的说服力；西柏坡精神文艺作品的作者、编剧、导演等如果有较高的名气会更令人信服，但必须说明的是，这里的名气指的是与此类文化产品相关的名气，比如指导过几部优秀的历史正剧、亲身经历过这段历史时期或者是某位与西柏坡相关的革命工作者的后人等等；对于西柏坡红色教育培训机构，讲师的专业性与服务的专业性影响着其说服力，而对于讲师来说，一个良好的授课风格也能够增强传播对象的专注度。

第二，不同传播对象之间的个体差异决定了不同传播对象对相同传播内容接受程度差异。在以相同的传播方式传播相同信息时，不同的传播对象由于教育程度、性格特点、人生经历等等的差异，往往会表现出不一样的接受效果。例如，以严肃授课的形式进行西柏坡精神的传播可能在党员群体中还有着不错的效果，但对于群众来说，理论认知和心态上的差异就可能影响对其内容信息的接收。再例如，在老一辈革命家的熏陶下成长的人面对同样的历史故事往往要比从小在国外成长、接受西式教育的人更容易产生情感上的共鸣等。

第三，传播内容的真实性与时代性决定了传播内容的有效性，影响传播对象对传播内容的理解效果。对传播对象来说，更加具有生真实感的传播的内容能够予其更强的心里震撼，从而增强传播效果。例如，在西柏坡景区中共中央原址、或防空洞里走一走所能带来的感受同在会议室里盯着 PPT 听理论课相比

更容易使人将西柏坡的故事与精神真正铭记于心。此外，传播如果能与当代的发展与建设联系起来，向传播对象传输时代性的相关信息，相比于阐述历史经验，更具有内容传播的实际意义。

第四，不同传播媒介的差异影响着传播范围的大小、不同群体不同传播对象的接受程度等。纸质书籍、纸质报刊、电视、网络及新媒体产品、户外等不同的传播群体、传播能力以及自身内容的局限性。在当代，纸质报刊的传播对象主要为中老年人群体，由于自身的权威性加之中老年人的阅读习惯，在特定的群体里有着不错的传播能力。纸质书籍的受众主要为热爱阅读的人，且这一群体的文化程度平均水平相对较高，有着较好的专注度与理解能力，但与纸质报刊相同的是，他们作为纸质资料，传播内容仅仅局限于文字与图片的表现形式。网络及新媒体产品则可以打破局限，传播更多样的媒介内容，用户还可以与传播主体或其他传播对象进行一定的交流互动，形式有趣，有着较好的传播能力，但部分媒体产品不够权威，且主要受众聚集在年轻人的群体。西柏坡景区作为独立于传统意义上的媒介以外的户外分类，能使受众产生较好的接受效果，但影响其传播能力和效果的一大问题在于除了有组织的红色教育以外，能够如何吸引游客。

第五，社会大环境影响内容传播的难度、传播对象的接收意愿及接受程度。我国目前已进入社会主义的新时代，即将实现全面小康，全党上下对于思想政治工作极度重视，各行各业的从业者们都会定期进行思想政治学习，例如学习强国的每日答题等。在政治氛围相对浓厚的社会环境下，传播对象会对西柏坡的故事与精神产生熟悉感和学习的习惯感，以及更容易被周围环境影响从而增强接受意愿。思政工作的成功也可以提高大众的平均理论水平，从而使其更好的理解西柏坡精神的内核。

第六，传播技巧的合理运用可以增强传播效果。

四、对西柏坡精神传播的建议

根据西柏坡精神的传播现状与影响因素，本文在此提出如下几点建议：

第一，在发挥好西柏坡景区厚重人文历史优势的同时，充分发挥西柏坡的环境优势，同时在保证红色内核的前提下，做好西柏坡景区在红色基地之外的旅游宣传以吸引更多游客前望游览，而不仅仅使单位组织教育。

第二，可以适当多撰写一些叙述西柏坡历史故事的文学作品并生产出相应的影视作品作为精神理论学习本的辅助材料，以帮助读者理解西柏坡精神。讲好西柏坡故事，才能更好地传播西柏坡精神。

第三，始终保持社会实践与理论学习相结合。

第四，开发西柏坡精神相关融媒体产品，在网络上传播以扩大传播范围，增强信息接收的趣味性。例如开发一些与西柏坡精神相关的H5、制作一些西柏坡历史故事的文字互动游戏等等。

第五，西柏坡精神的内核不仅仅是指导国家建设的思想，还是中华民族的传统美德，因此在传播时可以不仅仅局限于党团成员，可以尝试向更广大的人民群众传播。

五、结论

西柏坡精神作为重要的革命精神，包含着党长期抗战的经验总结，始终指导着党的建设，有着重大的历史意义以及现实意义，因此需要通过某些渠道来了解西柏坡精神背后的历史故事与深刻内涵。在当代，西柏坡精神主要通过文艺作品、红色旅游、红色教育进行传播，在一定范围、一定群体内有着不错的传播效果。传播主体的说服力、不同传播对象之间的个体差异、传播内容的真实性与时代性、不同传播媒介的差异、社会大环境影响、传播技巧的运用等等都是影响西柏坡精神传播的重要因素。更好地传播西柏坡精神可以通过努力将景区人文优势与自然优势相结合、讲好西柏坡故事、保持社会实践与理论学习相结合、开发西柏坡精神相关融媒体产品、扩大传播范围等等。

新闻与传播学院 郭艺澜

西柏坡时期中国共产党建设经验研究

　　1947 年 3 月 29 日，中共中央在转战陕北途中到达清涧县枣林沟村并召开"枣林沟会议"。会议决定，由刘少奇、朱德等人组成中央工作委员会，前往晋西北或其他适当的地点进行委托工作。会后中央工作委员会很快出发，在 5 月初到达河北平山县西柏坡村。现在学界一般认为，从 1947 年 5 月初刘少奇率中央工委到达西柏坡到 1949 年 3 月 23 日毛泽东带领中共中央前往北平前这段时期，是党史上的"西柏坡时期"。西柏坡时期，中国共产党进行了辉煌的革命斗争和实践，在毛泽东领导下进行了"敢教日月换新天"的三大战役，并在西柏坡召开了七届二中全会，这次重要会议产生了著名的"两个务必"，可以说，中国共产党在西柏坡基本完成了新民主主义革命的任务，取得了卓越的成功和胜利。为了取得新民主主义革命的圆满胜利，中国共产党继延安后在西柏坡继续扎实推进党的建设，把整党工作同当前工作相结合，适时推进制度建设，加强纪律性、扩大民主集中，强化忧患意识、保持优良作风。西柏坡时期党的建设为新民主主义革命的最终胜利、建立新中国和巩固新生政权打下了坚实的基础，也为新时期党的建设留下了宝贵经验。

一、整党同当前工作相结合

　　1946 年 5 月《关于清算减租及土地问题的指示》发布，重新开启了沉寂的土地革命运动，将抗战时期的减租减息政策变为"耕者有其田"的土改运动。1946 年的土改具有非凡的意义，抗战后以蒋介石为代表的国民党政府显然无和平打算，决意与中国共产党进行内战，而这时共产党与国民党的军事实力相差悬殊，要想赢得战争，消灭一切反动派解放全中国，中国共产党必须凝聚起自己的力量。平分土地向来是中国农民的心愿，进行土改就会获得广大农民的支持，激发人民群众的积极性参与革命，快速改变敌我力量对比。所以土地改革消灭了落后的封建土地所有制，使中国广大农民翻了身，既是一场伟大革命，也是发动人民支援解放战争的迫切要求，土改是党当时赢取革命胜利的极重要工作。

《五四指示》在解决土地问题上并不彻底，为了彻底解决土地问题，全国土地会议于次年7月17日召开，由刘少奇主持。这次会议比较成功，确立了土改过程中的平分土地原则。会议认为需要进一步推进土地改革，这与党的队伍不纯有重要联系，应把土改同整党结合。整党的重点在提高党的纯洁性，克服组织不纯，首先是由上而下，组织内整顿，然后则是土改后从下而上整顿，并且邀请党外人士参加整顿，充分发扬民主。对党内的变质分子一律清除，而对犯错误的则用批评和自我批评的办法改正错误，治病救人。

1947年全国土地会议前的土改，在一些地方是出现过"左"倾问题，把中农排斥出农会，尤其是还有乱打乱杀人的问题，严重阻碍了土改运动的进行，严重挫伤了人民群众的运动积极性、损害党的形象。土地会议作出土改与整党相结合的决定，以问题为导向更有效地整党，加强了党的纯洁性和战斗力，党是土改运动的领导，党的队伍加强了土改的顺利进行才有保证。平山县的土改工作便是一个典型，充分发扬民主整党，比较圆满地完成了土改工作。整党与土改相结合的方针有效扭转了当时土改工作的错误倾向，促进了土改的平稳推进。不仅是土改工作，在军队中党在毛泽东的领导下加强了整党。整党同当前工作相结合包含了以问题为导向的思维，党是革命的领导核心，把整党同当前工作相结合有利于发现和改正党出现的问题和错误，及时清理党的队伍，维护党的纯洁性和先进性，真正发挥党员的先锋模范作用，更有效地完成党的各种工作和任务。

二、适时推进制度建设

1948年解放战争已进入战略反攻阶段，解放军已解放不少地区，许多解放区可连成一片，革命形势有较大的发展。但是，一些问题也暴露出来，党内军内存在分散主义、山头主义和无纪律无政府状态。为了加快革命进程，争取更伟大的胜利，必须加强民主集中，加强统一领导。1948年1月起《关于建立报告制度》《关于健全党委制》相继发布，针对党内军内存在的不统一问题，适时建立了报告制度、健全党委制，保证民主集中，为解放战争和新民主主义革命的胜利奠定了重要的制度基础。

解放战争第三个年头党领导人民解放军取得了辉煌的胜利，但是也有不少不令人满意的情况，地方上和军队都会犯错误。在党的七大后党内军内仍然有"不认识事先或事后向中央做报告并请求指示的必要性和重要性，或仅仅作了一些技术性的报告"① 的现象，导致不必要的损失，而原因正是党内军内存在的亟待解决的分散主义、山头主义和无政府无纪律现象。中央的命令和政策没有贯彻到位，1948 年的一些战役就可以说明这一点。1 月新建立的报告制度规定各中央局、分局，各野战军和军区，由其书记和首长亲自做报告，并对时间和字数做了规定，这些规定是比较灵活的，字数并不要求多，而且军队在作战紧急时可延迟提交。报告制度加强了中央与地方局、作战军队的联系，加强了中央的统一部署和领导。

健全党委制是推进党组织建设的一项重要而必要的举措。遵义会议后，党中央在十多年的革命战争考验中逐渐形成了集体领导的传统，保证这种传统的就是党委制。但是在很长的时期里，党的这种优良传统被经常破坏，在解放战争中，因战情紧张，局势并不稳定，这种破坏应该是多起来了，个人包办多，党委开会少，"常委委员等于虚设"②。委员间有分歧而长期不解决，只是由负责人包办，表面上似乎是维持了一致，但"只是形式上的一致，而不是实质上的一致"③。《关于健全党委制》规定，各级党组织，无论是处于什么机构中的党组织，都必须建立健全党委会议制度，并对开党委会议提出了具体实用的意见，比如要讨论重要问题，而不是小问题，要注意开会时间不要太长，有分歧的问题应该事先做统一意见的工作，这些具体指导在现在看仍然是很实用的意见。最后，同时保证集体领导和个人负责，军队首长可临机应变，这也是一项灵活的规定。健全党委制规范了党委的会议制度，对扩大党内民主集中，提升党的凝聚力和团结性是完全必要的。

三、加强纪律性，扩大民主和集中

西柏坡时期，中国人民在党的带领下即将夺取新民主主义革命的全面胜利，但在走向胜利的过程中党内也出现一系列令人担忧的问题。党内许多领导干部出身农民，被小农意识局限。还有一些人身上滋长了官僚主义，甚至有了打天下之后享天下的思想。"中国革命的全面胜利，使我们党面临着胜利和执政的双重考验"④，为迎接胜利和执政的考验，中国共产党必须努力学习，提高自身先进性和纯洁性。全国土地会议后党开始整党肃纪，克服党内不纯，这次整党肃纪加强了党的建设，加强了党的纯洁性和组织纪律性。

---

① 《毛泽东选集》（第四卷），人民出版社，1991 年版，第 1264 页。
② 《毛泽东选集》（第四卷），人民出版社，1991 年版，第 1264 页。
③ 《毛泽东选集》（第四卷），人民出版社，1991 年版，第 1264 页。
④ 李建强主编：《西柏坡精神》，中共党史出版社，2017 年版，第 153 页。

除了整党肃纪，对军队出现的作风问题和山头主义、游击主义，党也开展了反对无政府无纪律斗争。1948年3月的城南庄会议和9月8日的九月会议都提出要加强纪律性，这在紧张的革命战争环境下是很正确的。同时，党相继发布《关于建立报告制度》《关于健全党委制》。地方局和各军区要定期上交工作报告，并对报告字数、内容、风格作出要求，为有效实行报告制度，党中央三令五申，态度十分坚决，在电报中多次催促地方局和军区贯彻执行。健全党委制主要目的是恢复和加强集体领导，让党委们用会议商议的方式进行最终的决策，而不是此前经常发生的个人包办，《关于健全党委制》使党委制度成为广大党组织的明确纪律。此外，1949年3月13日的《党委会的工作方法》中，党委的工作方法、作风有了更详尽的说明，里面提到党委书记要善于"当班长"管好所属的党委会，把需要解决的问题提到桌面上，工作要抓而且要抓得紧，用"弹钢琴"的办法协调各部门等等。

加强纪律性，是党在西柏坡党建工作的主要基调。这主要是由于当时形势。但是也需要民主，民主是必要的，党扩大了民主集中，在加强纪律和集中的同时，加强了民主，民主是集中的基础。如《关于建立报告制度》中要求政治报告部分由政治部主任起草，司令员、政治委员修改审查。中央通过报告了解地方局、军区的情况，加强跟他们的联系，其中也包含着民主内容。健全党委制是要防止个人包办、保证集体领导，重要的问题不是由个人解决而是党委开会商议，明显加强扩大了民主集中制度。党的七届二中全会发出了《党委会的工作方法》，里面提到的注意团结意见和自己不一样的人，党委各委员要加强交流，党委书记当好"班长"，党委工作要弹好钢琴都显示了民主集中的精神。

四、强化忧患意识，保持优良作风

三大战役后，国民党军队主力基本被消灭，中国人民解放军继续南进准备打过长江，这时国民党政权离覆灭已经不久了，中国共产党带领中国人民即将解放全中国，夺取新民主主义革命的完全胜利。解放全中国，建立自己的政权，取得革命完全胜利，中国共产党在革命了28年后终于要实现自己的最低纲领。胜利就在眼前，并且胜利是十分巨大的，但是胜利的途中和胜利之后，中国共产党面临一系列难题。党如何实现由战争到和平、由革命到建设的转变，党能巩固自己的执政地位吗？毛泽东着眼长远，看到了巨大胜利背后的危机和挑战，胜利的过程中，取得胜利后，"人民感谢我们，资产阶级也会出来捧场"①，安稳的环境会使党很容易陷入腐化享乐，陷入"历史周期律"。为了躲开安逸自满的情绪，不中"糖衣炮弹"，胜任执政的新角色。毛泽东首先号召全党加强学习，学习马克思列宁主义理论，还要学学经济知识，学习如何在城市里与反动势力斗争，学习建设、管理城市。其次毛泽东用深沉的忧患意识告诫全党不要骄傲，中国革命的路程以后更长，夺取全国胜利是"比较渺小的"②，以后还会有更重要的任务，"务必使同志们继续地保持谦虚、谨慎、不骄、不躁的作风，务必使同志们继续地保持艰苦奋斗的作风"③。七届二中全会后党跟进发出了"六条规定"。毛泽东、刘少奇等中央领袖们还都率先垂范"两个务必"，保持艰苦作风。"两个务必"包含毛泽东劳兴逸亡的历史经验，是对中国共产党奋斗历程的总结，也是中国共产党人自始至终的政治本色。

李自成是明末起义军的领袖，他和部下征战十多年，终于打进北京，推翻明朝，可是进入北京之后他和部下变得骄奢淫逸，最终被清军打败，他建立的大顺政权也就此灭亡。历史是一面明镜，李自成由盛到亡是中国数千年历史中"历史周期律"的一个典例。1944 年 3 月 9 日郭沫若写的《甲申三百年祭》在《新华日报》上发表，文章指出李自成领导的农民起义军因胜而骄，因胜而败，酿成历史悲剧。1949 年 3 月 23 日毛泽东率中共中央前往北平，在这历史性节点，毛泽东和周恩来在临行前讨论着，把向北平进发比作进京赶考，毛泽东说："我们决不当李自成，我们都希望考个好成绩。"④ 在另一方面来看，胜利也是一种考验，毛泽东提出赶考命题，目的就是告诫全党不要被胜利冲昏头脑，要树立忧患意识，保持之前的优良作风。确实，党不前进就会退步，在成功面前不思进取，让坐天下享受天下的思想流行开来，那么党就会失去自己的生命力，党就自己打败自己了。

1949 年的"赶考"距今已数十年了，现在中国在党领导各族人民的奋斗之下取得了翻天覆地的变化和进步，但"党面临的'赶考'远未结束"⑤。我们应该铭记革命的光辉历史，应该铭记西柏坡时期党为最终胜利而进行的多方面建

---

① 《毛泽东选集》（第四卷），人民出版社，1991 年版，第 1438 页。

② 《毛泽东选集》（第四卷），人民出版社，1991 年版，第 1438 页。

③ 《毛泽东选集》（第四卷），人民出版社，1991 年版，第 1439 页。

④ 史进平：《1949 年的"赶考"》，人民网，http：//dangshi. people. com. cn/n1/2019/0311/c85037-30968439. html。

⑤ 《党面临的"赶考"远未结束——习近平再访西柏坡侧记》，新华网，http：//www. xinhuanet. com//politics/2013-07/13/c_ 116524927_ 2. html

设经验，笔者认为这仍然是有益的、必要的。中国共产党必须不断提高自身先进性和纯洁性，只有这样才能迎接许许多多新的巨大胜利和挑战，不陷入"历史周期律"，践行党的初心和使命，最终实现"两个一百年"的伟大目标。

马克思主义学院 肖滨

西柏坡时期廉政建设经验研究

西柏坡时期，从总体趋势上看，我们的党和国家正处于一个巨大的上升转折阶段，全面的分析与研究，须要立足于大历史观，从特定的历史背景出发，进一步阐明西柏坡时期廉政建设的经验。

一、西柏坡时期廉政建设的历史渊源与主要任务

（一）历史渊源

1947年3月，国民党军队对我根据地发起了攻击。为了争取战略主动，党中央做出了撤离延安这一重要部署。随着解放全中国的步伐加快，1948年5月初，以毛泽东同志为代表的党中央全体正式迁至西柏坡办公，开启了以197封电报指挥战役、三年内打倒国民党、解放全中国这一伟大创举。为了进一步加强我党的纯洁性、进步性，警示党员队伍始终要谦虚谨慎、戒骄戒躁，我党召开了著名的"九月会议"，提出了"两个务必"方针，其主要内容构成了西柏坡时期廉政建设的重要一环。

在战争年代，广大党员干部贯彻落实党的群众路线是积极的，在联系群众方面做了大量的富有成效的工作，赢得了人民群众的支持和拥护。但同时也应看到，由于民主生活的缺乏，限制了民主生活的发展，党内一些同志患上了"极端民主病"、为了杜绝此类现象的进一步滋生，我党规定各级党委会要定期召开党委会议，讨论工作安排、进行批评与自我批评。要求全党保持廉洁、自律，杜绝此类现象的发生。"九月会议"的召开，制定了级级报告、请示制度，很好地遏制了官僚主义、宗派主义，对我党西柏坡时期的廉政建设起到了重要作用。

（二）主要任务

1948年，在即将到来的全国胜利，我党在西柏坡时期的廉政建设主要面临着艰巨的任务，包括：我党党员能否在全国胜利的巨变面前坚持住不骄不躁、

廉洁自律的良好作风；能否在未来执政过程中依旧坚守共产党员的朴素作风、所有这些任务都围绕着解放战争、建立和巩固政权展开，这就迫切地要求我党党员坚决服从党中央指挥，从精神、思想、行动上去完成好上述任务。

二、西柏坡时期廉政建设的主要特点

（一）勇于探索 勇于改革的创新精神

自 1947 年起，我党在西柏坡的伟大革命实践中就确立廉政建设的总基调，这是西柏坡廉政建设的根基，也是我党在西柏坡时期廉政建设的核心要义。继续保持艰苦奋斗、不骄不躁的革命战争时期的斗争精神，是我党廉政建设的经验和特点。首先，西柏坡精神，使我们党在各个历史时期都呈现出初心和使命，反映了共产主义的价值和观念，蕴含着我们党忠诚人民、敢于担当、自强不息、勇于改革的精神面貌，蕴含着敢于斗争，敢于胜利，谦虚谨慎，艰苦奋斗，敢于破坏一个旧世界，建设一个新世界。使我们的民族精神引领时代进步，敢于创新的重要价值。其次，西柏坡精神蕴含着崇高的革命信仰，这是一个马克思主义政党的显著标志，是一个政党拥有的理想信仰的基础，这就是坚持共产主义信仰不动摇。再次，西柏坡精神蕴含着党的先进思想，党的不断发展壮大，就是中国先进知识分子发扬马克思主义以改革创新的勇气，把马克思主义与中国革命实践相结合，积极探索革命道路和建设的成果，体现了党的与时俱进，行稳致远的先进思想。"两个务必"是西柏坡革命斗争的需要，革命成功了，能否保持战争年代的优良作风，是对每一位共产党员的严格考验。

（二）率先垂范 以身作则的实践精神

自古以来，制度执行难、执行不力是反腐进程的顽症。我党在西柏坡时期的廉政建设之所以能取得非凡的成就，带领我党党员不打折扣地执行制度、遵守规则，为我党西柏坡时期的廉政建设做了很好的榜样，为破解制度执行难、执行不力提供了行之有效的思维模式。

无论在任何国家、任何意识形态，领导人的作用总是不仅限于领导、指挥，革命领袖的人格力量和示范作用对于大环境下的道德风尚的形成往往有着重大引领作用。领导遵守规则，则有令则行；领导不守规则，则规则失行①。除此之外，党中央其他领导人也做到了规则面前人人平等、纪律之前无差别。西柏坡时期，正处于中国共产党转变为执政党的重要时期，作风建设十分重要。这

---

① 王荣丽、李海明：《西柏坡记忆》（第三卷），中央文献出版社，2011 年版，第 273 页。

一点，党中央领导从自身做起，完全符合形势的发展和政治斗争地需要，带领全党始终保持廉洁的作风，从理论上和实践上都有重大的创新发展，使廉政建设又有了新的内涵。

（三）艰苦奋斗 勤俭节约的良好作风

"两个务必"是党一贯倡导和培育的优良作风，是中华民族传统的、久经考验的作风，是被党的历史和客观规律等无数事实证明了的作风。"两个务必"的深邃思想，已成为共产党人保持清醒头脑和人民群众打成一片的一剂良药。共产党及革命军队与老百姓亲如一家人，使老百姓感到这支军队是人民的军队，由于共产党的廉政建设思想和行动，才取得革命的最后胜利。春节期间，我党西柏坡时期的廉政建设，以其出色的制度、思想优势，保证了"进京赶考"的执政基础，有利于我党此后的党风廉政建设和革命精神的传承。三是我党还通过制度层面的完善进一步加强廉政建设。要求各级党委会定期召开党委会议，党员要按期进行批评与自我批评；健全了党的民主集中制，完善了权力监督的体系。

三、西柏坡时期廉政经验于当今时代的意义

研究、发掘西柏坡廉政经验，在挖掘西柏坡红色廉政建设的历史渊源和主要特点的基础上，认真研究，在革命胜利面前，尤其是在当今时代如何保持党的先进性、纯洁性，激励一代又一代共产党人不忘初心、牢记使命、继续奋斗，夺取一个又一个更大的胜利，有着重要的意义。

（一）有利于西柏坡廉政精神的学习与传承

学习、传承西柏坡廉政精神，以"两个务必"和"进京赶考"精神为主要内容的西柏坡廉政精神，是我党执政根基，也是我党不断革新、不断进步的必然要求。能否学习、传承、弘扬西柏坡廉政精神，并将廉政建设的经验应用于新时代廉政建设实践中去，关系到文明软实力、建设的成败问题。西柏坡精神的时期是政治清明、官兵平等、清正廉洁的时期。党的优良传统和作风在西柏坡时期得到进一步的发展和实践，执政建设、廉政经验在西柏坡时期得到积累和提升，西柏坡精神隐含着为了人民群众谋福利的具体实施。在当今时代下，随着国际国内政治经济形势的发展变化，许多问题尖锐地摆在了我们面前。例如，一些党政机关的干部精神懈怠，纪律松弛，不作为、乱作为，脱离群众现象较为突出，严重地背离了党的宗旨，严重地损坏了党在群众中的形象，严重地损害了党群关系。以习近平同志为核心的党中央，指示有关部门颁布了一系列党纪党规，开展了一系列反腐倡廉的重要活动，以前所未有的魄力净化政治生态，切实加强了党风廉政建设。如今，但也随着经济水平的增高，而缺少勤俭节约、艰苦奋斗的吃苦精神。在此时代语境下，学习"两个务必""进京赶考"精神，对于完成好青年的新时代使命，对"两个务必"思想的继承和发展，使之成为我党永不动摇的旗帜。

（二）有利于继续夯实我党执政基础

毛泽东同志在革命战争时期，一再提醒全党绝不能被胜利冲昏头脑，老一辈无产阶级革命家做出了很好的表率，坚持为民务实、为民服务。要夯实我们党的执政基础，必须坚定不移地发扬谦虚谨慎、艰苦奋斗的作风。九十九年来，我们党经过艰苦卓绝的斗争，从 1921 年建党初期的 50 多位学员，成长为一个9000 多万党员的大党。党的发展壮大，每一个历史时期，每一次突破跃进，都是全党谦虚谨慎、艰苦奋斗的结果，在新时代，更要时刻保持清醒的头脑，坚持"两个务必"，发扬西柏坡廉政精神，这是我们必须牢牢依靠的思想基础，是我们党的执政基础。随着我国富起来、强起来，有一些党员同志做起了"春秋美梦"，更有甚者，贪污公款、浪费公家财物，没有为人民办好事、做实事。我们要坚决打击危害党和国家利益的行为，严肃查处人民群众反对的腐败和不廉洁问题，坚决查处"小官大贪"、侵吞挪用公款，利用职权为个人谋私利的腐败分子，同时，学习西柏坡经验，加强监督管理。这些措施，是完成这一目标的重要手段和必要途径。要进一步传承、发扬西柏坡廉政精神，吸取西柏坡廉政经验，推动我国廉政建设，才能从根本上夯实我党执政基础，

（三）有利于保持党的进步性与纯洁性

西柏坡廉政建设丰富的经验赋予了我党进一步发展好廉政建设的思想内核和精神要义。西柏坡时期我党的廉政建设实践也体现了我党的价值追求，以及良好的精神风貌，是我党先锋作用的指路明灯。新形势下推进党的建设，提高党的执政能力，就要进一步学习和继承西柏坡廉政精神。首先，坚定理想信念，这是我们党的立身之本，在新时代，在国内外形势下，在长期执政过程中，我们党面临了一场"赶考"体验，如果对党的理想信念发生了动摇，对共产主义理想的正确性认识不足，就会导致信念的滑坡，这是极端危险的，因此，就要永远保持党的纯洁性和先进性。其次，时刻保持全心全意为人民服务的宗旨。西柏坡精神体现了一切为人民群众，一切依靠人民群众的科学思想。我们加强党的建设，必须要有人民群众的支持和拥护，就要密切的联系人民群众。新时代，更要弘扬西柏坡精神，严于律己，接受群众监督，引领社会风气，为群众

办好事办实事。强有力的深入推进反腐败和廉政建设。廉政建设取得了重大成果，进一步夯实我党廉政建设的基础，保证了党的先进性与纯洁性。再次，使党员警惕"四大考验""四种风险"的影响，坚持"四个始终"，推进党员队伍的建设。在西柏坡成功的廉政建设的基础上，西柏坡时期已经成为中国共产党带领中国人民在实践中形成的良好精神风貌的成功诠释，西柏坡精神已经成为我党乃至中华民族不可或缺的精神食粮、动力源泉。

（四）有利于实现中华民族伟大复兴的中国梦

实现中华民族伟大复兴的中国梦，就是要使国家富强，民族振兴，人民幸福，是我们党的奋斗目标，历史担当和使命追求。西柏坡廉政建设是我党在革命时期的重要积累，是我党永葆政治本色的不竭动力。

首先要坚定信念。从国际环境看，一些资本主义国家对社会主义中国竭尽污蔑和造谣，无端攻击我们伟大的社会主义祖国，这是要认真对付的。从国内环境看，少数干部意志不坚，信念动摇，说明反腐倡廉形势依然严峻，因此，我们要发扬西柏坡精神，紧跟时代要求，积极探索大胆创新，坚持改革开放，坚定不移实现中国梦。其次，要全心全意依靠广大人民群众。实现中国梦，不是一朝一夕就可以完成的，需要动员和依靠广大人民群众共同参与。西柏坡时期，我们党坚持和发扬西柏坡精神，大力发展马克思主义，体现了我们党一切为人民，一切依靠人民的科学思想，在新时代，我们就要团结和带领全国各族人民，共同建设伟大的社会主义祖国。民生连民心，民心连党心，只要我们充分调动人民群众的积极性、主动性和创造性，大力发扬西柏坡精神，就能在新时代创造出新的辉煌。

马克思主义学院王昭雯

西柏坡时期党的统一战线工作探索与意义

一、中国共产党建立统一战线的原因

（一）民主党派的重要性

1946 年到 1949 年进行的解放战争是共产党与国民党间的战争，但除了国共两党外，还活跃着许多类型的民主党派，他们中大多数反对国民党一党专政、反对蒋介石独裁，但也并非完全赞同共产党的理念，大多数以"中间派"的角度希望建立资产阶级民主政府。这些民主党派虽然没有军队，也没有相对固定的势力范围，但他们的成员涵盖了当时中国的政治、教育、科技等领域的顶尖人才，如中国民主同盟的张澜，中国国民党革命委员会的李济深、宋庆龄等，他们在当时的中国社会具有相当大的影响力和号召力。同时，民主党派在当时相对中立的地位使他们对普通民众具有较强的影响力，尤其对那些国统区民众而言，这些民主党派的声音往往起到关键作用，因为在这些地区，民众对国民党不满，国民党的反动宣传又让他们对共产党心存疑虑，民主党派自然就成为他们较为理想的方向。从这个角度来看，团结各民主党派对党扩大在国统区影响力也有着促进作用。

（二）国民党的残酷统治与共产党诚心为民

国民党实行的专制统治也是促使共产党建立统一战线的重要原因之一。解放战争时期，国民党统治区乱象丛生，经济一落千丈，政治动荡，贪腐严重。1946 年 11 月签订的《中美友好通商航海条约》使得廉价的美国商品涌入中国，对中国民族资本主义造成毁灭性打击。此外，由于国民政府战争的需要以及官员严重的贪腐行为，导致国统区通货膨胀极其严重，以上海为例，1949 年 1 月和 1948 年 8 月相比，物价上涨了 128 倍①。混乱的财政与经济状况使得国民政

---

①　王桧林主编：《中国现代史》（上册），高等教育出版社，1989 年版，第 483 页

府甚至连一部分公职人员与教职人员的薪资都无法保证。而在政治上，国民政府一方面大肆宣扬所谓"国民大会"，一方面又对进步人士疯狂打压，1946 年 7月，爱国民主人士李公朴、闻一多先后被暗杀，1947 年 10 月，国民政府甚至宣布民盟为"非法团体"，11 月，民盟总部被迫解散。民主党派在国民党面前已经没有容身之地。

与国民党的疯狂截然相反的是，中国共产党对民主党派则采取了包容与欢迎的态度。一方面，中国共产党在延安时期就有"三三制"这一成功的政治联合实践，著名民主人士黄炎培在延安就有与毛泽东著名的"窑洞对"。另一方面，中国共产党在反对国民党独裁，建立民主政府上与各民主党派的方针政策有着较高的一致性，存在合作的基础。1948 年 4 月 30 日，中共中央发表"庆祝五一节口号"，公开提出了"各民主党派、各人民团体、各社会贤达迅速召开政治协商会议，讨论并实现召集人民代表大会，成立民主联合政府"[1]。中国共产党截然相反的态度极大增强了民主党派的信心，拉近了与民主党派的距离。

二、统一战线工作的准备与部署

（一）军事上的节节胜利

中国共产党有信心也有能力邀请各民主党派协商议政的重要原因之一是战场上的胜利。党的西柏坡时期，截至 1947 年 11 月，在战争进行了十七个月之后，军队不仅打退了蒋介石的进攻，保存了解放区的基本区域，并使自己转入了进攻[2]。1948 年 11 月，毛泽东更是欣喜地指出："原来预计，从一九四六年七月起，大约需要五年左右时间，便可能从根本上打倒国民党反动政府。现在看来，只需从现时起，再有一年左右的时间，就可能将国民党反动政府从根本上打倒了。"[3] 中国共产党在军事战场上逐步占据优势，由被动防守转向主动进攻，转化成为政治战场上的主动权，国民党则由于在军事战场上的节节失利导致其政治威信一路下滑。

（二）解放农民与转向城市

1947 年 7 月至九月，中共中央工作委员会于西柏坡召开了全国土地会议，通过了将土地改革进行到底的《中国土地法大纲》，这一法案的通过使得解放区

---

① 王荣丽，李海明，陈宗良主编：《西柏坡纪事》（上册），中央文献出版社，2011 年版，第 443 页。
② 《毛泽东选集》，（第四卷），人民出版社，1991 年版，第 1358 页。
③ 《毛泽东选集》，（第四卷），人民出版社，1991 年版，第 1361 页。

千百万农民打破了两千余年的封建土地所有制度，废除了封建土地所有制，真正实现了占中国人口大多数的农民千百年来"耕者有其田"的朴素愿望，解放了广大贫下中农。广大人民有了真真切切的获得感，因此也会更紧密地团结在党的领导下，《中国土地法大纲》极大地增强了党的群众基础，为解放战争的胜利打下的基石，也为党接下来的一系列政策与方针的推行打通了道路。

1949 年后，国民党败局已定，党的工作重心也逐步由农村转向了城市，但共产党人大多生长于农村，在长期的革命斗争中也少有管理城市的经验，因此如何管理大城市成为摆在共产党人面前的一道难题。而民主党派的主要成员大多是城市内各领域的杰出人才，在管理城市方面有较多的经验，因此联合与吸纳各民主党派对共产党完成由农村向城市的跨越有着显著地助推作用，有利于快速恢复城市经济，稳定社会秩序。

（三）"五一口号"与九月会议

1948 年 4 月 30 日，中共中央发布"五一口号"，号召各民主党派与社会团体共同讨论民主联合政府问题，在共产党前期工作的铺垫下，各民主党派对"五一口号"有积极的回应，纷纷表示愿意接受中国共产党的领导。"愿在中共领导下，献其绵薄，贯彻始终，以冀中国人民民主革命之迅速成功，独立、自由、和平、幸福的新中国之早日实现。"① 民主党派完成了由成立之初的"英美式民主政治"向中国共产党领导下的联合政府的转变。1948 年 9 月，中共中央正式成立中央统一战线工作部，完善了统一战线工作的机构设置，为新中国统一战线工作打下的基础。

1948 年 9 月，中共中央在西柏坡召开了政治局扩大会议，又称"九月会议"，会议在总结过去党的工作的同时，重要的一项任务就是邀请各民主党派与社会团体共商建国事宜。并初步决定在 1949 年召开新政协会议，对新中国的政党制度做了初步的安排与规划。

九月会议后，1948 年秋天，党中央陆续秘密安排民主人士的接送工作，将大量被迫居留与香港等地的爱国民主人士接入解放区，一方面为了共同讨论新中国问题，另一方面通过实地考察，让民主人士更直观地感受到中国共产党为人民服务的本质，让民主人士更加紧密地团结到党的周围，共同走好新中国成立筹备工作的最后一段路。

---

① 中央党校党史教研室：《中国民主党派史文献选编》，中共中央党校科研办公室，1985 年版，第 89 页。

三、党的统一战线工作的重要意义

（一）扩大了统一战线的群众基础

长时期的革命斗争中，中国共产党的主要人员构成是工人和农民，但在当时中国的社会环境下还有许多不同的声音，这是即将在中国执政的中国共产党必须要考虑到的问题，因此必须要听到他们的声音，与他们建立良好的联系。统一战线工作让各行各业的精英与共产党合作，共产党获得了他们的认可，这是一个互利的结果。对民主党派而言，他们拥有了反应自身诉求的渠道，能够表达自己的意见，对中国共产党而言，既进一步扩大了党的群众基础，又能够获得诸多经验与帮助，对稳定新中国政权有着不可忽视的巨大作用。

（二）客观上推进了新民主主义的进程

西柏坡时期，中国共产党在解放战争的战场上逐步推进，直接打击了国民政府的力量，而统一战线工作的成果开展，则在政治上对国民政府造成了巨大的打击。在军事上消灭国民党有生力量的同时，一方面以"五一口号"为代表的一系列声明，很大程度上争取到相对中立的民主党派，让国民政府在政治上陷入孤立无援的境地。另一方面，中国共产党则在社会各领域逐步树立了威信，营造出较为良好的政治氛围，极大地增强了中国共产党的影响力，进而吸纳更多爱国人士团结到党的周围，进而形成了良性循环。军事上打击，政治上孤立，国民政府衰落的速度也会越来越快，新民主主义革命的胜利也就会越来越早地到来。

（三）开创了崭新的政党制度，丰富发展了马克思主义理论

中国共产党统一战线理论是将马克思列宁主义与中国革命具体实际的结合的产物，它具有开创性的意义，一方面，它坚持了马克思主义的基本，中国共产党在统一战线工作中始终处于领导地位，另一方面它又让无产阶级最大程度上争取到了朋友，增强了自己的力量。

在西柏坡统一战线工作的基础上，新中国实行了中国共产党领导下的多党合作和政治协商制度，这一制度是中国共产党的创举，它根本区别与苏联的一党制，也不同于资本主义国家的两党制。多党合作和政治协商制度既保证了决策的时效性与稳定性，也注重了民主性与科学性。有效避免了在一党专制下缺乏不同声音、决策专断独行；也避免了多党制下相互推诿扯皮与"为了反对而反对"之类问题的产生。团结了最广大人民群众的力量，使各行各业都能为社会主义事业建设而共同努力奋斗。

四、西柏坡时期统一战线工作的启示

西柏坡时期，中国共产党正处于从农村向城市迈进的关键时期，当时中国社会成分复杂多变，党实行统一战线工作顺应了社会发展规律，起到了极大的积极作用。而随着改革开放的不断深入，当今中国社会构成更为复杂，新技术的产生与发展带来的全新的社会阶层，团结与引导全社会沿着中国特色社会主义道路前进是至关重要的一环。统一战线工作不但没有放松，反而更需要得到重视。同时，在世界政治复杂化的条件下，必须坚持和完善中国特色社会主义政党制度，避免西方多党制推诿扯皮现象的出现。听取各社会阶层，不同领域的意见，发挥他们的聪明才智，共同投入社会主义伟大建设，进一步巩固扩大党的群众基础，不断促进国家治理体系和治理能力现代化，利用统一战线工作经验来解决台湾问题。

马克思主义学院高万琛

西柏坡时期"赶考论"浅析

一、"进京赶考"词源浅析

（一）"进京赶考"词源的萌芽

早在 1944 年，"赶考"萌芽便已经显现。其源于 1944 年 3 月 19 日《重庆日报》中刊登的郭沫若写的《甲申三百年祭》文章。文章重点讲述了明王朝的覆灭是历史的必然，而李自成建立的大顺王朝，则在刚刚建立便立即宣告败亡，这一反差非常值得深思。毛泽东看后大为称赞，并在报告中提及这篇文章。同时，延安整风的重要文件里也将其整理纳入。鉴于此，毛泽东特意谈道："我们印了郭沫若论李自成的文章，也是叫同志们引为鉴戒，不要重犯胜利时骄傲的错误。"①

（二）"进京赶考"词源的发展

毛泽东与黄炎培在 1945 年"历史周期律"的对话大大地促进了"进京赶考"词源的发展。1945 年，黄炎培访问延安。他在与毛主席交流过程中，提出"历史周期律"这一历史定律并希望中国共产党能够跳出这一定律的支配进而探索出一条新路。对此，毛泽东则指出，人民监督政府是跳出"历史周期律"支配的新路。由此可见，"进京赶考"的意识已经在毛泽东一代领导人中显现。

（三）"进京赶考"词源的成型

"进京赶考"一词最终成型于 1949 年党中央从西柏坡前往北平筹建新中国时，毛主席与周恩来的对话。1949 年 3 月 23 日，党中央起身从西柏坡迁往北平。临行前，毛泽东对周恩来说："今天是进京的日子，不睡觉也高兴啊。今天是进京'赶考'嘛。进京'赶考'去，精神不好怎么行啊？"周副主席说："我们应当都能考试及格，不要退回来。"毛主席说："退回来就失败了。我们决不当李

---

① 《毛泽东书信选集》，人民出版社，1983 年版，第 241–242 页

自成，我们都希望考个好成绩。"①

其不单单指的是古代知识分子进京城赶路考试获得成绩和求取功名。"进京赶考"已经从文化术语这一层面上增添了政治术语的比喻含义。"进京"意味着中国共产党面临着执政职责，"赶考"意味着中国共产党需要接受中国人民和历史现实的重重考验。其增添的政治韵味，不仅包含着中国共产党人虚心诚恳的态度，向民情聚民心的初衷，更包含着中国共产党自觉接受人民监督，对人民负责的态度和原则。

二、"进京赶考"准备

（一）西柏坡时期完成任务转变

中国共产党在西柏坡时期完成了三大任务转变。正是三大任务转变的完成，为中国共产党的"赶考"之路提前做好准备，保驾护航。

从战争向和平的转变。中共中央在西柏坡时期顺利地带领军队和人民完成了从战争向和平的转变。中共中央入驻西柏坡后，随后便召开了九月会议。会议从思想、政治和组织三方面进行部署，并为中共的目标任务做出了必要的准备。即"人民解放军与国民党军队进行战略决战并最终取得新民主主义革命的胜利"。中国共产党在进驻西柏坡时期，取得的战绩是出色优异的。辽沈战役、淮海战役、平津战役在西柏坡期间顺利取得成功。三大战役的胜利大大地摧毁了国民党的军事力量，并加速了解放战争的进程。此后，中国人民和中国共产党面临的形势便是从革命胜利在望的战时状态过渡到和平建设的和平状态的转变。

从革命向建设的转变。中国人民和中国共产党面临着战争向和平的状态转变之后，随即而来的便是从革命向建设状态的转变。三大战役的成功，标志着中国共产党基本消灭了国民党的主力军。这一事件为之后国民党统治的覆灭以及新民主主义革命的胜利奠定了坚实基础。同时，中国的局势便更进一步地表明了中国共产党即将面临的"赶考"难题，即如何在革命胜利后筹建一个新的世界，如何改造旧中国，建设新中国。

从农村向城市的转变。中国革命采取的道路一直是农村包围城市，武装夺取政权的革命道路。而中国共产党面对由革命胜利在望向和平建设的过渡转变时期，仍旧坚持农村中心论则显然行不通。在七届一中全会上，毛泽东同志便

---

① 逄先知：《毛泽东年谱（1893-1949）》（下），中央文献出版社，2002 年版，第 469 页

先见性地认识到城市问题的重要性，谈到若城市问题再不提及和再不重视则会面临着犯大错误的不良局面。此后，党中央便进行着进驻城市的精神准备。党中央在七届二中全会上更是指出党由乡村向城市的工作重心转变。

（二）七届二中全会指引工作方向

为了"进京赶考"不打败仗，中国共产党在七届二中全会上作出了部署，指引了工作方向。

取胜方针和党工作重心的转移。会议首先确定了促进革命在全国胜利的方针。随后会议上重点讨论了党的工作重心的转移。毛泽东提出："从现在起，开始了由乡村到城市并由城市领导乡村的时期。党的工作重心由乡村移到了城市。"① 并表示"党和军队的工作重心必须放在城市，必须用极大的努力去学会管理城市和建设城市。"并要求同志们接管城市后要注重城市生产的恢复和发展，用极大的努力学习学会。

全方位的基本政策制定。毛泽东在会上阐述了中国共产党在全国胜利后的发展方向并制定了今后的政治、经济和外交等全方位的基本政策。会议上，党中央决定并规定了"使中国稳步地由农业国转变为工业国，把中国建设成一个伟大的社会主义国家"② 的发展方向。在政治方面，毛泽东详细分析了革命在全国胜利后中国社会的基本矛盾并指明了今后的做法。要求中国共产党团结可以团结的力量（全体工人阶级、全体农民阶级和广大的革命知识分子）并要顺利地做好无产阶级领导的以工农联盟为基础的人民民主专政。在经济方面，会议则科学分析了我国的社会经济成分和经济形式并指出对应的处理措施。在外交层面，则指出坚持独立自主的外交政策，分析了对于国民党时代外交政策和对待帝国主义和国家建交的做法。

"两个务必"的提出。"两个务必"的提出出现在党的七届二中全会上。会议上，毛泽东清晰地分析了党目前的形势和接下来的任务。告诫全党我们取得全国的胜利并非结束，而只是万里长征的起点。提醒全党我们面对全国的胜利的取得时不要被冲昏头脑，反而要耗费更多的心血用于如何进行巩固和存留革命胜利的果实。会上，毛泽东还高瞻远瞩地分析并指出了党在胜利后可能会在党内弥漫的四种不良情绪，即"党内的骄傲情绪，以功臣自居的情绪，停顿起来不求进步的情绪，贪图享乐不愿再过艰苦生活的情绪"③ 告诫全党不要被资

---

① 毛泽东：《毛泽东选集》（第4卷），人民出版社，1991年版，第1427页

② 毛泽东：《毛泽东选集》（第4卷），人民出版社，1991年版，第1437页。

③ 毛泽东：《毛泽东选集》（第4卷），人民出版社，1991年版，第1438页。

产阶级削弱意志,不要被资产阶级"用糖衣包裹着的炮弹的攻击"。并根据将要滋生的问题提出了对应的措施——"两个务必"。即"务必使同志们继续地保持谦虚、谨慎、不骄、不躁的作风,务必使同志们继续地保持艰苦奋斗的作风"①,"两个务必"的提出很快便得到了全党的共识。

三、"赶考精神"内涵

(一)以人为本的治党理念

"赶考精神"体现出的是中国共产党以人为本的价值取向。"赶考精神"是中国共产党牢记全心全意为服务人民的宗旨,怀着共产主义远大理想和脚踏实地肯干谦卑之心建设新中国的崇高情怀。"赶考"即接受考试的检验,接受阅卷人的考核。与以往的考试不同,"进京赶考"的考生是中国共产党,考题是怎么样建设和如何建成新中国,阅卷人则是中国全体人民。人人为我,我为人人,天下大同,美美与共。也只有将人民放在首要位置,时刻想着人民,发扬民主,不以权谋私,不贪污腐败,才能打破困扰在党内党外的"历史周期律"之问。

(二)居安思危的忧患意识

"先天下之忧而忧,后天下之乐而乐。"体现的是从政之道、为官之道。"赶考精神"正映射"先天下之忧而忧,后天下之乐而乐"的道理。其体现的是中国共产党居安思危的忧患意识。"两个务必"是毛泽东在进京赶考前针对全党提出的,其从心理上和行为两个维度上对中国共产党和全体中国共产党人做出了要求。此外,毛泽东还亲自给即将进城的干部战士们上党课,告诫其进入北平应该继续干革命,继续建设直到共产主义。同时毛泽东更指示中央办公厅印发"进京守则"。时刻牢记使命,时刻提醒自己,时刻关注自身行为,这些皆能反映出党的居安思危的忧患意识和防范意识。

(三)廉洁从政的责任意识

克己奉公,执政为民。"赶考精神"另一层面也反映着中国共产党廉洁从政的责任意识。在七届二中全会上,毛泽东在报告中便告诫全党不要被资产阶级的"糖衣炮弹"击中。同时,毛泽东指出党内存在的四种情绪一直在全党弥散。会上,毛泽东谈及"如果国家,主要的就是人民解放军和我们的党腐化下去,无产阶级不能掌握住这个国家政权,那还是有问题的"②。因此中国共产党要想

---

① 毛泽东:《毛泽东选集》(第4卷),人民出版社,1991年版,第1438-1439页。
② 毛泽东:《毛泽东选集》(第5卷),人民出版社,1991年版,第262页。

赶考成功，则必须重视廉洁从政，培育廉洁勤政理念，建立廉洁勤政制度，规范廉洁勤政行为，牢牢坚守廉则从政的责任意识。

四、新时代下"赶考远未结束"

（一）"赶考"远未结束

面对历史和未来，对于中国共产党来说，"赶考"一直在路上。从新中国建立初期我们党面临着中华人民共和国能否被人民接受的考核，到新中国建设和发展中我们面临着社会主义怎样建成、怎样建好的问题，到改革开放后我们面临着内外交织的压力和问题……可以说，中国共产党从未停下"赶考"的步伐。

"赶考"考的是信念，考的是能否坚持共产主义革命理想的信念；"赶考"考的是决心，考的是能够坚持建设好中国特色社会主义；"赶考"考的是作风，考的是能否坚持在诱惑迷惘中坚持自我；"赶考"考的是能力，考的是怎样率领人民群众万众一心众志成城。党的十九大报告中宣布"中华民族迎来了从站起来、富起来到强起来的伟大飞跃"[1]。取得成绩的同时，我们仍需认识到中国进入新时代并不代表中国已经脱离社会主义初级阶段。事实上，中国仍然处于社会主义初级阶段并且问题依然凸显，任务依然艰巨。

党在新时期下，面临着"四大考验"和"四大危险"。同时新时代下中国面临的任务，仍然艰巨。从短期上看，中国当前要在 2020 年全面建成小康社会，总任务是实现社会主义现代化和中华民族伟大复兴，在全面建成小康社会的基础上，分两步走在 21 世纪中叶建成富强民主文明和谐美丽的社会主义现代化强国[2]；从长期上看，中国则是需要不断奋斗直至实现共产主义，达到科学社会主义的目标。

（二）新时代下继续"赶考"

"路漫漫其修远兮，吾将上下而求索。"七十多年来的实践证明，赶考远未结束，新时代下我们仍要继续。为此，全党应该牢牢把握理想信念不动摇、始终把人民放在心上、全面从严治党、率领人民群众发现问题并解决问题直至完成目标。

党的思想建设是党的建设的灵魂，指引着党的建设的方向。理想信念是共

---

① 习近平：《决胜全面建成小康社会夺取新时代中国特色社会主义伟大胜利》，人民网，http：//cpc. people. com. cn/19th/n1/2017/1027/c414395-29613458. html

② 习近平：《决胜全面建成小康社会夺取新时代中国特色社会主义伟大胜利》，人民网，http：//cpc. people. com. cn/19th/n1/2017/1027/c414395-29613458. html

产党人的精神之"钙","缺钙"则会得"软骨病"。牢记自身的使命和要求，不要忘记自身的阶段性任务和奋斗目标。中国共产党人始终坚持全心全意为人民服务的宗旨，对人民负责是党的原则，始终把人民放在心上更是党内在要求。中国共产党是执政党，必须要发挥领导核心的作用。全面从严治党更是中国共产党保持自身纯洁性和先进性的应有之义。不忘初心、牢记使命，这不仅仅是对党和党员的要求，更是对中国人民的要求。

青年作为中国共产党的坚实的储备军，青年的幸福成长决定着未来的走向，更应该自觉承担"赶考"重任。青年的思想走向更直接影响未来事业的发展，国家的富强和民族的复兴。因此，青年便需要继承中国共产党人优良革命传统，学好国史和党史，"进京赶考"之问常放心间。认识好、把握好、运用好青年思想并付诸行动，不断促进国家富强和民族振兴！

七十多年的风雨历程，七十多年的披荆斩棘，中国从一头沉睡不醒的"病狮"逐渐雄起并屹立于世界，中国共产党已经率领人民群众完成了一个又一个看似不可能的任务。新时代下，对于中国共产党来说，更"要继续把人民对我们党的'考试'，把我们党正在经受和将要经受各种考验的'考试'考好，努力交出优异的答卷"①！

马克思主义学院李硕

---

① 李斌：《党面临的"赶考"远未结束》，光明网，http：//epaper. gmw. cn/gmrb/html/2013-07/14/nw. D110000gmrb_ 20130714_ 1-01. htm。

共克时艰 共"赶"新"考"

"经过长期努力，中国特色社会主义进入了新时代"，这是习近平对我国新的历史发展方位做出的重大政治判断。新时代是中国特色社会主义发展的一个新节点，在这个新的重要节点上，世界经济复苏缺乏有利机会、局部动荡和小范围的冲突频发、全球性问题如环境的可持续发展问题越来越受到全球的共同关注。而反观我国发展，仍处于百年未有之大变局之中，前景是十分可期的，然而我们也应该看到通往光明道路上的挑战也是十分严峻的。自1921年中国共产党成立以来，在党的带领下全国各族人民不懈奋斗，共同推动了我国各方面实力取得大幅度的发展，使我国国际地位得到前所未有的提升，在各方面都积极向上的氛围影响之下，全国上下面貌焕然一新，社会的各个方面出现了新气象，也凸显出一系列新问题，对党和政府提出了许多新的更高的要求。新时代需要我们正视这些新情况，在继承原则性指导思想的基础上，开拓新思路，寻找新道路，谋求新发展。而在追求更高质量发展的道路上，有些思想是必然不可抛弃的指路明灯。马克思主义理论、毛泽东思想、中国特色社会主义思想体系，都是我们要坚决遵循的指导思想，同时还有一些精神和原则是我们应该予以重视并坚持传续的，如西柏坡时期形成的"赶考"精神。2020年是全面建成小康社会决胜之年，在这一年的春节突如其来的新型冠状病毒肺炎让所有人都猝不及防，这也正是新的历史阶段对国家和人民的一次"大考"，从国家到各级机关组织都面临着不同领域大大小小的"考试"，压力来源更是方方面面。在这样的艰难时刻，也暴露出一部分人经不住考验，还有些人妄图在"试卷上"做手脚的现象，最终都只能被人民所抛弃，被判"不及格"。只有发扬"赶考"精神，举国同心，才能共克时艰，静等花开时节再相见。

一、"赶考"精神提出的历史背景

"赶考"思维的形成是有其历史背景和一定的历史过程的，是我们党在参考历史事件并对国内革命发展现状做出一定判断基础上逐渐汇总形成的，并不是某个"政治天才"一时的"发明"。

"进京赶考"的概念首先出现在郭沫若《甲申三百年祭》对明末李自成率领的起义军在占领北京后安于奢靡的享乐生活，并相互斗争，自相残杀，最终兵败人亡不得不仓皇退出北京，又亲手丢了好不容易打来的江山的描写中。熟读史书的毛泽东在看到郭沫若的文章后也极为重视，借由整风运动将《甲申三百年祭》刊印散发，让广大革命参与者认识到由骄傲而招致失败之可怕。

接着"赶考"思想在黄炎培与毛泽东在延安窑洞中的一次谈话中得到了进一步的发展。黄炎培在延安看到了与国民党统治区和被侵占地区大为不同的，一派人和政兴的景象，从这样的景象中看到了中国未来的希望，但同时对历史有着颇深了解的他又担心着，一旦中国共产党拿到了全国范围的执政权，会不会也像历史上的众多政权一般，从内部腐坏，最后自断生机。抱着这样的担忧，1945年7月4日下午，黄炎培在毛泽东的窑洞中问道："在他所知中，不少组织都可以说是其兴也勃焉，其亡也忽焉。初立之时可谓是大势所趋，人心所向，但发展到后期往往会出现因个人功利主义而走入歧途的事情，最终导致人亡政息。中国共产党又如何能保证自己不踏入这样的历史周期律之中，找到真正长久的发展新路呢？"犀利而又现实的发问并没有使毛泽东生畏，他认真地回答道："我们已经找到新路……这条新路，就是民主。"

1948年"九月会议"上，毛泽东提出了建立人民民主专政的新中国的设想。次年三月，党的七届二中全会在西柏坡召开，为筹建新中国作了各项准备。在七届二中全会及其之前形成的六条规定，以及两个务必，都成为中国共产党领导班子进驻北京，接管政权，建立新中国这一"大考"的前期思想准备工作。对广大党员的行为做出了具体规范，提前施加了精神上的防腐剂。这些都对以往专于革命的中国共产党的建设和治理能力提出了极大的挑战。

西柏坡是我们党农村包围城市的最后一个农村指挥部，在这里党的领导人在最小的指挥部指挥了解放战争最大的战役，并且多次召开重大会议为新中国的筹建和发展方向做出讨论和决断，故有"新中国从这里走来"的赞誉。1949年3月23日，中央机关即将离开西柏坡，准备进京开展完全掌握政权的一系列活动，毛泽东对周恩来说："我们是进京赶考去。"周恩来说道："我们应当都能考试及格，不要退回来。"毛泽东又说："退回来就失败了。我们决不当李自成，我们都希望考个好成绩。"① 自此已经有了充分前期思想准备的进京赶考，正式开启。

---

① 金冲及：《毛泽东传（1893—1949）》，中央文献出版社，2004年版，第945页。

　　此后中国共产党始终贯彻"赶考"思想，带领中国人民逐步将新中国的各个方面建设完善，交出了一份又一份令人民满意的答卷。虽然已经时过境迁，"赶考"思维仍然发挥着不可忽视的作用，此后的每一代领导人也都曾多次提及且用"赶考"思维激励人民奋斗不止，并在时代特点的基础上赋予"赶考"思维新的内涵。

　　1989年开始的东欧剧变以及苏联这一庞然大物在1991年的突然解体，让社会主义国家面临着西方的和平演变威胁。在并没有很多可借鉴经验的情况下，摸着石头过河的中国共产党和中国的社会主义建设需要一种精神指引。江泽民同志第一站就以赶考之心重返西柏坡，重温西柏坡精神，重新强调了毛泽东当年提出的"两个务必"，指出"堡垒最容易从内部攻破，这是个真理"，西方的和平演变对当时还称不上是强盛的中国来说就是一场旷日持久的"大考"，自身稍有松懈就有可能被一些居心叵测的西方势力侵蚀，从内部瓦解、分崩离析。只有始终对自己身处"考试"中有着清醒的认识，做出最正确的选择，才能顺利通过。

　　2002年12月6日，党的十六大刚刚闭幕之后，胡锦涛总书记就带领中央书记处的成员考察西柏坡，风雪也未能阻挡他们敬对历史，重温"赶考"精神的脚步。2011年在庆祝中国共产党成立九十周年大会上，胡锦涛再次向全党提出了"赶考"思维，强调了党肩负的历史使命。他强调当下的党情、国情、世情都发生了新的巨大变化，虽然已经取得了可喜的成就，但不能躺在功劳簿上认为已经万事大吉，无须再有所作为，是对全党的警示，也是新形势下的严格要求。

　　2013年7月11日习近平总书记来到西柏坡进行考察。在考察过程中，他多次提起并强调"赶考"精神的重要性，并在此后的多次讲话中不断补充，赋予其更加丰富的时代内涵。习近平总书记在庆祝中国共产党成立95周年大会上还提出："这场考试还没有结束，还在继续。今天，我们党团结带领人民所做的一切工作，就是这场考试的继续。"① 新时代的考试仍然存在，我们也仍然需要时时警惕，应对好人民、国内社会和国际社会参与者随时的抽查。

　　二、"赶考"精神的具体内涵

　　"赶考"一词可以引申出很多的问题：是谁来赶这场考？考什么？考官是

---

　　① 习近平：《在庆祝中国共产党成立95周年大会上的讲话》，《人民日报》，2016年7月2日第2版。

谁？合格的标准是什么？这场考试要持续多久？要想充分领会"赶考"精神，运用在工作当中，就必然要先解决上面的问题。

这场考是为谁而准备？是为肩负着历史使命，要带领中国人民实现中华民族伟大复兴的中国共产党而准备的。同样的，也是为所有希望中国能日益昌盛的每个中华儿女而准备的。

考试的内容是什么？毛泽东将共产党进京筹备建立新中国比作"赶考"，其具体的考题是，共产党是否可以成功实现长期执政。历史上众多时代的更迭都证明了打得下江山未必意味着可以守得住江山，而一旦执政出现了问题，革命时期付出的一切努力都将付之东流，最终只能是为他人作嫁衣，依旧将人民置于水深火热与无尽的未知中。这对一直以来以革命为自己长处的共产党来说是一次不小的考验。新时代习近平总书记所提出的"考试"，恐怕还要再加一层的考题意味在其中，那就是是否可以实现中华民族的伟大复兴中国梦。这是中国共产党成立之初就被时代和自身追求赋予的历史使命，也是我党一直为之奋斗的目标。面对新时代的新条件，党还要发动人民的力量，答好这一新时代的新"试卷"。

考官由谁来当？合格的标准又从何而来？中国共产党从成立之初就相信并依靠广大人民群众的力量，并以为人民服务为自己的宗旨，时刻牢记执政为民。这考试的考官，必定是由广大的人民担任。于是是否有效地推动了人民的幸福生活，是否符合广大人民的意愿和要求就成为判断"考试"是否合格的唯一标准。

这场"考试"自1949年开始到现在已经七十多年了，还将持续到什么时候呢？只要中国共产党还存在，这场考试就永远不会结束。人民永远有更加高远的追求，社会永远有更加合理的发展空间，共产党将永远为了人民对更加美好生活的追求而奋斗不止。

那么经过了七十多年继承和发展的"赶考"精神到底有着什么样的内涵呢？

（一）心为考官所系

我国是人民民主专政的社会主义国家，人民是国家的主人。五千年未曾中断的文化传承让我们始终抱有着对天下大同的追求，而天下是人民的天下。"赶考"精神要求党员和每一位中华儿女都清楚地认识到自己肩上的使命，带着一份清晰的使命感为实现中华民族伟大复兴中国梦贡献自己的力量。中国梦与美国梦等其他国家的"梦"有着极大的不同，是关照每一个个人对美好生活追求的星火之梦，也是整个民族和国家不断提升国际社会地位，完成国际舞台上身份转换的耀日之梦。每个人都是中国梦实现不可缺少的一环，中国梦的实现也正是每一个国民的人心所向。我们的党要想完成带领人民实现中国梦的使命，就一定要联系群众，想群众之所想。早在革命时期的毛泽东思想中就提到过"群众路线"的问题，这是毛泽东思想"活的灵魂"之一，革命脱离群众无法取得胜利，一个政党要想实现长期的执政也需要依靠庞大的群众基础，国家建设和社会发展要想取得新进展同样不能无视群众真正之所需。

（二）警惕"不拿枪的敌人"

诚然，革命时期我们的许多勇士即使面对敌人的刀枪，面对非人的严刑逼供都毫不退缩，从未有丝毫妥协，但在社会主义不断改良发展的相对和平的时期，面对不轨势力的"糖衣炮弹"有些人却失去了分辨是非和抵抗诱惑的能力。历史上西方势力对苏联的和平演变不能不说是一个很恰当的范例。在两战期间和冷战初期面对强大而极具威胁的敌人苏联人民没有倒下，反而在苦难中抗争奋起，成功建立世界上第一个无产阶级专政的政权，打破了资本主义制度在世界上的全权掌控之况。但是面对着看似温和的和平演变，却最终走上歧途，彻底放弃了共产党的领导，也放弃了自己的生路。现如今我国改革开放在中国特色社会主义伟大旗帜下取得了各个方面的巨大发展，免不了有些手握权势的人会贪图安逸享乐，再加上木秀于林风必摧之，我们无时无刻不面对着各种势力对我们的渗透、侵蚀，而这些人则会成为那些不怀好意的势力加速我方腐坏的"突破点"。中国现在看来是世界舞台上的一个庞然大物，现在是时候让这只东方雄狮到世界上去闯一闯，展现属于它的风采，所以内部根基不能动摇。千里之堤溃于蚁穴，那些思想腐坏的、行动愚笨的人一旦掌握实权，就必定会在根基处给这只雄狮埋下隐患。这并不是危言耸听，我们党要时刻把握党情、国情、世情，牢记生于忧患、死于安乐的古训，增强忧患意识，加强对党员干部的思想教育和加固，让我们的党始终成为民族复兴最坚实的脊梁。

（三）勤勤恳恳"精耕细作"

我国自古就是农业大国，世世代代的华夏儿女在这片广袤的土地上勤劳耕作，创造了无数个繁盛的时代。勤劳已经成为刻在我们骨子里的传统美德。新中国成立之初，毫无经验的共产党也需要对这个新生的国家和党的"新工作"进行精细的耕作，要想建功立业就必须奋发有为。我们党始终应该将励精图治四个字贯彻到工作当中去。治理国家，就像是完成一件庞大的艺术品，也需要用工匠精神精心雕琢，在很多事情上不能抱着得过且过的心态，只有用一丝不苟的态度对待，才能最终呈现最完美的作品。在雕琢的过程中总免不了会遇到困难，就像是中华民族历史上面临过的种种危难时刻，但是聪明又坚韧的中华儿女从来都是在艰难中探索成功的可能，从来不放弃任何一丝逆势翻盘的机会，更别提在当今我们正顺着滚滚向前的历史潮流而奔涌前进，更应该发扬勤勤恳恳、艰苦奋斗的精神，赶赴新时代的大考。

（四）要做行动的巨人

习近平总书记曾经说过，成功的必要条件就是拥有梦想，创新理念，最终落实在行动中。梦想是一个人，也是一个民族发展前进的目标和动力，但是如果只将梦想放在意识中，不为之规划，不作出相应的行动，就永远只能是梦想。马克思的墓碑上也写着这样一句话：以往的哲学家只专注于怎样解释世界，但关键在于改变世界。中国共产党如果终日对着建设一个新中国的梦异想天开，而不进行后面一系列的革命探索，那当今的中国又会是什么模样？历史不止一次告诉过我们，实干兴邦，一代人有一代人的长征，我们应该尽自己所能，将党的各项方针政策认真贯彻落实，用踏踏实实的每一步走好时代交给我们的新长征之路，走好新时代中华民族伟大复兴之路。

马克思主义学院　上官嘉雯

结合马克思历史观浅谈对历史虚无主义的思考

——对抗战时期"狼牙山五壮士"的英雄人物研究

一、狼牙山五壮士事件梗概

9月25日，是令人难忘的一天，1941年的9月25日正是五壮士宁死不屈，纵身跳下悬崖的那天，也就是他们的祭日。

那时正处于抗日战争时期，日本鬼子正对着华北的根据地进行无情的大规模扫荡。事发前日，许多日伪军在不被察觉的情况下潜伏并包围了狼牙山地区，那里地界是属于河北易水，晋察冀军区一分区的八路军干部都在此地，更重要的是这里还有两千名老百姓。狼牙山五壮士正是在作战兵团一团六班中，为了掩护老百姓和剩余作战兵团的撤退，在最后撤退时并没有选择把敌人引向百姓军队处，而是毅然决然地走向了狼牙山的顶峰——棋盘陀！

事发当天清早，日军在背后追击。五壮士边向棋盘陀赶路，边阻击敌人，就这样追了一上午也没有爬上顶峰。五壮士把敌人引向了顶峰的绝路，日军自恃人多，以三千人猛攻狼牙山，但五壮士丝毫不畏，凭借顶峰的易守难攻地形，与人多、弹药充足日军进行着最后的战斗！日本鬼子因为人多势众连续发起进攻，五壮士凭借有限的弹药和手榴弹硬生生地挡住了三波猛烈的攻势，此时已经到了下午，他们的任务其实已经完成了，因为他们的任务就是要起到给大后方转移争取时间，他们做到了！终于，随着最后一枚子弹打尽，五壮士也撑到了极限，此时他们还剩下唯一一枚手榴弹，原本以为这是留着自尽用的，但是班长最后还是抱着多杀一个是一个的魄力把手榴弹扔向了敌人，战斗到了最后一课，最后他们集体跳下了山崖。这五个人是班长马宝玉、副班长葛振林、战士胡德林、胡福才和宋学义。其中马宝玉、胡德林、胡福才壮烈殉国，葛振林、宋学义因被山腰的树枝挂住，幸免于难，被当地群众救起。

1958年，拍摄电影《狼牙山五壮士》，以及进入小学语文课本，使得"狼牙山五壮士"成为全国妇孺皆知的大英雄。"狼牙山五壮士"的故事变得家喻户晓，这一段壮丽的英雄事例被广为传唱。在历史的洪流中，他们渺小得转瞬即逝，但把他们每个人的故事都放大以后拥有鼓舞人心的巨大力量。有幸挂在树枝上被救下来的葛振林被封为英雄后从不居功自傲，一生清贫节俭。他在衡阳的家中，一百二十平方米的小屋里，摆放着几张简陋的桌椅，一些必备的家电，一切都朴实无华，只在墙上挂了一个"革命老人"的红匾还有几张表起来的老照片。他说过："国家还不富裕，我们要节省每一度电，每一分钱，支援国家建设。"

这样的故事，这样的英雄在这个共和国的历史上数不胜数，但了解的人，关注的人却远远不足。

二、结合马克思历史观对历史的思考

"风萧萧兮易水寒！壮士一去兮不复还！"试问听后何人不觉苍凉悲壮？何人不觉凄婉惨烈？玩王者荣耀的朋友都知道高渐离这个英雄，游戏中他弹的是一把吉他。而在历史上，他是燕国有名的琴师，同时也是荆轲的好友。当年，荆轲刺秦王，马上要出发的时候，高渐离为他易水送别，击筑而歌，荆轲和着音乐，唱出了那句"风萧萧兮易水寒，壮士一去兮不复还"。现在大部分人讲"易水送别"这个故事，到了荆轲刺秦王这里就到头了，但电影《狼牙山五壮士》中曾引用这句诗，表现了革命战士对敌斗争的勇气，同时也表达了为人民而战斗的英雄气概的崇高敬仰，同时也以此作为对革命者慷慨悲壮只身赴敌的赞歌！

光阴似箭，时光如白驹过隙，两千年就这么从秦朝到了如今。但是我还能感觉到这儿的一花一草都没有向敌人屈服过！从来，都没有！这儿的每一处土地，都曾浸过英雄的热血！

结合马克思历史观，人们对古时候所谓的"英雄"有了新的思考。新中国对荆轲、高渐离、张良的评价有了不一样的声音，他们都成了阻挡历史发展的卑鄙小人。这三人都对秦始皇进行过刺杀，高渐离向他扔过灌了铅的筑（一种乐器），张良也向他投掷过铁锤，但秦始皇都福大命大、侥幸逃过。荆轲反对秦始皇是为燕太子复仇，高渐离是为朋友荆轲复仇，张良是为了弟弟复仇，在马克思唯物主义历史观下马克思认为创造历史的人是在已有的历史条件下创造，也就是说秦始皇的出现是有一定的必然，因为历史始终是在不断地重复与缓慢的螺旋式前进的，如果秦始皇真的被三人刺杀也注定是暂时的，历史仍会出现千千万万个秦始皇，历史是前后互相影响的，时代的大潮不可阻挡。所以说三人反对秦始皇其实在马克思历史观看来就是反对历史的客观必然，是一种无谓

的抵抗。三人就这样作为反对秦政的"杰出代表",永远的被钉在了历史的耻辱架上。

古人对荆轲的评价一般都是"悲情英雄",这是可以理解的,因为没有人觉得秦始皇是个历史上最伟大的人物,因为一个打破旧时代的人,注定是孤独和不被当时的人理解的。

在我看来,结合马克思历史观来看,荆轲、高渐离、张良的出现也并不那么遭人唾弃。千古一帝也好,暴君也罢,我想,要想对秦始皇进行功过评价,还是要先回答是"英雄造时事"还是"时事造英雄"的问题,讨论一个历史人物不能脱离他所处的历史阶段与社会环境。从唯物史观的角度来说,人心归附是一个需要潜移默化的漫长过程,所以秦王朝的崩溃具有历史必然性,人心的力量和惯性需要时间来消减,观念的转变也需要时间来完成,秦始皇的大业完成得太快,太迅速,甚至超越了历史的自然发展规律,那么自然要受到规律的反噬。而这三人的出现我觉得也有一定的历史必然性,秦始皇的大业建立之快导致了三人对其刺杀也有一定的历史必然性,我愿意把这解释为历史规律本身的修正。

这个耳熟能详的故事下反映这两个问题。第一,历史的洪流不是个人能阻挡的,同样,这也说明不是英雄造就了历史。这里面其实是更复杂的辩证关系。社会的发展趋势是有规律的,社会生产发展力的水平决定了人类社会的进程。也就是经济基础和上层建筑要统一。在这过程中,环境造就了人,人又创造了环境。

第二,承认历史并尊重历史才是正确的历史观。而承认历史也代表着承认过去的错误、承认前人的贡献、承认应该承担的历史责任,享受的历史权利等等。不承认曾经的错误,那就是流氓和无赖,不承认一个国家,哪怕是再落后再小的国家的主权和领土,都是为了自己的侵略找借口,不承认历史上的遗留责任,那就是试图逃避法律逃避责任。而且,不承认历史不仅是态度上的问题,很多时候还会酿成严重后果。

1946年的东京审判,是远东国际军事法庭在日本东京对第二次世界大战中日本首要甲级战犯的国际大审判,由多个国家的法官共同审判。而这场长达两年多的审判困难重重,取证十分困难。而当时代表中国的法官梅汝敖先生,为了争取中国的座位问题据理力争。为了搜集日本人残害同胞的证据东奔西走,最终将日本七名甲级战犯处以绞刑,其余枪决数人,为同胞讨回尊严和公道。历史是不容抹黑和质疑的,正面看待历史,正视并尊重历史是每个民族的必修课。

三、对历史虚无主义的思考

习近平总书记指出："文化是一个国家、一个民族的灵魂。历史和现实都表明，一个抛弃了或者背叛了自己历史文化的民族，不仅不可能发展起来，而且很可能上演一场历史悲剧。"①

在国内的舆论平台上，丑化英雄，矮化英雄形象的泼脏水行为屡禁不止。他们高歌西方价值观，打着"揭秘""内幕"得噱头大肆炒作，怀疑革命动机，放大历史错误。不论他们处于什么用心，或是博眼球或是别有目的，我们都应该坚决抵制这样的历史虚无主义，拒绝丑化历史英雄，拒绝向中华民族优良传统泼脏水②。

周恩来指出："历史对一个国家、一个民族，就像记忆对于个人一样，一个人丧失了记忆就会成为白痴，一个民族如果忘记了历史，就会成为一个愚昧的民族。而一个愚昧的民族是不可能建设社会主义的。"③ 在全球信息化，快速化，碎片化的互联网时代，我们要高度警惕那些破坏历史人物的公知，时刻谨记共和国如何从帝国主义的艰苦斗争中站起来，是如何在腥风血雨中披荆斩棘勇往直前，是多少前辈英烈的鲜血滋养了这片土地。而历史虚无主义正在用心险恶地，把英雄物欲化，把他们的精神本能化，不承认英雄的奉献牺牲，把壮举附上低俗化的动机。摧毁我们的文化自信最终达到分化，西化中国的目的。

马克思曾经提出过历史唯物主义辩证法，提出了这种理性的唯物历史观。在这个自然的发展过程中，社会生产力才是推动社会发展的根本动力。人类的社会发展也是有规律的，只会从低级向高级发展，从奴隶社会向封建社会发展由封建社会向资本主义社会发展，而最终会发展为社会主义社会。因为资本主义社会中生产资料私有制和生产社会化之间的矛盾是难以避免的，所以社会主义是更先进的历史阶段。而我们更应该保持理论自信，道路自信，坚定不移地继续中国特色社会主义道路，实现中华民族的伟大复兴。

四、实践总结

在这次 5 天的西柏坡之行让我收获很多也了解到了很多烈士的故事。在一

---

① 习近平：《坚定文化自信，建设社会主义文化强国》，人民网，http：//cpc. people. com. cn/n1/2019/0615/c64094-31154163. html。

② 孙丽珍，李泽泉：《文化虚无主义的表现、本质及治理》，《红旗文稿》，2018 年第 9 期。

③ 周恩来：《忘记了历史，就会成为一个愚昧的民族》，人民网，http：//zhouenlai. people. cn/n1/2019/1204/c409117-31489929. html。

个接一个的烈士纪念馆和烈士陵园中，不同的讲解老师都声情并茂地讲述了当年故事。

在纪念馆里，我们参观了河北人民地道战时留下来的遗迹。冀中人民抗日武装为了保存自己的力量，长期坚持平原游击战争，开始挖掘和利用地道对日伪军进行斗争。河北人民运用各种巧妙的装置和陷阱，与敌人在地道中斗智斗勇，以多打少。在冀中和冀南一些地方，逐渐形成了房连房、街连街、村连村的地道网，形成了内外联防，互相配合，打击敌人的阵地。地道战开始后，敌人也曾费尽心机，采用寻找洞口和放火、放水、放毒等办法进行破坏。但是，党领导群众不断改进地道，使其更加完善。地道战体现了河北人民的智慧和勇气，对于中共在敌后战场保存实力，持久抵抗发挥了重要作用。

马克思主义学院　赵婉龄

用对比手法进行历史虚无主义实质的探究

——以狼牙山五壮士为例

唯物史观是哲学中关于人类社会发展一般规律的理论，马克思主义哲学的重要组成部分。包含唯物史观在内的马克思主义信仰是中国人民应当基本具备的核心信仰。然而，在经济文化快速发展的重要时期，历史虚无主义却又一次在文化圈泛起，动摇了许多大众正确客观看待历史的视角。历史虚无主义在短短数年已经成为一种影响力甚广的思潮。历史虚无主义即是否定历史，抹杀历史，对历史持怀疑的态度。对于已经客观存在的历史本身、历史真相和规律性持消解、否定的态度。近年来对历史虚无主义有较为全面的研究，大多着重于历史虚无主义的演化过程、危害和治理拨正方法。在历史虚无主义的泛起原因探究上，前述论文多从新媒体的传播等客观方面讨论，其实除此之外还可以从始动传播者的主观方面探索。

在治理拨正方面，之前的论文基本只是强调在加大监管、倡导社会正确价值观等方面进行改变，使大众免于历史虚无主义的侵害。典型的如"唯物史观的理论建设要不断深化，深入发展史学理论，建设好唯物主义史学理论是抵御唯心主义史学理论的根本"①。"欲廓清当下的历史虚无主义，端在坚持马克思主义历史的指导，重视历史教育，包括国家的学校教育与社会教育。"② 却少有研究着重于从已有的历史虚无主义者本身出发，改变他们的所坚信的虚无之正确与信仰。

先前论文所著方法有其基本性和必要性，但其多作用于非历史虚无主义人群的预防作用和受历史虚无主义危害较浅群体的及时阻隔作用，而对真正的历史虚无主义者存在局限。其根本原因在于深度的历史虚无主义者多认为以上的方法仅仅是国家价值层面的怀柔转化或施压，不会真正醒悟自己的错误，更不

---

① 王雪：《警惕历史虚无主义的沉渣泛起》，《文化学刊》，2019 年第 10 期。

② 郑师渠：《当下历史虚无主义之我见》，《历史研究》，2015 年第 3 期。

会真正运用唯物史观进行自我反思。比如有学者认为，历史虚无主义的"研究"是追寻历史真相的自由，面对大多数学者建议的加大监管和正确价值观教育策略，表示"倘若将历史真相研究视为禁区，将学术研究中的争议带入到司法诉讼中，动辄冠以历史虚无主义的罪名……有可能会形成运用法治思维遏制学术争议的恶习，对学术研究产生不良影响"①。

如果通过将历史虚无主义的核心思想和其他思想进行对比，可以在这些形式共通却内涵差距迥异的思想中，更加明显地暴露出历史虚无主义的脆弱根基，从而从本源上动摇甚至瓦解历史虚无主义者的信念，对比外源性的媒体话语权监管，内源性的自发进行的思想动摇是更值得考虑的思路。也就是说，考虑到历史虚无主义者往往固执己见，多抵触唯物史观等正确价值观教化，应首先应用鲜明的道理打破其虚无信念，使其真正认识到自我之荒谬。为此，探究其实质可以将历史虚无主义与其所标榜的精神相对比，突出其本质差别，使历史虚无主义者更易于教化。

一、泛起的历史虚无主义对英雄人物的诋毁

（一）现代历史虚无主义泛起之原因

现代历史虚无主义的泛起的根本原因是部分人的猎奇心理。猎奇现象最为典型的就是"潘多拉效应"，其心理实质，就是逆反心理与好奇心理的共同作用②。这在现代社会普遍存在，人们乐于了解奇闻逸事，如果是历史事件，比起耳熟能详的事件和人物原貌，其异化的一面更能激发人们的兴趣。此时历史常识和唯物史观就尤为重要。如果不具备，对于部分人，就可能在已有的历史事件上进行怀疑，强烈的猎奇心理甚至会驱动他们不断戴着有色眼镜去搜集各种相关"线索"，企图"还原被掩埋的史实"并将其广而告之，从而满足其标新立异带来的虚荣感。

而这种普遍的历史唯物主义思想缺乏源于我国现在发展的现状。十九大报告中明确指出，我国社会主要矛盾已经转化为人民日益增长的美好生活需要和不平衡不充分的发展之间的矛盾。现在越来越多中国人开始关注历史与文化追寻，但是由于不平衡不充分的教育发展，尤其是唯物史观教育的不全面发展，多数人对历史常识了解不足，又没有培养起基础的良好的价值观、人生观和世界观，导致许多人在历史问题的看待上充满了主观片面且不成熟的看法。其中

① 汪智：《网络传播侮辱英烈内容的认定和规制》，安徽大学，2019 年，第 21~22 页。
② 张声雨：《对新闻受众猎奇现象的剖析》，《新闻传播》，2016 年第 1 期。

包括两类群体，分别是拥有历史常识却缺乏唯物史观的人和同时缺乏历史常识和唯物史观的人。部分学者或作者属于前者，往往通过论文形式，"考据"各种片面的"论据"，写出看似严密却漏洞百出的历史虚无主义色彩论文或文章发表。而后者往往没有受过系统的历史教育甚至学校教育，通过高度自由化的网络论坛或社交媒体传播自己的观点。

现代历史虚无主义的泛起的关键原因是新媒体，特别是网络媒体的高度发达，还包括铺天盖地的各种杂志刊物。各种媒体之间竞争激烈，追求发行量、收视率或阅读量渐渐变成了很多媒体的第一要务，普遍把受众的兴趣作为择稿的唯一标准。过度追求吸引受众眼球，容易造成失实信息的滋生。正是因为记者和编辑没有把客观性、真实性作为重要原则，才会为了吸引受众目光和牟取名利，故意标新立异，以个别事例来否定成说，或者为满足新闻和书籍受众猎奇心理而产生虚假历史文章或新闻。新媒体下的历史虚无主义呈现快速、渗透式传播的特点。

（二）对历史人物的诋毁形式与内容

1941 年 9 月，在中国易县，狼牙山五壮士以他们英勇抗击日寇的历史事实和为国捐躯的伟大精神，赢得了全国人民的广泛崇敬。和平年代，"狼牙山五壮士"的精神，仍然是我国公众树立不畏艰辛、不怕困难、为国为民奋斗终身的精神指引。然而 2013 年 11 月，《炎黄春秋》杂志的执行主编洪振快发表了《"狼牙山五壮士"的细节分歧》一文①，打着历史考据、学术研究的旗号，不看整个事实，从刁钻细节否定英雄，企图达到抹黑"狼牙山五壮士"英雄形象和名誉的目的。这篇文章在媒体和学术圈掀起广泛关注，随着其于网络的广泛流传，以讹传讹，越来越多人开始对信仰的狼牙山五壮士的英勇开始怀疑。相似的诋毁还有许多，如网络推手"立二拆四""秦火火"造谣称雷锋过着奢侈生活；拥有近千万粉丝的社交媒体红人"作业本"公然诋毁烈士邱少云，调侃其为"单面烧烤"；还有个别电视剧对英雄人物进行丑化或狭隘化。

历史虚无主义者颠覆中国共产党领导下取得的伟大成就，恶意中伤民族英雄以及公然诋毁中国共产党的英明领导，然而对叛徒、汉奸、反动统治者则不虚无，而是加以美化，推崇歌颂，颠倒是非②。其中历史虚无主义者的诋毁形式往往是过分淡化或戏化伟大历史人物的英勇事迹，解构破坏其精神价值，并夸大或编造细节对其进行丑化。

---

① 洪振快《"狼牙山五壮士"的细节分歧》，《炎黄春秋》，2013 年第 11 期。
② 武力：《唯物史观视角下的历史虚无主义辨正》，《历史研究》，2015 年第 3 期。

细节是历史研究的一部分，但必须秉承客观的态度，不能刻意加工，使之空洞化、浅薄化、碎片化。洪振快被认定为侵权并不仅仅只是简单的侵害了社会公共利益。应知在英雄烈士身上，人民附加了浓重的民族情感，损害烈士的名誉，就是在损害民族信仰。

二、历史虚无主义的实质

（一）历史虚无主义与学术自由的区别

历史虚无主义者总是披上学术研究的形式，打着学术自由的旗号将其行为合法化。权威的"学术自由"的解释是"一切学术研究或教学机构的学者和教师们，在他们研究的领域内有寻求真理并将其晓之于他人的自由，而无论这可能给当局、教会或该机构的上级带来多么大的不快，都不必为迎合政府、教会或其他正统观念而修改研究结果或观点"（《牛津法律大辞典（1988）》）。或者"学术自由是指专业上合格的人士在他们所胜任的学科中自由地调查、讨论、发表或教授他们所认为的真理，而不接受宗教或政治的控制和权威的许可，除非这种控制是职业道德标准，除非这种权威是在有关学科中用来证明真理和结论的合理方法"（《学术自由原则》，美，胡克，1985）。在学术自由的定义中明确强调了，首先，其最终目的是"追求真理"，其次，必须遵从"职业道德标准"，才可以合理地进行自由的学术研究。但是分析历史虚无主义者的"学术研究"，会发现其看似逻辑严谨的取证和论证直指误导读者思想而非单纯的学术目的。

以洪振快的《"狼牙山五壮士"的细节分歧》一文作为例子，洪振快自称其文章是基于历史学的逻辑和方法，对"狼牙山五壮士"事件的某些细节进行质疑是学术自由。但细究其文，会发现在客观上有明显的以偏概全的错误。如作者着力探讨了壮士如何跳崖的这一问题。洪振快引用的史料分别来自1995年羊城晚报的文章《壮歌重唱狼牙山》、第一军分区战线剧社的指导的口述和葛振林的回忆口述。有学者认为其并没有歪曲或捏造历史，这些历史都有对应的来源。但是应注意到，对于作者给出的溜崖或窜崖的推断，先不论是否为真，他刻意忽略了几位壮士在跳崖之前为保护大部队而与大量日本敌军周旋的英勇和抱着必死的决心向山崖进发的事实。他的确没有用侮辱性的话谈论英雄，但是他的论文在经过忽略伟绩和夸大细节之后充满了别有用心的误导性，即暗示壮士撒谎，跳崖决心不纯。专业人士不会因他反复强调的狼牙山壮士的溜崖问题怀疑英雄形象，但文章发表在了专业度不高的杂志上并在网络大肆传播，导致大量普通受众对狼牙山五壮士的敬仰崩塌，严重损害了英雄名誉和所代表的英勇抗战气概，他宣扬历史虚无主义的用心便达到了。对于五壮士在何处掉崖这个细节，作者互相比对了当时晋察冀日报上所载的通讯以及葛振林的口述等资料，直言各方所述跳崖地点存在出入。他放出个例线索，却没有综述应有的总结过程，不做评价，看似没有丑化英雄，但其实就是在向读者暗示英雄的掉崖作假。关于五壮士是否吃了民众萝卜的问题，在极度饥渴的环境下拔萝卜吃是非常合理的，和不拿群众一针一线不冲突，且资料里也明确了萝卜长在险峻无人的山上，他们不知道萝卜是野生还是人家种的。吃萝卜与英雄的英勇无私行为毫无关联，但洪振快却能通过反复的强调、引证把受众的注意力从英勇抗敌上引开，并加强了对吃萝卜一事重要性的价值判断。这是典型的避重就轻的，忽略让步条件而向读者暗示壮士有可能私吞大众财产，并隐瞒实情。事实上，历史问题应当放到具体的历史环境中去分析，受当时抗战环境的影响，一些史料的记载不全面，有出入是非常正常的。他处处不提历史环境和客观条件，直接忽略大的贡献，紧抓小处细节，暗示了对英雄正直品质的怀疑，这就完全背离了学术研究的客观性、严谨性和公正性。这是一篇跳离实际，把微小细节从历史环境中单独抓出，背离论文核心要求而大谈特谈的伪论文。总体来说，洪振快虽通篇引用材料加以证明，但是其以偏概全、避重就轻、混淆概念从而刻意引导受众对狼牙山五壮士的恶意是不争的事实。这就不再是学术自由而是纯粹的历史虚无主义。

（二）历史虚无主义与反叛创新思维的区别

有历史虚无主义者将其标榜为反叛创新思想。这是一种巧妙的混淆概念行为。真正的反叛创新思维应属于 20 世纪 50 年代兴起的垮掉派思想。不能仅从两者都反对时下统一的价值观念就简单地画等号。事实上，不仅是分析历史，分析任何一种思潮，都应当结合当时社会背景。

垮掉派思潮的兴起恰逢美国压抑至极的铁血政治横肆。与垮掉派狂暴外在相反的是，他们不反社会，也不一味反对价值观念。他们所反对的仅仅是社会中各种压制他们的个性、摧残他们的人性的力量和世俗观念①。比如，凯鲁亚克写的《在路上》的主人公萨尔的英文 Sal 为 Salvation，灵魂获救的缩写，而他的姓帕拉迪斯正是伊甸园的意思。在文学上，名字是非常经典的行文主题隐喻手段。足以看出，在荒诞生活方式下，他核心关注于人性的复归和精神上的升华。强调的一点是，垮掉派糟糕的生活恶习都只是对抗恐怖社会氛围的手段，

① 肖明翰：《垮掉的一代的反叛与探索》，《外国文学评论》，2000 年第 2 期。

其根本目的是把自己从社会上压抑的思想束缚中解放出来，这在本质上是对新的生活方式、新的信仰、新的价值观念的探索。霍尔默斯在书中评价垮掉派作家"表达出对价值观念的渴望，而不是对它的仇恨"。

这正是垮掉派思想与历史虚无主义的根本区别——无论历史虚无主义以怎样的方式粉饰其表面，如以考证精神自我标榜，其本质目的都是解构信仰，即是将传承的历史信仰强行碎片化、简单化，更甚至用各种混淆视听的手法将其扭曲、丑化，从而解构人们心中的社会主义核心价值观，变得消极颓废。总的来说，垮掉派是通过消极颓废的手段去追寻真实自由的信仰，历史虚无主义则完全相反，通过冠冕堂皇的手段去误导人走向信仰丧失。

（三）历史虚无主义的实质

马克思在《资本论》中根据理论中物质化和物化的发展，预示了未来虚无主义，甚至历史虚无主义的横行①。在他的理论中，随着商品经济和网络的疾速发展，西方资本逻辑在政治经济生活中的渗透将会引发生产者反而屈从于其生产物品的颠倒转变。资本、商品从人类活动的环节反客为主，成为支配人的主导性力量，人的精神生活超越性丧失，而这一过程反过来又会强化和巩固资本主义的物化逻辑，使人更加深入而彻底地被物化逻辑所支配。最后人现实生活的内在张力和丰富内容会被瓦解。马克思在资本逻辑中深切感受到资本对一切崇高、超验价值的解构，认为资本的力量中蕴含着一种必然的、致使崇高价值虚无化的虚无主义力量。这正是历史虚无主义的根基，其全然继承了虚无主义的虚无化思想，在历史的观照上呈现意义的消解和情怀的打击。政治学家梁柱对历史虚无主义实质概括准确："历史虚无主义……违背实事求是的历史研究的根本原则，违背全面、客观的历史研究方法，否认和反对阶级分析的历史研究方法……是按照他们的主观愿望和政治诉求来对待历史，是唯心主义历史观在新的历史条件下的复活和再版。"②

三、结论

历史虚无主义的泛起，主要源于现代人受西方资本逻辑的影响，在唯物史观教育不足的情况下，由于猎奇心理而产生，而新媒体的自由便捷为历史虚无主义的广泛迅速传播提供了温床。历史虚无主义者总是利用学术自由将自身行为合理化，并以反判创新精神自我标榜，事实上其与这两者有本质上的区别。

---

① 袁雨宸:《精神生活的实践论阐释》，东北师范大学博士学位论文，2019 年。
② 梁柱:《历史虚无主义评析》，人民出版社，2006 年版，第 43 页。

对历史虚无主义的本质的探索，不仅有利于进行相关的定义和研究，其与抵制该现象并不是割裂的关系。对其本质深入的对比辨析研究正是有效纠正历史虚无主义者错误思想的重点切入点。

运动人体科学学院　梁霁桐

浅析体育精神的影响

——以中国乒乓精神为例

一、中国乒乓球队的发展历程

如果想要深刻认识一个事物，首先就必须要了解它的历史，清晰它产生、发展和繁盛的脉络。21 世纪以来中国竞技体育的发展水平与速度一直居于世界各国前列，其中被誉为"国球"的乒乓球更是中国竞技体育界的翘楚。中国乒乓队在 21 世纪的奥运会和世界锦标赛中几乎承包了所有的大赛冠军，长期居于垄断国际乒坛的霸主地位。而在中国乒乓球队让人引以为傲的光鲜战绩背后，也有着它自身由弱势到强盛的艰难经历。

（一）艰难起步，发愤图强

中国乒乓球运动起步于 20 世纪 50 年代。1952 年 6 月 10 日毛泽东同志专门亲自题词"发展体育运动，增强人民体质"以庆祝中华全国体育总会成立并鼓励中国体育事业的发展，同年中华全国体育总局乒乓球协会加入国际乒乓球联合会，中国乒乓球队也因此应运而生，开启了它由弱势转到强势的发展历程。

1953 年中国乒乓球队首次亮相世界乒乓球锦标赛，但在布加勒斯特，中国队员们的首次大赛之旅并没有取得令人满意的战绩。随后的几届世乒赛，选手们吸取教训，总结经验，愈战愈勇，在 1959 年的第 25 届世界乒乓球锦标赛上，中国男子乒乓球运动员容国团更是一飞冲天，史无前例地夺得了新中国历史上的第一个世界冠军，让国际体坛为之震惊。

1961 年，第 26 届世乒赛落户北京，这也是新中国自成立以来第一次承办大型国际赛事。怀揣着东道主的荣誉感与为国争光的使命感，中国乒乓球队的运动员们最终不负众望——男子乒乓球队首次捧上了团体冠军，女子乒乓球队的队员邱钟惠也顺利摘得女单桂冠，成为新中国体育史上的第一位女子冠军。这标志着中国乒乓球队迎来了成绩上历史性的飞跃，顿时间中国乒乓球队在体育界中声名鹊起。

但在第35届世界乒乓球锦标赛中，中国男队遭遇滑铁卢，在2个项目中与奖杯失之交臂，这无疑是给了正在迅猛发展的中国乒乓一个当头棒喝。中国乒乓队立刻总结比赛失利教训，精心分析主要对手的技战术特点，进行针对性的强化训练。在全队的齐心协力之下，球队于1981年在南斯拉夫诺维萨德的第36届世乒赛上打了一场漂亮的翻身仗，一举囊获全部七项冠军，并且一鼓作气在接下来的三届世乒赛中各拿了六项冠军，傲人战绩举世瞩目，极大改变了国际上对中国乒乓球以及中国体育弱势的看法与观念，摘下了外国人看待中国人"东亚病夫"的有色眼镜。至此中国乒乓队迎来了发展历程中的第一个春天。

然而好景不长，自20世纪80年代起，欧洲的横板弧圈球打法逐渐兴起，中国的直板快攻打法却没有获得飞跃性的发展。技战术上的缺陷和落后使中国乒乓球队再一次陷入困境。1988年汉城，乒乓球首次成为奥运会正式项目，但国乒却战绩惨淡，未能传来捷报。此外在第40届和41届的世乒赛赛场上，中国乒乓队也被连续失利的阴霾紧紧笼罩。

（二）大展雄风，燃情奥运

1995年，中国第二次承办世乒赛，天津这座城市也成为中国乒乓球队命运的转折之城。中国乒乓队再演辉煌，包揽了大赛全部的七项冠军，更令人眼前一亮的是涌现出了一批如邓亚萍、孔令辉、刘国梁等的优秀青年运动员，为日后国乒统治世界乒坛奠定了坚实的人才基础。

自此以后，中国乒乓球队开始在世界大赛（世界乒乓球锦标赛和奥运会）上大展雄风，尤其在激情的奥运赛场上，2000年悉尼奥运会，中国乒乓球队历史上首次包揽了男女单打、双打全部四枚金牌；2004年雅典奥运会，中国乒乓球队再次为国家添上三枚奥运金牌，仅仅遗憾得与男子单打冠军失之交臂；2008年中国首次举办奥运会，在北京，身为东道主的中国乒乓球队强势取得男女单打和男女团体的所有金牌，更是在男女单打项目中实现了金银铜的全揽；之后的伦敦奥运会与里约奥运会，国乒保持稳定，每届都轻取所有金牌，再也没有让乒乓球的四枚金牌落入他国的口袋。中国乒乓球队逐渐展露出一支王者之师的风范，一次又一次地实现对赛事冠军的大包大揽，巩固着自己世界乒乓霸主的统治地位。

二、乒乓球精神的内涵

战绩傲人的中国乒乓球队不仅没有辜负国家的培养与希冀，同样也没有让热爱乒乓球运动的人民群众失望。国乒队员们在赛场上奋力拼搏、永争佳绩的努力付出向社会传递出了积极的正能量。中国乒乓球队的佳绩与他们独特的精神无法分割。乒乓精神是中国乒乓球队制霸国际乒坛的重要法宝之一，其精神内涵具有重大的研究与教育价值。以中国乒乓球队精神为主要内核的中国乒乓精神涵盖了爱国主义精神、实干精神、集体主义精神、革命英雄主义精神等。

（一）胸怀祖国、为国争光的爱国主义精神

中国乒乓球队在 1952 年诞生于中国体育事业发展的大热潮之中，肩负着国家的希望与重托，可谓是从成立之日起便于国家社会主义建设事业的命运紧紧联系在了一起，以发展国家体育、振兴中华为己任，每位队员都具有"胸怀祖国，为国争光"爱国主义精神的使命感与荣誉感。

中国乒乓女队的传奇队员邓亚萍在接受采访时曾经说过："我们代表祖国到世界赛场上去拼杀，每当登上世界大赛冠军的领奖台，听到国歌奏响，看到国旗升起时，眼里总是含着激动的泪花。这是因为在我们的心中，祖国是母亲，是母亲乳汁养育了我，是祖国母亲给我一种大气磅礴的力量。"① 如其所说，中国乒乓球队不论在日常的训练中还是国际大赛的赛场上，始终秉持着"国家荣誉高于一切"的宗旨，不断激发队员们的爱国主义精神，使这种精神成为激励队员们为国争光的支柱。队员们也正凭借着心中对国家的热爱，一次又一次用自己的拼搏与努力使五星红旗在国际赛场上不断升起，高高飘扬，响亮的《义勇军进行曲》令观众心潮澎湃。

（二）发奋图强、艰苦奋斗的实干精神

中国乒乓球队创立于二十世纪五十年代，发展于六七十年代，而那个时候能给予队伍成长的条件并不宽裕，中国的体育事业尚处于世界各国讥讽的"东亚病夫"状态，中国的国内、国际环境也并不理想：建国初期尽管经过一系列措施调整恢复了战时大大损坏的经济元气，但是国内的经济全局依旧不景气，大多数人连温饱问题都难以解决，更无法有资金投入到体育事业之中；五十年代社会主义与资本主义意识形态的冲突加剧导致美苏冷战，而中苏关系又在六十年代恶化，中国在国际上逐渐处于一个相对尴尬的位置……这种种因素都阻碍着中国乒乓事业的发展。但是中国乒乓人并没有因为大环境的不利而放弃对这项事业的坚持与追求，他们自力更生，仔细钻研乒乓球技术，丰富技战术打

---

① 陆璐：《我国高水平运动员竞技体育精神研究》，《第八届全国体育大会论文摘要汇编（一）》，2017 年。

法，踏踏实实训练，将有限的资源创造出最大的价值，最终凭借着自己的坚持不懈与艰苦奋斗在国际乒坛上书写出了属于中国人的传奇，中国人的骄傲。

（三）不屈不挠、勤学苦练的创新精神

中国乒乓球队的发展并不是一帆风顺的，它经历了一个由弱到强的过程，中间也曾有过低谷和滑坡。在二十世纪五六十年代的国际乒坛，欧洲和日本是两股最强劲的势力，凭借自身独特的打法牢牢占据着一定地位。但是中国乒乓人通过不断地钻研，发明出了更强势的直拍近台快攻打法和更稳定且独特的削球类打法，掀起了乒乓届的打法新潮流，也通过自己的打法创新在世界大赛上崭露头角，逐渐超越了日本和欧洲。

到了七八十年代，跟随着我国改革开放的总趋势，国际间人才交流日益频繁，在乒乓方面，我们也向其他国家输送了许多优秀的运动员和乒乓球技术，乒乓队一整套先进的训练方法和手段被照搬到国外，使国乒在比赛中失去了绝密武器。种种原因很大程度上导致了中国乒乓队在第 40 届及第 41 届世界乒乓球锦标赛中惨遭滑铁卢。此时中国乒乓人再次发挥了他们不断钻研、不断创新的精神，在发展传统直拍快攻打法的基础上，贯彻"百花齐放"的方针，提倡各式的打法互相促进，互相提高，最终形成了一套更先进、更高级的技战术体系，并以此重登乒坛巅峰。再之后的比赛中，中国乒乓队也保持着不屈不挠，不断创新的时代精神，从不松懈对自身技术的发展创新，这种精神也是使得中国乒乓成为乒坛冠军"常青藤"的重要原因之一。

（四）同心同德、团结战斗的集体主义精神

乒乓球不仅是一项个人的运动，也是一个团体的战斗。每个运动员只有依靠乒乓队集体的力量才能实现个人能力的提升和成绩的突破。

1961 年，北京将举办第 26 届世界乒乓球锦标赛。由于是中国历史上第一次举办世界性体育大赛，因此国家体委对这届赛事高度重视，从地方到全国自下而上选拔了 108 名乒乓球运动员到北京进行集训。这些运动员们都为了一个"为祖国争光"的共同理想，同心同德，群策群力，互帮互助，团结一致一同奋斗，最终不负人民与国家的期望，历史性地获得了三项冠军。在领奖台上，中国队员说道："我不是代表自己，我是代表中国队领奖的。"这正是中国乒乓队集体主义精神最好的诠释。

中国乒乓队自建队起至今，始终坚持发扬集体主义精神。全国上下运用集体的力量为中国乒乓球队勇攀高峰提供坚实的基础。所有国乒队员也都拥有一个共同的目标，以国家利益为重，为国家而战，共同承担团队责任，齐心协力追求集体的成功。这种团结一致的集体主义精神是中国乒乓队走在胜利大道上的可靠保障。

三、乒乓精神的影响力

乒乓精神作为一种精神力量，对于国家、社会和人个体的活动都有着深刻非凡的影响。

（一）乒乓精神对国家的影响

体育对于一个国家的经济、文化领域都有着深刻的影响，此外它对政治领域的影响力同样不容小觑。乒乓球作为"国球"对我国政治的作用更是突出，这尤其表现在它对我国外交的贡献。

1971 年，在第 31 届世界乒乓球锦标赛中因为某些特殊的巧合，使得中美乒乓球队产生了一些联系，并且在比赛结束后双方球队迅速达成了互访的意向，由中国队先作为邀请方欢迎美国乒乓队来华访问。这次互访成为轰动国际一时的重大新闻，被称为"乒乓外交"。"乒乓外交"以令人意想不到的方式结束了中美两国长达 20 多年来人员相互隔绝往来的局面，极大地改善了两国民间以及政治高层的关系。

2008 年，温家宝总理曾与英国时任首相布朗一起重温了"乒乓外交"的经典。其间，温总理提到"乒乓外交确实在世界外交史上创造了奇迹。"他说，"因为体育是可以超越种族、制度以至文化的，可以连接人们的精神力量，促进人们的友谊。"①

现如今中国已经是世界公认的乒乓球强国，我们在不断提升自身实力、稳定成绩的同时，还肩负起了另一项重要的任务——传播乒乓球文化。中国乒协着眼于乒乓球运动发展的长远未来，提出"养狼计划"，意为愿意帮助其他国家的乒乓球运动员提升实力，邀请他们来中国参加系统化的学习和训练，给予他们优越的环境与条件，并让他们将先进技术带回自己的国内进行传授；此外，中国还会派出专业团队前往外国举办讲座、执教，并且还会输送专业设备、培养国际教练等。中国对于外国乒乓球运动员的帮助其一目的的尽量避免国际乒坛出现长期中国一家独大的局面，更是旨在使更多的国家或地区的民众不论贫困还是富有，都可以享受到乒乓球这项运动带来的快乐，将乒乓文化传播到世界各地，让乒乓球不再是赛场上各国之间激烈竞争的"零和博弈"，而是互相合作、共赢，共创乒乓球美好未来的新局面。

---

① 周兆军：《温家宝与布朗重温"乒乓外交"》，《乒乓世界》2008 年第 3 期。

中国用乒乓球与世界各国架起一座沟通的桥梁，通过"小球转大球"的方法向世界传达了中国人热爱和平、重视友谊的民族诉求，是我国独立自主外交政策意志的体现，是对我国倡导的"和平共处五项原则"的践行。

（二）乒乓精神对社会与个人的影响

乒乓球被誉为我国的"国球"，这是一项男女老少皆宜，上手较为容易的体育运动。据统计，目前我国经常打乒乓球的人口约有 1 000 万人，也正是因为其如此庞大的社会群众基础，乒乓球才能拥有极其广泛的社会影响力。

乒乓球比赛在奥运会期间是中国人民关注度最高的比赛之一。赛场上的中国运动员除了为观众奉献上一场场精彩绝伦的乒乓技术秀，令人叹为观止之外，也通过他们一次又一次地奋力拼搏击杀给观众们造成视觉上的冲击和精神上的震撼，向观众传达团结奋斗的拼搏精神和为国争光的爱国主义精神，用金牌增添人们的民族自豪感。

在国家队赛场外，因为乒乓球的可上手性高，可操作性强，不论是社区还是企业公司都会定期举办乒乓球比赛作为增进人与人之间交流的媒介，有些学校还会开设乒乓球课"教球育人"。乒乓球运动对于人的身心健康有非常大的塑造性，人们在亲身体验乒乓球运动的过程中不仅增强了体质，也磨炼了意志，领会乒乓球精神，学会如何胜不骄败不馁，如何不屈不挠，精益求精，在球场上展现出自己的士气、骨气、杀气、霸气。

乒乓球精神就蕴藏在生活之中，"寓教于球"，向社会传递着正能量，让人民群众在运动中感受到体育的魅力与力量，以更加朝气蓬勃的姿态迎接社会主义事业的发展。

四、结语

中国乒乓球精神的诞生与发展经历了一个漫长的发展过程，它是由一代又一代的中国乒乓人在赛场上用汗水与泪水凝结出的具有中国民族精神内核的宝贵精神财富，它是中国乒乓球队的精神支柱与灵魂，象征着中国乒乓人的坚守与执着，蕴含了他们共同的理想信念与价值追求。中国乒乓球精神极具社会价值和教育价值，对中国社会主义精神文明建设有着积极的作用，对中国人民在新时代开创中国特色社会主义新篇章起着重要的精神支撑。

马克思主义学院　王启煜

抗日战争时期晋察冀根据地及
西柏坡时期体育发展研究

一、抗日战争时期晋察冀根据地及西柏坡时期体育发展的主要类型及原因

（一）体育的概念由来与体育不同的类型

"体育"一词是从外国传入中国的，据考察卢梭的书《爱弥儿》中的体育概念是"体育"最先的由来，"体育"一词从欧洲传到日本再接着传播到中国，我国才出现了"体育"一词。

体育运动是人类社会自然生理活动和思维活动的精髓，是以人类自然活动为起点开始发展起来的一种特殊的思维活动，它能够给人们带来一定的社会以及身体教育。它是不断变化和发展的，并将会以不同的内容形式贯穿人类的历史变化、发展的进程中，它能随着历史发展的繁荣，文明的进步，能够反映出不同时代的不同特点。按照体育不同的时代特征可以分为自然体育、意识体育、专门体育、社会体育四大类。自然体育又能细分为本能体育、本体体育、适应体育。意识体育又能细化为仿生体育、祭祀体育、养生体育。专门体育可分为学校体育、军事体育、竞技体育、健康体育、功能体育、生活体育①。

（二）抗日战争时期晋察冀根据地及西柏坡时期体育发展的主要类型

晋察冀根据地是中国共产党为了深入敌后，在全国范围内广泛建立起来的敌后抗日根据地之一，它主要以游击战为主，同时也开发展了"地道战""地雷战""麻雀战""交通战""水上游击战"等多种游击战的战术。这些是抗日战争中的强有力的战斗手段，这也是党和人民艰苦奋斗的智慧结晶。同时，这些战术的实施也要求军民具备一定的身体素质，才能够在艰苦作战环境下作战。正如马克思指出"一切划时代体系的真正内容都是由于产生这些体系的那个时

---

① 洪圣达：《体育发展史征》，《遵义师范学院学报》，2017 年第 4 期。

期的需要而形成起来的"①。所以在一定时期内，体育类型也会受当时所在时期的社会环境所影响，并且体育会服务于一定人群。抗日战争时期晋察冀根据地及西柏坡时期的体育发展类型受经济、政治、文化、军事等多方面影响②，使得当时的体育发展的主要类型是军事体育，这是在当时的社会大环境下发展壮大起来的。并且形成一种是以抗日爱国救亡为核心，在特殊时期和特殊地点蓬勃发展的中国特色社会主义的历史产物。

（三）抗日战争时期晋察冀根据地及西柏坡时期军事体育发展的原因

抗日战争时期的特殊形势。在1929年世界经济危机爆发之后，经济危机对整个资本主义世界都造成了巨大的破坏，资本主义国家遭受到了沉重的打击，从而导致了一场政治危机和战争危机。日本作为世界经济的重灾区，为摆脱世界经济危机在经济、政治中带来的巨大冲击。日本开始实行帝国主义政策，加速了侵华的进程。一九三一年九月十八日，日本策划已久的阴谋开始发酵，全面侵吞了东北三省，"九一八事变"使中国山河破碎，中华民族处于民族存亡危急的关键时刻。一九三七年七月七日，日本发动卢沟桥事变，抗日战争全面爆发，中国陷于生死存亡的危急时刻③。一九四二年，在《加强体力》中参谋长叶剑英同志提出"在艰苦极端的战斗环境中，能杀完日本鬼子的前提是需要劳作的人们和军人要具备铁汉般的体魄和金刚般的钢铁身骨"④。因此党的领导人要求八路军和敌后根据地的人民，不仅能够在思想上做好充足的准备，在资源储备上做好准备，也要求军民能够提升身体素质和学习军事技术以便能够长期抗战。二十世纪中叶的中国，正处于半殖民地半封建的时期，在政治经济等方面都远低于当时的资本主义强国日本，自一八四八年的鸦片战争以来，人们的身体素质、军事技术都难以承担救国运动的重责。抗日战争全面爆发后，有强烈爱国意识的国民，在中国共产党领导下的八路军中创新了多种适合自身情况的作战方式，而军民的体育运动的理念也在毛泽东的积极引导下开展，作为毛泽东特别的军事体育思想体育运动与军事训练相结合的思想理论⑤在抗日战争

① 夏泽宏：《马克思恩格斯的文明思想研究》，武汉大学博士学位论文，2013年。
② 许衍琛：《近代中国大学社会服务研究》，南开大学博士学位论文，2014年。
③ 荀利波：《抗日战争史研究述论》，《社会科学动态》，2019年第2期。
④ 杨建成：《加强体力与提高部队战斗力——学习叶剑英〈加强体力〉一文》，《解放军体育学院学报》，2001年第4期。
⑤ 刘永祥，林桂池：《毛泽东意志体育思想与实践的探讨》，《黄山学院学报》，2007年第3期。

时期发挥了积极重要的作用，这也成了毛泽东体育思想中的不可缺少的元素①。在中国共产党的领导人领导下，军事体育的发展在全国开始得到重视，伴随着大量面向军人和群众的体育活动，军事体育在敌后根据地得到了长足的发展。

晋察冀根据地在抗战中和在西柏坡时期的特殊地位。在抗日战争时期，作为华北抗战的最前线的晋察冀抗日根据地是抗日战争时期建立的第一个具有敌后统一战线性质的根据地。它的建立、巩固和发展具有开创性意义，它作为各个大解放区之间的纽带，它的战略地位极端重要，它如同一把匕首插入华北敌人的心脏，起到牵制、打击敌人的作用②。晋察冀根据地在抗日战争中形成了"三位一体"的紧密和群众共同抗战的武装力量体系，在抗战时期筑成了"坚强堡垒"，对打击、牵制敌人，坚持全国持久抗战起到重要作用。作为抗日战略反攻的"前沿阵地"，是为全国反攻准备了必要的条件。在西柏坡时期，是革命进行的关键时期，解放战争是最后的决战，党的事业发展的巨大飞跃时期，晋察冀根据地对解放东北起到了重要的作用。总而言之，晋察冀根据地的建立不仅为中国抗日战争和世界反法西斯战争的胜利作出了重要贡献，而且也为晋察冀根据地实行的各种政策、方针、措施对党对国家的全面管理积累了丰富的经验③。

二、抗日战争时期晋察冀根据地及西柏坡时期体育的内容

（一）晋察冀根据地体育的内容

工作机制。在抗日战争时期，晋察冀根据地战事频繁，环境恶劣，与日本侵略者相比，其武器装备条件较差，敌我差距较大，作战方式多样，还有许多独特的游击战战术，如"地道战、地雷战、麻雀战、交通战、水上游击战"等。为了能够实现这些复杂而费劲的作战方式，并达到持久抗战的目的，军民在中国共产党的领导下，在正式军队中建立起了负责体育的机关，在民间人士的自发组织下建立了的体育机构，推动了军事体育在军民中的发展，营造表现出良好的边区军民体育环境和氛围，帮助边区人民政府积极组织开展多种体育项目，有利于提升军民体魄，锻炼在人民革命和战斗中所需要的各种体育知识和运动技能。在部队中的每一个机构中都有了负责体育的部门，有效地使军事体育在

---

① 曹蒋：《中国共产党领导人的体育思想研究》，陕西师范大学博士学位论文，2007年。
② 刘庆礼：《建国以来晋察冀抗日根据地史研究概述》，《文物春秋》，2000年第4期。
③ 杨琳：《晋察冀抗日根据地的历史地位和主要贡献》，《党史博采（理论）》，2011年第7期。

军队中顺利进行，提升部队的战斗力。

发展状况。在1932年至1934年，毛泽东从理论和战略的高度指出并详细地分析了中国开展红色体育运动的意义、重要性和需要积极开展红色体育的原因。作为中国社会主义红色体育运动的本质是完全能够提升军事斗争的实力，能够强健军民的体魄，以为党的工作重心服务为核心。无论是抗日战争时期的晋察冀根据地还是西柏坡时期，当时的体育运动场地设施条件非常的有限，以及在抗日战争时期受到侵略者的干扰，所以当时体育运动的发展都是因地制宜、勤俭努力，多样简单的体育发展，一切以实际情况发展体育。在华北地区因为众多因素例如政府建立时间，抗日斗争，与多个政权的关系。所以华北地区体育的发展相对于陕甘宁边区的体育发展还是有一定的差距的，尤其体现在体育在群众的①。

体育开展的形式、体育项目与弘扬的精神内涵。在晋察冀根据地抗日战争时期，军队体育以"运动军事化"为指导思想，在体育锻炼中加入了军队训练的元素。在中国共产党领导人的带领·号召下，群众也会自发地组织体育运动锻炼。就这样，体育运动在晋察冀根据地的工农群众中积极地开展。运动项目众多，这些运动项目都是为了战争所需的身体素质做准备的，例如游泳、跳高、跳远、跑步等运动项目。在军队中也有增加一些军事项目训练例如：刺杀、射击、投弹、集体武术、摔跤、军事游戏、爬山等，这些运动项目充分地体现了军事体育，中国红色体育的魅力。这些活动可以强身健体，培养军民的耐力、坚韧性、灵活性和勇敢拼搏顽强奋斗的精神。在1942年，马文彬提出"体育活动需要和生产劳动相结合起来，需要经常并且一直锻炼的，不是一时努力就行的，而且不仅要有个人的体育锻炼活动还要有集体的体育锻炼（如做体操、爬山等）"。在实践中人们创新了体育项目，例如背碌碡、独木桥、转轮秋、赛毛驴、打车轮等与生产劳结合的民间体育②。在西柏坡时期，华北地区14个县约有40000民兵开展了练武体育活动，广大农村民兵以劳动与军事结合为特点，在做农活的时候都会带上枪和手榴弹，在路上边走边练习投弹，在干农活的间隙学会了投弹、埋地雷、射击等军事技术③。这些体育项目与军事和劳动的结合，为抗日战争以及解放战争的胜利打下了强有力的基础。在众多体育项目中，有许多军事运动项目，晋察冀根据地的体育运动中的众多项目都充分体现了其

---

① 郭鑫：《抗战时期的红色体育研究》，西安体育学院硕士学位论文，2015年。
② 石玉：《中国革命根据地教科书研究》，湖南师范大学博士学位论文，2013年。
③ 刘显，熊晓正：《红色体育文化思想的历史与发展》，《北京体育大学学报》，2012年第2期。

博大精深的丰富内涵。

（二）华北敌后根据地第一届体育运动会

1941 年，日本侵略者对华北敌后抗日根据地进行了扫荡，在聂荣臻将军的领导下的华北敌后抗日根据的军民，以毛泽东"十六字作战方针"为指导思想，进行了反扫荡行动。日本侵略者扫荡计划因其灵活多变的作战方式而落空，最终获得了反扫荡的胜利。为庆祝五月四日青年节，在聂荣臻将军的领导下，规模宏大的第一届体育运动会在华北抗日敌后根据地平山县举行了。这次的运动会举办时间很长，参加人数很多，参加的组织不仅有学校，还有群众工作部、抗日军政大学以及边区的群众约四千余人，规模十分盛大。军区首长聂荣臻、程子华、朱良才、120 师贺龙将军和军分区杨成武司令员的代表在主席台就座，三、四分区王昭、王平将军参加大会，运动会在军区首长聂荣臻的主持下召开，他号召人民要积极参加体育锻炼，积极开展体育活动锻炼，以提高自身身体素质，要怀有革命精神和爱国热情，要有决心与觉悟不怕困难不畏惧挑战，要和世界法西斯主义和帝国主义做斗争，为民族解放和抗日战争贡献自己的一份力量。比赛项目有：篮球、排球、标枪、跳高、跳远、三级跳、跨栏、掷弹、撑竿跳、单杠、双杠、拔河、男子 100 米、200 米、500 米、1000 米、1500 米、5000 米、10000 米；女子 100 米、200 米、500 米、1000 米、接力赛等①。运动会的设备、设施、场地、运动员着装等客观条件非常简陋，但是男女运动员们都精神抖擞，在平山县滹沱河畔的沙滩里一展雄威，展现出年轻人的朝气。体育运动会期间边区的各个文艺团也来助兴，《晋察冀日报》社长和战地摄影记者也到达现场采访，并将摄影作品传播到苏联、美国、英国等 20 多个国家和地区。不仅具有深刻的政治意义还有长远的历史意义。现在奥运健儿们夺得了一枚枚金牌，面对一次次在国际社会徐徐升起的、鲜艳的五星红旗，无不令晋察冀边区人民和老一代体育运动员骄傲和自豪。聂荣臻元帅在平山县开创的华北敌后抗日根据地第一次体育运动会开了我国体育运动的先河，为我国体育运动会的举办和体育运动的发展奠定了基础，有着深远的历史意义和不可磨灭的历史功勋。

---

① 阎东生：《华北敌后抗日根据地第一届体育运动会在平山县举行（纪实）》，体育收藏在线网，https：//www. ticang. com/index. php? id＝1871

三、抗日战争时期晋察冀根据地及西柏坡时期体育发展的作用

（一）抗日战争时期晋察冀根据地及西柏坡时期的体育发展铸就了西柏坡精神的有效凝练

二十世纪四十年代中后期，中国的革命正处于一个重要的历史转折拐点，在西柏坡时期沉淀总结出来的西柏坡精神为"坚定了政治方向，坚持实事求是的思想路线，坚持走群众路线，坚定了彻底革命、民主团结、开拓创新和艰苦奋斗的精神信念。"西柏坡精神是中国共产党和无数革命先烈为了新中国、中华民族不断奋勇拼搏克服重重困难所产生的一种与井冈山精神、延安精神相媲美的宝贵精神财富。与抗日战争时期晋察冀根据地和西柏坡时期体育发展的内容、形式、特点相比较，反映出当时的体育发展在一定程度上有效地凝练了西柏坡精神，促进了民族精神，为中国体育事业发展提供了宝贵的历史经验①。

一是抗日战争时期晋察冀根据地及西柏坡时期体育发展坚持正确的政治方向。无论是在条件恶劣的抗日战争时期，还是关键的解放战争时期，在中国共产党的领导下，晋察冀根据地坚持以"强健体魄，好打胜仗"的正确政治方向，在革命边区广泛开展军事体育，坚持"体育军事化""和生产劳动相结合"在机关单位、部队、农村、工厂、学校，克服种种困难开展军事体育锻炼，坚定不移地为革命斗争服务，继承了红色体育的优良成果，极大地增强了民族团结和中华民族的凝聚力。

第二，在抗日战争时期晋察冀根据地及西柏坡时期，体育的发展是以人为本，以坚持全心全意为人民服务的根本宗旨，把它作为红色军事体育的发展方向，铸就了西柏坡精神的核心。毛泽东主席提到"我们队伍最重要的是为人民群众利益工作的"；并题词"发展体育运动，提升人民体魄"表达出军事体育工作的根本。无论是抗日战争时期还是西柏坡时期的晋察冀根据地军事体育开展都是以人为本。虽然当时体育发展条件不佳，但是从革命领导人到普通人民群众都积极参与。在体育活动中，广大军民积极参加体育锻炼，军事体育形成了广泛的群众基础，军事体育帮助军民陶冶情操、增强体魄，提升了军民的战斗素质，真心实意为人民服务，体现出了党的群众路线方向②。

三是抗日战争时期晋察冀根据地及西柏坡时期体育发展，体现了艰苦奋斗、

---

① 吴凤菊：《西柏坡精神的历史形成及时代价值探析》，《北极光》，2019 年第 11 期。
② 石荼：《西柏坡时期中国共产党对中国道路探索的研究》，河北师范大学博士学位论文，2015 年。

开拓创新的精神。作为敌后第一个根据地和革命时期战略关键地位的晋察冀根据地，一直遭受敌军的侵略，时刻面临战争，是极为重要且艰难的战略要塞。正是靠着自强不息、艰苦奋斗的革命精神，晋察冀根据地的军民才能渡过难关，取得一次又一次的胜利。在这种条件下开展军事体育，不仅需要艰苦奋斗的精神还需要开拓创新的创造力，军民克服困难，依靠勤劳的双手和富有创新的想法。自创了许多新型的体育运动项目，因地制宜，体育运动军事化，与生产劳动相结合，因陋就简。如火如荼地开展体育运动活动。这种艰苦奋斗、开拓创新的精神在任何年代都值得学习。

简言之，抗日战争时期晋察冀根据地及西柏坡时期体育发展坚持了政治方向，坚持以人为本，为人民服务，坚持艰苦奋斗，开拓创新，铸就了西柏坡精神的有效凝练，对丰富民族精神有促进作用。

（二）抗日战争时期晋察冀根据地及西柏坡时期的体育发展促进了体育的繁荣

抗日战争时期晋察冀根据地及西柏坡时期体育活动参与人数众多，开展的体育活动内容广泛，活动形式多样，在全国范围内带动了体育事业的发展，具有宝贵的借鉴价值。

第一，对体育事业有指导作用，在理论指导上，抗日战争时期晋察冀根据地及西柏坡时期，主要的体育类型是军事体育，根据战争和生产劳动的需要，形成了"强健体格，好打胜仗""与生产劳动相结合""体育运动军事化"，为体育事业发展贡献了理论的依据以及思想方针的基础；构建了有效的组织体系，在中国共产党的领导下，动员了群众，在各个部队都设立了体育相关的机构，爱国人士自发组织了体育有关机构，自上而下，形成了一套完整的组织体系，改变了长期以来只面向小众的局面，具有创造性地建立了体育发展体系，真正贯彻了面向大众，为人民服务的理念；从体育思想、体育管理等方面，对当代社会体育的发展有一定的指引作用，当代先进的体育思想和符合实际的体育管理体系值得我们探讨。

二是具有倡导全民健身的先导作用。近几年来，全民健身在我国积极地开展，体育活动开展的形式丰富多样，物质生活条件明显改善，人们的身体素质得到提高，当前的全民健身与社会主义建设还不能相适应，体育经济的发展缓慢，体育管理体系不完善，体育基层覆盖面不广，经常做体育锻炼的人群虽然有提升，但是所占人口比例不高。抗日战争时期晋察冀根据地及西柏坡时期体育发展在指导思想、组织实践等方面对全民健身有很好的借鉴价值。抗日战争时期晋察冀根据地及西柏坡时期体育，"增强体魄，打好胜仗""体育运动军事化"等多样的体育思想具有很好的时代意义，这对现在的"阳光体育""全民健身""经常健身"有很好的指导意义。抗日战争时期晋察冀根据地及西柏坡时期体育开展的形式也因地制宜，注重实际，以使军民广泛参与体育锻炼、体育活动为原则。结合晋察冀根据地实际情况开展了不同的体育运动项目，开展各种形式的体育，因地制宜开创了新的体育项目例如背碌碡、独木桥、转轮秋、赛毛驴、打车轮等与生产劳结合的民间体育，还在军队中增加了军事运动项目例如：刺杀、射击、投弹、集体武术、摔跤、军事游戏、爬山等。在体育蓬勃发展的今天这些组织方式方法对全民健身计划的实施具有良好的借鉴意义[1]。

三是对当代体育精神的形成有促进作用。尽管抗日战争时期晋察冀根据地及西柏坡时期体育发展的条件十分艰辛，环境条件相当恶劣但是通过军民艰苦奋斗和勇于创新，使得体育有了良好的发展。在华北地区因为众多因素例如政府建立时间，抗日斗争，与多个政权的关系。所以华北地区体育的发展相对于陕甘宁边区的体育发展还是有一定的差距的。当时的军民在党的领导下，在部队训练中融入了军事体育，把体育与生产劳动相结合。就是在那个艰苦的环境中，凭借着人们的智慧与努力，开展并发展了多样的体育项目，当时体育运动的发展是人们共同努力的结晶。对当代体育精神有一定的促进作用。例如中国乒乓球的发展。河北保定的人们，在那个贫穷的年代，凭借着坚定的信念与艰苦奋斗的精神，使中国乒乓球运动在华北小县城中发苗壮大。抗日战争时期晋察冀根据地及西柏坡时期的体育发展，对当代体育精神[2]具有深远的历史意义和不可磨灭的历史功绩。

四、结论

综上所述，抗日战争时期晋察冀根据地及西柏坡时期体育发展的主要类型是军事体育，它充分体现了红色体育文化。那时，体育事业的发展是为了满足持久抗战的需求，军民在中国共产党的领导下，在正式军队中建立起了负责体育的机构，民间人士的自发组织起来的体育机构，这是当时体育发展一种的机制。革命边区在"体育运动军事化""与生产劳动相结合"的体育思想引导下，开展、发展和创新了多种形式的体育活动。抗日战争时期晋察冀根据地及西柏坡时期体育发展铸就了西柏坡精神的有效凝练，同时推动了体育事业的蓬勃发展。它的时代特征与精神价值值得后人不断地挖掘、整理、传承和发展。

教育学院 丁皓

---

① 陶花：《全民健身服务体系现状与对策研究》，华南师范大学硕士学位论文，2007年。

② 钟霞：《乒乓球文化内涵探究》，《体育科技文献通报》，2010年第7期。

以西柏坡党史人物为例探讨教育学视角下基于人本主义教育理论的红色教育的构想

一、前言

以美国著名教育学家哲学家杜威的"儿童中心论"为基础，人本主义教育学家发展出一套更加重视儿童的、以"以学生为中心"为核心思想的教育理论，重视发展儿童的能力和兴趣，强调培养健康的人格。然而，在学校教育中，即便是以更加自由、开放为普遍特征的大学教育，依然不能摆脱科学主义注重知识、数据、唯一和绝对正确的精神桎梏，这一点尤其体现在人文学科领域，和以培养学生坚毅品格和爱国精神为主要目的的传统红色革命主题教育领域。

目前，全国已开展多个红色教育基地，并与大学合作，意在使学生利用寒暑假期进行实地调研等实践活动，让学生亲临现场，丰富其精神世界，贴近历史真相，真正激发学生的兴趣和求知欲，主动学习、主动探索，并能将实践活动中的所感所悟应用到日常生活中，切实达到红色教育的最高目的，也正体现了"从做中学""自我实现"等人文主义教育理念。而历史，像一幅内容浩大的卷轴，它以时间为纵坐标、以丰富的地点、人物、事件为横坐标，如果能找到合适的线索，就能有序合理地将所有历史事件串联起来、还原历史原貌。历史唯物主义观点表明，人民群众是历史的创造者，因而对历史人物的研究和还原能最大限度地展现真实的历史图景，对于党的历史来说，党史人物研究则至关重要，党史人物身上不仅能体现时代变幻的蛛丝马迹，也能让我们看到、学习到他们艰苦卓绝的伟大斗争精神。无论是文献研究、人物访谈，还是数据检索、实地考察，党史中那些英雄伟人的光辉事迹和思想精神都不会被掩盖，而能在当代大学生群体中获得新的生命力。

二、当代大学生红色教育现状

（一）大学生红色教育的重要意义

在当代大学生的教育中，红色革命教育具有重要意义。

随着经济全球化步伐的加快和改革开放的不断发展，大学生的思想愈加多元化，其中不乏一些令人担忧的思想端倪，如价值观倾向功利化、道德意志薄弱、受到西方腐朽思想的不良影响逐渐增加，从而导致对传统美德的认同度滑坡等等。由此可见，在大学生群体中设置相应的思想教育课的任务刻不容缓，红色教育在大学生思想政治教育中的作用越来越明显。关于高校大学生的思想教育的调研明确显示，大学生精神建设和成长不能脱离红色教育，传统红色教育在高校教育体系中的地位举足轻重，为促进大学生思想观念的发展、价值观的正确形成提供了衡量标准和参考依据。对于当下的大学生而言，红色教育的发展任重道远却又迫切需要；对于社会和国家而言，红色教育能够树立一个道德标杆，规范端正公民的思想。

红色教育是为传承革命精神，在中国共产党的领导下的社会主义现代化过程中形成的观念意识，关键点在于以红色革命精神作为时代精神的内涵象征，落脚点在于教育。

在大学教育中坚持红色教育，既可以加强大学生爱国主义教育，将爱国感情转化为认真学习、掌握本领、报效祖国的自觉行动；也可以促进大学生培养吃苦耐劳、自强自立、艰苦奋斗的良好道德习惯；更可以激发大学生的学习热情、为大学生的思想政治教育提供本源性的优质资源和动力。

（二）当代大学生红色教育面临的问题

然而对当代大学生而言，红色教育存在着缺失较严重的问题，高校简单化、程序化陈旧的教育方式让红色教育的主观感受乏善足陈，更重要的是，当代大学生与传统红色教育的内容存在着时代环境和背景的脱钩，学生只单纯地接受了理论知识，无法理解红色教育的具体内涵和精神，也无法真正改变思想观念和生活方式。

红色教育不同于其他学科知识的教授，这种讨论思想、探讨价值观念的教育熏陶，需要师生之间更深入地沟通和相互交流，仅是书本上的历史故事已不能吸引学生的注意，直白的讲授也不能传达出老一辈革命先烈的坚定信念和建设事业不可或缺的红色文化精髓。面对教育信息化的浪潮，学校更应该利用新兴的传播媒介、多样化的教学方式、广泛拓展的教育内容，让红色教育不仅局限在课本内、课堂上，而是体现在生活中、实践中，发挥其资源丰富、形式多样、真实生动、感染力强等独特优势，为大学生思想政治教育创造创新途径和有效形式，进一步提高大学生的思想道德修养。

三、人本主义理论的指导意义

（一）人本主义教育理论的基本观点

人本主义发源于文艺复兴时期意大利掀起的一股"人文主义"的思想风潮。与以往严谨实证的科学主义不同，"人文主义"的拥护者不再追求绝对的科学和精确的数据，而是专注于人本身，他们坚信人具有自由意志，而人的价值、尊严和潜能的充分发展是最终目标，强调人的活动本身所具有的现实意义和人们对现实生活的理解；因此，他们反对在社会科学领域中运用自然方法。人本主义理念的持有者相信人的动机、需要和价值观念是人存在的重要依托，他们将目光专注在人行为背后的依据上，诸如社会关系和道德规范，相信它们能帮助人更好地理解、体悟、阐释现实生活。

人本主义流派理论则是由马斯洛和罗杰斯推向高潮。在人本主义兴起之前，学界占据主导地位的主要是行为主义和精神分析学派，前者把所有现象全部归结于可控的行为，他们视行为为可操纵的对象，通过适当的强化能形成所有的行为；后者虽然开始探究行为背后的心理依据，但本质上还是只讨论了人与生俱来的冲动和需要，忽视了人的自主性和后天需要。在这种学派的纷争中，马斯洛于1954年首次提出人本主义心理学的概念，它作为第三势力着力探讨人性和自我实现，他们相信完美人性的存在，行为虽然会受人的本性影响，但人们有能力选择和改变。

应用于教育领域，由此视角延伸至高校大学生的思想教育，可以通过红色教育来提升大学生对于自身的要求，通过不断内化和对照，亲身参与到自身思想体系的构建之中，通过贴近党史人物的人生经历和精神世界，达到自己的精神、身体、理智和情感的统一，按照人本主义教育理论来设计红色教育课程，不仅能够满足学生的成长需要，促使其获取新经验和探求新事物的需要，也能从人格的高度要求大学生的进行自我实现、充分发展个人潜能。

（二）非指导性教学的重要意义

非指导性教学是由美国人本主义心理学家、教育家卡尔·罗杰斯在自己心理咨询实践经验基础之上，将心理治疗的思想应用到教育领域，从而创造的崭新的教育理念和模式。

教师在非指导性教学中扮演着重要角色：教师在教学中承担的责任不是指导而是帮助。教育和教学中，每个学生都是有着独特经验和情感的人，而不是等待接收某些知识的容器。马克思说过："人创造环境，同样环境也塑造人。"①亲密的师生关系有利于教学环境的建立，好的教学环境能激发学生潜能。教师要与学生建立良好、平等、互信的师生关系，使学生能够通过自我反省活动及情感体验，在融洽的师生关系和教学空间中自由地表现自我、认识自我，激发出学习、发现、创造的潜力，最后到达改变自我、实现自我的境地。

这种重视个体内驱力、强调情感因素的非指导性教学，颠覆当前以灌输式教育为主的教育现状，强调以学生为中心，重视学生创新、自主能力的形成，使教师们认识到学生参与度的意义，学生了解学习的目的、掌握学习的内容，才是学习的真正核心。其改革方向高度契合了当今我国高校大学生核心素养机制构建的内在需求，对于当下教育教学改革有重要影响。

四、党史人物学习对于红色教育的重要意义

（一）党史人物研究意义

在回顾历史中我们承前启后，在改革创新中我们继往开来。我们重新研究党史，是为了更好地服务当下，指导将来。正如邓小平所认为的，党史研究的目的是为了统一思想、认识现在、预见未来，给今天的人们以指导，他1981年主持制定第二个历史决议时所说："就是总结经验，统一思想，团结一致向前看。"②

胡乔木也说过："为了认识和处理当前的现实问题，不能不研究历史。"③因此，党史研究的意义十分深远。中共党史人物的研究也不例外。正所谓"以铜为镜，可以正衣冠；以古为镜，可以知兴替；以人为镜，可以明得失"，因而中共党史人物的研究具有"资政育人"的重要作用。

对于当代大学生来说，鲜活的历史人物的所作所为、英雄事迹和口口相传的感人故事，最能激发兴趣和好奇，在教育教学中，要能通过故事的讲授让学生主动产生探究的欲望，让党史人物这种革命精神和大无畏精神的重要载体和活教材，成为宣传爱国情操、坚定的共产主义信念、吃苦耐劳的艰苦奋斗精神等珍贵精神财富的重要法宝，通过实地考察等实践活动，学生们能产生自我效

---

① 《马克思恩格斯选集》（第1卷），人民出版社，2012年版，第264页。
② 《邓小平文选》（第2卷），人民出版社，1993年版，第327页。
③ 《胡乔木文集》（第3卷），人民出版社，1994年版，第106页。

能感，自动自发地密切联系群众、模仿人民公仆风范，在不断自省和内化中贴近模范先锋形象，传递艰苦奋斗精神，为红色精神的传承与新时期适应发展提供力量。

（二）西柏坡时期党留给我们的精神财富

西柏坡，一个具有历史意义的地方，在中国共产党近一百年的发展史上有浓墨重彩的一笔，其历史地位无可撼动。这里见证了新中国的成长，也见证了中国共产党的成长，这里是中国共产党真正腾飞的时刻，也是共产党真正意义上开始掌握中国经济命脉的起点。西柏坡，就像它的名字那样，亲眼见证了中国共产党由人治到法治的过程。中共七届二中全会成为党立规矩、定制度的起点，对于党风廉政建设和党政纪律建设具有非常重要的推动作用。

西柏坡精神是中国共产党在中国革命实践的历史转折时期孕育形成的伟大精神，其基本内涵是"两个敢于"的开拓进取精神、"两个善于"的学习创新精神、"两个坚持"的民主团结精神、"两个务必"的"赶考"创业精神。它既是中国精神和中华民族精神的重要组成部分，也是中国革命精神的基本构成内容。六十多年来，西柏坡精神以其厚重的思想内涵和强大的精神生命力涵养着中国共产党人的政治情怀和执政信念，发挥着凝心聚力的重要作用。

五、人本主义教育理论带给红色教育的启示

（一）教师提高"以学生为中心"的意识，关注学生需求和兴趣

人本化教育家认为，传统的教学模式有着根本性的缺陷，它忽视学生作为整体的人的本性以及个人潜能的不断实现，也一定程度上削弱了学生教育活动中的主体地位。因此，课程内容应与学生的生长过程有机地联系起来，应建立在学生的需要、生长的自然模式和个性特征的基础上，应体现出思维、情感和行动之间的相互渗透和相互作用。大学课堂中的红色教育应以学生的实际需要为出发点，教师应对学生的学情有充分的了解，有针对性地拓展和讲授有关知识，充分利用校园和社会资源，以及寒暑假的实践活动等机会，全面系统地将理论与实践相结合，满足学生重充实个性、完善自我的需要。

人本化教育家不仅注意课程内容的人本化，而且注意强调情感在知识教育中的作用。学校课程设置必须牢牢坚持学生的"自我实现"，重视在各门学科中渗透审美熏陶，触动学生的内心。马斯洛指出："最好的教导方法，不论是历史

还是数学或哲学课，都在于让学生意识到其中的美。"① 由此，恰当地引入党史人物的研究学习，有利于全面地展示党的历史的全貌，揭示真理，对我党严谨的执政作风、清廉的执政传统都有生动、翔实的解读。

（二）学校注重管理模式和评价体系的调整

学校要通过引导教师教育改革创新，利用多元的教育评价体系，对学生的综合素质和学业水平进行测试，让学生学会根据自我预期进行自我评级；要防止教育模式僵化，在红色教育过程中，把培养学生的主动学习意识作为目标，尽可能多地进行实践活动，在实践中体会理论的可行性和正确性，在动手操作中，充分理解历史人物的精神和当代价值；调整评价体系，引导学生自我管理，尽可能地在教学环节中渗透人本主义教育理论精髓，在使西柏坡时期的党史人物思想作风重现光芒的同时，使社会更广泛地重视大学生的思想教育课程，把人本主义教育理论作为依托，让优秀模范的精神事迹在当今社会中重现生机活力。

（三）创新教学模式，进一步发掘党史人物的精神内涵

单纯知识灌输和传统课堂上"教师教、学生学"并不能满足当代大学生发展自身的需求，也不符合近日愈发受到重视的人本主义热潮的要求。无论是社会层面的大趋势，还是学校教师的课程设计，都逐渐偏向于学生自我效能感和情感的"唤醒"，让学生在追求自我实现中完成发展。将这个逻辑应用到红色教育领域，联系实际，高校教师在学校之外应拓展出"第二课堂"，利用红色基地的现有资源，充分拓展和挖掘西柏坡时期党史人物的革命精神内涵，让课本上的生硬道理化作一个个生动实例，拉近史册上远离生活和实际、只能仰望不可走进的革命先辈，用心感受时代风云下他们所做的艰难抉择和其中蕴藏的坚定革命理想，学生只有从根本上理解了这些革命先辈的生平、从情感上认同他们的生死抉择、从理性上认识到红色革命精神在当代社会焕发活力的必要性和历史必然性，才能真正领悟党史人物的精神内涵，红色教育在大学教育阶段才能真正发挥引领作用。

教育学院　滕一

---

① 亚伯拉罕·哈罗德·马斯洛：《人性能达到的境界》，陕西师范大学出版社，2010 年版，第 178 页。

五、香山篇

"两个务必"重要思想提出的历史
背景和现实意义

1949 年 3 月，中共第七届二中全会在"最后一个农村指挥所"——西柏坡召开，中共中央在这次会议上讨论了解放战争的最终胜利以及胜利之后全面执政的问题。毛泽东发表重要讲话并提出了"两个务必"重要思想："务必使同志们继续地保持谦虚、谨慎、不骄、不躁的作风，务必使同志们继续地保持艰苦奋斗的作风。"①"两个务必"是在特定的历史背景中提出的，具有丰富而深刻的内涵，为当时党领导人民取得新民主主义革命的最终胜利及新中国建立后顺利进行社会主义建设提供了思想基础。"两个务必"是我们党在光荣的革命历史中留下来的宝贵思想财富和精神财富，仍然有很强的现实意义，在新时代我们应该继续学习和发扬"两个务必"重要思想。

一、"两个务必"提出的历史背景

1949 年 3 月是自然之春也是革命之春，三大战役后国民党主力军队基本被消灭了，解放战争和革命的胜利无疑将在不太长的时间内到来。然而，中国共产党和人民解放军仍然面临各种关于如何夺取胜利的问题，在七届二中全会的讲话中毛泽东全面详细地阐述了这些问题，如军队解放方式，尽可能争取团结城市各个阶级，学习建设和管理城市，与国民党、资产阶级谈判等问题，这些问题需要加以重视并妥善解决。另一方面，取得新民主主义革命胜利之后如何巩固来之不易的胜利？如果对这个问题没有充分的考虑和准备，那么党很可能出现巨大的战略误判。

历史证明，在经受自 1921 年至 1949 年的艰辛历程和革命洗礼之后，中国共产党已经形成了强有力而且稳定的核心领导，具备夺取战争与革命胜利的战略

---

① 《毛泽东选集》（第四卷），人民出版社，1991 年版，第 1438 页。

能力和组织水平。在新民主主义革命胜利之际，中国共产党即将全面执政之时，以毛泽东为核心的党中央对革命形势有着高度清醒的认识，也对革命的前途与胜利后的执政与建设问题进行了冷静的战略分析，他们没有被巨大的胜利冲昏头脑，而更多地着眼于革命胜利之后可能面临的种种困难和挑战。党的领导人认为，应该继续保持高昂的革命精神，保持当前的前进劲头实现革命最后的完全胜利，再以这种面貌和精神进行必然要进行的新革命即社会主义革命，完成胜利后的三种转变，"一是从农村向城市的转变，二是从战争到和平的转变，三是从新民主主义革命向新民主主义建设的转变。"① 而必须不断通过加强党的建设，使中国共产党有足够的能力和决心特别是要做好必要的思想准备去完成这两大任务和三大转变。因此，毛泽东在七届二中全会上讲话的结尾提出"两个务必"重要思想，他强调："务必使同志们继续地保持谦虚、谨慎、不骄、不躁的作风，务必使同志们继续地保持艰苦奋斗的作风。""两个务必"实际上是这个讲话乃至这次会议精神的核心要义。中国共产党的中央领导层，特别是毛泽东，深知贯彻和发扬"两个务必"的重要性。军队继续南下解放南方国民党政权仍然苟延残喘的地区，需要加强党的统一领导，避免战略上的失误并尽最大努力减少各方面损失。党已经开始注重接管城市的问题，并把工作重心从农村转移到城市，而党对管理城市的经验十分缺乏，在当时党急需培养具备相应素质的接管城市的干部人才。随着党工作重心的转移，中国共产党需要加强建设和管理方面知识和经验的学习，团结一切可以团结的力量和阶层以便顺利开展城市工作，接管政权并改造、巩固政权。另外，党还需要处理与国民党政府谈判的问题，处理好与外国的关系、清除帝国主义在中国的残余势力。正如毛泽东在讲话中所指出的，处在即将走向全国执政的历史交汇点的中国共产党人决不能被胜利压倒，而应一如既往地努力奋斗。

中国悠久博大的历史是滋养所有中华儿女的伟大血脉，中国共产党向来高度重视学习和研究这些历史经验及其现实意义。"两个务必"重要思想的形成和提出就是包含中国历史经验的启示的。中国在历史上经历了许多次改朝换代，各个朝代都有自己兴盛的时期，社会欣欣向荣，发展很快，但这样的时期往往是处于这个朝代刚建立不久的初期，而随着时间的推移，奢靡腐化之风开始泛滥，腐败慢慢滋生且愈演愈烈，社会矛盾无法缓和，王朝政权被起义人民推翻，曾经兴盛的国家最终政亡人息。中国共产党要建立的新政权当然根本区别于封建王朝，但是这种历史上反复出现的兴衰成败的经验教训无疑具有重大的教育

---

① 李建强：《西柏坡精神》，中共党史出版社，2017 年版，第 236 页。

警示意义，党只有一直保持自己的生命力，维护自己的纯洁性和先进性，不断巩固执政地位，才能够在不久的将来有效地开展社会主义革命和建设，完成自己的历史使命。反之，在一定意义上，中国共产党就要步李自成的后尘。李自成是明末的农民起义军领袖，他带领农民军攻占北京城灭亡了明王朝，建立了新的大顺政权，但之后却变得贪图享受，不思进取，整个革命政权上下迅速堕落腐败，结果被入关的清军打得大败，李自成政权就这样在极短的时间内人亡政息。李自成的典故对 1949 年的中国共产党具有直接的教育警示意义，因为党带领中国人民进行的新民主主义革命正处在即将胜利而尚未胜利的节点，党面临严峻的内外部环境以及许多不确定的因素，他们必须保持谨慎，不骄不躁，保持艰苦奋斗的优良作风，谦虚地学习以适应新的环境和任务。其实早在 1944 年，著名的延安整风期间，中国共产党已经研究了李自成政权兴衰成败的经验教训，郭沫若在《新华日报》发表了《甲申三百年祭》，深刻分析了李自成起义军的兴衰过程，毛泽东很快关注到它，认为这篇文章具有重要意义，指示印成小册子作为整风文件。第二年即 1945 年 7 月 1 日，毛泽东与民主人士黄炎培进行了著名的谈话。毛泽东回答了黄炎培有关历史周期律的问题并对中国共产党跳出这个周期表示了乐观态度。李自成的典故是教育中国共产党跳出"历史周期律"的生动教材，在革命胜利前夕这个典故又具有新的思想意义。1949 年 3 月 23 日，毛泽东带领中共中央前往北平，他又提到李自成，把进京比作"赶考"，他说："我们决不当李自成，我们都希望考个好成绩。"作为党的领袖毛泽东总是从战略的高度来研究中国共产党的发展方向，深谙中国历史并重视从历史经验中找到对现实政治的启发，他了解革命胜利的前景及党自身存在的问题，中国共产党绝不能像李自成农民军那样无限接近最终胜利而又因自身腐化失去胜利，中国共产党必须保住之前的优良作风，最终在中国建立社会主义制度并完成之后的历史任务。

二、"两个务必"的深刻内涵

"两个务必"包含了实事求是的基本态度和求真务实的工作作风。实事求是是中国共产党在新民主主义革命时期取得胜利的重要前提，它是马克思主义政党进行工作的基本态度，也是马克思主义政党学习运用理论认识和改造世界的重要原则，只有本着实事求是的态度才能对一个事物有全面客观的正确认识，只有再用这种正确认识来地指导实践才能正确地改造世界。求真务实是中国共产党的优良作风，求真务实意味着对真理和实事求是的坚守，代表对党和人民以及革命事业高度负责的态度。"两个务必"警示中国共产党，即使战争和革命的胜利遥遥在望，也不能被胜利冲昏头脑，革命的胜利需要一个过程，这个过程中还有许多重要的问题需要认真对待。中国共产党有正确领导极其庞大的人民解放军解放长江以南、大西南和大西北地区的重担，在解放的广大区域内有接管城市、团结民众和领导发展生产力的任务，需要正确区分南方和北方解放区政策的区别，需要正确处理和平谈判与处理外国关系问题。面对如此多就在眼前的问题，中国共产党肩负重任，面临把工作做好并夺取革命和战争的最终胜利的历史考验。以长远的战略眼光来看，新民主主义革命胜利之后中国共产党全面执政，要领导全国走建立起社会主义制度，也必然面临许许多多的困难，如何在战争结束后尽快修复中国长久战争造成的创伤？如何在经济文化落后的中国建立起社会主义制度？如毛泽东所说，"中国的革命是伟大的，但革命以后的路程更长，工作更伟大，更艰苦"①。

"两个务必"是对保持中国共产党先进性和纯洁性，拒绝腐化的深远思考。保持党的纯洁性和先进性、防止党的腐化是中国共产党自成立以来需要面对的永恒课题。在西柏坡时期，革命队伍急剧扩大，中国共产党党员成分复杂起来，一些党员脑中非马克思主义思想多了起来，小农意识严重。另一方面，以功臣自居、贪图享乐的思想乃至官僚主义作风也产生并且有蔓延趋势。"两个务必"便是对这些不切实际和有害的思想切中要害的"当头一棒"。中国共产党人永远要保持高昂的革命精神和大无畏的精神气概，铭记自己数十年奋斗和革命战争的初心，不断学习以保持先进性，在什么时候都要保持自己艰苦朴素的优良传统。以毛泽东为代表的中国共产党人有预见地指出党内一些人可能在胜利之中或胜利之后的和平环境中逐渐习惯安逸，不思进取，"他们在糖弹面前要打败仗"。②"两个务必"对此是有针对性的，如果任由腐化势头发展，就会葬送革命的光明前途，新中国成立后发生的一些腐败事件确实证明了这一点。"两个务必"由此看来是振聋发聩的。

"两个务必"体现了中国共产党不断传承、发扬的艰苦奋斗精神。中国共产党自成立之时就确立了共产主义的伟大理想，在中国这样一个经济、政治和文化相对落后的半殖民地半封建国家中实现这个理想，中国共产党没有任何供参考的经验，面临各种巨大的困难。但党在波澜壮阔的奋斗历程中逐渐成长，建立起稳健的领导层，组织逐渐发展壮大。从中国共产党成立到与国民党合作北伐，从长征到边区抗战，艰苦奋斗的优良传统贯穿其中，中国共产党无论在怎

---

① 《毛泽东选集》（第四卷），人民出版社，1991 年版，第 1438 页。

② 《毛泽东选集》（第四卷），人民出版社，1991 年版，第 1438 页。

样不利乃至恶劣的条件下都以发挥艰苦奋斗的精神迸发出了惊人的力量和战斗力。艰苦奋斗精神已经融进了中国共产党人的血脉，艰苦奋斗已成为中国共产党人内在的品质。解放战争时期，凭借艰苦奋斗的精神，中国共产党领导人民解放军和解放区人民打了一场接一场的硬仗、恶仗，克服种种困难，常常以少胜多、以弱胜强，在极短的时间里实现了战场上从被动向主动的转变，进行战略反攻。在这个过程中，可以说人民群众的支援是解放军的生命线，党的艰苦奋斗精神也鼓舞了人民群众。历史证明，艰苦奋斗是党必须始终坚持的优良传统，丢弃了这个传统，党就会失去最宝贵的精神生命和精神力量。

"两个务必"诠释了中国共产党追求进步的学习品质。从 1921 到 1949 年，中国共产党不断进步、成长，先锋队的性质决定了中国共产党善于学习、善于进步。"两个务必"要求同志们谦虚、谨慎、不骄、不躁，就是要保持和加强学习、追求进步，不能因为胜利即将到来就滋生骄傲放纵的有害情绪。中国共产党从革命党转变为执政党，需要学习许许多多的知识，学习管理和建设城市，学习发展生产，学习在新的环境下与反动势力和帝国主义进行斗争。学习首先要有谦虚的态度，有虚怀若谷接纳意见的胸怀，要放下"打天下者"的架子。面对大量的新问题和新矛盾，中国共产党人必须谨记"两个务必"，不断学习不断进步。如毛泽东所言："我们能够学会我们原来不懂的东西。我们不但善于破坏一个旧世界，我们还将善于建设一个新世界。"[1]

三、"两个务必"的现实意义

学习和继承"两个务必"思想，有利于坚定中国共产党人实事求是和求真务实的作风和原则。遵义会议之后，在毛泽东的领导和全党共同的努力下，党逐渐确立了实事求是和求真务实的作风和原则，实行正确的革命路线和斗争策略。而正是基于正确的作风和原则，党才能领导红军完成艰苦卓绝的长征，使革命转危为安并在陕北根据地开启了新的奋斗征程。新中国成立后，也是基于实事求是，党带领中国人民选择了社会主义道路，因为实践证明只有社会主义能救中国、只有社会主义才能发展中国。十一届三中全会后，党实事求是地实现了全面的拨乱反正，做出了改革开放的伟大决策。历史和经验证明，只要是按实事求是和求真务实的原则和作风来办事，中国共产党就能领导人民促进革命和社会主义建设事业的发展，反之革命和社会主义建设事业则会遭受损失。改革开放四十多年，中国取得了举世瞩目的进步和成就，从一定意义上来说，

---

[1] 《毛泽东选集》（第四卷），人民出版社，1991 年版，第 1439 页。

这就是党和人民实事求是和求真务实路线和原则的胜利。现在仍然要宣传"两个务必",使党和人民都保持清醒的头脑,面对新时代各种问题和挑战,坚持实事求是而不是纸上谈兵,求真务实而不是追求表面、形式上的漂亮。在新时代中国存在着多方面的矛盾和发展难题,中国仍然处在社会主义初级阶段的基本国情没有变,中国共产党还需要不断学习,继续加强自身建设,不断追求中国特色社会主义实践和理论的新突破。

"两个务必"是中国共产党人自警自励的优良品质和为人民服务的根本宗旨的生动体现。"不忘初心,方得始终",中国共产党绝不能忘记自己是为人民服务的,绝不能忘记建党时确立的为中国人民谋幸福,为中华民族谋复兴的初心和使命。为了党的初心和使命,中国共产党始终要兢兢业业、自警自励。应该从维护党的性质和宗旨的高度来看待"两个务必",中国共产党牢记"两个务必",就是要知道自己是要服务于人民的,要谦虚、谨慎、不骄、不躁,保持艰苦奋斗的精神,不局限于已有的成绩,深刻认识自身历史使命和最终目标,不懈努力奋斗。为人民服务是中国共产党自警自励的精神驱动,"两个务必"教育广大中国共产党党员,新时代要把人民对于美好生活的向往作为自己的奋斗目标,为实现"两个一百年"目标和中华民族伟大复兴的中国梦不懈努力。

"两个务必"是中国共产党加强先进性和纯洁性、提高拒腐防变能力的重要精神力量。"加强先进性和纯洁性是马克思主义政党的本质属性"①,先进性和纯洁性建设是一项伟大工程,如果中国共产党逐渐失去了先进性和纯洁性走向腐化,那么我们的国家,社会主义事业就没有希望、失去生命了,甚至要亡党亡国。"两个务必"是一个关于保持党的先进性和纯洁性的警示和教育材料。改革开放以后,经济社会发生巨大变迁,部分党员、领导干部经受不住诱惑,向变质腐化的不健康方向发展,十八大以后党中央坚决进行反腐败斗争,扭转了局面。当然,反腐败永远在路上,需要多方面发力,要强化理想信念教育,特别是要用"两个务必"来教育广大党员不忘初心和使命,保持与人民群众的血肉联系、保持高尚追求,对组织、人民、法纪怀有敬畏之心。

"两个务必"为新时代继承发扬艰苦奋斗精神提供了深刻的历史经验。艰苦奋斗是中国共产党的优良传统,是在近百年历史中党赖以生存发展的精神武器。现在改革开放过了四十年,各方面的物质条件都变好了,2021年初我们已经取得脱贫攻坚战的决定性胜利,但是我们不能放弃艰苦奋斗的宝贵精神。艰苦奋斗鞭策着人们走出安全舒适的环境,磨炼积极进取的奋斗精神,当然艰苦奋斗

---

① 习近平:《在庆祝中国共产党成立95周年大会上的讲话》,《求是》,2021年第8期。

并不等于放弃现在我们拥有的更好的物质条件，而是要在这些条件的基础上取得更大的成绩。放长眼光，我国还处在社会主义初级阶段，中国共产党正带领中国人民为实现"两个一百年"和中华民族伟大复兴的中国梦而努力，我们离"第一个百年目标"只有一步之遥，但艰苦奋斗的精神绝不能丢弃。要完成时代给予的历史任务，必然要准备艰苦奋斗，不骄不躁，这"绝不是轻轻松松，敲锣打鼓就能实现的"①。习近平总书记指出，"我们面临的挑战和问题依然严峻复杂，应该说，党面临的'赶考'远未结束"②。因此，无论是总结中国社会主义事业取得巨大进步和成就的经验，还是开启全面建设社会主义国家新征程，我们都需要继续学习和发扬"两个务必"精神。

马克思主义学院 肖滨 吴国斌

---

① 习近平：《决胜全面建成小康社会夺取新时代中国特色社会主义伟大胜利——在中国共产党第十九次全国代表大会上的报告》，《求是》，2017 年 21 期。

② 《党面临的"赶考"远未结束——习近平总书记再访西柏坡侧记》，《人民日报》，2013年 7 月 14 日第 4 版。

追溯"赶考"历史，赓续"赶考精神"，走好新时代"赶考路"

——重温《以"赶考"的清醒和坚定答好新时代的答卷》

中国共产党的一百年是党带领人民奋斗的一百年、是党紧贴时代特征敢闯新路的一百年。社会主义没有辜负中国，百年大党能够保持生机与活力的原因在于沿着正确道路上进行实践探索和理论创新、坚持从群众中来到群众中去的群众路线、坚持从党史和国情出发勇闯新路。弘扬"赶考精神"，打破"历史周期律"，走好新时代的赶考路，责任重大，路途遥远。

一、追溯"进京赶考"历史

（一）时代为出题人的赶考

从战争向和平的转变。面对近代以后中国积贫积弱、内忧外患甚至是亡国亡种的境地，中国共产党率领人民进行着艰苦卓绝的斗争。在半殖民地半封建社会的基础上，中国共产党率领人民取得了抗日战争的胜利。中共中央进入西柏坡后，中国人民解放军与国民党军队进行了战略决战。在 1948 年 3 月 12 日到 1949 年 1 月 31 日，中共中央和中央军委组织指挥了辽沈、淮海、平津三大战役，摧毁了国民党的军事力量，大大加速了解放战争的进程。时代已然从革命斗争时代悄悄转向和平建设时代。

从革命向建设的转变。三大战役的成功，为之后国民党统治的覆灭以及新民主主义革命的胜利奠定了基础。伴随着新民主主义革命接近胜利，如何建设一个新中国，怎样建设一个新中国的时代之思应运而生。同时，中国共产党即将走向全面执政，领导中国人民进行和平建设的新的历史时期。面对这一改变，党的建设如何再新的历史条件下展开？建设新中国重任的各级领导干部应该具备怎么样的素质？时代要求中国共产党迫切地回答这些实践课题。

从农村向城市的转变。面对一个具有两千多年封建专制制度统治、生产力水平落后、农民占总人口90%的中国社会，中国共产党探索出了一条农村包围城市、武装夺取政权的道路。统一战线、武装斗争、党的建设是中国共产党人总结中国革命留下的三大法宝。面对由革命胜利到和平建设的转变时期，如何处理农村与城市的关系？如何接管大城市？这些重大实践课题摆在中国共产党人面前。因此，党中央开启了进驻城市的精神准备，在七届二中全会更是指出党由乡村向城市的工作重心转变。

（二）中国共产党为答卷人的赶考

构建符合历史规律的赶考道路。中国共产党善于破坏一个旧世界，善于建设一个新世界。面对"现代性的工业占百分之十左右，农业和手工业占百分之九十左右"① 的中国，党的七届二中全会为建立新中国从政治上、思想上和理论上构建了东方社会道路。"使中国稳步地由农业国转变为工业国，把中国建设成一个伟大的社会主义国家"②。在政治方面，要求中国共产党认真团结全体工人阶级、全体农民阶级和广大的革命知识分子。顺利做好无产阶级领导的以工农联盟为基础的人民民主专政。在经济方面，会议则科学分析了我国的社会经济成分和经济形式并指出对应的处理措施。在外交层面，坚持独立自主的外交政策。中国共产党人在吸收西方资本主义的积极成果下，辩证否定旧中国，构建符合历史规律的赶考道路，跨越资本主义"卡夫丁峡谷"。

"两个务必"保障"赶考"决心。"两个务必体现出中国共产党人全心全意为人民服务的执政观"。打天下难，坐天下更难。中国共产党面临着从革命党向执政党的转变，夺取全国的胜利只是万里长征的第一步。面对中国革命的全面胜利，中国共产党面临着胜利和执政的重大考验。如何花费时间和精力去巩固胜利果实才是根本。会上，毛泽东正确分析了胜利后党内自身可能滋生的四种情绪，告诫全党不要被资产阶级削弱意志，不要被资产阶级"用糖衣包裹着的炮弹的攻击"，"务必使同志们继续地保持谦虚、谨慎、不骄、不躁的作风，务必使同志们继续地保持艰苦奋斗的作风"③。"两个务必"继承了中国共产党长期革命斗争中的优良传统，更承载了中国共产党人的精神谱系，保持着中国共产党人的政治底色。

（三）人民为阅卷人的赶考

人民群众是社会历史的主体。人民群众是社会历史的主体，是历史的创造

---

① 《毛泽东选集》（第四卷），人民出版社，1991年版，第1437页。
② 《毛泽东选集》（第四卷），人民出版社，1991年版，第1437页。
③ 《毛泽东选集》（第四卷），人民出版社，1991年版，第1438-1439页。

者。在无数个力的平行四边形中，人民群众的力量是必不可少的一环。千百年来，国家富强和民族复兴是中国人民的不懈追求，也是中国共产党人的奋斗目标。历史上朝代的更迭既含有偶然因素，也包含着必然原因。归根到底，在于是否尊重人民群众的主体地位。是否牢记人民的根本利益、是否尊重和保障人民民主权利、是否发展造福人民……皆为"赶考"之思。新中国的道路没有现成模式可以套用，也没有现成道路可以借鉴。"进京赶考"，核心在于维护好、实现好、发展好人民群众的利益。打破"历史周期律"，归根到底在于是否尊重人民群众的主体地位，是否牢记人民群众的根本利益。

人民群众放心是赶考的要求。重庆《新华日报》在 1944 年 3 月 19 日刊登了郭沫若的《甲申三百年祭》文章。文章讲述了明王朝的覆灭是历史的必然，而李自成建立的大顺王朝，在刚刚建立便立即宣告败亡，值得深思。毛泽东看后大为称赞，特别说到"我们印了郭沫若论李自成的文章，也是叫同志们引为鉴戒，不要重犯胜利时骄傲的错误"①。在西柏坡土地上，中国共产党人聚焦农民切身的利益，发布《五四指示》，颁布《中国土地发大纲》，维护人民群众的根本利益，放手发动群众，从群众中来到群众中去。同样地，"进京赶考"的最终要求是让人民群众放心，提升人民群众的生活水平。

人民群众满意是评判的标准。人民群众满意是中国共产党检验工作的第一标准。毛泽东等中央领导开完七届二中全会后，1949 年 3 月 23 日，党中央由西柏坡迁往北平。临行前，毛泽东对周恩来说："今天是进京的日子，不睡觉也高兴啊。今天是进京'赶考'嘛。进京'赶考'去，精神不好怎么行啊？"周副主席说："我们应当都能考试及格，不要退回来。"毛主席说："退回来就失败了。我们决不当李自成，我们都希望考个好成绩。"② 如何构建一个新世界，巩固新中国建设成果摆在中国共产党面前。如何使中国共产党经受得住考验，跳脱出历史周期律，回应"执政为民"是人民的切实要求。"考取好成绩"是求得人民群众的满意，经受得住人民群众的考验。

二、再探"赶考精神"内涵

（一）全心全意为人民服务的执政理念

为人民谋幸福，是中国共产党不变的初心和永远的使命。全心全意为人民

---

① 《毛泽东书信选集》，人民出版社，1983 年版，第 241-242 页。

② 逄先知：《毛泽东年谱（1893-1949）》（下），中央文献出版社，2002 年版，第 469 页。

服务一直是中国共产党的宗旨。"赶考精神"体现的是中国共产党以人为本的价值取向。与"民本"思想不同，中国共产党自始至终来自人民、根植人民、服务人民。"赶考精神"体现的是中国共产党人在任何时候把人民群众的利益放在第一位，不允许任何党员脱离群众，凌驾于群众之上。中国共产党人始终把工人阶级和群众利益放在第一位，绝无其他特殊的利益。

"退回来就失败了。我们决不当李自成，我们都希望考个好成绩。"①"赶考精神"体现的是中国共产党人敢于人先、顺势而为的精神价值。中国共产党立党为公、执政为民，牢记服务人民的宗旨，怀着责任和谦卑之心建设新中国。进京赶考的考生是中国共产党，考题是如何筹建和建成新中国，阅卷人是人民群众。中国共产党的权力是人民赋予的，中国共产党理应将人民始终放在首位。也只有将人民放在首位，时刻想着人民，发扬民主，才能打破"历史周期律"，"考个好成绩"。

（二）居安思危、思则有备的忧患意识

"赶考精神"体现的是中国共产党居安思危、思则有备的忧患意识。从新民主主义革命到新民主主义建设的伟大飞跃，是中国共产党率领人民梦寐以求的大事。对于中国共产党的来说，从革命斗争向和平建设的转变，从革命党向执政党的转变，这是前所未有的局面。中国共产党面临的是一个崭新的领域，中国的道路只能由中国完成。"先天下之忧而忧，后天下之乐而乐。"要"考出好成绩"，不要"退回来"；要"交出好答卷"，不当"李自成"。

"两个务必"是进京赶考前毛泽东对于全党的要求，要求全党保持谦虚、谨慎、不骄、不躁的作风，保持艰苦奋斗的作风。此外，毛泽东还亲自给即将进城的干部战士们上党课，告诫其进入北平应该继续干革命，继续建设直到共产主义。毛泽东更指示中央办公厅引发"进京守则"。面对中国共产党执政后可能面临的风险和挑战来说，保持谦虚、谨慎、不骄、不躁的作风是非常必要的。始终保持"赶考"的清醒，始终心存忧患，始终谦虚谨慎，始终严格要求自己，从严治党。

（三）恪尽职守、廉洁奉公的责任意识

"赶考精神"另一层面也反映出中国共产党人恪尽职守、廉洁奉公的责任意识。在七届二中全会上，毛泽东在报告中便告诫全党不要被资产阶级的"糖衣

---

① 逢先知：《毛泽东年谱（1893-1949）》（下），中央文献出版社，2002年版，第469页。

炮弹"击中并且直接指向党内存在的四种情绪。毛泽东在会上更指出："如果国家，主要的就是人民解放军和我们的党腐化下去，无产阶级不能掌握住这个国家政权，那还是有问题的。"① 因此中国共产党要想赶考成功，则必须重视廉洁从政，培育廉洁勤政理念，建立廉洁勤政制度，规范廉洁勤政行为，牢牢坚守廉洁从政的责任意识。

廉洁从政是党员干部的"生命线"。水至清则无鱼，人至察则无徒。党的政治建设是党的根本性建设，思想建设是党的基础性建设。作风建设的核心问题是保持党同人民群众的血肉联系。中国共产党能够一次次转危为安、化险为夷的原因都在于中国共产党善于自我革命。不要被资产阶级的"糖衣炮弹"击中，消除党内存在的四种情绪，是中国共产党对自身的洗礼，对自我革命的考验。

三、坚持新时代的"赶考路"

（一）中国共产党坚持人民至上的赶考之路

新时代的"赶考路"是中国共产党坚持人民至上的赶考之路。为人民谋幸福，为民族谋复兴，是中国共产党人的初心和使命。党的十八大以来，以习近平同志为核心的党中央顺应时代的要求，牢牢坚持以人民为中心的根本立场，始终将人民对美好生活的向往作为不断奋斗的目标。逢山开路，遇水架桥。坚持人民至上的赶考之路，中国共产党率领人民实现了一个又一个不可能。经济建设取得重大成就、全面深化改革取得重大突破、民主法治建设迈出重大步伐、思想文化建设取得重大进展、人民生活不断改善、生态文明建设成效显著、强军兴军开创新局面、港澳台工作取得新进展、全方位外交布局深入展开皆为重大突破。

坚持新时代"赶考路"，就是继承和发扬老一辈革命家立党为公、执政为民的革命情怀，始终赢得人民的衷心拥护，始终保持同人民群众的血肉联系②。伟大事业孕育伟大精神，伟大精神引领伟大事业。无论是在抗击疫情还是在脱贫攻坚中，中国共产党人始终同人民群众保持血肉联系。党员干部发挥先锋模范作用，全民齐心协力攻坚克难。也正是因此，我们孕育出"生命至上，举国同心，舍生忘死，尊重科学，命运与共"③ 的抗疫精神，更孕育出"上下同心、

---

① 《毛泽东选集》（第五卷），人民出版社，1991 年版，第 262 页。
② 习近平：《论中国共产党历史》中央文献出版社，2021 年版，第 259 页。
③ 习近平：《在全国抗击新冠肺炎疫情表彰大会上的讲话》，《人民日报》，2020 年 9 月 9 日第 2 版。

尽锐出战、精准务实、开拓创新、攻坚克难、不负人民"① 的脱贫攻坚精神。站在"两个一百年"的交汇点，新时代的赶考之路更应不负人民，提升人民的获得感和幸福感。

（二）中国共产党坚持牢守理想信念的赶考之路

新时代的"赶考路"是中国共产党坚守理想信念的赶考之路。革命理想高于天。党的最高理想和最终目标是实现共产主义。马克思主义是科学的理论，是为全人类解放的理论，其创造性地揭示了人类社会发展规律，为人类指明了从必然王国向自由王国的飞跃路径，为人类指明了实现自由和解放的道路。中国共产党人的价值观是在马克思主义为指导下形成的。忠诚老实、光明坦荡、公道正派、实事求是、艰苦奋斗、清正廉洁等等皆为中国共产党人的价值观。习近平指出："理想信念是共产党人精神上的'钙'，理想信念坚定，骨头就硬；没有理想信念，或理想信念不坚定，精神上就会'缺钙'，就会得'软骨病'。"无论是从新民主主义革命时期的"三大纪律，八项注意"，还是党章党纪，抑或是"两个务必"都反映出中国共产党注重自身政治文化建构，将革命理想融入自身建设中。

坚持新时代"赶考路"，就是要继承和发扬老一辈革命家"宜将剩勇追穷寇，不可沽名学霸王"的革命到底精神。不断增强中国特色社会主义的道路自信、理论自行、制度自信、文化自信②。坚定执着追理想，实事求是闯新路。中国共产党人始终相信，未来社会"将是这样一个联合体，在那里，每个人的自由发展是一切人的自由发展的条件"③。在历史发展的潮流中，中国共产党人坚持以马克思主义作为指导思想，走好中国特色社会主义道路。不忘初心、牢记使命。坚定理想信念，在饱经风霜中本色依旧。不断提高"赶考"水平，不断提升"赶考"能力。

（三）中国共产党坚持勇于自我革命的赶考之路

新时代的"赶考路"是中国共产党勇于自我革命的赶考之路。勇于自我革命，从严管党治党，是我们党最鲜明的品格，也是我们党最大的优势④。要把

---

① 习近平：《在全国脱贫攻坚总结表彰大会上的讲话》，《人民日报》. 2021 年 2 月 26 日第 2 版。

② 习近平：《论中国共产党历史》，中央文献出版社，2021 年版，第 259 页。

③ 马克思，恩格斯：《马恩全集》（第四卷），人民出版社，1958 年版，491 页。

④ 中共中央宣传部编：《习近平新时代中国特色社会主义思想三十讲》，学习出版社，2018 年版，第 308 页。

新时代的"赶考路"进行好，我们党必须勇于进行自我革命。中国共产党每一次自我革命，绝不是简单的自我修补，而是从里到外的深刻改造。党史、新中国史、改革开放史、社会主义发展史都渗透着中国共产党勇于自我革命的路径。七届二中全会上的"两个务必"，改革开放后的政治体制改革以及江泽民的"三个代表"重要思想和习近平的"全面从严治党"思想都是中国共产党勇于自我革命，坚持守正与创新的统一。中国特色社会主义进入新时代，党的建设仍然任务繁重。一方面，实现中华民族伟大复兴的中国梦，对我们党提出了前所未有的新挑战和要求。这需要我们党不断审时度势，处理好改革开放前三十年与后四十年的关系，处理好内部风险与外部阻力的关系……另一方面，党面临着党的先进性、弱化党的纯洁性的考验，党面临着"四大考验"和"四大危险"，即执政考验、改革开放考验、市场经济考验、外部环境考验和存在着精神懈怠的危险、能力不足的危险、脱离群众的危险、消极腐败的危险。

坚持新时代"赶考路"，就是要谦虚谨慎、不骄不躁、艰苦奋斗的优良作风，始终保持奋发有为的进取精神，永葆党的先进性和纯洁性①。"全面建成小康社会"标志着第一个百年奋斗目标的实现，也标志着向第二个百年奋斗目标进军的征程正式开启②。"全面建成小康社会"开启中国实现社会主义现代化国家新征程。从短期看，中国需要在全面建成小康社会的基础上，分两步走在21世纪中叶建成富强民主文明和谐美丽的社会主义现代化强国③；从长期上看，中国则是需要不断奋斗直至实现共产主义，达到科学社会主义的目标。对于中国共产党人来说，需要全面推进从严治党，全面落实新时代党的建设要求，始终保持"赶考"的清醒，答好新时代的答卷。

全心全意为人民服务是党的宗旨，对人民负责是党的原则，始终把人民放在心上更是党内在要求。中国共产党是执政党，必须要发挥领导核心的作用。全面从严治党更是中国共产党保持自身纯洁性和先进性的应有之义。不忘初心、牢记使命，这不仅仅是对党和党员的要求，更是对中国人民的要求。

马克思主义学院 李硕

---

① 习近平：《论中国共产党历史》，中央文献出版社，2021年版，第259页。

② 肖贵清：《"赶考"视野中的全面建成小康社会》，《党的文献》，2020年第6期。

③ 习近平：《决胜全面建成小康社会夺取新时代中国特色社会主义伟大胜利》，《人民日报》，2017年10月28日第2版。